KB161798

키르케고르(1813~1855)

▲하이데거(1889~1976) 키르케고르의 '정신' 개념으로부터 영향을 받은 하이데거는 《존재와 시간》에서 '실존'을 정의하고 있다.

◀니체(1844~1900) 키르케고르와는 반대로, 인간을 죄의식으로부터 해방시키고자 시도했다.

코펜하겐 대학 본관　덴마크에서 가장 오래되고 규모가 큰 대학. 1830년, 키르케고르가 17세 되던 해에 입학했다.

"People demand freedom of speech as a compensation for the freedom of thought which they seldom use."

Søren Kierkegaard

▲키르케고르의 명언 "사람들은 거의 사용하지도 않는 생각의 자유에 대한 보상으로 표현의 자유를 요구한다."

▶서재에서 집필에 몰두하고 있는 키르케고르

덴마크의 수도 코펜하겐 셸란섬의 북동쪽에 있는 무역항이다.

8.00

DANMARK
N. Chr. Kierkegaard del.

SØREN
AABYE
KIERKE
GAARD
1813 – 2013
B. Skov Jørgensen sc.

▲덴마크 발행 기념우표
◀키르케고르의 캐리커처
▼각목에 새겨진 키르케고르의 명언

Life is not a problem to be solved but a reality to be experienced

M. P. KIERKEGAARDS
GRAVSTED
SØREN MICHAEL KIERKEGAARD
MAREN KIRSTINE KIERKEGAARD
FØD DEN 7 SEPTEMBER 1797
DØD DEN 15 MARTS 1822.
SØREN AABYE KIERKEGAARD
FØDT D. 5 MAI 1813
DØD D. 11 NOVEMBER 1855.
DET ER EN LIDEN TID.
SAA HAR JEG VUNDET.
SAA ER DEN GANSKE STRID
MED EET FORSVUNDET,
SAA KAN JEG HVILE MIG
I ROSENSALE
OG UAFLADELIG
MIN JESUM TALE.

▲키르케고르의 무덤 코펜하겐, 아시스텐스 묘지

◀묘비명 "잠시 때가 지나면, 그때 나는 승리하고 있으리라."

세계사상전집031
Søren Aabye Kierkegaard
BEGREBET ANGEST
SYGDOMMEN TIL DØDEN
FORFØRERENS DAGBOG

불안의 개념/죽음에 이르는 병/유혹자의 일기

쇠렌 오뷔에 키르케고르/강성위 옮김

동서문화사

불안의 개념/죽음에 이르는 병/유혹자의 일기
차례

불안의 개념

머리말… 15
서론… 17

제1장 원죄의 전제로서의, 또 원죄를 그 기원으로 소급해 설명하는 것
　　　으로서의 불안… 33
　　　1. 원죄 개념에 대한 역사적 시사점…33
　　　2. 최초의 죄 개념…37
　　　3. 순진무구함의 개념…43
　　　4. 타락의 개념…47
　　　5. 불안의 개념…50
　　　6. 원죄의 전제로서의, 또 원죄를 그 기원으로 소급해 설명하는 것으로
　　　　서의 불안…55

제2장 원죄 그 이전을 설명하는 것으로서의 불안…62
　　　1. 객관적 불안…66
　　　2. 주관적 불안…70

제3장 죄의식이 없는 죄의 결과로서의 불안…92
　　　1. 무정신의 불안…104
　　　2. 변증법적으로 운명으로 규정되어 있는 불안…108
　　　3. 변증법적으로 가책으로서 규정된 불안…114

제4장 죄의 불안, 또는 개별자와 관련된 죄의 결과로서의 불안…123
    1. 악에 대한 불안…125
    2. 선에 대한 불안(악마적인 것)…130

제5장 신앙을 통한 구원으로서의 불안…167

죽음에 이르는 병

글을 쓰면서…181
서론…184

제1편 죽음에 이르는 병이란 절망을 말한다…187
    제1장 절망이란 죽음에 이르는 병이다…187
    제2장 이 병(절망)의 보편성…197
    제3장 이 병(절망)의 여러 형태…205

제2편 절망은 죄다…264
    제1장 절망은 죄다…264
    제2장 죄의 계속…298

유혹자의 일기

유혹자의 일기…339

4월 4일·351/4월 5일·355/4월 7일·358/4월 9일·362/4월 11일·363/4월 14일·364/4월 20일·365/4월 21일·365/5월 5일·366/5월 6일·368/5월 12일·369/5월 15일·370/5월 16일·375/5월 19일·376/5월 20일·378/5월 21일·379/5월 22일·379/5월 23일·379/5월 27일·380/5월 30일·382/6월 2일·384/6월 3일·386/6월 5일·389/6월 7일·390/7월 3일·406/7월 23일·415/7월 31일·419/8월 2일·420/8월 3일·422/9월 16일·496/9월 24일·503/9월 25일·504

키르케고르 생애 사상 저작

키르케고르의 생애…509

저술 활동과 그 배경…517

키르케고르와 카를 마르크스…521

신 앞에서의 싸움…525

현대와 키르케고르…529

연보…533

일러두기

1. 이 책에서는 그리스도교적 실존의 관점에서 관념론적 사변 철학을 통렬히 비난한 키르케고르의 가장 대표적인 저서 《불안의 개념》《죽음에 이르는 병》《유혹자의 일기》를 완역하여 수록하였다.

2. 텍스트로는 덴마크어의 전집 제2판(Samlede Vaerker, Udgivne af A. B. Drachmann, J. L. Heiberg og H. O. Lange, I—XIX, København, 1920~31)을 사용하였다. 《유혹자의 일기》는 제2권, 《불안의 개념》은 제4권, 《죽음에 이르는 병》은 제11권에 있다.

3. 역문은 철학을 모르는 독자도 쉽게 이해할 수 있도록 힘썼으며, 원전의 주 이외에도 상세한 역자의 주를 달았다. 원주와 역주의 구별을 위해 원주는 주 말미에 따로 밝혀 놓았다.

4. 인지명·관명·국명 등 고유명사는 되도록 원본 표기에 따랐으며 성경 인용구는 대한성서공회의 개역개정에 따랐다.

Begrebet Angest

불안의 개념

분별의 시대는 종말을 고했다.

 체계가 그것을 극복해 버린 것이다. 요즘 세상에서 분별 같은 것에 집착하고 있는 사람은, 이미 사라진 지 오래된 것에 마음을 빼앗기고 있는 괴짜라고 할지도 모르지만, 소크라테스는 그의 독특한 분별로 인해 그처럼 마음이 순박한 현인이 될 수 있었다. 그는 그것을 입으로 말하고 몸으로 나타내었으나, 그 분별은 2000년이나 지난 뒤에야 저 괴짜인 하만(Hamann)에 의해 겨우 되살아나 이렇게 감탄을 받았다. "생각건대 소크라테스의 훌륭함이란 '자기가 알고 있는 것과 모르는 것을 분별한' 데 있다."

머리말

　내 생각으로는 한 권의 책을 쓰려는 분은 쓰고자 하는 그 주제에 대해 여러 가지로 잘 생각해 보는 것이 좋습니다. 그와 같은 주제에 대해 전에 출간된 서적이 있다면 될 수 있는 대로 그 책들에 정통해야 할 것입니다. 그러는 도중 만약 어떤 부분에 대해 샅샅이, 그리고 나무랄 데 없을 만큼 연구해 온 한 사람을 만나기라도 한다면, 그야말로 신랑의 친구가 기다리던 신랑의 목소리를 듣고 일어서서 기뻐했던(〈요한복음〉 3 : 29) 것처럼 기뻐할 것입니다. 이런 일을 침묵 가운데서, 그것도 언제나 남의 눈을 피하는 안타까운 사랑이랄까, 그런 심정으로 해낼 수 있다면 더 이상 필요한 것이 없습니다. 그때야말로 새가 노래 부르듯이 단숨에 책을 써 내려가는 것이며, 그것이 사람의 이익이나 기쁨이 되는 것이라면 더더욱 좋은 일이 아니겠습니까. 그때에는, 내가 모든 결말을 지었다느니, 지상의 모든 민족이 내 책을 통해 축복을 받는다(〈창세기〉 12 : 3)느니 식의 뽐내는 태도는 없애고 아무 거리낌 없이 그 책을 펴내심이 좋을 것입니다. 어차피 어느 세대라도 저마다의 과제가 있는 법이니, 앞 세대나 다음 세대의 일까지 뺏을 만큼 부질없는 애를 쓸 필요는 없는 것입니다. 그 세대의 개개인들은 매일같이 자잘한 걱정이 끊어질 날 없이 자기 일에 얽매여 안달하는 것이 고작이니, 나라님 같은 너그러운 마음으로 같은 시대 사람들을 감싸 줄 필요도 없거니와, 자기 책을 통해 신기원이나 새로운 시대를 꾀할 필요도 없고, 하물며 새해 맹세의 횃불을 피우거나,[1] 먼 앞날에 대한 약속을 하거나, 또는 가짜라는 의심에 보증하는 도장을 찍는 등과 같은 짓을 할 필요도 없습니다. 등을 구부리고 있다 해서 꼭 아틀라스는 아닐 것이며, 또 세계를 짊어지고 있다 해서 등이 구부러지는 것도

---

1) 헤이베르가 새해 증답용으로 출판한 연간지 《우라니아(Urania)》(1844)에서, 다음번에는 이보다 더 독자의 기대에 맞도록 펴내 보이겠다고 맹세하고 있다. 이 책에 키르케고르의 《반복》이 소개되고 있다.

아니겠지요. "주여, 주여!" 하는 자가 그 말을 했다 해서 모조리 천국에 갈 수 있는 것도 아니고(《마태복음》 7 : 21) 세상 사람들 앞에서 자화자찬한다 해서 반드시 그 사람이 믿을 만한 사람이거나 스스로 책임질 수 있는 사람임이 증명되는 것도 아닐 것이며, "브라보!", "제기랄!", "굉장한데!", "잘한다, 잘해!" 외치는 자들 또한 제 자신과 자신에 대한 칭찬을 이해하고 있다고만은 할 수 없습니다.

이 보잘것없는 나에 관해서 무엇을 숨기겠습니까? 나는 작가로서 국토도 갖지 못한 왕이며, 아무것도 주장하는 것 없이 오직 두려워 떨고만 있는 한낱 작가임을 말씀드려 두지요. 만약 내가 라틴어 이름을 가지고 있는 것이 어리석은 짓이어서 어쩔 수 없는 질투를 불러와 세상의 여론을 들끓게 한다면, 기꺼이 크리스텐 마센이라고 이름을 고치겠습니다. 하기는 나도 사색은 합니다만, 사변과는 거리가 먼 평범한 성도로 간주해 주시기를 진심으로 바라는 바이며, 물론 로마 사람이 신을 경배하는 점에서 대범했듯이 특히 권위에 대한 신앙에서만은 겸손한 편입니다. 인간적인 권위에 대해 우상 숭배자인 나는, 숭배해야 할 분은 저분이다, 저 사람이 올해의 논문 출판 권위자로 선정되었다고 확실히 알려만 준다면, 누구든 구별하지 않고 똑같이 공손하게 받들어 모십니다. 그 정하는 방법이 추첨이나 투표에 의한 것인지, 아니면 그 명예직이 순서대로 되어 있어 마치 조정위원 자리에 시민 대표가 앉는[2] 것과 마찬가지로 권위도 차례대로 그 자리에 앉는 것인지, 그 점은 나도 알 수 없는 일입니다.

이 이상 덧붙여 말할 것은 이제 없습니다. 나와 견해를 같이하는 분에게나 그렇지 않은 분에게나, 또 이 책을 읽어 주시는 분에게나, 서문만 읽고도 족하다는 분에게나 똑같이 모든 일이 잘되기를 마음으로부터 바랄 뿐입니다.

코펜하겐
비길리우스 하우프니엔시스[3]

---

2) 그 무렵 시민의 대표자는 한 달씩 돌아가면서 조정위원에 임명되었다.
3) Vigilius Haufniensis, '코펜하겐의 파수꾼'이라는 뜻.

서론

　어떤 의미에서 이 고찰의 대상, 즉 불안이 심리학적으로 흥미로운 과제인가, 또 어떤 의미에서 이 대상이 심리학상의 과제나 관심이 된 뒤에 바로 교의학을 지향하는 것이 되는가?

　어떤 학문적인 문제든, 학문이라는 광대한 영역 속에서 각기 일정한 위치와 목적, 한계를 지니고 있다. 그렇기 때문에 전체 속에 조화를 가지고 융합해 들어가서, 전체가 나타내려는 것 속에서 조화로운 음을 낼 수 있는 것이다. 이런 생각은 그 끓어오르는 듯한, 또 때로는 내부에 잠긴 열중으로 인하여 학자라는 것을 고귀해 보이게 하는 '경건한 소망'인 것만은 아니다.

　또 한편으로 이러한 생각은 신성한 의무이기도 해서, 학자를 전체의 봉사에 결부시켜, 분별없이 본래 영역을 간과하게 하는 무법칙성이나 모험적 욕망을 버릴 것을 명령하기도 한다. 게다가 이런 생각은 여러 가지 전문 연구에서도 한 부분을 담당하게 한다. 왜냐하면 말이란 같은 말로 두 가지 뜻을 아주 잘 표현할 수 있는 것이므로, 자기가 어디에 속하고 있는지를 일단 잊어버리면, 동시에 다른 것이 되고, 어떤 것이든 되려고 마음만 먹으면 될 수 있어서, 동시에 모든 것이 될 수도 있는 의심스러운 완전무결함에 이르기 때문이다.

　이처럼 각 연구 문제들이 학문적 질서를 지키도록 명령도 하지 않고, 그 연구의 문제 하나하나가 마치 가장무도회에서 나갈 때처럼 서로가 먼저 빠져나가려 하는데도 살피지 않고 둔다면, 때로는 재치 있는 일이 생기기도 하지만 때로는 도저히 이해할 수 없는 것을 손에 넣거나 또는 아무런 관련도 없는 것을 말로써만 연결하거나 하여 사람들을 깜짝 놀라게 만들지도 모른다. 가끔 사람들은 서로 연관성 없는 사항에 어정쩡하게 동의하기도 한다. 그러나 이와 같은 소득은 모든 불법 소득과 마찬가지로 나중에 보복을 받게 되며, 시민적으로도 학문적으로도 소유가 용납되지 않는다.

그렇기 때문에 누군가가 논리학의 마지막 장에 '현실성'이라는 표제[1]를 달았다고 한다면, 그는 그것에 의해서 벌써 논리학에서는 최고의 것, 또는 이 말이 더 좋다면 최소한의 것에 도달한 듯 보이는 이익이 있다. 그러나 손실도 눈에 띈다. 왜냐하면 논리학도 현실성도 아무런 얻는 것이 없기 때문이다. 그것은 현실성 속에 본질적으로 깃들어 있는 우연성이라는 것을 논리학이 숨겨 주려고 하지 않기 때문이다. 논리학으로 얻을 수 없다는 것은, 논리학이 현실성을 생각할 때 스스로 소화하지 못하는 부당한 것, 즉 우연성을 논리학이 포함하기 때문이다. 걸음걸이 연습 없이 논리학이 스스로 달려가 버린 격이다. 이렇게 되면 대가는 마땅한 것으로, 현실성이란 무엇이냐 하는 것에 대한 모든 고찰은 어려워지게 된다. 아니, 아마도 얼마 동안은 고찰이 불가능하게 된다.

왜냐하면 우선 이 현실성이라는 말이 다시 처음의 제정신을 되찾기 위한 시간, 오류를 잊어버릴 만한 시간이 필요하기 때문이다. 이런 까닭에, 누군가가 교의학에서 신앙을 그 이상의 어떤 규정도 할 수 없는 직접적인 것이라고 부른다면, 교의학은 더 이상 신앙 아래에 머물러 있을 수 없다는 필연성을 모두가 확신하는 이익이 있을 것이다. 그뿐만 아니라 정통파 신앙에 동조하는 사람들에게까지 그것을 승인하게 만들 것이다. 왜냐하면 정통파 신앙에 동조하는 사람들은 이러한 오해의 원인이 그 뒤의 문제에 있는 것이 아니라 그 처음의 '근본적인 잘못'에 있다는 것을 금방은 눈치채지 못할 테니까. 이로부터 비롯되는 손실도 분명 있는데, 신앙은 자신에게 합법적으로 깃들어 있는 것, 즉 역사적인 전제를 빼앗김으로써 손해를 본다. 이러니까 또 교의학은 자기가 서 있어야 하는 출발점에서 출발하지 못하고, 즉 더 거슬러 올라간 출발점에서 출발하지 못함으로써 손해를 보는 것이다. 다시 말해 교의학은 더 거슬러 올라간 출발점을 전제로 하지 않고, 그것을 무시하여 마치 자신이 논리학이거나 한 것처럼 예비지식도 없이 시작한다.

논리학은 가장 정교한 추상 작용을 통해 이룩된 가장 변천하기 쉬운 것, 즉 가장 직접적인 것을 가지고 시작한다. 직접적인 것은 그렇다는 이유만으로도 지

---

1) 헤겔을 가리키는 것이라고 생각되나, 본래는 《논리학》의 끝장이 아니라 책의 제2권 〈본질론〉의 끝 편에 '현실성'이라고 제목이 붙어 있다.

양된다고 하는 논리적 주장이 교의학에서는 장난일 뿐이게 된다. 마치 몽유병 환자가 제 이름이 불리는 순간에 눈을 뜨는 것처럼, 직접적인 것(보다 더 상세한 규정이 없다고 치고)은 그 이름이 불리는 순간에 그동안의 자취를 감춰 버리니, 이러한 직접적인 것 아래 대체 누가 머무르겠다고 생각할 것인가. 이리하여 대체적으로 예비적인 연구에 지나지 않는 것 가운데서 종종 사변적인 지식, 즉 인식하는 주체와 인식된 현실과의 동일성, 주관적·객관적인 것 등을 나타내기 위해 융화라는 말이 사용되고 있는 것을 보면, 그 단어를 사용한 사람은 재치가 있다. 그리고 그 재치 덕에 모든 수수께끼를 풀었다는 것, 특히 수수께끼를 풀기 전에 수수께끼의 말을 잘 귀담아들어야 하는, 일상생활에 기울이고 있는 조심성을, 학문상에서는 기울이고 있지 않는 모든 사람들에게 여러 가지 수수께끼를 풀어 주었다는 것을 쉽게 알 수 있다. 그렇지 않다면 그는 그 수수께끼 풀이를 통해 새로운 수수께끼를, 즉 도대체 사람이 어떻게 그런 것쯤으로 수수께끼를 풀었다고 생각할 수가 있을까 하고 새로운 수수께끼를 던진다는 유례없는 공적을 세운 것이 된다.

사유가 일반적으로 실재성을 갖는다는 생각은, 고대와 중세의 철학 전체를 통해서의 가정이었다. 칸트에 의해 이 가정은 의심스러운 것이 되었다. 예를 들어 헤겔 철학이 칸트의 철학을 정말로 철저하게 연구했다면(그러나 이것은 여전히 커다란 의문이라고 해도 된다. 헤겔과 그의 학파가 '방법'이니 '자기 계시'니 하는 표어의 힘을 빌려, 셸링이 '지적 직관'이라든지 '구성'이라는 표어를 들어 이것이야말로 새로운 출발점이라고 공개적으로 이야기하고 있는 것을 은폐하려 했음에도 말이다), 또 그렇게 하여 이전의 것을 더욱 높은 형태로 재구성하고, 그로 인해서 사유가 지적 전제의 힘에 의지하지 않고 실재성을 지니게 되었다고 한다면, 의식적으로 산출된 이 사유의 실재성은 과연 진정한 융화라 할 수 있는 것인가? 그렇다면 철학은, 단지 그 옛날 융화라는 것이 실제로 큰 뜻을 지녔던 때의 사람들이 시작했던 곳으로 되돌아간 것에 지나지 않는다.

여기에 정립, 반정립, 종합이라는 고풍적이고 엄격한 철학적인 술어가 있다. 그런데 새롭게 '매개'라는 술어를 골라 이것으로 '종합'의 자리를 대신하게 하는 것이 과연 대단한 진보인가? 매개에는 두 가지 뜻이 있다. 그것은 둘 사이의 관계를 나타냄과 동시에 그 관계의 결과, 즉 서로 외면적인 관계를 갖는 둘이 서로 내면적인 관계를 갖는 결과를 나타내고 있다.

따라서 매개는 운동과 더불어 정지도 나타낸다. 이것을 완전성이라고 할 수 있는지는 매개를 변증법적으로 다시 깊이 연구하고서야 비로소 결정할 수 있을 것이다. 그러나 불행히도 우리는 아직은 그저 기다려야 한다.

그러면 '종합'은 그만두고 '매개'로 정하여 일을 서두르기로 하자. 그런데 재치 있는 인간들은 또 욕심을 부려 융화 어쩌고 한다. 그 결과가 대체 어떻게 될 것인지? 그것은 예비지식 단계의 연구에는 아무런 도움도 되지 않는다. 도움이 되지 않는다는 것은, 딱지가 붙었다 해서 특별히 진리가 분명해지는 것도 아니기 때문이다. 인간의 혼이 그런 딱지를 붙인다 해서 천국에 갈 수 있는 것이 아닌 것과 마찬가지다. 그뿐만 아니라 윤리학과 교의학이라는 두 학문은 뿌리에서부터 혼란을 일으키게 된다. 특히 융화라는 말이 들어온 끝에 논리학과 로고스(교의학적 의미에서의)는 서로 대응한다느니, 논리학은 원래 로고스(논리학에서는, 이치 또는 법칙의 뜻)에 관한 학문이니 하는 말을 하기 때문에 더하다. 윤리학과 교의학은 숙명의 국경에서 융화에 대해 서로 다툰다. 후회와 가책은 괴로운 나머지 윤리학적으로 융화를 이끌어 내고, 교의학 쪽은 제시된 융화를 받아들여 역사적으로 구체적인 직접성을 가지는데 그것으로 학문상의 위대한 대화에서 입을 여는 것이다. 결과는 과연 어떻게 될 것인지? 이 융화라는 말은 아마도 발단부터 출발할 수 있기 때문에 말이나 사유를 쉽게 하는 위대한 안식년을 축복하게 될 것이다. 논리학에서는 모든 것을 운동시키기 위한 추진력으로서 '부정적인 것'이 채택되고 있다. 그리고 논리학에서는 어쨌든 운동이 '필요'하기 때문에 좋으니 나쁘니 따지고 있을 겨를이 없다. 그래서 부정적인 것이 도우러 나선 것이다.

부정적인 것이 해주지 않으면 말의 익살스런 연결이나 표현이 그것을 대신 해준다.[2] 논리학에서는 어떤 운동도 발생해서는 안 된다. 논리학은 존재해 있는

---

2) 하나의 예를 들면 '본질'이란 '있었던'이며, '있었던'은 '있다'의 과거형이다. 그러므로 '본질'이란 폐기된 '있다'이며 있었던 때의 '있다'이다(헤겔 《논리학》 제2권 첫머리). 이것이 논리학적 운동이라니! 만약 누군가가 헤겔 논리학(헤겔 자신의 논리학이든 그 학파의 수정을 거친 것이든 간에)에서 논리학적 운동을 촉구하기 위해 설치는, 동화에라도 나올 듯한 요괴나 난쟁이를 잡아 모을 수만 있다면, 아마 후세에서는 이런 퇴색한 재담이 예전에는 부수적인 설명이나 재치 있는 의견으로서가 아니라, 헤겔의 논리학에 경탄의 눈을 크게 뜨다가 논리적 사상으로 걸어가기

것에 대한 것이며 모든 논리적인 것은 오직 그대로 존재할 뿐이기 때문이다.[3] 그리고 논리학이 생성으로 넘어가게 되면 논리적인 것은 이제 무기력해지며, 이때에 현존재와 현실성이 모습을 보이는 것이다. 따라서 논리학이 구체적인 범주에 몰두할 때도 처음부터 있었던 것은 언제나 계속 같다. 예를 들어 운동이라는 말을 잠시 쓴다면 모든 운동은 내재적 운동이므로 깊은 의미에서는 운동이라고 할 수 없다. 운동이라는 개념 자체가 논리학 속에서는 있을 장소를 발견할수 없는 일종의 초월임을 생각한다면, 쉽게 수긍이 갈 것이다. 그렇다면 부정적인 것은 그 때문에 운동의 내재적인 것이며, 사라지는 것이며, 지양된 것이다. 모두가 이런 식으로 생긴다면 그것은 아무것도 일어나지 않았던 것이며, 부정적인 것은 하나의 환영이 된다. 그러나 논리학 속에서 무엇인가를 일어나게 하기 위해 부정적인 것은 그 이상의 어떤 것이 되어 대립을 불러일으키고, 따라서 부정이 아니고 반(反)긍정이 된다. 이렇게 되면 부정적인 것은 조용한 내재적 운동이 아니라 '필연적인 타물(他物)'이므로, 그것은 분명 논리학이 운동을 일으키려면 꼭 필요한 것임에는 틀림없으나 그대로 부정적인 의미인 것만은 아닌 그 무엇이다. 논리학을 떠나 윤리학으로 가면 여기서도 또 헤겔 철학 전체를 통해 끈질기게 작용하고 있는 부정적인 것을 만난다. 놀랍게도 여기서는 부정적인 것을 악이라고 한다. 바야흐로 혼란은 그 극에 이른다.

하지만 재치라는 것은 멈출 줄을 모르고, 스탈 부인이 셸링 철학에 대해, 셸링 철학은 인간을 한평생 재치에 넘치게 해준다고[4] 한 말이 고스란히 헤겔 철학에 적용된다. 부정적인 것을 악이라고 한다면, 논리학에서 운동이 얼마나 비논리적인 것인가는 명백한 일이다. 논리학에서는 운동이 지나치게 많고 윤리학

위한 발을 주는 조종사였음을 알면 틀림없이 어이가 없을 것이다. 더구나 아무도 그것을 깨닫지 못했던 것은 부추김이라는 기다란 외투가 스케이트 신발을 덮고 있었기 때문이며, 마치 룰루(같은 이름의 희곡에 나오는 인물)가 아무에게도 그 계략을 들키지 않고 뛰어다니는 것이다. 논리학에서의 운동이야말로 헤겔의 공적으로, 이에 비하면 헤겔이 정체 모를 것에 정신을 팔았기 때문에 등한시되어 버린 그 공적, 여러 가지 방법으로 범주의 여러 규정과 그 서열을 바르게 한 잊을 수 없는 공적 등을 들 필요도 없다. (원주)

3) 엘레아학파가 잘못 알고 존재에 적용한 것—아무것도 생기지 않는다. 모든 것은 그대로 있다—이며, 이 이야기야말로 논리학의 영원한 모습이다. (원주)

4) 제르맨 네케르 스탈 부인은 프랑스의 문학가. 그의 《독일론》에서는 일반적으로 사변 철학을 가리키고 있지 특별히 셸링의 이름을 들고 있지는 않다.

에서는 너무 적다. 그 양쪽 모두에 맞추려 하면, 그 어느 쪽에도 맞지 않는다. 만일 윤리학이 다른 어떤 초월하는 요소를 지니고 있지 않다면 그것은 본질적으로 논리학이며, 체면상 윤리학을 필요로 할 만큼 논리학이 많은 초월하는 요소를 지니고 있다면 그것은 이미 논리학이 아니다.

이상 말한 것은 어쩌면 너무 복잡하다는 생각이 들지 모르겠으나(논하고 있는 사항의 중요성으로 말하자면 끈덕지다고 할 수는 도저히 없을 것이다) 결코 쓸데없는 말이 아니다. 그 하나하나가 이 책이 논하려는 주제를 염두에 두고 선택된 것이기 때문이다. 그 예는 큰 데서 골랐지만, 큰 데서 일어나는 일은 더 작은 데서도 되풀이되는 일이 있으며, 오해도 마찬가지여서 해악이 비록 작다 할지라도 오해라는 점에 변함은 없다. 체계를 세우고자 마음먹고 있는 사람은 많은 것에 책임을 지게 된다. 그러나 특수 문제에 대해 쓰고자 하는 사람은 작은 것에 충실할 수 있으며, 또 그렇게 되어야 한다.

원죄에 대한 교의를 염두에 두고, 또 눈앞에 떠올리면서, '불안'의 개념을 심리학적으로 논하는 것이 이 책의 과제이다. 그런 이상, 비록 붓으로 쓰지는 않더라도 죄의 개념을 문제 삼을 수밖에 없다. 그러나 죄는 심리학적인 관심을 부르는 과제가 아니며, 죄를 그렇게 심리학적으로 다루려고 하면 결국 죄는 주제넘은 재기 발랄함의 도움을 받아야 할 것이다. 죄는 자신에게 정해진 자리를 가지고 있다. 아니, 더 정확하게 말한다면 자리 같은 것은 가지고 있지 않다. 이것이 죄의 특유한 규정이다. 죄를 다른 자리에서 취급하려 하면 본질에서 벗어난 굴절된 반사 광선 아래서 그것을 이해하게 되므로 죄의 개념은 변하게 된다. 변함과 동시에 그 때문에 정확한 개념에 올바르게 대응해야 할 분위기[5]가 어지럽혀져 지속적이고 참다운 분위기 대신 거짓 분위기를 가진 교묘한 기술을 보게 된다. 이렇게 하여 죄가 미학 속에 들어가게 되면, 죄는 모순이라는 범주에 놓이

---

5) 학문도 문학이나 미술처럼, 제작자로서도 감상자로서도 '분위기'를 전제로 하므로, 분위기에 맞지 않는 엉뚱한 것이 잘못된 사상 전개와 마찬가지로 눈에 거슬린다는 것이 요즘은 완전히 잊히고 있다. 현대인은 자기가 손에 넣었다고 생각하는 모든 빛나는 것을 기뻐한 나머지 내면성이나 몸에 익히는 것의 참뜻을 완전히 잊고 있다. 또는 그림자를 택한 이솝 우화의 그 개처럼, 욕심이 지나친 나머지 모든 것을 잃고 있다. 그러나 모든 그릇됨은 그 자신의 적을 낳는다. 그릇된 사변은 자신의 몸 밖에 변증법을, 분위기가 결핍되어 있거나 가짜였을 때는 자신의 몸 밖에 희극을 적으로 가지게 된다. (원주)

게 되고, 모순은 희극적이 되든지, 비극적이 되든지 둘 중의 하나를 택하게 된다. 따라서 기분은 변질된 것이다. 왜냐하면 죄에 상응하는 기분은 진지함이기 때문이다. 죄의 개념도 또 변질된다. 왜냐하면 죄의 개념은 희극적이 되든 비극적이 되든 상관없이 하나의 지속적인 것이든지 또는 비본질적인 것으로서 지양된 것인데, 반면에 본래 개념에 따르면 극복되어야 하는 것이 죄의 개념이기 때문이다. 희극적인 것이나 비극적인 것은 깊은 의미로는 적이라는 것을 가지고 있지 않다. 다만 사람을 울리기 위한 도깨비든지, 사람을 웃기기 위한 도깨비든지 둘 중 하나가 있을 뿐이다.

죄가 형이상학에서 취급되면 그 분위기는 변증법적인 냉담함과 무관심이 되어서, 사유에 대항할 수 없는 것이 되고 만다. 또한 개념도 변화한다. 왜냐하면 죄는 극복되어야 할 것이기는 하나, 그것은 사유에 대항할 수 없는 것으로써가 아니라, 현재 존재해 있는 것으로, 따라서 모든 사람에게 관련이 있는 것으로써 극복되어야 할 것이기 때문이다.

죄가 심리학에서 취급되면 그 분위기는 쉼 없는 관찰이자 염탐꾼 같은 대담한 것이 되기는 하지만, 진지함으로 죄를 이겨 내고 거기서 탈출하는 것이 되지는 않는다. 그 개념은 다른 것이 된다. 왜냐하면 죄가 하나의 상태로 되기 때문이다. 그러나 죄는 하나의 상태 따위가 아니다. 죄의 이념은 그 개념이 쉴 새 없이 폐기되려는 데에 있다. (가능성의, de potentia) 죄는 상태로서 존재하지 않고 어디까지나 '현실성으로서', 또는 '현실성에서' 존재를 되풀이하는 것이다. 심리학의 기분은 반감적인 호기심이라고 할 수 있겠으나 올바른 분위기는 진지하게 과감한 반항을 하는 것이다. 심리학의 분위기는 폭로에 대한 불안이고, 이러한 불안 속에서 심리학은 죄를 그리기 때문에 자기가 그린 그림에 대해 쉴 새 없이 불안을 느낀다. 이처럼 다루어지면 죄는 더욱 강해진다. 심리학은 원래 죄에 대해 여성적인 방법으로 접근하기 때문이다. 이 상태가 그 나름대로 진정한 모습임은 틀림없으며, 윤리적인 것이 나타나기까지는 이 상태가 사람들 저마다의 생활에 많든 적든 모습을 보이는 것도 틀림없다. 그러나 그런 취급을 받으면 죄는 본래의 모습을 잃고 그 이상의 것이든지 그 이하의 것이 된다.

그러므로 죄의 문제가 다루어질 때 그 개념이 옳으냐의 여부는 그 분위기를 보면 곧 알게 된다. 이를테면 죄를 병이라든지, 이상이라든지, 독이라든지, 부조화이기나 한 것처럼 이야기하고 있다면 그것은 죄의 진정한 개념이 아니다.

죄는 본래 어떤 학문에도 속하지 않는다. 죄는 설교의 주제이므로 그 설교에서는 단독자가 단독자로서 단독자에게 이야기하는 것이다. 우리 시대는 목사들이 학문에 거드름을 피운 나머지 마치 교수의 조수같이 되어 버려 자기들 또한 학문에 봉사하고 학문의 권위를 내세워 설교하는 것 같은 사고방식을 낳기에 이르렀다. 그러니 설교를 한다는 것이 아주 시시한 일로 보이게 된 것도 의심할 나위가 없다. 그러나 설교를 한다는 것은 모든 일 중에서도 가장 어려우며, 소크라테스가 찬양한 그 대화의 기술임이 틀림없다. 군중들 속에 대답할 사람이 있어야 하는 것이 아니며, 누군가 대답을 할 만한 사람을 계속해서 데리고 와야 하는 것도 물론 아니다. 소피스트들을 가리켜 그들은 변설은 능란하나 대화는 못한다고 소크라테스가 구별을 지어 비난한 진의는, 소피스트들이 모든 일에 대해 많은 것을 말할 줄은 알아도 자기 것으로 만드는 정신은 부족하다는 것이었다. 자기 것으로 만드는 것이 바로 대화의 비밀이다.

죄의 개념에는 진지함이 대응한다. 죄가 그 어느 학문에 서 있을 자리를 발견해야 한다면, 그것은 먼저 윤리학일 것이다. 그러나 거기에는 큰 어려움이 따른다. 윤리학은 아직도 이념적인 학문이다. 단순히 모든 학문이 이념적이라는 의미에서 그런 것만은 아니다. 윤리학은 현실성 속으로 이념성을 가지고 들어가려고 하지만, 반대로 현실성을 이념성에까지 높이려는 운동은 볼 수 없기 때문이다.[6] 윤리학은 과제로서 이념성을 앞세우고, 인간에게 필요한 여러 가지 제약 조건들을 갖추고 있음을 전제로 하고 있다. 이것으로써 윤리학은 어려움과 불가능을 드러내며 하나의 모순을 전개한다. 법률(율법)에 관해 말하기를, 법률은 의무이행의 요구를 끌어내어 그 요구에 따라 심판할 뿐 양육하려 하지 않는 하나의 양육 담당(《갈라디아서》 3 : 24~25)이라고들 하는데, 똑같은 말이 윤리학에도 적용된다. 다만 그리스의 윤리학만은 예외였는데, 그것은 본래 의미에서의 윤리학이 아니고 어떤 심미적 요소를 포함하고 있었기 때문이다. 이 사실은 덕에 대

---

6) 더 깊이 이 점을 생각해 보고자 하는 분에게는, 윤리학에서도 아직 현실성에 도달하지 못하고 있는데, 논리학의 끝 장에 '현실성'이라고 제목을 단다는 것이 얼마나 재치 있는 일인가를 간파하기 위한 충분한 기회가 있을 것이다. 논리학의 종점인 현실성은 따라서 현실성 쪽에서 본다면 논리학의 출발점이 있는 것 이상을 의미하지 않는다. (원주)

한 정의에 분명하게 나타나 있는데, 아리스토텔레스는 때때로 《니코마코스 윤리학》에서 호감이 가는 그리스적 소박함으로 이렇게 나타내고 있다. "덕만 가지고는 사람을 행복하게 하거나 만족시킬 수가 없다. 인간은 건강과 친구와 지상의 재물을 지녀야 하고 가정에서도 행복해야만 된다."

윤리학은 이념적(이상적)일수록 더욱 좋다. 불가능한 것을 요구해 봐야 아무 소용이 없다는 따위의 쓸데없는 말에 귀를 기울이는 것 자체가 비윤리적이다. 윤리학에는 그런 것에 관여할 시간도 없거니와 그럴 일도 없다. 윤리학은 타협할 필요도 없고, 또 타협하는 방법으로는 현실성에 이를 수가 없다. 현실성에 이르기 위해서는 모든 운동을 반대로(저항) 해야 한다. 이토록 이념적이라는 윤리학의 특질 때문에, 윤리학을 다룰 때 때로는 형이상학적인, 때로는 미학적인, 때로는 심리학적인 범주를 사용하도록 유혹을 받는다. 그러나 말할 것도 없이 윤리학은 무엇보다도 이런 유혹에 저항해야 한다. 한 권의 윤리학 책을 쓰고자 한다면, 완전히 다른 범주를 손안에 숨겨 가지고 있지 않고는 불가능하다.

따라서 죄가 윤리학에 속하는 것은 단지 윤리학이 회개로 인해 죄라는 개념에 좌초할 때뿐이다.[7] 윤리학이 죄를 포함하는 일이 있다면 윤리학의 이념성은

---

7) 이 점에 대해서는 요하네스 데 실렌티오가 출판한 책 《두려움과 떨림》(코펜하겐, 1843)에서 여러 가지 의견을 발견할 수 있다. 이 책에서 저자는 여러 차례 미학에 요청되고 있는 이념성을 윤리학에 요청되는 이념성 위에 실어서 좌초시키고 있는데, 그것은 이 충돌로 종교적인 이념성을 나타내기 위해서이다. 이 종교적인 이념성이야말로 바로 현실성의 이념이다. 따라서 미학의 이념과 마찬가지로 바람직한 것이지만, 윤리학의 이념처럼 불가능한 것은 아니다. 더구나 그 노출 방법은 이 이념이 변증법적인 비약과 "보라, 모든 것이 새로워졌다"(〈고린도후서〉 5:17)라는 긍정적인 분위기, 그리고 '반복'의 개념에 대응하는 불합리한 것에 대한 정열이라는 부정적인 분위기 속에서 행하여진다. 모든 존재가 윤리학의 요구를 만나 종말을 고하든지, 또는 조건이 충족되어 생과 존재 전체가 선행하는 것과의 내재된 연속에 따르지 않고(그런 일은 모순이다), 초월에 의해 새 출발하든지 둘 중 하나이다. 이 초월은 하나의 심연을 통해 최초의 존재로부터 반복을 단절시키고 있다. 그러므로 예를 들어 선행하는 것과 후속하는 것은 바다의 생물 전체가 하늘과 육지의 생물 전체에 대하여 맺고 있는 관계와 비슷하다고(하기는 일부 자연 과학자의 설에 따르면 전자는 완전하지 못함에도 후자가 나타나고 있는 것을 원형적으로는 모두 미리 형성하고 있다는 것이지만) 해봤자, 그것은 결국 비유에 지나지 않는다.

이 반복이라는 범주에 대해서는 콘스탄틴 콘스탄티우스의 《반복》(코펜하겐, 1843)을 참조해 주기 바란다. 이것은 아주 재치가 돋보이는 책이지만, 또 감히 말하건대 저자가 의도했던 것이기도 했다. 한데 내가 아는 바로는 콘스탄티우스야말로 힘차게 반복을 포착하여 그 의미 심장한 개념을 깨닫게 해준 최초의 사람이며, 그것을 통해 그는 학문과 학문이 부딪쳐서 거

기에 새로운 학문이 생기는 눈에 보이지 않는 지점과 전환점을 지적하고, 그럼으로써 이교적인 것과 그리스도교적인 것과의 관계를 밝히려 했던 것이다. 그러나 그는 그 개념을 그것에 어울리는 비슷한 개념으로 치장함으로써 자기가 발견한 것을 다시 덮어 버렸다. 무엇이 그에게 그렇게 하게 하였는가를 말한다는 것은 곤란하다. 곤란하기보다 오히려 이해하지 못할 일이다. 왜냐하면 그 자신이 '구교의 무리들이 나를 이해하지 못하도록' 이런 방식으로 썼다고 말하고 있기 때문이다. 그는 반복을 단순히 미학적으로만 그리고 심리학적으로만 다루려 했기 때문에 그만 모두가 유머러스한 구성을 갖게 되어, 이 말이 때로는 모든 것을 의미하는가 하면, 또 때로는 모든 사물 속에서 가장 시시한 것을 의미함으로써 그 효과를 돋우고 있다. 그리고 그 추이라기보다도, 끊임없는 천상으로부터의 계속적인 낙하는 재치 있는 이야기, 희극적인 대립으로 떠받혀지고 있는 것이다. 하긴 그는 그 문제 전체를 34쪽에서 매우 정확하게 이야기한 바 있다. '반복은 형이상학의 관심임과 동시에 형이상학이 올라타고 좌초한 관심이기도 하다. 반복은 모든 윤리학의 암호이며, 반복은 모든 교의학 문제에서 필수 조건이다'라는 최초의 명제에는, 마치 칸트가 형이상학은 무관심이라고 미학에 대해 말한 것과 같은 명제에서의 시사가 포함되어 있다. '관심'이 나타나기가 무섭게 형이상학은 한쪽으로 물러난다. 관심이라는 말이 강조된 것도 이 때문이다. 현실성에서는 주체성의 관심 전체가 모습을 보이므로, 그 때문에 형이상학은 좌초한다. 만약 반복이 정립되지 않으면 윤리학은 하나의 구속력이 된다. 반복은 윤리학의 암호라고 그가 말한 것도 아마 이 때문일 것이다. 반복이 정립되지 않으면 교의학은 전혀 존재할 수가 없다. 왜냐하면 반복은 신앙에서 시작되며, 또 신앙은 교의학적 문제의 대변자이기 때문이다.

자연계에서 반복은 흔들림 없는 필연성에서 존재한다. 정신계에서도 반복에 변화를 주고 반복 아래 조금이나마 편안하게 지내는 것이 과제가 아니다. 그래서는 정신이란 정신의 반복에 대해 단순히 외면적인 관계에 서는(그 결과 선과 악은 마치 여름과 겨울처럼 교체한다) 데에 불과하게 된다. 오히려 그 과제로 삼아야 할 것은, 반복을 그 어떤 내면적인 것에, 자유 본래의 과제에 모두가 변천하는 가운데서 과연 반복을 실현할 수 있느냐 하는 자유의 최고 관심으로 바꾸는 것이다. 유한한 정신은 여기서 절망한다. 이 점은 콘스탄틴 콘스탄티우스가 자기는 한옆으로 물러나고 청년에게 종교적인 힘에 의한 반복을 출현시킴으로써 암시했다. 그렇기 때문에 콘스탄틴은 종종 "반복이란 하나의 종교적인 범주이다. 그에게는 너무나도 초월적이며, 불합리한 것의 힘에 의한 운동이다" 말하고 있으며, 142쪽에서는 영원이야말로 참다운 반복이라고 말하고 있다. 헤이베르 교수는 이런 점에 대해서 전혀 개의치 않고 그 《새해 선물》(헤이베르의 연간 《우라니아》를 가리킴)처럼 매우 고상하고 멋진 지식으로, 친절하게도 이 책을 고상하고 재미있는 시시한 책으로 만드는 데 일조하려 했던 것이다. 그는 또 매우 거만하게도 문제를 콘스탄틴의 출발점으로, 즉 좀 최근에 발행된 책을 예로 든다면 《이것이냐 저것이냐》 속의 유미주의자가 '윤작'에서 이미 갖다 놓은 점으로 나르려 했다. 만약 콘스탄틴이 헤이베르 교수와 함께, 선발된 진짜 한패가 될 수 있다는 이 유례없는 명예를 맛보고 우쭐해했었다면—생각건대 그는 그 책을 쓰고 나서 세상 사람들이 말했듯이 정신이 나간 게 틀림없다. 그리고 또 그와 같이 오해를 받기 위해 글을 쓰는 저작자가 넋을 잃고, 헤이베르 교수가 이해하지 못했다는 점을 자신의 명예라고 계산할 만큼 냉정성을 잃었다면, 이것 또한 정신이 없어 그런 것이 분명하다. 그러나 그런 걱정까지 할 필요는 없는 것 같다. 그가 지금까

이미 끝장이다. 윤리학이 이념성에 머무르면 머무를수록, 그러면서도 결코 현실성을 시야에서 놓쳐 버릴 만큼 비인간적으로 되지 않으면서, 자신이 모든 인간을 참다운 인간, 완전한 인간, '전형적인' 인간으로 만들기 위한, 모든 인간들이 해결해야 하는 과제라고 제시하며 현실성과 손을 잡는다면, 윤리학은 점점 어려움의 강도를 더하게 된다. 윤리학의 과제를 실현하기 위한 싸움에서 죄는 어떤 우연적인 개인에게 단지 우연적으로 속하는 것으로서 나타나는 것이 아니고, 깊고 깊은 전제, 즉 그 개인을 초월해서 나오는 전제로서 깊이깊이 파고 들어간다. 그러면 윤리학은 모든 것을 잃게 되며, 모든 것을 잃게 되는 일에 스스로 손을 빌려준 게 된다. 왜냐하면 이제 나타난 것이 완전히 윤리학의 영역 밖에 있는 어떤 범주이기 때문이다. 원죄가 모든 것을 더욱 절망적으로 만든다. 원죄가 윤리학의 어려움을 제거해 버리기 때문인데, 그것은 윤리학의 힘이 아니라 교의학의 힘에 따른 것이다. 고대의 모든 인식과 사변은 사유가 실재성을 갖는다는 것을 전제로 하고 있었듯이, 고대의 윤리학도 덕은 실현될 수 있는 것이라는 전제에 기초해 있었다. 죄를 회의한다는 것은 이교에서는 전혀 모르는 세계였다. 이교의 지식에서는 오류를 개별적인 예외 현상으로 여긴 한편, 윤리 의식에서는 죄를 그런 의미로 여겼다. 윤리 의식에서 죄는 마치 오류가 인식되었을 때와 마찬가지로 무엇인가를 증명하는 데 전혀 도움이 되지 않는 특별한 예외인 것이다.

엄밀한 의미에서 이념적이라고 불리는 학문인 윤리학과는 대조적으로, 현실성에서 출발하는 학문은 교의학에서 시작한다. 교의학은 현실적인 것을 이념성으로 높이기 위해 현실적인 것에서부터 출발한다. 교의학은 죄의 존재를 부정하지 않는다. 부정은커녕 죄의 존재를 전제로 하고 다시 원죄를 전제로 함으로써 죄의 존재를 '설명'한다. 그러나 교의학이 순수하게 다루어지는 일은 매우 드물기 때문에, 흔히 원죄가 교의학의 영역 안으로 이끌려 들어올 때, 교의학의 이질적인 기원에 대한 인상은, 눈에 띄는 것이 아니라 오히려 이따금 어지럽혀지는 것을 볼 수 있다. 이 점은 교의학 속에서 천사나 성서에 대한 교의가 다루어질 때도 볼 수 있다. 그리고 보면 교의학은 원죄를 '설명'해야 할 것이 아니라 그

___
지 헤이베르 교수에게 한마디도 대답하지 않은 것을 보면, 그가 자신을 잘 알고 있다는 것을 충분히 나타내고 있기 때문이다. (원주)

리스의 자연 철학이 여러 가지로 논한 저 소용돌이(소용돌이치는 우주에서 원자가 생겨났다는 데모크리토스의 설을 지칭한다)와 마찬가지로 원죄를 '전제'로 함으로써 원죄를 설명해야 할 것이다. 어떠한 학문도 파악할 수 없는, 운동하는 그 무엇처럼 말이다.

교의학이 사실 이런 것임은 언젠가 다시 한번 이 학문에 대한 슐라이어마허[8]의 불후의 공적을 이해할 때가 오면 알게 될 것이다. 우리가 헤겔을 택했을 때, 슐라이어마허는 이미 잊혔지만 그야말로 자기가 알고 있는 일밖에 말하지 않았던 그리스적 의미에서의 아름다운 사상가였다.

그러나 헤겔은 뛰어난 재능과 방대한 학식이 있음에도, 업적으로 자신이 독일적 의미에서 위대한 철학 교수라는 걸 보여 주었다. 왜냐하면 어떤 일이 있더라도 모든 것을 해석해 보였기 때문이다.

내재적인 학문이 형이상학과 함께 시작하는 것과 같은 의미에서, 새로운 학문은 교의학과 함께 시작한다. 윤리학은 현실성에 대한 교의학의 의식을 현실성의 과제로 삼는 학문으로서, 여기에서 다시 자기가 있을 자리를 발견한다. 이 윤리학은 죄를 무시하는 일이 없으며, 그 이념성은 이념적으로 요구하는 것이 아니고, 오히려 현실성에, 죄의 현실성에 의해 관철된 의식에 그 이념성을 가지고 있다. 그러나 그것이 형이상학적인 지레짐작이나 심리학적 탐욕을 가지고 존재하지 않는다는 것에 주목해야 할 것이다.

이 운동(정적인 논리학과는 대조적으로, 내재적·초월적·동적 속성)은 다른 것이므로, 우리가 지금 말하고 있는 윤리학이 다른 사물의 질서에 속한다는 것은 쉽게 알아낼 수 있을 것이다. 제1윤리학은 단독자의 죄의 속성에 부딪혀 좌초되어 버렸다(윤리학은 죄를 무시할 수밖에 없고, 또 제1윤리학은 형이상학을 전제하므로). 단독자(개인)의 죄가 온 인류의 죄로 퍼지는 한, 죄의 속성은 도저히 설명하지 못할 뿐 아니라 어려움은 더욱더 커져서 윤리적으로 점점 수수께끼가 깊어져 갔다. 거기에 교의학이 나타나 원죄라는 원조를 해준 것이다. 새로운 윤리학은 교의학을 전제로 삼음과 동시에 원죄를 전제로 삼았으며(교의학은 원죄를 전

---

8) 독일의 철학자이자 신학자. 코펜하겐을 방문했다가 젊은 마르텐센(덴마크의 프로테스탄트 신학자)에게 깊은 감명을 주었다. 같은 무렵 키르케고르는 마르텐센으로부터 신학에 대해 개인 지도를 받고 있었으며, 논제로서 슐라이어마허의 교의학이 선정되었다.

제로 하므로), 이렇게 하여 원죄에 의해 단독자의 죄를 설명한다. 한편 이 새로운 윤리학은 이념성을 과제로 제출하는데, 그것은 위에서 아래로의 운동이 아니고 아래에서 위로의 운동으로 이루어진다.

잘 알려져 있듯이 아리스토텔레스는 '제1철학'이라는 명칭을 주로 형이상학을 가리키는 데 사용했다. 제1철학은 오늘날의 통념으로는 신학에 속하는 것의 일부도 포함하고 있다. 이교 세계에서 신학이 제1철학의 자리에서 다뤄진다는 것은 사실 무리가 아닌 이야기인데, 이것은 이교 세계에서는 연극이 하나의 거룩한 예배나 축제로서 실재했었던 것과 마찬가지로 무한의 반성 작용이 결핍되어 있기 때문이다.

그런데 우리가 이 양의성에서 벗어나려 한다 해도 이 명칭은 남겨 두어도 괜찮고 '제1철학'[9]을 내재 또는 그리스적으로 말해 상기(想起 : 인간의 영혼이 육체에 들어오기 전에 지녔던 다른 세계의 이데아 지식이 이 세상에서 육체의 감각을 통해 상기되는 과정이라고 하는 플라톤의 철학 용어)를 본질로 하는 학문, 또는 이교적 학문이라고도 할 수 있는 학문 전체의 의미로 생각할 수 있으며, '제2철학'을 초월 또는 반복을[10] 본질로 하는 학문의 의미로 생각할 수 있을 것이다.

죄라는 개념은 따라서 원래 어느 학문에도 속해 있지 않다. 다만 제2윤리학만이 죄의 적발을 다룰 수 있으나, 그것의 발생을 다룰 수는 없다. 다른 학문이 죄를 논하려 하면 죄의 개념은 혼란에 빠진다. 우리의 본제에 접근하기 위해 심리학이 죄를 논한다 해도 그렇게 된다.

심리학이 다루고자 하는 대상은 불안정한 상태로 정지한 것이어야지, 쉴 새 없이 자기를 산출하거나 억압하면서 동요하는 그런 불안정한 것이어서는 안 된다. 그런데 죄는 지속적인 것에서 줄곧 발생한다. 그러나 필연성을 가지고 발생

---

[9] 셸링은 부정철학과 긍정철학이라는 자신의 구별을 뒷받침하기 위해 아리스토텔레스의 이 명칭을 기억에 되살려 주었던 것이다. 부정철학을 그가 논리학의 의미로 생각했다는 것은 충분히 밝혀졌으나 이와 반대로 긍정철학을 무엇으로 해석했는지는 나에게는 그리 분명하지 않다. 그가 제공하려 한 것이 틀림없이 철학이었다는 사실 말고는 더 이상 논할 수가 없다. 나 자신의 의견 말고는 의지할 만한 것이 아무것도 없기 때문이다. (원주)

[10] 콘스탄틴 콘스탄티우스는, 내재성이 '관심'사에 부닥쳐서 좌초한다는 것을 넌지시 말하여 그것을 생각나게 해주었던 것이다. '반복'의 개념과 함께 처음으로 본래 의미에서 현실성이 모습을 나타내는 것이다. (원주)

하는 것은 아니고—필연성에 따른 발생은 식물의 모든 역사가 하나의 상태이 듯이—하나의 상태이기 때문에 자유를 가지고 발생하는 것의 지속적인 터전인 것, 앞서서 경향성을 유발하는 유언적 전제이며, 죄의 현실적 가능성, 이것이야 말로 심리학이 관심을 갖는 대상이다. 심리학이 전념하게 되는 그 대상은 어떻 게 해서 죄가 발생되느냐는 것이지, 현재 죄가 발생하고 있다는 것은 아니다. 심 리학은 그 심리학적 관심을 마치 죄가 그곳에 있는 것처럼 보이는 지점까지 이 끌어 낼 수도 있다. 하지만 이 보이는 것은 앞의 것과는 질적으로 다른 것이다.

이 전제가 심리학의 철저한 사색과 관찰에 의해 차츰 그 손을 펼치면서 모습 을 보이는 모양이야말로 심리학의 관심이 되고 있다. 실제로 심리학은 그것에 의해 죄가 존재한다는 착각에 빠질 수조차 있다. 그러나 이 착각은 심리학의 무 력함을 드러내는 것이고, 그 역할이 끝났다는 것을 나타내는 것이다.

인간의 본성이 죄를 가능하게 하는 것을 반드시 지니고 있다는 것은 심리학 적으로 말해서 진실이다. 하지만 이 죄의 가능성을 죄의 현실성으로 만들어 버 리려고 하는 것은 윤리학의 노여움을 사는 것이며, 교의학에서는 독설처럼 들 린다. 왜냐하면 자유는 결코 가능한 것이 아니기 때문이다. 자유는 존재하는 순 간 현실이 된다. 옛날 어떤 철학에서 신의 존재가 가능하다면, 그것을 필연(명증) 이라고 일컬었던 것과 같은 의미에서.

죄가 현실적으로 정립되기가 무섭게 윤리학은 즉각 제자리에 가서 죄의 모든 발걸음을 추적한다. 죄가 죄로서 이 세상에 들어왔다는 것을 확인만 하면, 윤리 학은 죄가 어떻게 발생했는지는 개의치 않는다. 더구나 가능성 속에서 죄가 '평 온한 생활'을 하든 말든 그것은 죄의 발생 이상으로 윤리학이 아랑곳할 바가 아 닌 것이다.

여기서 심리학은 (그 대상을) 어떤 의미로, 또 어디까지 관찰을 통해 연구하고 자 하는가를 다시 묻는다면, 앞에서도 생각해 왔듯이 죄의 현실성에 대한 모든 관찰은 심리학에는 관련이 없는 것이며, 윤리학도 관찰을 제외하고 있다는 것 이 이상 말한 데서 저절로 밝혀질 것이다. 왜냐하면 윤리학은 결코 관찰하지 않 으며 고발하고 심판하고 행동하기 때문이다. 이상의 사실에서 저절로 밝혀지는 것은, 심리학은 경험적으로 현실적인 것들의 세세한 부분들에 대해서는 그것이 죄의 범위 밖에 있을 경우 외에는 그다지 문제시하지 않는다는 것이다. 학문으로서의 심리학은 경험적으로 심리학의 근저에 있는 세세한 부분을 절대로 다룰 수 없다.

그럼에도 심리학이 구체화하면 할수록 이 세세한 부분들은 학문으로서의 체제를 취하게 된다. 다른 어떤 학문보다도 인생의 들끓는 다양성 속에서 도취해도 좋은 권리를 가진 이런 학문이, 오늘날 마치 세상을 등진 은자처럼 단식과 금욕을 일삼게 되었다. 이것은 학문의 책임이 아니라 그것을 키우는 사람들의 책임이다. 한편 심리학에서는 죄에 관한 한 현실성의 모든 내용을 거부하고 있어, 단지 그 가능성이 심리학에 속해 있을 뿐이다. 그러나 윤리학적으로 생각할 때는 죄의 가능성이 모습을 보이지 않는 것은 말할 나위도 없고, 윤리학이 그 같은 고찰로 시간 낭비를 하면서 기만당할 짓은 하지 않는다. 하지만 심리학 쪽은 그런 고찰을 즐기기 때문에 들어앉아서 그 약도를 그리고, 가능성의 각도를 재며, 마치 아르키메데스처럼, 남에게 방해당하는 것을 싫어하는 것이다.[11]

그러나 심리학은 이처럼 죄의 가능성 속에서 전념함으로써, 알지 못하는 사이 다른 어떤 학문에 봉사하게 된다. 이 학문은 심리학이 전념하기를 끝낼 때쯤 자기 일을 시작하여 심리학의 설명을 도와주려고 기다리고 있다. 그것은 윤리학이 아니다. 윤리학은 이런 죄의 가능성과 아무런 관련도 없기 때문이다. 오히려 그 학문은 교의학으로서, 여기에 다시 원죄 문제가 나타난다. 심리학이 죄의 사실상의 가능성을 탐구하는 것과는 반대로 교의학은 원죄를, 즉 죄의 이념적인 가능성을 설명한다. 그러므로 제2윤리학은 죄의 가능성이나 원죄 따위와는 아무런 관련도 없다. 제1윤리학은 죄를 무시하고 제2윤리학은 죄의 현실성을 그 영역에 들여놓고 있다. 여기서 심리학은 잘못 들어가는 일 말고는 들어갈 틈이 없다.

이상에서 말한 것이 옳다고 한다면, 내가 무슨 생각으로 이 저작을 심리학적 고찰이라고 이름 붙였는지, 또 이 저작이 학문상 차지하는 스스로의 위치를 자각하는 한 그것이 어째서 심리학에 속하며, 그리고 또 교의학을 향하는 것인지 쉽게 알 수 있을 것이다. 심리학은 이제까지 주관적 정신의 학문이라고 불리어 왔다. 이 점을 좀 더 정확하게 추궁하면, 심리학이 죄의 문제에 부딪힘으로써

---

11) 제2차 포에니 전쟁 때, 기하학 문제를 풀려 하고 있던 아르키메데스한테도 로마의 병사가 와서 원 속으로 들어서자 "내 원을 방해하지 말아 주게" 했다고 전해지고 있다.

어째서 무엇보다도 절대적 정신의 학문으로 전향해야 했던가를 알 수 있을 것이다. 여기에 교의학의 자리가 놓여 있다. 제1윤리학은 형이상학을, 제2윤리학은 교의학을 전제로 한다. 그러나 다른 경우와 마찬가지로 여기서도 또 그 '전제'가 모습을 보임으로써 그것은 완결된다.

이상이 서론의 과제였다. 이제까지의 말이 옳다 하더라도, 불안의 개념에 대한 고찰 자체는 전혀 예상 착오일 수도 있다. 과연 그런 것인지 어떤지는 앞으로 우리가 살펴보아야 할 일이다.

제1장 원죄의 전제로서의, 또 원죄를
그 기원으로 소급해 설명하는 것으로서의 불안

1. 원죄 개념에 대한 역사적 시사점

원죄라는 개념은 최초의 죄, 아담의 죄, 인간의 타락으로 인한 죄 등의 개념과 과연 같은 것일까? 자칫하면 그렇게 생각하기 쉽기 때문에, 원죄를 설명한다는 과제는 바로 아담의 죄를 설명하는 것과 같은 것으로 간주되어 왔다. 그래서 이런 생각은 온갖 어려운 질문을 받게 되었으므로 결국은 도망갈 길을 선택하게 되었다. 어떻게 해서든지 설명해 내려고 하나의 공상적인 전제를 꺼냈는데 그 전제를 잃어버렸기 때문에, 타락으로 인한 죄라는 결론이 초래된다고 한 것이다. 그런데 지금 말한 이런 상태가 이 세상에서는 찾아볼 수 없다는 것을 누구나 긍정한 것은 아닌데, 문제는 그런 상태가 존재하고 있었느냐 아니냐 하는 것을 잊고 있었다는 것이다. 잃어버렸다고 한 이상, 아무래도 존재해 있어야 하기 때문이다. 인류의 역사는 하나의 공상적인 출발점이 주어지고, 아담은 인류의 역사 밖에 공상적으로 놓이게 되었다. 경건한 감정이나 공상은 소망대로 신성한 시작을 하게 된 셈이다. 그러나 사유가 얻은 것은 아무것도 없었다. 이중적인 의미에서 아담은 역사에서 벗어나 공상적인 취급을 받게 되었다. 먼저 가톨릭교에서는 이 전제가 변증법적이고 공상적이었다(토마스 아퀴나스의 표현대로 아담은 '신이 내린 찬탄할 만한 초자연적인 선물'을 잃었다). 이 '상실'의 전제가 특히 계약신학[1]에서는 역사적이고 공상적이었다. 계약신학은 아담의 출현이 온 인류의 전권대사의 출현이라고 하는 연극 같은 공상적인 생각 속에 제정신을 잃어버렸다. 물론 이런 것으로는 그 어느 것도 설명이 되지 않는다. 한쪽은 가톨릭에서의

---

[1] 네덜란드 신학자 요하네스 코케이우스가 주창했다. 신과 아담의 계약(기술의 계약) 및 신과 그리스도의 계약(자비의 계약), 이 두 가지 계약을 중심 사상으로 하고 있다.

변증법적·공상적인 전제가 제 자신이 날조한 것을 두드려 부술 뿐이라는 설명에 지나지 않고, 다른 한쪽은 역사적·공상적 전제가 아무 설명도 되지 않는 것을 날조하고 있을 뿐이기 때문이다.

개개의 인간은 단지 아담과의 관계를 통해서만 원죄와 연결되는 것이지, 죄에 대한 그의 근원적인 관계에 의하는 것이 아니라는 것일까? 원죄라는 개념과 최초의 죄라는 개념은 차이가 있는가? 만약 그렇다고 한다면 아담은 또 역사 밖에 공상적으로 놓이게 된다. 그럴 경우 아담의 죄는 '과거 이전의 것(과거 완료)'이다. 원죄는 현재적인 것이자 죄의 속성이며, 아담은 원죄가 없었던 유일한 인간이다. 왜냐하면 죄의 속성만이 그에 의해 생긴 것이기 때문이다. 그래서 세상 사람들은 아담의 죄를 밝히려 하지 않고, 대신 아담이 죄를 지은 이후의 결과에 따라서 원죄를 밝히려고 했다. 그러나 그 설명은 사유에서는 소용이 없었다.

어떤 신조서(信條書)가 원죄의 설명이 불가능하다는 것을 표명하는 동시에 그 표명 자체가 원죄에 대한 설명과 모순되지 않는 이유를 이 점에서 잘 알 수 있을 것이다. 슈말칼덴 조항은 분명히 다음과 같이 가르치고 있다. "원죄는 어떠한 인간 지성에 의해서도 알 길이 없으며, 단지 성서의 계시에 의해 인정되고 깊이 믿어지는 고약한 본성의 타락이다." 이런 표명은 앞의 여러 가지 설명과 교묘하게 일치할 수가 있다. 왜냐하면 이 설명에는 어떤 결과로서의 규정은 그다지 드러나지 않고, 윤리적 경향의 어떤 경건한 감정이 원죄에 대한 자기 자신의 고약함을 더욱더 북돋우는 데에 열중되어 있기 때문이다. 사람마다 죄의 속성을 가지고 있다는 말을 하려면 어떤 가혹한 말도 마다하지 않을 정도이다. 이 점에 관해 여러 가지 신조들을 돌이켜 보면, 거기에는 하나의 서열이 있는데, 그 속에서는 프로테스탄트적인 깊은 경건성이 마침내 승리를 차지하고 있다.

그리스 정교회는 원죄를 '시조(始祖)의 죄'라고 부른다. 그것은 하나의 개념조차도 지니고 있지 않다. 왜냐하면 이 말은 단순히 하나의 역사적 진술이므로 원죄 개념처럼 현재적인 것을 진술하지 않고, 다만 역사적으로 완결한 것을 진술하는 데 지나지 않기 때문이다. '근본적인 악덕'(테르툴리아누스)은 물론 하나의 원죄 개념이기는 하나, 그 표현의 형태로 본다면 역사적인 것에 중점이 놓여 있는 것 같다. '근본적인 죄'(처음부터 전해진 것이기 때문에—아우구스티누스)는 '일으키는 죄'와 '일으켜진 죄'[2]를 구별함으로써 더욱 뚜렷하게 개념을 드러나게 할 수 있다. 프로테스탄티즘은 '신의 모습의 결여, 근원적 뜻의 상실'이라는 스콜라적 규정을 부정하고, 원죄가 '벌'(욕망은 벌이지 죄가 아니라고 반대자는 논한다─《아우구스부르크 신앙 고백서의 변증》)이라는 견해도 물리치고, 이렇게 하여 바야흐로 '악'에서 '죄'가, 죄에서 '벌'이, 그리고 벌에 의해 계율을 깨뜨리는 '파계'가 생겨난다는, 점차로 솟구쳐 오르는 열광적인 점층법이 시작되는 것이다. 세상 사람들의 주된 관심사는 짓눌린 영혼의 웅변이기 때문에, 자칫하면 완전히 모순된 사상을 원죄의 이야기 속으로 들여놓는 수가 있다. "바야흐로 아담의 전례를 따라 죄를 범한 자에게 신의 노여움이 도입되는 수가 있다." 혹은 저 수다스러운 말과 사상 따위는 제쳐 놓고 원죄의 무서움에 대해 이렇게 말하는 것이다. "그 결과 우리 모두가 아담과 하와의 불순종 때문에 신의 미움을 받게 되었다"《일치 신조》). 그런데 이 고백서는 아주 조심성 있게도, 이 신조를 사유 대상으로 삼지는 않는데, 그렇게 생각을 한다면 죄는 인간의 실체가 되기 때문이다.[3] 신앙과 회개의 감격이 사라져 버리는 순간 곧 교활한 분별이 죄의 인식을 모면케 하는 그런 규정이라면 아무런 소용도 없다. 그러나 새로이 다른 규정이 필요하다는 것은 드라콘[4] 법률 이외의 다른 법률이 필요한 것과 같은 의미로서, 사실은 그 시대의 완전성이 의심스럽다는 것을 증명한다.

여기에 나타난 공상적인 것(아담의 존재)은, 당연한 일이지만 교의학 속의 다른 대목인 속죄론에서 되풀이된다. 속죄론은 그리스도가 원죄에 보상을 했다고 풀이한다. 그렇다면 아담은 대체 어떻게 되는 것일까? 그야말로 원죄를 이 세상에 가져온 사람이 아니었던가? 원죄는 그에게 현실적인 죄가 아니었던가? 아니

---

2) 아담에게는 인간이 본성을 타락시키고(일으키는 죄), 그 뒤의 인간에게는 본성이 인간을 타락시킨 것(일으켜진 죄)이라고 한다. 전자는 타락으로 인한 죄로서의 원죄이고 후자는 속죄로서의 원죄이다.

3) 그러나《일치 신조》가 이 규정에 대해 생각하기를 금하고 있다는 것은, 사고하지 말아야 할 것을 사고함으로써 부딪혀 보려고 하는 정력적인 정열이 있었던 증거다. 이것은 오히려 찬양받아 마땅하다. 이런 정력은 너무나도 게을렀던 근대의 사고에 비해 크게 찬양되어도 좋다. (원주)

4) 기원전 7세기 말 아테네 법률가. 가혹한 법률을 제정했으나 뒤에 행하지 않게 되었다고 전해진다. 단 법률을 제정한 것이 아니라, 전해 내려오는 관습법을 공포한 데 지나지 않았다는 것이 사실인 듯싶다.

면 원죄가 아담에게도 모든 인류 개개인에게와 같은 의미인 걸까? 만약 그렇다면 원죄라는 개념은 사라져 버린다. 아니면 아담의 온 생애가 원죄였던가? 최초의 어떤 죄가 그로부터 다른 여러 가지 죄, 즉 현실적인 죄를 낳았던 것은 아닐까? 앞에서의 오류는 여기에서 더욱 뚜렷해진다. 왜냐하면 이 오류 때문에 아담은 이제 지극히 공상적으로 역사 밖으로 따돌려져 그만이 속죄에서 제외되고 있기 때문이다.

그러니 문제가 제기되는 방법이 어떻든 간에, 아담이 역사 밖으로 내쫓겨 공상적인 인물이 되는 순간부터 모두가 혼란에 빠져 버린다. 아담의 죄를 설명한다는 것은 그렇기 때문에 원죄를 설명하는 것이 된다. 아담을 설명하여 원죄에 미치지 못하고 원죄를 설명해 아담에 미치지 못하는 설명은 아무 소용도 없다. 이것은 인간이 개인이며, 특히 개인으로서는 그 자신임과 동시에 온 인류이므로, 따라서 온 인류는 개인에게, 개인은 온 인류에게 있다는 인간 존재의 본질적인 사항에 가장 깊은 근거를 가지고 있다.[5] 이 점을 견고하게 붙잡고 있지 않으면 펠라기우스, 소시누스, 박애주의[6]처럼 한 면만을 보는 관점에 빠지든지, 아니면 공상적인 것에 빠지게 된다. 지성의 무미건조함은 인류를 수적으로는 '하나 곱하기 하나는 하나'라는 식으로 만들어 버린다. 공상적인 것이란 아담이 온 인류 이전의 것이라는 선의의 영예든지, 또는 인류 밖에 선다는 모호한 영예를 지는 것임을 뜻한다.

개인이 그 자신임과 동시에 인류라는 것은 모든 순간을 통해 말할 수 있다. 이것은 상태(인류의 발전이 개인에게 구체화된 상태)로서 보일 경우의 인간의 완전성이다. 그와 동시에 그것은 모순(인간은 자신이면서 동시에 인류라는 사실)이며 모순은 늘 과제(자신을 인류와 결합시키고 세대에 기여하는 역사적 운동의 과제)로서의 의미를 갖는다. 그런데 과제란 운동이다. 그러므로 과제로서 지워져 있는 어

---

5) 그래서 만약 한 개인이 인류에서 완전히 탈락할 수 있는 것이라면, 그 탈락은 동시에 인류라는 것에 잘못된 정의를 주게 될 것 같다. 이와 반대로 어떤 동물이 그 종에서 탈락하는 일이 있더라도, 종은 전혀 아무런 영향도 받지 않는다. (원주)

6) 펠라기우스는 5세기 초 영국 수도사로, 원죄 개념을 부정하고 모든 인간은 타락 전의 아담처럼 태어난다고 주장했다. 소시누스는 16세기 초 이탈리아 신학자로, 전통적 원죄 교리를 거부했다. 박애주의는 18세기 후반에 일어난 독일 교육학의 운동으로 루소의 자연주의에 공명하고 보편적 인류애에 의거한 교육을 목표로 삼았다.

떤 일정한 것을 향해 가는 운동은 하나의 역사적 운동이다. 그런 까닭에 개인은 역사를 가지고 있다. 그러나 개인이 역사를 가지고 있다면 인류 또한 역사를 가지고 있다. 개인마다 똑같은 완전성을 가지고 있는데, 분명히 이 때문에, 개인마다 수량을 기준으로 흩어지는 일도 없거니와 인류라는 개념이 하나의 환영으로 변화해 버리는 일도 없어지게 되는 것이다. 개인은 저마다 그 자신의 역사와 마찬가지로 다른 개인의 역사에 본질적으로 관심을 기울이고 있다. 그러므로 자기를 완성한다는 것은 전체에게 완전하게 관여하는 것이다. 개인은 그 누구도 인류의 역사에 무관심할 수는 없다. 이것은 인류가 어떠한 개인의 역사에도 무관심할 수 없는 것과 마찬가지이다. 인류의 역사가 진보됨에 따라 개인은 언제나 새로이 시작한다. 개인은 그 자신임과 동시에 인류이며, 그런 까닭에 그의 역사가 또 인류의 역사가 되기 때문이다.

아담은 최초의 인간이며, 그는 자기 자신임과 동시에 인류였다. 우리가 그에게 연결되고 있는 것은 미학적으로 아름다운 것이기 때문이 아니다. 모든 책임을 진 자로서, 말하자면 그를 경멸하는 일 없이 손을 잡고 있는 것은 어떤 너그러운 마음을 지니고 있기 때문이 아니다. 우리가 그와 죄를 나눌 생각으로 있는 것은, 부모를 생각하는 감격이나 효도의 훈시에 의해 부모의 가책을 나누어 짊어지려는 자식이 지닌 생각과는 다른 것이다. 우리가 그에게 집착하는 것은, 우리가 존재할 다른 방식이 없다는 것을 깨닫게 하는 강요된 동정 때문도 아니다. 우리가 그를 잡고 놓지 않는 것은 사상 때문이다. 그러므로 인류에 대한 아담의 의의를 교의학적 표현을 빌려 '인류의 본질적·발생적·성스러운 계약적 인류의 시조'로 설명하려 하는 온갖 시도는 모든 것을 혼란에 빠뜨린다. 아담은 인류와 본질적으로 다른 점이 없다. 만약 다르다면 인류 또한 존재하지 않게 되기 때문이다. 아담은 그 자신임과 동시에 인류인 것이다. 그러니 아담을 설명한다는 것은 인류를 설명하는 것이고, 그 반대 또한 마찬가지이다.

2. 최초의 죄 개념

전통적인 개념에 따르면 아담의 최초의 죄와 개개인의 최초의 죄의 차이는 다음과 같다. 아담의 죄는 결과로서의 죄의 속성에 대한 전제 조건이 되고 있지만, 각자의 최초의 죄는 인류의 다양한 발전이 개인에겐 구체화된 상태로서의 죄의 속성을 조건으로서 존재한다. 만약 그런 차이가 있다고 한다면 아담은 사실 인류 밖에 놓이게 되고, 인류 또한 그로부터 시작되는 것이 아닌 동시에 출발점을 인류 밖에서 찾아야 하는데, 이것은 모든 개념에 어긋난다.

최초의 죄가 어떤 하나의 죄(즉 다른 많은 죄와 똑같은 어떤 하나의 죄)라든지, 또는 첫 번째 죄(두 번째 죄에 대한 첫 번째 죄)와는 다른 어떤 것을 의미하고 있음은 쉽게 알 수 있다. 최초의 죄는 질적인 규정이므로 최초의 죄가 규정적인 죄인 것이다. 이것이 최초의 죄가 갖는 비밀스런 의의이며 추상적인 지성에게는 장해물이 되는 것이다. 그러므로 지성은 한 번으로는 되지 않으며, 몇 번이나 거듭되어야만 어떤 문제든 해결될 것이라고 생각하는데, 이것은 완전히 잘못된 생각이다. '몇 번이나'라는 것은, 그때마다 처음과 같은 것을 뜻하든지, 아니면 그것들을 다 합했을 때 처음의 것과 결코 같지 않다는 것을 뜻하기 때문이다. 그러니 논리학에서 연속적인 양적 규정에 의해 새로운 질(質)이 생긴다고 생각하려 한다면, 그것은 미신이다. 그리고 반드시 새로운 질이 생기는 것이 아님을 숨기지는 않는다 할지라도, 헤겔처럼 그것(연속적·질적 규정에 근거한 새로운 질)이 논리적 내재의 전체에 대해 가져오는 결과를 은폐한다면 그것은 용납할 수 없는 침묵이다.[7] 새로운 질은 최초의 것과 함께, 비약과 함께, 수수께끼로 가득 찬 당돌함과 함께 모습을 나타내는 것이다.

만약 최초의 죄가 숫자적 의미에서 하나의 죄를 뜻한다면, 거기에는 어떤 역사도 생겨나지 않을 것이고, 죄는 개인은 물론 인류에서도 역사를 갖는 일이 없을 것이다. 왜냐하면 그 조건은 개인이나 인류에게 같기 때문이다. 이렇게 말은

---

7) 일반적으로 양적 규정과 새로운 질 사이의 관계에 관한 이 명제는 긴 역사를 가지고 있다. 본디 그리스의 급변형은 모두 오직 양적 규정을 수립하는 것뿐으로서, 따라서 그 최고의 구별은 동이냐 부동이냐 하는 것이다. 근대 철학에서 셸링이 처음 한동안은 모든 구별을 설명하기 위해 단순히 양적 규정만으로 대치하려 했지만, 뒤에 가서 똑같은 일로 (그의 박사 논문에서) 에셴마이어에게 비난을 퍼부었다. 헤겔은 비약을 수립했다. 그런데 그것을 논리학 속에서 수립했던 것이다. 로젠크란츠는 (그의 심리학에서) 이것에 대해 헤겔을 칭찬하고 있다. 최근에 나온 로젠크란츠의 저서 《셸링에 대한 강의》에서 그는 셸링을 비난하고 헤겔의 손을 들어 주고 있다. 그러나 헤겔의 불행은 그의 새로운 길을 통용시키려 하면서도 그것을 하려 하지 않았던 것이다. 무슨 뜻이냐 하면, 그는 그것을 논리학에서 하려 했기 때문이다. 논리학에서는 이 사실이 인식되자마자 논리학 자신과 자신의 의의에 대해 다른 의외성을 갖게 되는 것이다. (원주)

하지만 물론 인류의 역사는 그 자체로서 개인의 역사가 아니며 마찬가지로 개인의 역사는 인류의 역사가 아니다. 단, 모순이 끊임없이 과제를 나타내고 있을 경우는 예외이다.

최초의 죄를 통해 죄가 이 세상에 들어왔다. 이것과 똑같은 방법이 그 뒤의 각자의 최초의 죄에 대해서도 적용된다. 아담의 최초의 죄 이전에는 죄라는 것이 없었다는 것은, 죄 자체와 관련해 보면 완전히 우연이고 예상 밖인 반성이다. 따라서 이러한 반성에는 아담의 그 최초의 죄를 더 크게 하거나 또는 그에 비해 그 뒤 다른 사람의 최초의 죄를 더 작게 하려는 의의도 없거니와 권리도 없다. 어떤 인간의 죄의 속성이 오랫동안 양적(개인적으로는 죄의 절대적인 질로서 이해되고, 타인과 비교해서는 상대적인 양으로 이해된다)으로 규정되어 있던 끝에 마침내 '우연 발생'에 의해 최초의 죄를 낳은 것처럼 보이게 하려는 것은 확실히 논리적인, 그리고 윤리적인 이단임이 틀림없다. 그런 일은 있을 수 없다. 이는 양적 규정에서 대가인 트롭[8]도 그것만 가지고는 학사 학위를 얻을 수 없었던 것과 마찬가지이다. 수학자나 천문학자라면 없는 것이나 마찬가지로 사라져 버리는 작은 수들이라도 쓸모가 있다면 쓰는 것도 좋겠지만, 이 세상에서는 그런 것이 학위증을 손에 넣는 데 아무런 보탬도 되지 않는다. 하물며 정신을 설명하는 데 무슨 도움이 되겠는가?

만약 후대 모든 사람들의 최초의 죄가 이처럼 죄성(죄의 속성)에서 유래되는 것이라고 한다면, 그들의 최초의 죄를 최초의 것이라고 정한다는 것은 본질적인 일이라고 할 수 없을 것이다. 만약 이런 생각이 가능하다면, 인류의 점점 줄어드는 보편적 상황 자금 속에서 일련번호순으로 정해 나가는 것이 본질적인 것이 되리라. 그러나 그렇게는 되지 않는다. 그리고 최초의 죄라고 하는 명예를 획득하려는 것은, "나는 누구나가 다 하는 일을 했을 뿐이다" 어쩌고 하며 반성이라고는 모르는 말을 하여 조금이라도 변명을 하려 하는 것과 마찬가지로 어리석은 일이며, 비논리적·비윤리적·비그리스도적이기도 하다. 어떤 인간에게 존재하는 죄성, 선례의 강함 등, 이런 것들은 모두 단순한 양적 규정이지 그 무엇을 설

---

8) 덴마크 문학자 J. L. 헤이베르의 통속 희극 《평론가와 동물》에 나오는 법률 공부를 하는 60세 된 늙은 학생. 제3장에 "조금만 더 했으면 라틴어 법학 시험에 합격할 수 있었다는 증명 같은 건 언제든지 해 보일 수 있는데"라는 대사가 있다.

명하는 것은 아니다.[9] 그러나 각자가 그 자신임과 동시에 인류이기도 하고, 또한 한 개인이 인류라는 것이 가정된다면 이것은 다른 문제이다.

최초의 죄에 대한 창세기의 설화는 특히 오늘날 아주 소홀하게 하나의 신화로 여겨진다. 거기에는 당연한 이유가 있다. 왜냐하면 그 설화를 대신한 것이 신화로, 그것도 턱없는 신화로 대체되었기 때문이다. 아무튼 지성이 신화적인 것을 생각해 내면 거기에는 수다 이외의 것은 좀처럼 나오지 않는다. 창세기 신화야말로 유일하게 변증법적으로 조리 있는 견해인 것이다. 그 내용은 '죄 자체가 하나의 죄를 통해 이 세상에 들어왔다'는 명제로 요약된다. 만약 그렇지 않다면 죄는 우연적인 것으로서 찾아온 것이 되므로, 현명한 사람이라면 그것을 설명하려고 하지 않을 것이다. 죄가 스스로를 전제하는 것, 죄가 존재할 때 그것은 전제됨으로써 이 세상에 들어왔다는 것을 말이다. 지성이 직면하는 어려움이야말로 그 설명의 승리이며 이런 설명에 의해 야기되는 심각한 결론인 것이다. 이렇게 하여 죄는 돌발적인 것, 즉 어떤 비약에 의해 나타난다. 그러나 이 비약은 동시에 질을 정립한다. 그런데 질이 정립되기 무섭게 그 순간에 비약은 질에 의해 전제되고, 또다시 질은 비약에 의해 전제된다.

이런 식은 지성에서는 실패이며 그런 까닭에 그것은 신화인 것이다. 그 대신으로 이제 지성은 하나의 신화를 스스로 창작하는데, 그 신화는 비약을 부정하고 원을 직선으로 분해함으로써 모든 것을 원만하게 진행시켜 나간다. 지성은 타락으로 인한 죄 이전의 사람은 어떤 모양이었을까 하고 잠시 공상에 잠긴다. 그리하여 지성이 그 점에 대해 차례차례 지껄이고 있는 동안 목표로 되었던 순진무구함이 조금씩 죄성으로 바뀌어 버린다. 그리하여 가까스로 죄가 들어오게 되는 것이다. 이럴 때 지성이 말하는 태도는 아이들이 재미있게 놀 때 하는 말놀이(명사 앞의 숫자를 늘려 가다 보면 다른 뜻의 말로 되어 버리는 놀이)와 똑같다. 지성의 신화에 무슨 까닭이 들어 있다고 한다면 그것은 죄성이 죄에 선행한다는 것이어야 할 것이다. 그러나 죄성이 죄 그 밖의 다른 것을 통해서 들어왔다는 것이 진리라면, 이 죄성이라는 개념은 쓸데없는 것이 되어 버린다. 하지만

---

9) 그렇지만 그러한 양적 규정이 인간의 역사에 뒤따르는 것으로서, 또 비약을 설명하진 못할지라도 비약에 대한 예비 주행으로서 어떤 의의를 가지고 있느냐는 것은 또 다른 이야기이다. (원주)

그것이 죄를 통해서 들어오는 것이라면, 죄가 물론 선행해야 하는 것이 된다. 이것이야말로 비약도 내재(비약 이후의 내재)도 지배하는, 변증법적으로 유일하게 논리적인 모순이다.

아담이 지은 최초의 죄로 말미암아 이렇게 죄는 이 세상에 들어온 것이다. 그러나 일반화되어 있는 이 명제에는 완전히 피상적인 견해가 포함되어 있어서 해결되지 못한 오해를 낳는 것에는 확실히 도움이 되었다. 죄가 이 세상에 들어온 것만은 분명한 사실이다. 하지만 이것은 아담과는 그다지 관련이 없다. 아주 단적으로 정확하게 말한다면, 최초의 죄에 의해 죄의 속성이 아담 속으로 들어갔다고 해야 옳을 것이다. 물론 그 뒤의 인간들에 대해서는, 그들의 최초의 죄에 의해 죄성이 이 세상에 들어왔다는 말은 아무도 하지 못하겠지만, 그런데도 죄성은 같은 방법으로(즉 본질적으로 전혀 차이가 없는 방법으로) 그를 통해 후대의 이 세상에 들어오는 것이다. 왜냐하면 단적으로 정확하게 말하자면, 죄성은 단지 죄에 의해서 들어오는 한에서만이 이 세상에 존재하기 때문이다.

아담에 대해서만 달리 이야기되어 온 것은 인류에 대한 아담의 공상적인 관계의 결과가 곳곳에서 나타나지 않을 수 없다는 점에 그 원인이 있다. 아담의 죄는 원죄이다. 그 밖의 점에 대해서는 그에 관해 아무것도 알려져 있지 않다. 그러나 아담에게서 볼 수 있는 원죄는 단순히 최초의 죄에 지나지 않는다. 그렇다면 아담은 역사를 갖지 않는 유일한 개인인 것일까? 만약 그렇다면 인류는 개인이 아닌 어떤 개인에서 시작되는 것이 되며, 그래서는 인류의 개념도 개인에게 소용없는 것이 되어 버린다. 인류 속의 다른 개인들이 그들의 역사로 말미암아 인류의 역사에 대해 의의를 가질 수 있는 것이라면, 아담도 그것(개인이 아닌 개인의 개념)을 가지고 있는 것이다. 만약 아담이 단순히 최초의 죄로서 그 의의를 갖는 것이라면 역사라는 개념은 소용없는 것이 되어 버린다(최초의 죄는 아담의 죄가 아니라 아담이 지은 죄의 속성이기 때문에). 즉 역사는 시작한 순간에 끝나 버리는 것이 된다.[10]

---

10) 아담을 다른 각 개인과 똑같은 의미의 존재로서 인류 속에 밀어 넣는다는 것에 언제나 문제가 있다. 이 점에 대해 교의학은 특히 속죄론을 위해 주의해야만 했었다. 아담과 그리스도가 서로 대응한다는 설은 아무런 설명도 되지 않을뿐더러, 오히려 모든 것을 혼란에 빠뜨려 버린다. 거기에 비슷한 점이 있을지 모르나, 이 점은 개념적으로 보았을 때 불완전하다. 그리스

그런데 인류는 각 개인과 함께 새로이 시작하는 것이 아니기 때문에[11] 인류에서의 죄성은 물론 역사를 가진다. 그러나 역사는 양적인 규정에서 전진하는데 비해 개인은 질적인 비약의 상태로 그것에 참가한다. 그런 까닭에 인류는 각개인과 함께 새로이 시작하는 것이 아니다. 왜냐하면 만약 그렇다고 한다면 인류는 존재하지 않게 되기 때문이며, 오히려 각 개인이 인류와 함께 새로이 시작하기 때문이다.

아담의 죄가 인류의 죄를 이 세상에 가져왔다고 말하는 사람들은 모든 개념이 무효가 되어 버릴 정도의 공상적인 생각을 갖고 있거나, 또는 최초의 죄로 인해 죄성을 가져오게 하는 모든 각 개인에 대해서도 마찬가지로 이 말을 할 것이다. 인류를 시작하기 위해 인류 밖에 서 있는 한 개인을 끌어낸다는 것은 지성의 신화이다. 마치 죄성을 죄 이외의 다른 방법으로 시작하게 하는 것이 지성의 신화인 것처럼 말이다(그러나 죄성은 죄를 전제로 할 때만 현실적 의의를 갖는다).

그렇게 해서 얻는 것은 단지 문제를 미루어 두는 것일 뿐이며, 물론 그 문제는 인간 제2호를 향해 설명을 구하든지 혹은 더 정확하게는 인간 제1호를 향한다. 인간 제1호는 사실은 이제 0호로 되어 있기 때문이다.

때때로 사람 눈을 속여서 모든 공상적인 심상을 일어나게 하는 것에 세대관계의 문제가 있다. 마치 뒤의 사람과 최초의 사람은 계통상 본질적으로 다른 것처럼 느끼게 한다. 계통이라는 것은 단지 인류의 역사에서의 연속성을 표현한 것에 지나지 않으며, 연속성은 늘 양적 규정 속에서 움직이고 있는 것이기 때문에 이것이 개인을 낳는다는 것은 도저히 있을 수 없다. 동물의 종(種)은 비록 몇천 년이 유지된다 해도 도저히 다른 종의 개체가 생길 수는 없기 때문이다.

예컨대 제2의 인간이 아담에서 유래되지 않았다고 한다면, 그는 제2의 인간이 아니고 공허한 새로운 시작의 반복에 지나지 않으며, 인류도 개인도 그에게서 생겨나지는 않았을 것이다. 모든 개개의 아담들은 홀로 서 있는 하나의 입상

도만이 개인 이상의 개인이다. 하지만 그렇기 때문에 그는 처음에 오지 않고 시간이 차고 나서 오는 것이다. (원주)

11) 이와 반대의 말이 제1절에 서술되고 있다. 인류의 역사가 진보됨에 따라 개인은 언제나 새로이 시작한다고. (원주)

이 되어 버린다. 따라서 숫자라는 중요하지 않은 무차별적인 규정, 즉 번호에 의해 규정되었을 것이다. 그것도 번호로 불리는 녹색의 아이들[12]보다도 더 불완전한 의미로 규정되는 수밖에 없다. 각 개인은 고작해야 자기 자신이므로 자기 자신임과 동시에 인류일 수는 없을 것이다. 천사가 역사를 갖지 않듯이 그 또한 역사를 갖지 않으며, 단지 그 자신일 뿐 역사와는 아무런 관계가 없을 것이다.

이러한 견해가 인류 따위는 아랑곳하지 않고 자기의 사설 극장에서 자기의 조그만 역사를 각 개인에게 상연시키고 있는 펠라기우스주의(원죄의 개념 부정)라는 잘못을 저지르고 있지 않다는 것은 특별히 말할 것까지도 없는 일이다. 인류의 역사는 유유히 그 걸음을 이어 가고 있으며, 거기에는 다른 사람과 같은 장소에서 시작한 개인이 아무도 없다. 각 개인은 새로 시작한다. 그 순간에 저마다가 역사 속에서 시작해야 할 바로 그 자리에 있는 것이다.

3. 순진무구함의 개념

어떤 경우에도 마찬가지이지만, 오늘날 하나의 교의학적인 정의를 유지하기를 바란다면 먼저 헤겔이 교의학을 돕기 위해 찾아낸 것을 잊어버리는 것에서부터 시작해야 한다. 평소에는 어떻게 해서든지 전통 신앙을 가지려 하고 있는 교의학자가, 직접적인 것의 본질은 지양된다는 헤겔(직접성이나 순결성의 본질에 머물러 있어서는 안 된다고 주장했다)이 자주 사용하는 문구를 인용하면서, 마치 직접성과 순진무구함이 똑같기라도 한 것처럼 말하고 있는 것은 이상하다는 생각이 든다. 헤겔은 완전히 일관되게 모든 교의학적인 개념(전통적)을 심하게 약체화해 버렸기 때문에, 결국 그 개념들은 논리적인 것에 대한 재치 있는 표현으로서 변변치 못한 존재에 지나지 않게 되었다. 직접적인 것은 지양되어야 한다는 말을 하기 위해서는 꼭 헤겔이 필요하다든지, 또는 헤겔이 그런 말을 했다고 해서 그것이 그의 불멸의 공훈이라고는 할 수 없다. 논리적으로 생각해서 정확히 옳다고 단언할 수 없기 때문이다. 직접적인 것은 절대로 존재하지 않으므로 지양될 필요도 없다. 직접성이라는 개념은 논리학 속에(제1단계에서) 자리를 차지하고 있지만, 순진무구함이라는 개념은 윤리학 속에 자리를 차지한다. 각각의 개

---

12) 고아원 원아들은 일찍이 녹색 제복을 입고 있었다.

념은 그 개념이 그 학문에서 논의되는 형태로 속하건, 혹은 그 개념이 전제됨으로써 논의되는 형태로 속하건, 어쨌든 그것이 속해 있는 학문에서 논의되어야 한다.

그런데 순진무구함은 지양되어야만 한다고 풀이하는 것은 비윤리적이다. 설사 그 순진무구라는 말을 입에 담은 순간에 그 순진함이 지양된다 할지라도, 순진무구는 단점에 의해서만이 지양된다는 것을 잊어서는 안 된다고 윤리학이 명령하기 때문이다. 그러니 마치 직접성에 대해서와 같은 식으로 순진무구함에 대해 말하면서도 논리적으로 이 덧없는 것을 억지로 소멸시키거나, 또는 지난날의 순진함을 그리워하고 이제는 그 모습도 없다고 말하며 다감한 시정에 잠긴다면, 그것은 단지 그가 잔꾀를 부리는 재주꾼임을 나타낼 뿐, 정작 요점은 잊고 있는 것이다.

이렇게 하여 아담이 가책으로 순진무구함을 잃었던 것과 마찬가지로 저마다의 인간도 순진무구함을 잃어 가는 것이다. 만약 그가 순진무구함을 잃은 것이 성스러운 계약의 파기, 즉 파계에 따른 것이 아니었다면, 그가 잃은 것은 순진무구함이 아니었을 것이다. 그리고 만약 그가 파계를 하기 전에 순진무구하지 않았다고 한다면, 그는 결코 파계를 행하는 자가 되지는 않았을 것이다.

아담의 순진무구함에 대해서는 온갖 종류의 공상적인 생각들이 많았다. 교회의 설교단에, 혹은 인류의 시원(始原) 위에 덮였던 우단이 오늘날처럼 낡아 빠지지 않았을 무렵에는 이들 공상적인 생각은 신조의 권위를 가졌고, 혹은 야릇한 시적 산물로서, 나아가서는 괴짜처럼 헤매며 다니는 것도 있었다. 아담을 공상적인 것으로 만들면 만들수록 그가 무엇 때문에 죄를 저질렀는가는 점점 더 설명하기 어려워지고, 그의 죄는 더욱더 무서운 것으로 되어 갔다. 아무튼 아담은 그 영광을 한꺼번에 잃어버린 셈이므로, 사람들은 그것에 대해 이야기할 때마다 상심을 해봤다가, 농담을 해봤다가, 우울해하다가, 떠들어 보기도 하고, 역사적으로 짓눌렸다가 공상적으로 쾌활해졌다가 했다. 그러나 정작 중요한 점을 윤리적으로 파악해 보지는 않았다.

그 뒤의 인간, 즉 아담과 하와를 제외한 후대의 모든 인간의 순진무구함에 대해서는, 세상 사람들은 그저 어렴풋하게만 생각했을 뿐이었다. 윤리적인 엄격주의는 윤리의 한계를 무심하게 지나쳐 버렸을 뿐만 아니라 지나칠 정도로 정직했기 때문에, 사람들이 좋은 기회를 잡고 전체에서 몰래 빠져나올 기회가 있다고 하더라도 그 기회를 이용하지는 않을 것이라고 믿을 정도였다. 경솔한 사람의 마음은 아무것도 알아내지 못했다. 그러나 순진무구함은 다만 죄로 말미암아 상실될 뿐이다. 모든 사람들은 아담이 순진무구함을 잃었던 것과 본질적인 면에서 같은 방법으로 순진무구함을 잃는다. 아담을 제외한 모든 인간을, 죄에 대해 염려스럽게 더욱이 흥미롭게 바라보는 구경꾼으로 만들기는 하지만, 죄가 있는 당사자로 만들지는 않는다는 것은 윤리학에 관련되는 일이 아니다. 또 아담을 제외한 모든 인간을, 속죄를 할 때 흥미를 가지고 참가하는 구경꾼으로는 만들지만, 죄를 속죄당하는 당사자로 만들지는 않는다는 것은 교의학에 관련되는 것이 아니다.

만약 아담이 죄를 저지르지 않았다면 과연 어떻게 되었을까 하는 것을 생각해 보기 위해, 교의학이나 윤리학 시간, 나아가서 우리의 시간을 그토록 낭비했다는 것은 잘못된 분위기, 또 잘못된 개념을 늘어놓고 있었음을 나타낼 뿐이다. 아담의 원죄가 없는 순진무구한 사람이 그런 식으로 질문을 하리라는 것은 꿈에도 생각하지 못할 일이며, 원죄가 있는 사람이 그런 식의 질문을 한다면 그는 죄를 범하고 있는 것이다. 왜냐하면 자신이 이 세상에 죄를 가지고 온 당사자라는 것, 그리고 죄로써 순진무구함을 잃어버린 사람이라는 것을 자신의 심미적인 호기심 때문에 무시하려 하고 있기 때문이다.

그러므로 직접적인 것과는 달리, 순진무구함이라는 것은 되도록 멀리해야만 하는 어떤 것도 아니다. 본디부터 존재하지 않는 것도 아니다. 그러나 지양되는 것이 됨으로써, 그때 비로소 지양되기 전부터 이미 존재하고 있다가 이제 겨우 지양되었다는 얼굴을 하고 모습을 보이는 그 어떤 것이다. 직접성은 간접성에 의해 지양되는 것이 아니라, 간접성의 움직임이 일어나는 그 순간에 이미 간접성이 직접성을 지양한 것이다. 따라서 직접성의 지양은 직접성 안에서의 내재적 운동이거나 또는 간접성 안에서 반대 방향으로 움직이는 내재적 운동인데, 이 경우 간접성은 직접성을 전제로 삼는다.

순진무구는 초월에 의해 지양되는 것인데, 이것은 곧 순진무구함이 그 어떤 존재이기 때문에 지양된다는 말이 된다(이와 반대로 직접성을 나타내는 가장 바른 표현은 헤겔이 순수 존재에서 나타내기 위해 사용하고 있듯이 무(無)이다). 그 이유는 순진무구함이 초월에 의해 지양될 때는 순진함에서 전혀 다른 것이 나오는 데 반해, 간접성은 그것이 바로 직접성 안에 있기 때문이다.

순진무구란 하나의 규정이며, 그것은 충분히 지속되어야만 마땅한 하나의 상태이다. 그렇기 때문에 순진무구함을 지양해 버리려는 논리적인 성급함은 아무런 의미도 없는 것이다. 그러나 논리학에서의 순진무구함은 조금 더 서둘러야만 할 것이다. 논리학에서는 순진무구함이 아무리 서둘러도 언제나 지각을 하고 있기 때문이다.

순진무구라는 것은 다시 얻기를 원할 만한 완전성이 아니다. 순진무구는 사람이 그것을 바라기가 무섭게 상실되는 것이므로, 그런 소원을 가지는 데 쓸데없이 시간을 낭비한다는 것은 하나의 새로운 허물이기 때문이다. 순진무구는 그곳에 멈추어 서 있지 못할 만큼 불완전한 것은 아니다. 그것은 언제나 자기 자신에 만족하고 있기 때문이다. 그리고 순진무구함을 잃어버린 사람, 하지만 그것을 잃어버리고 싶다고 원하는 것이 그에게 기쁨이어서가 아니라, 순진무구함이 상실될 수 있는 오직 한 가지 방법인 허물로 인해 순진성을 잃어버린 그는, 순진무구함을 희생해서까지 자기의 완전성을 자랑할 마음은 생기지 않을 것이다.

창세기 이야기 또한 순진무구함에 대해서 옳은 설명을 부여해 준다. 순진무구함은 무지이다. 순진무구함은 직접적인 것의 순수함과 같은 것이 아니라, 그것은 확실히 무지이다. 무지를 외부에서만 보고 그것이 앎에 이르는 무엇일 거라고 규정한다는 것은, 사실 무지의 관점에서는 전혀 알 수 없는 것이다.

이런 견해가 펠라기우스주의라고 책망받을 염려가 없다는 것은 충분히 명백한 일이라고 생각한다. 인류에게는 자신의 역사가 있고, 이 역사 속에서 죄성은 끊임없이 양적으로 규정되는 것이다. 그러나 순진무구함은 언제나 개인의 질적인 비약에 의해서만 상실된다. 인류의 진보인 이 죄성은 개개인이 그 행위에 의해 떠맡는 것이므로, 각 사람에게 크든 작든 소질로서 나타난다는 것은 분명 진실이다. 하지만 이것은 어디까지나 많다든지 적다든지 하는 양의 규정이지 죄의 질적 개념을 구성하는 것은 아니다.

4. 타락의 개념

이렇게 순진무구함이 무지라고 한다면, 인류의 죄의 양적 규정 가능성이 개개인의 무지 속에 깃들어 있고 그의 행위로 말미암아 죄로서 나타나는 한, 아담의 순진무구와 그 뒤 각자의 순진무구함 사이에는 어떤 구별이 있는 것처럼 여겨진다. 이에 대한 해답은 이미 말한 대로다. 다시 말해 양이 늘어나는 것만으로는 질이 구성될 수 없다. 동시에 후대의 인간이 어떻게 순진무구함을 잃었는가를 설명하기가 더 쉽게 된 것처럼 여겨질지도 모른다. 그러나 그저 그렇게 여겨질 뿐이다. 양이 최대로 정해진다 하더라도 질적인 비약을 설명하지 못하는 점에서는 양이 최소로 정해졌을 때와 마찬가지이다. 예컨대 나에게 후대의 인간의 죄를 설명해 낼 길이 있다면, 아담의 허물도 마찬가지로 잘 설명해 낼 수 있을 것이다. 습관에 의해, 그리고 특히 무분별과 윤리적인 어리석음에서 후대의 인간 쪽이 아담보다 쉽게 보일 뿐인 것이다. 누구든지 자신의 정수리를 향하는 인과관계라는 일사병은 될 수만 있으면 피하고 싶어 한다. 내 몸을 죄의 속성 속에 직접 놓아 보자. 또는 함께 죄성을 나누어 갖자고 원해 보기도 한다. 아무도 그렇게 잔걱정을 하지 않아도 된다. 죄성은 천연두처럼 전염되어 "모든 입을 막는"《로마서》 3 : 19) 역병이 아니다. "내가 죄악 중에서 출생하였음이여 어머니가 죄중에서 나를 잉태하였나이다"《시편》 51 : 5)라고 어떤 사람이 진심으로 느끼면서 말했다 할지라도 정말 있을 수 있는 일이다. 그러나 오히려 자신이 이 세상에 죄를 가져오게 하여 그 모두를 자신이 떠맡았을 때에 비로소 그 일을 걱정할 수 있는 것이다. 죄성에 대해 심미적으로 걱정한다는 것은 모순이기 때문이다. 순진무구함의 몸으로 죄성에 대해 걱정한 사람은 오직 한 분 그리스도뿐이었다. 하지만 그가 걱정한 것은, 따르지 않을 수 없는 운명으로서가 아니라 몸소 자진하여 전 세계의 죄를 짊어지고 그 벌을 받는 것으로서였다. 이것은 결코 미학적인 규정이 아니다. 그리스도는 개인 이상의 개인이었기 때문이다.

그렇기 때문에 순진무구함은 무지이다. 그런데 그것을 어떻게 상실하겠는가? 죄라고 불리는 이 인간의 큰 관심사인 죄에 대해, 그저 호기심의 눈초리를 번뜩였을 뿐이었던 사상가나 몽상가들이, 역사의 시원을 휘저어 놓기 위해 사용한 온갖 교묘하고도 어리석은 가설을 나는 여기서 되풀이할 마음이 없다. 첫째는, 죄에 대해 알기 위해 쓸데없는 시간 낭비를 했는데, 또 그것을 지껄여서 남의 시간까지 낭비시키고 싶지 않기 때문이며, 또 하나는 죄 전체가 역사 밖의 마녀나 몽상가들이 빗자루나 꼬챙이에 꿴 소시지를 타고 앉아 경주하는 여명 속에 놓여 있기 때문이다.

타락으로 인한 죄를 설명할 학문으로서는 심리학이 있다. 그러나 이 학문도 단지 설명이 미치는 데까지 설명할 수 있을 뿐이다. 그 어떤 학문도 그런 죄를 설명할 수가 없다. 다만 윤리학만이 교의학을 통하여 그것을 전개함으로써 설명할 수 있는 그런 사항을 마치 심리학이 설명할 수 있는 듯한 태도를 보인다는 것은 무엇보다도 삼가야 한다. 심리학적인 설명을 채택해 그것을 여러 차례 되풀이한 끝에, 죄가 이렇게 하여 이 세상에 찾아왔다고 하는 것은 있을 수 없는 이야기가 아니라고 생각한다면, 모든 것은 혼란에 빠지고 만다. 심리학은 스스로의 분수를 지켜야 한다. 그렇게 하면 그 설명은 늘 분에 알맞은 의미를 가질 수도 있는 것이다.

타락으로 인한 죄에 대한 심리학적 설명은, 우스테리(독일 신학자)가 바울의 교리에 대해 행한 해설에서 훌륭하고 명확하게 진술되어 있다. 바야흐로 신학은 지나치게 사변적으로 흘러 버려 이러한 설명을 멀리하게 되었다. 직접적인 것은 지양되어야 한다고 설명하는 편이 사실상 훨씬 알기가 쉽기 때문이고, 또 신학이 이따금 하고 있는 식으로, 설명이 가장 중요한 순간에 사변의 숭배자들 눈에서 슬그머니 숨어 버리는 그런 방법이 더더구나 마음 편하기 때문이다. 우스테리의 설명은 선악과를 먹어서는 안 된다는 금지 그 자체가 아담 속에 죄를 낳았다는 데 있다. 이 설명은 결코 윤리적인 것을 빠뜨리고 있는 것이 아니다. 그의 설명은 이 명령이 아담의 질적 비약에서 갑자기 솟구쳐 나오는 발판을 어쨌건 미리 규정하는 것을 인정하고 있다.

나는 이와 같은 해설을 같은 투로 이 이상 더 계속할 생각이 없다. 대부분은 우스테리의 이 해설을 읽었을 것이고, 읽지 않았다면 물론 원저를 읽을 수 있기[13]

---

13) 프란츠 폰 바더(독일 철학자)가 특유의 위압적이고 권위적인 말투로, 자유의 확립에 대한 유혹의 의의에 대해, 또 유혹은 오히려 자유의 필연적인 타자로 생각해야 하므로 유혹은 일방적으로 악에 대한 유혹으로서, 또는 인간을 타락시키는 것을 자기의 사명으로 삼는 것으로서 포착하는 것이 잘못이라는 점을 많은 저서에서 설명하고 있는데, 이런 일은 이 문제에 대해 생각해 보려 하는 사람이라면 틀림없이 누구나 다 알고 있을 것이다. 프란츠 폰 바더의 저서가 현재 존재하고 있으니, 여기서 그것을 되풀이할 필요는 없을 것이다. 또 그의 사상을 더

때문이다.

　이 설명에서 부족한 것은 심리학적인 것으로 존재하지 않으려 하는 점에 있다. 그렇다고 비난할 생각으로 하는 말은 아니다. 왜냐하면 그 설명은 일부러 심리학적이기를 피해 가며 바울의 가르침을 해설하고, 성서적인 것에 연결시키려는 다른 과제를 가지고 있기 때문이다. 그렇지만 이 점에 대해 성서는 때때로 불리한 결과를 초래했다. 하나의 연구를 시작할 때 어떤 전형적인 대목이 여러 가지의 선입관으로 그의 머릿속에 달라붙어 있어서, 그의 지식이나 설명은 그 대목들을 정리하는 데서 끝나 버리고 전체적인 것은 전혀 알려고 하지 않는 것처럼 되어 버린다. 따라서 그럴듯하게 설명을 자연스럽게 해낼 수 있다면 더 바랄 것이 없었을 것이다. 비록 사람들이 외경심을 가지고 설명의 정당성 여부를 성서의 판단에 맡길지언정 말이다. 그리고 설명이 성서와 일치하지 않는 경우에는 기꺼이 다시 설명할망정 말이다. 이런 식으로 해나가면, 사람들이 무엇을 설명해야 되는지도 모르는 가운데 설명을 해야 하는 그런 일도 없을 것이고, 페르시아 왕이 이집트 사람들과의 전쟁에서 자기 몸을 지키기 위해 적의 신성한 동물들을 이용한 것처럼 그렇게 성서의 구절을 이용한다는 미묘한 처지에 놓이지 않아도 되는 것이다.

　금지 명령이 타락으로 인한 죄의 필요조건으로 간주된다면, 그것은 '욕망'을 일깨우는 필요조건으로도 간주된다. 여기서 심리학은 이미 자기의 권한을 밟고 넘어선 것이 된다. 지나친 욕망은 허물이나 죄에 앞서는, 허물이나 죄에 대한 일종의 결정적 요소이지 그것이 바로 허물이나 죄 따위가 아니다. 즉 그 허물이나 죄로 인해 정립된 것이다. 따라서 질적 비약은 발판을 잃게 되고, 타락으로 말미암은 죄는 계속적인 것이 된다. 또 금지 명령이 어떻게 욕망을 일깨우느냐는 점에 대해서도 분명하지 않다. 인간이 금지된 것을 갈구했다는 것이 이교나 그리스도교나 어느 경험에서도 틀림없는 일이기는 하지만, 그 경험이라는 것을 그

깊이 추구한다는 것도 여기서는 사양하고 싶다. 내 생각으로는 프란츠 폰 바더는 중간적인 여러 규정을 빠뜨리고 있는 것같이 여겨지기 때문이다. 순진무구함에서 허물로의 이행이 단순히 유혹의 개념을 통해서만 행해진다고 하는 것은, 마치 신을 인간에 대한 실험자의 관계에 세우는 것이 되므로 그 사이에 가로놓이는 심리학적 관찰을 빠뜨리는 것이 된다. 그렇게 되면 중간 규정은 바로 '욕망'이 되고, 나아가서는 마침내 상세한 심리학적인 설명이라기보다 오히려 유혹의 개념에 대한 변증법적 고찰로 끝나 버린다. (원주)

렇게 경솔하게 증거로 끌어낼 것은 못 된다. 인생의 어느 부분에서 경험했는지를 더 상세하게 따져 물어야 하기 때문이다. 게다가 욕망이라는 중간 규정(금령과 죄 사이의)이 양의적인 것이 아니므로, 이 점으로서도 곧 알 수 있듯이 이것은 아무런 심리학적인 설명도 못 된다(심리학은 현실적인 죄 이전의 것에만 관여하므로). 인간에게는 원죄가 존재한다는 것에 대해 프로테스탄트 교회가 가장 힘을 들이고 가장 적극적인 표현을 사용하고 있는 것은, 바로 인간이 욕정을 가지고 태어난다는 점이다(자연 그대로 태어나는 인간은 모두 죄를 지니고 태어난다. 즉 신에 대한 두려움 없이, 신에 대한 믿음도 없이 욕망을 지니고 태어난다). 게다가 프로테스탄트의 교의는 후대 인간의 순진무구함(만약 그런 것이 문제가 된다면)과 아담의 순진무구함 사이에 본질적인 구별을 설정하고 있다.

심리적인 설명은 중요한 점을 말로 얼버무려서는 안 되며, 오히려 탄력 있는 양의성 속에 남아야 할 것이다. 이 양의성에서부터 죄는 질적 비약으로써 그 모습을 나타내는 것이다.

5. 불안의 개념

순진무구함은 무지이다. 순진무구함에서 인간은 정신으로 규정되어 있는 것이 아니고, 자신의 자연적 조건과의 직접적인 통일 안에서 영적으로 규정된다. 인간에게 있는 정신은 꿈을 꾸고 있다. 이 견해는 성서의 견해(선악과를 먹으면 너희는 죽을 것이다, 라는 성서의 말)와 완전히 일치하는 것으로, 성서는 순진무구한 상태의 인간에게는 선악을 구별할 만한 지식이 없다고 주장함으로써, 가톨릭이 지니고 있는 공덕에 대한 모든 공상을 물리치게 한다.

이런 상태에는 평화와 안식이 있다. 그러나 동시에 거기에는 다른 어떤 것이 있다. 다른 것이 있다 해서 불화나 다툼이 있다는 것은 아니다. 사실 거기에는 다툼의 씨가 될 만한 것은 아무것도 없기 때문이다. 그렇다면 과연 그것은 무엇일까? 바로 무(無)이다. 그런데 무는 어떤 작용을 하는 것일까? 무는 불안을 낳는다. 순진무구가 동시에 불안이라는 것, 이것이 순진무구함이 갖는 심오한 비밀이다. 꿈을 꾸면서 정신은 꿈속에 자신의 현실성을 투영한다. 하지만 이 꿈의 현실성은 무이므로 다시 이 무는 스스로의 밖에서 쉴 새 없이 순진무구함을 보는 것이다.

불안은 꿈을 꾸고 있는(보이지 않는 것에 대한) 정신의 규정이므로 이렇게 볼 때는 심리학에 속한다. 눈을 뜨고 있을 때는 자신과 자신이 아닌 것과의 사이에 구별이 있는데, 잠자고 있을 때는 이 구별은 중단되며, 꿈꾸고 있을 때 이 구별은 암시된 무가 된다. 정신의 현실성은 쉴 새 없이 스스로의 가능성을 유인해 내는 모습으로서 나타난다. 하지만 정신이 가능성을 잡으려 하자마자 그것은 빠져나간다. 그것은 불안을 자아내는 데 지나지 않는 무이다. 정신의 가능성이 단지 모습을 보이고 있을 뿐이라면 그 이상의 것은 될 수가 없다. 불안의 개념이 심리학에서 다루어진 예는 거의 볼 수 없다. 그래서 나는 불안이 공포나 그와 비슷한 여러 개념과는 전혀 다른 것이라는 점에 주의를 촉구하고자 한다. 그 개념들은 그 어떤 특정한 것에 결부되어 있지만, 불안 쪽은 가능성의 가능성으로서의 자유로운 현실성이다. 동물에게서 불안을 볼 수 없는 것도 그 때문이며, 이것은 동물이 그 자연적인 조건에서 정신으로 규정되어 있지 않기 때문이다.

우리가 불안에서 변증법적인 여러 규정을 고찰한다면, 불안이 바로 심리학적인 양의성을 갖는 것임을 알 수 있을 것이다. 불안은 공감할 수 있는 반감이며, 반감과도 같은 공감이다. 이것이 욕망과는 전혀 다른 의미에서의 심리적 규정임은 쉽게 이해될 줄 믿는다. 말의 표현법도 이것을 완전히 뒷받침하고 있어, 세상 사람들은 감미로운 불안이라든지, 달콤한 불안에 쫓긴다고도 하며, 정체 모를 불안, 소심한 불안 등등이라고도 한다.

순진무구함 속에 놓여 있는 불안은 그렇기 때문에 첫째로 아무런 허물이 되지 않는다. 둘째로 그것은 순진무구함의 지극한 행복과는 서로 맞지 않는 어떤 귀찮은 짐도 아니거니와 고통도 아니다. 아이들을 관찰해 볼 때, 이 불안이 모험적인 것, 소름이 끼칠 만한 것, 수수께끼에 찬 것을 추구하는 마음으로서, 좀 더 선명하게 나타나 있음을 알 수 있는 것이다. 그런 불안을 갖지 않은 아이들이 있다는 것이 다른 무엇을 입증하는 것은 아니다. 동물도 불안을 느끼지 않는다. 정신이 적으면 적을수록 불안도 적기 때문이다. 이런 불안은 본질적으로 아이들이 지닌 것으로서, 아이들은 불안 없이는 있을 수 없다. 불안이 아이를 겁나게 만들기는 하지만, 감미로운 공포심을 가지고 아이를 붙잡는다. 어린애 같은 요소가 꿈꾸는 정신 상태로 보존되어 있는 문화권에는 어김없이 이런 불안이 존재한다. 불안이 크면 클수록 그 문화는 깊이를 갖게 된다. 이것을 질서의 교란이라고 생각한다는 것은 오직 평범한 어리석음에 지나지 않는다.[14] 이 경우, 불안은 훨씬 뒤에 나타나는 우울과 같은 의미를 지니는데, 그것은 자유가 그 역사의 불완전한 여러 형태를 겪은 뒤 가장 깊은 의미에서의 자기 자신에 도달하는 시기의 것이다.

그래서 불안이 그 대상에 대한 관계, 즉 무(無)인 그 무엇인가(아무 일도 없는데 왠지 모르게 불안하다는 함축성 있는 표현이 있다)에 대한 관계가 완전히 양의적인 것과 마찬가지로, 여기서 이루어지는 순진무구함에서 파계로의 이행도 매우 변증법적이어서 그 무에서 비롯된 불안에 대한 설명은 마땅한 일이지만 심리학적이다. 질적 비약은 모든 양의성(대립적 처리를 거부하는 근원적 영역) 밖에 있다. 그러나 사실 불안을 통해 죄를 얻게 되는 사람은 순진무구하다. 왜냐하면 그를 붙잡은 것은 그 자신이 아니고 불안이라는 알지 못하는 힘으로, 그 힘을 그는 사랑하지 않을뿐더러 오히려 불안을 느끼고 있었기 때문이다. 그런데도 그에게는 여전히 죄가 있다. 불안을 두려워하면서도 그는 여전히 그 불안을 사랑하고 그 불안 속에 빠졌기 때문이다. 세상에 이것보다 더 양의적인 것은 없을 것이다. 그렇기 때문에 이것이 유일한 심리학적 설명이라 하더라도 이것을 질적 비약의 설명에 적용시킨다는 것은 당치도 않은 일이다. 금지 명령이 아담을 부추겼다느니, 또는 유혹자가 그를 속였다는 등등의 사고방식은 오직 표면적으로 볼 때나 충분한 양의성을 가지고 있는 것이다. 그러나 그것은 윤리학을 해치는 것이요, 양적 규정을 이용해 윤리학을 짓밟아서까지 심리학의 도움을 빌려 인간의 비위를 맞추는 것이다. 윤리적으로 성숙한 사람이라면 이런 아첨꾼에 대해서는 그것을 새로운 수법의, 어떤 목적을 가지고 있는 유혹이라고 생각하고 철저히 거부해야 한다.

불안이 모습을 나타낸다는 것, 이 점에 모든 것이 걸려 있다. 인간은 영혼과 육체의 종합이다. 하지만 이 두 가지가 제3의 것으로 통일되지 않고는 종합이라는 것은 생각할 수 없다. 이 제3의 것이 정신이다. 순진무구할 때 인간은 단순한 동물이 아니다. 만약 인간이 그 생애의 어느 한 순간이라도 단순한 동물이었다

---

14) 이 점에 대해서는 《이것이냐 저것이냐》(코펜하겐. 1843) 참조. 특히 제1부에서는 우울이 불안으로 가득 찬 공감과 자아주의로 나타나고, 제2부에서는 이 우울이 해명되는 점에 주의를 촉구해 놓는다. (원주)

고 한다면, 그는 결코 인간이 될 수는 없었을 것이다. 결국 정신이라는 것이 거기에 존재하고 있기 때문에 인간이 된 것이다. 그러나 정신은 직접적으로, 꿈꾸면서 존재한다.

정신이 존재하는 한, 그것은 어떤 의미에서는 적대적인 힘으로서 존재한다. 왜냐하면 정신은 마음과 육체 사이에서 줄곧 훼방을 놓기 때문이다. 마음과 육체는 관계가 있다고도 할 수 있고, 정신이 가해져야 비로소 관계가 생긴다는 의미에서는 관계가 없다고도 할 수 있다. 정신은 다른 면에서는 우호적인 힘으로 이런 관계를 중재하려 하고 있는 것이다. 그렇다면 이 양의적인 힘에 대한 인간의 관계는 과연 어떤 것인가? 정신은 자신에 대해, 또 자신의 조건에 대해 어떤 관련을 갖는가? 정신은 불안과 관련되어 있다. 정신은 자신을 없앨 수 없다. 정신이 자신을 바깥에 정해 놓고 있는 한, 정신은 자신을 잡을 수도 없다. 식물적인 것으로 된다는 것도 사람에게는 무리한 일이다. 그는 불안으로부터 달아날수도 없다. 왜냐하면 그는 불안을 사랑하고 있기 때문이다. 그러나 진심으로 그가 불안을 사랑할 수는 없다. 그는 거기에서부터 도망치기 때문이다. 이제 순진무구함이 정점에 이른다. 순진무구함은 무지이다. 그렇지만 그것은 동물적인 야만성과는 달리 정신에 의해 규정된 무지이다. 그러므로 그 자체로서 순진무구함은 곧 불안이다. 순진무구함의 무지는 무에 대한 무지이기 때문이다. 거기에는 선악에 대한 지식이 조금도 없다. 지식의 모든 현실성은 무지라는 거대한 무로서 불안 속에 자신을 투영하고 있는 것이다.

순진무구함은 어쨌든 여전히 존재하고 있다. 하지만 꼭 한마디 말만을 기다리며 무지를 응집시키고 있다. 물론 순진무구함이 이 한마디를 이해하지는 못하지만, 불안은 그 최초의 먹이를 잡은 것이다. 순진무구함은 무 대신에 하나의 수수께끼를 깃들인 말을 받아들인 것이다. 그래서 창세기에서 신(하나님)이 아담에게 "선악을 알게 하는 나무의 열매는 먹지 말라"(《창세기》 2 : 17)고 계시했다고하는데, 사실상 아담이 이 말을 이해하지 못한 것은 당연하다 할 수 있겠다. 선악의 구별은 선악과를 따 먹은 뒤에야 비로소 할 수 있었을 테니, 어떻게 그가그 구별을 이해할 수 있었겠는가?

만약 금지 명령이 욕망을 눈뜨게 하는 것이라면, 그들은 무지 대신으로 하나의 지식을 얻게 된다. 왜냐하면 그 욕망이 자유를 행사하는 데는 어떤 지식을 가지고 있어야 할 것이고, 그렇다면 아담은 이미 자유에 대한 지식을 가지고 있었을 터이기 때문이다. 이 설명은 그렇기 때문에 그다음 단계에나 해당되는 것이다. 자유의 가능성을 아담에게 자각하게 했기 때문에 금지 명령은 그를 불안으로 빠뜨리는 것이다. 불안이 무로써 순진무구함을 지나갔던 것이 이제야 아담 자신 속으로 들어온 것이다. 여기서도 그것은 무이며, 할 수 있다는 것의 불안한 가능성이다. 자기가 무엇을 할 수 있는지, 그는 아무것도 모르고 있다. 왜냐하면 알고 있다고 한다면, 일반적으로 말해 나중에 따라야 할 선악의 구별이 전제되는 것이 되기 때문이다. 할 수 있다는 가능성만이 무지의 고차원적 형식으로서, 불안의 고차원적 표현으로서 거기에 존재한다. 왜냐하면 할 수 있다는 가능성은 높은 의미에서는 있다고도 할 수 있고, 또 없다고도 할 수 있으며, 더 높은 의미에서는 그것을 사랑하고 있다고도, 벗어나려 하고 있다고도 할 수 있기 때문이다.

금지 명령 다음에는 그렇게 하면 너는 틀림없이 죽을 것이라는 심판의 말이 이어지고 있다. 물론 아담은 죽는다는 것이 무슨 의미인지를 전혀 알지 못한다. 그런데도 그가 이 말을 들었을 때, 그는 무언가 두려운 생각이 들었을 것이라고 생각해도 상관은 없을 것이다. 왜냐하면 말을 이해하지 못하는 동물이라 하더라도 말하는 이의 몸짓이나 억양을 이해할 수는 있기 때문이다. 금지 명령이 욕망을 눈뜨게 했다고 한다면, 벌을 말함으로써 무섭다는 관념을 불러일으킬 수도 있을 것이다. 그런데 이것이 혼란의 근원이다. 무서움이라는 것이 여기서는 단지 불안으로 남을 뿐이다. 왜냐하면 아담은 자신이 들은 말을 이해하지 못했기 때문에 그에게는 단순히 불안의 양의성만 있게 된다. 금지 명령이 눈뜨게 한 '할 수 있다'는 것의 무한한 가능성은 그 결과로서의 가능성을 가리킴으로 해서 이제 몸 가까이 다가온다.

이렇게 해서 순진무구함은 위험한 곳으로 따라가게 된다. 순진무구함은 금지된 것과 번뇌의 관계 속에서 불안에 떨고 있다. 순진무구함에 있어 죄는 없다. 그러나 바로 거기에는 순진무구함이 사라진 것 같은 불안이 있다.

심리학은 이제 여기서 더 앞으로 나갈 수는 없을지라도 여기까지는 이를 수가 있다. 특히 심리학은 인간의 삶을 관찰해 가며 이 불안에 대해 다시금 되풀이하여 나타낼 수가 있는 것이다.

이야기 끝을 성서 이야기와 결부하고자 한다. 나는 금단과 벌의 목소리가 외부에서 찾아오는 것처럼 설명했다. 이 점은 물론 많은 사상가들을 괴롭혔을 것이다. 하지만 이 난점은 웃어넘길 일이다. 순진무구함은 말을 할 수 있다. 그럴 수 있는 한, 순진무구함은 모든 정신적인 사항에 대해 말로(첫마디의 말로) 표현할 수 있다. 따라서 우리는 아담이 자문자답했다고 생각해도 된다. 그렇게 하면 아담이 이해하지 못하는 말을 아담에게 다른 누군가가 지껄인다는 이야기의 결함은 해소된다. 아담이 말을 알아들었다고 할 것은 못 된다. 이것은 특히 선악의 구별에 관해 적용된다. 이 구별은 물론 말로 존재한다. 그러나 그것은 오로지 자유에서만 존재한다. 순진무구함은 이 구별에 대해 충분히 말(무 가운데의 첫마디)을 할 수는 있다. 하지만 순진무구함에서 이 선악의 구별력은 존재하지 않는다. 순진무구함으로서는 지금껏 말해 온 의미만을 지니고 있을 뿐이다.

6. 원죄의 전제로서의, 또 원죄를 그 기원으로 소급해 설명하는 것으로서의 불안

창세기 이야기를 다시 한번 자세히 살펴보기로 하자. 창세기가 하나의 신화라는 고정 관념을 버리도록 애쓰고, 어떠한 시대도 오늘날만큼 지성의 신화를 재빨리 만들어 낸 적은 없었다는 것을 마음에 두고 살펴보자. 오늘날은 모든 신화를 없애려 하면서도 스스로 신화를 조작해 내고 있다.

아담이 창조된 뒤 그는 동물들에게 이름을 붙였다(따라서 거기에는 말이 있다. 하기야 이런 방식은 아이들이 그림책을 보고 동물의 이름을 배워 나가는 것처럼 불완전한 방법이기는 하다). 그러나 아담은 아직 자기를 위한 동반자는 발견하지 못하고 있었다. 하와가 창조되었다. 그녀는 아담의 갈비뼈로 만들어졌다. 하와는 아담과 가장 친밀한 관계를 맺고 있긴 했지만, 그래도 그것은 아직 외면적인 관계일 뿐이었다. 아담과 하와는 단지 숫자적인 되풀이에 지나지 않는다. 이런 의미로는 비록 1000명의 아담이 있었다 하더라도 한 사람의 순진무구한 아담과 별 차이가 없다. 이것은 한 쌍의 부부에서 유래된 인류에 대해서도 할 수 있는 말이다. 자연은 의미도 없고 필요하지도 않은 무의미한 과잉을 좋아하지 않는다. 그러므로 인류가 많은 쌍으로부터 유래되었다고 한다면, 그것은 자연이 무의미하고 필요하지 않은 것을 가진 순간이 있었던 것이 된다. 세대 관계가 정립되자마자 누구도 불필요한 사람이 아니게 된다. 그것은 각 개인이 자기 자신임과 동시에 인류이기 때문이다.

다음에 오는 것은 금지 명령과 벌이다. 뱀은 들짐승 중에서도 가장 교활한데, 그 뱀이 여성을 유혹한 것이다. 이것을 신화라고 부르고 싶다면 그렇게 불러도 좋다. 그러나 이 신화는 지성의 신화와는 달라 사상을 파괴하거나 개념을 혼란에 빠뜨리는 일은 조금도 하지 않는다. 신화는 내면에 있는 것을 외적으로 발생하게 한다.

여기서 먼저 주의해야 할 것은 여성이 처음으로 유혹당했다는 것, 그리고 그녀가 그다음에 남성을 유혹했다는 점이다. 여자가 약한 성질을 지녔다고 세상 사람들이 말하는 것은 과연 어떤 의미냐 하는 것, 그리고 불안은 남성보다 오히려 여성에게 특유한 것이라는[15] 점을 나는 다음 장(章)에서 말할까 한다.

지금까지 여러 차례 주의를 촉구했듯이, 이 책에 진술된 견해는 죄성이 세대에서 세대로 인계되어 가는 것, 다시 말해 죄성이 세대 속에 나름대로의 역사를 가지고 있음을 부정하지 않는다. 나는 오직 이 세대 속의 죄성은 양적 규정 속에서 움직이고 있는 데 반해, 죄는 개인에게서의 질적 비약을 통해 들어온다는 것을 말하고 싶을 뿐이다. 세대의 양적 증대의 의의는 이미 여기서 볼 수 있다. 하와는 파생된 피조물이다. 물론 그녀는 아담과 마찬가지로 피조물이다. 그렇지만 그녀는 그 전의 피조물로부터 창조된 것이다. 그녀도 아담과 마찬가지로 순진무구하다. 그러나 어떤 소질에 대한 예감 같은 것이 있어서, 이 예감이 물론 죄성은 아니라 할지라도 전파에 의해 정립된 죄성을 암시하는 것이다.

제5절에서 말한 금단이나 벌의 말을 여기서 떠올려 주기 바란다. 그 이야기의 불완전함, 즉 아담이 전혀 알아듣지 못할 말을 그에게 할 것을 대체 누가 생각해 냈을까 하는 의문은, 말하는 자가 언어라는 것, 게다가 말하는 자가 아담 자신이라는 것을 생각하면 자연스레 풀어진다.[16]

---

15) 이렇게 말했다고 해서 남성에 비해 여성 쪽이 불완전하다는 식의 결론을 내렸다고 보면 안된다. 불안이 남성에 비해 여성에게 더 특유한 것이라고는 하나 불안은 결코 불완전을 표시하지는 않는다. 불완전을 문제로 삼으려면, 그것은 다른 점, 즉 여성은 불안해지면 자신으로부터 빠져나가 다른 인간인 남성을 구하는 점에 있다. (원주)

16) 다시 여기에서, 그럼 어떻게 최초의 인간이 말을 배웠느냐는 의문이 아직 남아 있지 않느냐고 한다면 나는 이렇게 대답하겠다. "바로 그렇습니다. 그러나 그것은 이 연구 전체의 범위 밖의

그런데 뱀 이야기가 아직 남아 있다. 나는 잔꾀를 부리는 것을 즐겨 하는 사람이 아니다. 그래서 뱀이 태초에 아담과 하와를 유혹에 빠뜨린 것처럼, 세월의 흐름 속에서도 계속해서 글을 쓰는 사람들에게 잔꾀를 부려 보라고 부추겨 온 뱀의 유혹에 나는 '신의 뜻에 따라' 저항하겠다. 노골적으로 말해 나는 뱀에 대한 일 따위를 특별히 생각하는 것도 아니다. 게다가 뱀에 대해서는 전혀 다른 어려운 문제가 있다. 다시 말하면 유혹이 외부에서 온다고 생각해야 한다는 난점이다. 이것은 성서의 가르침, 즉 신은 그 무엇도 유혹하지 않으며, 또 그 무엇에 의해서도 유혹되지 않고, 모든 것은 자기 자신에 의해서 유혹된다고 하는 야고보의 유명한 고전적인 대목(《야고보서》 1 : 13~14)에 정면으로 대립한다. 만약 뱀에게 인간을 유혹하게 함으로써 신을 옹호할 수 있었다고 믿고, 그럼으로써 "신은 그 무엇도 유혹하지 않는다"는 야고보의 말과 일치시키려 한다고 생각한다면, 그때는 다음에 이어지는 말씀, 즉 신은 그 무엇에 의해서도 유혹되지 않는다는 구절과 부딪히게 된다. 왜냐하면 인간과 뱀의 관계는 곧 신과 인간과의 관계에 뱀이 끼어들어 간접적으로 신을 유혹하는 것이 되기 때문이다. 그리고 또 제3의 말씀, 즉 각 개인은 자기 자신에 의해 유혹을 받는다는 구절과도 부딪히게 된다.

다음에 오는 것은 타락에서 비롯된 죄이다. 타락에서 비롯된 죄는 심리학으로 설명할 수는 없다. 그것은 질적 비약이기 때문이다. 그러나 원죄의 전제로서의 불안을 한 번 더 눈으로 확인하기 위해, 그 창세기 이야기에 서술되고 있는 결과를 잠시 들여다볼까 한다.

그 결과는 '죄가 이 세상에 왔다'는 것과 '성적인 것이 정립되었다'는 이중적인 것이다. 이 둘은 서로 떼어 놓을 수가 없다. 인간의 근원적인 상태를 나타내기 위해서는 이 두 가지 사실은 비할 바 없이 중요하다. 인간이 제3의 것(영혼과 육체를 매개하는 정신)에서 안식을 얻는 하나의 종합이 아니었다고 하면, 한 가지 일이 두 가지의 결과를 낳는 일은 없었을 것이다. 인간이 정신을 지주로 삼은 마

일입니다"라고. 그러나 책임을 회피하는 듯한 대답으로 내가 현대 철학의 술책을 본받아 언젠가 다른 자리에서 이 문제에 해답을 제시할 수 있을 듯한 태도를 나타낸 것이라는 오해를 받고 싶지 않다. 어쨌든 인간 자신이 말을 발명했노라고 시치미를 떼고 있을 수 없는 것만은 분명하다. (원주)

음과 육체의 종합이 아니었다고 하면, 성적인 것이 죄성과 함께 들어온다는 일은 처음부터 없었을 것이다.

부질없는 탐색은 그만두기로 하고 아주 솔직하게 성적 구별은 타락으로 인한 죄 이전에도 존재하고 있었다는 것을 인정하기로 하자. 그렇다고 해도 그런 성적 구별은 무지에서는 존재하지 않을 터이므로 결국은 존재하지 않았던 것이다. 이에 대해서는 성서에서 전거를 찾을 수 있다.

순진무구한 아담이 지닌 정신은 꿈꾸는 정신이었다. 그러니 그 종합(영혼과 육체의 종합)은 현실이 되지 못했다. 왜냐하면 연결을 짓는 역할을 정신이 맡아야 할 텐데, 그 정신이 아직껏 정신으로 정립돼 있지 않기 때문이다. 동물에게 성적 구별은 본능으로 싹트지만, 인간은 그런 방법으로 성적 구별을 가질 수는 없다. 인간이야말로 종합된 상태이기 때문이다. 정신은 자기 자신을 정립하는 순간에 종합을 정립한다. 그러나 종합을 정립하기 위해서는 먼저 그 정신을 헤쳐 충분히 구별되는 것으로 하지 않으면 안 된다. 그러므로 감성적인 것의 극한은 성적인 것임이 틀림없다. 인간은 정신이 현실적으로 되는 순간에 비로소 이런 극한에 이를 수 있다. 그 이전에는 인간은 동물은 아니라 할지라도 그렇다고 진정한 의미로서의 인간도 아니다. 그가 인간이 되는 순간, 바로 그 순간이 가능했던 것은, 그가 또한 동물이었기 때문이다.

그렇기 때문에 죄성은 결코 감성이 아니다. 그러나 동시에 죄 없이는 성(性)도 없고, 성 없이는 역사도 없다. 그런 한편, 완전한 정신이라면 성도 역사도 가지지 않는다. 그렇기 때문에 부활에서 성적 구별이 없어지고(〈마가복음〉 12 : 25), 또 그럼으로써 천사 또한 역사를 갖지 않는 것이다. 만일 미가엘이 파견되어 완수한 업적을 남김없이 기록한다 할지라도 역시 그것은 그의 역사라고는 할 수 없을 것이다. 성적인 것에서 종합은 대립으로서 정립되며, 그와 동시에 모든 대립과 마찬가지로 과제를 낳음으로써 역사가 시작되는 것이다. 이 역사가 현실적이며, 이것에는 자유의 가능성이 전제된다. 하지만 자유의 가능성이란 선이나 악을 가려낼 수 있다는 것이 아니다. 그런 천박한 생각은 성서에도 사유에도 적당치 않다. 가능성이란 할 수 있다는 것을 뜻한다. 논리적인 체계 속에서는, 가능성이 현실성으로 이행한다는 것을 말로 하는 것이 아주 쉽다. 그러나 현실에서는 그렇게 쉬운 것이 아니며 거기에는 중간 규정이 필요하다. 이 중간 규정이 불안이며, 이 불안은 질적 비약을 설명하는 것도 아니거니와 또 이 비약을 윤리적으로 정당화하지도 않는다. 불안은 필연성의 규정도 아니거니와 자유의 규정도 아니며, 그것은 속박된 자유이다. 이때 불안에서의 자유는, 그 자신에 대해 자유가 아니라 속박되어 있는 것이다. 만약 죄가 필연적으로 이 세상에 들어온 것이라고 한다면(이런 일은 모순이지만), 불안은 존재하지 않았던 것이 된다. 만약 죄가 추상적인 자유 의지(이런 것은 사상적 공상의 산물이기 때문에 이 세상의 태초 때에도, 그 뒤에도 일찍이 존재한 예가 없었지만)의 활동에 의해 들어온 것이라고 한다면, 이때에도 마찬가지로 불안은 존재하지 않았다. 이 세상에 죄가 들어온 것을 논리적으로 설명해 내려는 것은, 설명을 찾는 것에 대해 우스꽝스럽게 기를 쓰는 사람들에게만 일어나는 어리석음이다.

만약 여기서 나에게 하나의 소망이 허락된다면, 내 소망은 독자들이 '만일 아담이 그때 죄를 짓지 않았다면?' 이런 심원한 질문을 아무도 해주지 말았으면 하는 것이다. 현실성이 정립되는 순간에 가능성은 하나의 무로서 한옆으로 스쳐 지나가지만, 이 무가 모든 경박한 자들을 미혹시키는 것이다. 그렇건만 학문조차도 사람들에게 규율을 지키게 못 하고, 또 자신의 고삐를 죌 결심을 못 하고 있다니! 누군가가 어리석은 질문을 끌어낸다면 그 사람에게는 대답하지 않는 편이 좋다. 그러지 않으면 자기마저 그 사람과 마찬가지로 바보가 되기 때문이다. 앞에서 말한 질문의 어리석음은 그 질문 자체에 있다기보다는 오히려 그 질문을 학문에다 돌린 점에 있다. 만약 누군가, 영리한 엘제(Else)가 집 안에 틀어박혀 여러 가지 공상을 그렸듯이 그 질문을 품고 집에 틀어박혀 마음 맞는 친구들만을 불러 모은다면, 그는 제 자신의 어리석음을 조금은 깨닫고 있는 것이다. 그러나 공교롭게도 학문은 그런 것을 설명할 수 없다. 모든 학문은 논리적인 내재성을, 아니면 학문으로는 도저히 설명할 수 없는 초월 속에서의 내재성을 근거로 한다. 그런데 죄는 틀림없이 그 초월, 그 갈림길이며, 거기에서 죄는 개인으로서의 개인에게로 들어오는 것이다. 이 밖의 방법으로 죄가 이 세상에 들어올 리도 없거니와 또 들어온 예도 없다.

따라서 누군가가 바보같이 죄에 대한 것을 마치 남의 일처럼 묻는다면, 그의 물음은 어리석다. 왜냐하면 그는 무엇이 문제가 되고 있는지를 알 길이 없어 전혀 모르고 있거나, 또는 그 문제를 알고 또 이해하고 있어서 어떤 학문도 그에게 그 문제에 대해 설명할 수 없다는 것을 알고 있든지, 그 둘 중 하나이기 때문이다. 어쨌든 학문이라는 것은 때에 따라 아주 상대하기 쉬운 것으로서, 여러 가지 감상적인 소망들에 응답하기 위해 가설을 사용하기도 했는데, 결국에는 학문도 이 가설들이 설명에 충분한 보탬이 되지 않는다는 것을 인정하게 되었다. 이것은 아주 마땅한 이치이다. 그런데 학문이 어리석은 질문을 정면으로 거부하지 않았을 뿐만 아니라, 언젠가는 바른 답을 찾아낼 정도로 충분히 재치 있는 책사가 나타나서 그 질문에 답해 줄지도 모른다고 하는 미신적인 사람들의 편을 들었기 때문에 혼란이 일어난 것이다.

세상 사람들은 죄가 이 세상에 들어온 지 6000년이 되었다고, 느부갓네살(Nebuchadnezzar)이 황소가 된 지(《다니엘》 4 : 33) 4000년이 지났다고 말할 때와 똑같은 투로 말하고 있다. 일을 이런 식으로 이해한다면, 설명도 그와 비슷한 것이 된다는 것은 말할 나위도 없다. 어떤 의미로는 세상에서 가장 알기 쉬운 일을 가장 까다롭게 만들고 있는 것이다. 더없이 단순한 사람조차도 그 나름대로 죄가 이 세상에 들어온 것이 꼭 6000년이 되지는 않았다고 알고 있는 것, 이것은 책사들의 농간 덕분에 학문적으로 아직 아무도 만족스러운 해답을 내지 못하고 있는 하나의 현상 문제가 되었다. 어떻게 죄가 이 세상에 들어왔느냐는 것은 오직 저마다의 사람들이 모두 자기 자신을 통해서 알고 있는 것이다. 만약 남에게서 그것을 배우고자 한다면, 그는 그것만으로도 오해를 하는 것이다. 조금이라도 도움이 되는 유일한 학문은 심리학인데, 이 학문도 그 이상의 것은 아무것도 설명을 하지 않고, 할 수도 없거니와 하려고도 하지 않음을 자인하고 있다.

만약 어느 학문이 이것을 설명할 수 있다고 하면 모든 것은 혼란에 빠진다. 학자들이 제 자신에 대한 것은 잊어야 한다는 말은 진실로 옳다. 하지만 그렇기 때문에 죄는 전혀 학문적인 문제가 아니라는 것도 참으로 편리한 말이기는 하나, 그렇다고 해서 학자도 책사도 죄가 이 세상에 어떻게 들어왔는지 해명하는 일을 잊어버려야만 할 이유란 없다. 그래서 그가 그럴 생각으로 기특하게도 온 인류를 해명하려는 생각에 열중한 나머지 제 자신을 잊어버리기를 바란다면, 아무에게나 가리지 않고 자기 명함을 나누어 주기에 열중한 나머지 나중에는 제 이름을 잊어버렸다는 궁중 고문관과 마찬가지로 우스운 사람이 될 것이다. 또는 솔딘[17]이 정신없이 들떠 지껄이다가 객관적 실재에 열중한 나머지 완전히 자신을 잊어버리고는, 아내에게 "레베카, 지금 말하고 있는 게 나요?"라고 물었듯이, 그는 철학적 감격에 겨운 나머지 제 자신을 잊어버리는 일이 생길 것이고, 때마다 자신이 물어볼 수 있는 상냥하고 분별 있는 아내가 필요하게 된다.

가장 존경을 받고 있고, 오늘날 사람들의 칭찬의 대상이 되고 있는 학계의 여러 사람들, 체계를 추구하는 데 대한 자신들의 관심 때문에 교구 전체에 잘 알려져 있는 사람들, 그리고 체계 내부에서 죄의 자리를 찾아내려고 애쓰는 사람들, 그런 사람들은 내 말을 매우 비학문적이라고 생각할 것이다. 그들이 그렇게 생각하는 것은 마땅한 일이다. 그렇지만 이제 아무쪼록 이 신자들도 함께 체계를 구하기 바란다. 또는 신앙심 깊은 대의적 기도 속에 그 심원한 탐구자들도 포함시켜 주기 바라는 바이다. 그들은 틀림없이 죄의 자리를 찾아낼 것이다. 불타는 머리카락을 찾아 헤매는 사람이 그 머리카락이 자신의 손안에서 불타고 있다는 것을 채 의식할 겨를도 없이 바로 그것을 찾아내듯이, 그렇게 확실하게 찾아낼 것이다.

---

17) 솔딘(Soldin)은 주의가 산만하기로 악명 높은, 코펜하겐 서점의 주인. 이어지는 내용은, 언젠가 솔딘이 책을 꺼내려고 사다리에 서 있을 때 손님이 서점에 들어와 솔딘의 목소리를 흉내 내며 솔딘의 아내에게 몇 마디 말을 건넸을 때의 일화이다.

제2장 원죄 그 이전을 설명하는 것으로서의 불안

성(性)은 죄의 속성과 함께 정립되었다. 같은 순간에(과제의 발생과 함께) 인류의 역사가 시작된다. 그런데 인류의 죄성이 양적인 규정 속에서 움직이고 있듯이 불안도 그렇게 움직인다. 개인에게는 원죄의 결과 또는 원죄 이전의 상태가 불안인데, 이는 아담의 불안과 그저 양적으로 다를 뿐이다.

순진무구의 상태라는 것은 후대의 인간에 대해서도 말할 수 있는 것이지만, 이 상태에서 원죄는 변증법적인 양의성을 가지고 있어야 하는 것이므로 이 양의성에서 죄가 질적인 비약으로 갑자기 모습을 나타내는 것이다. 이와 반대로 후대의 개개인의 불안은 아담에게서보다도 더 성에 반대되는 것이라고 할 수 있을지 모른다. 왜냐하면 인류가 쌓아 온 양적인 증가가 후대의 개인들에게 그 효력을 나타내게 되었기 때문이다. 그러나 불안은 전에도 그러했듯이, 후대에서도 인간의 불안함이 아니다. 오히려 반대로 인간이 근원적이면 근원적일수록 불안은 점점 더 깊다고 해야 한다. 왜냐하면 개인이 인류의 역사 속에 들어오는 한, 그의 개인적인 삶에 예상되는 죄성이라는 전제를 자기 것으로 갖추고 있어야 하기 때문이다. 이제 죄성은 힘을 더 갖게 되고, 그러므로 원죄가 커진다. 불안을 경험하지 않은 사람들이 있다는 것은, 마치 아담이 단순한 동물이었다면 아무런 불안도 느끼지 않았을 것이라는 의미로 받아들여져야 할 것이다.

후대의 개인도 아담과 마찬가지로 정신을 지주로 삼는 하나의 종합이다. 그러나 이 종합은 파생된 것이다. 그리고 파생된 것인 한, 인류의 종합 속에 함께 정립되고 있다. 여기에 후대의 개인이 갖는 불안이 많다든지 적다든지 하는 이유가 있다. 그러나 이 불안은 아직 죄에 대한 불안은 아니다. 왜냐하면 아직은 그러한 선과 악에 대한 구별이 존재하지 않기 때문이다. 선과 악에 대한 구별은 자유로운 현실성으로 말미암아 비로소 존재하기 때문이다. 그러한 구별이 거기에 존재한다면, 그것은 오직 다른 이미지로서 존재할 뿐이며, 이 이미지는 또 인류의 역사를 통해서 더 많은 것을 의미할 수도, 더 적은 것을 의미할 수도 있다.

후대 개인의 불안이 그가 인류의 역사에 참가한 결과로서 더욱 성에 반대되는 것으로 되어 있다는 것은, 불안이 또 다른 의미로 이 세상에 들어왔기 때문이다. 이 인류의 역사는 제2의 자연으로서, 더욱이 새로운 질이 아니므로 단순히 양적인 증대인 습관에 비교할 수가 있을 것이다. 죄는 불안을 따라 들어왔다. 그러나 그 죄가 또 불안을 데리고 온 것이다. 다시 말해 죄의 현실성은 존속하지 않는 현실성이다. 한편에서 죄의 연속성은 사람을 불안에 빠뜨리는 가능성인 동시에, 또 한편에서 구원의 가능성 또한 무(無)인데, 사람은 그것을 그리워하는 동시에 두려워하기도 한다. 개인적 존재와 가능성의 관계는 언제나 그런 것이다. 구원이 현실에 정립되는 순간, 그때 비로소 이 불안이 극복된다. 인간이나 피조물이 고대하는 바(《로마서》 8 : 19)라는 것은 사람이 감상적으로 생각하고 있는 그런 감미로운 동경이 아니다. 사실 고대하는 바가 그런 것이기 위해서는 죄의 무장이 풀려 있어야만 하기 때문이다. 진심으로 스스로를 죄의 상태에 놓기 바라고, 또 어떻게 하면 구원될 가망이 있을까 하는 것에 생각이 미친 사람이라면 틀림없이 이 간절한 심리적 상태를 인정해 줄 것이고, 미적으로 과장되게 생각하고 있었던 것을 좀 겸연쩍어할 것이다. 구원에 대한 기대만이 문제가 되는 한, 인간의 속에 있는 죄는 아직 힘을 갖추고 있으므로 그러한 기대를 적으로 간주한다(이 점에 대해서는 뒤에 서술하기로 하겠다).

구원이 정립될 때 불안은 가능성과 더불어 뒤로 밀려난다. 불안은 이때 말살되는 것은 아니며, 만약 그것이 바르게 사용된다면 바야흐로 다른 역할을 연출하게 된다(제5장 참조).

죄를 따라 들어온 불안은 물론 개인이 죄를 저지를 때에 비로소 가장 몸 가까이에 존재한다. 그러나 그 불안은 또 인류의 역사에서 때로는 어마어마할 정도로, 때로는 거의 영향을 미치지 않을 정도로 존재하고 있다. 그 때문에 여기에서는 단순히 자신에 대한 불안에서 죄를 지은 것처럼 보이는 현상까지 만나는 수가 있다. 이런 일은 아담에게는 문제시되지 않을 것이다. 그런데도 개개인은 자기 자신에 의해서만 죄를 짓는다는 것만은 분명히 말할 수 있다. 그러나 개인의 인류에 대한 관계에서의 양적인 것은 여기에서 그 정점에 이르게 되므로, 조금 전에 말한 인류의 양적인 축적과 개인의 질적 비약을 파악하고 구별하지 않는 한, 이 불안은 모든 고찰을 혼란으로 빠뜨릴 뿐인 위력을 갖기에 이른다. 이러한 현상은 나중에 화제로 삼을 예정이다.

대부분의 경우 이런 현상은 빠뜨리고 넘어가는 수가 많다. 그것이 가장 무난하기 때문이다. 또는 자기가 그런 인간이 되지 않았다는 것을 신에게 감사하는 나약한 동정을 수반한, 감상적이고 감동하기 쉬운 방법으로 해석되기도 한다. 또한 그런 감상은 신에게도, 또 자기 자신에게도 배신적인 행위라는 것을 알지도 못할뿐더러, 인생은 피해서는 안 될 비슷비슷한 현상을 언제나 감추고 있다는 것을 생각도 해보지 않는 것이다. 동정하는 것도 좋다. 그렇지만 이 동정은 한 사람에게 일어난 일을 모든 사람에게 일어날 수 있는 일이라고 진심으로 이해하고야 비로소 할 수 있는 것이다. 그리고 그때에만 그 동정이 자기에게도 남에게도 의미 있는 것이 된다. 정신병원 의사가 어리석게도 '나는 영원히 현명하다. 나의 이성은 인생의 모든 장해에 조금도 흔들리지 않는다' 믿는다고 해보자. 하기야 어떤 의미에서는 그가 미친 사람들보다는 현명할지 모른다. 그러나 어떤 의미에서는 그는 정신질환자보다 한술 더 뜬 바보이고, 가장 확실한 것은 그가 많은 사람들을 고친다는 것이 도저히 불가능하다는 점이다.

그래서 불안은 두 가지 의미를 지니게 된다. 한 가지는 그 불안 속에서 개인이 질적 비약에 의해 죄를 정립하는 불안이고, 또 한 가지는 죄와 함께 들어와 있는, 그리고 들어오고 있는 불안이다. 이 불안은 한 개인이 죄를 정립할 때마다 양적으로 이 세상에 들어오는 것이다.

*

박식한 저서를 쓰거나, 또는 문헌의 출전을 조사하는 데 시간을 허비한다는 것은 나의 본래 목적이 아니다. 심리학에서 들고 있는 실례 같은 것을 보면 진정한 의미에서의 심리학적·문학적인 자격이 결핍된 것이 종종 있다. 그 실례들은 공증인이 세운 증거에 의해 사실로서 들추어지는데, 그 때문에 우리는 그런 의지할 곳 없는 완고한 사람들이 일종의 규칙 비슷한 것을 만들어 내려는 시도에 대해 웃어야 할지 울어야 할지 모를 형편이다. 본격적인 방법으로 심리학이나 심리적 관찰을 해온 사람이라면, 보통 사람으로서의 유연성을 체득하고 있으므로, 이 유연성 덕분에 사실상의 권위는 없을지라도 그것과는 다른 위력을 갖춘 자신을 위한 실례를 그 자리에서 만들 수 있다. 심리학적 관찰자가 사람들 사이에 파고 들어가 그들의 처지를 재현시키기 위해서는, 줄 타는 광대보다 더 날렵해야 한다. 또 사람들이 마음을 놓고 있는 순간에는 교묘하게 가장된 조용한 태도를 지닌 그의 침묵이 유혹적이고 요염해서 사람들 속에 감추어진 것이 몰래 빠져나와 저절로 중얼거리게 해야 한다. 마찬가지로 개인에게 언제나 부분적으로 불규칙하게 존재하고 있는 것을 근거로 하여, 전체의 모습이나 규칙적인 것을 창조해 낼 수 있는 시적(詩的) 원인이 될 만한 것을 그의 마음에 품고 있어야 한다. 그가 이 점에서 만약 명인의 영역에 이를 수만 있다면, 그는 문학 작품집에서 그 어떤 예증도 빌려 올 필요가 없거니와 케케묵은 회상록을 되풀이할 필요도 없이, 또렷하고도 생생한 자신의 관찰을 제공할 수 있는 것이다. 그 무엇인가에 주의를 기울이기 위해 죽도록 뛰어다닐 필요는 없다. 아니, 그는 자기 방에서 지금부터 무슨 일이 일어날 것인가를 모두 알고 있는 형사처럼 침착하게 앉아 있으면 되는 것이다. 필요한 것은 무엇이든지 그 스스로 만들어 낼 수가 있다. 마치 설비가 잘된 집이라면 물을 뜨기 위해 일부러 계단을 내려와 큰길까지 나갈 필요가 없도록 층계마다 수도가 놓여 있듯이, 어떤 것이 필요하다고 생각되면 그는 폭넓은 경험을 살려 그것을 쉽게 손에 넣는다. 무슨 의심에 부딪히는 일이 생기면, 인간 생활에 밝아 심문적인 예리한 눈을 갖고 있는 그로서는 어디를 찾으면 되는지를 미리 알고 있으므로, 그는 누구든지 그 실험에 필요한 사람을 손쉽게 찾아낸다. 그는 이름을 들거나 박식한 인용을 하여, 작센에 한 시골 처녀가 있는데 의사의 관찰에 따르면, 하는 식으로, 또는 로마에 어떤 황제가 있는데 어느 역사가가 그에 대해 말하는 바에 따르면, 하고 말해 마치 천재일우이거나 한 것처럼 예증을 들지 않더라도 그의 관찰은 무엇보다도 더 신뢰를 얻을 것이 틀림없다. 심리학은 그러한 일에는 전혀 흥미를 두지 않는다. 그러한 일은 관찰자만 있다면 매일이라도 일어난다고 증명할 수 있다. 그가 자신의 관찰을 심판해 나갈 만한 주의를 게을리하지만 않는다면, 그의 관찰은 새롭다는 특색과 현실적인 것이 자아내는 흥미를 갖출 것이 틀림없다. 이 목적을 위해 그는 타인 속에서 발견한 모든 기분, 모든 마음의 상태를 스스로 흉내 내어 본다. 다음에 그는 이 흉내로써 남을 속일 수 있는가 없는가, 그가 관념적으로 조작해서 다시 만들어 낸 연극에 과연 다른 사람을 끌어들일 수 있을 것인지 어떤지를 시험해 본다. 예를 들어 '정열'이라는 것을 관찰하려 할 때는 먼저 한 사람의 상대가 선택된다. 그런데 타인의 비밀을 알아내는 데는 평소에 그것을 눈치채이지 않도록 말 없는 침묵, 고요, 어둠이 중요하다. 그리고 상대를 완전히 속일 수 있을 때까지는 이제까지 배워 온 것을 연습해야 한다. 그다음에는 정열을 꾸며 내 정열이라는 것으로 극도로 확대된 자신의 모습을 상대에게 표시한다. 이것이 잘되면 상대는 마치 누군가 정신질환자의 고정 관념을 발견하여 그것을 시적으로 포착하고, 다시 그것을 세밀하게 그려 보일 때에 정신질환자가 느끼는 것과 같은 편안함과 만족을 느낀다. 이것이 잘되지 않는다고 한다면, 원인은 취급 방법이 서툴렀던가 아니면 상대가 실례로서 맞지 않았던 데 있을 것이다.

1. 객관적 불안

객관적 불안이라는 표현을 사용하면, 우리는 당장 가능성에서의 자유가 자기반성을 하여 생겨난 순진무구함의 불안으로 생각하기 쉽다. 이에 대해 우리의 연구는 다른 점을 지향하고 있다며 항의한다면 그것은 그다지 효과적이지 못할 것이다. 오히려 객관적 불안의 특징은 주관적 불안과는 다른 점에 있으므로, 이 특징은 아담의 순진무구함의 상태와는 별로 관련되지 않는다는 것을 생각하게 하는 편이 더 효과적이라고 생각된다. 가장 엄밀한 의미에서의 주관적 불안이란 개인의 죄의 결과로서 개인 속에 정립된 불안을 말한다. 이 의미에서의 불안에 대해서는 다음 장에서 말하기로 하겠다. 그러나 이런 식으로 이 말을 해석하면, 객관적 불안에서의 대립이 제거되므로 불안은 바로 그 주관적인 것 본래의 모습으로서 나타난다. 따라서 객관적 불안과 주관적 불안의 구별은, 이 세상과 후대에 태어난 개인의 순진무구한 상태를 살펴볼 때 사용해야 하는 것이다. 여기서 주관적 불안은 개인의 순진무구함 속에 있는 불안이므로 그것은 아담의 불안에 대응하지만, 세대 간의 양적 규정에 의해, 아담의 불안과는 양적으로 다른 것으로서 나타난다. 이에 반해 객관적 불안이라는 말은, 세대 간의 죄성이 온 세계에 반영됨을 의미한다.

앞 장 2절에서 "아담이 지은 죄로 말미암아 죄성이 이 세상에 들어왔다"고 하는 표현 방법에는 피상적인 반성이 포함되어 있다는 것을 지적해 두었다. 그런데 이 표현에는 그 어떤 진리가 포함되어 있을지도 모르므로 여기에서 다시 그것을 상기해 보자.

아담이 죄를 정립한 순간, 우리의 고찰은 그를 떠나 후대의 개개인의 죄의 기원을 고찰하는 데로 향한다. 이제 세대가 정립되었기 때문이다. 만약 아담의 죄 지음과 동시에 인류의 죄성이 마치 직립보행과 같은 의미로 정립되었다고 한다면, 이제 개인의 개념은 없어져 버리고 만다. 이 점은 앞에서도 말했는데, 그때 나는 죄를 마치 골동품 다루듯이 하는 호기심에 대해 반박했고, 또한 다음과 같은 딜레마를 걸어 두었다. 즉 질문자는 대체 무엇을 묻고 있는지 자기도 모르면서 질문을 하고 있든지, 아니면 그것을 알면서도 모르는 체함으로써 새로이 죄를 범하고 있든지 그 둘 중의 하나라고 말이다.

이러한 모든 것을 근거로 삼고 있는 한, 위에서 인용한 표현도 일부분의 진리는 인정된다. 최초의 것이 질을 정립한다. 이렇게 해서 아담은 자신 속에 죄를 정립하지만, 그와 동시에 인류에 대해서도 죄를 정립한다. 그러나 인류라는 개념은 죄 같은 구체적인 범주를 정립하기에는 너무나도 추상적이다. 죄는 개인 자신이 개인으로서 죄를 정립함으로써 비로소 정립된다. 인류의 죄성은 이런 이유로 단순히 양적인 근사치일 뿐이다.

하지만 이 근사치라는 것도 아담에게서 그 발단을 이루었다. 이 점에서 아담은 인류 가운데 어떠한 개인보다도 중대한 의의를 갖게 되고, 또한 이 점에서 조금 전에 말한 표현의 진리성을 찾을 수 있다. 정통 신앙에서도 자기 자신을 이해하려고 하는 한 이 점을 인정하지 않을 수 없을 것이다. 왜냐하면 정통 신앙은, 아담의 죄로 말미암아 인류도, 자연도 다 같이 죄에 빠진 것이라고 가르치고 있기 때문이다. 그러나 자연에 관한 한 죄가 질(質)로서 들어왔다고는 생각되지 않을 것이다(죄는 아담에게 질적으로 들어와서, 세상과 인류에게 양적으로 전파된 것이므로).

이렇게 해서 죄가 이 세상에 들어왔다는 것은 모든 피조물에게 중대한 의의를 획득한 것이었다. 이 죄가 인간 이외의 존재에 미친 작용을 나는 객관적 불안이라고 부르기로 했다.

그 객관적 불안이 어떤 의미인가를 성서 구절의 "피조물이 고대하는 바"(《로

마서〉 8 : 19)를 상기함으로써 은연중에 나타낼 수 있으리라고 생각한다. 소망이라는 것이 문제가 되는 한 피조물이 불완전한 상태에 있다는 것은 말하지 않아도 명백하다. 소망·열망·기대 등등의 표현이나 규정을 대하면서 우리는 이 말들에는 선행의 상태가 포함되어 있고, 따라서 이 상태는 현재 존재하며, 소망이 모습을 나타내는 동시에 그 효력을 발휘한다는 것을 때때로 놓치기 쉽다.

기대를 가지고 있는 자가 그러한 상태에 빠져 있는 것은 무슨 우연이나 그 밖의 것에 의해 그렇게 되어 있는 것은 아니다. 다시 말해 그는 전혀 인연이 없는 것으로서 그 속에 있는 것이 아니라 그 상태를 스스로 만든 것이다. 이러한 소망의 표현이 불안이다. 왜냐하면 그가 탈출을 바라고 있는 그 상태가 불안으로부터 드러나는 것이며, 또한 그 상태가 드러나게 되는 것은 소망만으로는 그를 구하기에 충분하지 못하기 때문이다.

피조물이 어떤 의미에서 아담의 죄로 인해 타락의 못 속으로 빠져 들어갔는가, 나쁘게 이용됨으로써 정립된 자유가 가능성의 반영이나 연관성의 전율을 피조물 위에 어떻게 던졌는가, 인간은 자신의 가장 극단적 요소들의 대립이 정립되어 있는 종합으로서 그 가운데 한 요소의 대립이 바로 인간의 죄에 의해 어떠한 의미로 이전보다 더 엄격한 대립이 되었는가, 이 모든 것들은 심리학적 고찰의 범위 밖의 일로서 오히려 교의학 가운데 속죄론에 속한다. 따라서 이 속죄를 설명함으로써 교의학은 죄의 전제를 설명하는 것이다.[1]

피조물이 갖는 이 불안이야말로 객관적 불안이라고 부르기에 알맞다. 이 불안은 피조물에 의해 산출되지 않았으며, 그것은 아담의 죄로 인해 감성이 죄성으로까지 타락한 것으로서, 죄가 쉴 새 없이 이 세상에 들어오는 한 끊임없이 전락하는 열등한 죄성을 의미하게 되었기 때문이다.

이러한 원죄적 해석은 감성이 본디부터 죄성이라고 하는 합리주의적인 견해에 대항했다는 의미에서도 일가견을 가진 것임에 쉽게 수긍될 것이다.

죄가 이 세상에 들어온 뒤, 그리고 죄가 이 세상에 들어올 때마다 감성은 죄

---

1) 교의학이란 이렇게 조작되어야 한다. 어떤 학문이든 무엇보다도 자신의 출발점은 힘차게 붙잡아야 하며, 다른 학문과의 지나친 교류로 명맥을 유지해서는 안 된다. 교의학이 죄성을 설명하거나, 죄성의 현실성을 설명하는 것에서 시작한다면, 거기에서는 결코 교의학이 생겨나지 않을뿐더러 교의학의 존재 전체가 의문시되어 허공에 뜬 것이 되어 버릴 것이다. (원주)

성이 된다. 그러나 감성이 변해서 그렇게 되는 것일 뿐이지 본디부터 그렇다는 것은 아니다. 프란츠 폰 바더는 세상의 비참함이나 감성은 그 자체가 죄성이라고 하는 주장에 계속 항의해 왔다. 하지만 여기서 주의를 하지 않으면 완전히 다른 면에서 펠라기우스주의에 빠지게 된다. 프란츠 폰 바더는 그 규정을 할 때 인류의 역사를 고려하지 않았기 때문이다. 인류의 수량화에서는 (따라서 비본질적으로는) 감성은 죄성이다. 그러나 개인에 대한 관계에서는, 그 개인이 죄를 정립하고 감성을 다시 죄성으로 만들어 버리기까지는 감성은 죄성이 아니다.

셸링학파[2]의 어떤 사람들은 죄로 일으켜진 자연의 변화[3]에 특히 주목했다. 그리고 생명이 없는 자연에 깃든다고 생각되는 불안에 대해서도 말한 적이 있었다. 하지만 그런 것은 사이비 자연 철학의 문제가 교의학의 도움을 빌려 재주

---

2) 셸링은 종종 불안·분노·고뇌 등에 대해 말했다. 하지만 이런 일들에 대해 우리는 늘 불신의 태도를 조금 취하지 않을 수 없다. 피조물에서 죄의 결과와 셸링이 신에게서의 상태나 기분이라고 부르고 있는 것을 혼동하지 않기 위해서이다. 이 말들에 의해 셸링은 신과 관련된 창조의 진통을 의미한 것이다. 이러한 표상적인 표현을 써서 그가 부분적으로 자신도 부정적이라고 불렸고, 헤겔에게서는 부정적인 것, 더 상세하게 변증법적인 것으로서 부정적인 것, 더 상세하게 변증법적인 것으로 규정된 것을 나타나게 하고 있는 것이다. 양의성은 셸링에게도 나타나 있다. 즉 그가 자연을 뒤덮고 있는 우수와 함께 신의 우수에 대해서도 말하고 있기 때문이다. 셸링의 근본 사상을 이루는 것은, 주로 불안과 그 밖의 것이 신의 창조에 진력하면서 겪는 고통의 특색을 나타내고 있다는 점이다. 그는 베를린에서 이와 똑같은 말을 더 뚜렷하게 하고 있다. 그는 창작 활동에서만 삶의 보람을 느낀 괴테나 요하네스 폰 뮐러와 신을 비교하고, 또 그때에 그런 행복은 자신을 제대로 전달할 수 없을 때에는 불행이 되고 만다는 사실에 주의를 촉구하고 있다. 셸링의 이상의 말이 이미 마르하이네케의 어느 소책자에 인쇄되어 있기 때문이다. 마르하이네케는 그것을 빈정거리려 하고 있다. 이것은 좋지 않은 일이라고 생각한다. 왜냐하면 힘이 세고 혈기 많은 신인동형설이라는 것은 매우 진중해야 할 것이기 때문이다. 결점은 오히려 다른 곳에 있어서, 만약 교의학이 형이상학적으로, 그리고 형이상학이 교의학적으로 다루어짐으로써 형이상학도 교의학도 다 같이 비뚤어지게 된다면 모든 것이 얼마나 이상야릇하게 될 것이냐는 한 가지 사례를 여기에서 볼 수 있는 것이다. (원주)

3) 변화(알테라시온)라는 말은 양의성을 표현하기에는 아주 적절하다. 일반적으로 '알테레테 (alterate)'는 바꾼다, 손상시킨다, 본디의 상태에서 벗어나게 한다(다른 것이 된다)는 뜻으로 사용되고 있는데, '바꾼다'는 놀란다는 뜻으로도 사용되고 있다. 놀라는 것은 근원적으로는 바뀜에 의해 맨 먼저 나타나는 필연의 결과이기 때문이다. 내가 아는 바로는 참 기묘한 이야기지만, 라틴 사람들은 전혀 이 말을 쓰지 않고 'adulterare(간통한다, 위조한다)'라고 말하고 있다. 프랑스 사람은 'altérer les monnaies(위조지폐를 만든다)'라고 한다. 덴마크의 보통 일상 회화에서는 늘 놀란다는 뜻으로 사용되고 있어서, 흔히 서민 사이에서 '정말 놀랐다(altereret)'라고 하는 말을 듣는 수가 있다. 적어도 나는 행상꾼 여인이 그렇게 말하는 것을 들은 적이 있다. (원주)

있게 다루어지고 있을 뿐이라든지, 또는 자연 관찰의 이상야릇한 그림자를 좋아하는 교의학적 규정이라는 식으로 세상 사람들에게 여겨져서 대단한 효과를 거두고 있지는 못하다.

당면한 연구의 테두리를 뛰어넘어 좀 옆길로 빗나갔는데 이쯤에서 그치기로 하겠다. 오늘날 불안은 아담에게 깃든 것과 같은 식으로는 결코 찾아오지 않는다. 왜냐하면 아담에 의해 죄성이 이미 이 세상에 들어왔기 때문이다. 이로 말미암아 아담의 불안과 비슷한 것으로서의 불안은 이제 자연에서의 객관적 불안과 개인에게서의 주관적 불안이라는 한 쌍의 유사품을 가진 것이 된다. 이 둘 중 아담의 불안에 비하여 전자는 더 적은 것을, 후자는 더 많은 것을 내포하고 있다.

2. 주관적 불안

좀 더 많은 반성에 의해 불안을 정립할 수 있게 되면 될수록 불안은 더욱더 쉽게 죄로 변할 수 있는 것같이 생각될지도 모른다. 그러나 여기서 중요한 것은 근사치에 속지 말 것이며, '더 많다'고 해서 비약을 낳는 것도 아니고 '좀 더 쉽다'고 해서 설명을 쉽게 만드는 것도 아니다. 이 점을 제대로 포착하고 있지 않으면 모든 것은 쉽게 진행되어 '넘어가는 단순한 이행'에 불과하게 된다는 현상에 부닥치는 위험을 겪는다. 또는 언제까지나 자신의 생각에 결말을 지을 수 없는 그런 위험을 당한다. 순수하게 경험적인 관찰이라는 것은 언제나 끝이라는 것이 없기 때문이다. 그러므로 만일 불안이 점점 더 반성적으로 된다 할지라도 질적 비약으로 불안 속에 나타나는 죄는 아담의 죄와 똑같은 책임을 갖는 것이므로, 불안은 짐짓 아담과 같은 양의성(선악, 양자 사이의 근원적 영역에 있는 것)을 갖는 것이다.

후대의 각 사람에게도 아담의 순진무구함에 비교될 만한 순진무구함의 상태가 있다는 것, 또는 있었다고 간주되는 것을 부정하려 한다면, 그것은 모든 사람들의 노여움을 사는 동시에 모든 사유를 폐지하는 일이 될 것이다. 그럴 경우 개인은 개인이 아니게 되고 단순히 자신의 종(種)에 임의로 추출된 일례로서만 연결되게 되며, 동시에 개인의 범주 안에 있는 한, 죄가 있다고 규정되기 마련이기 때문이다.

비유하자면 불안은 현기증과 같다. 사람의 눈이 크게 입을 벌리고 있는 자의 목 안 깊숙한 곳을 들여다볼 때, 그는 현기증을 느낀다. 그런데 그 원인이 어디에 있느냐고 하면, 그것은 그의 눈에 있다고도 할 수 있고 목 안쪽 깊숙한 곳에 있다고도 할 수 있다. 왜냐하면 그가 가만히 내려다보지만 않았으면 현기증을 느끼지 않아도 되었기 때문이다. 불안이란 자유의 현기증이므로, 정신이 종합(영혼과 육체의)을 정립하려고 하자 자유가 자신의 가능성을 들여다보다가 그 몸을 의지하기 위해 유한성을 붙잡을 때 일으키는 현기증인 것이다. 이 현기증 속에서 자유는 정신을 잃고 쓰러진다. 여기서부터 심리학은 앞으로 가지도 못할 뿐더러 가려고도 하지 않는다. 바로 그 순간에 모든 것은 변하고, 자유가 다시 몸을 일으킨 순간에는 자신이 죄가 있는 몸임을 알게 된다. 이 두 순간 사이에 비약이 있으며, 그 비약에 대해서는 어떠한 학문도 설명한 일이 없고, 또 설명할 수도 없다. 불안 속에서 죄가 있는 사람이 되는 것보다 양의적인 것은 없다. 불안은 하나의 여성적인 나약함으로, 자유는 그 안에서 힘을 잃는다.

심리학적으로 말하자면 타락으로 인한 죄는 늘 연약할 때 일어난다. 그러나 불안은 가장 이기적인 것이므로 아무리 자유를 구체적으로 표현하더라도 모든 구체화의 가능성만큼 이기적인 것은 아니다. 이 점이 또한 개인의 양의적인, 즉 공감적, 반감적인 관계를 규정하는 저항할 수 없는 요인이 된다. 불안 속에는 가능성이라는 이기적인 무한성이 있는데, 그것은 선택처럼 사람을 미혹시키는 것이 아니고, 그 달콤한 마음의 두근거림으로 사람을 답답한 불안으로 빠뜨리는 것이다.

후대의 개인에게 불안은 더욱 반성적이 되는 것이다. 이것은 불안의 대상인 무(無)가, 말하자면 차츰차츰 어떤 것이 된다고 표현해도 좋다. 이것은 무가 정말로 어떤 것으로 변한다든지, 또는 정말로 어떤 것을 의미한다는 것도 아니며, 무 대신 이제 죄라든지 다른 어떤 것을 대체해야 할 것도 아니다. 왜냐하면 이때 아담에게 적용되는 순진무구함이 후대에 와서 개인의 순진무구함에도 적용되기 때문이다. 이것들은 모두 자유로 존재하는 것이며, 또 개개인 자신이 질적 비약으로 죄를 정립함으로써만이 존재하는 것이다. 불안의 무가 여기서는 예감의 복합체이므로, 예감들은 자신 속에서 반영해 가며 차츰 개인에게 접근해 간다. 물론 그 예감들은 본질적으로 본다면 다시 무에 의한 불안을 의미한다. 그러나 주의해야 할 점은 그 무가 개인과 아무 관련이 없는 것이 아니고, 순진무구함의 무지와 활발한 교섭을 갖는 무라는 것이다. 이러한 순진무구함의 반성 상태는, 개인이 죄가 있는 것으로 되기 이전에는 짐짓 본질적으로 보아 무로 나타나는 하나의 경향을 의미하지만, 질적인 비약에 의해 죄가 있는 것이 될 때 개인은 자신을 초월하는 수단의 전제가 된다. 왜냐하면 이때 죄는 자기 자신을 전제로 하기 때문이다. 하지만 물론 죄가 정립되기 전에는(그래서는 하나의 예정이 될 것이다) 전제하지 않으므로, 이 죄가 정립됨과 동시에 자기 자신이 전제되는 것이다.

이제 우리는 불안의 무가 후대의 개인에게 의미를 갖게 된 어떤 것에 대해 더 깊이 생각해 보기로 하자. 심리학적 고찰에서는 그것은 확실히 어떤 것으로서 통하고 있다. 그러나 어떤 개인이 이 어떤 것으로써 곧 죄를 짓게 되었다고 한다면 그에 대한 모든 고찰이 무효가 된다는 것을 심리학적 고찰은 잊어서는 안 된다.

엄밀한 의미에서의 원죄를 의미하는 이 어떤 것이란 세대 관계의 결과이다.

A. 세대 관계의 결과

여기에서 문제로 삼고 있는 것은, 누가 기형아로 태어났는지에 대해 의사들이 가지는 관심처럼 누군가의 관심을 끄는 것이 물론 아니다. 그리고 도표를 작성해 결론을 끌어내는 어떤 문제도 아니다. 어디서나 마찬가지지만 여기에서도 분위기를 맞추는 것이 중요하다. 예를 들어 우박이 오거나 흉년이 들었을 때, 이것은 악마의 짓이라고 가르친다면 그것은 아주 선의에서 나온 말일지 모른다 하더라도 본질적으로는 악이라는 개념을 약화하는 일이므로, 마치 얼빠진 악마에 대해 이야기하는 것이 미적으로 농담 같은 투를 가져오는 것과 마찬가지로 하나의 영리한 행위일 뿐이다. 따라서 '신앙'이라는 개념에서 역사적인 면만이 평가되고 개인적 신앙의 근원성이 간과된다면, 신앙은 자유로운 무한성 대신 유한하고 사소한 것이 되고 만다. 그 결과는 홀베르(Holberg)의 희극에 나오는 히에로니무스가 신앙에 대해 말하고 있는 그런 상태가 안 된다고도 볼 수 없다. 히에로니무스는 에라스뮈스에 대해, 그는 잘못된 신앙관을 가지고 있다고 했다. 왜냐하면 그 마을 대대로 이어지는 세대들이 모두 지구를 평평한 것으로 믿어

왔는데 에라스뮈스는 지구가 둥글다고 생각하고 있기 때문이었다. 이런 식이라면 마을의 모든 사람들은 꼭 맞는 바지를 입고 다니는데 누군가가 헐렁한 바지를 입고 다니는 것은 그가 이단자이기 때문이라는 말이 된다.

만일 죄성의 상태에 대해 통계 조사표를 제공하고 그에 따라서 채색이나 등고선으로 한 눈에 알 수 있는 도표를 그린다고 한다면, 그것은 마치 죄라는 것을 없애려 하지 않고 오히려 기압이나 강우량과 마찬가지로 잴 수 있는 자연계의 신기한 현상으로 다루려 하는 시도와 같다. 그리고 그 결과로서 나오는 보잘 것없는 산술적 평균치라는 것은 순수 경험 과학에서는 유래를 찾아볼 수 없는 무의미한 것이다. 만약 누군가가, 누구에게나 3과 3/8인치의 죄성이 있다느니, 또는 랑그도크에서는 평균이 고작 2와 1/4인치인데 브르타뉴에서는 3과 7/8인치나 된다고 진지하게 제시한다면, 그것은 아주 가소로운 잠꼬대일 것이다. 하지만 이런 것은 서론에서 서술한 예보다 더 쓸모없지는 않다. 왜냐하면 서론에서의 예들은 이후에 서술하려는 영역에서 얻어지는 것이기 때문이다.

죄로 인해 감성은 죄성이 되었다. 이 명제에는 두 가지 의미가 있다. 죄에 의해 감성이 죄성으로 된다는 것과, 아담에 의해 죄가 이 세상에 들어왔다는 것이다. 이 규정들은 반드시 서로 받쳐 주는 것이어야 한다. 그렇지 않고는 진실이 아닌 것을 이야기하는 것이 되기 때문이다. 다시 말해 감성이 일찍이 죄성이 되었다는 것은 세대의 역사이지만, 감성이 죄성이 된다는 것은 개인의 질적 비약인 것이다.

앞에서 하와가 창조되었다는 것은 이미 세대 관계의 결과를 미리 구상적으로 나타내고 있음을 말해 두었다(제1장 6절). 하와는 어떤 의미로는 파생적인 것으로서 특징지어져 있었다. 파생적인 것은 결코 근원적인 것만큼 완전할 수는 없다.[4] 그러나 그 차이란 여기서는 단지 양적인 것에 지나지 않는다. 후대의 개인도 본질적으로는 최초의 개인과 마찬가지로 근원적이다. 후대의 모든 개인들에게 공통적인 차이는 파생되었다는 점이다. 그런데 파생은 단독자, 즉 개인에게서는 또다시 더 많은 것을 의미할 수도, 더 적은 것을 의미할 수도 있다.

---

[4] 말할 것도 없이 이것은 오직 인류에게만 통용되기 때문이다. 이에 반해 동물류는 후세의 어느 표본도 최초의 표본과 똑같다. 좀 더 정확하게 말한다면, 최초라는 것에 아무런 의미도 없는 것이다. (원주)

이처럼 여성이 파생적이라는 것은 모든 시대에 걸쳐(이 말을 입에 담는 자가 오스만제국의 파샤든 또는 전기적인 기사든) 여성이 남성보다 약하다고 인정되어 온 것이 무슨 의미인가를 설명해 준다. 그렇지만 그 차이라는 것도 결국은 남성과 여성이 차이를 가진다 할지라도 본질적으로는 같다는 말과 다를 바가 없다. 차이가 나타나는 것은 아담의 불안이 하와의 불안보다는 더 반성적이라는 점이다. 그 이유로서 여성이 남성보다도 감성적이라는 것을 들 수 있다. 물론 이런 구별에서 문제가 되는 것은 경험에서 산출해 낸 상태라든지 평균치가 아니라 종합에서의 차이라는 점이다. 종합하는 부분들 중 한 부분이 좀 더 많은 것을 포함하고 있으면, 정신이 종합을 이행하여 자신을 정립할 때 차이의 틈이 더욱 깊어지므로, 불안은 자유의 가능성 속에서 더욱 넓은 활동의 여지를 갖게 된다. 창세기에서는 하와가 아담을 유혹하는 것으로 되어 있다. 그렇다고 해서 그녀의 책임이 아담의 책임보다 결코 큰 것이 될 수 없으며, 또 그 불안이 불완전성을 나타낸다는 것은 아니다. 그뿐만 아니라 불안이 크다는 것은 완전성이 클 것임을 예언하는 것이다.

이와 같이 감성과 불안의 관계가 서로 대응하고 있다는 것을 이상의 연구는 밝히고 있다. 그러므로 세대 관계가 나타나자마자 하와에 대해 일컬어져 온 사항은, 아담과 후대의 각 개인 간의 관계, 즉 세대 속에서는 감성이 늘어나면 불안도 증가한다는 관계를 암시하는 것임에 틀림이 없다. 세대 관계의 결과는 따라서 '보다 더 많다는 것'을 의미하게 되나, 그것은 후대의 모든 개인이 아담에 비해 양적으로 많아지는 것을 면할 수가 없다 할지라도 본질적으로는 결코 아담과 다르지 않다는 의미에서의 좀 더 많은 것이다.

그러나 이 일을 생각하기에 앞서, 나는 여성이 남성보다도 감성적이므로 한결 많은 불안을 품고 있다는 경우의 명제를 더 자세하게 밝혀 볼까 한다.

'여성이 남성에 비해 더 감성적이라는 것은' 바로 그 육체적 구조가 나타내고 있다. 이 점을 상세히 말하는 것은 내가 할 일이 아니라 생리학의 과제일 것이다. 그 대신 나는 다른 방법으로 이 명제를 증명할까 한다. 다시 말해 나는 미학적으로 여성을 미(美)라는 이념적 시각에 놓고, 이것이 여성의 이념적 시점이라는 상황이야말로 곧 여성이 남성보다 더 감성적이라고 일컬어지는 이유임을 밝혀 두고 싶다. 다음에 윤리학적으로 여성을 출산이라는 이념적인 시점에 놓고, 출산이 또한 여성의 이념적 시점이라는 상황이야말로 곧 여성이 남성보다 더 감성적이라고 일컬어지는 이유임을 밝혀 둘까 한다.

미가 지배할 때, 그 결과로 종합이 일어난다. 그러나 이 종합에서 정신은 배제된다. 이것이 그리스 문화 전반의 비밀이다. 이렇게 생각하는 한 그리스적인 아름다움에는 어떤 차분함과 조용한 장중함이 감돌고 있다. 하지만 그렇기 때문에 거기에는 그리스 사람도 깨닫지 못한 불안이 있었고, 그리스의 조형미는 불안에 떨고 있었던 것이다. 정신이 배제되어 있기 때문에 그리스의 미에는 낙천성이 있다. 하지만 그 때문에 거기에는 말할 수 없는 깊은 우수가 있다. 그렇기 때문에 감성은 죄성이 아니며, 사람을 불안에 빠뜨리는, 해명할 수 없는 수수께끼인 것이다. 그리고 그런 까닭에 순진함이라는 것에는 불안의 무라는 풀 수 없는 무가 따라다니고 있는 것이다.

그런데 그리스적인 미는, 남성과 여성을 본질적으로는 같은 방법으로, 다시 말해 정신적이 아닌 방법으로 포착하고 있다. 그러나 이 동일성 속에 하나의 차이를 두고 있다. 정신적인 것은 얼굴에 나타난다. 남성미에서는 어쨌든 얼굴과 얼굴에 나타나는 표정이 여성미에서보다는 본질적이다. 비록 조형적인 것의 영원한 청춘 때문에 더욱 깊은 정신적인 것의 출현이 늘 방해받고 있다 할지라도 말이다. 이 점을 다시 더 세세하게 말하는 것 또한 내가 할 일이 아니다. 그러나 꼭 한 가지만 말함으로써 이 차이를 증명해 두고자 한다. 아프로디테는 잠든 모습이 그려진다 하더라도 본질적으로 그 아름다움에 변함이 없다. 아니 어쩌면 그녀는 그때가 가장 아름다운지도 모른다. 그런데 잠든 것은 바로 정신의 부재를 증명하는 것이다. 사람은 나이가 들면 들수록, 그리고 개성이 정신적으로 성장하면 할수록, 잠잘 때의 아름다움은 줄어드는 법이다. 반대로 어린아이는 잠잘 때 가장 아름답다는 것도 이런 데서 연유하는 것이다. 아프로디테는 바다에서 떠올라 휴식하는 자태로, 즉 얼굴의 표현을 비본질적인 것으로 하는 자태로 그려지고 있다. 그러나 아폴론을 그린다고 하면, 잠자고 있는 제우스의 모습을 그린다는 것은 어울리지 않는다. 잠자는 아폴론을 그릴 때도 마찬가지이다. 그렇게 했을 경우 아폴론의 아름다움은 감소되고 제우스는 우습게 된다. 디오니소스는 예외라 할 수 있을는지 모른다. 왜냐하면 그는 그리스 예술에서는 남성미라고도 여성미라고도 규정지을 수 없는 데가 있어, 그의 모습은 때로 여성적이기도 하기 때문이다. 그러나 가니메데스(올림포스로 납치되어 신들에게 술을 따르고 불사의 존재가 된 트로이의 미소년) 같은 경우에는 얼굴 표정이 이미 더욱 본질적으로 되어 있다.

그리스적인 아름다움 이외의, 이를테면 낭만주의 속에서도 이 차이는 본질적인 동일성 속에서 되풀이되고 있다. 정신의 역사(정신이 늘 역사를 갖는다는 것이 바로 정신의 비밀이다)란 남성의 얼굴에 새길 수 있는 것이므로, 그 인각이 뚜렷하고 고귀하기만 하면 다른 것은 모두 기억하지 못할 정도이다. 그런데 여성에게 얼굴은 고전 시대보다는 더 큰 의의를 갖게 되었지만, 본래는 총체적인 다른 방법으로 작용하려는 경향이 있다. 즉 그 표현은 역사를 갖지 않는 하나의 전체성의 표현이다. 이런 까닭에 침묵은 여성의 최고 영민한 지혜로움일 뿐만 아니라 최고의 아름다움이기도 하다.

윤리적으로 본다면, 여성의 삶은 출산할 때 최고조에 이른다. 그래서 성서에서는 여성이 원하는 바는 남성에게 있다고 일컬어지고 있는 것이다(《창세기》 3 : 16). 남성이 원하는 것 또한 여성에게 있다는 것도 당연한 일이지만, 그의 생활이 방탕에 빠지지 않는 한은 이러한 갈망의 삶으로 최고조에 이를 수는 없다. 하지만 여성이 이 점에서 최고조에 이른다는 것은 바로 여성 쪽이 더욱 감성적임을 말해 주는 것이다.

여성에게는 남성에 비해 더 많은 불안이 있다. 이것은 여성이 육체적으로 힘이 뒤지고 있기 때문은 아니다. 이런 종류의 불안은 여기서는 전혀 문제가 되지 않는다. 그것은 여성이 더 감성적이고, 본질적으로는 남성과 같이 정신으로 규정되기 때문이며, 또한 그래서 때때로 일컬어져 온 '여성은 약하다'는 말은 나에게 대단한 문제가 되지 않는다. 왜냐하면 그렇다 하더라도 자칫 여성 쪽이 남성보다 불안이 더 적을 수도 있으며, 또한 불안은 여기에서는 언제나 자유와 비례적인 것으로 관련시켜서 얘기해야 하기 때문이다. 창세기 이야기가 생각과는 완전히 반대로 여성으로 하여금 남성을 유혹하도록 하고 있는데, 잘 생각해 보면 아주 당연한 이야기이다. 왜냐하면 그 유혹은 원래 아담이 하와를 통해 뱀에게 유혹당한 여성적 유혹이었기 때문이다. 대부분의 경우 유혹과 관련된 말의 관용법을 보면(속인다, 꾄다 등) 늘 남성이 한 단계 위이다.

모든 경험을 거쳐서 인정된다고 여겨지는 사항을 나는 단지 한 가지 실험적 관찰만으로써 나타내고자 한다. 예를 들어 여기에 젊고 어여쁜 한 소녀를 마음속에 그려 놓고, 한 남자가 그녀를 탐욕스러운 눈으로 가만히 바라보았다고 한다면, 그녀는 불안을 느낀다. 그뿐만 아니라 그녀는 화가 날지도 모르나 처음에는 불안을 느낀다. 이와 반대로 한 여성이 젊고 씩씩한 청년을 탐욕스러운 눈으로 말끄러미 바라보는 것을 마음에 그려 본다면, 그의 기분은 불안이라는 것보다는 기껏해야 불쾌감이 섞인 수치심 정도의 것이리라. 분명히 그가 더 많은 정신적 규정을 지니고 있기 때문이다.

아담의 죄로 죄성이 이 세상에 들어옴과 동시에 성욕도 들어왔다. 그리고 이 성욕은 아담에게 죄성을 뜻하게 되었다. 성적인 것이 정립된 것이다. 세상에서는 순진함이라는 것에 대해 책이나 말로 무척 많이 이야기하고 있다. 그러나 순진무구만이 순진함이며 또 무지이기도 하다. 성적인 것이 자각된 뒤에 순진함이라는 말을 담는 것은 무분별이고, 과시이고, 때로는 더 나쁘게 말하자면 호색의 가면이기도 하다. 더 이상 순진하지 않기 때문에 사람이 죄를 범하고 있다고 하는 것은, 진실한 것, 도덕적인 것으로부터 사람들의 눈을 돌림으로써 속이려 하는 것과 같은 어리석은 아첨에 지나지 않는다.

성적인 것의 전반적인 의의와 특별한 영역에서의 성적인 것의 의의에 관한 모든 문제가 이제까지 아주 조금밖에 해명되고 있지 않다는 것은 부정할 수 없다. 특히 올바른 분위기 아래 대답한 것은 아주 드물었다. 그것을 농담조로 해버린다는 것은 너무 가엾은 짓이고, 훈계하는 것은 그다지 힘든 일은 아니다. 귀찮은 대목을 빼버리고 거기에 대해 설교한다는 것 또한 어렵지 않다. 그러나 정말로 거기에 대해 인간적으로 말한다는 것은 하나의 기술이다. 성적인 것에 대한 해답을 문학과 종교적 설교단에 맡겨 버림으로써, 한쪽에서 말하는 것을 다른 한쪽에서는 말하기를 꺼린 나머지 한쪽의 설명과 다른 쪽의 설명이 하늘과 땅의 차이를 나타내는 방법으로 끝난다면, 결국 우리 자신은 손가락 하나 까딱하지 않으면서 모든 것을 포기하고 무거운 짐을 사람들에게 떠맡기는 격이 된다. 두 교사가 저마다 늘 제멋대로의 주장을 말하고 있는데도, 사람들은 두 사람의 설명에서 해답을 제시할 수 있는 의미를 찾아낼 생각을 하지 않는 것이다. 만일 현대인들이 이처럼 희한한 일로 가득 찬 인생을 눈치도 없이 들떠서 지낼 만큼 놀기 좋아하는 사람들이 아니라면, 그리고 얼토당토않은 황당무계한 이념에 대해 이야기가 시작되면 저도 모르게 뛰어들어 그 이념을 실현하기 위해 단결하려는 확고한 신념을 갖지 않았다면, 이런 부조리한 방관을 이미 눈치채고 있었을 것이다. 그런데 사람들은 원가보다 1실링이나 싸게 팔면서도 "뭐니 뭐니 해도 숫자가 말을 한단 말이야" 하며 돈 벌 궁리를 하는 술집 노인의 우스운 신념과 같은 것으로 단결한다. 이런 형편이므로 오늘날 지금 말한 고찰에 마음을 기울이는 사람이 아무도 없다 하더라도 굳이 의심스러워할 것은 없다. 그러나 나는 알고 있다. 만약 소크라테스가 지금 살아 있다면, 그는 이런 일에 대해 생각을 했으리라는 것을 말이다. 하긴 그는 나보다도 훨씬 능숙하게, 더 훌륭하게 해냈을 것이다. 그리고 그는 나에게 틀림없이 이렇게 말했으리라 믿고 있다. "자네가 그런 일에 대해 생각한다는 것은 아주 좋은 일이야. 사실 그건 생각해 볼 가치가 있는 일이니 말일세. 정말이지 날마다 무릎을 맞대고 이야기로 밤을 지새워도 인간 본성의 불가사의함에 대해서는 말로 다할 수 없는 그 무엇이 있으니 말이야"라고. 이런 고무적인 말에 대한 확신은 나에게는 현대 사회를 통틀어서의 박수갈채보다도 측량하지 못할 만큼의 더욱 큰 가치가 있다. 이 확신은 나에게 확고한 마음을 심어 주지만, 박수갈채는 내 마음에 의심을 심어 줄 우려가 있기 때문이다.

성적인 것 그 자체는 죄가 아니다. 성에 대한 본래적인 무지가 물론 본질적으로 존재할 때는, 다만 동물에게만 한정되어 있다. 그래서 동물은 맹목적인 본능에 얽매어 맹목적으로 행동하는 것이다. 현재 거기에 존재하지 않는 것에 대해 모른다는 의미의 무지는 어린아이의 무지이다. 순진무구는 무지를 뜻하는 일종의 인식이다. 순진무구와 윤리적 무지의 차이는 쉽게 알 수 있다. 순진무구의 무지는 지식이 목표이기 때문이다. 순진무구와 더불어 그 최초의 규정이었던 무지를 가지고 지식이 시작된다.

이것이 수치심의 개념이다. 수치심에는 불안이 있다. 왜냐하면 정신은, 육체가 단순하게 규정되어 있는 것이 아니라 성적 차이를 지닌 육체로 되어 있는 것과 마찬가지로, 영혼과 육체의 종합에 의한 차이의 정점에서 규정되기 때문이다. 그런데 수치는 성적 차이에 대한 인식에서 비롯되는 것이지만 성적 차이에 관계된 것이 아니다. 이 말은 충동이 아직 충동으로서는 현실에 존재하기에 이르지 않았다는 것이다. 수치의 본디 의미는 정신이 영혼과 육체의 종합의 정점에서 그 정신 자신을 인식하지 못한다는 것이다. 그렇기 때문에 이때 수치의 불안은 심하게 양의적인 것(명증적 처리를 거부하는 근원적 영역)이다. 거기에는 감성적인 쾌감은 한 조각도 없다. 그런데도 수치에 어떤 느낌 같은 것이 있다. 무엇에 대한 수치인가? 무에 대한 수치이다. 더욱이 개인은 수치 때문에 죽기도 한다. 상처 입은 수치는 가장 큰 고통이다. 그것은 모든 고통 중에서도 가장 설명하기 어려운 것이기 때문이다. 그래서 수치의 불안은 저절로 눈뜨는 수도 있다. 그러나 이 역할을 하려는 것이 쾌감이 아님은 물론 당연한 일이다. 이 경우의 예는 프리드리히 슐레겔(독일의 비평가)의 동화에서 볼 수 있다(《전집》(제7권 15쪽, 〈메를린 이야기〉).

성적 차이는 이성과의 관계에서가 아니라 수치를 통해 정립된다. 성적 차이는 충동에서 정립되는 것이다. 그러나 충동이라는 것은 본능 또는 단순한 본능이 아니기 때문에, 하나의 목적, 바로 생식이라는 목적을 가지고 있다. 한편 휴식을 취하고 있는 것은 사랑이며, 순수하게 에로스적인 것이다. 정신은 아직까지 정립되기에는 이르지 못한다. 정신이 종합을 구성하는 것으로서가 아니라 단순히 정신으로서 정립되자마자 에로스적인 것은 사라진다. 이것을 나타내는 최고의 이교적 표현은 에로스적인 것을 희극적인 것이라고 하는 점이다. 이것은 물론 호색가가 에로스적인 것은 희극적인 것이니 자기의 호색을 즐기기에 알맞은 미끼라고 생각하고 있는 그런 의미로 받아들여서는 안 된다.

그렇지만 에로스적인 것과 그것에 대한 도덕적 관계를 정신의 평등성 속에서 중화하는 것은 지성의 힘이며, 지성의 우월성이다. 이 지성에는 아주 깊은 근원이 있다. 수치에서의 불안은 정신이 자신을 타자로 느끼는 데 원인을 두고 있었는데, 이제 정신은 완전한 승리를 거두게 되었으므로 성적인 것을 타자이고 희극적인 것으로 보는 것이다. 이러한 정신의 자유를 수치는 물론 손에 넣을 수 없었다. 성적인 것이란 불사의 정신이 남녀의 성으로서 규정된다는, 엄청난 모순의 표현이다. 이 모순은 큰 수치로서 나타나며, 이 모순을 은폐하고 이해하려고도 하지 않는다. 에로스적인 것에서는 이 모순(정신이 성적인 구별에 의해 규정된다는 모순)이 미에서 이행된다. 미가 바로 심적인 것과 육체적인 것의 통일이기 때문이다. 그러나 에로스적인 것이 미에서 설명하고 있는 이 모순은, 정신에게는 미인 동시에 희극적인 것이기도 하다. 그래서 에로스적인 것에 대한 정신의 표현은 그것이 미적인 것인 동시에 희극적인 것이라는 뜻이다. 여기에는 에로스적인 것에 대한 감성적인 반동은 없다. 만약 있었다고 한다면 그것은 욕정이므로, 개인은 그럴 경우 에로스적인 것의 아름다움보다도 훨씬 아래에 있는 것이기 때문이다. 오히려 여기에는 정신의 성숙이 있을 것이다. 물론 이 점을 그 순수함을 가지고 이해한 사람은 극히 얼마 되지 않았다. 그러나 소크라테스는 그것을 이해하고 있었다. 그래서 크세노폰이, 사람은 추녀를 사랑해야 한다고 소크라테스가 말했다고 전해지는 이야기는, 크세노폰의 다른 모든 말과 마찬가지로 속물적인 것이 되어 소크라테스에게는 어울리지 않는 고약하게 도량이 좁은 말이 된다. 그 말의 참뜻은 소크라테스가 에로스적인 것을 평범한 관심 속에 정립했다는 것이며, 희극적인 것 속에 숨어 있는 모순을 그는 '추녀를 사랑해야 한다'는 그에 어울리는 역설적인 모순으로써 옳게 표현하고 있는 것이다.[5] 그러나 이런 견해가 숭고한 순수성을 띠고 나타나는 일은 좀처럼 없다. 그러기 위해서는

---

[5] 소크라테스가 크리토불로스에게 키스에 대해 말하고 있는 것도 이와 마찬가지로 해석되어야 한다. 키스의 위험성에 대해 소크라테스가 그토록 진심으로 열을 올려 말할 리가 없다는 것은 그가 여성의 얼굴을 보지도 못할 만큼 소심한 겁쟁이가 아니었다는 것과 마찬가지로 누구나 다 아는 일이라고 생각된다. 물론 남쪽 나라나 정열적인 국민에게는 이런 북쪽 나라보다도 키스가 더 큰 의미를 가질 수 있다(이 점에 대해서는 푸테아누스가 요한 바티스트 사쿠스에게 보낸 편지를 참조하라. "우리 나라 처녀들은 그 사람을 빤히 쳐다보거나, 키스를 하는 것이 정욕의 시작이라는 것을 모른답니다. 그렇기 때문에 그런 짓을 하고 있는 거지요. 당신 나라 처녀들은 그걸 알고 있습니다." 피에르 벨이 펴내고 켐피우스가 지은 《키스론》 참조). 아무튼 그런 표현을 한다는 것은 풍자가로서도 도덕주의자로서도 소크라테스답지 않다. 요컨대 도덕주의자로서의 면을 지나치게 드러내며 도리어 욕정을 자극하는 결과가 되어, 제자로 하여금 스승에 대해 본의 아니게도 역설적인 태도를 취하게 만든다. 아스파시아에 대한 소크라테스의 태도가 이것을 나타내고 있다. 아스파시아가 지니고 있는 고약한 생활에는 전혀 아랑곳없이 소크라테스는 그녀와 교제하고 있었다. 그는 단지 그녀에게서 배우고자 원했을 뿐이고(아테나이오스), 그녀에겐 또 그것에 대답할 만한 재능이 있었던 것 같다. 왜냐하면 숱한 남자들이 자기 아내를 그녀에게 보내어 배우게 하였다고 전해지고 있기 때문이다. 그런데 아스파시아가 그 미모를 가지고 소크라테스를 농락하려 했는데, 그는 그녀에게 이렇게 말했으리라고 여겨진다. "사람은 추녀를 사랑해야 한다. 하지만 이 목적을 위해서는 크산티페만으로도 충분하니 당신은 더 이상 애교를 떨지 마시오"라고(크산티페와의 관계를 소크라테스가 어떻게 보고 있었는가에 대해서는 크세노폰의 기술을 참조). 그런데 유감스럽게도 선입관으로 독서한다는 것이 여전히 되풀이되고 있으므로 견유학파 일당들은 대부분 모두 음탕한 인간들이라고 누구나가 알고 있었다 해서 그다지 의심스러워할 것이 못 된다. 그러나 바로 견유학파에서 에로스적인 것을 희극적인 것이라고 하는, 그 견해의 일례를 볼 수가 있는 것 같다. (원주)

행운의 역사적 발견과 창조적인 재능이 운 좋게 만나야 한다. 만약 조금이라도 의심할 수 있는 것이라면 그 견해는 고약하고 역겨운 것이 될 것이다.

그리스도교에서는 종교적인 것이 성애를 상대도 하지 않는 상태에 두었다. 이 것은 단순히 윤리적인 오해로 죄악시한 것이 아니라, 정신에서는 무차별적인 것 이니 그다지 신경 쓸 필요가 없다는 생각이 그렇게 만들어 버렸다. 여기서는 에 로스적인 사랑이 무성화(無性化)되고 있는 것이 아니라 상대가 되지 않고 있는 것이 모순된 것이다. 왜냐하면 정신을 더욱 멀리로 인도해 가는 것이 그리스도 교 본연의 자세이기 때문이다. 수치 속에서 성적 차이를 몸에 익히기를 정신이 불안해하고 수줍어하면, 개인은 갑자기 움찔 뒤로 물러나 버린다. 그리고 윤리 적으로 이 성적 차이를 연구하는 대신 정신의 최고 영역에서 하나의 설명을 얻 는다. 이것이 수도원적인 사고방식의 한 면으로, 더 세밀하게 규정되면 윤리적 엄격주의라든지 관상주의가 되는 것이다.[6]

수치 속에 불안이 정립되어 있듯이, 불안은 또 모든 에로스적인 사랑의 향락 속에도 존재한다. 그러한 향락이 죄이기 때문에 그렇다는 것은 아니다. 단연코 그런 일은 없다. 목사가 한 쌍의 부부를 열 번 축복해 봐도 불안의 존재는 여전 하다. 에로스적인 사랑이 되도록 아름답고 순수하게, 그리고 도덕적으로 표현된 다 하더라도, 또한 그 환희와 정욕에 대한 반성으로 어지럽혀지는 일이 없었다 하더라도 불안은 존재한다. 하지만 그 불안은 훼방꾼으로서가 아니라 하나의 계기적 요소로서 동거하고 있는 것이다.

이 점을 관찰한다는 것은 아주 어렵다. 이럴 때 우리는 특히 의사처럼 신중 해야 한다. 다시 말해 맥을 짚을 때, 자기가 짚고 있는 맥이 환자의 맥이 맞는지, 혹시 자신의 맥은 아닌지를 확인할 필요가 있다. 마찬가지로 관찰자는 자신이 발견한 움직임이 혹시라도 자신이 관찰하는 중에 겪고 있는 자신의 동요가 아 닌지를 유의해야 한다. 모든 시인이 그려 내는 연애가 아무리 순수하고 순진무 구할지라도 그 속에 불안을 들여놓고 있다는 것만은 어쨌든 분명한 사실이다.

---

6) 대담하게 현상을 관찰할 줄 모르는 사람에게는 아주 이상하게 여겨질지 모르지만, 에로스적 인 것을 희극적인 것이라고 하는 소크라테스의 역설적인 사고방식과 내연의 여자에 대한 수도 승의 관계 사이에는 아주 비슷한 데가 있다. 물론 이것을 악용한다는 것은 악용에 대한 배짱 이 있는 인간에게나 해당되는 경우이다. (원주)

이것을 세세히 밝히는 일은 심미학자의 일에 속한다. 그러나 이러한 불안은 대체 왜 일어나는가? 그것은 에로스적인 사랑의 정점에서는 정신이 그곳에 공존하지 못하기 때문이다.

나는 그리스 사람처럼 말하리라. 과연 정신은 그곳에 존재하기는 한다. 종합을 구성하는 것은 정신이기 때문이다. 그러나 이 정신이 에로스적인 사랑 속에 모습을 나타내지는 못한다. 그것은 자신을 소외된 자로서 느낀다. 정신은 에로스적인 사랑에게 이렇게 말하려 하고 있는 것 같다. "친구여, 난 여기에서 관련이 없는 남처럼 서먹서먹해하고 있을 수가 없으니 잠시 물러가 있기로 하겠네"라고. 하지만 이런 사양이 바로 불안이고 동시에 수치인 것이다. 왜냐하면 교회에서의 결혼식이라든지, 자기 아내 하나만 지키는 남편의 정절만 있으면 아무 염려가 없다고 생각하는 것은 어리석은 노릇이기 때문이다. 대부분의 더럽혀진 결혼은 타인의 참견 때문에 더럽혀진 것이 아니다.

어쨌든 에로스적인 사랑이 순수하고 순진무구하고 아름다운 것이라면, 이 불안은 친근감이 들고 정다울 것이다. 그렇기 때문에 시인은 정당하게 감미로운 불안에 대해 말하고 있는 것이다. 그건 그렇고 남성에 비해 여성의 불안이 크다는 것은 자연스럽게 밝혀질 것이다.[7]

이제 우리는 후대의 각 개인이 아담과의 관계로부터 가지고 있는 '좀 더 많은 양'이라는 개인적 세대 관계의 결과를 다룬 앞서의 문제로 되돌아가기로 하자. 수태의 순간에 정신은 가장 멀어져 있기 때문에, 그 순간의 불안은 가장 크다. 이 불안 속에 새로운 개인이 싹튼다. 출산의 순간, 여성은 또다시 불안이 최고조에 이르며, 이 순간에 새로운 개체가 이 세상에 태어난다. 산부가 불안을 품는다는 것은 잘 알려져 있다. 이에 대해 생리학에는 생리학으로서의 해석이 있고, 심리학에는 심리학으로서의 해석이 있을 것이다. 분만 중의 여성은 다시 종합의 한 극에 서 있다. 정신이 겁을 먹는 것은 그 때문이다. 정신이 이 순간 자신의 과제를 갖지 않고, 과제에 대한 관심이 정지되고 있기 때문이다. 반면에 불안은 인간 본성의 완전성을 나타낸다. 우리가 동물의 순조로운 출산과 비슷한 현상을 오직 미개 민족에게서만 찾아볼 수 있는 것도 이 때문이다.

---

7) 키르케고르의 1844년 일기에는, 만일 에로스적인 것이 순수하지 않다면 불안은 분노가 되고, 또 불안이 전제되지 않으면 에로스적인 것은 동물적 본성이 되어 버린다고 쓰여 있다.

불안이 많으면 많을수록 감성도 많다. 태어난 개인은 최초의 개인보다도 '더 많이' 감성적이므로, 이 '더 많다'는 것은 그 뒤의 각 개인에게, 아담에 비하면 보다 '더 많은' 세대 공통의 것이라는 뜻이다.

그러나 후대의 각 개인이 가지고 있는 이 불안과 감성이 아담에 비해 좀 더 많다는 것은, 물론 개인 각각에게는 한층 더 많은 것을, 또는 더 적은 것을 의미할 수도 있다. 여기에는 참으로 무서운 차이점이 있는데, 하나의 확고한 확신을 갖지 않는 한 그것에 대한 깊은 의미에서의 공감은 이루어질 수가 없다. 다시말해 진실로 인간적인 공감을 느끼면서 그것을 생각할 수는 없는 것이다. 그 확신이란 단순한 이행에 의해 양적인 것을 질적인 것으로 바꾸어 버릴 정도의 '더 많음'을 일찍이 이 세상에 있었던 일도 없거니와 또 있을 리도 없다고 믿는 것이다. 신께서 아버지의 죄를 자식에게 돌려서 삼사 대(代)에까지 미치게 한다는 성서의 가르침(《출애굽기》 20 : 5)을 인생은 소리 높여 알리고 있다. 그 선언을 유대인의 가르침이라고 설명하며 두려움을 속이려 해도 소용이 없다. 그리스도교는 사람 저마다가 외면적인 의미에서 새로이 시작하는 특권을 갖는 것을 결코 인정한 적이 없었다. 각 개인은 역사적인 연결고리 속에서 시작하는 것이므로, 자연의 인과는 오늘도 예전과 마찬가지로 적용되는 것이다. 그리스도교가 다른 것은, 이러한 '더 많음'을 초월하여 스스로를 향상시키라고 가르치고, 그것을 하지 않는 사람은 그걸 바라지 않는 것이라고 판정하는 점에 있다.

감성이 여기서는 '더 많은' 것으로서 규정되고 있는데, 정신의 불안은 이 더 많은 감성을 떠맡아야 하기 때문에 더 큰 불안이 된다. 그 극한에서, 죄에 대한 불안이 죄를 낳는다는 무서운 일이 일어난다. 만약 그릇된 욕망이나 색욕 같은 것을 개인의 천성이라고 한다면, 개인이 죄가 있는 것이 될 수도 있고 순진무구한 것으로도 될 수 있다는 양의성은 있을 수 없게 된다. 불안이라는 연약함 속에서 개인은 쓰러진다. 그러나 그렇기 때문에 개인은 죄가 있게도 될 수 있고 순진무구하게 될 수 있는 것이다.

이렇게 끝없이 흔들리는 '양의 다소'에 대한 세밀한 예증을 여기에 열거할 생각은 없다. 그러한 예증이 어떤 의미를 가지려면, 해박하고 세심한 미학적·심리학적 논의가 필요할 것이다.

B. 역사적 관계의 결과

후대의 각 개인이 아담과 비교해 가지고 있는 '더 많음'을 여기에서 한마디로 끝낸다면, 내가 하고자 하는 말은 이렇다. "감성은 죄성을 의미할 수 있다. 다시 말해 거기에 대해서 희미하게나마 알고 있다는 것과 함께, 나아가서 그 알고 있는 것에는 죄라는 것이 흔히 무엇을 뜻하고 있는가에 대한 희미한 지식, 또는 역사적인 '이 이야기는 자네에 관한 말을 하고 있다'에 대한 그릇된 역사적 파악이 더해져 있다. 이 말에는 개인의 근원성이라는 요점이 등한시되어, 개인이 자기 자신을 인류나 인류의 역사와 아무렇게나 혼동해 버린다."

나는 감성이 죄성이라는 말을 하고 싶지는 않다. 죄가 감성을 죄성으로 만들고 있다고 하고 싶다. 후대의 개인에 대해 생각한다면, 그러한 개인 저마다가 역사적 환경을 가지고 있으므로 그 환경 속에서 감성이 죄성을 의미할 수 있음을 나타내고 있는 것이다. 개인에게는 감성이 죄성을 의미하는 수가 없지만 이러한 지식이 불안에 좀 더 많은 것을 첨가하는 것이 된다. 그러므로 정신은 감성과 대립할 뿐만 아니라 죄성과도 대립 관계에 놓인다. 순진무구한 개인이 이러한 지식을 이해하지 못하는 것은 당연한 일이다. 왜냐하면 그것은 질적으로만 비로소 이해되는 것이기 때문이다. 하지만 이 지식은 이것 또한 하나의 새로운 가능성이므로 그 가능성에서 감성적인 것과의 관계를 갖는 자유는 더욱 그 불안을 더하게 된다.

이러한 일반적인 '더 많음'은 개인 한 사람 한 사람에게는 양의 많고 적음을 의미함은 말할 나위도 없다. 그러므로 유독 두드러진 차이에 주목해 보기로 하자. 그리스도교가 이 세상에 들어와서 구원이라는 것이 정립된 뒤부터, 감성은 정신에 대해 이교 세계에선 볼 수 없었던 대립의 빛 아래에 놓이게 되었다. 그리고 이 대립은 '감성이 죄성이다'라는 그리스도교적 명제를 강화하기에는 아주 안성맞춤이다(감성은 죄에 의해 죄성을 갖는다는 명제와는 대조된다).

그리스도교의 내부적인 차이에서도 '더 많음'이라는 것이 다시 양의 많고 적음을 의미하는 경우가 있다. 이것은 하나하나의 순진무구한 개인과 역사적 환경의 관계로 인한 것이다. 이 점에 대해서는 전혀 다른 것인데도 똑같은 효과를 낳는 수도 있다. 자유의 가능성이 불안 속에서 모습을 드러낸다. 이제 하나의 경고가 개인을 불안 속에 빠뜨리는 일도 있다(나는 단순히 심리학적으로 말하고 있으므로 질적 비약이라는 것을 버리지 않았다는 것을 염두에 두기 바란다). 물론 그 경고는 반대의 것을 노렸을 것이다. 죄를 바라본다는 것은 어떤 인간을 구할 수도 있고 다른 인간을 멸망시킬 수도 있다. 농담이 진지함과 같은 작용을 하는 수가 있는가 하면 그 반대의 경우도 있다. 말을 하는 것과 잠자코 있는 것은 지향한 것과는 반대의 결과를 낳는 수가 있다. 이 점에 대해서는 아무런 한계가 없다.

그렇기 때문에 여기에서도 또 양이 많고 적고의 문제라는 규정이 옳다는 것을 알 수 있을 것이다. 왜냐하면 양적인 것이야말로 분명히 한계가 무한하기 때문이다. 이것을 상상으로 이루어진 실험적 관찰을 통해 다시 세밀하게 말한다는 것은 핵심에서 벗어나고 또한 일이 지체되므로 삼가기로 하겠다. 어쨌든 인생은 안목만 있으면 더없이 풍부한 것이다. 굳이 파리나 런던 같은 데까지 가지 않아도 된다. 안목이 없으면 그런 건 아무짝에도 소용이 없다.

그리고 불안은 여기서도 여전히 그 양의성을 갖추고 있다. 이 점에 대해 앞에서도 말했듯이 개인은 죄에 대한 불안으로 죄를 낳는다는, 극한에 대응하는 하나의 극한이 나타난다. 다시 말해 개인은 죄 있는 자가 되는 불안이 아니라 죄 있는 자로 간주된다는 불안 속에서 죄 있는 자가 된다는 것이다.

더 말하자면 이런 방향에서 볼 때 최대의 '더 많음'이 의미하는 것은, 개인이 최초로 눈뜰 때부터 감성은 죄성과 하나가 되도록 조작되고, 또 그렇게 조작되도록 되어 있다는 것이다. 그리고 이 최대의 '더 많음'은, 만약 개인이 자기를 에워싸는 전 세계 속에서 아무것도 의지할 것을 찾지 못할 때는 다시없이 비참한 갈등이 되어 나타날 것이다. 이제 이 최대한의 '더 많음'에 덧붙여, 만일 개인이 자신을 죄성에 대한 자신의 역사적 지식과 착각하여, '네가 비슷한 일을 해낼 수 있다면'이라는 자유의 범주를 주는 말을 잊어버리고 창백한 불안 속에서 개인으로서의 자신을 똑같은 범주 속으로 밀어 넣다가는, 여기서 최대의 '더 많음'이 모습을 보이게 된다.

이상 짤막하게 언급해 온 사항에서 많은 것이 정확하고도 분명하게 이야기되고 있다는 것을 알려면, 매우 풍부한 경험이 필요하다. 철학을 멀리하는 최근 시대에 대한 것은 그만두고라도 여기에 대해 매우 유익한 이야기가 논해져 왔다는 것만은 부정할 수 없다. 그러나 심리학적 중간 규정이 빠져 있는데, 그 규정이란 그런 선례가 어떻게 영향을 주느냐는 것이다. 또 이런 영역에서는 때로 이 일이 조금 경솔하게 다루어지는 바람에 하찮은 한 번의 실수가 얼토당토않게 인생을 크게 그르치는 일이 있다는 것을 깨닫지 못한다. 심리학적인 주의는 개개의 현상에 사로잡히기 때문에 그 현상과 자신의 영원한 범주를 나란히 정돈해 둘 줄을 모른다. 또 어떤 값을 치르고라도 개개인을 인류 속으로 들임으로써 인류를 구원하는 자는 그런 일에는 그다지 신경을 쓰고 있다 할 수 없다. 심리학은 선례가 어린애한테 영향을 미쳐 왔다고 보고 있다. 어린아이는 정녕 작은 천사인데, 더럽혀진 환경이 아이를 못쓰게 물들인 것이라고 한다. 환경이 얼마나 나빴는지를 사람들은 입을 모아 말한다. 이러이러했기 때문에 어린애가 못쓰게 된 것이라고. 그러나 만약 이 사실이 단순한 양적 과정을 통해서 일어나는 것이라고 한다면 모든 개념은 존립하지 않게 된다. 심리학은 바로 이 점을 간과했다. 사람들은 어린아이의 근성이 손상되어 있기 때문에 훌륭한 선례를 가지고 있어도 아무 효과가 없다고 한다. 그것은 마치 한 마리의 패러독스 개구리(rana paradoxa)가 자연 과학자의 개구리에 대한 분류를 비웃으며 그것에 도전하듯이, 그 아이가 부모를 업신여길 뿐만 아니라 모든 사람의 말이나 사유를 얕잡아 볼 만한 능력을 갖추는 일이 없도록 꼭 조심해야 한다는 것이다. 개개의 일을 관찰할 줄은 아는데, 동시에 전체를 마음속에 그릴 줄은 모르는 사람이 많은 법이다. 그런 관찰이 어떤 면에서는 소용될지 모르나 결국은 혼란을 불러올 뿐이다. 그렇지 않으면 어린아이란 대부분의 아이가 그렇듯이 좋지도 나쁘지도 않으며, 좋은 친구 사이에서 놀았기 때문에 좋아지고 나쁜 친구들 사이에서 놀았기 때문에 나빠진 것이다. 중간 규정이다! 중간 규정이다! 아이는 어떤 친구들 사이에서 놀았는지와는 무관하게 죄를 지을 수도 있거니와 순진무구할 수도 있다는, 사상을 구원하는(이것을 못하면 어린애를 구원한다는 건 꿈이다) 양의 성을 갖춘 중간 규정을 손에 넣어야 한다. 만약 이 중간 규정을 빨리, 그리고 분명히 손에 넣어 두지 않는다면, 원죄·죄·인류·개인 등의 개념은 사라져 버릴 것이다. 그리고 어린아이의 개념도 함께.

*

이와 같이 감성이 죄성은 아니지만 죄가 정립되었고, 정립됨으로써 죄가 감성을 죄성으로 만들어 버린다. 이렇게 되면 죄성이 동시에 다른 어떤 것을 의미하게 되는 것도 마땅한 노릇이다. 그러나 죄가 또 다른 무엇을 의미할까 하는 것은 이 논의에서는 아무 관계도 없다. 우리에게 중요한 것은, 죄에 선행해, 심리학적으로 말해 죄의 원인이 되고 있는 상태 속으로 심리학적으로 파고드는 것이다.

선악과를 따 먹었기 때문에 선악의 구별이 들어왔는데, 그와 동시에 충동으로서의 성적 차이도 들어왔다. 어떻게 그것이 이루어졌느냐에 대해서는 그 어떤 학문도 설명하지 못한다. 심리학은 되도록 가까이 접근하여 가능성의 불안 속에서, 또는 가능성의 무를 통해서, 또는 불안의 무를 통해서 자유가 저절로 나타난다는 데 대한 진상을 밝힐 수 있는 데까지 설명한다. 만약 불안의 대상이 그 어떤 것이라고 한다면, 거기에는 아무 비약도 없고 다만 양적 이행이 있을 따름이다. 후대의 개인은 아담에 비해서는 '더 많음'을 가지고 또 다른 개인에 비해서는 '더 많음'이나 '더 적음'을 가진다. 그럼에도 본질적으로는 불안의 대상이 여전히 무라고 할 수 있다. 불안의 대상이 그 어떤 것이라서 본질적으로 고찰될 때, 즉 자유의 방향에서 불안이 어떤 것인가를 뜻한다면, 거기에는 아무런 비약도 없고 그저 모든 개념을 부정하는 양적 변동이 있을 뿐이다. 비록 내가 개인에게 감성은 비약에 앞서 죄성으로서 정립되어 있다고 말할 때도, 감성이 본질적으로 그런 것으로 정립된 게 아니라는 것은 확실하다. 이유는 원래 개인은 감성을 죄성으로 정립하지 않고 이해도 하지 못하기 때문이다. 내가 태어난 개인에게는 '더 많은' 감성이 정립되어 있다고 말할 때도 그것은 비약에 아무 영향도 주지 못하는 '더 많음'인 것이다.

만약 여기에 불안이 갖는 교의학적·윤리학적·심리학적인 특질을 갖춘 다른 어떤 심리학적 중간 규정을 소유한 학문이 있다고 하면, 이것은 마땅히 선택될 것이다.

그러니 여기 서술한 것이, 죄를 이기적인 마음으로 생각하는, 죄에 대한 일반적 설명과 꼭 일치된다는 것을 쉽게 알아차릴 수 있을 것이다. 그러나 이 같은 규정에 파고들면, 그것에 선행되는 심리학적 어려움을 해명하는 일이 뒤로 밀리게 된다. 그리고 또 죄를 지나치게 영적으로 규정해 버리기 때문에, 죄라는 것은 도입됨으로써 감상적 결과는 물론 정신적 결과까지 정립한다는 점에 철저한 주의를 기울이지 않는 것이 된다.

근대의 학문에서는 때때로 죄를 이기적인 것이라고 설명해 왔다. 그런데 죄의 설명은 어느 학문도 할 수 없는 어려운 것이라는 사실을 전혀 모르고 있다는 것은 이상한 일이다. 왜냐하면 이기적인 것이란 바로 단독적인 것인데, 이 단독적인 것이 무엇을 뜻하는가는 오직 단독자가 단독자로서만이 알 수 있는 일이기 때문이며, 단독적인 것을 보편적인 범주 아래에서 바라보면 그것이 모든 것을 의미하기도 하나 이 모든 것이라는 것이 아무것도 의미하지 않기도 하기 때문이다. 그래서 죄가 이기적이라는 규정은 학문적으로 말한다면 내용이 전혀 없어서 아무런 의미도 없다는 것을 염두에 둔다면 매우 옳다고 할 수 있다. 끝으로 이기적인 규정은 죄와 원죄의 구별을 전혀 고려하고 있지 않다. 또 한쪽이 다른 쪽을, 즉 죄가 원죄를, 그리고 원죄가 죄를 어떠한 의미에서 설명하느냐에 대해서도 마찬가지다.

이 이기적인 것에 대해 학문적으로 말하려 하기가 무섭게 모든 것이 비슷한 말의 반복으로 끝나든지, 아니면 그들이 영악해져 모든 것이 혼란에 빠져 버린다. 예를 들어 자연 철학이 이러한 이기적인 것을 모든 피조물 속에서 발견했다는 것, 언제나 우주의 법칙에 따르도록 속박되어 있는 것, 천체의 운행 속에서도 이기적인 것을 발견했다는 것, 자연에서의 원심적인 것이 이기적인 것임을 발견했다는 것 등을 사람들이 잊지는 않았을 것이다. 원래 하나의 개념을 너무 넓은 뜻으로 혹사하면, 그 개념은 차라리 한잠 자고 정신을 차려야겠다 싶어 뒤로 물러나 벌렁 드러누워 버릴지도 모른다. 이 점에 대해 우리 시대는 모든 사항이 저마다의 모든 의미를 갖게 하려고 애쓰고 있다. 영리한 어느 비법 전수자가 전체 신화를 교묘하게 꾸며 지껄임으로써 개개의 신화가 모두 그의 입에서 다루어지는 악기의 줄이 되고 만 것을 얼마나 많이 봐왔던가? 또 때로는 그리스도교의 용어가 어느 건방진 협잡꾼들의 취급에 의해 어떤 것이 진짜인지 구별도 못할 만큼 퇴색해 버린 것을 목격할 수 있지 않은가?

먼저 누군가가 '자기'가 무엇을 의미하는지를 먼저 밝히지 않는 한, 죄에 대해 그것이 이기적이라고 해봤자 별수 없을 것이다. 그런데 여기에서 자기의 의미를 밝힌다는 뜻은 바로 보편적인 것을 개별적인 것으로서 정립한다는 모순된 방식을 뜻한다. 개별적인 것이라는 개념이 주어짐으로써 비로소 이기적인 것에 대해 말할 수 있는 것이다. 그러나 몇백만이라는 그러한 자아가 살아왔는데도 어떠한 학문도 그 자아가 과연 무엇인가에 대해서 일반적으로밖에는 표현하지 못했다.[8] 그리고 누구든지 자신을 잊지 않는 사람은, 그 어떤 학문도 알지 못하는 것을 안다는 데에 인생의 불가사의함이 있다. 그리고 그것이 바로 그리스적 명제 '너 스스로를 알라'[9]의 깊은 뜻이다. 그러나 이 명제를 사람들은 무척 오랫동안 독일적으로, 순수 자아 의식이라는 관념론적 환영으로 이해해 왔다. 이제야말로 이 명제를 그리스적으로 제대로 이해하도록 노력해야 할 때가 왔다. 그리고 그런 다음에는 그리스 사람이 그리스도적인 전제를 가지고 있었다면 이렇게도 이해했으리라고 여겨지는 방법으로 다시 이해해야 한다. 하지만 원래 '자기'란 질적 비약(똑같은 질이 수적으로만 늘어나는 양적 증대와는 대조되는 의미로)에 의해 비로소 정립되는 것이다. 그 이전의 상태에서는 그런 진정한 자아는 문제가 되지 않기 때문에 죄를 이기적인 것에서 설명하기만 하며 불분명한 상태에 빠져들고 만다. 이기적인 것은 오히려 반대로 죄를 통해, 그리고 죄에서 생기는 것이기 때문이다. 예를 들어 이기적인 것이 아담이 지은 죄의 유인이었다고 말하려 한다면, 그런 설명은 해설자 자신이 처음에 자기가 숨겨 놓은 것을 스스로 찾아내는 하나의 유희이다. 또 이기적인 것이 아담의 죄를 유발했다고 말하려

---

8) 이 점은 다시 깊이 생각해 볼 가치가 있다. 왜냐하면 이 점에서 바로 사유와 존재는 하나라는 근대의 원리가 어느 정도로 옳은지 분명하게 드러날 것이 틀림없기 때문이다. 만약 어떤 사람이 미숙하고 또 얼마쯤 어리석은 오해로 인해 이 원리를 해치지만 않는다면, 그러면서 또 다른 한편에서 그가 자신을 무분별하게 만드는 어떤 최고 원리를 손에 넣고자 생각하지 않는다면 말이다. 오로지 보편적인 것만이 사유되는 것, 또는 사유될 수 있다는 것에 의해서만이 존재한다. 그리고 사유될 수 있는 것으로 존재한다. 개별적인 것의 중요한 점은, 그것이 보편적인 것을 부정한다는 것이며, 보편적인 것에 반발한다는 것이다. 그러나 이 점이 사유됨으로써 제거되기가 무섭게 개별적인 것은 버려지고, 또 이 점이 사유되기가 무섭게 그것은 모습을 바꾸어 버려, 마침내는 그 점을 사유하고 있지 않음에도 사유하고 있는 것으로 알게 되든지, 아니면 그것을 사유하고 있으면서 단순히 그것이 사유 속에 포함된 것에 지나지 않는다고 알게 되는 것으로 끝난다. (원주)

9) 라틴어의 '하나를 알면 모든 것을 안다'라는 문구는 이것을 쉽게 표현한 것이라고 할 수 있다. 만약 '하나'를 관찰자 자신으로 이해한다면, 그가 호기심을 기울이면서 모든 것을 구하는 대신 실제로 모든 것인 그 하나를 굳게 지키고 있다면 말이다. 사람들은 일반적으로 이 점을 믿지 않고, 심지어 긍지가 너무 높다고까지 생각한다. 그 이유는 그들이 참다운 긍지를 이해하고 그 이해를 몸에 익히기에는 너무나 소심하고 어리석기 때문일 것이다. (원주)

한다면, 그때는 중간 상태를 뛰어넘은 격이 되므로 그런 설명은 믿을 수 없는 경박한 것임을 스스로 증명하고 있는 것이다. 게다가 성적인 것의 의의에 대해서는 아무 지식도 주지 못하는 결과를 부른다. 여기서 나는 본래의 내 관점에 서게 되는 셈이다. 성적인 것이 죄성은 아니다. 예를 들어 편의상 어리석은 표현을 해본다면 만약 아담이 죄를 저지르지 않았다면 성적인 것은 결코 충동으로서 생겨나지는 않았을 것이다. 완전한 정신은 성적인 것에 의해 속박되어 있다고 생각되지 않는다. 이 점은 부활의 성질에 대한 교회의 가르침과 일치하고, 천사에 관한 교회의 관념과 일치하며, 그리스도의 인격에 대한 교의학적 규정과도 맞아떨어진다. 그래서 참고로 해두는 말이지만, 그리스도가 모든 인간적인 시험을 당했으나, 그 유혹에 대해서는 전혀 진술되지 않았다는 것은, 그리스도가 모든 유혹에 속박되어 있지 않다는 바로 그 점에서 설명된다.

우리의 논의에서 본래 감성은 죄성이 아니다. 순진무구함에서의 감성은 죄성이 아니지만 그런데도 감성은 존재하고 있다. 아담도 먹고 마시고 해야만 했던 것이다. 성적 차이는 순진무구함 속에 정립되어 있지만 그 자체로 정립되어 있는 것은 아니다(불안으로 존재한다). 죄가 정립되는 그 순간에 비로소 성적 차이도 충동으로서 정립되는 것이다.

여기서 나는 오해로 인한 결론, 이를테면 성적인 것을 추상화하는 것, 즉 외적인 의미에서 성적인 것을 부정하는 것이 바야흐로 참다운 과제가 되어야 한다는 결론을 밀쳐 두어야 한다. 성적인 것의 구분이 먼저 종합(정신에 의한 영혼과 육체의 종합)의 정점으로서 정립되면 모든 추상화는 아무 소용이 없다. 그 과제란 말할 것도 없이 성적인 것을 정신의 종합된 작업 규정 속에 들어놓는 것이다(여기에 에로스적인 것의 모든 도덕적 과제가 놓여 있다). 이 과제를 실현한다는 것이 한 인간에게는 사랑의 승리이므로 이 실현으로서 정신은 승리를 거두고, 성적인 것은 잊혀 오직 부주의한 상태에서만 겨우 상기될 따름이다. 이렇게 되면 감성은 정신 속에서 정화되고 불안은 내쫓긴다.

이런 견해를 그리스도교적이라고 해도 좋겠고, 그 밖에 달리 아무렇게나 불러도 좋다. 그러나 이 견해를 그리스적 견해와 비교해 볼 때 잃는 것보다 얻은 것이 많았다고 나는 믿는다. 그리스의 애수가 담긴 에로스적인 사랑의 명랑함을 일부 잃어버리기는 했으나, 그리스 문화에서 알려지지 않은 그리스도교 정신의 규정을 얻은 것이다. 정말로 손해를 본 사람은 마치 죄가 이 세상에 들어온 것은 6000년 전부터인 듯, 죄는 우리와 아무 관계도 없는 골동품이라는 얼굴로 여전히 무사태평하게 지내고 있는 수많은 사람들뿐이다. 그들은 그리스적 '명랑성'을 얻을 수 없는데, 단순히 얻을 수 없는 것이 아니라 잃을 수 있을 뿐이다. 또한 그들은 정신의 영원한 규정을 얻을 수도 없다.

제3장 죄의식이 없는 죄의 결과로서의 불안

앞의 두 장에서, 인간은 마음과 육체의 종합이므로 이 종합은 정신으로써 설정되고 유지된다는 것을 확인했다. 새로운 표현을 사용한다면(이렇게 말은 하지만 그것은 앞에서 말한 것과 같으며, 이제부터 말하려는 것을 가리키기도 한다) 개인의 삶에서 불안은 순간이다.

역사적·철학적 연구에 못지않게 논리학적인 연구에서 근대 철학이 사용하는 하나의 범주가 있는데, 그것은 바로 이행(개념의 전진 운동은 자기 아닌 다른 그 무엇으로의 이행, 또는 반성이 아닌, 일종의 전개라는 헤겔의 논리학)이다. 그런데 더 자세한 설명은 도무지 눈에 띄지 않는다. 사람들은 아주 가벼운 기분으로 이 범주를 사용하는데, 어쨌든 헤겔과 그의 학파는 전제 없이 철학을 시작하는 것, 또는 철학 앞에서는 완전무결하게 전제가 없어야 하는 것 이외에 아무것도 선행되어서는 안 된다는 당치도 않은 사상으로 세상을 깜짝 놀라게 만들었다. 그러나 '이행'이라든지, '부정'이라든지, '매개'라든지, 즉 헤겔의 사상에서 온갖 운동 원리는 그 체계적인 전개 속에서 일정하게 있을 자리도 찾지 못한 채 거침없이 사용되고 있는데, 어쨌든 이것이 전제가 아니라면 전제란 도대체 무엇을 말하는 것인가. 아무것도 설명하지 않고 그것을 쓴다는 것이 바로 그것을 전제하는 것이다. 체계라는 것은 매우 투명해 내면이 환히 보이는 것이기 때문에, 마치 배꼽을 바라보는 사람들[1]처럼 꼼짝 않고 중심의 무(구체성이 없는, 예를 들어 세계사, 인생, 사회가 없는 고립된 자기 성찰이나 본질의 개념은 '무'와 같다는 헤겔 논리학적 의미)를 오래오래 바라보고 있으면, 모든 것이 명백해지고 그 내부의 것이 저절로 나타난다. 이 내면을 향해 열려 있는 것이 체계의 공공연한 성질이다. 그럼에도 이것은 사실이 아니다. 왜냐하면 체계적인 사상은 가장 내적인 운동과 관

---

1) 동방 교회에 속하는 신비한 정숙주의의 성직자들에게 주어진 다른 이름. 그들은 배꼽을 봄으로써 신비로운 법열에 도달할 수가 있다고 생각했다.

련해서 무엇인가를 숨기고 있는 듯이 보이기 때문이다. 부정, 이행, 매개는 모든 운동을 일으키는 세 가지의 가면을 쓴 수상쩍은 염탐꾼이다. 헤겔은 이들을 뻔 뻔한 것이라고는 부르지 않는다. 이것들은 헤겔의 은근한 허락 아래에 책동을 꾀하여, 아주 교활하게 논리학 속에서까지 시간적 이행으로부터 빌려 온 용어 와 구절들, 예를 들면 '그로부터', '그때', '존재하는 것으로서 그것은 이러이러하 다', '생성하는 것으로서 그것은 이러이러하다' 등을 사용하기 때문이다.

그러나 그대로 내버려 두는 게 좋다. 논리학에 대한 것은 논리학이 스스로 조심하면 되는 것이다. '이행'이라는 말이 논리학에서는 하나의 교묘한 방향 전 환일 뿐이다. 이행은 역사적 자유의 영역에 속하는 것이다. 이행은 하나의 상태 이고 또 현실이기 때문이다.[2] 순수하게 형이상학적인 것 속으로 이행을 가지고 들어가는 어려움에 대해서는 플라톤도 충분히 알고 있었다. 그렇기 때문에 순 간[3]이라는 범주를 위해 그토록 노력을 기울인 것이다. 이 어려움(형이상학적인

---

2) 그래서 아리스토텔레스가 가능성에서 현실성으로의 이행을 하나의 '운동(키네시스)'이라고 말 하는 것은 논리적이 아니고 역사적 자유라는 방향에서 이해해야 할 것이다. (원주)

3) 플라톤은 순간을 순수하게 추상적으로 이해하고 있다. 우리가 순간의 변증법을 알기 위해서 는 순간이 시간의 규정 아래서 비존재를 고려해야 한다. 비존재(메온, 피타고라스학파에서는 공 허)는 현대 철학과 마찬가지로 고대 철학에서도 크게 문제가 되었다. 비존재는 엘레아학파에 의해, 그것에 관한 표현은 존재만이 존재한다는 뒤집은 표현으로만 존재론적으로 이해되고 있었다. 다시 이 점을 추구한다면 같은 사실이 모든 영역에서 되풀이되는 모습을 나타낸다는 것을 알 수 있을 것이다. 이 명제가 형이상학의 입문 상태에서는 다음과 같이 표현되어 왔다. "비존재에 대해 말하는 자는 아무것도 말하고 있지 않는 것이다"(이 오해는 《소피스테스》에서 논란이 가해지고, 나아가서 더 익살스런 방법으로는 이미 이전의 대화편 《고르기아스》에서 논란이 가해지고 있다). 실천적인 영역에서 마침내 소피스트들은 모든 도덕적 개념을 부정하기 위해 이 비존재를 이용하려고 했다. 비존재는 존재하지 않는다. 그러므로 모든 것은 진실이고, 그러므 로 모든 것은 선이며, 그러므로 허위 따위는 전혀 존재하지 않는다, 라고. 이에 대해 소크라테 스는 많은 대화편 속에서 반박하고 있다. 그런데 플라톤은 이 문제를 주로 《소피스테스》에서 다루고 있는데, 이것은 다른 모든 플라톤의 대화편과 마찬가지로 거기에서 풀이되고 있는 가 르침을 단번에 예술적으로 직관시키는 것이다. 이 대화편은 주로 비존재를 다루는 한편 소피 스트의 정의나 개념도 구하고 있으나, 소피스트 자신이 하나의 비존재이기 때문에 반(反)소피 스트 투쟁 속에서 개념과 실례가 한꺼번에 모습을 드러낸다. 더욱이 이 투쟁은 소피스트 타도 라는 것으로 종말을 알리는 것이 아니라, 오히려 그 모습을 나타냄으로써 종말을 알리는 것이 다. 이것은 소피스트로서는 최악의 사태로서, 그는 군신(軍神) 아레스의 갑주처럼 그 몸을 숨 길 수 있는 궤변술이 있음에도 정체를 드러내지 않을 수 없게 된다. 근대 철학에서는 비존재 의 이해에 관한 한, 본질적으로는 한 걸음도 전진되어 있지 않다. 그럼에도 사람들은 자기들을

그리스도교적이라고 생각하고 있다. 그리스도 철학과 근대 철학의 모든 원칙은 비존재를 존재시키는 데 있다. 비존재를 말살하고 그 모습을 지워 버리는 것쯤은 문제없다고 여겨지기 때문이다. 그리스도교적 고찰의 원칙은 다음과 같다. "비존재는 무로부터 창조되는 그 무로서, 가상이나 무상으로서, 죄로서, 정신에서 물리적인 감정으로서, 영원에서 잊힌 시간성으로서 곳곳에 존재하고 있다. 따라서 그것을 제거하고 존재를 나타내는 일에 모든 것이 걸려 있다."

속죄의 개념은 다만 이러한 방향에서만 그리스도교가 이 개념을 이 세상에 가져온 의미에서 역사적으로 바르게 이해되는 것이다. 만약 이 이해가 반대 방향으로 돌려지면(운동이 비존재는 존재하지 않는다는 것에서 시작되면) 속죄는 발산해 버리고 뒤집혀 버린다. 플라톤이 '순간'에 대해 말하고 있는 것은 《파르메니데스》에서이다. 이 대화편은 여러 가지 개념의 모순을 지적하기에 애쓰고 있으며, 그것은 소크라테스가 매우 단호한 태도로 표현했던 것들이다. 그 결과는 고대 그리스의 아름다운 철학을 수치스럽게 하기는커녕 도리어 근대 철학처럼 자기 자신에 대해 큰 요구도 하지 않고, 그것을 타인에게로 돌려 타인의 칭찬을 요구하는 최근의 허풍쟁이 철학을 부끄럽게 만드는 데 도움이 될 것이다. 소크라테스는 말하고 있다. "만약 누군가가 다양한 것의 일부를 차지하고 있는 어느 한 가지에 관한 모순(에난티온)을 지적해 봤자 그것은 그다지 놀랄 것이 못 된다. 그러나 만약 누군가가 여러 개념에 내재하고 있는 모순을 지적할 수 있다고 한다면 그것은 놀랄 만한 일이다"(그러나 만약 하나 그 자체가 다수이고 다시 그 많은 수가 하나라는 것을 증명할 수 있는 자가 있다면, 확실히 그것은 더욱 놀랄 만한 일이다).

그런데 이 방법은 실험적 변증법이다. 하나(헨)가 존재하는 것과 하나가 존재하지 않는 것을 가정하고, 거기에서 하나 그 자체나 그 밖의 것에서 어떤 결과가 나오는지를 나타내고 있다. 순간은 운동과 정지 사이에 놓여 있어서 그 어느 시간 속에도 존재하지 않는다. 그리하여 이 순간에서 운동하고 있는 것은 정지로 옮아가고, 정지하고 있는 것은 운동으로 옮아간다는 기묘한 존재(아토폰, 이것은 아주 적절한 그리스어이다)로서 나타난다. 그래서 순간은 이행의 일반 범주가 된다. 왜냐하면 플라톤도 순간은 하나에서 다수로, 다수에서 하나로, 또 동일성에서 부동성으로 이행된다는 것을, 그리고 그것은 '하나'도 없거니와 '다수'도 없고, 한정도 되지 않거니와 한데 섞이지 않는 순간이라는 것을 똑같은 방법으로 나타내고 있기 때문이다(나뉘는 일도 없거니와 합쳐지는 일도 없다). 플라톤은 이 모든 일에 대해 어려움을 밝혀 주는 공적을 세웠으나, 순간은 여전히 무언(無言)의 원자론적 추상에 머물러 있어서, 그것을 무시하는 것으로는 설명할 수가 없다.

만약 논리학이, 나는 이행의 범주 따위는 가지고 있지 않다고 말하려 한다면(만약 논리학이 이 범주를 가지고 있다면, 물론 그 이행이 체계 속에서 행해지지만, 어쨌든 물론 체계 속에서 그 범주의 장소를 찾아내야 한다), 역사적 여러 영역과 역사적 전체 위에 서 있는 모든 지식은 순간을 갖는다는 것이 더욱 명백해질 것이다. 이 범주는 이교 철학과 그리스도교 내부에 숨어 있는 이교적인 사변을 구별하는 방벽으로서 매우 중요하다.

대화편 《파르메니데스》의 다른 대목에는 순간이 그러한 추상 작용일 때의 결론이 나타나 있다. 그리고 하나가 시간 규정을 갖는다고 상정됨으로써 다음과 같은 모순, 즉 하나(헨)는 그 자신이나 다수(폴라)보다도 나이를 먹고, 또 좀 더 젊어지므로, 그래서 또 그 자신이나 다수보다 더 젊지도 않거니와 더 늙지도 않았다는 모순이 어떻게 해서 나오는지도 나타나 있다. 하나

것으로의 이행)을 무시한다는 것이 분명 플라톤보다 '더 멀리 나아가는' 것이 아닌 것은 확실하다. 그런데도 논리학에서 운동을 지속하기 위해 이 어려움을 무시하고 사유를 교묘하게 농락하면서 기특하게도 사변이 제멋대로 행동하게 하는 것은, 오히려 사변이라는 것을 매우 유한한 것(논리적으로)으로 취급하는 것이다. 그러나 나는 언젠가 어떤 사변가가 이런 말을 하는 것을 들은 기억이 있다. "여러 가지 어려움을 너무 앞질러서 걱정해서는 안 된다. 그러다가는 절대로 사변에 다다를 수가 없다." 이처럼, 중요한 것은 우리의 사변이 실제로 참된 사변이 되는 것이 아니라 오직 사변을 시작할 수 있는 지점에 도달하는 것일 뿐이라고 한다면, 사변에 도달하는 것에만 신경을 쓰도록 하라고 단언할 수도 있을 것이다. 마치 자가용 마차를 타고 뒤레하운(코펜하겐 근교에 있는 사슴 공원)으로 갈 만한 능력도 없는 사람이, "그런 걸 자꾸 생각하면 뭘 해. 승합 마차로 가면 되잖아"라고 했을 때의 훌륭한 태도와 마찬가지이다. 정말 그 말이 옳다. 어떤 것을 타든 뒤레하운으로 갈 수는 있을 것이다. 이와 달리 교통수단은 개의치 않고 무작정 덤벼드는 사람은 좀처럼 사변에 다다를 수 없다.

역사적 자유의 영역에서 이행은 하나의 현실적 상태이다. 그러나 그것을 바르게 이해하려면, 새로운 것은 비약(현실적인 것의)에 의해 발생된다는 것을 잊어서는 안 된다. 즉 이 점이 확실히 파악되어 있지 않으면 이행은 비약의 탄력성의 한계를 넘어서 양적 우위를 차지하게 된다.

는 어쨌든 존재하지 않으면 안 된다는 것이 이야기되고, 그리고 '있음'은 현재 시각(時刻)에서의 본질, 또는 본질성에 관여하는 것이라고 가정되어 있다(그런데 '있다'라는 것은 현재의 시점에서 본질적으로 있다는 것이 아닐까). 여러 가지 모순을 다시 상세하게 연구하는 동안 '지금 있는 것'은 현재의 것, 영원한 것, 순간의 것 중에서 어느 것을 의미해야 하는지 갈피를 못 잡고 있다는 것이 밝혀진다. 이 '지금(뉜)'은 '있었다'와 '있을 것이다'의 사이에 놓여 있기 때문에, 과거에서 미래로 걸음을 옮기는 과정에서 '지금'을 뛰어넘을 수는 없다. 그래서 하나는 이 '지금' 속에 머물러 있는 것이며, 그것은 오래된 것이 되는 것이 아니라 이미 오래된 것으로 있는 것이다.

최근의 철학에서는(헤겔 철학) 추상화는 순수 존재에서 정점에 이른다. 그러나 순수 존재는 영원에 대한 가장 추상적인 표현이므로 무로서는 바로 순간과 다를 바 없다. 여기에서도 또 '순간'이 얼마나 중요한가가 밝혀지고 있다. 즉 이 범주로써 영원과 순간이 양극의 대립 관계를 벗어나고, 처음으로 영원이 자신의 본질적 의의를 가질 수가 있기 때문이다. 변증법의 마술이 영원과 순간이 같은 것을 의미하도록 만드는 것이다. 그리스도교에서 비로소 감성, 시간성, 순간이 올바르게 이해된 것도, 그리스도교에서만 비로소 영원이 본질적으로 되기 때문이다. (원주)

그런데 사람은 마음과 육체의 종합이지만 동시에 시간적인 것과 영원적인 것과의 종합이다. 이 말을 너무 자주 언급한다고 하는 데 대해 나는 그다지 항의할 생각이 없다. 새로운 것을 발견하는 것은 내 소원이 아니며, 오히려 아주 단순하다고 생각되는 일에 대해 사색하는 것이 내 즐거움이고 내 마음에 드는 것이기 때문이다.

후자의 종합에 대해서는, 그것이 전자의 종합과는 다르게 되어 있음이 곧 눈에 뛴다. 전자 종합에서는 마음과 육체가 종합의 두 계기이고, 정신은 제3의 계기이므로 오직 정신이 정립됨으로써 비로소 본래 의미에서의 종합일 수가 있었다. 후자의 종합은 시간적인 것과 영원적인 것이라는 두 계기만을 가질 뿐이다. 제3의 계기는 이 경우 과연 어디에 있는가? 만약 제3의 계기가 없다면 처음부터 종합이라는 것은 존재하지 않는다. 왜냐하면 하나의 모순인 종합은 제삼자 없이는 종합으로서 완성될 수 없기 때문이며, 또 종합이 하나의 모순이라는 것은 바로 그 종합이 존재하지 않는다는 것을 언명하는 것이기 때문이다. 그럼 시간적인 것이란 도대체 무엇인가?

만일 시간이 무한의 연속으로 옳게 규정된다면, 시간을 현재·과거·미래라고 규정한다는 것도 얼핏 보기에 일리 있는 것처럼 여겨진다. 하지만 만약 이 구분이 시간 자체에 속해 있는 것처럼 생각된다면 이 구분은 옳지 않다. 왜냐하면 이 구분은 시간이 영원과 관련을 가지고, 또 시간 속에 영원이 반영됨으로써 생긴 것이기 때문이다. 만약 시간의 무한한 연속 속에 튼튼한 발판을, 즉 구분할 것으로서의 현재의 것을 발견할 수 있다면, 이러한 구분은 아주 옳다고 할 수 있을 것이다. 그러나 모든 시점도, 또 각 시점의 총계도 과정(지나가는 속성)이므로 어느 시점도 현재의 것이 아니며, 현재의 것이 아닌 한 시간 속에는 현재의 것도 과거의 것도 미래의 것도 존재하지 않는다. 예를 들어 이 구분을 유지할 수 있을 것같이 생각된다면, 그것은 어느 시점을 공간화하여 '늘어뜨릴 때'뿐이며, 이로 말미암아 무한의 연속은 중단되어 버린다. 또 그것은 시간을 사유하는 대신 표상을 가지고 들어와서 그 표상을 위해 시간을 존재하게 만들기 때문이다. 하지만 그렇다고 이것에 의해서 옳은 태도가 취해지는 것도 아니다. 그 이유는 이 표상에게조차도 시간의 끝없는 연속은 무한히 아무런 내용도 없는 공허한 현재이기 때문이다(이것은 영원한 것에 대한 서투른 회화이다). 인도 사람은 7

만 년 동안이나 지배한 왕조에 대해 이야기하고 있다. 그렇지만 그 왕들에 대해서는 아무것도 알려져 있지 않고, 심지어 그 이름조차도 모른다(고 나는 생각하고 있다). 만약 이 사실을 시간이라는 것에 대한 예증으로 든다면, 7만 년은 사유로부터 무한히 사라지는 것이 된다. 표상에서 그 7만 년은 하나의 무한하고 공허한 무[4]에 대한 착각적 견해로 확장되고 공간화된다. 한 사람이 다른 사람을 잇는다고 사람들이 생각하는 순간, 바로 그 순간에 그들은 현재를 정립하는 것이다.

그런데 현재는 바로 무한하게 사라지는 한없이 공허한 것으로서만 시간의 개념이다. 이 점에 주의하지 않으면, 현재의 것을 제아무리 신속하게 사라지게 했더라도 현재를 정립한 것이 되며, 일단 정립하면 그것은 과거의 것이나 미래의 것이라는 규정 속에 존재시키는 것이 된다.

이에 반해 영원은 현재의 것이다. 사유에서 영원은 지양된 연속이므로 현재의 것이다(시간이란 지나가는 것의 연속이다). 표상에게 영원은 그 자리에서 움직이지 않는 진행이다. 영원이 표상에게는 무한히 내용이 풍부한 현재의 것이기 때문이다. 영원은 과거의 것과 미래의 것에 대한 구별을 하지도 않는다. 왜냐하면 현재는 지양된 연속으로서 정립되어 있기 때문이다.

그래서 시간은 무한의 연속이다. 삶(생)은 시간 속에 있으며, 또 늘 시간의 삶이므로 아무런 현재의 것을 가지고 있지 않다. 처음부터 감성적인 삶을 규정하기 위해 삶이 순간 속에 있으며, 오직 순간 속에만 있다고 이따금 일컬어져 왔다. 그럴 경우, 순간이라는 말로 영원의 것으로부터의 추상이 생각되고 있으므로, 그 추상이 만약 현재적이라고 한다면 그것은 영원한 것에 대한 모호한 회화이다. 현재의 것은 영원한 것이며, 더 정확하게 말한다면 영원한 것은 현재적인 것이고, 또 현재의 것은 충실한 것이다. 이런 의미에서 라틴 사람은 신에 대해 신은 '현재하는 것'이다(현재 존재하는 신들)라고 했으며, 라틴 사람이 신에 대해 이 말을 사용할 때는 영적 능력이 있는 신의 보호와 돌보심도 동시에 표현했

---

4) 이것은 또 공간이다. 사리 판단을 잘하는 사람이라면 여기에서 바로 내 말이 옳다는 증거를 쉽게 볼 수 있을 것이다. 왜냐하면 시간과 공간은 추상적 사유에게는 완전히 같은 것이기 때문이며(세로의 관련과 가로의 관련), 표상에게도 같은 것이 되기 때문이다. 이것은 또 신은 곳곳에 현재 존재하고 있다는 신에 관한 규정에서도 바로 그대로인 것이다. (원주)

던 것이다.

순간은, 모든 과거의 것도 미래의 것도 갖지 않는 현재의 것을 그대로 표현한 것이다. 이 점에 바로 감성적인 삶의 불완전함이 있다. 영원한 것도 모든 과거의 것이나 미래의 것을 갖지 않는 현재의 것을 표현하고 있다. 그리고 이것은 영원한 것의 완전함이다.

시간을 규정하기 위해 순간을 끌어내고, 그 순간에 과거의 것과 미래의 것을 순수하게 추상적으로 제거하여 그 순간이 현재의 것이라는 의미를 가지게 한다면, 순간은 결코 현재의 것이 아니다. 왜냐하면 과거의 것과 미래의 것 사이에 순수하게 추상적으로 생각된 중간의 것은 결코 존재하지는 않기 때문이다. 그러나 이렇게 하여 순간이 단순한 시간의 규정이 아니라는 것이 밝혀진다. 왜냐하면 시간의 규정은 '지나간다는 것'이기 때문이다. 그 때문에 시간이 만약 시간 자체에 나타나는 여러 규정의 어느 것인가에 의해 규정된다면, 시간은 과거의 시간이다. 이와 달리 만약 시간과 영원이 서로 접촉하는 것이라고 한다면, 그것은 시간 속의 일이다. 그리하여 이제 우리는 순간의 바로 가까이에 있는 셈이 된다.

'순간'이란 비유적인 표현이므로 다루기 쉬운 상대가 되지 못한다. 하지만 이것은 주목할 만한 아름다운 말이다. 세상에 순간만큼 재빠른 것도 없고, 또 그것은 영원의 내용에 적합하다. 잉에보리가 프리티오프(스웨덴의 시인 텡네르의 작품 《프리티오프의 전설》에서 인용)의 배후에 있는 바다 저편을 바라볼 때, 이것은 상징어로 표현되는 것에 대한 묘사이다. 그녀의 세찬 감정의 표출, 한숨이나 말 등은 이미 울림을 수반하는 것으로서 좀 더 많은 시간적인 규정을 내포하고 있으며, 또 사라지는 것으로서 더 현재 존재하고 있다. 그리고 한숨이나 말은 마음에 걸려 있는 무거운 짐을 덜어 주는 힘을 가지고 있어서, 말로 하기만 해도 그런 짐은 과거의 것이 되기 시작하므로, 그것들은 자신 속에 영원적인 현재를 가지고 있지 않다. 그래서 한 순간이라는 것은 시간의 명칭이다. 주의해야 할 것은 이 순간이 운명을 내포한 갈등 속에 빠져 있는 시간을 나타내고 있다는 점이다.[5] 그것은 이 순간적 시간이 영원에 의해 접촉되고 있기 때문이다. 우리가

_____

5) 그리스 예술이 바로 이 본다는 것이 결핍되어 있는 조각에서 그 정점에 이르고 있다는 것은 주목할 만한 점이다. 그러나 이 점은 그리스인이 가장 깊은 의미에서의 정신의 개념을 포착하

순간이라 말하는 것을 플라톤은 '갑작스러운 것'이라 부르고 있다. 그것이 어원적으로는 어떻게 설명이 되든, 요컨대 이 말은 보이지 않는 것이라는 규정과 이어져 있는 것이다. 그리스 사람에게 시간과 영원이 추상적으로 이해되고 있었던 것은 그들에게 시간성의 개념이 부족했기 때문이다. 근본을 따지면 그들에게 정신이라는 개념이 결핍되어 있었기 때문이었다. 라틴어로 순간은 모멘툼이라 불리는데, 그 유래를 이루고 있는 모베레(움직이다)는 어원학적으로 그저 사라지는 것을 뜻한다.[6]

이렇게 생각하면 순간은 본래 시간의 원자가 아니라 영원의 원자인 것이다. 순간은 시간에게는 영원의 그림자가 처음으로 비친 것이다. 말하자면 시간을 중단해 보려는 영원이 처음으로 시도한 것이다. 그리스 문화가 순간을 이해하지 못한 것도 이 때문(시간과 영원의 종합의 관계가 순간이라는 것을 이해하지 못했기 때문)이다. 그리스 문화가 만일 영원의 원자를 파악했다고 하더라도, 그 원자가 순간이었다는 것을 깨닫지는 못했기 때문이다. 그리스 문화는 영원의 원자의 방향을 앞쪽이 아닌 뒤쪽으로 규정했다. 그것은 영원의 원자가 그리스 문화에는 본질적으로 영원이었기 때문이며, 그 때문에 시간과 영원에 각자의 참된 권리가 주어지지 않았던 것이다.

지 못했다는 것, 따라서 가장 깊은 의미에서는 감성이나 시간성을 포착하지 못했다는 것에 근거가 있다. 이에 대해 그리스도교에서 신이 구상적으로는 분명히 눈으로 표현되고 있다는 것은 참으로 심한 대조라 할 수 있겠다. (원주)

6) 신약 성서에서는 순간에 대한 시적 서술을 볼 수 있다. 바울은 이 세상은 "순식간에 홀연히 다 변화"(〈고린도전서〉 15 : 51)될 것이라고 말한다. 그는 또한 이 말로 순간이 영원을 향한 통로임을 표현하기도 했다. 몰락의 순간은 그러한 순간에 영원을 표현하고 있기 때문이다. 내가 생각하는 바를 예를 들어 말하는 것을 허락해 주기 바란다. 그리고 그 정경에 조금이라도 마음에 들지 않는 점이 있을 때는 아무쪼록 용서해 주기 바란다. 여기 코펜하겐에 두 배우가 있었는데, 아마 그들은 자기들의 연기가 무슨 깊은 의미가 있을 줄은 꿈에도 생각하지 않았던지, 무대에 나가 마주 서서 심한 분쟁을 몸짓으로 연출하기 시작했다. 그렇게 하여 몸짓에 의한 줄거리의 진행이 고조되어 관객들의 눈이 그 줄거리를 좇으면서 과연 앞으로 어떻게 되어 갈 것인가에 대한 궁금증으로 가득 차 있을 때, 갑자기 배우들은 연기를 중단하고 그 순간의 몸짓을 표현한 채 돌처럼 움직이지 않았다. 이래야만 자못 희극적인 효과가 있을 것이다. 왜냐하면 순간이 우연한 방법으로 영원한 것으로 가는 통로가 되기 때문이다. 조각이 갖는 효과는 영원의 표현이 바로 영원히 표현된다는 점에 있다. 이에 반해 희극적인 것은 우연한 표현이 영원한 것이 되는 때에 효과가 있다. (원주)

시간적인 것과 영원한 것의 종합은 제2의 종합이 아니라, 인간은 정신에 의해 지탱되고 있는 육체와 마음의 종합이라고 하는 첫 번째 종합의 표현이다. 정신이 정립되자마자 곧 순간이 눈앞에 나타난다. 저 사람은 오로지 순간에 살고 있다고 하는 말이 그 사람을 비난하는 말이 되는 것은 무리가 아니다. 그러한 생활이 변덕스러운 추상에 의해 일어나기 때문이다. 순간 속에는 자연이 존재하지 않는 것이다.

시간성은 감성과 닮은 점이 있다. 왜냐하면 얼핏 보아 시간성에서 자연이 외관상 지속적이고 안정되어 있는 듯이 느껴지는 데 비해, 시간성은 더욱 불완전하고 순간은 한결 빈약한 것으로 느껴지기 때문이다. 그러나 사실은 그 반대이다. 자연의 안정성은 시간이 자연에게 전혀 아무 의미도 갖고 있지 않다는 것에서 비롯되었기 때문이다. 순간에서 비로소 역사가 시작된다. 인간의 감성은 죄로 인해 죄성으로 정립되며, 따라서 동물의 감성보다도 저급하다. 하지만 여기서부터는 좀 더 고급의 것이 시작되기 때문에 저급한 것이다.

순간은 시간과 영원이 서로 접촉하는 것의 양의적인 것이다. 그리고 이로써 시간성의 개념이 정립된다. 이 시간성에서는 시간이 계속 영원을 차단하고, 또 영원은 계속 시간 속을 침투한다. 여기에서 비로소 앞서 말한(표상에 의해) 현재의 시간, 과거의 시간, 미래의 시간 구분이 의의를 가지게 된다.

이 구분에 즈음하여 곧 알게 되는 것은 미래의 것이 현재의 것이나 과거의 것보다도 어떤 의미에서는 더 큰 의미를 가진다는 것이다. 즉 미래의 것은 어떤 의미에서는 과거의 것이 그 일부를 이루는 전체이며, 그렇기 때문에 전체를 의미하는 수가 있기 때문이다. 이것은 영원한 것이 먼저 미래의 것을 의미하고 있다는 것, 또는 미래의 것이란, 시간적인 것과의 통로를 갖지 않는 영원한 것이 어떻게 해서든지 시간과 교섭을 갖고자 바라는 은밀한 모습에서 온 것이기 때문이다. 일상의 습관 속에서도 미래의 것이 영원한 것과 동일시되고 있다(미래의 삶―영원한 삶). 그런데 그리스인들은 더 깊은 의미에서 영원의 개념을 가지고 있지 않았고, 그렇기 때문에 미래에 대한 개념도 없었으므로 그리스인이 순간속에 빠진 생활을 했다고 해서 비난할 것은 못 된다. 또는 더 엄밀하게 말해 빠진다는 말조차 쓸 수가 없다. 왜냐하면 그리스인들에게는 정신의 규정이 결핍되어 있어서, 시간성을 감성과 마찬가지로 소박하게 보는 생각이 있었기 때문이다

(그리스인은 시각을 중시하여, 예를 들면 표정을 통해 정신이 표현되는 한계가 있었다).

순간과 미래는 이제 다시 과거의 것을 정립한다. 만약 그리스인의 생활이 일반적으로 어떤 시간에 대한 규정을 나타내는 것이라면 그것은 과거의 것이다. 하지만 그것은 현재의 것과 미래의 것의 관계에서 규정되고 있는 것이 아니라, 시간적인 규정 일반이 그렇듯이 하나의 지나가는 것으로서 규정되고 있다. 여기서 플라톤의 상기의 의미가 뚜렷해진다. 그리스적 영원은 단지 후면으로만 도달할 수 있는 과거의 것으로서 배후에 가로놓여 있다.[7] 그러나 영원의 것을 과거의 것으로 삼는다는 것은 그것이 철학적으로(철학적인 죽음), 또는 역사적으로 더 세밀하게 규정된다 하더라도, 영원한 것에 대한 아주 추상적인 개념에 한한다.

일반적으로 과거의 것, 미래의 것, 영원한 것에 대한 개념을 규정할 때, 순간이 어떻게 규정되었는가를 관찰할 수 있다. 순간이 존재하지 않으면, 영원한 것은 과거의 것으로서 배후에서 모습을 나타낸다. 그것은 마치 어떤 사람에게 길을 가게 했는데 그가 발걸음을 내딛지 않는다고 한다면, 그 길이 지나온 길로서만 그의 배후에 나타나는 것과 마찬가지이다.[8] 순간이 정립되는 데 단순히 '경계'로서 정립될 경우, 미래의 것은 영원한 것이다. 순간이 정립될 때에 영원한 것이 존재한다. 그러나 그것은 동시에 미래의 것이므로 이 미래의 것은 과거의 것으로서 다시 찾아오는 것이다. 이 점은 각각 그리스적이고 유대적이며 그리스도교적인 사고방식으로서 뚜렷하게 나타나 있다. 그리스도교의 중심 개념으로서 모든 것을 새롭게 만든 개념은 '때(하나님이 당신의 아들을 보내신 때)가 이르러 시간이 찬다'는 것이었다. 그런데 시간이 찬다는 것은 영원한 것으로서의 순간을 말한다. 그러나 이 영원한 것(시간을 정지시키려는 속성)은 동시에 미래의 것이며 과거의 것이기도 하다. 이 점을 주의하지 않으면 단 한 가지 개념이라도 파괴하려 하는 이단적이고 배신적인 불순분자로부터 개념을 지켜 낼 수가 없다. 과거의 것은 그것 자체가 단독으로 포착되지 않고, 미래의 것과의 단순한 연속 안

---

7) 여기서 한 번 더 내가 주장하는 반복의 범주에 대해 참고해 주기 바란다. 이 범주에 의해 우리는 전면으로 영원에 도달하는 것이다. (원주)

8) 이것은 하나의 상상도이지 실제로는 있을 수 없다. 인간이 정지하고 있고 길 쪽이 그를 향해 움직인다고 가정했을 경우에 이런 말을 할 수 있다.

에서 포착되는 것이다(그것으로 인해 곧 되돌아가 속죄, 구원의 개념들이 세계사적 의의 속에서 사라지고, 또 개인의 역사적 발전 속에서 사라져 버린다). 미래의 것은 그 것 자체가 단독으로 포착되는 것이 아니며, 현재의 것과의 단순한 연속에서 포착되는 것이다(이로써 부활, 심판의 개념들은 붕괴된다).

이제 우리는 아담에 대해 생각하면서, 이어서 후대의 각 개인은 아담과 똑같은 방법으로 시작한다는 것, 그러나 그 유일한 차이는 세대 관계나 역사 관계의 결과로서 오직 양적인 차이일 뿐이라는 것을 생각해 보기로 하자. 아담에게는 후대의 개인과 마찬가지로 순간이 존재한다. 심리적인 것과 육체적인 것의 종합은 정신에 의해 정립되어야 한다. 그런데 정신은 영원의 것이다. 그것이 영원인 까닭은 정신이 제1의 종합과 동시에 시간적인 것과 영원한 것의 종합인 제2의 종합을 정립하기 때문이다. 영원한 것이 정립되지 않는 한 순간은 존재하지 않는다. 또는 단순한 경계로서만 존재한다. 이때 순진무구함의 정신은 오직 꿈꾸는 정신의 상태로서만 규정되므로 영원한 것은 미래의 것으로서 나타난다. 왜냐하면 앞에서도 말했듯이 미래의 것은 영원한 것의 최초 표현이며 영원한 것의 은밀한 모습이기 때문이다. 그래서 이미 말했듯이 만약 정신이 종합에서 정립된다면, 또는 더 바르게 말해서 만약 정신이 종합을 정립한다면 그때 개인에게서의 정신의(자유의) 가능성이 불안으로 나타났듯이, 마찬가지로 미래의 것은 여기에서도 개인에게서의 영원한 것의(자유의) 가능성 앞에 자유가 나타날 때 자유는 쓰러지고, 시간성은 이제 감성과 같은 방법으로 죄성의 의미를 지니고 모습을 나타낸다. 이것만이 질적 비약을 향한 심리학적 근사치를 나타낼 수 있는 마지막 표현이라는 것을 여기서 다시 되풀이해 두고자 한다.

아담과 후대의 개인의 차이는, 미래의 것이 후대의 개인에게는 아담에게보다 더 반성과도 같은 것으로 되어 있다는 점이다. 이 '보다 많다'는 것은 심리학적으로 말하면 '두려움'을 뜻하는 수도 있지만, 질적인 비약의 면에서 말한다면 그것은 본질과는 거리가 멀다. 아담과 비교되었을 때의 가장 심한 차이는 미래의 것이 과거의 것에 선행하고 있는 것같이 느껴지는 점이다. 다시 말해 가능성이 존재하기도 전에 그것이 상실될까 봐 불안하여 미리 가능성을 예견하는 것처럼 느껴진다.

가능한 것은 완전히 미래의 것에 대응하고 있다. 가능한 것이 자유에게는 미래의 것이고, 미래의 것이 시간에서는 가능한 것이다. 개인의 생활에서는 이 두 가지 점에 불안이 대응한다. 그러니까 정확하고 꼼꼼한 말씨를 쓰자면 불안과 미래의 것이 결합되어 있다고 해야 할 것이다. 때로 우리는 곧잘 과거의 것에 대한 불안이라는 식의 말을 하는데, 이것은 지금 말한 것과 모순되는 것처럼 보인다. 하지만 잘 생각해 보면 그렇게 말할 경우에라도 어떤 방법으로든 미래의 것이 모습을 보이고 있다는 것이 밝혀진다. 내가 품고 있는 과거의 것에 대한 불안은 나에게 가능성의 관계에 있는 것이어야만 한다. 그래서 예를 들어 내가 과거의 불행에 대해 불안을 품고 있다면, 그것이 지나가 버렸기 때문이 아니라 그 불행이 되풀이될 수 있다는, 즉 미래의 것일 수 있다는 것 때문이다. 과거의 잘못 때문에 불안을 품고 있다면, 그 잘못을 내가 과거의 것으로서 나 자신과의 본질적인 관계에서 정립하지 않고, 어떤 기만적인 방법으로 그것이 과거의 것이 되기를 방해하고 있기 때문이다. 즉 만약 그 잘못이 정말로 과거의 것이라면, 나는 불안을 품기보다는 단순히 후회할 수 있을 뿐이다. 만약 내가 후회하지 않는다면 그것은 처음에 내가 잘못에 대한 관계를 변증법적으로 만든 셈인데, 그 때문에 잘못 그 자체는 하나의 가능성이 되는 것이지 과거의 것이 되는 것은 아니다. 내가 형벌에 대해 불안을 품는다면 그것은 이 형벌이 범행에 대해 변증법적인 관계에 놓이기가 무섭게 바로 그렇게 되는 것이므로(그렇지 않다면 나는 형벌을 달갑게 받을 것이다), 나는 가능한 것과 미래에 대해 불안을 품는 상태에 있는 것이다.

이렇게 하여 우리는 다시 제1장의 출발점으로 되돌아간 셈이다. 불안은 죄에 선행하는 심리 상태이며, 그것은 되도록 죄 가까이에 접근해 불안을 불러일으키며 찾아온다. 그러나 그것은 질적 비약에서 처음으로 모습을 나타낸 죄를 설명할 수는 없다.

죄가 정립되는 그 순간에 시간성은 죄성이 된다.[9] 우리가 시간성을 죄성이라

---

9) 시간성을 죄성으로서 규정하는 데서 다시 죽음이 벌이라는 규정이 생긴다. 이것은 하나의 전진이므로, 만약 괜찮다면 유추해 낸 것을 다음의 점에서 발견할 수도 있을 것이다. 즉 외면적인 현상으로 말하더라도, 유기체가 완전하면 할수록 그것에 비례하여 죽음이 더욱더 무서운 것임을 가르쳐 준다는 점이다. 그래서 식물의 말라 죽음이나 부패는 그 꽃향기 못지않게 상쾌한 향기를 풍기지만, 이에 반해 동물의 부패는 대기를 악취로 채운다. 더 깊은 의미에서 인간이 높이 평가되면 될수록 죽음이 더 무섭다는 말을 할 수 있다. 동물은 본래적으로는 죽는 일

고 하는 것은 아니다. 그것은 감성이 죄성이 아닌 것과 마찬가지이다. 하지만 죄가 정립됨으로써 시간성은 죄성을 의미하게 되는 것이다. 그러므로 영원한 것에서 제거되기라도 한 것처럼 순간만을 사는 자는 죄를 범하게 된다. 예를 들어 만약 일시적인 어리석은 짓이 용납된다고 하더라도 아담이 죄를 저지르지 않았다면 아담은 그 순간 영원 쪽으로 옮겨 가 있었을 것이다. 이에 반해 죄가 정립되자마자 감성에서 벗어나기를 바라는 것은 무익한 일이며, 동시에 시간적인 것에서 벗어나기를 바라는 것 또한 아무 소용 없는 일이다.[10]

1. 무정신의 불안

불안이 마지막 심리학적 상태이며, 이 상태에서 죄가 질적 비약으로 출현한다는 것은 앞에서도 말했다(죄의 출현과 동시에, 심리학적 상태의 밖에 있는 것이다).

이 없다. 그러나 정신이 정신으로 정립되면 죽음은 무서운 것으로 나타난다. 죽음의 불안은 그래서 출생의 불안과 대응하고 있다. 그렇지만 나는 여기서 죽음이 하나의 전생(轉生)이라는 것에 대해 얼마쯤 진실하면서도 재치 있는 데 지나지 않은 약간의 감동을 담아 조금 경솔하게 지금까지 말해 온 것을 반복할 생각은 없다. 죽음의 순간에서 인간은 종합의 정점에 놓여 있다. 정신은 전혀 그 자리에 없는 것 같다. 왜냐하면 정신은 죽을 수가 없기 때문이다. 그럼에도 정신은 기다려야 한다. 물론 육체가 죽어야 하기 때문이다. 죽음에 관한 이교적 견해는(마치 이교의 감성이 좀 더 소박하여, 시간성이 좀 더 한가로운 것이 있듯이) 더 가볍고 매력적이었지만 궁극적인 것이 결핍되어 있었다. 고대 예술이 어떻게 죽음을 표현했는가를 서술한 레싱의 아름다운 논문 《고대인은 어떻게 죽음을 그렸는가》(1769)를 읽으면 좋을 것이다. 잠든 신의 모습이나, 죽음의 신이 고개를 갸우뚱하며 횃불을 끌 때의 아름답고도 거룩한 모습을 볼 때, 우리는 우수와 편안에 잠기는 것을 부정하지 못한다. 말하자면 이러한 생각을 해낼 아무것도 없는 추억처럼, 마음을 가라앉히는 인도자의 손에 몸을 의탁한다는 것은 말할 수 없이 설득적이고 매력적인 데가 있다. 그러나 다른 면에서는 이러한 침묵의 인도자를 따라간다는 것에 짐짓 무시무시함이 있다. 그것은 그가 아무것도 숨기지 않기 때문이다. 그의 모습은 숨은 모습이 아니다. 그가 거기에 있듯이 죽음 또한 거기에 있는 그것으로 끝장이다. 그 신이 다정한 모습으로 죽어 가는 자 위에 몸을 구부려 죽음의 입맞춤으로 마지막 생명의 불꽃을 끄는 데는 말할 수 없는 슬픔을 느끼게 된다. 지금까지 겪어 왔던 일들이 차례차례 사라지고 마지막에 죽음이 비밀로서 남게 된다. 이 비밀은 그것 자체는 해명되지 않은 채 생애가 하나의 놀이였다는 것을 해명해 준다. 이 놀이에서는 가장 위대한 일도 가장 하찮은 일도 모두 학생들처럼 뿔뿔이 흩어지므로 교사로서의 영혼 자신도 마침내는 사라져 간다. 모든 것이 아이들의 장난에 지나지 않았고, 그리하여 그 장난이 이제 끝났다는 데서 오는 파괴의 고요함도 존재한다. (원주)

10) 여기서 한 말은, 제1장에서 했더라도 적당했을지 모른다. 그러나 나는 굳이 이 자리를 택하기로 했다. 그것은 이 말이 다음에 하는 말로 안내하는 가장 알맞은 길라잡이가 되기 때문이다. (원주)

그러나 이것을 옳다고 하더라도 인생을 관찰하면 모든 이교나 그리스도교 내부에서 죄의 재현이 단순한 양적 반복이라는 규정 속에 놓여 있으므로, 이런 데에서는 죄의 질적 비약을 바랄 수 없다는 것을 곧 확인하게 될 것이다. 하지만 이 상태는 순진무구함의 상태가 아니며, 정신의 관점에서 보면 바로 죄성의 상태인 것이다.

죄의식은 그리스도교에 의해서야 비로소 정립되었음에도, 그리스도교의 정통 신앙은 이교가 죄 속에 머물러 있다는 것을 계속 가르쳐 왔다는 것이 주목할 만하다. 그렇지만 정통 신앙은 조금 더 자신의 뜻을 정확히 밝힐 때에야 옳다고 할 수 있을 것이다. 이교는 양적 규정에 따라, 말하자면 시간을 늘려 가면서 숫자적으로 확대하므로 가장 깊은 의미에서의 죄에는 결코 다다를 수 없다. 그런데 이 점이 바로 죄인 것이다.

이것이 이교에 적용된다는 것은 쉽게 증명할 수 있다. 그러나 그리스도교 내부의 이교에 대해서는 사정이 달라진다. 그리스도교적 이교의 생활은 죄가 있는 것도 아니고 없는 것도 아니다. 그것은 본디부터 현재의 것, 과거의 것, 미래의 것, 영원한 것의 구별을 모른다. 그 생활과 역사는 고대 문헌에서의 글쓰기처럼 난해하게 전개된다. 마침표가 하나도 없이, 단어 뒤에 단어가 이어지고, 문장 뒤에 문장이 이어지는 글쓰기처럼 말이다. 미학적으로 볼 때 이것은 매우 희극적이다. 왜냐하면 한 줄기 시냇물이 인생을 꿰뚫고 졸졸 흐르는 것을 듣는 것은 아름답지만, 이성을 갖춘 피조물이 모두 아무 의미도 없는 영원의 중얼거림으로 바뀐다는 것은 희극적이기 때문이다. 예를 들면 식물의 퇴적물이 점차 단단한 흙이 되고, 최초의 토탄(土炭)이 되듯이, 철학이 군중을 훨씬 위대한 것을 위한 토대로 삼음으로써 하나의 범주로 사용할 수 있을 것인지는 나도 모르겠다. 정신의 관점에서 생각할 때 그러한 존재(군중과도 같은)는 죄이다. 그러므로 그것이 죄라는 것을 알려서 이런 존재에게 정신을 요구하는 것이, 그러한 존재를 위해 그나마 우리가 할 수 있는 일이다.

하지만 여기서 말한 것이 이교에는 적용되지 않는다. 그러한 존재는 오직 그리스도교 내부에서만 볼 수 있다. 그 이유로, 정신이 높이 정립되면 될수록 그만큼 배척은 빠져나오기 힘든 낮은 것으로서 나타난다는 것, 또 잃은 것이 고귀하면 고귀할수록 "감각 없는 자가 되어서"(《에베소서》 4 : 19), 그들은 자기만족 안에서 점점 더 비참해진다는 것을 들 수 있다. 이런 무정신 상태의 행복을 이교 나라의 노예 상태에 비교하면 노예의 상태 쪽이 그나마 의미가 있다. 다시 말해 노예 상태는 그 자체가 완전한 무이기 때문이다. 그러나 무정신의 타락은 무엇보다도 무섭다. 왜냐하면 무정신은 정신에 대해 어떤 종류의 관계, 즉 무관계라는 관계를 가지고 있기 때문이다. 그래서 무정신은 어느 정도까지 정신의 모든 내용을 손에 넣을 수 있다. 단, 그것은 정신으로서가 아니라 농담이나 잡담, 쓸데없는 이야기로 인해서이다. 무정신은 진리를 손에 넣을 수 있다. 단, 주의해야 할 것은 그것이 진리로서가 아니라 풍설이나 수다로서 진리를 손에 넣는 것이다. 이것은 미학적으로 볼 때 무정신에서의 희극적인 것이다. 그러나 일반적으로는 이것을 깨닫지 못하고 있다. 연기자 스스로 정신에 대해 모호한 상태에 있기 때문이다. 그래서 무정신이 그려질 때는 자칫하면 농담을 입에 담게 된다. 이것은 사람들에겐 자기들이 말하고 있는 것과 똑같은 말을 무정신 상태로 쓰게할 만한 용기가 없기 때문이다. 이것이 바로 애매모호한 것으로 인한 불안정이다. 무정신은 가장 풍부한 정신이 말한 것과 똑같은 말을 할 수 있다. 오직 그것을 정신에 의해 말하지 않을 뿐이다. 무정신의 각인이 찍힌 인간은 한낱 지껄이는 기계로 변한 것이므로, 신앙 고백이나 정치적으로 유명한 문구와 마찬가지로 그가 철학적 공염불을 입으로 외우는 것을 방해할 자는 아무도 없다. 유례없는 풍자가(소크라테스)와 가장 위대한 해학가(하만)가 이구동성으로, 자기가 알고 있는 것과 모르는 것을 구별해야 된다고, 누구나 다 아는 당연한 말을 설득하고 있는 점은 주목할 만한 일이 아니겠는가. 또 가장 무정신한 사람이 그와 똑같은 말을 하는 것을 방해할 것이 무엇이 있겠는가? 그러나 정신을 증명할 수 있는 것은 오직 하나뿐이다. 자기 자신의 내면에 있는 정신의 증명이 바로 그것이다. 무언가 그것 이외의 것을 요구하는 자는 아마 넘칠 만큼 많은 증명을 만날 수 있을지 모른다. 하지만 그 사람은 무정신의 각인이 찍히는 것이다.

무정신에는 아무런 불안도 없다. 불안을 느끼기에는 그것은 지나치게 행복하고 충족되어 있기 때문에 너무나 무정신적이다. 이것은 참으로 슬퍼해야 할 이유이다. 그리고 이교가 무정신과 다른 점은, 이교는 정신을 '향하는 방향으로' 규정되어 있는 데 반해 무정신은 정신에서 '멀어지는 방향'으로 규정되어 있다는 점이다. 그래서 말하자면 이교는 정신의 부재이며, 무정신과는 뚜렷하게 다른 것이다. 사람들은 그 다른 만큼의 정도로 이교 쪽을 선호하게 된다. 무정신은 정신의 침체이며 이상성의 서투른 모방이다. 따라서 무정신이 기계적 반복을 하게 될 때는 말이 없는 것이 아니지만, 우리가 소금이 맛을 잃었다고 이야기하는 의미에서는 말이 없는(그 특질을 잃은) 것이 된다. 만일 소금이 그 짠맛을 잃으면, 무엇으로 맛을 내겠는가(〈마태복음〉 5 : 13, 〈누가복음〉 14 : 34). 무정신은 그 힘없는 끈적끈적한 태도로 모든 것을 더듬을 수는 있어도 어떤 것도 정신적으로 이해하지 못하며, 어떤 것도 과제로 포착하는 일이 없다는 데에 바로 무정신성의 파괴가 있고, 또 그것의 안정성도 있는 것이다. 무정신이 단 한 번이라도 정신에 접촉되어, 한순간 전류가 통한 개구리처럼 경련을 시작하면 당장 거기에는 이교의 주물 숭배에 완전히 들어맞는 현상이 나타난다. 무정신에는 어떠한 권위도 존재하지 않는다. 정신에는 어떠한 권위도 존재하지 않는다는 것을 무정신이 잘 알고 있기 때문이다. 그러나 불행하게도 무정신 자체는 정신이 아니기 때문에, 자신의 지식에도 확실한 우상 숭배자이다. 그것은 어리석은 자와 영웅을 마찬가지의 존경심을 가지고 숭배한다. 그렇지만 무엇보다도 가장 심한 허풍쟁이야말로 무정신에 어울리는 진짜 우상이다.

무정신에는 정신이 제거된 것과 마찬가지로 불안도 제거되어 있으므로 거기에는 불안이 없다. 하지만 그럼에도 불안은 있다. 다만 그 불안이 대기하고 있을 뿐이다. 돈을 꾼 사람이 쓸데없는 이야기를 지껄이며 용케 돈을 빌려준 사람에게서 벗어난 일이 있다고 하자. 그러나 여기 절대로 실수를 하지 않는, 즉 절대로 돈을 떼이지 않는 채권자가 있다. 그것이 바로 정신이다. 그래서 정신의 관점에서 볼 때 불안은 무정신 속에도 존재하고 있으나 그것은 숨겨져 있고 또 가면을 쓰고 있는 것이다. 한 번이라도 그 정체를 보면, 보기만 해도 기분이 나빠진다. 불안의 모습을 공상으로 그려 보면 끔찍한 것이 만들어진다. 하지만 사실이 그렇다 할지라도 있는 그대로를 보이지 않으려고 변장을 필요로 할 경우, 그 모습은 더 끔찍한 것이 된다. 죽음이 있는 그대로의 모습으로 말라비틀어진 음산한 사자로서 나타난다면, 그것을 보고 놀라지 않을 자는 없을 것이다. 그러나 죽음을 비웃을 수 있다고 우쭐대고 있는 인간을 비웃기 위해 죽음이 변장을 하고 나타나 우아한 태도로 모든 사람들을 사로잡고 사람들을 쾌락의 거친 방종 속으로 도취시키고 있을 때, 이 낯선 자가 사실은 죽음의 신이었다는 것을 관찰자가 알게 되다면, 깊은 공포심이 그를 엄습할 것이다.

2. 변증법적으로 운명으로 규정되어 있는 불안

대체로 사람들은 이교가 죄 속에 있다고 말하는 것이 일반적이다. 하지만 더 정확히 말한다면 아마 이것은 불안 속에 있다고 하는 편이 더 옳을지도 모른다. 일반적으로 이교는 감성인데, 그것은 정신에 관련을 갖는 감성이다. 그러나 이 정신이 깊은 의미에서는 정신으로서 정립되어 있지 않다. 이런 가능성이 바로 불안인 것이다.

한 걸음 나아가 이 불안의 대상이 무엇인가를 물을 때, 여기서는 언제나처럼 그것은 무라고 대답해야 한다. 불안과 무는 언제든지 서로 호응하는 것이다. 자유의 현실성과 정신의 현실성이 정립되기가 바쁘게 불안을 해소한다. 그런데 이교에서의 무한은 대체 무엇을 의미하고 있는 것일까? 그것은 운명이다.

운명이란 정신에 대한 하나의 외면적인 관계이다. 그것은, 정신은 아니지만 정신과 일종의 정신적인 관계를 맺고 있는 다른 것과 정신의 관계이다. 운명은 또한 정반대의 것을 의미할 수도 있다. 운명은 필연성과 우연성의 통일이기 때문이다. 이 점을 세상 사람들은 제대로 알지 못한다. 이교에서의 운명(이것은 다시 동양적인 견해와 그리스적 견해에 의해 저마다 다른 형태의 것이 되었다)은, 마치 그것이 필연성이거나 한 것처럼 이야기되어 왔다. 이러한 필연성의 잔재가 그리스도교적인 견해 속에 남아 있었기 때문에 필연성이 운명, 즉 섭리라는 것과는 접촉이 없는 우연적인 것을 뜻하게 되었다. 그러나 사실은 그렇지가 않다. 왜냐하면 운명이란 바로 필연성과 우연성의 통일이기 때문이다. 운명은 맹목이라는 말에서 이것의 의미가 더 깊게 표현되고 있다. 맹목적으로 정진하는 사람은 우연적인 동시에 필연적으로도 전진해 가기 때문이다. 스스로에 대한 자각을 갖지 못하는 필연성은 다음 순간이 되면 그 자신이 사실상 우연성이 된다. 운명은 이래서 불안 상태의 무이다. 그것은 무이다. 왜냐하면 정신이 정립되자마자 불안이 제거되기는 하지만, 그와 동시에 섭리도 정립되므로 운명 또한 제거되기 때문이다. 그래서 우리는 바울이 우상에 대해, 이 세상에 우상은 존재하지 않는다(〈고린도전서〉 8 : 4)고 말한 것과 같은 말을 운명에 대해 할 수가 있다. 그러나 어쨌든 우상은 이교도 종교심의 대상이다.

이렇게 하여 이교도의 불안은 그것의 대상, 즉 그것의 무를 운명에서 지니고 있다. 그는 운명과의 관계에 참견할 수가 없다. 운명이란 어떤 순간에는 필연적인 것인가 하면 다음 순간에는 우연한 것이 되어 있기 때문이다. 하지만 그래도 이교도는 운명과의 관계를 가지고 있다. 그리고 이 관계가 불안이다. 이교도는 그 이상 더 운명에 접근할 수는 없다. 이교가 이 때문에 시도한 것은 운명에 새로운 빛을 던지기에 족할 만큼 진실했다. 운명을 설명하려면 운명과 마찬가지로 양의적(공감을 하면서도 반감을 가지는)이어야 한다. 신탁이 그런 것이었다. 신탁도 전혀 반대의 것을 의미할 수 있으므로, 신탁에 대한 이교도의 관계도 마찬가지로 불안이다. 여기에 이교의 말할 수 없는 비극이 숨어 있다. 그러나 신탁의 말이 양의적이라는 점에 비극이 있는 것은 아니다. 오히려 이교도가 신탁에 조언을 구하지 않을 수 없었던 점에 있다. 신탁과 결부되고 있는 이교도로서는 신탁에 의지하지 않을 수가 없으므로 조언을 구하는 순간마저도 그는 신탁에 양의적인 관계에 있다. 그리고 시험 삼아 갖가지 해석에 대한 것을 생각해 보게 될 것이다.

　　가장 깊은 의미에서의 죄라든지 죄의 개념이 이교에는 나타나지 않는다. 만약 나타난다면 인간이 운명적으로 죄를 짓게 된다는 모순에 부딪혀서 이교는 멸망해 버릴 것이다. 이것이야말로 가장 큰 모순이므로 이 모순 속에서 그리스도교가 모습을 보이는 것이다. 이교는 이 모순을 포착하지 못하고 있다. 포착하기에는 죄의 개념 규정을 너무 피상적으로만 알고 있다.

　　죄와 죄의 개념은 개인을 개인으로서 정립한다. 온 세계에 대한 관계나 모든 과거의 것에 대한 관계는 거기서 문제가 되지 않는다. 문제가 되는 것은 그에게 죄가 있다는 사실뿐이다. 그래서 그는 바로 운명에 의해, 즉 결과적으로는 전혀 문제가 되지 않는 모든 것에 의해 죄 있는 존재로 만들어지는 것이다. 그리고 그가 이렇게 된 것은 운명 때문이라고 여겨진다는 것이다.

　　이렇듯 모순을 잘못 이해하면 원죄에 대한 잘못된 개념이 생길 것이고, 바르게 이해하면 원죄에 대한 참다운 개념이 생긴다. 다시 말해 각 개인은 그 자신인 동시에 인류이므로, 후대의 개인이 본질적으로는 다르지 않다는 것이다. 불안의 가능성 속에서 자유는 운명에게 제압되어 좌절한다. 자유의 현실성이 일어서기는 하지만 그 자유는 죄 있는 것이라는 설명이 붙게 된다. 개인이 죄를 짓게 된 것 같은 결정 상황에서도 아직 불안이 죄는 아니다. 따라서 죄란 필연성으로서 오는 일도 없거니와 우연성으로서 오는 일도 없다. 그래서 섭리야말로 죄에 대응하는 개념인 것이다.

그리스도교의 내부에서도, 정신이 존재하고는 있더라도 본질적으로 정립되어 있지 않을 경우에는 곳곳에서 운명과 관련된 이교적인 불안이 엿보인다. 이 현상은 천재를 관찰하면 명확하게 볼 수 있다. 천재성이란 직접적으로 그 자체로서는 무엇보다도 주체성이다. 천재성(내면성의 특수한 본성에 의해, 또 외적 삶에 따라 자신의 행동과 운명을 결정함)은 정신으로서는 아직 정립되어 있지 않다. 왜냐하면 정신으로서 천재가 정립되는 것은 언제나 정신에 따를 뿐이기 때문이다. 직접적인 것으로서는 천재도 정신일 수는 있다(천재의 비범한 재능이 정신으로서 정립된 정신인 것 같은 착각을 일으키게 하는 것은 이 때문이다). 하지만 그때 천재는 정신이 아닌 다른 것을 자신의 외부에 가지고 있기 때문에, 자신은 정신에 대해 어떤 외면적인 관계에 서 있다. 이 때문에 천재는 줄곧 운명을 발견하는 것이며, 천재성이 깊으면 깊을수록 점점 더 심오한 운명을 발견하게 된다. 이것은 물론 무정신에게는 당연히 어리석음의 소치이다. 그렇지만 현실에서 그것은 위대한 것이다. 왜냐하면 섭리의 개념을 태어나면서부터 갖는 사람이란 있을 수 없기 때문이다. 그것을 교육에 의해 차례차례 손에 넣는 것인 줄 아는 사람이 있다면, 그 사람은 당치도 않은 잘못된 생각을 갖고 있는 것이다. 그렇다고 해서 내가 교육의 의의를 부정하는 것은 아니다. 천재는 운명을 발견함으로써 바로 그 본래 힘을 나타내지만, 그와 동시에 또 자신의 무력함도 드러낸다. 천재는 뛰어난 의미에서 직접적인 정신이라고 하는 것뿐만 아니라 언제나 직접적인 정신이기에, 그 직접적 정신에게 운명은 그 한계이다. 죄에 이르러야 비로소 섭리가 정립된다. 그래서 천재에게는 섭리에 다다르기 위한 무서운 투쟁이 기다리고 있다. 만약 천재가 섭리에 도달하지 못한다면, 그때야말로 그는 운명의 연구를 위한 주제가 되는 것이다.

말하자면 천재는 일종의 전능한 즉자(인간의 인식 형식과는 독자적으로 존재하는 대상)이므로, 그 자체로서 천재는 온 세계를 움직일 수도 있을 것이다. 그래서 일의 질서를 유지하기 위해서 천재와 함께 또 하나의 모습이 나타난다. 그것이 바로 운명이다. 운명은 무(無)이다. 그것을 발견해 내는 것은 천재 자신이며,

천재가 심오하면 심오할수록 더욱더 심오한 운명을 발견해 낸다. 이유는 그 운명의 모습이 단지 섭리의 징조에 지나지 않기 때문이다. 그런데 천재가 오직 천재로서 밖을 향해 있는 한 놀라운 것을 수행하지만, 천재는 줄곧 운명 아래서 굴종을 강요당할 것이다. 만약 이것이 아무에게나 겉으로 보이는 것이 아니라면 최소한 내면적으로라도 그렇다. 그래서 천재의 존재라는 것은 만약 그가 가장 깊은 의미에서 자신의 내부로 향하지 않는 한, 늘 하나의 동화 같은 것이다. 천재는 모든 것을 할 수 있다. 그런데도 아무도 모르는 사소한 것에 의지하고 있다. 사소한 것에 대해, 천재 자신의 전능함에 의해 전능적인 의의를 주고 있는 것이다. 그렇기 때문에 일개 소위(나폴레옹)라도 천재이기만 하면 황제가 될 수 있었고, 하나의 제국에 한 사람의 황제라는 식으로 세계를 개조할 수도 있었다. 또 그렇기 때문에 군대가 전투 배치에 들어갔고, 따라서 형세가 말할 것도 없이 유리하여 좋은 기회를 놓치지 말아야 할 상황이며, 용사들은 명령이 내려지기를 간원한다. 그러나 나폴레옹은 명령을 내릴 수 없었다. 그는 6월 14일까지 기다려야만 한다. 대체 무엇 때문에? 그날이 마렝고 전투일이었기 때문이다. 그 때문에 모든 준비가 완료되었다. 그 자신도 군단의 진두에 서서 이제는 오직 태양이 떠올라 병사들을 분기시킬 만한 연설에 대한 감흥이 솟아오르기를 기다릴 뿐이다. 이윽고 태양이 전에 없이 장엄하게 떠오를 것이다. 모든 사람들을 감격시키고 불타오르게 하는 광경이 될 것이다. 단, 나폴레옹에게만은 그렇지가 않다. 그에게는 아우스터리츠의 태양만이 승리와 감격을 주는 것이었기 때문이다. 여느 때라면 적에게까지 인간미와 온정을 나타내는 사람이 때로 아주 하찮은 사람에게까지 화풀이를 하는 그 이해하지 못할 태도도 이런 데서 온 것이다. 그러니 그가 자신의 징후를 해석해야 하는 이 순간에 그의 앞을 가로막는 남자는 불행하도다, 여자도 불행하도다, 무심한 아이는 불행하도다, 들의 짐승은 불행하도다, 그 순간에 나는 새는 불행하도다, 가지를 뻗어 앞을 막는 나무는 불행하도다.

　외면적인 것은 그것만으로는 천재에게 아무런 의미도 없다. 그렇기 때문에 누구도 그를 이해할 수 없다. 모든 것은 그 자신이 그 숨은 친구(운명) 앞에서 외면적인 것을 어떻게 이해하느냐에 달려 있다. 모든 것을 잃어버릴지도 모른다. 가장 무지한 인간도, 가장 현명한 인간도 입을 모아 그에게 그 무익한 시도를 그만두도록 충고할지도 모른다. 그러나 천재는 그가 운명의 의지를 읽고 있는 보이지 않는 책에서 어떤 의심스러운 주석을 발견하지 않는 한, 자기가 온 세계보다도 강하다는 것을 알고 있다. 그 책이 자기가 바라는 대로 쓰여 있으면, 그때 그는 힘껏 목청을 돋워 뱃사람에게 말한다. "자, 돛을 올려라. 너는 황제와 황제의 운명을 안내해야 한다"라고. 그는 모든 것을 얻을 수도 있다. 그런데 그가 정보를 얻는 바로 그 순간에, 아마도 그 정보에는 한마디의 말이 울릴 것인데, 그 말의 의미는 그 어떤 피조물도 이해하지 못한다. 심지어 하늘에 계신 신조차 이해하지 못한다(그것은 어떤 의미에서는 신도 천재를 이해하지 못하기 때문이다). 그래서 천재는 무기력하게 쓰러진다.

그렇기 때문에 천재는 일반적인 것의 범위 밖에 놓여 있다. 승리를 거두건 멸망하건, 그는 운명을 믿는다는 점 때문에 위대하다. 그는 고독하게 승리를 거두고 고독하게 무너지기 때문이다. 아니 그보다도 그가 승리를 거두는 것도, 또 무너지는 것도 모두 운명으로 말미암아 그렇게 되는 것이다. 보통은 그가 승리를 거둘 때만 그의 위대함이 찬미된다. 그러나 천재가 스스로의 힘으로 쓰러질 때만큼 위대한 일은 결코 있을 수 없다. 이것은 운명이 외면적인 방법으로는 자신을 알려 주지 않는다는 의미로 해석되어야 한다. 이와 반대로, 인간적으로 말해 완전한 승리를 얻은 그 순간에 그가 수상한 글을 발견하고서 쓰러진다면, 아마도 사람들은 이렇게 외칠 것이 틀림없다. "그를 무너뜨리는 데 이런 거인이 필요했단 말인가." 그렇기 때문에 그 자신 말고는 아무도 그 자신을 무너뜨리는 일을 할 수 없는 것이다. 사람들이 전설적 이야기를 저들의 마음속에 그리고 있다고 생각하는 사이에, 세상의 왕국과 나라들을 자신의 강력한 손 아래 제압한 것과 같이 여기던 신념이 그를 쓰러뜨린 것이다. 그의 몰락은 그를 이해하는 것보다도 더 이해할 수 없는 전설이었다.

그래서 천재는 보통 사람과는 다른 때 불안에 빠진다. 보통 사람은 위험한 순간에 비로소 위험을 발견하게 되기 때문에 그때까지 그들은 태연하다. 그리고 위험이 지나가면 또다시 그들은 태연해진다. 천재는 위험한 순간에 가장 힘이 강하다. 그의 불안은 오히려 그 전의 순간과 그 뒤의 순간, 즉 운명이라 불리는 그 위대한 미지의 것과 말을 주고받아야 하는, 몸이 떨리는 그 순간에 생긴다. 아마도 그 천재의 불안은 그러한 순간이 지나간 뒤에 가장 큰 것 같다. 승리까지의 거리가 좁아지는 것에 반비례하여, 확신을 얻고자 하는 조바심이 증가하기 때문이다. 이것은 승리가 가까워질수록 잃어야 할 것이 더 늘어나 승리의 순간에는 그것이 정점에 이르기 때문이며, 또 운명의 논리가 비논리적이기 때문이다.

천재 자신이 스스로를 종교적으로 이해할 수는 없다. 따라서 죄에도 섭리에도 이르지 못한다(그리스도교는 죄와 섭리에 관여한다). 천재가 운명에 대해 불안의 관계에 있는 것도 이 때문이다. 종교적인 천재를 겸하고 있지 않는 한 이 불안을 품지 않는 천재란 지금껏 존재한 적이 없다.

천재가 직접적으로 규정되어 오직 밖으로만 향해 있을 뿐이라면, 물론 천재는 위대하므로 사업적 결과에 놀랄 만한 것이 있을 것이다. 그러나 그는 결코 자기 자신에게 돌아가지 않고 자기 자신에게 위대한 것이 되지는 않는다. 그의 행위는 모두 밖으로만 향해 있다. 말하자면 모든 것을 비추는 유성의 핵심은 생겨나지 않는다. 자기 자신에게 천재성은 아무 의의도 갖지 않는 무(無)든지, 갖고 있다 하더라도 그것은 난처하고 한심스러운 것이다. 마치 페로스 제도의 어느 섬에 토박이 주민이 있었는데, 그가 유럽의 말로 여러 나라 책을 써서 온 유럽을 깜짝 놀라게 만들고 그 불후의 업적으로 학문을 일변시켰으나, 정작 페로스어로는 단 한 줄도 쓰지 않아서 마침내 자기 고장의 말조차 잊어버렸다고 할 때, 이때 페로스 제도의 주민들이 그에 대해 느끼는 기쁨과 동정은 그 천재가 자신에게 느끼는 것과 비슷하게 모호하고 우울한 것이다. 천재란 가장 깊은 의미에서는 자신에게 의의 있는 것이 되지 않는다. 천재가 미칠 수 있는 곳은 행운과 불행, 존경과 명예, 권력, 불후의 명성 같은 일시적인 것에 관련된 운명의 범위 이상으로 높아질 수 없다. 불안에 대해 더 깊이 들어간 변증법적 규정이 모두 제거되어 있기 때문이다. 결정적 규정은 불안이 죄 있는 것으로 간주되는 것이겠지만, 그것도 불안이 죄로 돌려지는 것에 의한 것이 아니라 죄의 환영으로 돌려지는 데 의한 것이므로 이것은 명예의 규정과 다를 바가 없다. 이런 심리 상태는 문학적으로 다룰 때 매우 알맞다. 이런 일은 누구에게나 있는 일이지만, 천재는 곧 그것을 아주 심각하게 포착한다. 그리고 그 때문에 그는 사람과 싸우는 것이 아니라 현존재의 가장 깊은 신비와 싸우게 되는 것이다.

이와 같은 천재적인 존재가 그 화려함과 영광, 그리고 그 의의에도 죄라는 것을 이해하려면 용기가 조금 필요하다. 그리고 끝없이 구하는 영혼의 굶주림을 어떻게 달래야 하는지를 아직 모르는 사람이라면 이것을 이해하기가 어렵다. 그렇지만 이것이 사실이다. 그럼에도 그런 존재가 어느 정도 행복할 수 있다는 사실에 의해 증명되는 것은 아무것도 없다. 인간이 자신의 타고난 재능을 기분 전환의 수단이라고 해석할 수도 있겠으나, 그것을 실행해 본다고 하더라도 시간성이라는 테두리에서 한 순간이라도 더 높이 빠져나가지는 못한다. 오직 종교적인 자각을 통해서만이 천재성이나 재능은 가장 깊은 의미에서 정당화될 수 있다.

탈레랑과 같은 천재를 예로 들어 보자. 그에게는 인생에 대해 훨씬 깊이 자각할 가능성이 있었다. 그는 이 가능성을 피해 갔다. 그는 밖을 향하고 있는 자기의 타고난 성품에 따라서 권모가로서의 그 놀라운 천재성을 유감없이 발휘했다. 그래서 그의 기력, 천재로서의 포화력(화학자가 산(酸)에 대해 사용하는 표현을 빌려 말하자면)이 경탄의 대상은 되었지만, 그는 시간성에 속해 있다. 만약 이런 천재가 시간성을 직접적이라는 이유로 무시하고, 자기 자신을 향해 또 신적인 것을 향해 얼굴을 돌리고 있었더라면, 얼마나 훌륭한 종교적인 천재가 생겨났을 것인가! 그러나 그러려면 그는 말할 수 없는 고뇌를 견뎌야 했을 것이다.

직접적(외적)인 규정에 따른다는 것은, 그것이 위대한 사람이든 보잘것없는 사람이든 삶에서 하나의 위안이다. 하지만 그것에 대한 대가 또한 위대한 인물에게든 보잘것없는 인물에게든 그 나름대로 위안에 비례한다. 그리고 온 인류를 꿰뚫는 불후의 명예도 요컨대 시간성의 규정에 지나지 않는다는 것, 그리고 그 명예를 추구하는 소망과 동경 때문에 사람의 마음에 안식을 주지 않는 것도 불멸성에 비하면 매우 불안전한 것이라는 점, 이 불멸성은 인간 저마다에 대해 존재하는 것이기 때문에 예컨대 어떤 한 사람을 위해 간직되어 있었다고 한다면 당연히 부득이하게도 온 세계의 시기를 사게 된다는 점, 이런 점들을 이해할 만큼 정신적으로 성숙하지 않은 사람이 정신이나 불멸성에 대한 자신의 설명에 더 깊이 파고든다는 것은 도저히 불가능하다.

3. 변증법적으로 가책으로서 규정된 불안

일반적으로 유대교는 율법을 원칙으로 삼고 있다고 일컫는다. 이것을 또 유대교는 불안 속에 놓여 있다는 식으로 표현할 수도 있을 것이다. 그러나 불안의 무는 이 경우 운명과는 무엇인가 다른 것을 뜻한다. 이 영역에서는 '불안하게 만드는―무'라는 명제가 매우 역설적인 것임을 나타내고 있다. 죄란 틀림없이 어떤 것이기 때문이다. 더욱이 죄가 불안의 대상인 한, 죄는 무라는 것은(앞 명제의 풀이로서) 옳다. 이 양의성은 그 관계에서 생겨난 것이다. 죄가 정립되자마자 불안(불안은 죄가 정립되기 직전까지만 존재한다)은 사라지고 거기에는 뉘우침이 존재하기 때문이다. 그 관계는 불안의 관계와 마찬가지로 언제나 공감적이고 반감적이다. 이 또한 역설로 보이지만, 사실 그렇지 않다. 왜냐하면 불안이 두려움을 품고 있는 동안은 그것이 자신의 대상과 빈틈없는 교신을 계속하고 있으므로 그 대상에서 눈을 뗄 수가, 아니 눈을 떼려 하지 않기 때문이며, 만약 개인이 눈을 떼려고 마음을 먹다가는 당장 뉘우침이 찾아오기 때문이다. 이런 말을 하면 꽤 까다로운 말을 한다고 할지 모르나 어쩔 수 없다. 예컨대 타인과의 관계가 아닐지라도, 자기 자신과의 관계에서 신성한 고발자로서 필요한 의연함을 가진 사람이라면, 이것을 꽤 까다롭다고 생각하지는 않을 것이다. 게다가 불안에 빠져 있는 개인이 거의 욕망에 가까운 눈으로 죄를 바라보면서도 동시에 불안을 두려워하는 현상을 우리는 삶에서 자주 목격한다. 죄는 정신의 눈에게 뱀의 눈빛 갖고 있는 그런 마력을 행사한다. 죄를 통해서 완전성에 도달한다는 카르포크라테스파의 견해가 지니는 진리성은 이 점에 있다. 이 견해가 진리성을 가지는 때는, 직접적인 정신이 정신에 의해 자신을 정신으로서 정립하는 결정적인 그 순간이다. 이와 반대로 그것(죄를 통해 정신으로서 정립된 완전성)이 구체적으로 이루어져야 한다고 생각한다면 그것은 독선이다.

유대교는 바로 이 점에서 그리스 정신보다 한 걸음 진보했는데, 그것은 죄에 대한 불안의 관계 때문이었다. 유대교는 억지로 이 죄와 불안의 관계를 버리려 하지 않았고, 또한 그리스 정신이 갖는 경박한 운명과 행운, 불행 등등 하는 표현을 손에 넣으려 하지도 않았던 것이다.

유대교에서 볼 수 있는 불안은 죄에 대한 불안이다. 죄는 곳곳에 퍼져 있는 하나의 힘으로서, 이 죄가 인생을 덮치고 있는데도 누구도 그것을 깊은 의미에서 이해할 수 없다. 그것을 이해할 수 있는 것은, 마치 신탁이 운명에 대응하듯이 죄와 같은 성질이어야 한다. 이교의 신탁에 대응하는 것은 유대교의 희생(산 제물)이다. 그래서 이 희생 또한 아무도 이해할 줄을 모른다. 이 점에 유대교의 깊은 비극성이 있으며, 그것은 이교의 신탁에 대한 관계에 비교될 수 있는 것이다. 유대인은 희생에서 그 도피처를 찾고 있지만, 그것은 그에게 도움이 되지 않는다. 왜냐하면 적절한 도움이 되는 것이라면, 그것은 죄에 대한 불안의 관계가 제거되고 죄에 대한 현실적인 관계가 정립되는 것이어야 하기 때문이다. 하지만 이런 일은 진행되지 않기 때문에 희생 의식은 흐지부지되는 것이며, 이 점은 희생이 되풀이된다는 점에 나타나 있다. 하지만 그러한 되풀이의 결과로서, 희생 행위 그 자체를 반성하는 순전한 회의주의가 생기게 될 것이다.

앞서 말한 데서 끌어냈던 결론, 즉 죄에 의해 비로소 섭리가 존재한다는 것은 여기에서도 통용된다. 죄와 함께 비로소 속죄가 정립되는 것이므로 속죄의 희생은 되풀이되어야 한다. 그 이유를 말하자면, 희생의 외면적인 완전성에 있는 것이 아니라, 오히려 희생의 완전성은 죄의 현실적인 관계가 정립되어 있다는 데 대응한다. 죄의 현실적인 관계가 정립되어 있지 않을 경우 희생이 되풀이되지 않으면 안 된다(그래서 사실 가톨릭에서는 희생의 절대적인 완전성을 인정하면서도 희생은 되풀이되는 것이다).

여기서 세계사적인 관계에 대해 간략하게 말해 두었던 것이 그리스도교의 내부에서는 각 개인에게 되풀이된다. 천재는 여기서도 또 속이 얕은 평범한 인간 속에 존재하고 있어서 쉽게 테두리 속에 낄 수 없는 채로 살아온 사항을 명확하게 지적해 준다. 주로 천재가 다른 모든 사람들과 구별되는 것은, 천재가 아담처럼 그 역사적 전제 안에서 자각을 가지고 아담과 똑같이 근원적으로 시작하는 점에 따른 것이다. 천재가 한 사람 태어날 때마다, 말하자면 실존에 대한 검증이 행해진다. 그것은 천재가 자기를 되찾기까지는 배후에 놓여 있는 모든 것을 품고 지나오는 체험을 하기 때문이다. 그래서 과거에 관한 천재의 지식은 세계사적 개념에서 제공되는 것과는 전혀 다르다.

천재가 자신의 직접적(외적)인 규정 아래 머물러 있을 수 있다는 것은 앞에서도 언급해 두었다. 그런데 그것이 죄라고 설명하는 것은 동시에 천재를 진정으로 예우하는 세계로 이끌려는 대접이기도 하다. 인간 생활은 모두 종교적으로 계획되어 있다. 이것을 부정하려는 것은 모든 것을 혼란스럽게 만드는 일이며, 개인이나 인류, 또는 불멸성의 개념을 제거하는 것이다. 바로 이 점에서 사람들이 분별력을 행사해 주길 바라 마지않는다. 왜냐하면 여기에는 매우 곤란한 문제들이 가로놓여 있기 때문이다. 사람들은 책모에 능한 사람을 가리켜서, 이 사람은 외교관이나 형사 노릇을 하면 맞겠다고 하거나, 우스운 일을 몸짓으로 잘 나타내는 사람을 가리켜, 저 사람은 배우 노릇을 하면 맞겠다고 한다. 또 아무런 재능도 없는 사람을 가리켜, 저 사람은 법원의 화부(火夫) 노릇을 하면 꼭 맞겠다는 식으로 이야기하는데, 이것은 참으로 시시한 인생의 고찰이다. 아니 고찰이라고 할 것도 못 된다. 그것은 누구나 다 아는 사실을 말하고 있는 것에 지나지 않기 때문이다. 그러나 나의 종교적인 생활 방법이 내 외면적인 생활 방법과 어떻게 관련을 가지며 어떻게 표현되는가를 명백하게 해야 하는 것, 이것만은 문제가 된다. 그렇지만 이런 시대에 이런 일에 대해 대체 누가 머리를 짜서 생각하려 할 것인가? 더욱이 바야흐로 현대 생활은 일찍이 보지 못했을 만큼 재빨리 지나가는 순간으로 눈에 보이고 있다. 그런데도 사람들은 거기서 영원한 사물의 포착 방법을 배우게 하지 않고, 오직 자기 자신이나 자기 이웃 사람으로부터, 그리고 순간으로부터 생명을 몰아내는 일만 배우고 있다.

만일 사람이 딱 한 번 참여할 수 있다면, 순간의 왈츠를 단 한 번만 출 수 있다면 그 사람은 이미 삶을 영위한 것이며, 그는 더 불운한 사람들의 선망의 대상이 되는 것이다. 태어나는 것이 아니라 앞뒤를 가리지 않고 삶 속으로 뛰어드는, 그리고 사납게 앞으로 계속 돌진하면서도 결코 삶에는 이르지 못하는 사람들의 선망의 대상 말이다. 그렇다면 그는 삶을 이미 꾸려 나간 것이다. 인생에서 도대체 무엇이 젊은 여인의 의미 없는 사랑스러움보다 더 가치 있는 것이겠는가? 비록 겨우 하룻밤 동안 춤꾼들의 삶을 매료시키고 새벽에 바로 시들어 버렸다고 하더라도 이미 그것만으로 충분히 지속되었던 젊은 여인의 의미 없는 사랑스러움 말이다. 종교적인 생활 방법이 외면적인 생활 방법 속으로 어떻게 스며들어, 어떻게 그것에 작용하는가를 생각해 볼 겨를은 없다. 비록 사람들이 절망의 초조감을 가지고 돌진하는 일이 없다 할지라도 어쨌든 가장 가까운 것을 움켜잡는다. 이런 방법으로도 어쩌면 어지간한 거물이 될 수도 있다. 게다가 가끔 교회에라도 나가게 되는 날에는 참으로 모든 일이 안성맞춤이다. 이 말은 종교적인 것이 몇몇 인간들에게는 절대적이지만, 그 밖의 사람들에게는 그렇지 않다고 하는 것같이 들린다. 만약 그렇다면 종교적인 것을 멀리하는 사람들은 인생의 모든 의미와는 작별을 알리는 것이다. 말할 것도 없이 외면적인 과제가 종교적인 것 자체에서 더 멀리 떠날수록 그 고찰은 점점 더 어려워진다. 예를 들면 희극 배우라는 외면적인 과제를 고찰하려면 얼마나 깊은 종교적 반성이 필요할는지 모른다. 나는 그럴 수 있음을 부정하지는 않는다. 종교적인 것을 조금이라도 이해하고 있는 사람이라면 종교적인 것이 황금보다 세공하기 쉽고, 어떤 것에라도 적용되는 것임을 잘 알고 있기 때문이다. 중세의 잘못은 종교적 반성에 있었던 것이 아니고 오히려 그 반성을 너무 일찍 끝내 버린 점에 있다. 여기서 다시 반복의 문제가 일어난다. 즉 종교적인 반성을 시작한 뒤, 개인이 자기 자신을 완전히 되찾는 데 성공하느냐는 점이다. 중세에서는 이것이 도중에 단절되어 버렸다. 이렇게 하여 개인이 자기 자신을 되찾아야 할 때에, 자기가 기지라든지 희극적인 것에 대한 감각이라든지를 갖고 있다는 사실에 부딪히면, 그는 그런 것을 무슨 불완전한 것으로 생각하고 말살해 버렸던 것이다.

요즘에 와서는 그런 생각을 아주 턱없는 일로 간단하게 처리해 버린다. 그것은 기지라든지 희극의 재능이 있으면 그 사람은 바로 행운아로서 더 바랄 것이 없다고 여기기 때문이다. 이런 식의 설명은 물론 이 문제에 대해 조금도 모르기 때문에 가능하다. 요즘 사람은 옛날 사람보다 타고난 세속에 대해 밝지만, 종교에 대해서만은 대부분이 천성적인 맹인이기 때문이다. 하기야 중세에서도 종교적인 배려가 매우 철저하게 실행된 예를 볼 수가 있다. 예를 들면 어떤 화가가 자신의 재능을 종교적으로 느꼈지만, 그 재능을 종교적인 것에 가장 어울리는 작품 속에서 발휘하지 못할 때, 사람들은 그 예술가가 천국의 미를 그려서 신자들의 눈길을 빼앗았던 교회에 봉사하는 예술가들과 마찬가지로, 얼마나 경건하게 정열과 혼을 기울여 아프로디테를 그렸고, 또 마찬가지로 얼마나 경건하게 자신의 예술가로서의 사명을 느끼고 있었던가에 대해서 잘 알고 있었다.

그러나 이 모든 일들을 생각해 보면, 외면적인 재능이 있는데도 넓은 길을 선택하지 않고 고통과 불안을 택하는 사람들, 즉 그 가운데서 종교적으로 반성하는 동안, 자기 손안에 넣고 싶은 강한 유혹을 뿌리쳐 버릴 수 없어 그로 인해 종교적으로 겪는 고통과 근심, 불안을 선택하는 그런 사람들의 출현을 기다리는 형편이다. 거기에는 이 일을 하기로 결단한 데 대해 후회에 가까운 생각을 하는 순간, 만약 자신이 가진 재능의 직접적 성향을 따랐더라면 자기 앞에는 틀림없이 저절로 미소가 떠오를 좋은 인생이 있었을 것이라는 우울한 생각을, 아니 때로는 아마 절망에 가까운 생각을 할 순간이 찾아올 것이기 때문이다. 그러나 주의를 게을리하지 않는 사람이면, 그가 나아가고자 하는 길이 차단되고, 또 미소를 담은 재능의 길은 자기가 단절했기 때문에 상실된 것같이 느껴지는, 그 진퇴양난의 무서운 고비에서 하나의 목소리가 이렇게 알리는 것을 들을 것이다. "자, 내 아들아! 계속 나아가거라. 모든 것을 잃는 자야말로 모든 것을 얻게 된다."

이제 우리는 종교적 천재, 즉 자신의 직접성 밑에 머물러 있지 않는 천재에 대해 한번 생각해 보자. 그가 언제 자신을 밖으로 향하게 할 것인지의 여부는 앞으로의 문제이다. 첫째로 그가 할 일은 자기를 자기 자신으로 향하게 하는 일이다. 직접적인 천재가 자신을 따라다니는 그림자를 닮은 운명이라는 것을 가지고 있듯이, 그를 따르는 동반자로서 그는 죄를 가지고 있다. 다시 말해 천재는 자기를 자기 자신에게 향하면서 사실은 신에게 향하게 하고 있다. 게다가 유한적인 정신이 신을 보려 한다면, 그것은 죄 있는 자로서 시작해야 한다는 철칙이 있다. 그는 자신에게 향함으로써 죄를 발견한다. 천재가 위대하면 할수록 그는 더욱 더 깊이 죄를 발견한다. 이것이 무정신에게 턱없는 일이라는 것이 나에게는 기쁨이며 하나의 반가운 징조이다. 천재는 보통 흔히 있는 사람들과는 다를 뿐만 아니라 또 그런 사람으로서 만족할 리도 없다. 그러나 그것은 그가 사람들을 얕보고 있는 것에서 비롯되는 것이 아니라, 오히려 그가 근원적으로 자기 자신과 관련되는 것에서 비롯되는 것이어서 모든 타인이나 그들의 설명이 그에게는 아무 도움도 되지 않기 때문이다.

그가 죄를 그렇게 깊이 발견한다는 것은, 이 개념과는 반대인 순진무구함과 마찬가지로, 이 개념이 그에게 뛰어난 의미로 존재하고 있음을 나타내는 것이다. 직접적인 천재와 운명의 관계도 그러했다. 그것은 모든 인간이 운명에 대해 어느 정도는 관계를 갖고 있지만, 오직 그저 갖고 있을 뿐이고, 또한 단지 수다의 씨에 지나지 않는다는 뜻이다. 탈레랑이 밝혔듯이(그보다 먼저 에드워드 영(Young)이 말했듯이), 이 수다 자체는, 말이라는 것은 사상을 갖고 있지 않다는 것을 감추기 위한 것임을 언급하지 않고 끝난다. 하긴 어지간했던 탈레랑도 수다가 해낸 만큼보다 그것을 더 잘 해내지는 못했던 것 같지만.

천재는 내면으로 향하면서 자유를 발견한다. 그는 운명을 두려워하지 않는다.

왜냐하면 그는 이제 외면적인 문제에 얽매이지 않을뿐더러 또 그에게 자유는 자신의 커다란 행복이기 때문이다. 그 자유란 이 세상에서 이런저런 일을 하는 자유라든가, 국왕이나 황제, 또는 입정 사나운 길거리 연설가가 되는 자유가 아니다. 그의 자유는 자신이 자유라는 사실을 자기 스스로 알 수 있는 자유이다. 그러나 개인이 높이 올라가면 올라갈수록, 그가 모든 것에 대해서 치러야 할 대가도 커진다. 그리하여 그것과의 균형상 이 자유의 즉자(현상에서 독립한, 그 자체로서의 존재)와 함께 하나의 다른 형태의 것이 나온다. 이것이 죄. 전에는 운명이 그러했듯이 이 죄는 그가 두려워하는 유일한 것이다. 하지만 앞의 경우에서 '죄가 있다고 간주되는 것'이 가장 큰 두려움이었던 것과는 달리 이번에 그의 두려움은 '죄가 있다는 것'에 대한 두려움이다.

그가 자유를 발견하는 그 강도에 따라 그것과 같을 정도로 그를 덮치는 것이 죄의 불안이다. 오직 죄만을 그는 두려워한다. 죄만이 그로부터 자유를 빼앗을 수 있는 유일한 것이기 때문이다. 자유가 이 경우 결코 반항도 아니고, 또 유한적인 의미에서의 자기중심적 자유도 아니라는 것은 누구나 다 아는 사실이다. 그러한 것을 상정함으로써 때때로 죄의 발생을 설명하려고 시도한 적이 있었다. 그러나 이것은 부질없는 것이다. 왜냐하면 그러한 전제를 상정한다면 설명은커녕 오히려 큰 어려움을 겪게 되기 때문이다. 자유를 이처럼(자기중심적이라고) 해석한다면 그것의 대립은 필연성(외적 관련성)이 되며, 자유가 반성의 범주 안에서 이해되고 있음을 나타내는 것이다. 그래서는 안 된다. 자유의 대립은 죄이므로, 자유의 가장 큰 역할은 언제나 자기 자신과만 관련을 갖고 그 가능성에 의해 죄를 정립하며, 또 만약 죄가 현실에 정립될 때는 자기 자신에 의해 죄를 정립하는 것이다. 이 점에 주의를 기울이지 않으면 재주가 지나쳐 자유는 완전히 다른 어떤 것, 즉 힘과 착각을 일으킬 것이다.

자유가 죄를 두려워할 때 자유가 두려워하는 것은, 자신이 죄가 있다는 것을 인정하는 것이 아니라, 오히려 죄가 있는 존재가 되는 것을 두려워하는 것이다. 그래서 자유는 죄가 정립되자마자 곧 뉘우침으로 돌아온다. 그러나 가책에 대한 자유의 관계는 우선 하나의 가능성이다. 여기서 천재는 근원적인 결단을 뒤집는 일이 없고, 자신 말고는 아무에게도 결단을 구하는 일이 없으며, 흔해 빠진 싼값으로는 만족하는 일이 없다는 것을 통해 자신의 본령을 밝힌다. 자유는 스스로가 자유인지 아닌지, 또는 죄가 정립되어 있는지 없는지를 오직 자기 자신에 의해서만 알 수 있다. 그래서 다른 어떤 인간이 죄인인지 아닌지, 또는 죄가 있는지 없는지 하는 문제가 기만적인 법 규정에 속한다고 생각하는 것 이상으로 우스운 일은 없다.

죄에 대한 자유의 관계는 불안이다. 그것은 자유도 죄도 아직 가능성이기 때문이다. 그러나 자유가 이렇게 모든 정열을 기울인 소망을 담고 자기 자신을 응시하면서, 자신 속에서 한 조각의 죄도 볼 수 없을 만큼 죄를 멀리하려 할 때, 자유는 죄를 응시하지 않을 수가 없다. 그리고 이 응시는, 마치 가능성의 내부에서는 체념한다는 것도 하나의 소망이듯이 불안의 양의적인 응시인 것이다.

여기에 이르러서 이제 아담에 비해 후대의 개인에게 좀 더 많은 불안이 있다는 것이 어떤 의미인지 밝혀진다.[11] 죄란 자유와 가능성의 관계에서 더욱더 가능한 것으로 되어 가는, 하나의 더 구체적인 표상이다. 끝에 가서는 개인을 죄 있는 것으로 하기 위해 전 세계의 죄가 마치 한 덩어리가 된 것같이 느껴지고, 또는 같은 일이지만, 그가 죄 있는 것으로 될 때 마치 그가 전 세계의 죄 때문에 죄를 지은 것같이 느껴진다. 다시 말해 죄는 전가할 수 없다는 변증법적인 성질을 갖는 것이다. 그러나 죄를 짓게 된 자는 그 죄의 유인에 대해서도 함께 죄를 짓게 된다. 왜냐하면 가책은 결코 외부로부터의 유인을 갖는 것이 아니므로 유혹에 빠지는 자는 자신이 그 유혹에 대해 죄를 짓는 것이기 때문이다.

가능성과의 관계에서는 이 죄가 하나의 착각으로서 나타난다. 이에 반해 뉘우침이 현실적인 죄와 함께 나타나면, 그 뉘우침이 곧 현실적인 죄를 그 대상으로 갖게 된다. 자유의 가능성 안에서 죄의 발견이 깊으면 깊을수록 천재는 위대하다고 할 수 있다. 왜냐하면 인간의 위대함은 오직 언제나 그의 내부적인 신과의 관계에서 갖는 에너지에 달려 있기 때문이다. 비록 이 신과의 관계가 운명이라는 전혀 엉뚱한 표현을 발견하더라도 말이다.

이렇게 하여 운명이 마침내는 직접적인 천재를 사로잡듯이, 그리고 이것이 본래 그의 절정에 이른 순간인 것처럼, 죄라는 것도, 천재가 사람들을 깜짝 놀라게 하고 기술공들의 주의를 환기시켜 그들이 하던 일을 멈추고 넋을 잃고 바라

---

11) 하긴 우리가 후대의 개인에게서 문제로 삼는 것은 순진무구함이 아니라 억압되어 있는 죄의식이다. 그런 한에서는 이 유추가 정확하지 않다는 것을 잊어서는 안 된다. (원주)

보게 하는 그런 빛나는 외적 실현이 아니라, 그 천재가 운명에 의해 자기 혼자서 자기 앞에 쓰러질 때 최고조의 순간으로 느끼듯이, 그처럼 죄도 종교적 천재를 사로잡는다. 이것이 바로 그의 절정에 이른 순간이고 종교적 천재가 가장 위대한 순간이다. 그것은 그의 경건한 모습이 마치 특별한 축제일의 장엄함을 연상케 하는 순간이 아니라, 그가 스스로 자기 자신 앞에서 깊은 죄의식으로 빠지는 순간이다.

제4장 죄의 불안, 또는 개별자와 관련된 죄의 결과로서의 불안

    질적인 비약으로 죄는 이 세상에 들어왔다. 또 이렇게 해서 죄는 계속 이 세상에 들어오고 있다. 이 비약이 정립되자마자 사람들은 곧 불안은 없어지는 걸로 느낄지도 모른다. 불안이란 가능성에 의해서 자유가 스스로를 자기 자신에 대해 나타내는 것이라고 규정했기 때문이다. 질적 비약은 확실히 현실성이므로, 현실성인 한 틀림없이 가능성과 함께 불안은 지양될 것이다. 그러나 사실은 그렇지가 않다. 첫째는 현실성이라는 것만이 유일한 요인이 아니기 때문이며, 둘째는 정립된 현실성이 부적격한 현실성이기 때문이다. 그래서 불안은 또다시 정립된 것과 미래에 와야 할 것의 관계 속에 들어오게 된다. 하지만 이번에는 불안의 대상이 어떤 일정한 규정 또는 섭리를 갖게 되며(선행의 불안에 의해) 불안의 무는 현실적인 어떤 것이다. 그것은 선과 악의 구별이[1] 구체적으로 정립되어서

---

1) 선이란 무엇인가 하는 문제가 요즘 시대의 우리에게는 더욱 가까운 문제가 되고 있다. 그것은 교회와 국가와 도덕 사이의 관계의 문제를 결정하는 의의를 가지고 있기 때문이다. 그렇지만 그 해답은 신중을 기해야 한다. 진실이라는 것은 이제까지 기묘한 방법으로 우위를 차지해 왔다. 미와 선과 진리라는 3부작은 진실한 것에서(인식에서) 이해되고 서술되어 온 것이다. 선을 정의한다는 것은 불가능하다. 선은 자유이다. 자유에 대해서, 또는 자유에서 선과 악의 구별이 나오는 것이므로 이 구별은 결코 추상적이 아니고 구체적으로만 존재한다. 소크라테스의 방법에 충분히 익숙하지 못한 사람이 당황하는 것은 이 때문이며, 소크라테스가 이 선이라는, 얼핏 보아 무한한 추상이라고 보이는 것을 한 순간에 가장 구체적인 것으로 되살린다는 것이 바로 그것이다. 그 방법은 옳았지만, 다만 그는 선을 바깥쪽에서 (유용한 것, 유한적으로 목적에 어울리는 것으로서) 포착한 점에서 잘못을 저질렀다(그리스적으로 말한다면 그가 한 일이 옳았지만). 선악의 구별은 물론 무로부터의 비약(최초의 움직임)의 결과가 자유로운 속성(선)인지의 여부에 따라 존재한다. 그러나 추상적으로는 아니다. 이같이 추상적으로 생각하는 오해는 자유를 다른 어떤 것, 즉 사유하는 대상으로 삼는 데서 비롯된다. 그러나 자유는 결코 추상적으로 존재하지 않는다. 예를 들어 자유 스스로는 선악의 어느 쪽에도 속하지 않는 것이라 가정하고, 자유가 그 어느 쪽인가를 선택할 순간을 준다고 하면, 바로 그 순간에 자유는 자유가 아니고 무의미한 반성이 되어, 그 실험은 혼란을 부르는 것 이외에 아무런 의미도 없다. 만약 자유가 선 가운데 머무른다면(이런 말을 용서해 주기 바란다) 자유는 악에 대해 전혀 모른다. 이

그 때문에 불안이 그 변증법적 양의성을 잃어버렸기 때문이다. 이 점은 아담에게도, 후대의 각 개인에게도 적용된다. 왜냐하면 질적 비약이라는 관점에서 그들은 완전히 동등하기 때문이다.

죄가 질적 비약에 의해 단독자, 즉 개인 속에서 정립될 때 선악 구별이 정립된다. 인간이란 '죄를 저지르지 않을 수 없다'는 당치도 않은 말을 우리는 그 어느 곳에서도 한 기억이 없다. 그뿐만 아니라 우리는 모든 단순한 실험적 지식에 줄곧 항의를 해왔다. 한 번 더 되풀이한다면, 죄는 자유와 마찬가지로 그것에 선행하는 무엇인가에 의해서는 설명할 수 없다고 했다. 선이든 악이든 자유로이 선택할 수 있는 자의(恣意)에 근거한 자유(이런 것은 어디에도 존재하지 않는다. 라이프니츠 참조)로서 자유를 시작하게 한다는 것은 모든 해명을 그 바탕에서 불가능하게 만들어 버리는 것이 된다. 선악을 자유의 대상으로서 말한다는 것은 자유도 선악의 개념에 따라 유한하게 만드는 것이다. 자유는 무한이므로 어떤 것에서도 비롯되지 않는다. 그래서 인간이란 반드시 죄를 범한다고 말하려는 것은 비약이라는 원의 선을 직선으로 펴는 것이다. 이런 행동을 많은 사람들이 그럴듯하게 여기는 것은, 대부분의 사람들에게는 생각이 깊지 않은 무사려가 가장 자연스럽기 때문이다. 또한 로고스 아르고스(크리시포스), 이그나바 라티오(키케로), 소피스마 피그룸, 라 레종 파레쇠즈(라이프니츠) 등등 (모두 다 게으름뱅이의 추론이란 뜻임) 모든 세기를 통해 낙인이 찍힌 그 보람도 없이, 그런 사고방식을 칭찬할 만한 것이라고 생각하는 사람이 수없이 많았기 때문이다.

그런데 심리학은 또다시 불안을 그 대상으로 갖게 된다. 그러므로 심리학은

___

런 의미에서 신에 대하여(누군가가 이 말을 오해했다 하더라도 그것은 내 탓이 아니다), 그는 악에 대해서 아는 바가 없다고 할 수 있다. 나는 결코 악을 단순히 부정적인 것, 폐기되어야 할 것이라고 말할 생각은 없다. 오히려 신이 악에 대해 아는 바가 없고, 알 수가 없으며, 알려고도 하지 않는다면, 그것이 악에 대한 절대적인 벌이다. 신약 성서에서 전치사 아포(ἀπό)가 신으로부터 멀어지는 것, 말하자면 신이 악을 무시하는 것을 나타내는 데 사용되는 것은 이런 의미에서이다. 신을 유한하게 이해한다면, 신이 악을 무시하는 것이 악에게는 더없이 편리한 것이겠지만, 신은 무한이므로 신에게 무시된다는 것은 생매장당하는 것이다. 왜냐하면 악은 단지 악이기 위해서라도 신 없이는 있을 수 없기 때문이다. 성서의 구절을 인용하기로 하겠다. 〈데살로니가후서〉 1장 9절에서는 신을 인정하지 않고 복음에 따르지 않는 자에 대해 이렇게 이야기하고 있다. "이런 자들은 주의 얼굴과 그의 힘의 영광을 떠나 영원한 멸망의 형벌을 받으리라"고. (원주)

조심성이 깊어야 한다. 개인의 삶의 역사는 상태에서 상태로 운동함으로써 전진한다. 각각의 상태는 비약을 통해 정립된다. 죄는 일찍이 이 세상에 들어왔듯이, 방해하는 것이 없으면 계속해서 들어온다. 그러나 죄의 반복은 하나하나가 단순한 필연적 결과가 아니라 하나의 새로운 비약이다. 그러한 비약에는 어느 것이나 그 앞에는 심리학적 상태에 가장 가까운 상태가 선행한다. 이 상태가 심리학의 대상이다. 저마다의 상태에는 가능성이 존재하므로 그런 한은 불안이 존재한다. 죄가 정립된 뒤도 마찬가지이다. 그것은 오직 선에서만 상태와 이행의 통일이 있기 때문이다.

1. 악에 대한 불안

a. 정립된 죄는 물론 폐기된 가능성이기는 하지만, 동시에 부당한 현실성이기도 하다. 그런 범위 안에서 불안은 죄와 관련을 가질 수 있다. 그 죄가 부당한 현실성이기 때문에 그것은 또다시 부정되어야 한다. 이 일을 불안이 맡게 되는 것이다. 여기에 불안의 교묘하게 꾸민 궤변을 위한 무대가 있다. 죄의 현실성은 마치 사령관처럼 자유의 한쪽 손을 얼음같이 차가운 오른손으로 쥐고, 다른 한 손으로는 허위와 속임수와 사람의 눈을 속이기 위한 능변으로 미혹하는 흉내를 낸다.[2]

b. 정립된 죄는 동시에 그것이 비록 자유와 아무 인연이 없는 결과라 할지라도 결과인 것은 변함없다. 이 결과는 스스로를 드러낸 것이고, 또 이때의 불안은 새로운 상태의 가능성, 즉 미래의 결과에 관련되는 것이다. 인간은 아무리 깊이 빠져도 더 깊이 빠질 수 있다. 그리고 이 '될 수 있다'는 것이 불안의 대상이다. 이때 불안이 없어지면 없어질수록 그것은 죄의 결과가 인간의 '혈육 속에' 옮아갔다는 것, 그리고 죄가 개인 속에 국적을 얻었다는 것을 더욱 의미한다.

여기에서 죄는 말할 것도 없이 구체적인 것을 의미하고 있다. 일반적으로 또는 보편적으로 죄를 범한다는 것은 결코 있을 수 없기 때문이다. 죄의 현실성을 그것 이전으로 돌리려는 죄[3]라도 일반적인 죄라고는 할 수 없고, 그러한 일반적

---

2) 이 연구의 형식으로 말해, 하나하나의 상태에 대해서는 아주 짤막하게, 마치 대수(代數)처럼 시사하는 것이 된다. 원래 서술을 위해서는 여기가 그 자리가 아니기 때문이다. (원주)
3) 이것은 윤리적으로 하는 말이다. 왜냐하면 윤리학이 상태에 목표를 두는 것이 아니라 그 상태

인 죄라는 것은 아직 나타난 적도 없었다. 인간을 조금이라도 알고 있다면 궤변이라는 것은 어느 한 점만을 늘 목표로 삼는 버릇이 있는데, 그 한 점이라는 것도 쉴 새 없이 변하는 것임을 충분히 알고 있을 것이다. 불안은 죄의 현실성을 제거하려고 하지만 완전히 제거하는 것이 아니라 어느 정도 제거하려 하는 것이다. 더 알맞은 표현을 하자면 어느 정도 죄의 현실성을 남겨 두려고 하는 것이다. 이 어느 정도라는 말에 주의를 기울여야 한다. 그래서 불안은 기꺼이 양적 규정을 놀리는 것이다. 아니 불안이 쌓이면 쌓일수록 불안은 이러한 놀이에 빠져들지만, 이 양적 규정에 대한 농담이나 불장난이—마치 깔깔한 모래로 된 구멍 속에서 개미지옥이 기다리고 있듯이—개인을 질적 비약 속에서 붙잡으려 하는 그 순간, 불안은 조심스럽게 몸을 피한다. 이렇게 해서 불안은 꼭 지켜야 하는, 그리고 죄를 저지르지 않은 조그만 한 점을 가지게 되고, 바로 다음 순간에는 또 다른 한 점을 갖게 된다. 뉘우침이라는 표현에서 심각하고도 엄숙하게 새겨진 죄의식은 매우 드물다. 그건 그렇고 나는 자신을 위해서도 사상이나 이웃 사람을 위해서도, 아마 셸링 같으면 그런 방법으로 표현했으리라고 여겨지는 방법으로 죄의식을 표현하지 않도록 충분히 고려하려고 한다. 셸링은 어떤 대목에서 음악의 천재와 똑같은 의미에서 행위의 천재에 대해 말하고 있다. 이처럼 세상에서는 이따금 자신도 모르는 사이 단 한마디의 설명 때문에 전체를 무너뜨리는 수가 있다. 사람마다 본질적으로 절대적인 것이 아니라면 모든 것은 끝장이다. 그래서 종교적인 영역에서는, 타고난 재능을 오직 극소수 사람에게만 주어진 특별한 능력으로 이야기해서는 안 된다. 왜냐하면 여기에서 타고난 재능이란 의지의 재능이기 때문이고, 더욱이 의지가 없는 자는 그 누구를 막론하고 최소한의 동정도 받을 수 없다는 점을 고려해야 할 것이기 때문이다.

윤리적으로 말한다면 죄는 결코 어떤 상태가 아니다. 그뿐 아니라 상태라는 것은 늘 그다음의 상태에 대한 마지막 심리학적 접근 단계, 즉 근사치이다. 그래서 불안은 새로운 상태의 가능성으로서 끊임없이 존재한다. 처음에 a항에서 말한 상태에서는 불안이 어느 정도 사람의 눈에 띄기 쉽지만, b항에서는 이와 반대로 불안이 차츰 사라져 간다. 그러나 불안은 개인의 외부에 접근해 있으므

가 같은 순간에 하나의 새로운 죄가 된다는 점에 목표를 두고 있기 때문이다. (원주)

로 정신의 관점에서 볼 때 그 불안은 다른 어떤 불안보다도 크다. a항에서는 불안이 죄의 현실성에 대비되는 것이므로 이 현실성에서 불안은 궤변적으로 가능성을 낳는다. 이것을 윤리적으로 보면 불안은 죄를 범한다. 이때 불안의 운동은 순진무구함에서의 운동과 반대의 것이다. 순진무구함에서는 심리학적으로 말해 불안이 죄의 가능성으로부터 현실성을 낳는 것이다. 그래서 이것을 윤리적으로 보면 질적 비약으로 나타나는 것이다. b항에서는 불안은 앞으로의 죄의 가능성에 대한 것이다. 이때 만일 불안이 줄어든다면 그때 우리는 이 점에 대해 죄의 결과가 승리를 얻었다는 식으로 설명한다(죄가 현실적으로 나타나기 전까지는 불안이, 이후에는 뉘우침이 존재한다).

c. 정립된 죄는 부당한 현실성이다. 그것은 현실성이므로 개인에 의해 뉘우침 속에서 현실성으로서 정립된 것이다. 그러나 뉘우침이 개인의 자유가 되지는 않는다. 뉘우침은 죄에 대한 관계에서 가능성으로 축소될 수 있다. 달리 말하자면, 뉘우침이 죄를 제거할 수는 없다. 뉘우침, 즉 회개는 오직 죄에 대해 슬퍼할 따름이다. 죄는 그 결과대로 전진하고 뉘우침은 한 걸음 한 걸음 그 뒤를 좇는다. 그러나 언제나 한순간 한순간 처지고 있다. 뉘우침은 굳이 무서운 것을 보려고 한다. 그러나 그것은 미친 리어왕(오, 이것이야말로 위대했던, 산산이 부서진 조화의 걸작!)과 비슷해서 뉘우침은 죄어야 할 고삐를 잃고, 뒤에 남은 것은 오직 한탄하기 위한 기력뿐이다. 불안은 여기서 최고조에 이른다. 뉘우침은 분별을 잃고 불안은 불안대로 뉘우침은 뉘우침대로 강화된다. 죄의 결과는 앞으로 나아간다. 그것은 마치 사형집행인이 통곡하는 여인의 머리채를 끌고 가듯이 개인을 끌고 간다. 불안은 결과가 나오기 전에 앞질러 그 결과를 발견한다. 그것은 태풍이 오기 전에 우리가 신경통을 앓는 것과 비슷하다. 불안은 더욱더 접근해 온다. 마치 말이 한 번 혼났던 자리에 다시 가면 요란하게 헐떡거리며 신경을 곤두세우듯이 개인은 겁을 먹고 부르르 몸을 떤다. 죄가 승리를 거둔다. 불안은 절망에 빠져 뉘우침의 팔을 향해 몸을 던진다. 뉘우침은 위험을 무릅쓰고 모든 것을 내건다. 뉘우침은 죄의 결과를 죄의 고통이라 여기고, 파멸을 죄의 결과라고 생각한다. 뉘우침이 패하여 뉘우침에 대한 판결이 내려지고, 그에 대한 저주는 뚜렷하다. 덧붙여 개인은 일생 동안 형장으로 끌려가야 한다는 판결이 내려진다. 다시 말해 뉘우침은 점점, 그리고 완전히 미쳐 버린 것이다.

여기서 언급한 것은 인생에서 관찰할 기회가 있다. 그러한 상태는 완전히 타락해 버린 사람에게서 발견되는 일은 드물고, 일반적으로 오히려 심정이 더 깊고 심각한 사람에게서만 볼 수 있다. 왜냐하면 a항 또는 b항의 상태에 빠지지 않으려면 뛰어난 독창성과 미친 것 같은 의지를 갖는 것이 필요하기 때문이다. 미친 듯한 뉘우침으로 순간마다 생겨나는 궤변에 대해서는 어떠한 변증법도 맞서지 못한다. 이런 뉘우침은 참다운 뉘우침보다도 그 정열의 표현이나 변증법에서 훨씬 더 강한 우울을 가지고 있다(다른 의미로는 물론 한층 더 무력하다. 그러나 이런 일을 관찰해 본 사람이면 반드시 깨달았으리라고 생각되는데, 이러한 뉘우침이 어떠한 설득의 재주와 어떠한 웅변을 가지고 모든 항의를 물리침으로써 접근해 오는 모든 것을 이해시키는가, 그리고 이런 기분 전환을 한 뒤에 이 뉘우침이 다시 자신에 대해 어떻게 절망하느냐는 것은 주목할 만한 일이다). 이 무서움을 말이나 억양으로 억제하려 한다는 것은 부질없는 짓이다. 그런 것을 생각해 봤자, 그런 뉘우침에 기여하는 웅변술에 비하면, 그 사상의 설교는 마치 분명치 못한 어린아이의 말밖에 되지 않는다는 것을 느끼게 될 것이다. 이 현상은 관능적인 것(음주, 아편, 방탕 등에 빠지는 것)에 대해서도, 또한 인간이 갖고 있는 더 고차원적인 것(오만, 허영심, 분노, 증오, 고집, 교활, 질투 등)에 대해서도 마찬가지로 나타난다. 개인은 그 분노를 뉘우칠 수가 있으므로 그의 인품이 깊으면 깊을수록 그 뉘우침은 더욱더 깊다. 그러나 뉘우침이 그를 마음대로 할 수는 없다. 이 점에서 그의 예상은 빗나가 있다. 기회가 다가온다. 불안은 이미 그 기회를 발견하고 있다. 사상은 모조리 겁을 먹고 떤다. 불안은 뉘우침의 힘의 피를 빨아먹고 그 머리를 쥐어흔든다. 마치 분노가 이미 승리를 거두기나 한 것같이 보인다. 인간은 다음 순간을 위해 남겨 둔, 자유의 패배를 재빨리 예감한다. 그리고 그 순간이 와서 분노가 승리한다.

죄의 결과가 어떻든 간에 이러한 현상이 매우 규모가 크게 나타난다는 것은, 언제나 그 인간의 어떤 깊은 천성을 나타내는 표지가 된다. 이런 현상을 삶에서는 거의 찾아볼 수 없다. 이런 현상을 더 자주 보려면 관찰자가 되어야 한다. 왜냐하면 사람들이 이 현상을 숨기거나 또는 온갖 처세술을 써서 이 최고의 생명의 싹을 잘라 버림으로써 이 현상이 어둠 속에 묻힐 수 있기 때문이다. 오직 사람은 가리지 말고 아무에게나 의논을 하면 되는 것이다. 그렇게 하면 당장 남들과 같은 사람이 될 수 있고, 두세 사람의 믿을 만한 사람들이 내리고 있는 판단, 즉 '인간이란 이런 것이다'라는 판단에 대해 내 몸의 안전을 꾀할 수가 있다. 정신의 고뇌에서 벗어나는 가장 확실한 수단은 무정신이 되는 일이며, 그것도 빠를수록 좋다. 교묘하게 시간의 물결을 탈 줄만 알면 모든 것은 자연스럽게 진행될 것이므로, 그 고뇌 같은 것은 '그런 게 있을 리 있나'라든지, 고작해야 산뜻한 시적(詩的) 창작이라고 처리해 버릴 수가 있다. 옛날에는 완전으로 이르는 길이 좁고 쓸쓸했다. 편력의 길은 늘 미로가 위협을 하고, 죄라는 강도가 습격했고, 스키타이 유목민의 화살같이 위험한 '과거'라는 화살이 따라다녔다. 지금은 뜻이 맞는 친구들과 함께 기차를 타고 완전성을 향해 떠나면, 거기에 대해 한마디를 하기도 전에 벌써 그곳에 도착해 있는 형편이다.

　죄의 궤변을 진실로 제거할 수 있는 것이 있다면 그것은 바로 신앙이고, 상태 그 자체가 또 하나의 새로운 죄임을 믿을 수 있는 용기이며, 불안 없이 그 불안을 버릴 수 있는 용기이다. 이것을 할 수 있는 것은 오직 신앙뿐이다. 그러나 신앙이 불안을 완전히 없애는 것이 아니라, 신앙 자체가 젊음을 영원히 지킴으로써 불안이라는 죽음의 순간에서 벗어날 수 있는 것이다. 이것은 신앙으로만 할 수 있다. 왜냐하면 오직 신앙에서만 종합은 영원하며 또 매 순간마다 가능하기 때문이다.

*

　여기에서 한 말이 모두 심리학 영역에 속한다는 것을 알아차리기란 어렵지 않을 것이다. 윤리적으로는 인간과 죄의 관계에서 인간을 제대로 연결시키는 것이 중심 문제다. 이것이 이루어지는 순간 개인은 죄 속에서 뉘우친다. 그 순간에 그는 이념적으로 보면 교의학의 포로가 된다. 뉘우침은 최고의 윤리적인 모순이다. 왜냐하면 첫째는 윤리학이 이념성(죄가 제외된 이념)을 요구하고 있으면서도 뉘우침을 받아들이는 것에 만족해야 한다는 것과, 둘째로는 뉘우침이 스스로 없애려는(죄를 짓지 않았다면, 하고 죄를 부정하는) 것과 관련하여 변증법적으로 양의적이기 때문이다. 교의학이 이 양의성을 원죄의 규정이 명백해지는(예수의) 속죄로써 제거하는 것이다. 게다가 이 뉘우침에 따라서 행위가 보류되는 것인데, 행위야말로 원래 윤리학이 요구하는 것이다. 결국 뉘우침의 순간이 행위의 결여가 됨으로써 뉘우침은 대상으로 택할 것이 자기 자신밖에 없게 된다. 그래서 피히테가 뉘우치고 있을 시간 따위는 없다고 말한 것은, 정력과 용기에 넘친 진실로 윤리적인 드러냄이었다. 그러나 그렇다고 해서 그가, 이미 정립된 뉘우침이 또다시 새로운 뉘우침을 통해 자신을 지양하고, 결국은 무너지게 되는 변증법적인 지점으로 뉘우침을 이끌어 간 것은 아니다.

이 대목에서 제시된 것은 이 책의 다른 곳에서도 그러했듯이, 심리학적으로는 죄에서 자유의 심리학적 위치, 또는 죄에 심리학적으로 접근하는 상태들이라고 부를 수 있는 것이다. 그러한 것을 죄를 윤리학적으로 설명한다고 굳이 주장하지 않는다.

2. 선에 대한 불안(악마적인 것)

오늘날 악마적인 것이 화제가 되는 일은 드물다. 신약 성서에서 볼 수 있는 이런저런 악마적인 이야기는 일반적으로 어떤 결정을 내리지 않는다. 신학자들이 그 이야기를 설명하려고 시도하면, 이러쿵저러쿵하며 자연법칙에 맞지 않는 고의적인 죄에 관한 고찰에 빠지기 일쑤이다. 그럴 경우에 흔히 보는 예로서는 동물적인 것이 인간을 지배해, 인간이 마치 동물 같은 신음 소리를 내거나 동물 같은 몸짓이나 눈초리로 나타나는 것이 있다. 이런 것은 동물성이 인간으로부터 뚜렷하게 하나의 형태를 갖추고 있는 경우(라바터의 관상학적 표정)도 있고, 미친 눈초리나 몸짓이 한순간에 그 모습을 드러내어, 지금 여기 서서 이야기를 하고 있는 분별 있고 사려 깊으며 또 재치 있는 사람을 희화화하고 비웃고 왜곡하는 일이 있듯이, 이 동물성이 순식간에 꺼지는 불꽃처럼 반짝여서 그 내부에 숨겨진 것을 은연중에 느끼게 하는 경우도 있다. 이 점에 대해 신학자들이 말하는 것은 진실인지도 모른다. 그러나 모든 것은 어디에 중요한 점이 있느냐에 달려 있다. 그런데 일반적으로 그러한 현상, 거기서 화제가 되고 있는 것이 죄의 노예가 되는 일인 것을 명확하게 알 수 있는 방법으로 이야기되고 있다. 이 죄의 노예 상태를 묘사하기 위해서는 하나의 놀이를 생각해 달라고 하는 수밖에는 달리 더 좋은 방법을 알지 못한다. 두 사람이 한 망토 속에 꼭 한 사람처럼 느껴지도록 숨는다. 그리하여 하나가 지껄이면 다른 하나가 그 말과는 전혀 관련

없는 몸짓을 하는 놀이이다. 그 이유는 이와 마찬가지로 동물이 인간의 모습으로 둔갑하고, 그 몸짓과 속이 들여다보이는 연극으로 사람을 속이고 있기 때문이다. 그러나 죄의 노예라는 것이 아직 악마적인 것은 아니다. 죄가 정립되어 개인이 죄 속에 머무르면 거기에는 두 가지 형태가 있는데, 그 하나를 우리는 앞에서 말한 것처럼 한 망토 안의 두 사람이라 할 것이다. 이 점에 주의하지 않으면 악마적인 것을 조정할 수 없다. 개인은 죄 속에 있으므로 그의 불안은 악에 대한 것이다. 이 형태가 더 높은 관점에서 보면 선 속에 있다. 그렇기 때문에 악에 대해 불안을 품는 것이다. 또 하나의 형태는 악마적인 것이다. 개인은 악 속에 있으면서 선에 대해 불안을 품는다. 죄의 노예가 되는 것이 악에 대한 부자유스런 관계인데, 악마적인 것도 선에 대한 부자유스런 관계이다.

그래서 악마적인 것은 선에 접촉되고서야 비로소 진정하게 밝혀진다. 그 선은 밖에서부터 악마적인 것의 경계 쪽으로 접근해 온다. 이런 이유에서 신약 성서에 나오는 악마적인 것이, 그리스도가 그것에 접근해 감으로써 비로소 본성을 나타낸다는 내용은 주목할 만한 일이다.

악령이 수없이 많든(〈마태복음〉 8 : 28~34, 〈마가복음〉 5 : 1~20, 〈누가복음〉 8 : 26~39), 또는 악령이 말을 못하든(〈누가복음〉 11 : 14) 현상은 똑같다. 그것은 선에 대한 불안이다. 왜냐하면 불안은 잠자고 있는 것은 물론이고, 소리 지르는 것을 통해서도 자기를 잘 드러낼 수 있기 때문이다. 선이란 물론 자유의 회복, 속죄, 구원, 그 밖에 여러 명칭으로 불리고 있는 것을 의미한다.

예전에는 악마에 관한 이야기를 자주 화제에 올렸다. 여기에서 사람들에게 호기심을 불러일으킨 학술 서적을 암송·인용할 수 있는 연구를 한다거나, 또는 그런 연구를 해왔다는 것은 그리 중요한 일이 아니다. 가능하고 다양한 시기에 현실화된 적이 있는 여러 견해들의 윤곽을 그리는 일은 쉽다. 이런 일은 중요할지도 모른다. 왜냐하면 견해의 다양성을 통해 그 개념에 대한 정의를 얻을 수도 있기 때문이다.

악마적인 것은 미학적·형이상학적인 것으로 여겨질 수가 있는데, 그럴 경우에는 이 현상은 불행이나 운명 같은 규정 속에 들어가고, 바보로 태어난 것 등과 비슷한 것으로 생각될 수 있을 것이다. 그렇게 되면 이 현상에 대한 우리의 태도는 동정적이 된다. 그러나 혼자 하는 트럼프놀이 중에서도 점치기 놀이를 하는 것이 가장 비참한 노릇이듯, 동정적인 것은 일반적으로 이해되는 의미에서는 사교상의 모든 기교나 소질 중에서 가장 가치가 없는 것이다. 동정은 고민하는 자의 도움이 되기는커녕, 도리어 그 동정으로 말미암아 그의 이기주의를 보호해 주는 것이나 다를 바 없다. 이런 일에 대해 우리는 더 깊은 의미로 생각해 보려고 하지 않고, 다만 그 동정에 의해 일시적인 안심을 하고 있다. 동정하는 자가 동정을 할 때 이 문제는 내 문제라는 것을 진심으로 알고 있는 태도로 고민하는 자를 대할 때, 또한 자기와 고민하는 자를 하나로 보고 해결을 위해 싸우는 것, 즉 나 자신을 위한 싸움이라는 생각으로 모든 무사려함과 나약함과 비열을 물리칠 때야말로 비로소 동정은 의의 있는 것이 된다. 또 동정자가 고민하는 사람보다 더 높은 차원에서 고민한다는 점에서 고민하는 자와 구별되는 까닭에, 이때 비로소 동정은 그 취지가 밝혀지게 된다.

동정이 이처럼 악마적인 것에 관계할 때, 그것은 약간의 위안의 말이나 의연금이나 어깨를 움츠리는 것 따위의 문제가 아닐 것이다. 누군가가 신음하고 있다면, 그에겐 신음하는 일이 있을 뿐이기 때문이다. 만약 악마적인 것이 운명이라고 한다면, 그것은 누구에게나 덮칠 것이다. 이는 부정할 수 없다. 마치 미국의 삼림 속에서 모닥불을 피우거나 고함을 지르거나 세면기를 두드리거나 해서 야수들을 쫓듯이, 겁을 먹고 있는 우리의 시대가 오락이나 터키(튀르키예) 군악의 떠들썩한 모임 등에 의해, 온갖 수단을 써서 고독한 사상을 내쫓으려 한다고 해도 말이다. 우리 시대가 가장 큰 정신적인 시련에 대해서는 거의 아는 바가 없으면서도, 남자와 남자, 남자와 여자 사이의 복잡한 장난에 대해서는 잘 알고 있다는 것도 이 때문이다. 참다운 인간적 동정이 고뇌를 보증인이나 연대 보증인으로 떠맡으려면 먼저 처음에 어디까지가 운명이고 어디까지가 죄인가의 구별을 분명히 해두지 않으면 안 된다. 그리고 이 구별은 비록 전 세계가 무너져 없어질 때라도, 또 꿋꿋한 신념 때문에 보상할 길 없는 손해를 입을 우려가 있을 때라도 이 구별을 지켜 낼 만한 정력적인 자유에 대한 정열을 기울여 감히 수행되어야 한다.

악마적인 것은 윤리적인 관점에서 보았을 때 단죄되어 왔다. 얼마나 무섭게 악마적인 것이 추궁되고 폭로되고 처벌되어 왔는지는 이미 알고 있는 그대로이다. 요즘 우리는 그런 이야기를 듣고 몸서리를 친다. 이 문화가 발달한 시대에는 그런 일이 없을 것이라고 생각하면서 감상적이 되기도 하고 감동받기도 한다. 그것도 확실히 좋은 일일지 모른다. 그러나 감상적인 동정이라는 것이 그토록 칭찬할 가치가 있는 것일까? 그런 행동에 대해 판단을 내리거나 비난하는 것은 내가 할 일이 아니다. 내가 할 일은 다만 그것을 관찰하는 것뿐이다. 악마적인 것에 대한 과거의 행동이 윤리적으로 가혹했다는 것은 바로 그 시대의 동정의 질이 훨씬 나았다는 것을 의미한다.

정신적으로 자신을 그 악마적 현상과 동일하게 만드는 데 그 시대는 그 현상이 죄라는 것 말고는 아무런 설명도 하고 있지 않았다. 따라서 악마적인 것 자체는 결국 좀 더 나은 가능성을 위해 모든 잔혹함과 가혹한 대접이 자기에게 적용되기를 스스로 바라지 않을 수 없는 것이고, 사실상 바랄 것이라고 그 시대는 확신하고 있었다.[4] 비슷한 영역에서 한 가지 예를 든다면, 이교도에 대해서는 체벌을, 아니 사형을 권장한 것이 아우구스티누스가 아니었던가? 아우구스티누스에겐 동정심이 결여되어 있었을까? 아니면 그의 행동과 현대의 행동 사이의 차이는 오히려 그가 지닌 동정심이 그를 소심해지지 않게 만든 점에 있는 것은 아닐까(악에 대해 가혹할수록 동정의 질이 높다고 보는 점에서). 그래서 그는 자기 자신에 대해 이렇게 말했는지도 모른다. "제가 만약 동정심을 지니게 되는 날에는 바라건대 하느님이시여, 저를 버리지 말고 대신 제 동정심의 모든 힘을 교회가 사용하도록 해주시기를 바라나이다"라고. 그런데 우리의 시대는 소크라테스가 어떤 대목에서 말하고 있듯이 병을 고치기 위해 의사에게 찢기거나 지져지거나 하는 걸 두려워하고 있다.

악마적인 것은 의학적으로 다루어야 하는 것으로 여겨져 왔다. 그래서 '가루약과 알약'—더욱이 직접 주입식 관장약이라는 것은 누구나 다 아는 이야기다. 이렇게 해서 약사와 의사가 손을 잡았다. 환자는 다른 환자를 걱정시키지 않기 위해 격리되었다. 용감한 우리의 시대라 하더라도, 환자에게 당신은 죽을지도

---

4) 누군가가 자기도 말할 수 없는 고뇌로 고민하고 있으면서 아주 용감하게도 "그것은 운명이 아니다. 그것은 가책이다"라고 말해 줄 때, 그 말에 위안과 편안함을 느낄 만큼 성장하지 못한 사람, 솔직하고 진실하게 그 말을 해주었는데도 위안과 편안함을 느낄 만큼 그렇게 윤리적으로 성장하지 못한 사람은, 참된 의미에서 윤리적으로 성숙한 사람이 아니다. 왜냐하면 윤리적 개인에게 가장 무서운 것은, 동정의 가면 아래에 있는 자신의 보물인 자유를 운명이나 미학적 문구가 착취해 가는 일이기 때문이다. (원주)

모른다는 말을 해서는 안 된다. 경솔하게 목사를 불러서도 안 된다. 환자가 놀라서 죽을 우려가 있기 때문이다. 환자에게 최근에 같은 병으로 아무개가 죽었다는 말을 해서도 안 된다. 환자는 격리되고, 문병객이 와서 환자의 용태를 물으면, 의사는 곧 통계 일람표를 만들겠다고 약속하고 평균치를 낸다. 그리하여 평균치를 알면 그것으로 모든 것이 명백해지는 것이다. 의학적으로 취급하는 관찰은, 이 악마적인 현상을 순수하게 생리적으로, 그리고 육체적으로 꼭 의사와 같은 태도로 보는 방법이다. 그중에서도 에른스트 호프만의 어느 소설에 나오는 의사는 코담배를 한 대 빨아들이고서 말한다. "이거 참, 처치 곤란한데."

이처럼 세 가지로 다르게 생각할 수 있는, 이 악마적 현상이 육체적, 심리적, 정신적인 모든 영역에 속해 있다는 것으로서, 이 현상이 양의성을 띠고 있음을 나타내는 것이다. 이것은 악마적인 것이 보통 생각되는 것보다 훨씬 더 범위가 넓다는 것을 의미하며, 이 사실은 인간이 정신으로 지탱된 마음과 육체의 종합이므로, 그중 하나의 해체는 다른 것에서도 나타난다고 설명할 수가 있다. 그러나 이 악마적인 것이 어느 정도의 범위에 걸쳐 있는가에 대해 먼저 주위를 기울인다면, 이 현상을 다루려는 사람들 대부분도 이 부류에 포함되고 있다는 것과 인간은 모두가 죄인이라는 것처럼 확실하게, 모든 인간에게서 악마적인 것의 흔적을 볼 수 있다는 것이 밝혀지리라 믿는다.

그런데 악마적인 것이 시대의 흐름과 함께 온갖 것을 뜻하게 되어 마침내는 모든 것을 의미할 만큼 되었으므로 최선의 대책은 이 개념을 어느 정도로 한정하는 것이 좋다고 생각된다. 이에 대해서는 우리가 악마적인 것을 위해 자리를 지정해 두었다는 점에 주의해야 한다. 순진무구함에서는 악마적인 것이 문제가 될 리 없다. 그러면 악과의 계약(협정) 같은 것 때문에 그 사람이 악인이 되어 버렸다는 식의 모든 공상적인 관념도 버려야 한다. 이런 관념에서 옛 시대의 엄격한 취급에 따른 모순이 생겨난 것이다. 사람들은 이러한 관념을 가정하면서도 벌을 주려 했다. 그러나 벌 그 자체는 단순한 정당방위뿐만 아니라 동시에(가벼운 벌을 받을 당사자를, 또는 사형에 의해 악마에 사로잡힐 당사자를) 구원하기 위한 것이기도 했다. 하지만 구원이 문제가 되는 한, 그 개인은 악의 지배 아래에 완전히 들어가 버린 것이 아니다. 또 그가 완전히 악의 지배 아래에 있다고 하면 벌한다는 것은 모순이다. 여기서 악마적인 것이 어느 범위까지 심리학적인 문제냐 하는 의문이 생긴다면, 나로서는 악마적인 것은 하나의 상태라고 대답하는 수밖에 없다. 이 상태로부터 줄곧 죄 있는 행위 하나하나가 나타나는 것이다. 그러나 상태라는 것은 하나의 가능성이다. 물론 이 상태 또한 순진무구함에 대한 관계에서는 질적 비약에 의해 정립된 하나의 현실성이긴 하지만.

악마적인 것은 선에 대한 불안이다. 순진무구함에서는 자유가 자유로운 것으로서 정립되어 있지 않고, 그 가능성이 개인에게 불안이 되었다. 악마적인 것에서는 이 관계가 반대이다. 자유가 부자유(不自由)한 결과로서 정립되어 있다. 그것은 자유가 상실되어 있기 때문이다. 자유의 가능성은 이 경우도 또 불안이다. 이것은 절대적이다. 왜냐하면 자유의 가능성이 여기서는 부자유와의 관계에서 나타나는데, 이 부자유는 자유에 이르는 규정인 순진무구함과는 정반대의 것이기 때문이다.

악마적인 것은 자신 속에 들어앉으려는 부자유이다. 그러나 이것은 불가능하다. 부자유는 늘 관계를 가지고 있어서 얼핏 보기에는 완전히 관계가 끊어진 것처럼 느껴질 경우라도 남아 있다. 그리하여 불안은 닿기가 무섭게 그 순간에 나타나는 것이다(앞에서 신약 성서 이야기에 관련해서 말한 부분을 참조).

악마적인 것은 '들어앉은' 것이며, 동시에 부자연스럽게 '드러나는' 것이다. 이 두 가지 규정은 같은 것을 의미하며, 또 의미해야만 할 것이다. 왜냐하면 들어앉아 있는 것은 바로 침묵하고 있는 것이므로, 자기를 표명해야 할 때, 그 표명은 뜻과 반대로 행해지는 것이 되기 때문이다. 다시 말해 부자유의 근저에 가로놓여 있는 자유는 외부에 있는 자유와 연락을 하여 반란을 일으키고, 마침내 개인 쪽에서 자기 의사와는 반대로, 불안 속에서 자기 자신을 드러내는 방법으로 부자유를 드러낸다. 그래서 침묵하고 있는 것을 여기서는 완전히 특정된 의미로 해석하지 않으면 안 된다. 왜냐하면 일반적으로 사용되는 의미로는 그 말이 최고의 자유를 의미할 수가 있기 때문이다. 브루투스나, 왕자였을 무렵의 헨리 5세 등은 그들의 폐쇄성이 선과의 사이에 맺어진 계약임이 밝혀질 때까지 침묵을 지켰다. 이러한 폐쇄성은 따라서 확대와 같으므로, 무릇 위대한 이념의 모태 속에 침묵하는 개인만큼 확대의 면에서 아름답고도 고귀한 예는 달리 볼 수가 없다. 자유야말로 확대하는 것이다.

이에 반대해서, 나는 부자유에 대해 특히 침묵하고 있다는 말을 쓰고자 한다.

일반적으로 악에 대해서는, 그것은 부정하는 것이라는 식으로 더욱 형이상학적인 표현을 쓴다. 인간에게서의 악의 작용을 생각하고, 이것을 윤리적으로 표현한 것이 즉 침묵하고 있다는 것이다. 악마적인 것은 무엇인가를 가지고서 자신을 가두는 것이 아니라 자신의 내부에 자기 자신을 가두는 것이다. 이처럼 부자유가 바로 제 자신을 갇힌 자로 만드는 점에 존재의 비밀스런 의미가 있다. 자유는 늘 '참여하는('성찬에 참여한다'로서 이 말의 종교적 의미를 염두에 둬도 무방하다)' 것이고, 부자유는 더욱더 틀어박혀 어울리기를 원치 않는 것이다. 이 사실은 모든 영역에서 볼 수 있다. 그것은 우울증이나 변덕 같은 데에 나타나며, 또 최고의 정열이 깊은 오해를 했기 때문에 침묵의 체제를 끌어들일 때도 나타난다.[5] 그래서 자유가 이 폐쇄성에 닿으면 그것은 불안이 된다. 일상용어 속에 아주 꼭 맞는 말이 있다. 어떤 사람에 대해, 저 사람은 흉금을 터놓지 않는다고 한다. 침묵을 지키는 것이다. 언어나 문장은 진정한 구원의 손길로, 침묵하고 있는 것의 공허한 추상에서 개인을 구출해 주는 것이다. 여기에 악마적인 것을 X라고 이름 붙이고, 악마적인 것에 대한 자유의 관계가 X의 밖에 있다고 하면, 악마적인 것이 밝은 곳에 나오기 위한 법칙은 자기 뜻과는 반대로 입을 연다는 것이다. 즉 말 속에는 어울림이 내포되어 있는 것이다. 신약 성서에서 악령에 사로잡힌 사람이 그리스도가 다가왔을 때 "당신이 나와 무슨 상관이 있나이까"(〈마가복음〉 5 : 7, 〈누가복음〉 8 : 28) 한 것은 이 때문이다. 그는 악령에 사로잡혀 그리스도가 온 것이 자기를 파멸시키기 위해서라고 믿었던 것이다(선에 대한 불안). 또 악령에 사로잡힌 어떤 자는 그리스도에게 다른 길로 가달라고 부탁하고 있다(악에 대한 불안에 대해서는 제1절 참조. 이 경우 개인은 구원으로써 벗어난다).

인생은 모든 영역에 걸쳐 이에 관한 실례를 풍부하게 제공하고 있다. 완강한 어떤 범인이 입을 열지 않는다(그가 형벌이나 고역을 치를 것을 알고 있음에도 선과 어울리려 하지 않는 점에 바로 악마적인 것이 숨어 있다). 이러한 범인에게는 좀처럼

---

5) 이미 말한 것을 여기서 한 번 더 되풀이한다면, 악마적인 것은 일반적으로 생각되고 있는 것과는 전혀 다른 범위에 걸쳐 있다. 전설의 대목에서는 다른 방향을 취한 형태의 여러 가지에 대해 언급했지만, 여기서는 일련의 다른 형태가 지속된다. 그리하여 내가 말한 대로의 방법으로 구별할 수가 있다. 달리 더 좋은 구별 방법이 있다면, 그것에 따라 주기 바란다. 그러나 그 영역에서 조금 신중하다는 것은 나쁜 일이 아니다. 그렇지 않으면 모든 것이 뒤섞이기 때문이다. (원주)

사용되지 않는 한 가지 방법이 있다. 그것은 침묵과 눈의 위력이다. 육체의 힘과 정신의 유연성을 갖춘 한 심문관이 있어서, 그가 열여섯 시간이 넘는 한이 있더라도 근육 하나 까딱하지 않고 버틴다면, 마침내는 자기도 모르는 사이에 자백하도록 만드는 데 성공하리라. 마음에 거리낌이 있는 사람은 침묵을 이겨 내지 못한다. 독방에 가두어 놓으면, 그는 맥이 빠진 사람처럼 되어 버린다. 그런데 이 침묵은 재판관이 나와 있고 서기들이 조서를 꾸미기 위해 대기하고 있을 때 가장 의미심장하고 가장 명민한 심문이 되고, 가장 무섭지만 용인된 고문이 된다. 그러나 그것의 실현은 사람들이 생각하는 만큼 쉬운 일은 아니다. 이 폐쇄성에게 억지로라도 입을 열게 만들 수 있는 유일한 것은 더 위대한 악마(악마도 저마다 지배할 수 있는 시간이 다르므로)거나, 또는 절대로 침묵을 지킬 수 있는 선이어야 한다. 그 때문에 만약 교활한 침묵의 심문으로 한번 폐쇄적 침묵을 쩔쩔매게 만들어 보려고 생각하다가는, 심문자 자신이 불안해져서 침묵을 깨지 않을 수 없게 된다. 낮은 등급의 악마나 신에 대한 의식이 그다지 발달되지 않는 하위의 인간에 대해서는, 이 폐쇄성의 인간이 두말없이 이긴다. 그 까닭은 낮은 등급의 악마는 인내심을 갖고 있지 않고, 낮은 위치의 인간은 무책임한 하루살이 생활에 젖어 있어서 입이 가볍기 때문이다. 침묵하는 자가 이런 상대에게 얼마나 위력을 발휘할 수 있는가, 얼마만큼 이 상대들이 침묵을 깨뜨릴 수 있는 단 한마디를 애원하며 끈덕지게 졸라댈 것인가는 믿기지 않을 정도이다. 그러나 이렇게 약한 자를 학대한다는 것은 화가 나는 일이기도 하다. 사람들은 혹 이런 일은 오직 영주나 예수회 수도자들 사이에서만 일어나는 일이므로, 거기에 대해 명백한 관념을 가지려면, 도미티아누스(로마 황제)나 크롬웰(영국의 정치가), 알바(스페인의 장군), 아니면 언제나 그런 것들의 대명사로 되어 있는 예수회 총장에 대한 것을 생각해야 한다고 믿고 있을지도 모른다. 그러나 절대로 그렇지 않다. 이런 일은 계속 자주 일어난다. 그렇지만 이 현상의 판단만은 신중해야 한다. 현상은 같더라도 그 이유가 정반대일 수도 있기 때문인데, 침묵하고 있으면서 스스로를 탄압하고 고문하고 있는 당사자가 스스로 입을 열기를 바라는 수도 있겠고, 열린 상태를 가져다줄 상위의 악마를 고대하고 있을지도 모르기 때문이다. 그러나 폐쇄성을 고문하는 자는 자신의 폐쇄성에 대해서도 이기적인 태도를 취할 수 있다. 이 점에 대해 나는 넉넉히 한 권의 책을 쓸 수 있을 것 같다.

하긴 나는 요즘 관찰자들의 관례나 습관을 본떠서 파리나 런던까지 간 일이 없다. 그렇게만 하면 쓸데없는 말이나 행상꾼들의 지식과는 다른 많은 것들을 알 수 있을 것이라고 그들은 알고 있다. 그러나 자기만 잘 주의하고 있으면, 인간의 모든 마음 상태를 발견하기 위해서 관찰자에게 필요한 관찰 대상은 남자 다섯, 여자 다섯, 아이 열이면 충분할 것이다. 내가 말하고자 하는 바는 아이를 다루는 사람, 또는 아이와 어떤 관련을 갖는 사람이면, 누구에게나 그것에 적합한 의의가 있을 줄 믿는다. 아이가 숭고한 폐쇄성의 관념으로써 고양되고, 또 그릇된 폐쇄성에서 구원되어야 한다는 것은 더없이 소중한 것이다. 외면적인 면에서는 언제쯤이면 아이를 혼자 따로 걷게 할 수 있겠는가를 알기가 쉽지만, 정신적인 면에서는 그렇게 쉬운 일이 아니다. 그렇기 때문에 보모를 고용하거나 보행기를 사주는 일로 이 과제에서 벗어날 수는 없다. 그 비결은 늘 그 자리에 같이 있어 주는 것, 그러면서도 아이가 무럭무럭 자유롭게 자라나도록 그 자리에 있지 말아야 하는 것, 그렇지만 그 성장하는 광경을 똑똑히 볼 수 있도록 해야 한다는 것이다. 그 비결은 아이를 최대한 제멋대로 하게 내버려 두고, 이처럼 겉보기에는 내버려 두면서도 동시에 넌지시 모든 일을 알고 있는 것이다. 그러기 위한 시간은, 비록 왕실의 관리라 할지라도 그럴 마음만 있으면 언제라도 해낼 수 있는 법이다. 그리고 아버지든 교육자든, 맡겨진 아이를 위해 모든 일을 다 해주면서도 아이의 폐쇄성을 막지 못했다면 언제든지 중대한 책임을 져야만 한다.

악마적인 것은 침묵하고 있는 것이므로 그것은 또 선에 대한 불안이다. 여기에서 우리는 이 침묵하고 있는 것을 X로 하고 그 내용도 X라고 하자. 그것은 가장 무서운 일이라도 좋고 가장 하찮은 일이라도 좋다. 또 이런 일이 세상에 있으리라고는 많은 사람들이 꿈에도 생각지 않았을 만큼 무시무시한 일이라도 좋고, 아무도 마음에 두지 않을 만큼 시시한 일이라도 좋다.[6] 그렇다면 X로서의 선은 과연 무엇을 의미하는 것일까? 그것은 열려 있다는 것을 뜻한다.[7] 열려 있

---

6) 자신의 범주를 사용할 수 있다는 것은, 관찰이 더욱 깊은 의미에서 가치를 갖기 위한 필수 조건이다. 현상이 어느 정도 드러나 있으면, 대부분의 사람은 그것을 깨닫기는 하지만, 그것을 설명하지는 못한다. 범주가 있었다면, 그들은 현상의 흔적이 조금이라도 보이는 곳이면 어디에서든지 열 수 있는 열쇠를 가지고 있었을 것이다. 그것은 현상이 범주 아래에서는 반지의 정령이 반지의 명령에 따르듯이 그 범주의 명령에 따르기 때문이다. (원주)

7) 나는 일부러 열린다는 말을 썼다. 여기서 선을 투명하게 보이는 것이라고 해도 좋았을 것이다.

다는 것도 또 가장 고양된 것(뛰어난 의미에서의 구원)과 가장 하찮은 일(무심결에 하는 말)을 의미하는 수가 있다. 그렇다고 어리둥절해할 것은 없다. 그 범주는 같은 것이다. 그래서 그 공통점, 즉 악마적인 것 이외의 현상들 각각의 차이는 처음에는 눈이 아찔할 만큼 크다. 여기서 폭로 부분은 선이다. 열려 있다는 것은 구원의 첫 표현이기 때문이다. 옛 속담에도 있듯이 입 밖에 내어 말하면 마법의 힘이 풀리고, 그렇기 때문에 몽유병 환자는 자기 이름을 부르면 눈을 뜨는 것이다.

열려 있는 것과 관련되는 닫혀 있는 것의 갈등은, 이것 또한 끝없이 다양해서 수많은 느낌의 차이를 가지고 있다. 정신생활에서 왕성하게 번성하는 힘은 자연의 번성하는 힘에 뒤지는 것이 아니라, 정신의 여러 상태가 자연 속의 꽃의 다양성보다 더 무수하기 때문이다. 닫혀 있는 것은 열리기를 바라는 수도 있다. 밖에서 열려 그것이 자신의 몸에 내리덮이기를 바라는 것이다(이것은 오해이다. 닫혀 있는 것은 폭로를 통해서 정립된 자유와 폭로를 정립하는 자유와는 관계가 느슨하기 때문이다. 그래서 부자유성 결과는 닫혀 있는 자의 상태가 비록 더 행복해질 수 있는 경우라도 뒤에 남아 있는 경우가 있다). 닫혀 있는 자는 어느 정도 열리기를 원하는 수가 있으나, 침묵하기를 새로 시작하기 위해 조금쯤은 나머지를 남겨 두려고 한다(무슨 일이든지 거창하게 할 수 없는 하위의 정신의 경우가 이렇다). 닫혀 있는 자는 열리기를 원하는 수가 있기는 하나 은밀하게 하고 싶어 한다(이것은 닫혀 있는 상태의 가장 미묘한 모순이다. 이에 대한 여러 가지 예는 시인이라고 불리는 사람들에게서 찾아볼 수 있다). 열리는 쪽이 조금만 더하면 이길 것같이 보이는 수가 있으나, 바로 그 순간에 닫혀 있는 쪽에서 마지막 발버둥을 시도하여, 매우 교활하게도 열리는 것 자체를 하나의 속임수로 바꿔 버림으로써 닫힌 쪽이 승리를 거두게 된다.[8]

만약 내가 이 열려 있다는 말이나, 이 말이 악마적인 것과 맺고 있는 관계에 대한 설명을, 마치 내가 늘 외부적인 것, 이를테면 손에 잡을 수 있을 정도로 노출된 고백(하긴 고백이라는 것이 이처럼 노출되어 있어서는 그 보람도 없지만) 등을 말하고 있는 것처럼 사람들이 오해할 경향이 있음을 두려워했다면, 물론 나는 다른 말을 택했을 것이다. (원주)

8) 닫혀 있다는 것이 바로 거짓이므로, 말하자면 진리가 아닌 것을 의미한다는 것은 이해하기 쉬운 일이다. 그러나 진리가 아닌 것은 열리는 것에 불안을 품는 부자유임이 틀림없다. 그래서 악마는 또 허위의 아버지라 불리는 것이다. 그런데 허위와 진리가 아닌 것, 허위와 허위, 진리가

그러나 나는 이 이상 더 계속하지 않겠다. 오직 큰 수로 헤아리는 것만도 결말이 나지 않는데, 들어앉아 있는 자의 독백이 들리도록 하기 위해 그 침묵을 깨뜨리려는 것은 더군다나 못할 일이다. 독백이야말로 들어앉아 있는 자의 화술이며, 그렇기 때문에 틀어박혀 있는 자를 가리켜, 저 친구는 자기 멋대로 지껄이고 있다고 하는 것이다. 여기서 나는 폐쇄적인 햄릿이 두 친구를 훈계하듯이 '마음속으로는 하더라도 입 밖에는 내지 않도록' 노력하고 있을 뿐이다.

그런데 나는 그 폐쇄성 안에서의 모순이 폐쇄성 자체만큼이나 무서운 어떤 갈등을 가진 점에 대해 언급해 두고자 한다. 폐쇄적인 인간이 그 폐쇄 속에 감추고 있는 것이란 참으로 무서운 것이어서, 그는 그것을 입에 담기를 제 자신조차 두려워할 정도이다. 그가 그것을 입에 담기만 해도 하나의 새로운 죄를 저지르는 것같이, 또는 그 사실이 그를 유혹하는 것같이 여기기 때문이다. 이런 현상이 일어나려면, 그 개인 속에서 순수와 불순의 혼합이라는 좀처럼 일어나지 않는 일이 일어나야 한다. 그래서 이런 일은 그 사람이 자제심을 잃고 무서운 일을 저질렀을 바로 그때 쉽게 일어난다. 예를 들면, 어떤 사람이 술에 취해 무슨 짓을 하긴 했는데 희미한 기억밖에 없다. 그렇지만 그게 자기가 한 짓이라고는 여겨지지 않을 만큼 몹시 야만스러운 행위였다는 것만은 기억하고 있는 그런 경우이다. 이와 똑같은 일로서, 전에 정신병을 앓았던 사람이 그 무렵의 자신의 상태에 대해 기억을 되살리는 경우도 있다. 그 현상이 악마적인지 아닌지를 단정하는 것, 즉 그가 그 사실 속에 자유 의지로 침투해서 그 현상을 받아들일 것인지 아닌지는, 열리는 것에 대한 그 사람의 태도 여부에 달려 있다. 그가 그것을 열려고 하지 않는다면 그 현상은 악마적이다. 이런 구별의 선은 단단히 지켜지지 않으면 안 된다. 왜냐하면 그것을 바라는 자도 본질적으로 악마적이기 때문이다. 요컨대 그는 열리기를 원하는 하위의 무력한 의지와, 침묵하기를 원하는 그보다 강한 의지, 이 두 가지 의지를 가지고 있다. 그러나 후자 쪽이 강하다는 것은 그가 본질적으로는 악마적임을 나타내는 것이다.

닫힌 것, 즉 폭로는 자유 의지에 의하지 않는 개방이다. 왜냐하면 개인이 본디부터 약하면 약할수록, 또는 자유의 탄력성이 폐쇄성에 대한 봉사로 소모되면

아닌 것과 진리가 아닌 것 사이에 큰 차이가 있다는 것은 나도 언제나 인정해 온 것이지만, 그 범주는 같다. (원주)

소모될수록, 비밀이 인간의 입 밖으로 쉽게 튀어나오기 때문이다. 가장 약한 접촉, 지나가다 흘깃 보는 것만으로도, 저 무서운 또는 폐쇄의 내용에 의해서 희극적인 복화술을 시작하게 하기에 충분하다. 복화술 자체는 직접적 또는 간접적인 고시이다. 그것(단지 가벼운 접촉이나 흘깃 보는 것만으로 그 폐쇄된 내용을 말하는 것)은 꼭 정신질환자가 딴 사람을 보고 "저 친구는 아주 불쾌해. 틀림없이 저 친구는 돌았을 거야"라는 말로 자기가 미쳤다는 것을 폭로하는 것과도 비슷하다. 열리는 것(폭로)은 말에 의해 알려지는 수가 있으므로, 그럴 경우에는 이 불행한 사람이 자기 스스로 감추어 놓은 비밀을 아무에게나 털어놓는 결과가 된다. 개방은 얼굴 표정이나 눈의 표정으로 알려지는 경우도 있다. 그것은 사람이 숨기고 있는 일을 자기 뜻과 달리 겉으로 드러내는, 호소하는 듯한 눈길이 있는가 하면, 배달되어 온 전보를 읽을 호기심조차 일으키지 않을 만큼 실망스럽고 애원하는 듯한 눈길도 있다. 그 폐쇄성의 내용에 따라서는, 악마적인 이런 모든 일들이 희극화되어 버리는 수도 있다. 그 예로서는 우스운 일, 사소한 일, 헛된 일, 어린아이 같은 일, 사소한 질투의 드러냄, 의학적으로는 가벼운 정신 이상 등이 그러하며, 이런 일들은 그런 방법으로 본인의 의지에 상관없이 불안한 가운데 겉으로 드러나는 것이다.

'악마적인 것은 돌발적인 것이다.' 돌발적인 것이란 폐쇄적인 것을 다른 면에서 본 새로운 표현이다. 악마적인 것은 그 내용에 반성이 가해질 때 폐쇄적인 것으로 규정되고, 그 시간에 반성이 가해질 때 돌발적인 것으로서 규정된다. 폐쇄적인 것은 개인이 자기와 부정적인 관련을 갖는 결과에 따르는 것이다. 폐쇄성은 늘 외부와의 어울림으로부터 차차 몸을 피해 갔다. 그러나 어울림은 또 연속성의 표현이므로, 이 연속성이 폐쇄성에 의해 부정될 때 그것은 돌발적인 것이다. 폐쇄성이 특별히 연속성을 갖는 것처럼 생각될지도 모르나 완전히 그 반대인 것이다. 물론 폐쇄성 침묵이 언제나 같은 인상 속에 녹아 들어가 버리는 공허하고 나약한 자기 자신에게 몰두하는 것을 보면, 폐쇄성이 겉보기로는 연속성을 가지고 있기는 하다. 폐쇄성이 갖고 있는 연속성은, 그 자신의 끝에 서서 줄곧 돌고 있는 팽이가 반드시 갖고 있으리라 생각되는 현기증에 비유하는 것이 가장 적당하다. 폐쇄성에 의해 개인이 천편일률의 슬픈 '영구적 운동'인 진짜 광란에 빠지기 전에는, 개인은 남겨진 인간 생활과 연속성을 가지려 한다. 이 연속성과 관련해서, 겉으로 드러난 폐쇄성의 연속성은 돌발적인 것으로서 나타난다. 돌발적인 것은 금방 여기에 있었는가 하면 곧 자취를 감추고, 다시 또 완전히 그대로 거기에 있다. 갑작스러운 것은 연속성 속에 들어가거나 편입될 수 있다. 다시 말해 이런 식으로 모습을 나타내는 것이 곧 돌발적인 것이다.

악마적인 것이 만약 그 어떤 신체적인 것이라 한다면, 그것은 결코 돌발적인 것이 되지 않을 것이다. 열병이나 정신병 따위는 되풀이되는 동안에 마침내는 그 법칙이 발견된다. 그리하여 이 법칙이 얼마쯤 돌발적인 것을 밀어내게 된다. 그러나 원래 돌발적인 것은 법칙이라는 것을 모른다. 그것은 자연 현상에 속하지 않고 심리 현상에 속하므로 부자유의 나타남이다. 돌발적인 것은 악마적인 것과 마찬가지로 선에 대한 불안이다. 선이 여기에서는 (외부와의 어울림의) 연속성을 의미한다. 왜냐하면 구원의 첫 번째 표현이 연속성이기 때문이다. 따라서 개인의 삶이 어느 정도는 인생의 연속성을 바라는 주문으로서의 존재를 계속하는 것이다. 이 주문은 오직 자기 자신과만 어울리기 때문에 언제나 돌발적이다. 폐쇄성 침묵의 내용에 따라서 돌발적인 것은 무서운 것을 의미하는 수도 있지만, 돌발적인 것의 효과가 관찰자에게는 희극적으로 나타날 수도 있다. 이런 의미에서 누구나 어느 정도는 이런 돌발적인 것을 갖고 있는 것이다. 누구나 어느 정도 고정 관념을 갖고 있는 것과 마찬가지로 말이다.

이에 대해 더 상세히 논하지는 않겠다. 다만 내 범주를 견지하기 위해 내가 강조하고 싶은 것은, 돌발적인 것은 언제나 선에 대한 불안에 그 근거를 갖는다는 점이다. 왜냐하면 선에 자유가 들어가려는 것을 막는 무엇인가가 거기에 있기 때문이다. 악에 대한 불안의 형태 중에서 돌발적인 것에 해당되는 것은 약함이다.

악마적인 것이 어떻게 돌발적인가를 다른 방법으로 밝히고 싶다면, 악마적인 것을 어떻게 하면 가장 적절하게 묘사할 수 있느냐는 문제를 순수하게 미학적으로 생각해 볼 수 있을 것이다. 메피스토펠레스의 모습을 묘사하려 할 때, 그를 본래 모습으로 이해하기보다는 극 줄거리 진행상 하나의 효과로 사용하기를 원한다면, 그에게 대사를 지껄이게 하면 될 것이다. 그러면 메피스토펠레스는 본래 모습대로 묘사되지 않고 엉큼하고 기지가 많으며 교활한 인물로 만들어진다. 이래서는 아무래도 인상이 흐려진다.

반면에 민간전승 쪽은 그를 이미 정확하게 묘사한 바 있다. 민간전승에 따르면 악마는 3000년 동안 눌러앉아서 어떻게 하면 인간을 함정에 빠뜨릴 수 있는가에 대해 생각하고 있었다. 그리하여 가까스로 묘안이 떠올랐다는 것이다. 여기서 중요한 것은 3000년이라는 점으로, 이 숫자가 불러일으키는 이념은 바로 악마적인 것이 세상을 뒤덮고 있는 폐쇄성의 이념일 것이다. 그러나 만약 이상에서 말했듯이 메피스토펠레스의 인상을 그대로 붙잡아 두려 한다면 다른 표현 수단을 선택해야 한다. 그러다 보면 메피스토펠레스가 본질적으로는 무언(無言)의 어릿광대라는 사실이 밝혀지게 될 것이다.[9]

악의 심연에서 전해져 오는 다시없이 무서운 말도 무언의 영역 안에 있는 비약의 돌발성만큼 효과를 올리지는 못한다. 예컨대 그 말이 제아무리 무서울지라도, 만일 그 침묵을 깨뜨리는 자가 셰익스피어나 바이런이나 셸리 같은 사람들일지라도, 말이라는 것은 언제나 구원의 힘을 갖고 있다. 아무리 큰 절망도, 또 어떠한 악에 대한 공포도, 한마디만 가지고서는 침묵만큼 무섭지 않기 때문이다. 이처럼 무언인 것은 그 자체가 돌발적인 것이 아니면서도 돌발적인 것을 묘사할 수가 있다. 이런 의미에서 발레의 거장 부르농빌은 스스로 메피스토펠레스를 연출함으로써 위대한 공적을 남겼다. 메피스토펠레스가 창문으로 뛰어들어, 그 도약의 자세 그대로 멈추어 서는 것을 보았을 때, 관객을 사로잡는 그 공포! 그 도약의 몸짓은 사나운 날짐승이나 들짐승의 도약을 떠올리게 하며, 일반적으로 완전한 정지 상태에서 갑자기 이루어지기 때문에 무서움을 더욱 키우는 무한한 효과가 있다. 그래서 메피스토펠레스는 되도록 걷는 것을 삼가야 한다. 그것은 걷는 것 자체가 하나의 비약으로의 이행이라서 비약의 가능성을 느끼게 하고 있기 때문이다. 발레의 《파우스트》에서 메피스토펠레스의 첫 등장은 그 자리에서 생각해 낸 기지로 갈채를 노린 것이 아니다. 아주 깊은 사상에서

---

9) 《이것이냐 저것이냐》의 저자는, 돈 후안이 본질적으로 음악적이라는 점에 주의를 촉구하고 있다. 이와 똑같은 의미에서 메피스토펠레스가 본질적으로 무언극적이라는 것은 사실이다. 음악적인 것에서 일어난 일은 무언극적인 것에서도 일어났다. 어떤 것이라도 음악으로 만들 수 있고, 어떤 것이라도 무언극적으로 만들 수 있다고 사람들은 믿었다. 《파우스트》라고 제목을 단 발레가 있다. 만약 그 작가가 메피스토펠레스를 무언극의 형식으로 포착하는 일이 어떤 의미인가를 진정으로 이해하고 있었다면, 《파우스트》를 발레로 만드는 일은 꿈에서도 생각하지 않았을 것이다. (원주)

우러나왔다. 말이나 회화는 아무리 짧더라도 늘 어느 정도의 연속성을 가지고 있다. 추상적으로 생각해 볼 때 짧더라도 그것이 시간 속에서 울리는 것이기 때문이다.

그런데 돌발적인 것은 연속성으로부터의, 즉 선행하는 것과 후속하는 것으로부터의 완전한 추상적 분리이다. 메피스토펠레스에 대해서도 마찬가지다. 그가 그 모습을 보이고 있지 않다고 생각하는 동안, 그는 그곳에 틀림없이 서 있다. 그 재빠름은 그가 비약 속에서 멈추고 있는 상태라고밖에는 달리 더 강하게 나타낼 도리가 없다. 그 비약이 걸음으로 옮겨지면 그 효과는 약화된다. 메피스토펠레스가 이렇게 표현됨으로써, 악마적인 것의 효과가 밤중에 도둑이 오는 것보다도 더 갑자기 오는 것이다. 대체로 도둑은 살금살금 오는 것으로 알려져 있다. 그러나 메피스토펠레스는 그 본질, 악마적인 것이 바로 돌발적인 것이라는 자신의 본질을 스스로 드러낸다. 이처럼 전진 운동에서 악마적인 것은 돌발적인 것이므로, 그것은 한 인간에게 나타나는 것이며, 그가 악마인 한 이처럼 돌발적이다. 악마적인 것이 완전히 그 인간에게 옮아 있든, 아니면 악마적인 것의 무한히 작은 부분만 그의 속에 존재하고 있든 문제가 되지 않는다. 악마적인 것은 언제나 그런 돌발 상황으로서, 그렇게 이 부자유의 상황이 불안을 일으키고, 또 그런 식으로 악마적인 것의 불안은 움직인다. 악마적인 것의 무언적인 경향은 이런 데서 생긴다. 그렇지만 그 무언적인 것이란, 아름다운 것이라는 의미가 아니라 돌발적인 것, 당돌한 것이라는, 이 세상에서 종종 관찰할 기회가 있는 것이라는 의미에서의 무언적인 것이다.

'악마적인 것은 내용이 없고 따분한 것이다.'

나는 돌발적인 것에 대해 말할 때, 악마적인 것이 어떻게 그려져야 하느냐는 미학적인 문제로 주의를 돌렸기 때문에, 지금 말한 점을 분명하게 하기 위해 다시 한번 같은 문제를 다루고자 한다. 악마에게 말을 하도록 해서 그 악마를 묘사하려 한다면, 이 과제를 해결하려는 예술가는 그 범주에 대해 잘 알고 있어야 한다. 그는 악마적인 것이 본질적으로는 무언적인 것임을 알고 있다. 그러나 돌발적인 것은 그의 손으로는 이루어지지 않는다. 돌발적인 것은 대사에 방해를 놓기 때문이다. 그렇다고 그는 무심결에 지껄이게 해서, 참다운 효과를 낼 수 없을까 하고 서툰 짓을 할 생각은 없다. 그래서 그는 정당하게 그 정반대의 것, 따분함을 선택한다. 돌발적인 것에 어울리는 연속성은 말하자면 사멸성으로의 이행이다. 따분함이라든지 사멸성은 바로 무(無)로부터의 연속(외부와의 어울림의 연속성)이다.

　여기서 그 민간전승의 숫자는 좀 다르게 해석할 수가 있다. 3000년이라는 것은 돌발적인 것의 방향에 역점이 놓여 있는 것이 아니라, 이 거대한 간격으로 악의 무서운 공허에 대한 표상을 불러일으키는 것이다. 자유는 외부와 교통하면서 연속성 속에서 조용히 있다. 이것에 대립하는 것이 돌발적인 것인데, 이것의 조용함도 마찬가지이다. 이미 오래전에 죽어서 매장되어 버린 사람을 볼 때의 고요를 표상으로 한다. 이 점을 알고 있는 예술가는, 악마적인 것을 그리는 수단을 발견함과 동시에 희극적인 것에 대한 표현도 아울러 발견할 수 있음을 깨닫게 될 것이다. 희극적인 효과는 똑같은 방법을 낳을 수가 있다. 즉 악이라는 것에 대한 모든 윤리적 규정을 밖으로 몰아내고 단순히 공허한 형이상학적 규정만을 채택한다면, 희극적인 측면을 쉽사리 느끼게 해주는 평범한 것을 우리는 갖게 된다.[10]

　내용이 없는 것, 따분한 것은 다시 한번 폐쇄적인 것을 나타내고 있다. 돌발적인 것과의 관계에서 폐쇄적이라는 규정은 내용에 나쁜 영향을 준다. 내용 없음이라든지 따분한 것을 포함시킨 폐쇄성 규정을 다루어 보면, 이것들은 내용에 나쁜 영향을 주고, 폐쇄적인 것은 그 내용을 포함시킨 폐쇄성 형식에 나쁜 영향을 준다. 이렇게 하여 모든 개념 규정이 완결된다. 왜냐하면 내용이 없는 것의 형식이 바로 폐쇄성이기 때문이다. 나름대로 말한다면, 사람이란 신(神) 속에 또는 선(善) 속에서는 갇혀 있을 수가 없다는 것을 늘 기억해 주기 바란다. 이 폐

---

10) 그래서 헤이베르가 연출한 《떨어질 수 없는 사람들》에서 클리스테르로 출연한 난쟁이 빈스로우의 연기는 참으로 의미가 깊었다. 그것은 그가 희극적인 것을 따분한 것으로 올바르게 이해하고 있었기 때문이다. 진짜 사랑은 연속성의 내용을 갖는 법이지만, 그것은 바로 그 반대인 무한한 공허성도 갖게 될 수도 있다. 이것은 클리스테르가 나쁜 사람, 그러니까 됨됨이가 글러 먹은 인간이라서가 아니고 그가 진심으로 사랑하고 있다는 점에서 그렇다. 그는 세관에서 그러하듯이 사랑에서도 잉여 인간이 되고 만다는 것이다. 이걸 만약 따분함 그 자체에 역점을 둔다면 대단한 희극적 효과를 갖게 된다. 세관에서의 클리스테르의 지위에서 희극적인 일면은 오직 부당한 방법을 썼을 때만 끄집어낼 수 있다. 클리스테르가 승진을 하지 못하는 것에 그에게 책임이 있는 게 아니지만 그의 연애에서만은 분명히 그가 그 자신의 주인이기 때문이다. (원주)

쇄성이야말로 최고의 확대를 의미하기 때문이다. 그래서 어떤 사람에게 양심이 확실한 발걸음으로 발전하고 있으면 있을수록, 그는 비록 다른 점에서는 온 세계로부터 스스로 격리되어 있더라도 확대되고 있는 것이다.

만약 내가 요즘의 철학 용어를 생각해 낸다면, 악마적인 것은 부정적인 것이므로 뒤에서 보면 속이 텅 비어 있는 꼬마 요정과 비슷한 무(無)라고 할 수 있을 것이다. 하지만 나는 그런 말을 그다지 좋아하지 않는다. 그것은 이 부정적인 용어가 사람을 사귀고 있는 동안, 아주 애교가 많고 붙임성이 많아져서 이래도 좋고 저래도 좋은 것으로 되어 버렸기 때문이다. 만약 이 부정적인 말을 꼭 써야만 한다면, 마치 내용 없음이 폐쇄적인 것에 상응하듯이 부정적인 것은 무의 형식을 의미하게 될 것이다. 그런데 부정적인 것은 어느 쪽이냐 하면, 밖으로 향해 규정된다는, 즉 부정되는 것에 대한 다른 어떤 것의 관계를 규정한다는 결점을 갖고 있는 데 반해 폐쇄적인 것은 바로 그 상태를 규정하는 것이다.

부정적인 것을 사람들이 그런 뜻으로 해석한다면, 그것이 악마적인 것을 나타내기 위해 사용되고 있음에 대해 나는 전혀 이의를 제기할 생각이 없다. 만일 부정적인 것이 최근의 철학이 자신의 가슴속에 숨겨 둔 망상을 꼭대기에서부터 내몰 수 있으면 말이다. 부정적인 것이 차츰차츰 보드빌(희가극)의 인물이 되어 버렸기 때문에 이 말은 늘 나의 미소를 자아낸다. 마치 사람들이 현실 사회나 벨만(스웨덴 궁정시인)의 시(詩)에서, 처음에는 나팔수였다가 그 뒤에는 하급 세무 관리, 다음에는 여관집 주인, 그리고 또 우체부 등으로 직업을 바꾸어 나가는 재미있는 친구를 만나면 절로 웃음을 터뜨리는 것과 마찬가지다. 이렇게 하여 '아이러니'는 부정적인 것으로서 설명되어 왔다. 이 설명의 최초 발견자가 이상하게도 아이러니에 대해 별로 잘 알지도 못하는 헤겔이었다. 이 세상에 처음으로 아이러니를 가져와서 그 이름을 붙인 사람이 소크라테스라는 것, 소크라테스의 아이러니야말로 신적인 것 속에서 확장되기 위해 사람들로부터 자기 자신을 가두고 자기 자신과 다투며 들어앉음으로써 시작한 폐쇄성임이 틀림없었다는 것, 즉 비밀 이야기를 하기 위해 문을 닫고 밖에 서 있는 사람들을 놀리는 데서 시작한 폐쇄성이었음이 틀림없었다는 것, 이 점을 사람들은 모르고 있다.

이런저런 우연한 현상에 부딪힐 때 누군가가 '아이러니'라는 말을 쓰기 시작했다. 거기서 아이러니라는 말이 만들어진 것이다. 그다음에 그 말을 흉내 내는 친구들이 계속 찾아들었다. 그들은 세계사를 보는 개념이 있어야 함에도 안타깝게도 정확하게 관찰하는 힘이라고는 전혀 갖고 있지 않으므로, 그들이 여러 개념에 대해 아는 바는 고작, 어느 우수한 청년이 건포도에 대해 알고 있던 것과 다를 바가 없는데, 그 청년은 식료품 상점에서 시험을 칠 때 건포도가 어디에서 생산되었느냐는 물음에, 우리 집에서는 옆 골목에 있는 선생님 댁에서 삽니다, 라고 대답했다.

이제 우리는 악마적인 것이 선에 대한 불안이라는 규정으로 되돌아간다. 만약 부자유가 한편에서는 완전히 자기를 폐쇄(즉 자기 주장의 순수 상태를 유지)하여 실체화할 수가 있고, 다른 한편에서는 때때로 그런 것을 바란다고 하면[11](부자유란 그 의지를 잃은 것이나 다를 바가 없는데, 무엇인가를 원한다는 것은 여기에서의 모순이다), 악마적인 것은 선에 대해 불안해한다고 할 수 없을 것이다. 그래서 불안은 선과 접촉하는 순간에 가장 명백하게 나타나는 것이다. 악마적인 것이 각각의 개인에게 무서운 것을 의미하든 안 하든, 또는 그것이 태양의 흑점이나 물고기의 눈에 있는 작은 백점과 같은 것을 의미하든 하지 않든 간에, 전체로서의 악마적인 것과 부분으로서의 악마적인 것은 똑같은 자격을 갖고 있다. 따라서 아주 사소한 부분의 악마적인 것도 전면적으로 악마적인 것과 똑같이 선에 대한 불안이다. 부자유 또한 죄의 노예이긴 하지만, 앞에서도 말했듯이 그 방향이 다르므로 그것은 악에 대한 불안이다. 이 점을 제대로 기억하고 있지 않으면 아무것도 설명할 수가 없다.

부자유나 악마적인 것은 그러므로 같은 상태이다. 심리학은 이것을 그렇게 생각한다. 이와 반대로 윤리학은, 악마적인 것에서 어떻게 새로운 죄가 생기는가를 보려고 한다. 선(善)만이 오직 상태와 운동의 통일이기 때문이다.

---

11) 이 점은 악마적인 것에 관한, 그리고 말의 관용에 관한 착각에 대해 언제나 유지되어야만 한다. 그러한 착각은, 부자유가 자유의 한 현상이므로 자연의 범주에 의해서는 설명될 수 없다는 사실을 잊어버리도록 하는 표현을 이 상태에 사용한다. 만일 부자유가 최상급의 강한 표현을 사용하며 내가 이러한 나 자신이기를 원치 않는다고 말해 봤자, 그것은 진리가 아니기 때문에 부자유 속에는 늘 좀 더 강한 하나의 의지가 존재하고 있다. 이것은 아주 속기 쉬운 상태이긴 하지만, 그런 인간의 궤변에 맞서 끝까지 버티고, 자신의 범주를 순수하게 유지할 수만 있다면 그런 인간을 절망으로 몰아넣을 수도 있다. 이러한 상태를 굳이 두려워할 것도 없지만, 그렇다고 혈기에 내맡겨 이 분야에서 자기 힘을 시험해 볼 필요도 없다. (원주)

그러나 자유란 여러 가지 방법으로 잃게 되는 것이다. 따라서 악마적인 것에도 차이가 있다. 이 차이를 나는 다음과 같은 표제 아래 고찰하고자 한다. 다시 말해 육체적·심리적으로 잃어버린 자유와 정신적으로 잃어버린 자유이다. 이제까지의 서술에서 독자들은 이미 내가 악마적인 것의 개념을 상당히 넓은 의미에서 쓰고 있음을 알았을 것이다. 하지만 주의해 주기 바라는 점은, 그것은 허용된 개념을 넘어서지 않는다는 점이다. 악마적인 것을 하나의 도깨비로 만들어 봐야 아무 도움이 되지 않는다. 도깨비란 사람들이 무서워하기는 하나, 그것이 처음 이 세상에 나타났던 것은 이미 몇백 년 전의 일이고, 결국은 이 도깨비를 무시해 버리게 될 것이기 때문이다. 이런 비유는 아주 어리석은 이야기이기는 하다. 그러나 악마적인 것이 우리 시대만큼 널리 퍼진 적은 일찍이 없었을 것이다. 요즘은 특히 정신적인 영역에서 모습을 보이고 있지만 말이다.

1) 육체적·심리적으로 잃어버린 자유

마음이 그 육체를 낳는다는 것은 어떤 의미인가(이것은 그리스적으로도 독일적으로도 해석될 수 있다), 셸링의 표현을 빌려 말한다면, 육체화 작용에 의해 자유가 스스로 자신의 육체를 정립한다는 것은 어떤 의미인가를 고찰하는 것은 나의 의도가 아니다. 또한 마음과 육체의 관계에 대해 과장된 철학적인 고찰을 과시하는 것도 나는 의도하고 있지 않다. 이런 모든 것이 여기서는 필요가 없다. 육체는 마음의 기관이며, 따라서 또 정신의 기관이라고, 나는 나의 부족한 재능이지만 최선을 다해 표현하면 된다. 이 봉사적인 관계(육체는 마음과 정신의 기관임)가 끊어져 버려 육체가 모반을 일으키고, 자유가 육체와 공모해 자기 자신에게 반항하기가 무섭게, 거기에는 부자유가 악마적인 것으로 나타난다. 어쩌면 전자와 후자, 즉 마음과 정신으로부터 떨어진 육체의 모반과 자유로워진 육체의 반항 사이의 차이를 아직 명백하게 포착하지 못했을지도 모르니, 나는 여기서 한번 더 그 차이점을 나타내기로 하겠다. 자유가 반항자들의 축으로 옮겨 가지 않는 한, 혁명의 불안은 악에 대한 불안이지 선에 대한 불안이 아니다.

그러므로 악마적인 것이 이 영역에서 얼마나 많은 느낌을 내포하고 있는가는 쉽게 알 수 있을 것이다. 그중의 어떤 것은 꺼져 없어질 만큼 희미해서 오직 현미경으로 관찰해야만 겨우 정체를 나타낸다. 또 어떤 것은 매우 변증법적이어서 그 온갖 느낌이 이 범주에 속하는 것임을 알아차리려면 자기의 범주를 마음껏 구사할 수 있는 자가 융통성을 갖고 있어야 한다. 초(超)감수성, 초민감성, 신경과민, 히스테리, 히포콘드리아(건강염려증) 등은 모두 그런 느낌이며, 또는 느낌으로 다가올 수 있는 것이다. 따라서 이 점에 대해 추상적으로 말하기가 매우 어렵다. 이야기하는 방법이 완전히 대수학(代數學)처럼 되어 버리기 때문이다. 그러나 나는 여기서 더 깊이 들어갈 것을 삼가고자 한다.

이 영역에서의 가장 극한은 일반적으로 동물적인 타락이라고 불리는 것이다. 이런 상태에서의 악마적인 것은, 신약 성서에서의 악마에 사로잡힌 자와 마찬가지로, 구원되려 할 때 "당신이 나와 무슨 상관이 있나이까"(〈마가복음〉 5 : 7)라는 대목에 나타나 있다. 악마적인 것은 그렇기 때문에 모든 (구원의) 접촉을, 즉 현실에서 구원의 접촉이 사실상 악마적인 것을 위협해서 자유를 향하도록 육박해 오는 접촉이든, 또는 우연한 접촉일 뿐이든, 그러한 접촉을 피하려고 한다. 이것(악마적인 것이 우연한 구원의 접촉을 피하려는 것)만으로도 벌써 충분히 압박적인 것이다. 불안은 유난히 민첩하기 때문이다. 그래서 그 상태의 무서움을 깡그리 몸에 익히고 있는, 악마에게 사로잡힌 한 사람으로부터, "내버려 두게. 어차피 난 불쌍한 놈이니까"라는 아주 흔한 말을 듣게 되거나, 또는 그러한 사람이 자신의 흘러간 과거 이야기를 하며, "그때 같으면 나도 구원되었을지 몰라"하는 소리를 듣게 되는 수가 있는데, 이것은 생각할 수 있는 가장 무서운 말이다. 이것은 벌도, 벼락같은 비난의 말도 그를 불안에 빠뜨리지 못한 결과이다.

이와 달리 그를 불안하게 하는 것은 부자유에서 배 밑바닥에 뚫린 구멍을 통해 자유를 향한 연결을 구하려는 모든 말이다. 또 다른 방법으로도 불안은 이 현상에 나타나는 수가 있다. 이런 악마적인 것 사이에서는 불안에 떨면서도 서로가 꼭 붙잡고 있는 하나의 결합을 볼 수 있는데, 어떤 우정도 이 결합의 성실함에 견줄 수 없다.

프랑스의 의사 뒤샤틀레는 그의 저서에서 이에 대한 몇 가지의 예를 들고 있다. 그리하여 불안의 사교성은 이 영역의 곳곳에서 나타나는 것 같다. 이러한 사교성은 악마적인 것이 존재한다는 증거를 제공해 주는 셈이다. 그러나 이와 비슷한 악 사이의 사교 상태가 발견되는 한, 그 불안은 악에 대한 것이 되기 때문에 사교성이 현실로는 나타나지 않는다.

이에 대해서는 더 논의하지 않는 것이 낫겠다. 여기서 나에게 중요한 것은 나의 도식을 정리해 두는 일이다.

2) 정신적으로 잃어버린 자유

a. '일반적 서술'

이러한 형태를 갖는 악마적인 것은 매우 널리 퍼져 있어서 여기서는 여러 가지 현상에 부딪힌다. 말할 것도 없이 악마적인 것은 여러 지적 내용에 의존하는 것이 아니라, 주어진 내용[12] 및 지성과의 관계에서, 가능한 내용과 자유와의 관계에 의존한다. 그럴 때, 악마적인 것의 모습은 다음에 해야지 하는 게으름으로, 단순한 호기심을 벗어나지 않는 호기심으로, 성의 없는 자기기만으로, 남의 처지를 보고 스스로를 달래는 나약한 비열함으로, 다른 사람에 대한 배려가 전혀 없는 거만한 태도로, 얼빠진 분주함 등으로 나타나는 수가 있다.

자유의 내용을 지적으로 본다면 그것은 진리이고, 그 진리는 인간을 자유롭게 한다. 그렇기 때문에 자유가 계속 진리를 낳는다는 의미에서 진리는 자유의 행위이다. 말할 것도 없이 나는 여기서 최근의 철학적 재치를 염두에 두고 있지 않다. 그 주장에 따르면 사상의 필연성이 또한 자유이므로, 사상의 자유에 대해 이 철학이 말하는 바는 오직 영원한 사상의 내재적 운동에 지나지 않은 것이다. 이 같은 재치는 사람과 사람 사이의 교제를 혼란시키고 곤란하게 하는 데 쓸모가 있을 뿐이다. 이에 반해 내가 말하고자 하는 것은 아주 단순하고 소박한 어떤 사항으로서, 진리는 늘 특정 개인에게만 존재하고, 그것은 단독자 자신이 행위를 통해 낳는다는 점이다. 진리가 무슨 다른 방법으로 특별한 개인에게 존재하는 것이라서, 그 방법으로 진리가 그에게 존재하는 것이 그에 의해 방해될 때, 악마적인 것에 관한 하나의 현상을 우리는 갖게 된다.

지금까지, 목소리가 큰 많은 이들이 진리를 알리려고 해왔다. 그러나 문제는

---

12) 신약 성서에서 '귀신(마귀)의 지혜'((야고보서) 3 : 15)라는 표현을 볼 수 있다. 그 대목에 기록되어 있는 한에서는 그 범주가 분명치 않다. 이것에 대해 2장 19절의 "귀신들도 믿고 떠느니라"라는 대목을 아울러서 생각해 볼 때, 악령의 지식이야말로 주어진 지식에 대한 부자유스런 관계를 볼 수가 있다. (원주)

어떤 사람이 가장 깊은 의미에서 진리를 인식하려 하고 있는지, 그의 인품 전체가 진리로써 관철되고, 진리의 모든 결과를 스스로 감당하려 하고 있는지, 만일의 경우를 위한 도망갈 구멍과 그 결과에 대처하기 위한 유다의 입맞춤을 마련하고 있는지 하는 점이다.

근대에는 진리에 대해서 충분한 논의가 있었다. 지금이야말로 확실성과 내면성을 고양해야 할 때이다. 피히테가 이 말을 해석한 추상적인 의미에서가 아니라 아주 구체적인 의미에서 말이다.

행위에 의해서만, 그리고 행위로서만 이를 수 있는 확실성이나 내면성은, 그 사람이 악마적인지 아닌지를 결정한다. 이 범주를 확실히 견지하고 있기만 하면 된다. 그러면 모든 것이 명백해질 것이다. 그리하여 자의(恣意), 불신앙, 종교에 대한 조소 등은 흔히 믿는 것과는 달리, 내용이 없는 것이 아니라 미신이나 노예근성이나 가짜 믿음 따위와 똑같이 확실성이 결여되어 있다는 것이 분명해진다. 이러한 부정적인 현상에 확실성이 결여된 것은 그 현상이 내용에 대해 불안을 느끼고 있기 때문이다.

모든 시대에 대해서 호언장담을 한다는 것은 내가 좋아하는 일이 아니다. 그러나 현재 생존하는 인류를 관찰한 사람이라면, 그들 속에 존재하는 불균형이나 불안, 동요의 근원이 이런 것이라는 것, 즉 진리가 한편에서는 그 범위나 양에서, 부분적으로는 추상적인 명확함으로까지 증대되고 있는데, 다른 한편에서는 확실성이 계속 줄어들고 있다는 사실을 부정하려고 할 사람은 없을 것이다. 현대에는 영혼 불멸에 대한 이제까지의 새롭고 철저한 모든 증명을 집대성한 증명을 행하기 위해 얼마나 비상한 형이상학적·논리학적 노력이 기울여져 왔는지 모른다. 그런데 주의해야 할 것은 이런 일이 행해지고 있음에도 확실성이 줄어들고 있다는 점이다. 영혼 불멸이라는 사상은 그 자체로는 어떤 힘을, 그 결과로는 어떤 무게를 갖고 있어서 이 사상을 받아들인다는 것은 온 생애를 무서운 방법으로 재창조하는 것이다. 그래서 사람들은 새로운 증명을 끌어내는 일에 그들의 사상을 투입함으로써 자신의 영혼을 구제하고 또 심연으로 가라앉는다. 그러나 이러한 증명은 순수하게 가톨릭적인 의미에서의 선행(善行) 말고 달리 무엇이겠는가!

이러한 예에 대해 다시 말한다면, 영혼 불멸을 증명할 수는 있으나 자기는 영혼 불멸을 믿지 않는다는 사람들은, 인간이 불멸한다는 것이 대체 어떤 의미냐 하는 것에 대해 더 깊은 이해를 강요하는 모든 현상에 늘 불안을 느끼리라 생각한다. 아주 단순한 사람이 불멸성에 대해 아주 단순하게 말할 때라도 그것이 그의 마음을 어지럽히므로 그는 큰 감동을 느낄 것이다. 그렇지 않고 복잡하고 깊게만 이해하는 사람도 내면성이 결여되어 있을 수 있다. 가장 완고한 정통파 신자도 악마적일 수 있는 것이다. 이 정통한 신자는 모든 것을 잘 알고 있다. 그는 성스러운 것 앞에 머리를 조아린다. 진리는 그에게 여러 의식의 진주이다. 그는 신전 참배에 대해 이야기하고 모든 것을 잘 알고 있으나, 그것은 마치 수학의 명제를 ABC라는 글자를 써서라면 증명할 수 있어도 DEF라는 글자로 바꿔 사용하면 증명하지 못하는 사람과 똑같다. 그래서 한 마디 한 구절이라도 그대로가 아닌 것을 들으면 불안해지는 것이다. 그가 현재의 어떤 사변가를 얼마나 쏙 빼닮았는지 모른다. 그 사변가는 영혼 불멸에 대한 새로운 증명을 발명했지만, 임종 때 공교롭게도 가까이에 노트가 없었기 때문에 그 증명을 못했다고 한다.

그런데 이들(단순하게 이해하는 사람과 명증적으로 이해하는 사람)에게 결여된 게 과연 무엇일까? 그것은 확실성이다. 미신도 불신도 모두 부자유의 형식이다. 미신에서는 메두사의 머리처럼 객관성이 주관성을 돌로 만드는 힘을 가지고 있다고 믿으므로 부자유는 이 마법이 풀리기를 바라지 않는다. 불신의 최고이자 보기에 가장 자유로운 표현은 비웃음이다. 그런데 비웃음에는 바로 이 확실성이 결여되어 있는데, 그렇기 때문에 불신앙은 비웃는 것이다. 그리고 많은 조롱하는 이들의 내부를 내가 분명하게 들여다볼 수 있다고 한다면, 그들은 마치 악령에 사로잡힌 자가 "당신이 나와 무슨 상관이 있습니까"라고 외쳤을 때의 불안을 떠올리게 해줄는지 모른다. 그래서 조롱하는 이만큼 허영심이 많고 순간의 갈채에 얽매이고 불안에 능숙해져 있는 이도 없다는 점은 주목할 만한 현상이다.

말할 수 없는 꾸준함과 열성을 가지고 시간과 근면, 볼펜과 종이를 희생해 가면서 현대의 사변가들이 신의 존재에 관한 완전한 증명을 완수하려고 얼마나 애를 써왔는지 모른다. 그런데 그 증명의 우수성이 더해 갈수록 그 확실성은 줄어들고 있는 것처럼 보인다. 신의 존재에 관한 사상은 개인의 자유에 대해 정립되자마자 하나의 편재성(偏在性)을 갖게 되며, 그 속에는 교만한 사람에 대해 비록 그가 나쁜 짓을 할 마음이 없을 때라도 당혹하게 만드는 무언가가 있다. 그리고 사실 이 신의 개념과 함께 아름답고 정다운 공동생활을 하기 위해서는 내면성이 필요한데, 그것은 모범적인 남편이 되기보다 더 어려운 노릇이다. 그래서 그런 사람이, '신은 존재한다'라는 아주 소박하고 단순한 이야기를 듣게 될 때 얼마나 무서움을 느끼게 되는지 모른다.

신의 존재의 '증명'은 기회가 있을 때마다 사람들이 학문적으로, 형이상학적으로 하는 것이지만, 신에 관한 '생각'이라는 것은 모든 기회에 마음에 다가오는 것이다. 이 같은 사람에게 결여되어 있는 것이 과연 무엇인가? 그것은 내면성이다. 이와는 반대로 증명하려는 사람에게도 내면성이 결여되어 있는 수가 있다. 이른바 성자들은 자칫하면 세상의 웃음거리가 될 수도 있다. 그들은 그 사실을 세상이 나빠서 그렇다고 설명한다. 그러나 이것이 꼭 진실은 아니다. '성자'가 그 신앙에 대해 부자유스러울 때, 즉 그가 내면성을 잃고 있을 때 그는 순수하게 미학적으로 보아 우스운 인물이다. 그런 한에서는 세상이 그를 비웃는 데도 일리가 있다. 다리가 휘고 몸짓도 제대로 하지 못하는 주제에 댄스 교사랍시고 나선다면 그것은 우스운 일이다. 종교적인 것에 대해서도 마찬가지다. 그러한 성자가 혼자서 리듬의 박자를 일일이 헤아리고 있는 것이 들린다. 그것은 꼭 어떤 사람이 춤을 출 줄은 몰라도 박자쯤은 맞출 수 있는데, 딱하게도 그 스텝을 밟지는 못하는 경우와 비슷하다. 이렇게 해서 '성자'는 종교적인 것은 반드시 몸에 맞출 수 있는 것이므로, 종교적인 것이 어떤 기회나 순간에 속하는 무엇인가가 아니라 늘 자기 가까이에 둘 수 있는 것인 줄 알고 있다. 그러나 그가 종교적인 것을 몸에 맞출 수 있는 것으로 만들려는 순간 그는 자유롭지 못하다. 아주 낮은 소리로 그가 혼자서 박자를 세고 있다는 것을 우리는 깨닫게 된다. 게다가 아직 그가 걸음을 헛디디거나, 하늘을 그저 바라보거나, 팔짱 끼는 방법 등을 잘 모르거나 하는 것이 눈에 띈다. 그래서 그런 사람은 이런 훈련을 받지 않은 모든 사람들에게 깊은 불안을 느끼고 있다. 그리하여 그는 자기를 격려하기 위해 세상은 신실한 사람을 미워하고 있다는 과장된 생각에 사로잡히게 된다.

확실성과 내면성은 물론 주체성이다. 하지만 완전히 추상적 의미에서의 주체성이 모두 이같이 무섭도록 부풀려지게 되었다는 것은, 요컨대 최근 지식이라는 관점에서의 불행이다. 추상적인 주관성은 추상적인 객관성과 마찬가지로 불확실하므로 똑같을 정도로 내면성이 결여되고 있다. 사람들이 주체성에 대해 추상적으로 말하는 한, 그 내면성의 결여를 알 수가 없다. 그래서 추상적 주관성에는 내용이 결여되어 있다는 말을 듣는 것도 마땅하다. 만약 그 주체성에 대해 구체적으로 말한다면 그 내용이 분명하게 모습을 나타낸다. 이유인즉 자기를 자기의식의 단순한 사회자로 만들려는 사람과 마찬가지로 바로 내면성이 결여되어 있기 때문이다.

b. '내면성의 배제 또는 결여에 대한 도식'

내면성의 결여는 늘 반성의 범주에 해당되므로, 각각의 형태는 이중의 것이 된다. 사람들이 정신의 규정에 대해서 추상적으로 말하는 데에 너무 습관이 되어서, 이것을 하나하나 자세히 들여다보는 일에는 서툴지 않은가 하는 생각이 든다. 직접성(외부와의 접촉)은 보통 반성(내면성)과의 대립을 통해서 정립되며, 그 다음으로 종합(혹은 실체성, 주체성, 정체성. 이 정체성은 다른 이름으로 이성이나 이념, 정신 등으로 불러도 무방하다)이라는 식으로 정립한다. 그러나 현실의 영역에서는 그렇지 않다. 거기서의 직접성은 또한 내면성의 직접성이기도 하다. 내면성의 결여는 그래서 반성으로 말미암아 처음으로 발생하는 것이다.

'내면성의 결여의 모든 형식'은 따라서 능동성(내적 발생)—수동성(외적 영향)이든지, 또는 수동성—능동성이고, 그 어느 것이라 하더라도 그것은 자기반성의 손안에 있다. 내면성의 규정이 차츰 구체화되면서 그 형식 자체도 상당한 어감의 변화를 거친다. 옛 속담에, '이해하다'라는 하나의 말이 이해하는 두 가지의 방법을 갖듯이, 이것 또한 마찬가지이다. 내면성이란 이해이다. 그러나 구체적으로는 이 이해를 어떻게 하느냐가 중요하다. 어떤 이야기를 이해하는 것과, 그 이야기 속에 암시된 것을 이해하는 것은 다른 일이다. 사람이 하는 말을 이해하는 것과, 그 한 말을 통해서 자기를 이해하는 것은 다른 일이다. 의식 내용이 구체적이면 구체적일수록 이해는 그만큼 구체적이 되므로, 그 이해가 의식에 결여되면, 바로 자유와는 반대로, 자기를 닫으려는 부자유의 현상이 나타난다. 그래서 더욱 구체적인 종교적 의식을, 따라서 동시에 역사적 계기를 내포하고 있는 종교 의식을 취할 때, 그 이해는 이 계기와 관련을 갖는 것이 아니어야 한다.

따라서 우리는 이러한 의미에서 악마적인 것의 두 가지 비슷한 형식을 가진 예를 들 수 있을 것이다. 한 완고한 정통파 신자가 신약 성서에 있는 모든 말이 각 사도에게서 나왔음을 증명하기 위해, 그의 근면과 학식을 주입한다고 하면, 내면성은 점차 사라지고 마침내 그가 알고자 하던 것과는 전혀 다른 것을 이해하게 된다. 어떤 자유사상가가 신약 성서는 제2세기에 이르러 처음으로 쓰였다는 것을 증명하기 위해 그의 모든 재능을 기울였다고 한다면, 그가 두려워하는 것은 바로 내면성이다. 그렇기 때문에 그는 신약 성서를 다른 책과 같은 부류에 넣을 수밖에 없게 될 것이다.[13] 의식이 가질 수 있는 가장 구체적인 내용은 자기 자신에 관한 의식, 개인 자신에 관한 의식이다. 그것은 순수한(추상적) 자기의식이 아니라 모든 사람이 저마다 소유한 의식인데도, 시적인 재능이 뛰어나고 표현력이 뛰어난 저작가조차 아직껏 그중 한 가지도 그리지 못했을 만큼 구체적인 의식인 것이다. 이런 자기의식은 그저 바라보는 것이 아니다. 그렇게 알고 있는 사람은 자기 자신을 모르는 사람이라고 할 수 있다. 그 자신은 생성 속에 있으므로 바라봄의 대상으로서 완결된 것일 수 없음을 그는 알아야 했던 것이다. 따라서 이 자기의식은 행위이므로, 또 이 행위 또한 내면성이기도 하다. 내

---

13) 악마적인 것은, 종교 영역에서는 같은 것으로 오인될 만큼 시험과 닮았다. 그 어느 쪽인가를 추상적으로는 결코 단정하지 못한다. 그래서 신앙심 깊은 그리스도교 신자가 성찬식을 받는데도 겁을 먹고 불안을 느끼는 수가 있다. 이것은 하나의 시험이다. 다시 말해 그것이 시험인지 아닌지는 그 불안에 대한 그의 태도에 따라 알 수 있다는 뜻이다. 악마적인 성질을 갖는 것은 그가 그것에 대해 불안을 느끼므로, 그 불안 때문에 달아나려는 내면성이 성찬을 순수하게 개인적으로 이해할 만큼 깊어져 있을 수도 있고, 또 그의 종교적 의식이 그토록 구체적으로 되어 있을 수도 있다. 그렇지만 그가 통행하려는 곳은 어느 지점까지뿐이므로, 거기까지 가면 그는 갑자기 걸음을 멈추고 지적으로만 행동하면서 어떻게든지 경험적이고 역사적으로 규정되어 있는 유한적인 개인 이상의 것이 되기를 원한다. 종교적 시험의 자리에 앉혀진 자는, 시험이 그를 떼어 놓으려는 것으로 향하려 하지만, 악마에 홀린 자는 그의 약한 의지가 그쪽으로 가려는 것에 반해 그의 강한 의지(부자유의 의지)는 그쪽에서 떠나려 한다. 이 점을 확실하게 이해하고 있어야 한다. 그렇지 않으면 본 줄거리에서 빗나가 버려, 악마적인 것을 오히려 아주 추상적으로 생각하게 된다. 마치 부자유의 의지가 그런 구성을 갖는 것이므로, 자유의 의지 쪽은 비록 약하기는 하지만 자기모순에서는 존재하지 않는 것같이 말이다. 만약 누군가가 종교적 시험에 관한 자료를 희망한다면, 괴레스의 《그리스도교 신비주의》에서 얼마든지 볼 수 있을 것이다. 솔직히 말해 나는 이 책을 조리 있게 읽어 나갈 만한 용기를 갖고 있지 않았다. 그만큼의 불안이 이 책에는 가로놓여 있다. 어쨌든 괴레스가 악마적인 것과 시험을 구별하는 법을 늘 알고 있었던 것은 아니므로, 이 책은 조심해서 읽어야 한다. (원주)

면성이 이 의식에 대응하지 않을 때마다 내면성의 결여가 내면성을 받아들이는 것에 대한 불안이 되어 나타나므로, 거기서 곧 악마적인 것의 한 형태가 생기는 것이다.

만약 내면성의 결여가 저절로 생긴 것이라면, 그 내면성의 결여에 잘잘못을 가리는 것은 모두 헛수고이다. 그러나 사실은 그렇지가 않으므로, 비록 수동성을 통해서 그 능동성이 시작한다 하더라도 내면성의 저마다의 현상에는 능동성이 있는 셈이다. 능동성을 가지고 시작되는 내면 현상은 눈에 띄기가 쉽고, 그래서 쉽게 포착할 수 있는데, 그때 그 능동성 속에도 수동성이 나타나 있다는 것을 잊어버리는 바람에 악마적인 것에 대해 이야기할 때, 그것과 반대의 현상이 함께 채택되는 일을 좀처럼 볼 수가 없는 것이다.

나의 이 도식이 옳다는 것을 증명하기 위해 예를 조금 검토해 보기로 하자.

'불신앙—미신.' 이것은 서로가 완전히 대응하므로 둘 다 내면성을 잃고 있다. 다만 불신 쪽은 능동성을 통하여 수동적이고, 미신은 수동성을 통하여 능동적이다. 말하자면 한편은 좀 더 남성적인 형식을, 다른 한편은 한결 여성적인 형식을 취한 것이다. 그리고 서로의 형식 내용은 자기반성이다. 본질적으로 보면 이 둘은 완전히 같다. 불신도 미신도 다 신앙에 대한 불안이다. 그러나 불신은 부자유(악마적·폐쇄적인 것)의 능동성에서 시작되고, 미신은 부자유의 수동성에서 시작된다. 일반적으로 행해지듯 미신의 수동성만 고찰되는 한, 미신은 심미(審美)적인 윤리 범주의 적용 대상이 되느냐, 아니면 윤리 범주의 적용 대상이 되느냐에 따라서 그다지 중요성이 없게 보이거나 또는 그다지 죄가 없는 것같이 여겨지거나 한다. 미신에는 사람의 동정을 살 만한 나약함이 있다. 그러나 뭐라고 해도 미신에는 늘 자기의 수동성을 유지할 수 있을 만한 능동성이 반드시 있다. 미신은 자기 자신을 믿지 않는 것과 같고, 불신은 자기 자신을 맹목적으로 믿는 것과 같다. 서로의 내용은 자기반성이다. 미신의 안일과 겁, 소심함은 미신 속에 머무르는 편이 그것을 버리기보다는 낫다고 생각하고 있다. 불신앙의 고집과 교만, 거만함은 불신앙 속에 머무르는 편이 그것을 버리는 것보다 용감하다고 생각한다. 이러한 자기반성의 가장 세련된 형식이란, 언제나 자기 딴에는 우쭐해서 그 상태 속에 들어앉아 있으면서도, 거기서 빠져나가려고, 자기 스스로에게 흥미를 느끼게 된다는 것이다.

'위선-실패.' 이것들은 서로 대응한다. 위선은 능동성(내적 발생)을 통해, 실패는 수동성(외적 영향)을 통해 시작된다. 일반적으로 실패에 대해서는 더욱 조심스럽게 판단하는데, 사람이 실패 속에 머물러 있기 위해서는 거기에는 아무래도 실패의 고뇌를 포착해 그것을 놓치지 않을 만큼의 능동성이 필요하다. 실패에는 감수성이 있으니까(나무나 돌은 분노하거나 실패하는 일이 없으므로) 이 점은 실패를 없앨 때에 고려해야 할 일이다. 그것에 반해 실패의 수동성은(실패의 저 밑바닥에 있는 능동적 고뇌감을 되씹음이 없이) 가만히 앉아서 실패의 결과가 이자에 이자를 낳아 불어 가는 편이 훨씬 편하다고 생각하고 있다. 그래서 (능동적) 위선은 자기 자신에게 부딪치는 실패이고, (수동적) 실패는 자기 자신에 대한 위선이다. 둘 다 내면성이 결여되어 있어서 자기 자신에게 도달하지 못하고 있다. 그 때문에 모든 위선은 스스로에게 거짓말을 하게 되는 것이 고작이다. 왜냐하면 위선자는 자기 자신에게 실패를 하고 있든지, 또는 자기 자신에 대해 실패가 되어 있든지 하기 때문이다. 그런 까닭에 모든 (수동적) 실패는 그것이 제거되지 않는다면 남에 대한 위선이 되는 것이 고작이다. 왜냐하면 인간은 실패를 하든, 그것으로써 그가 실패 속에 머물러 있든, 뿌리 깊은 곳에 숨어 있는 능동성을 통하여 고뇌의 감수성을 다른 어떤 것으로 바꿔 버려야 하기 때문이다. 그래서 다른 사람에게 거짓말하지 않으면 안 되게 된다. 실패를 한 인간이 마지막에 아무래도 위선을 해야 할 필요가 있는 것에 대해, 무화과잎으로 덮어 버렸다는 예도 이 인생에서는 볼 수 있다.

 '거만-비겁.' 거만은 능동성을 통해, 비겁은 수동성을 통해 시작되나, 그 밖의 점에서는 둘 다 같다. 왜냐하면 비겁은 선에 대한 불안이 유지될 만한 능동성을 그 밑바닥에 지니고 있기 때문이다. 거만은 뿌리 깊은 비겁이다. 왜냐하면 거만이란 진정으로 무엇인가를 이해하려 하지 않을 만큼 비겁하기 때문이다. 이 이해가 거만을 향해 강요되기가 무섭게 그것은 비겁이 되어서 폭음처럼 사라지고 거품처럼 파열한다. 또한 비겁은 뿌리 깊은 거만이다. 왜냐하면 그것은 오해받고 있는 거만의 요구조차 이해하려 하지 않을 만큼 비겁하지만, 그와 같이 물러나 있음과 동시에 자신의 거만을 드러내고 있기 때문이다. 그리고 또 비겁은 자기는 절대로 패배하는 일이 없다는 것을 계산에 넣어 둘 줄을 알고 있으므로, 따라서 이제껏 한 번도 패배를 맛본 적이 없다고 거만의 소극적인 표현을 가지고 우쭐대는 것이다. 대단히 거만한 인간이 감히 무슨 일에 손을 대지 않으려고 할 만큼 비겁하거나, 자신의 거만을 지키기 위해 될 수 있는 대로 얌전하게 있으려 할 만큼 비겁했던 예도 이 인생에서는 볼 수 있다. 능동적으로 거만한 인간과 수동적으로 거만한 인간을 함께 놓고 보면, 전자가 실패하는 그 순간에 후자와 서로 대면했다면, 비겁자가 사실은 얼마나 더 거만했던가를 알 수 있는 기회를 가질 수 있을 것이다.[14]

c. '확실성과 내면성이란 무엇인가?'

이것에 정의를 내린다는 것은 확실히 어렵다. 그럼에도 나는 여기에서 그것을 진실함이라고 말해 두겠다. 이 진실함이란 말은 누구나 다 잘 알고 있는 말이다. 그러나 한편 이 말만큼 고찰의 대상이 되지 않았던 말도 없었다는 것은 참으로 주목할 만한 일이다. 맥베스가 왕을 살해한 뒤에 이렇게 외친다.

> 이 세상에서 지금보다 진실하게 될 수 있는 건
> 이제 아무것도 없다.
> 시시한 것들뿐이다. 영예도 은혜도 다 사라져 버렸다.
> 생명의 술은 바닥이 드러났다.

맥베스는 틀림없는 살해자이므로, 그가 입에 담는 말은 무섭게 가슴을 때리는 진리를 담고 있다. 이제 내면성을 잃은 인간이라면 누구나 "생명의 술은 바

---

14) 데카르트는 그의 저서 《정념론》에서 경탄의 경우는 예외로 하고 그 밖의 모든 정념에는 언제나 다른 정념이 대응한다는 점에 주의를 촉구하고 있다. 그 논의의 상세한 설명은 아주 부족하다. 그러나 그가 경탄을 예외로 하고 있다는 점이 나는 흥미로웠다. 이미 알고 있는 바와 같이 플라톤과 아리스토텔레스 두 사람의 생각은, 경탄이 철학의 정념을 이루고 있어서 모든 철학적 사색이 이 정념으로부터 시작되었다는 것이기 때문이다. 경탄에 대응하는 것으로서는 질투가 있었다. 그뿐만 아니라 근대 철학은 회의에 대해서까지 말하려고 한다. 그런데 긍정적인 것 대신 부정적인 것을 가지고 시작하려는 데 근대 철학의 근본적인 잘못이 있다. '모든 긍정은 부정이다'라고 할 때 '긍정'을 먼저 꺼내고 있는 것과 같은 의미에서, 긍정이야말로 늘 첫째의 것이다. 긍정적인 것과 부정적인 것 어느 쪽이 첫째의 것이냐 하는 문제는 아주 중대하다. 그리고 긍정적인 것에 찬성을 표명한 유일한 근대 철학자는 아마도 헤르바르트일 것이다. (원주)

닥이 드러났다" 할 수가 있고, 그러는 한에서 또 "이 세상에서 지금보다 진실하게 될 수 있는 건 이제 아무것도 없다. 시시한 것뿐이다" 말할 것이다. 그것은 내 면성이야말로 영원한 삶을 향해 솟아오르는 샘물(〈요한복음〉 4 : 14)이고, 이 샘에서 솟아오르는 것이 바로 진실함일 것이기 때문이다.

　예언자가 모든 것을 허무라고(〈전도서〉 1 : 2) 말할 때, 그는 바로 이 진실함을 마음속에 두고 있는 것이다. 이와 반대로 그가 진실함을 잃은 뒤에 모든 것이 덧없다고 한다면, 그것은 같은 것에 대한 능동적–수동적 표현(우울의 반항적 표현)이거나, 또는 수동적–능동적 표현(경솔과 재치의 반항적 표현)에 지나지 않는다. 그때 어쩌면 울거나 웃을 수는 있더라도, 진실함은 잃어버리고 없는 것이다.[15]

　내가 알기로는 진실함에 대한 정의가 내려진 일이 없다. 만약 정말 그런 일이 없었다면 나로서는 반가운 일이다. 그렇다고 그것이 이 정의를 폐기한, 근대의 서로 충돌하며 질주하는 사상을 내가 좋아하기 때문은 아니다. 그것은 실존 개념에 대해서만은 정의에서 멀찍이 떨어져 있는 것이 확실한 전술임을 내가 알고 있기 때문이다. 왜냐하면 정의란 본질적으로 다른 것처럼 이해되어야 하는 것, 정의란 다른 것인 듯 사람들이 이해해 온 것, 이제까지 정의란 전혀 다른 방법으로 사랑해 온 것을 정의의 형태로 이해하려고 하면, 그것이 자신에게는 인연 없는 낯선 무엇이 되기 때문이며, 그러한 정의의 형태로 이해하려 한다는 것은 안 될 말이다. 진심으로 사랑하고 있는 자가, 사랑이란 무엇인가, 하는 사랑의 정의에 골똘하게 열중해 봤자, 그것에서 기쁨이나 만족, 하물며 사랑의 성장을 발견하는 일은 거의 있을 수 없다. 신은 여기 계시다는 생각에 잠기어 나날을 외부 세계와 즐겁게 교류하면서 지내는 자라면, 신이란 무엇이냐는 정의를 자기가 만들어서, 신에 대한 엄숙함을 스스로 망쳐 버리거나 그 생각을 망치기를 바라는 일은 없을 것이다. 진실함에 대해서도 마찬가지로, 그것을 정의하는 것 자체가 벌써 경박한 일인 것이다. 내가 이렇게 말하는 것은 나의 사상이 명료하지 않아서가 아니다. 또는 부근에 있는 지나치게 똑똑한 사변가(마치 수학자가 증명에 열중하듯이, 이러한 사변가는 개념의 전개에 열중한 나머지 아무거나 붙잡고는 마치 수학자처럼, 그럼 대체 이걸 증명하는 것은 무엇이냐고 한다)들로부터 내

---

15) 키르케고르의 1844년 일기에서, 그는 철학에 앞서 오직 한 분의 하나님, 한 번의 시험, 한 번의 대심판, 한 번의 구원만 있듯이 오직 하나의 지혜만 믿을 수 있을 뿐이라고 설명했다.

가 하고 있는 말을 나 자신도 잘 모르고 있는 것은 아닐까, 하는 의심을 받을까 봐 두려워하고 있는 것도 아니다. 왜냐하면 나는 여기에서 내가 말하는 것이야 말로 어떤 개념의 전개보다도 두드러지게 내가 이 문제를 진실하게 알고 있음을 증명하고 있다고 생각하기 때문이다.

나로서는 진실함에 대해 정의를 내리거나 진실함에 대해 추상적인 재담을 할 생각은 없지만, 방향을 나타내기 위해 의견을 조금 말해 두기로 하겠다. 로젠크란츠의 《심리학 또는 주관적 정신의 과학》[16]에는 '심적 성향'에 대한 정의가 나와 있다. 그는 322쪽에서 심적 성향은 감정과 자기의식의 통일이라고 말한다. 이보다 앞의 설명에서 그는 적절하게도 다음처럼 밝혔다. "감정은 자기의식에게 자신을 털어놓고, 또 반대도 마찬가지이다. 그래서 자기의식의 내용은 주관으로써 자신의 것으로 느껴진다. 이런 통일이라야만 심적 성향이라고 부를 수 있다. 왜냐하면 인식의 명료성이나 감정에 관한 지식 따위가 결여되어 있을 때는 오직 자연적 정신의 충동이, 직접성의 압박이 존재할 뿐이다. 그러나 만일 감정이 결여되어 있다면, 정신적 존재의 가장 깊은 곳에 있는 성실함에 도달해 있지 않은, 그리고 정신의 자아와 하나가 되어 있지 않은, 단순한 추상적인 개념이 존재할 뿐이다"(320~321쪽). 여기서 다시 한번 거슬러 올라가, 그가 감정을 자신의 심적 성향과 의식의 정신에 의한 직접적인 통일이라고 규정하고 있는(242쪽) 것을 더듬어 보자. 이 심적 성향의 규정 속에는 직접적인 자연 규정과의 통일이 고려되어 있음을 생각하고, 이 모든 것들을 정리해 보면 하나의 구체적인 인격이라는 관념을 얻게 된다.

그런데 진실함과 심적 성향은 진실함 쪽이 심적 성향보다 더 높은, 그리고 가장 깊은 표현이라는 형태를 취하여 서로 대응한다. 심적 성향은 직접성에 대한

---

16) 독자가 나와 같은 정도로 책을 읽는다고 가정한다는 것이 나로서는 기쁜 일이다. 이 가정은 독자와 저자의 수고를 많이 덜어 준다. 그래서 나는 독자가 이 저서를 알고 있는 것으로 가정하는데, 만약 그렇지 않다면 일독을 권하고 싶다. 이 저서는 참으로 유익하기 때문이다. 그래서 인간 생활에 대해 건전한 감각과 인간미 있는 관심으로 뛰어난 이 저서가, 만약 공허한 도식에 대한 열광적인 미신을 버릴 수 있었다면, 이따금씩 그가 우스운 느낌을 주는 일은 피할 수 있었을 것이라 생각한다. 그가 몇몇 군데에서 말하고 있는 설명은 대부분의 경우 매우 훌륭하다. 다만 우리가 가끔 이해할 수 없다고 생각하는 한 가지는 그 어마어마한 도식에 관한 것과, 구체적인 설명이 대체 어떻게 하면 이 도식을 따라갈 수 있느냐 하는 점이다(그 예로서 209~211쪽을 들어 둔다. 자아와 자아. 1. 죽음, 2. 지배와 예속의 대립). (원주)

규정이다. 이에 반해 진실함은 심적 성향을 획득한 근원성이고, 자유의 책임 안에 보존되어 있는 심적 성향의 근원성이며, 크나큰 행복을 누리도록 허락받은 심적 성향의 근원성이다. 심적 성향의 근원성은 그 역사적 발전에서 진실함 속에 있는 영원한 것을 나타내므로, 진실함은 결코 습관이라고 할 수 없다. 로젠크란츠는 습관을 현상론에서만 다루고 정신론에서는 다루지 않았다. 그러나 습관은 정신론에도 속하는 것이므로 영원한(본래의) 것이 반복에서 사라지기가 무섭게 습관이 성립하는 것이다. 근원성이 진실함에서 얻어지고 유지되면, 거기에는 바로 계기와 반복이 나타나는데, 이 근원성에 반복이 결여되자마자 거기에는 습관이 나타난다. 진실한 사람은 이 근원성에 의해 진실한 것이므로, 이 근원성과 함께 그는 반복에서 돌아온다. 생생한 내면적인 감정은 이 근원성을 유지한다고 흔히 말하지만, 감정의 내면성은 진실함이 보살펴 주지 않으면 곧 꺼져 버리는 불이다. 그리고 감정의 내면성은 그 기분에 따라 불안정해서, 어떤 때는 다른 때에 비해 더욱 내면적인 것이 된다.

될 수 있는 대로 모든 것을 구체적으로 하기 위해 한 가지 예를 들겠다. 목사는 일요일마다 정해진 기도를 해야 한다. 또 일요일마다 여러 아이들에게 세례를 해주어야 한다. 불이 꺼진다. 그는 사람들의 마음을 뒤흔들어 감동을 주려 한다. 그러나 그 감격도 어떤 때는 세차고 어떤 때는 약하다. 오직 진실함만이 규칙적으로 일요일마다 똑같은 근원성을 가지고 똑같은 것으로 돌아올 수 있는 것이다.[17]

하지만 진실함이 다시 똑같은 진실함으로 돌아와야 할 본래 자리란, 진실함 자체 말고는 있을 수 없다. 만약 그렇지 않다고 한다면, 그것은 아주 지루하고 재미없는 것이 되기 때문이다. 이 의미에서의 진실함은 인품 자체를 뜻하며, 또 진실한 인품만이 진실하게 일을 감당해 낼 수 있다. 그것은 진실하게 일을 감당해 내려면 무엇보다도 진실함의 대상을 알아야 하기 때문이다.

인생에서 진실함이 문제가 되는 것은 드물지 않다. 어떤 사람은 국채 때문에

17) 콘스탄틴 콘스탄티우스가 《반복》에서 "반복은 인생의 진실함이다"(6쪽)라고 말한 것은, 그리고 인생의 진실함은 왕실의 승마 교사와 같은 것이 아니라고 한 것은, 이러한 의미에서였다. 그가 말을 탈 때마다 힘 있고 진실하기 이를 데 없는 태도로 말을 탔다고 하더라도 말이다. (원주)

진실하게 되고, 다른 사람은 범주 때문에, 또 다른 사람은 연극 상연 때문에 진실해진다는 등. 이렇게 일이 벌어지고 있음을 아이러니가 발견하면 아이러니는 바빠진다. 장소도 가리지 않고 진실해지는 사람은 누구든지 그로써 벌써 희극적이기 때문이다. 비록 그와 마찬가지로 희극적인 역할을 맡았던 같은 시대 사람들이나 그 세상의 여론이, 그때 가장 진실했다 하더라도 말이다. 그래서 어떤 사람의 가장 깊은 곳에 있는 가치를 알기 위해서는, 그 자신의 말에 따르거나 인생에서 그를 진실하게 만드는 것이 무엇인지 그 비밀을 찾아내는 것보다 더 확실한 것은 없다. 사람이란 심적 성향을 감추고 태어날 수는 있지만, 진실함을 감추고 태어날 수는 없기 때문이다(인생에서 그를 진실하게 만드는 것)라는 표현은 물론 그 사람이 가장 깊은 의미에서 진실하기 시작한 게 언제부터였느냐 하는 정확한 의미로 해석되어야 한다. 이유인즉 진실함의 대상에 대해 진정으로 진실해진 이후에는, 그럴 마음만 먹으면 온갖 사물을 충분히 진실하게 다룰 수가 있기 때문이다. 요컨대 문제는 진실한 대상에 관해 먼저 진실해졌느냐는 점이다. 이 대상은 누구나 다 갖고 있을 것이다. 그것이 바로 그 자신일 것이기 때문이다. 그리고 자기 자신의 일에 진실하지 않고 그 밖의 것, 무엇인가 부피가 있고 떠들썩한 것에 진실한 자라면, 제아무리 진실했다 하더라도 그는 어릿광대에 지나지 않으므로, 잠시 동안은 아이러니를 속일 수 있지만, 신께서 만약 그것을 바라신다면, 그것으로 그는 충분히 우스운 사람이 될 것이다. 아이러니는 진실함에 대해 질투가 많기 때문이다. 이에 반해 올바른 장소에서 진실한 사람은, 그 밖의 모든 일을 감상적으로, 그리고 재치 있게 다룰 수 있다는 것에 의해, 자신의 정신이 건전하다는 것을 증명할 것이다. 그렇지만 진실함의 어릿광대들은 자기들이 아주 진실하게 알고 있는 일을 그가 비웃는 것을 보고 등골이 오싹해질지도 모른다. 그러나 적어도 진실한 일에 대해서는 그 어떤 농담도 용납되지 않음을 그는 알고 있을 것이다. 만약 그가 이것을 잊는 날이면, 그는 신에 대해 거만하게도 자신의 사변을 자랑하다가[18] 일을 치른 저 알베르투스 마그누스처럼 될지

---

18) 마르바흐 《중세 철학사》 제2부 302쪽 주 참조. "알베르투스는 갑자기 바보에서 철학자가 되었고 또 철학자에서 바보가 되었다." 텐네만 《철학사》 제8권 제2부 485쪽 주 참조. 또 다른 스콜라 학자 시몬 토르나켄시스에 의해 더 명확한 이야기가 전해지고 있다. 그는 알베르투스가 삼위일체를 증명했으니, 신은 알베르투스에게 은혜를 입혀 마땅하다고 생각했다. 왜냐하면

모른다. 알베르투스 마그누스는 그때 갑자기 바보가 되었던 것이다. 또는 벨레로폰에게 일어났던 일이 그에게 일어날지도 모른다. 벨레로폰은 목적을 완수하기 위해 페가수스를 타고 있었는데, 그 페가수스를 악용해 지상의 한 여성과 밀회를 즐기려 하다가 낙마했다.

내면성, 즉 확실성이 진실함이다. 이렇게 정의를 하면 어쩐지 좀 부족한 느낌이 든다. 적어도 그것은 주체성, 순수한 주체성, '포용력이 있는' 주체성이다. 내가 이렇게 말한다면 아마 많은 사람들을 진실하게 만들었을지도 모른다. 그런데 진실함은 다른 방법으로 표현할 수도 있다. 내면성이 결여되면 정신은 곧 유한한 것이 된다. 그래서 내면성은 영원성(본래성)이며, 또는 인간에게 있는 영원한 것의 구성 요소이다.

그런데 악마적인 것을 바르게 연구하려면 영원한 것이 그 개인에게 어떻게 포착되고 있는가를 보기만 하면 된다. 그러면 곧바로 요령을 알게 된다. 요즘에는 이 점에 대해서 관찰자를 위한 장면을 제공하고 있다. 우리 시대에는 영원한 것이 참으로 자주 화제에 오르고 있고, 그것을 배격하기도 하고 받아들이기도 한다. 그런데 배격하는 경우도 받아들이는 경우도 (그 실행 방법을 보면) 내면성이 결여되어 있음을 드러내고 있다. 그러나 영원한 것을 올바르게, 또는 완전히 구체적으로 이해하지 못하는 사람에겐[19] 내면성과 진실함이 결여되어 있다.

여기서 너무 상세하게 말하고 싶진 않지만, 두세 가지 점만 지적해 두고 싶다.

알베르투스가 마음만 먹으면 "정말이지 만약 내가 악의와 적의에서 그럴 마음만 먹으면, 더 강한 논거로써 삼위일체를 무력화시키고, 그것을 끌어내려서 반론을 가할 수도 있었을 것"이기 때문이다. 그 보상으로서 이 멋있는 사나이는 바보가 되어 버려, 철자를 배우는 데만 2년이나 걸렸다고 한다. 텐네만 《철학사》 제8권 제1부 314쪽 주 참조.

　　알베르투스가 실제로 그렇게 말했건 아니면 이것도 마찬가지로 그가 했을 것이라 추정되고 있는 또 하나의 삼대 사기꾼(모세·그리스도·무함마드를 가리킴)에 관한 중세에서의 유명한 독설을 언급했건 간에, 어쨌든 그런 것은 아무래도 좋다. 그에게 결여된 것은 변증이나 또는 사변이라는 관점에서의 긴장된 진실함이 아니라 자기 자신을 이해하는 관점에서의 진실함이었다. 이와 비슷한 종류의 이야기는 얼마든지 볼 수 있다. 그리고 현대에서 사변이 아주 큰 권위를 얻은 탓에 자신에 대해서 하느님조차도 단언할 수 없게 하려고 애를 써왔다. 마치 국민 의회가 자기를 절대 군주로 삼을 것인지 단순한 입헌 군주로 삼을 것인지를 알려고 오직 불안한 마음으로 앉아서 기다리는 군주처럼 말이다. (원주)

19) 콘스탄틴 콘스탄티우스가 영원성은 참다운 반복이라고 한 것은 틀림없이 이런 의미에서였다. (원주)

a. 어떤 사람은 인간에게 존재하는 영원한 것을 부정한다. 바로 그 순간에 생명의 술을 다 퍼낸 것이 된다. 그리고 그런 사람은 모두 악마적이 된다. 영원한 것이 정립되면, 현재의 것은 사람이 바라는 바와는 다른 것이 된다. 사람은 이 점을 두려워하기 때문에, 선에 대한 불안 속에 있는 것이다. 사람은 원한다면 영원한 것을 내내 부정할 수 있으나, 그렇다고 그의 인생에서 그것이 완전히 제거되는 것은 아니다. 그리고 어떤 의미에선 어느 정도까지 영원한 것을 인정하려해도, 그는 다른 의미로, 그리고 가장 강한 정도로 그것을 두려워하게 된다. 하지만 영원한 것을 제아무리 부정하더라도 그것으로부터 완전히 벗어날 수는 없다. 추상적으로, 게다가 아첨하는 듯한 말투로 영원한 것을 인정할 때마저도, 우리 시대는 이 영원한 것에 지나치게 겁을 먹고 있다. 정부 당국자가 정부를 전복하려는 위험한 생각을 가진 사람들에게 겁을 먹으면서 살고 있듯이, 너무나도 많은 사람들이 사실은 진정한 안식임에도 지칠 줄 모르는 위험 요소인 영원성에 대한 두려움 속에서 살아가고 있다. 그래서 그들은 순간이라는 것을 설교하게 된다.

그리하여 타락으로 가는 길이 멋지게 포장되어 있듯이, 영원은 단순한 순간에 의해 완전히 사라져 버린다. 그건 그렇고 사람들은 왜 그렇게 덮어놓고 서두르는가? 영원이 존재하지 않는다 해도 순간이라는 것은 영원이 존재하는 것과 그리 다르지 않다. 그러나 영원에 대한 불안은 순간을 하나의 추상으로 만들어 버린다. 영원한 것을 이렇게 불안하게 하는 일은, 여러 방법을 통하여 직접 또는 간접으로 나타나는 수가 있다. 비웃음으로서, 상식 속에서의 평범한 도취로서, 분주함으로서, 덧없는 것에 대한 감격으로서 등등 말이다.

b. 어떤 사람은 영원한 것을 완전히 추상적으로 포착한다. 영원한 것은 저 먼 푸른 산들과 마찬가지로 시간성의 경계선이지만, 시간성 속에서 씩씩하게 살고 있는 자는 이 한계까지 오지 않는다. 이 한계를 찾는 단독자(개인)는 시간 밖에 서 있는 국경 수비병뿐이다.

c. 어떤 사람은 공상을 위해 영원을 시간 속에 넣어 버린다. 이런 방법으로 포착되면 영원한 것은 하나의 마법과도 같은 효과를 발휘한다. 사람들은 그것이 꿈인지 생시인지 모른다. 영원은 걱정스레 사상을 꿈꾸며 장난꾸러기처럼 마치 달빛이 숲이나 넓은 방 속으로 희미하게 비쳐 들듯이 순간 속을 들여다본다. 영

원한 것에 대해 생각을 한다는 것은 하나의 공상적인 것이 되어, 언제나 거기에는 내가 꿈꾸고 있는 것인가 하는 식의 생각이 떠돌고 있다.

또 어떤 사람은 영원한 것을, 이런 요염한 이중성을 빼고 순수하고 티 없는 공상을 위한 것으로서 이해한다. 이런 이해는 '예술이란 영원한 삶에 대한 예감이다'라는 명제에 뚜렷하게 나타나 있다. 왜냐하면 시나 예술은 오직 공상을 달래는 것에 지나지 않아, 직관의 풍류는 갖고 있지만 진실함의 진심은 가지고 있지 않다. 사람들은 공상의 금박 종이를 가지고 영원을 장식해 놓고, 그것을 동경한다. 사람들은 묵시록을 흉내 내어 영원을 상상하면서, 단테를 연출한다. 그렇지만 단테는 공상적인 직관에는 양보해도, 윤리적인 판결 시행을 미루는 일은 없었다.

d. 어떤 사람(피히테를 가리킴)은 영원을 형이상학적으로 포착한다. 그는 '자아(自我), 자아' 하며 나중에는 자기 자신이 모든 것 속에서 가장 우스운 것, 순수 자아, 영원한 자의식이 되어 버릴 때까지 그 말을 계속한다. 그는 불멸에 대해 말을 하는데, 자기 자신이 불멸의 존재가 되는 게 아니라 불멸성이 될 정도로까지 말을 계속한다. 이런 모든 상황에도 그는 문득 불멸성을 체계 속에 넣어 두지 않았음을 발견하고, 이번에는 그것을 위한 자리를 부록 속에 마련해 둘 것에 착안한다. 이러한 웃음거리에 대해 포울 묄러가 불멸성은 곳곳에 존재해야 된다고 한 것은 참으로 이치에 맞는 말이다. 그러나 불멸성이 그런 것이라고 한다면 시간성은 사람이 바라는 것과는 전혀 다른 것이 되어 버린다. 또 사람들은 시간성이 영원성 속에 희극적으로 비축되어 있다는 식으로 영원을 형이상학적으로 포착한다. 순수하게 미학적, 형이상학적으로 보면 시간성은 희극적이다. 시간성은 모순이며, 또 희극적인 것은 언제나 이 모순성의 범주 안에 들어 있기 때문이다. 영원을 순수하게 형이상학적으로 이해하고, 또 어떤 이유로 해서 시간성을 영원 속에 다 집어넣으려 한다면, 그것은 마치 영원의 정신이 여러 차례 돈 때문에 애를 먹었다는 따위의 기억을 갖고 있는 것이나 마찬가지라서 참으로 희극적인 이야기이다. 영원을 지탱하기 위해 이때 기울인 모든 노력은 헛일이고 헛소동에 지나지 않는다. 그것은 어떤 사람도 순수하게 형이상학적으로 불멸이 될 수가 없으며, 어떠한 사람도 자기의 불멸성을 확신하기에는 이르지 못하기 때문이다.

그러나 이와는 전혀 다른 방법으로 불멸성에 이르게 된다면, 그때에는 아마 희극적인 것도 밀어닥치지는 못할 것이다. 비록 그리스도교가, 사람들은 그가 한 모든 무익한 말에 대해 변명을 하게 된다고 설파하고, 또 이미 이 세상에서 때때로 틀림없는 징조로서 나타나 있는 추억 전체의 사실을 단순하게 이해하고 있다 할지라도, 또 불멸한 자는 잊어버리기 위해 먼저 레테의 강물을 마신다는 그리스의 관념과 그리스도교의 가르침이 대비됨으로써 가장 뚜렷하게 부각된다 하더라도, 바로 이 점에서 그 기억을 떠올리는 것이 직접적이든 간접적이든 희극적이 되는 결과는 결코 나오지 않는다. 직접이라는 것은 우스운 일을 몸소 떠올리는 것에 의하며, 간접이라는 것은 우스운 일을 본질적 결정으로 바꾸는 것에 의한다. 설명과 심판이 본질적인 것이기 때문에, 이 본질적인 것의 물을 마시면 본질과는 거리가 먼 것을 잊게 되는, 그리스 신화의 레테강과 같은 역할을 하는 것이리라.

하기는 본질적인 것이라고는 생각지도 않았던 많은 것들이 본질적인 것으로 나타나는 수도 확실히 있기는 하다. 인생에서 우스꽝스러운 일, 우연한 일, 일상적인 다양한 일 속에는 영혼이 있지 않았으므로 그것들은 모두 사라져 없어질 것이다. 다만 본질적으로 그 자리에 영혼이 있었던 경우에 한해서만은 그것들은 사라지는 일이 없다. 그러나 영혼에게 그것이 희극적인 의미를 지닐 수는 없을 것이다. 희극적인 것에 대해 충분히 생각을 하고 늘 그 범주를 밝히면서 실제적으로 연구해 보면, 희극적인 것이 바로 시간성에 속해 있음을 사람들은 쉽게 이해할 것이다. 왜냐하면 시간성에는 모순이 있기 때문이다. 형이상학적으로, 그리고 미학적으로는, 결국 희극적인 것이 모든 시간성을 삼켜 버리는 것을 막거나 막을 수 있거나 할 수 없다. 이런 일은 희극적인 것을 구사할 수 있을 만큼 충분히 성장했지만, 이것과 저것 사이를 구별할 수 있을 만큼은 성숙해 있지 않은 사람에게서 흔히 있을 수 있는 일이다. 영원에서는 이와 달리 모든 모순이 제거되고, 시간성은 영원성에 의해 충만한 것이 되고 유지될 수 있다. 그러나 거기에는 희극적인 것은 흔적이 없다.

그런데 사람들은 이 영원성에 대해 진지하게 생각해 보려고는 하지 않고, 다만 불안해한다. 그 불안은 수많은 곳에다 도피처를 꾀할 수 있다. 이것이 바로 악마적인 것이다.

제5장 신앙을 통한 구원으로서의 불안

그림(Grimm)의 동화 가운데 불안에 떤다는 게 과연 어떤 것인가를 알기 위해 모험에 나선 젊은이의 이야기가 있다. 우리는 이 모험가가 자신의 길을 가게 내버려 두고, 그가 길 위에서 어느 정도 무서운 것을 만났는가에 대해서는 미뤄 두기로 하자. 오히려 내가 하고 싶은 말은, 불안에 떤다는 게 대체 어떤 것인가를 안다는 것은, 모든 사람들이 겪어야 할 하나의 모험이라는 점이다. 그렇지 않으면 사람은 이제껏 불안해진 적이 없기 때문에, 또는 불안 속에 빠져 버리기 때문에 멸망하고 만다. 그래서 불안을 바르게 배운 사람은 최고의 것을 배운 것이다.

예를 들어 인간이 동물이나 천사였다면 불안해지는 일은 없었을 것이다. 인간은 하나의 종합(정신에 의한 마음과 육체의 종합)이기 때문에 불안해질 수 있으므로, 그 불안이 깊으면 깊을수록 인간은 위대하다. 그러나 이것은 사람들이 흔히 생각하듯이 불안은 외적인 것, 즉 인간의 외부에 있다는 의미에서가 아니라 그 자신이 스스로 불안을 낳는다는 의미에서 그렇다. 그리스도께서 "내 마음이 매우 고민하여 죽게 되었으니"〈마태복음〉 26 : 38, 〈마가복음〉 14 : 34)라고 하고, 다시 유다에게 "네가 하는 일을 속히 하라"〈요한복음〉 13 : 27)고 말한 것은 이런 의미에서 이해해야 한다. 그 무서운 말, 루터 같은 사람도 거기에 대해 설교할 때 불안에 사로잡혔다는, "나의 하나님, 나의 하나님, 어찌하여 나를 버리셨나이까"〈마가복음〉 15 : 34)라는 말도, 앞의 말만큼 강하게 괴로움을 나타내지는 않는다. 왜냐하면 이 뒤의 말에서는 그리스도의 현재 상태가 표현되고 있지만, 앞의 말에서는 그곳에 아직 없는 상태에 대한 관계가 표현되어 있기 때문이다.

불안은 자유의 가능성에 대한 기대이므로, 이 의미에서의 불안만이 신앙의 도움을 입음으로써 절대적으로 교육적이다. 왜냐하면 이 불안은 모든 유한성을 파괴하고, 유한성의 모든 속임수를 폭로할 만큼 강하기 때문이다. 그 어떤 대심문관이라도 불안만큼 무서운 고문을 마련해 놓고 있지는 않다. 그 어떤 탐정이라도 불안만큼 교활하게 용의자가 가장 난처해하는 틈을 타고 덤벼들 줄을 모르고, 또는 불안만큼 용의자를 체포하고 함정을 매혹적으로 장치할 줄을 모른다. 또 제아무리 민첩한 재판관이라도 불안만큼 피고를 족쳐서 심문할 줄을 모른다. 불안은 피고를 결코 놓치지 않는다. 흥겹게 즐기고 있어도, 잡담하고 있어도, 일하고 있어도, 밤에도 낮에도 놓치지 않는다.

불안에 의해 길러지는 것은 가능성에 의해 길러지는 것이다. 그리하여 가능성에 의해 길러지는 사람은 비로소 그의 무한성에 따라 성장한다. 따라서 가능성은 모든 범주 안에서 가장 무거운 것이다. 우린 이따금 가능성은 매우 가볍고 현실성은 매우 무겁다는 반대의 말을 듣는다. 그러나 이런 말을 우리는 누구에게서 듣는 것일까? 그것은 가능성이 무언지를 전혀 모르는 불쌍한 친구들로부터이다. 자기들이 아무 쓸모가 없었고, 앞으로도 아무 쓸모가 없으리라는 것이 현실로 드러나자, 그들은 속임수를 써서 가능성을 아주 곱고 매력 있는 가벼운 것으로 바꿔 칠한 것이다. 그리하여 이 가능성의 밑바탕에는 젊은 혈기에서 저지른 잘못과 같은, 오히려 부끄러워해야 마땅하다고 여기는 것이 놓여 있다. 그래서 흔히 가능성은 매우 가볍다고 말할 때의 가능성은 행복, 행운 등의 의미로 이해된다. 하지만 이런 것은 가능성이 아니고, 인생과 섭리에 대해 트집 잡을 이유이자, 자기를 훌륭하게 보이게 할 좋은 기회를 잡기 위해 인간의 타락을 꾸미려 하는 속임수와 같은 발명이다. 아니 가능성에서는 모두가 그처럼 가능한 것이다. 가능성에 의해 참되게 길러진 자는 무서운 것과, 호감이 가는 것을 똑같이 포착하고 있다. 그래서 그런 인간이 가능성이라는 학교를 졸업하여, 이 인생에서는 절대로 아무것도 요구하지 못한다는 것, 또 무서운 것과 타락과 파멸이 모든 인간과 이웃해 살고 있다는 것을, 아이가 ABC를 알고 있는 것보다 더 잘 알고 있는 경우, 또 그가 겁내던 모든 불안이 다음 순간에는 그에게 엄습해올 것임을 뼈저리게 알고 있는 경우, 그는 현실성에 대해 다른 설명을 해줄 것이다. 그는 현실성을 찬양할 것이다. 비록 현실성이 그를 무겁게 짓누를 때일지라도 현실성이 가능성보다는 훨씬 가볍다고 생각할 것이다.

그런 식으로만이 가능성은 차츰 현실성에 의해 준비되고 육성될 수 있다. 왜냐하면 모든 개인에게 주어진 유한성과 유한한 것에 대한 여러 관계는, 그 여러 관계가 사소하고 일상적인 것이든, 또는 세계사적인 것이든, 유한한 것으로만 육성되기 때문이다. 사람은 언제든지 그것에 대해 권할 수 있고, 언제든지 좀 다르게 세공할 수 있으며, 언제든지 그것과 흥정을 할 수 있고, 거기서 벗어날 수 있으며, 언제든지 그것과 조금 거리를 유지할 수 있고, 언제든지 두말없이 그것으로부터 무엇인가를 배워야 하는 것을 거절할 수 있다. 만약 개인이 유한성 안에서 꼼짝없이 무엇인가를 배워야 한다면, 그 사람은 다시 자신 안에 가능성을 갖고 있어야 하며 그것으로부터 배워야 할 것을 스스로 육성해야 한다. 예컨대 다음 순간에는 그것이 그에 의해 육성된 것임을 인정하지 않으면서, 그의 권력을 절대적으로 뺏어 버린다 하더라도 말이다.

그러나 인간이 이처럼 절대적이고 무한한 가능성으로 육성되려면, 그는 가능성에 대해 성실하고 또 신앙을 갖고 있어야 한다. 나는 여기에서 신앙이라는 것을, 헤겔이 어떤 대목에서 자기 나름대로 아주 정당하게 표현했듯이, 무한성을 선취하는 내적 확신의 의미로 이해하고 있다. 가능성의 발견이 올바르게 관리된다면, 가능성은 모든 유한성을 발견하겠지만, 인간이 신앙의 선취에 의해 불안을 다시금 이겨 내기 전까지는 유한성을 무한성이라는 가장 완전하다고 여기는 상태의 모습으로 바꿈으로써 인간을 불안으로 압도할 것이다.

내가 여기에서 하고 있는 말을 많은 사람들은 질이 좋지 못한 어리석은 말로 받아들일 것이다. 그 사람들은 아직껏 불안을 느껴 보지 못한 것을 자랑으로 삼기 때문이다. 이에 대해 나는 이렇게 대답할 것이다. "물론 사람이 인간에 대해, 또 유한한 것에 대해 불안을 품을 필요는 없다. 그러나 가능성의 불안은 졸업한 자라야만 비로소 불안해지지 않도록 육성되는 것이다. 그것은 그가 인생의 무서운 것들로부터 피하고 있어서가 아니다. 그 무서운 것들도 가능성의 무서움에 비하면 언제나 약하기 때문이다." 이 말에 대해 상대가, '나는 아직 한 번도 불안을 느낀 적이 없다. 그것이 나의 훌륭한 점이다'라는 식으로 생각하고 있다면, 나는 그것이 그가 완전히 정신 줄을 놓았기 때문에 그런 생각이 가능하다는 나의 설명을 그에게 기꺼이 털어놓고 싶다.

만약 개인이 자기를 육성해 주고 있는 가능성을 배반한다면, 그는 결코 신앙에 이르지 못한다. 왜냐하면 그의 학교가 유한성의 학교였듯이, 그의 신앙은 유한성의 명민함이 되기 때문이다. 그런데 사람들은 가능성을 멋대로 배반한다.

그도 그럴 것이 누구든지 머리를 내밀어 얼굴만 보여도 그 가능성이 즉각 실행을 시작할 것이라고 충분히 예단하기 때문이다. '칼레의 성문이 열릴 때'를 그린 호도비에츠키의 조각 작품이 있다. 이것은 네 가지 기질에서 관찰된 것으로, 이 예술가의 과제는 여러 인상을 온갖 기질의 표정 속에 반영하는 것이었다. 일상 생활에서도 확실히 이런저런 일이 일어나고 있다. 단, 문제는 자기 자신에 대해 진실한 개인의 가능성이다.

2년 동안 이슬만 먹고 목숨을 이어 간 인도의 은자에 대한 이야기가 전해지고 있다. 어느 날 그는 마을로 내려가 술맛을 알게 되어 그만 술에 빠지게 되었다고 한다. 이 이야기는 같은 종류의 다른 이야기와 마찬가지로 여러 가지로 이해할 수가 있다. 이것을 희극적으로 이해할 수도 있고 비극적으로 이해할 수도 있다. 하지만 가능성에 의해 육성된 인간이라면, 그에겐 한 가지 이야기만으로 충분하다. 육성된 그 순간에 그는 저 불행한 사람과 절대적으로 똑같이 되기 때문이다. 그는 탈출을 위한 유한성의 도피처를 전혀 모른다. 그래서 신앙이 그를 이끌어 구제할 때까지 탈출 가능성에 대한 불안이 그를 미끼로 잡아 둔다. 신앙 이외에서는 안식을 찾지 못한다. 그것은 다른 모든 휴식처가 인간의 눈에는 비록 분별 있는 곳으로 비칠지라도 그저 객쩍은 소리에 지나지 않기 때문이다. 보라, 가능성이라는 것은 이토록 절대적으로 육성되는 것이다. 현실에 아무 것도 남겨진 것이 없다고 할 정도로 인간이 불행에 빠진 적은 이제까지 한 번도 없었다. 빈틈없이 하기만 하면 어떻게든지 모면해 나갈 수 있다고 영리한 자가 생각하는 것도 마땅하다. 그러나 불행 속에서 가능성의 과정을 수료한 자는 모두, 현실에서는 누구도 잃어버릴 수 없는 모든 것을 잃은 것이다.

그 사람이 만약 그에게 교훈을 주려고 하는 가능성을 배반하지만 않는다면, 그리고 그를 구제하려는 불안을 속이는 일만 없다면, 그는 모든 것을 되찾을 것이다. 하지만 현실에서는 비록 10배나 더 돌려받은 자도 그렇게 하지 않았다. 왜냐하면 불행 속에서 가능성을 되찾는 과정을 마친 이 제자는 무한성을 얻었는데, 다른 한쪽의 영혼은 유한성 속에서 숨이 끊어져 버렸기 때문이다. 현실에서는 더 빠질 수 없는 깊이 이상으로 빠진 자가 이제까지 없었다. 그렇기 때문에 그보다 더 깊이 가라앉을 수 있는 사람이 있을 수 있다. 가능성 속에 빠진 자는 눈이 캄캄하고 눈알이 돌아갔기 때문에 아무도 그들에게 던져 주는 구원의 지푸라기를 붙잡지 못했다. 그는 귀가 먹어 버려서 그의 시대에는 인간의 시장 시세가 어느 정도인지를, 그리고 그가 그 밖의 숱한 사람들과 같다는 것을 들을 수 없었다. 그는 절대적으로 빠졌지만, 그때서야 그 심연의 밑바닥으로부터 이 세상의 모든 번거로운 것, 무서운 것보다도 더 가볍게 다시 떠오를 수 있었다.

그렇지만 가능성으로 육성되는 자는 유한성으로 말미암아 육성되는 자처럼 나쁜 사회에 빠져들어 여러 갈래의 길에서 헤매는 것 같은 위험에 처하지는 않더라도, 어떤 하나의 극단적 타락이나 자살의 위험 앞에 놓여 있음을 부정할 수는 없다. 그가 육성되기 시작했을 때의 불안에 대한 그의 오해로 말미암아, 불안이 그를 신앙 쪽으로가 아니라 신앙과는 반대 방향으로 이끈다면, 그는 그것으로 끝장이다. 이에 반해(가능성에 의해) 육성되는 자는 불안 아래에 머물면서도 숱한 가짜 불안에 속는 일 없이 지나간 일을 올바르게 기억한다. 이렇게 하여 불안의 습격은, 무섭긴 하지만 그가 도망가야 할 만한 것은 아니다. 그에게 불안은 어디까지나 불안 스스로의 의지에 반하여 그 개인에게 봉사하는 종이 되고, 뜻밖에도 그가 가고자 하는 곳으로 데려다준다. 이렇게 되면, 불안이 얼굴을 내밀고 책략을 써서, 이제까지와는 비교도 안 될 만큼 아주 무섭고 새로운 위협 수단을 발견한 듯한 기척을 보이지만, 그래도 뒷걸음질하지 않는다. 더군다나 소리를 지르거나 욕을 해가며 불안을 내쫓으려고도 하지 않는다. 내쫓기는커녕 그는 불안을 환영한다. 엄숙하게 독배를 든 소크라테스처럼, 그는 환영의 말을 하며 엄숙과 불안을 향해 인사한다. 그는 불안과 더불어 한 방에 들어앉는다. 고통스러운 수술이 시작되려 할 때 환자가 의사에게 말하듯이, 그는 "이제 각오가 되어 있습니다"라고 말한다. 그러자 불안은 그의 영혼 속에 들어가 샅샅이 수색하며, 유한적인 것이나 쓸데없는 것들을 불안에 떨게 해서 그로부터 내몰아 버리고, 마침내는 그가 가고자 하는 곳으로 그를 데려다주는 것이다.

이상한 일이 이 세상에서 일어날 때와, 세계사적인 영웅이 주변에 다른 많은 영웅들을 모아 놓고 영웅적인 사업을 진행할 때, 그리고 위기가 닥쳐와서 모든 것이 중요성을 띠게 될 때 사람들은 자신이 그 자리에 있게 되기를 바란다. 왜냐하면 그것이 그를 육성해 주기 때문이다. 어쩌면 그럴지도 모른다. 그러나 여기에 훨씬 더 철저하게 육성될 수 있는 보다 쉬운 방법이 있다. 가능성이라는 학생을 데려다가 그를 사건이라고는 아무것도 없는, 가장 큰 사건이라고 해봐야 한 마리의 큰 뇌조가 요란하게 퍼덕일 정도의 일뿐인 월란반도(유틀란트반도)의 황야 한가운데에 세워 놓아 보라. 그는 세계사의 무대에서는 갈채를 받았어도 가능성에 의해서 육성되지 않은 사람보다 훨씬 더 완전하고 한결 정확하게, 한결 더 근본적으로 모든 것을 체험하는 것이다.

이렇게 해서 인간이 불안에 의해 신앙으로 육성될 때, 불안은 스스로가 낳은 것을 뿌리 뽑아 버린다. 불안은 운명을 발견한다. 그러나 만약 인간이 이 운명을 신뢰하려고 한다면, 불안은 돌변해 운명을 제거해 버린다. 왜냐하면 운명은 불안과 마찬가지로, 그리고 불안은 가능성과 마찬가지로 마녀의 편지이기 때문이다. 개인이 운명에 대한 관계에서 이처럼 자기 스스로 불안에 의해 다시 육성되지 않을 경우, 그는 유한성에 의해서는 결코 근절되지 못하는 변증법적 찌꺼기를 늘 유지하게 될 것이다. 그것은 마치 복권 당첨을 믿지 말라고 해도, 그 신뢰를 버리려 들지 않는 것과 똑같은 것이다. 그 신뢰를 자기가 스스로 상실하지 않는다 해도 복권은 늘 낙첨할 뿐이기 때문에 결국은 신뢰를 잃게 되는데도 말이다.

가장 하찮은 일에 관계된 것일지라도, 인간이 몰래 무엇인가로부터 달아나려 하거나, 요행으로 무엇인가를 손에 넣으려고 하면, 그 즉시 불안은 가까이에 와 있다. 이것은 그 자체로서는 사소한 일이다. 그러나 불안은 재빨리 처리해 버린다. 불안은 눈 깜짝할 사이에 무한성의 카드, 가능성이라는 범주의 카드를 내놓는다. 그리하여 인간은 이것을 막지 못한다. 이러한 인간은 외적 의미에서의 운명을, 그 운명의 전환과 패배를 두려워하지 않는다. 그의 내부에 있는 불안이 이미 운명을 형성하고 있어서, 운명이 빼앗을 수 있는 것은 모조리 그에게서 뺏어 버렸기 때문이다. 《크라틸로스》에서 소크라테스는 "자기 자신에게 속임을 당한다는 것은 무서운 일이다. 그것은 언제나 사기꾼을 자기 곁에 두고 있는 것과 다름없는 일이다"라고 말했다. 마찬가지로 사기꾼을 자기 곁에 둔다는 것은 행복한 일이다. 그것은 유한성이 아이를 망쳐 놓기 전에 사려 깊게 아이를 속여서 끊임없이 아이의 젖을 떼어 주는 것과 같다고 할 수 있다. 우리 시대의 인간은 그처럼 가능성으로 육성되어 있진 않지만, 우리 시대는 착실한 마음가짐으로 선을 배우기를 바라는 사람이라면 그 누구에게나 훌륭한 특색을 제공하고 있다.

　시대가 평화롭고 평온할수록, 또 모든 것이 격식대로 정확하게 움직여서 선이 보상될수록, 그의 노력은 물론 기릴 만한 것이 된다. 그러나 결국 유한한 것은 목적을 갖는다는 점에서 개인은 점점 더 쉽게 착각을 하게 된다. 이와 달리 지금 시대는, 개인 자신이 마치 여리고(성서 속 이름. 요르단의 도시 예리코)를 떠나 여행을 하다 강도를 만난 사람 같다는 것을 깨달으려면 16세가 되어야 한다는 그런 시대가 아니다. 그래서 유한성의 비참함에 빠지기를 바라지 않는 자는, 싫더라도 가장 깊은 의미에서 무한성으로 돌진하게 된다. 이러한 예비적인 지향성은 가능성에 의한 육성에 비교되는 것이므로, 그러한 지향성은 가능성을 통하지 않고서는 일어날 수가 없다. 그런데 약삭빠르게 숱한 계산을 해내어 그 내기에 이기고 있을 때(그 내기가 현실에서는 이길지 질지 아직 결정도 되기 전에 불안이 찾아온다. 그리하여 불안은 악마를 향해 성호를 긋는다. 그러면 분별은 꼼짝을 하지 못한다. 분별의 교활한 타산도 불안이 가능성의 전능을 가지고 조작해 내는 우연에 대해서는 거짓말처럼 사라져 버린다. 가장 사소한 일에서조차, 인간은 단지 교활할 뿐이라서 방향 전환을 하려고 무엇인가로부터 몰래 도망치려 하기가 무섭게, 그리고 현실성이 불안할 정도의 엄격한 시험관이 아니기 때문에, 그것이 성공할 확률이 아주 높음에도) 당장에 불안이 나타난다. 만일 이 불안이 가장 사소한 일이라는 이유로 내쫓기고 나면, 불안은 이 가장 사소한 일을 중대한 것으로 만든다. 마렝고에서의 아주 큰 전투가 있었기 때문에 마렝고의 작은 지역이 유럽 역사에서 중대해진 것처럼 말이다.

　인간이 자기 자신의 힘으로 그 약삭빠름을 단념하지 않는 한 그 일에서 벗어나는 것은 어렵다. 왜냐하면 유한성은 언제나 그저 단편적으로만 설명할 뿐 결코 전체적으로 설명하는 일이 없기 때문이다. 자신의 약삭빠름이 늘 실수를 하는(현실에서는 생각할 수 없는 일이지만) 사람은 그 이유를 약삭빠름에서 찾아 더욱 똑똑해지려 할 것이다. 신앙의 도움을 빌려 불안은 인간을 섭리 속에서 안식할 수 있게 육성한다.

　불안이 발견하는 또 한 가지의 죄에 대해서도 마찬가지다. 단순히 유한성에 의해서만 자신의 죄를 아는 자는 유한성 속에서 자신을 잃어버리므로, 인간에게 죄가 있느냐 없느냐 하는 것에 대해 외면적이고 법률적으로, 그리고 아주 불완전한 방법으로써만 결정짓는다. 따라서 자기의 죄를 경찰이나 최고 재판소의 결정을 통해서만 알 수 있는 자는, 자기에게 죄가 있다는 것을 결코 참되게 이해하는 것이 아니다. 어떤 인간에게 죄가 있다는 것은 그가 무한하게 죄를 짓고 있다는 것이기 때문이다. 그래서 유한성에 의해서만 육성된 이러한 인간은, 경찰이나 세상의 여론이 죄 있는 자로 판단하지 않는 경우, 그는 이 세상에서 더없이 우습고 더없이 불쌍한 자가 된다. 다시 말해 일반 사람들보다는 좀 뛰어나겠지만 목사로서는 좀 모자라는 그런 표본이 되는 것이다. 이 정도 인물의 인생에 어떤 도움이 필요하다는 것일까? 그는 죽기도 전에 표본들이 있는 곳으로 물러날지도 모르는 것이다.

유한성에서 우리는 많은 것을 배울 수 있다. 그렇지만 매우 평범하고 타락된 의미에서가 아니라면, 불안해지는 것을 배울 수는 없다. 이에 반해, 불안해지는 것을 제대로 배운 사람은, 유한성의 온갖 불안이 연주를 시작하여 유한성의 제자들이 자신의 정신과 용기를 잃게 할 때에도 춤추듯이 걸어갈 것이다. 이처럼 인생에서는 때때로 예상 밖의 일이 일어난다. 우울증에 빠진 사람은 모든 사소한 일에는 불안을 느끼나, 중대한 일이 생기면 훨씬 편안한 숨을 내쉰다. 왜 그럴까? 그것은 중대한 현실도 그가 스스로 조작해 내기 때문에, 그것을 조작해 내기 위해 자기 힘을 사용한 가능성만큼은 무섭지 않기 때문이다. 이번에는 그 힘을 들여서 현실성에 대항할 수 있는 것이다. 그렇긴 하지만 우울증 환자는 가능성에 의해 육성된 사람과 비교하면 불완전한 독학자에 지나지 않는다. 왜냐하면 우울증은 부분적으로는 신체적인 것에서 비롯되는 것이며, 따라서 우연한 것이기 때문이다.[1] 진정한 독학자는 다른 저자도 말했듯이[2] 똑같을 정도로 신께 배우는 자이다.

또는 이런 이지적인 면을 느끼게 하는 표현을 피한다면, 그는 '스스로 철학을

---

1) 따라서 하만이 '우울증'이라는 말을 택하여 다음과 같이 말하고 있는 것은, 훨씬 고상한 의미에서이다. "현세에서의 이 불안은 우리의 이질성에 관한 유일한 증거이다. 그것은 만약 우리에게 아무런 부족함이 없다면, 우리 또한 신에 대해 아무것도 모르고, 사랑하는 자연에 넋을 잃고 있는 이교도나 선험적인 철학자를 조금도 뛰어넘지 못했을 것이다. 따라서 어떠한 향수도 우리를 엄습하지 못할 것이다. 이 참견 잘하는 불안, 이 성스러운 우울증은 오늘날의 부패로부터 우리를 보호하기 위해 희생 제물을 태우는 불인지도 모른다." 《전집》 제6권 194쪽. (원주)
2) 《이것이냐 저것이냐》 참조. (원주)

일구는 농민'[3]임과 동시에 그것과 같을 정도로 '신을 위해 일구는 농민'이기도 하다. 죄에 대해서 불안을 통해 교육받는 사람은 오직 속죄(신앙)만을 믿을 것이다.

이 고찰을 여기에서, 바로 이 고찰이 시작된 곳에서 끝내기로 하겠다. 심리학이 불안으로 끝나는 순간, 이제 그 불안은 바로 교의학으로 넘어간다.

---

3) 크세노폰의 《향연》 참조. 소크라테스는 이 책에서 자기 자신에 대해 이 말을 쓰고 있다. (원주)

Sygdommen Til Døden

죽음에 이르는 병

주여 아무런 쓸모 없는 것을 보는
우리의 눈을 흐리게 하시고,
당신의 모든 진리를 보는
우리의 눈을 맑게 하옵소서![1]

---

1) 초고에는 첫머리에 "알베르티니 주교의 설교", 볼프 박사가 엮은 《독일 변론술 강요》, 제1부
293쪽 참조라고 덧붙여 적혀 있었으나, 나중에 지워진(Pap. VIII2 B171.) 알베르티니는 헤른후
트파의 모라비아교회 신학자이며 종교시인으로 알려진 요한 밥티스트 폰 알베르티니를 일컫
는 것이 아닌가 싶다. 그의 《종교시》는 그 무렵 널리 알려져 있었다. 그러나 독일어로 인용되
어 있는 이 시를 닐스 툴스트룹은, 가톨릭의 신학자 요한 미카엘 세일러의 것이고 〈에베소
서〉 5장 15~21절에 관한 설교의 끝에 쓰여 있다고 주를 붙혔다.

글을 쓰면서

많은 사람들에겐 아마 이 '논술' 형식이 이상하게 이어질 것이다. 왜냐하면 이 것은 많은 사람들에게 교화적인[1] 것이 되기에는 너무 엄밀하고, 또 엄밀하게 학 문적인 것이 되기에는 지나치게 교화적이라고 생각되기 때문이다. 지나치게 교 화적이라고 하면 나도 다른 의견이 있을 수 없지만, 너무 학문적이라고 하면 생 각이 다르다. 만일 이 글의 논술이 지나치게 엄밀하여 교화적이 아니라고 한다 면, 내가 노린 점에서 보면 실패작이 되고 말 것이다. 이 글의 논술에 따르는 여 러 전제는 아무나 가지고 있는 것이 아니기 때문에 이 논술이 누구에게나 교화 적일 수 없다는 것은 두말할 나위도 없지만, 이런 사실이나 논술이 교화의 성격 을 띠고 있음은 어쨌든 사실이다. 즉 그리스도교 관점에서 보면, 모든 것이 교 화에 도움을 주는 것이다. 결과적으로 교화적이 아닌 듯싶은 학문의 존재는[2]

---

1) 여기서 교화적이라고 번역한 원어는 opbyggelig로 독일어의 erbaulich, 영어의 edifying에 해당한 다. 이 말은 그리스어 οἰκοδομέω를 옮긴 것으로 쓰인 opbygge, erbauen, edify에서 온 말로 보통 〈고린도전서〉 8 : 1의 η αγαπη οικοδομει가 "사랑은 덕을 세운다"(풀이해서 번역하면 "사랑은 사람의 덕을 높인다"이다)고 할 수 있기 때문에 건전한 덕이라고도 번역할 수 있다. "사랑은 마음을 고 상하게 하고, 신앙심을 불러일으킨다"는 보통의 뜻으로 해석해도 상관은 없지만, 후에 키르케 고르가 《사랑의 실천》에서 전에 말한 〈고린도후서〉의 말과 관련시켜 "내게 나아와 내 말을 듣 고 행하는 자마다 누구와 같은 것을 너희에게 보이리라. 집을 짓되 깊이 파고 주추를 반석 위 에 놓은 사람과 같으니 큰물이 나서 탁류가 그 집에 부딪치되 잘 지었기 때문에 능히 요동하지 못하게 하였거니와"(〈누가복음〉 6 : 47~48) 가운데 "깊이 파고 주추를 반석 위에 놓은 사람과 같 으니 큰물이 나서 탁류가 그 집에 부딪치되 잘 지었기 때문에 능히 요동하지 못하게 하였거니 와"라는 말이 설명하듯이, 이 말은 이런 뜻을 포함해서 이해해야만 할 것이다. 키르케고르의 모든 저작에 걸쳐 중요한 의미를 가지는 '그리스도교적 범주'이다.

2) 이를테면 헤겔의 《정신현상학》의 서문에서 볼 수 있는 교화적이고자 하는 철학을 비난하는 것에 대해서 말하고 있다. 이미 1840년 일기에 "교화적인 것에 대한 헤겔의 혐오는 곳곳에서 볼 수 있지만 참으로 이상하다. 교화적인 것은 사람을 잠들게 하는 아편이 아니고, 유한한 정 신의 동의이며, 간과해서는 안 되는 인식의 일면이다"라고 쓰여 있다.

그 이유만으로도 그리스도교와는 거리가 먼 것이다. 모든 그리스도교다운 것의 서술은 병상에 임한 의사의 말과 같은 것이어야 한다. 만일 그 말을 제대로 이해하는 사람이 의학에 능통한 사람뿐이라 할지라도, 그것이 병상을 기웃거린 뒤에 한 이야기라는 점을 절대로 잊어서는 안 된다.

그리스도교다운 사람의 인생에 대한 이런 관계(이것은 학문이 인생과 동떨어져서 냉담하게 있는 것과는 반대의 경우이긴 하지만), 또는 그리스도교다운 것의 이런 윤리적 측면이야말로 교화로서, 이런 종류의 서술은 그것이 아무리 엄밀하다고 할지라도, 그런 종류의 '냉담한' 학문의 존재 방식과는 전혀 다를 뿐만 아니라 질적으로도 다르다.

그런 냉담한 학문의 초연한 영웅주의는 그리스도교의 관점으로 보면, 영웅주의이기는커녕 일종의 비인간적인 호기심에 지나지 않는다.

사실 그리스도교의 관점에서 본 영웅주의란 대부분 아주 드물게 볼 수 있지만, 그것은 완전히 자기 자신이 되려고 하는 것, 다시 말해서 한 사람의 특정한 개인이 되려고 하는 것이다. 신 앞에 혼자 서는 이 인간은 크나큰 노력을 하고, 크나큰 책임을 지면서 오로지 혼자 서 있으려고 하는 것이다. 그러나 순수한 인간이라는 말에 농락되어 기분이 좋아지든지, 세계사의 진전에 대해 경탄이나 경쟁놀이를 한다든지 하는 것은,[3] 결코 그리스도교의 관점에서 보는 영웅주의가 아니다. 그리스도교의 관점에서 보는 인식은 아무리 형식적이고 엄밀하다고 해도 세심한 배려를 한 것[4]이어야 한다. 그리고 이 세심한 배려야말로 진실로 교화라고 할 수 있는 것이다. 세심한 배려라는 것은 인생에 대한, 즉 인격의 현실

---

3) 명백히 헤겔의 역사관에 대해서 말하고 있다.

4) "세심한 배려를 한다"고 번역한 bekymret는 독일어의 bekümmern에서 만들어진 덴마크어로 명사형 Bekymring은 독일어의 Bekümmerung, Sorge에 해당한다. 이 말에 대해서 1843년의 《세 가지 교화적 강화》에서 세계에 대한 '무관심한' 지식을 배척하면서 다음과 같이 쓰고 있다. "세계란 인간에게 무엇을 의미하고 있으며, 또는 인간이란 세계에 대해서 무엇을 의미해야 하는가? 인간 스스로 그 때문에 세계에 속하고 있는 그 인간들 속에 있는 모든 것이 인간에게 무엇을 의미하고, 세계 속에 있는 인간이 그 세계에서 무엇을 의미하지 않으면 안 되는가? 이것에 대해서 세심한 배려가 인간의 마음속에서 눈을 뜬 순간에 비로소 이 세심한 배려 속에 존재하는 인간이 나타나는 것이다." 그것은 결국 자기 자신에 대한 세심한 배려이고, 자기 자신을 터득하려고 마음을 쓰고 노력하는 것을 말하는 것이다. 소크라테스의 '혼의 배려'를 생각나게 하는 말이다.

성과 관계되는 것이며, 따라서 그리스도교의 관점에서 말하면 엄숙성이라는 것이다. 지식이 냉담하고 초연하게 있다는 것은 그리스도교의 관점에서 보면, 한층 엄숙하다고 하기보다는 익살이요, 허영에 지나지 않는다. 그러나 엄숙함이란 또한 교화라고 할 수 있는 것이기도 하다.

따라서 이 조그마한 책은 어떤 의미에서는 신학교 학생이라도 쓸 수 있는 것이지만, 또 다른 의미에서는 대학 교수라도 쓸 수 없는 것이다.

또한 이 논문이 현재 보는 바와 같은 체계로 되어 있는 것은 적어도 깊이 생각한 끝에 가능했던 것이기 때문에 물론 심리학의 관점에서도 정당하다. 세상에서는 형식에 더 얽맨 양식을 쓰지만, 그런 양식은 너무나 형식에 사로잡히기 마련이라, 흐리멍덩하게 되고 말거나, 아니면 그런 양식에는 사람들이 곧잘 싫증을 내기 때문에 의미 없는 것이 되기가 쉽다.

물론 쓸데없는 잔소리이긴 하나 그런 지적을 각오하고 한마디 말해 둘 것이 있다. 이 글의 제목으로 알 수 있듯이 절망은 이 책 전체를 통해 병이라고 해석되고 있지, 약으로서 해석되고 있지 않다는 점을 나는 여기서 분명히 해두고 싶다. 즉 절망은 그만큼 변증법적으로 명증하다. 동시에 또 그리스도교의 말로서도 죽음은 가장 큰 정신적 비참함을 뜻한다. 하지만 구원은 죽는 것 안에, 즉 서서히 죽어 가는 것 안[5]에 존재한다.

1848년

---

5) 원어는 afdød. 그리스도와 함께 이 세상에서 '죽어' 지상에 미련을 가지지 않고 '산다'는 것, 다시 말하면 죄로 말미암아 죽고, 신으로 말미암아 산다는 것.

서론

"이 병은 죽을 병이 아니다."(〈요한복음〉 11 : 4[1]) 그런데도 나사로는 죽었다. 그 뒤 제자들이 그리스도가 덧붙인 "우리 친구 나사로는 잠들었도다. 그러나 내가 가서 깨우겠다"(11 : 11)고 한 말씀을 오해했을 때, 그리스도는 제자들에게 솔직하게 말했다. "나사로가 죽었느니라."(11 : 14) 물론 나사로는 죽었다. 그러나 이 병은 죽음에 이르지 않았다. 그런데 우리는 그리스도가, 그 무렵 함께 생활하던 사람들이 그의 말을 "믿으면 하나님의 영광을 보리라"(11 : 40) 했던, 그런 기적을 생각했다는 것을 알고 있다. 이것은 그리스도가 나사로를 죽음으로부터 깨어나게 한 기적이다. 따라서 이 병은 죽음에 이르지 않았을뿐더러 그리스도가 예언한 대로 "하나님의 영광을 위함이요 하나님의 아들이 영광을 받게 하려 함이었다."(11 : 4) 그러나 만일 그리스도가 나사로를 깨어나게 하지 못했다 하더라도,

---

1) 죽은 나사로를 되살린 기적이 적혀 있는 〈요한복음〉 11장의 기술을 요약한다. 베다니 마을의 나사로라는 남자가 병에 걸렸는데, 그 여동생 마리아와 마르다가 예수께 사람을 보내어 구원을 청했다. 그러자 예수께서 말씀하시기를 "이 병은 죽을병이 아니라 오히려 하나님의 영광을 위한 것이요, 이것으로 하나님의 아들이 여기 영광을 받으시게 하기 위한 것이다" 하고는 곧 베다니 마을로 가려고 하시지 않고 이틀 뒤에 제자들에게 말씀하셨다. "우리 친구 나사로는 잠들었다. 내가 가서 깨우겠다." 그러자 제자들이 말했다. "자고 있다고 하면 깨어날 것입니다." 예수께서는 나사로가 죽은 것을 자고 있다고 말씀하셨는데, 제자들은 그 뜻을 몰랐던 것이다. 예수께서 도착하셨을 때의 나사로는 무덤 속에 묻힌 지 나흘째 되는 날이었다. 마중 나온 마르다가 예수께 말했다. "주님, 주님이 여기 계셨더라면 제 오라비가 죽지 않았을 겁니다." 예수께서 마르다에게 말씀하셨다. "네 오라비가 다시 살아날 것이다." 마르다가 말했다. "마지막 날 부활 때 그가 다시 살아날 것을 압니다." 그러나 예수께서 말씀하셨다. "나는 부활이요, 생명이니 나를 믿는 사람은 죽어도 살고, 살아서 믿는 사람은 영원히 죽지 않을 것이다."
　예수께서는 무덤에 가셨다. 무덤은 동굴이었고 그 문은 돌로 막혀 있었다. 예수께서 "돌을 옮겨다 놓으라"고 말씀하시자 사람들이 돌을 옮겨 놓았다. 예수께서는 하늘을 우러러보시며 큰 소리로 "나사로야, 나오라" 하고 외치셨다. 그러자 죽었던 나사로는 천으로 손발이 감긴 채 나왔으며 얼굴도 수건으로 싸매여 있었다. 예수께서 그들에게 "그를 풀어 놓아 다니게 하라" 말씀하셨다.

이 병은 죽음 그 자체가 아니며 죽음에 이르는 것도 아니라고 말할 수 있지 않겠는가? 무덤 가까이에 이른 그리스도가 "나사로야 나오라"(11 : 43) 외침으로써, 이 병은 죽음에 이르지 않을 거라는 사실이 확실해진 것이다.

하지만 그리스도가 그런 말을 하지 않았다고 하더라도, "부활이요 생명"(11 : 25)인 그리스도가 무덤에 가까이 걸어갔다는 것만으로도 이 병이 죽음에 이르지 않음을 뜻하고 있지 않겠는가? 그리스도가 그때 거기에 있었다는 사실 자체가 이 병이 죽음에 이를 수 없음을 뜻하고 있는 것이 아니겠는가? 또 나사로가 죽은 자들 가운데서 불려 깨어났다고 하더라도, 결국은 죽는다는 것을 통해 그것도 종말을 아뢰어야 한다면 그것이 나사로에게 무슨 소용이 있겠는가? 만일 그리스도가 그를 믿는 사람 하나하나에게 모두 부활이요, 생명인 그런 분이 아니었다면, 그것이 나사로에게 무슨 소용이 있었겠는가! 나사로가 죽은 자 가운데에서 되살아났기 때문에 이 병은 죽음에 이르지 않은 것이 아니고, 그리스도가 몸소 거기에 있었기 때문에 이 병은 죽음에 이르지 않았던 것이다.

인간적으로 말한다면, 죽음은 모든 것의 마지막이기에, 생명이 있는 동안만 희망이 있다고 할 수 있다. 그러나 그리스도교다운 의미에서의 죽음은 절대로 모든 것의 최후가 아니며, 모든 것을 포함한 영원한 생명의 내부에 존재하는 하나의 작은 일에 지나지 않는다. 그래서 그리스도교다운 의미에서는 단순히 인간이라는 의미에서 생명이 있다는 것보다도 더 많은 건강과 힘을 죽음 안에서 발견할 수 있는 것이다.

그러므로 그리스도교다운 의미에서는 죽음까지도 '죽음에 이르는 병'이 아니다. 하물며 고뇌, 병, 비참, 고난, 재앙, 고통, 번민, 우수, 비탄 등등의 지상적이고 시간적인 번뇌라고 불리는 모든 것은 죽음에 이르게 하지 못한다. 우리 인간이, 적어도 번민하는 인간들이, "죽는 것보다 더 괴롭다"고 호소할 만큼 이런 번민들이 무겁고 괴로운 것일지라도, 그것은 다만 작은 병에 견줄 수 있을 뿐, 그리스도교다운 의미에서는 결코 죽음에 이르는 병이 아닌 것이다.

그리스도교는 그리스도교인에게, 죽음을 포함한 모든 지상의 것, 즉 세속적인 모든 것을 이처럼 초연히 생각하도록 가르쳐 왔다. 사람들이 흔히 불행이라고 부르는 것, 또는 가장 큰 재앙이라고 부르는 것에 그리스도교인이 이처럼 초연히 있을 때, 사람들은 그가 오만할 수밖에 없다고 이야기할 정도다. 그러나 그리스도교는 인간이 인간인 한은 도저히 알 수 없는 비참함이 현실에 있음을 발견했는데, 이 비참함이 바로 '죽음에 이르게 하는 병'이다. 자연 그대로의 인간[2]이 무서운 것을 하나도 남기지 않고 모두 말해 더 이상 말할 것이 없을 정도라도 그런 것들은 그리스도교인에게는 마치 무서운 농담으로만 들릴 것이다.

자연 그대로의 인간과 그리스도교인의 관계는 이처럼 어린애와 어른의 관계와 비슷하다. 어린애들이 무서워하는 것을 어른은 아무렇지도 않게 여긴다. 어린이는 두려운 것이 무엇인지 모른다. 하지만 그것이 무엇인지를 알고 있는 어른은 그 무엇을 두려워한다. 어린애가 불완전한 까닭은 먼저, 무서워해야 할 것이 무엇인지 모른다는 것이고, 다음으로는 그 결과로 나타나는 것인데, 두려워해야 할 것이 아님에도 두려워한다. 자연 그대로의 인간도 어린애와 마찬가지로 정말 두려워해야 할 것이 무엇인지 모른다. 그렇다고 해서 그들이 무서운 것을 피해 있다는 것이 아니고, 도리어 무서워해야 하지 않을 것을 무서워한다는 것이다. 이교도와 신의 관계 또한 마찬가지다. 이교도는 참다운 신을 알지 못할 뿐 아니라, 우상을 신으로 받들어 모시고 있는 것이다.

다만 그리스도교인만이 죽음에 이르는 병이 어떤 것임을 알고 있다. 그리스도교인은 그리스도교인인 한, 자연 그대로의 인간들이 모르는 용기를 가지고 있으며, 이 용기를 그들은 좀 더 무서운 것이 있다는 것을 배움으로써 터득한 것인데, 이런 식에 의해서만 인간은 언제나 용기를 얻는다. 인간이란 보다 큰 위험을 두려워하고 있을 때 언제든지 좀 더 작은 위험 속으로 뛰어들 용기를 가지는 법이다. 하나의 위험을 무한히 두려워할 때는 그 밖의 다른 위험은 전혀 존재하지 않는 것과도 같다. 그러나 그리스도교인이 배워서 터득한 무서워해야 할 것은 바로 '죽음에 이르는 병'이다.

---

[2] 신의 계시, 또는 영적인 계시를 받아들이지 못한, 태어날 때 그대로의 상태로 있는 사람을 뜻함.

제1편 죽음에 이르는 병이란 절망을 말한다

제1장 절망이란 죽음에 이르는 병이다

A. 절망은 정신병, 자기 자신에게 있는 병으로서, 거기에는 세 가지 경우가 있다. 절망해서 자신이 자신의 소유자임을 자각하지 못하는 경우(즉 본질과는 거리가 먼 절망). 절망해서 자기 자신이고자 바라지 않는 경우. 절망해서 자기 자신이고자 바라는 경우

인간은 정신이다. 그러나 정신이란 무엇인가? 정신이란 자기이다. 그러나 자기란 무엇인가? 자기란 자기 자신과 어떤 관계에 있는 것이다. 또는 그런 관계에서의 그 관계가 또 그 자신과 관계한다는 것을 말한다. 자기란 관계 그 자체가 아니고, 관계가 그 자신과 관계'하는 것'을 말한다. 인간은 유한성과 무한성의 종합이요, 순간과 영원의 종합이요, 자유와 필연의 종합이다. 종합이라는 것은 둘 사이의 관계를 뜻한다. 이렇게 생각한다면 인간은 아직 자기가 아니다.

둘 사이의 관계에서는 그 관계 자체가 소극적 통일로서의 제삼자다. 그리고 그 둘은 관계에 의해서, 또 그 관계와 맺어진 관계 안에서 관계한다. 이렇게 해서 '정신 활동'이라는 규정 아래에서는 육체와 영혼의 관계도 같은 것이다. 이에 반해서 자기 자신(정신)과 관계하는 경우에 이 관계는 적극적인 제삼자로서의 자기인 것이다.

그 자신과 관계하는 그런 관계, 즉 자기는 자기 스스로 조정(대상으로서 정함)하거나 아니면 다른 사람에 의해 조정되거나, 어느 한쪽이어야 한다. 그 자신과 관계하는 관계가 다른 사람에 의해 조정되는 경우, 그 관계는 물론 자신과 관계하고, 뿐만 아니라 제삼자이긴 하지만, 이 제삼자는 짐짓 또 하나의 관계로서

그 관계 전체를 조정한 것과 관계하고 있다.

이렇게 파생적으로 조정된 관계가 자기(정신)라는 인간이며, 그것은 그 자신과 관계하는 관계일 뿐만 아니라 그 자신과 관계한 많은 사람에게 관계하는 것과 같은 관계이다. 이런 관계로 해서 본질적인 절망에는 두 가지 형식이 있게 된다. 먼저, 인간이 자기 스스로 자기 자신을 조정한 결과로 절망해서 자기 자신이고자 바라지 않는 경우가 있다. 자기 자신이기를 바라지 않고 자기 자신에게서 벗어나려고 할 뿐인 것이다.

제2의 형식은 전체 관계(정신)가 타자에 의존하는 것의 표현이며, 자기(정신)는 자기 자신에 의한 균형과 평안으로 도달한다거나 그런 상태에 있을 수 있는 것이 아니고, 자기가 자기 자신과 관계함과 동시에 모든 관계를 조정한 타인과 관계하는 것으로써만 그것이 가능함을 표현하는 것이다. 그렇기 때문에 사실 이 제2형식의 절망(파생된 절망으로 인해서 자기 자신으로 회귀하고자 하는 것)은 단순히 절망의 독특한 한 종류에 지나지 않은 것이 아니다. 오히려 모든 절망이 결국에 가서는 이 절망으로 분해되고 환원되는 것과 같은 것이다.

여기에 절망한 한 사람이 있다고 하고, 그 절망한 사람은 자기의 절망을 의식하고 있으며, 절망이라는 것이 마치 무언가 자기의 몸에 덮치는 것인 양 생각하는 바보스러움으로 말하지 않고(그런 식으로 말하는 것은 어지러운 병에 걸려서 괴로워하는 사람이 신경 착각 때문에 머리 위에서 뭔가 무거운 것이 짓누르고 있다든지, 뭔가 머리 위로 떨어져 내리는 것 같다고 말하는 경우인데, 사실은 이 무게나 압박은 결코 밖에서 오는 것이 아니라 자기 안에 있는 것의 역반사에 지나지 않을 것이다) 그에게서 일어나고 있는 일로 말한다면 그것은 결코 의미 없는 일이 아니다. 전력을 다하여 자기 자신의 힘으로, 오직 자기 혼자의 힘만으로 절망을 없애려고 한다면, 그때 그는 여전히 절망 속에 빠져 있게 되어, 자기로서는 전력을 다해서 노력한다고 해도 노력하면 할수록 그만큼 점점 더 깊은 절망 속으로 빠져 들어갈 뿐이다. 절망의 분해는 단순한 분해가 아니고, 그 자신과 관계하는 동시에 타인에 의해 조정되는 관계의 분해이다. 따라서 앞서 말한 그 자신만의 관계의 분해는 동시에 이 관계를 조정한 어떤 '힘'과의 관계 속에 무한히 반영되는 것이다.

즉 절망에서 완전히 벗어난 경우의 자기 상태를 나타내는 정식(定式)은, 자기가 자기 자신과 관계하면서 자기 자신이고자 할 때 자기(정신)는 자기를 조정한 힘 가운데에 투명하게 근거를 두는 것이다.

B. 절망의 가능성과 현실성

절망은 장점일까? 단점일까? 변증법적으로 말해서 확실히 절망은 그 어느 쪽
도 다 갖고 있다. 절망하고 있는 인간을 생각하지 않고, 어디까지나 추상적인 사
상으로서의 절망을 생각한다면, 절망에는 큰 장점이 있다고 말하지 않을 수 없
을 것이다. 이 병에 걸릴 수 있다는 가능성이 인간이 동물보다 뛰어나다는 증거
이다. 그리고 이 장점은 똑바로 서서 걷는 것과는 전혀 다른 의미에서 인간을 우
월한 것으로 만들어 준다. 왜냐하면 이 장점은, 인간은 정신이라고 하는 무한히
고귀하고 숭고한 정신의 소유자임을 보여 주기 때문이다. 이 병에 걸릴 수 있다
는 것은 인간이 동물보다 뛰어나다는 증거이다. 이 병에 주의하고 있다는 것이
자연 그대로의 인간보다 뛰어나다는 그리스도교인들의 장점이다. 이 병에서 치
유되었다는 것이 그리스도교인의 더없는 행복인 것이다.

이처럼 절망할 수 있다는 것은 끝없는 장점이다. 그러나 현실에서 절망하고
있다는 것은, 가장 큰 불행이요 비참함일 뿐만 아니라, 그것은 파멸이다. 보통
가능성의 절망과 현실성의 절망은 서로 다른 관계에 있는 것으로, 이것이 하나
의 장점이라면, 저것은 현실에서 더욱더 큰 장점인 것이다. 즉 현재 그러하다는
것은 그러할 수 있다는 가능성에 비해 상승하는 관계에 있다. 이에 반해서 절
망의 경우는 현재 그러하다는 것은, 그러할 수 있다는 가능성에 비해 하강하는
관계에 있는 것이다. 가능성의 장점이 무한이듯이, 하강 또한 마찬가지로 무한
히 그 밑바닥이 깊은 것이다.

따라서 절망에 대해서는 현재 절망하고 있지 않다는 것이 상승인 것이다. 그
러나 이 규정은 아직 모호하다. 절망하고 있지 않다는 것은 절름발이가 아니라
든지, 맹인이 아니라는 것과는 뜻이 다르다. 만일 절망하고 있지 않다는 것이 다
만 절망하고 있지 않다는 것일 뿐, 그 이상의 의미도 그 이하의 의미도 가지고
있지 않다면, 그것이야말로 절망하고 있는 것이 된다. 절망하고 있지 않다는 것
은, 절망하고 있을 수 있다는 가능성(즉 절망의 가능성이 상대적으로 개입된 것)의
부정이어야 한다. 만일 어떤 인간이 절망하고 있지 않다는 것이 사실이라고 할

수 있다면, 그는 절망의 가능성을 모든 순간에 부정하고 있어야 한다. 가능성과 현실성의 관계는 보통 그런 식의 것이 아니라고 하는 것은, 과연 현실성은 부정된 가능성이라고 말하고 있는 사상가[1]도 있기는 하지만, 이것은 완전히 진실일수는 없다. 오히려 현실성이란 이루어진 가능성이며 현세에서 작용하고 있는 가능성인 것이 보통이기 때문이다. 그런데 여기에서의 현실성(절망하고 있지 않다는 것)은 그 때문에 하나의 부정이자 무력하고 부정된 가능성인 것이다. 보통의 경우라면 현실성은 가능성을 인식하는 의미를 가지는 것이나 여기에서는 그것을 부정(가능성의 불안에 대한 부정)하는 것이다.

절망이란 종합(정신에 의한 마음과 육체의 종합)인 인간 그 자신과의 관계 안에서 일어나는 분열이다. 그러나 종합 그 자체는 분열이 아니고, 그것은 단순한 가능성(마음과 육체의 종합에 의해 남성적 정신의 가능성과 여성적 정신의 가능성이 생긴다)에 지나지 않는다. 바꾸어 말하면 종합 속에는 분열의 가능성이 있는 것이다. 만일 종합 그 자체가 분열한다면, 절망은 결코 존재하지 않았을 것이고, 그 때의 절망은 인간의 본성 안에 숨어 있는 어떤 것이 되고 말 것이다. 그것은 인간의 몸에 덮쳐 오는 어떤 것, 예컨대 인간이 병에 걸린다든지 모든 사람은 죽어야 할 운명이라는 것과 같은 것으로, 사람이 피동적으로 받는 무엇이 될 것이다. 그러나 만일 인간이 종합이 아니었다고 한다면, 인간은 결코 절망할 수 없었을 것이고, 또한 종합이 신의 손에 의해 본디부터 정당한 관계에 놓여 있지 않았더라면, 그 경우에야말로 인간은 절망할 수 없었을 것이다.

그렇다면 절망은 어디에서 올까? 종합이 자신과 관계하는 관계에서 오는 것이다. 그것도 인간을 이런 관계가 되게 한 신이 인간을 그 손에서 놓는 것을 통해, 관계가 그 자신과 관계하기에 이르게 되었다. 그리고 그 관계가 정신이자 자기이기 때문에 책임이 생기게 되는데, 모든 절망은 이 책임 아래에 있는 것이고,

---

1) 아마 《철학적 단편》의 지은이 요하네스 클리마쿠스(키르케고르의 필명)를 가리키고 있을 것이다. 요하네스 클리마쿠스는 그의 저서에서 생성이 필연적인 것에 일어날 수 없음을 설명할 때 "모든 생성은 괴로움을 받게 마련이지만, 필연적인 것은 괴로움을 받을 수 없다. 즉 현실성의 괴로움을 받을 수가 없다. 이 '괴로움을 받는다는 것'은 가능한 것(제외되는 가능한 것만이 아니고, 거기에 넣을 수 있는 가능한 것까지)이 현실이 되는 그 순간에 무(無)라는 것을 안다는 점에 있다. 그것은 바로 현실성에 의해 가능성이 무로 되어 있기 때문이다"라고 서술하여, 현실성이 부정된 가능성이라고 말했다.

절망이 있는 한 그 모든 순간은 이 책임 아래에 있는 것이다. 예를 들어 절망하는 이가 착각을 해서, 자기 절망을, 먼저 말한 현기증 발작(이 현기증과 절망은 질적으로 다른 것이기는 하지만 공통점도 많다. 그 이유는 현기증이 마음의 규정 아래에 있다는 것은 절망이 정신의 규정 아래에 있는 것과 같은 것으로, 현기증은 절망적인 것과 비슷하기 때문이다)의 경우와 같이, 밖에서 덮쳐 오는 듯한 불행인 것처럼 아무리 설명하고, 아무리 교묘하게 이야기해서 자기 자신과 남을 속이려 해도 별수 없는 것이다.

이렇게 해서 절망이 분열(다른 정신 관계에서 파생된 절망이 분쇄되어 본래 자신의 종합 정신으로 회귀하는 것)되었다고 하면 거기에서 저절로 그 분열이 지속된다고 할 수 있을까? 아니, 저절로 그렇게 되는 것이 아니다. 분열이 지속하는 것은 분열의 결과가 아니고, 자기 자신과 관계하는 관계의 결과인 것이다. 즉 분열이 나타날 때마다, 또 분열이 현존하는 순간마다 자기 자신과의 관계로 환원되어야 한다. 우리는 곧잘 사람들이 부주의하기 때문에 병을 끌어들인다고 한다. 그래서 병이 생기고 그 순간부터 병은 힘을 얻어 바야흐로 하나의 현실이 되지만, 그 뿌리는 점점 더 먼 과거의 것이 된다. 만일 환자에게 "환자여, 자네는 이 순간에 이 병을 끌어들이고 있네" 하고 계속 되풀이하여 말한다고 하면, 다시 말해 매 순간마다 병의 현실성을 병의 가능성에 이르게 하려는 것은 가혹한 일일뿐만 아니라 인간으로서 할 짓은 아닐 것이다.

사실 병자가 병을 스스로 끌어들이기는 한다. 그러나 그는 단 한 번 병을 끌어들였을 뿐이며, 병이 지속되는 것은 그가 단 한 번 병을 끌어들인 단순한 결과에 지나지 않으므로 병의 지속 원인을 매번 병자의 탓으로 돌려서는 안 되는 것이다. 그는 병을 끌어들이기는 했지만, 병을 계속 끌어들이고 있는 것은 아니기 때문이다. 절망한다는 것은 그것과는 다르다. 절망의 모든 현실적 순간은 가능성으로 갈음할 수 있는 것이다. 절망하는 이는 절망하는 순간마다 절망을 스스로 계속 끌어들이고 있는 것이다. 절망은 끊임없이 현재라는 시간에서 생겨난다. 거기에는 현실에 남겨질 과거라고 할 그런 것들은 하나도 없다. 현실 속에서 절망할 수 있는 모든 순간에 절망하고 있는 자는 모든 앞서가는 것을 현재의 것으로 만듦으로써 절망하게 된다. 그렇게 된다는 것은 절망한다는 것이 정신의 규정으로서 인간 속에 있는 영원한 것(영원성을 현재의 시간 속에 표현하는 것)에 관계하기 때문이다. 그리고 이 영원한 것에서 인간은 절대로 벗어날 수가 없다. 아니, 그것은 영원히 불가능한 것이다. 인간은 영원한 것을 단 한 번이라도 떨쳐 버릴 수 없다. 이것만큼 불가능한 것은 없다.

만일 인간이 영원한 것을 가지고 있지 않은 순간이 있다면, 그 순간에 인간은 영원한 것을 떨쳐 버리고 말든지, 아니면 떨쳐 버리는 중에 있거나 그 어느 쪽일 것이다. 그러나 영원한 것은 또 되돌아온다. 다시 말해 인간은 절망하는 순간마다 절망을 끌어들이고 있는 것이다. 그것은 절망이 분열의 결과로 나타나는 것이 아니고, 그 본래의 자기 자신과 관계되는 관계의 결과로서 나타나는 것이기 때문이다. 그리고 인간은 자기 자신에게서 벗어날 수 없는 것처럼 그 자신과의 관계에서도 벗어날 수 없다. 자기란 자기 자신과의 관계이기 때문에 이는 결국 같은 것을 말하는 것이기도 하다.

C. 절망은 '죽음에 이르는 병'이다

죽음에 이르는 병이라는 이 개념은 어디까지나 독특한 의미에서 이해해야 한다. 글자 그대로 풀면 그것은 그 끝, 그 결말이 죽음인 병을 말한다. 그렇기 때문에 치명적인 병이란 죽음에 이르는 병과 같은 의미로 쓰이고 있다. 이런 의미에서 보면 절망은 죽음에 이르는 병이라고는 할 수 없다. 오히려 그리스도교적인 의미에서의 죽음은 그 자체가 삶을 이해하는 과정이다. 그렇다면 세속적이고 육체적인 그 어떤 병도 죽음에 이르는 것은 아니다. 왜냐하면 죽음은 확실히 병의 마무리이긴 하지만, 그렇다고 해서 죽음이 끝을 뜻하는 것은 아니기 때문이다. 만일 가장 엄밀한 의미에서의 죽음에 이르는 병을 말하고자 한다면, 그것은 결말이 죽음이고, 죽음이 결말인 것과 같은 경우의 병이어야 한다. 그리고 이 병이야말로 바로 절망이다.

그러나 절망은 또 다른 의미에서 보면 한층 더 명확하게 죽음에 이르는 병이다. 다시 말해 글자 그대로의 뜻으로 보면, 이 병 때문에 죽는다든지, 이 병이 육체의 죽음으로 끝난다든지 하는 것은 도저히 있을 수 없다. 반대로 절망의 고뇌는 진실로 죽을 수 없다는 점에 있다. 따라서 절망은 누워서 죽음과 싸우면서도 죽을 수 없는 죽을병에 걸려 앓고 있는 상태와 비슷하다. 그래서 죽음에 이르도록 앓고 있는 것은 죽을 수 없다는 것이고, 그렇다고 해서 살 수 있는 희망이 있는 것도 아니다. 아니 오히려, 죽음이라는 마지막 희망까지도 남아 있지 않을 정도로 희망을 잃고 있음을 의미하는 것이다. 죽음이 가장 큰 위험일 때 사람은 살기를 간곡히 바라는 법이다. 그러나 또한 더욱 무서운 위험을 알게 될 때 사람은 죽음을 바라게 된다. 이렇게 해서 죽음을 희망으로 생각하게 될 정도로 위험이 클 때, 그때의 절망이 바로 죽을 수조차도 없다는, 아무런 희망이 없는 절망인 것이다.

그러면 이 마지막이라는 의미에서의 절망은 죽음에 이르는 병이다. 자기 자신에 의한 이 병은 영원히 죽는, 죽으면서도 죽지 않는, 죽음의 고뇌에 찬 모순이다. 생각건대, 죽음이란 이미 죽었다는 것을 뜻하기 때문이다. 그러나 죽음을 죽는다고 말하는 것은 죽음을 체험하는 것을 의미한다. 그래서 이 죽는다고 하는 것이 단 한 순간에 체험될 수 있다면, 그것은 죽음을 영원히 체험하는 것이 된다. 만일 인간이 병으로 죽듯이 절망으로 죽는다면, 그의 내부에 있는 영원한 것, 즉 자기 육체가 병으로 죽는 것과 같은 의미로 죽을 수 있어야 하지만, 그것은 불가능하다. 절망의 죽음은 끊임없이 생으로 진화한다. 절망하는 사람은 죽을 수가 없다. "칼이 사상을 죽일 수 없는 것처럼"[2] 절망도 절망의 밑바탕에 있는 영원한 것, 즉 자기를 녹여 없앨 수는 없다. 절망이라는 "그 벌레가 죽지 아니하며, 그 불이 꺼지지 아니하는"[3] 것이다. 절망이라는 것은 바로 자기를 녹여 없애는 것이다. 더 정확하게는, 스스로가 바라는 것을 이룩할 수 없는 무력한 자

2) 1843년의 일기에 다음과 같은 메모가 있다. 에발의 《자살에 대한 징계》라는 굉장한 시가 있다. 특히 다음의 한 구절.

바다의 물결은 지울 수 있을까?
독은 신의 각인을 부식시킬 수 있을까?
칼은 사상을 죽일 수 있을까?

요하네스 에발은 18세기 덴마크 문학사에서 가장 독창적인 시인 가운데 한 사람인데, 특히 서정시인 및 비극작가로 알려져 있다. 인용한 구절은 자살의 유혹에 빠진 자를 그리스도가 타이른다는 형식으로 쓰여 있다. 그 무렵 괴테의 《젊은 베르테르의 슬픔》의 덴마크어 번역판이 나온 뒤 코펜하겐에 자살이 유행했을 때(1779) 출판된 것이다.

3) 〈이사야〉 66 : 24에 있는 말. 이것에 의거해서 〈마가복음〉 9 : 48에서 "거기에서는 구더기도 죽지 않고, 불도 꺼지지 아니하느니라"고 쓰여 있는 것에 따른 표현.

기를 녹여 없애는 것이다. 하지만 절망 스스로가 원하는 그것은 절망이 할 수 있는 일이 아니기에, 이 무력함이 자기를 녹여 없애는 하나의 새로운 형태가 된다. 그러나 이 형태에서의 절망은 그가 하고자 하는 것, 즉 자기 자신을 녹여 없애는 욕망 앞에 무력하다. 그것은 절망의 곱절이며 제곱의 법칙이기도 하다. 이것은 절망에 불붙이는 것, 또는 절망 속의 차가운 불길이며, 끊임없이 자신의 내부로 파고 들어가 점점 더 무기력해지는 자기 소모이다.

절망하는 이에게 절망이 자신을 녹여 없애지 않는다는 것은 위로가 되는 게 아니고, 반대로 그 위로는 진정한 고뇌요, 그것이야말로 진실로 죄를 살려 생을 계속 죄로 향하게 하는 데 지나지 않는 것이다. 왜냐하면 절망하는 사람은 자기 자신을 녹여 없앨 수가 없고, 자기 자신으로부터 벗어날 수 없으며, 무로 될 수 없고 절망했다기보다 계속 현실 속에서 절망하기 때문이다. 이것이 절망의 제곱 공식이며, 이 자기의 병에서의 열의 상승이다.

절망하는 자는 '무슨 일에' 절망한다. 얼핏 보기에는 그렇게 보인다. 하지만 그것은 한 순간일 따름이다. 그런 순간에 진짜 절망이, 즉 절망의 참모습이 나타난다. 절망하는 자가 무슨 일에 절망했다는 것은 사실은 자기 자신에게 절망한 것이다. 그래서 자기 자신으로부터 벗어나고자 하는 것이다. 이렇게 해서 "제왕이냐, 아니면 무(無)냐?"[4]를 표방하는 야심가가 제왕이 될 수 없을 때, 그는 스스로에게 절망한다. 그러나 그것이 의미하는 바는 사실은 다른 데 있다. 다시 말해 그는 제왕이 되지 못했다고 하는 바로 그것 때문에, 또 그것이 남이 아니고 자기 자신이라는 사실 때문에 참을 수 없게 되는 것이다. 따라서 그는 자기가 제왕이 되지 못했다는 것에 절망하고 있는 게 아니라, 제왕이 되지 못한 자기 자신에게 절망하는 것이다.

만일 그가 제왕이 되었더라도, 그에게 그 이상의 즐거움은 없을 것임이 틀림없기는 하나, 다른 의미에서는 마찬가지로 자신을 찾지 못해 자신으로부터 빠져나와 절망하고 있을 것이다. 어쨌든 지금 그는 제왕이 되지 못했다. 그래서 절망하여 자기 자신으로부터 벗어날 수 없는 것이다. 어느 경우든 본질적으로 그는

---

4) 이탈리아의 정치가 체사레 보르자가 좌우명으로 삼았다는 말이다. 《인생길의 여러 단계》에서는 aut Caesar, aut nihil이라는 라틴어로 인용되어 있는데, '전부 아니면 전무(all or nothing)'를 의미한다.

똑같이 절망하고 있다. 왜냐하면 자신의 자기를 갖고 있지 못한 그는 자기 자신이 아니기 때문이다. 제왕이 되었더라도 그는 자기 자신이 되지 못하고 자신으로부터 벗어나 버리고 말았을 것이다. 또 제왕이 되지 못했을 때는 자기 자신으로부터 벗어날 수 없는 것에 절망한다. 그러므로 절망하고 있는 이에 대해서(절망하고 있는 사람을—자기 자신조차도—일찍이 본 적 없는 사람), 그것이 마치 절망하는 사람이 받아야 할 형벌이나 되는 것처럼, 그가 자기 자신을 녹여 없애고 있다고 말한다면 그것은 겉보기식의 관찰인 것이다. 그 이유는 그것이야말로 그가 절망하는 것이며, 그것이야말로 그의 고뇌이므로, 그것은 태울 수도, 태워 없앨 수도 없는 것 속에, 즉 자기 속에 절망에 의한 화가 던져진 것이기 때문이다.

그런 까닭에 무슨 일에 절망한다는 것은 아직 원래 절망은 아니다. 그것은 시작에 지나지 않는다. 그것은 마치 의사가 병에 대해 아직 아무런 증상이 나타나지 않았다고 말하는 상태와 같다. 절망이 나타나고 그다음에 자기 자신에게 절망하는 것이 뚜렷이 나타나게 된다.

소녀가 사랑 때문에 절망하고 있다. 연인이 죽었거나 또는 그녀를 배신했거나 해서 연인을 잃은 그녀는 그 사실에 절망하고 있다. 그러나 이것은 분명히 말해서 절망이 아니다. 그녀는 자기 자신에게 절망하고 있는 것이다. 만일 그가 그녀의 연인이 되어 있었더라면 매우 사랑스러운 방법으로 벗어나든지 잃어버렸을 그녀의 자기 자신, 이 자기 자신, 지금은 또 '그 남자' 없이 있어야 하기 때문에 그녀에겐 고통이다. 그녀에게 그녀의 재산처럼 되어 있었던 자기 자신 또한 다른 의미에서는 똑같이 절망하고 있는 것이기는 하지만, 그런 자기가 '그 남자'가 죽었기 때문에 지금은 그녀에게 불길한 공허가 되어 버린 것이거나 또는 그런 자기가 그녀가 속았다는 것을 스스로 생각나게 하기 때문에 그녀는 혐오하게 되고 만 것이다. 그래서 그런 여자가 있다면, 시험 삼아 그 여자에게 "당신은 당신 자신을 녹여 없애고 있군요"라고 말해 보라. 그러면 그대는 틀림없이 "아니에요, 그렇게 할 수 없기에 저는 괴로워하는 겁니다"라는 그녀의 대답을 들을 것이다.

자기에게 절망한다는 것, 절망해서 자기 자신으로부터 벗어나고자 하는 것, 이것이 모든 절망의 공식이다. 따라서 절망해서 자기 자신으로 회귀하고자 하는 절망의 제2형태는 절망해서 자기 자신으로부터 빠져나가려는 제1형태로 환원될 수 있지만, 우리는 앞에서, 절망해서 자기 자신이고자 하지 않는 형태를 자기 자신이고자 하는 형태로 회귀(A 참조)시켰다. 절망하는 자가 절망해서 자기 자신이고자 한다면, 그는 본래 자기 자신으로부터 멀어지기를 바라지 않는 게 아닌가.

확실히 그렇게 생각할 수도 있다. 그러나 더 깊이 생각해 보면 결국 이 모순은 같은 것임을 알 수 있다. 절망하고자 하는 자기는 그 자신의 자기가 아니다 (왜냐하면 그가 참으로 자기이고자 하는 것은 물론 절망하는 것의 정반대이기 때문이다). 즉 그는 그의 자기를, 그것을 조정한 힘에서 떨어져 나오게 하고자 하는 것이다. 하지만 그것은 아무리 절망했다고 하더라도 그로서는 할 수 없는 일이다. 절망이 제아무리 전력을 다하더라도 조정한 힘 쪽이 강하기 때문에, 그가 바라지 않는 자기처럼 되도록 그에게 강요하는 것이다. 그러나 그럼에도 그는 어디까지나 자기 자신으로부터, 그의 자기 자신으로부터 벗어나 그가 스스로 발견한 자기이고자 한다. 그가 되려고 하는 자기 자신은, 그것이 예컨대 다른 의미에서는 마찬가지로 절망일망정 그의 가장 큰 기쁨일 것이다. 그런데 그가 바라지 않는 자기가 되도록 강요당한다는 것은 그의 고뇌이다. 다시 말해 그가 자기 자신으로부터 결국 벗어날 수 없다고 하는 고뇌인 것이다.

소크라테스는, 육체의 병이 육체를 녹여 없애는 것과는 달리, 영혼의 병은 영혼을 녹여 없애는 것이 아니라고 한 데서 영혼의 불멸성을 증명했다.[5] 그와 마찬가지로 절망은 절망하는 사람의 자기(정신)를 녹여 없앨 수 없다는 데서, 그것이 곧 절망에서의(죽을 수 없는) 모순의 고뇌라고 하는 데서, 인간 내부의 영원한 것의 존재를 증명할 수 있다. 인간의 내부에 아무런 영원한 것이 없다고 한다면, 인간은 결코 절망할 수 없을 것이고, 또 절망이 절망하는 사람의 자기를 녹여 없앨 수 있었다고 한다면, 절망도 이미 존재하지 않았을 것이다.

---

5) 플라톤은 《국가》에서, 소크라테스와 글라우콘의 대화에서 "영혼은 죽지 아니하며 결코 죽지 않는다는 것을 논증함으로써 육체의 악인 병은 육체를 해체하고 멸망시켜 육체가 아닌 상태로 만들어 버리고 말지만, 그런 의미에서의 영혼의 악은 영혼을 멸망시키는 것은 아니다. 그렇다면 어떤 악, 즉 자기에게만 있는 악이든 다른 악이든 영혼을 멸망시키는 게 아니라면, 명백히 영혼은 언제나 존재하고 있는 것이어야 한다. 그리고 그것이 늘 존재하는 것이라면, 죽지 아니하는 것이어야 한다" 말하고 있다. 소크라테스는 영혼의 악으로서 '부정', '방종', '비겁', '무지'를 들고 있지만, '죄'라는 말은 쓰지 않았다.

이렇게 해서 자기 내부의 병(영원한 고통에 이르는 병)인 절망은 죽음에 이르는 병인 것이다. 절망하는 이는 죽음의 병에 걸려 있다. 보통 인간의 병에 대해서 일컫는 것과는 전혀 다른 의미가 됨으로써 이 병은 인간의 가장 소중한 부분을 침범한 셈인데, 따라서 그는 죽을 수 없다. 여기서 죽음은 병의 결말이 아니고, 어디까지나 끝없이 이어지는 마지막인 것이다. 죽음으로써 이 병으로부터 구원받을 수는 없다. 왜냐하면 이 병과 그 고뇌는, 다시 말해 죽음은 죽을 수가 없다는 것이기 때문이다.

이것이 절망에 빠진 인간의 상태이다. 절망하는 이가 스스로 자신이 절망하고 있다는 것을 알지 못하더라도, 또는 자신의 자기를 잃어버리고 있는 것을 알아차리지 못할 정도로(이것은 특히 절망이라는 것에 대해서는 아무것도 모르는 것 같은 부류의 절망인 경우에 한하지만) 완전히 자신의 자기를 상실해 버렸을지라도, 그래도 영원은 틀림없이 그의 상태가 절망이었다는 것을 뚜렷이 드러낼 것이다. 그래서 그의 자기를 절망의 자기에게 못을 박아 버리고 말 것이다. 거기에서 그가 스스로 자기로부터 벗어날 수 없다는 고뇌가 남아, 그가 발견하고자 한 자신이 그에게 가능하다는 생각은 단순한 공상일 뿐이었다는 것이 뚜렷이 드러나게 될 것이다. 그러므로 영원은 틀림없이 그렇게 되어야 한다. 왜냐하면 자기를 가지는 것, 자기 자신일 수 있다는 것은 인간에게 주어진 가장 큰 양보(후퇴)요, 무한의 타협이며, 동시에 영원성이 인간에게 요구하는 것이기도 하기 때문이다.

제2장 이 병(절망)의 보편성

의사가 보기에는 완전히 건강한 인간은 한 사람도 없다고 할 것이다. 마찬가지로 인간을 진실로 알고 있는 사람이라면, 조금도 절망하지 않는 사람이란, 다시 말해 마음 깊은 곳에 동요라든지 압력, 부조화, 불안 따위가 없는 사람이란 한 사람도 없다고 분명히 말할 것이다. 그것은 아직 알지 못하는 어떤 것에 불안을 느끼는 것, 모든 인간이 감히 알고자 하지도 않는 어떤 것에 불안을 느끼는 것이며, 인간 세상의 어떤 가능성에 불안을 느끼거나 자기 자신에 대해 불안을 느끼는 것 등이다. 따라서 인간은 몸에 병을 지닌 채 어슬렁거리고 있다고 의사가 말하듯이, 인간은 하나의 병, 즉 정신의 병을 갖고 있다. 그런데 이 병이 때때로 어떤 순간에 번갯불처럼, 자기 자신도 모르는 불안으로 말미암아, 또 그런 불안을 동반하고서, 그 병이 내부에 있음을 알게 해주는 것이다. 절망해 본 적이 없다고 말하는 인간은 적어도 그리스도교 외부에서는 일찍이 한 사람도 살고 있던 적이 없었고, 또 현재도 살고 있지 않다. 또 그리스도교 내부에서도 참된 그리스도교인이 되지 않는 한, 한 사람도 없는 것이다. 그래서 인간은 참된 그리스도교인이 되지 않는 한 결국 어떤 의미에서든 절망하고 있는 것이다.

이런 식으로 생각하면 틀림없이 많은 사람들은 역설 또는 과장하고 있다고 생각할 뿐만 아니라, 기분 나쁘게 사람의 마음을 우울하고 혼미하게 만드는 견해를 갖고 있다고 생각할지 모른다. 그러나 결코 그렇지 않다. 오히려 그와 반대로 이런 고찰은 보통 어떤 종류의 어둠 속에 내버려져 있기 쉬운 것을 온 세상에 드러내기 위함이다. 그래서 그것은 사람의 기분을 혼미하게 만드는 것이 아니라, 그와는 반대로 사람의 정신을 가다듬게 한다. 왜냐하면 이런 고찰은 인간은 정신이어야 한다는, 즉 인간에 대한 최고의 요구 아래에 있는 인간을 고찰하는 것이기 때문이다. 이 고찰은 역설도 아니다. 오히려 그와는 반대로 정연하게 이론에 맞는 근본적인 견해이며, 그런 면에서 보면 과장도 아니다.

절망에 대한 일반 고찰은 이런 식의 고찰과는 반대로 겉보기에만 빠져, 자연스레 수박 겉 핥기가 된다. 다시 말해 고찰이라고도 할 수 없는 것이 되고 만다. 이런 고찰은 인간이란 누구든지 자기가 절망하고 있다는 것을 자기 자신이 가장 잘 알고 있다고 생각한다. 그러기에 자기는 절망하고 있다고 스스로 말하는 사람은 절망하고 있다고 인정되고, 자기 자신이 절망하고 있지 않다고 생각하는 사람은 사실상 절망하는 사람으로 보이지 않는다. 그 결과 절망은 매우 드문 현상으로 나타난다. 그러나 절망은 완전히 보편적이다. 사람이 절망하고 있다는 것은 드문 일이 아니다. 오히려 사람이 진실로 절망하고 있지 않다는 것이 매우 드문, 희귀한 일이다.

이런 통속적인 고찰로는 절망이 무엇인지 제대로 모른다. 이 통속적인 고찰은 많은 것을 간과하고 있는데, 그중에서도 다음과 같은 점을 완전히 놓치고 있다 (여기서는 다음의 한 가지만을 예로 들지만, 이 한 가지가 정말 이해된다면, 그것만으로도 이미 수천수만의 사람, 아니 수백만의 사람이 절망이라는 규정 속으로 들어가게 된다). 즉 이 고찰은 절망하고 있지 않다는 것, 절망하고 있다는 것을 의식하고 있지 않다는 것, 그것이 곧 절망의 한 형태라는 것을 간과하고 있다. 통속적인 고찰이 한 인간이 병에 걸렸는지 아닌지의 여부를 규정하는 경우에 때때로 일어나는 일이, 절망을 이해하는 경우에도 가장 심각한 의미로 일어나는 것이다. 여기서 훨씬 심각한 의미라는 것은, 이런 통속적인 고찰을 하는 사람들은 정신에 대한 이해(이 이해 없이는 절망을 이해할 수 없다)를, 병이나 건강에 대해서보다 훨씬 적게 가지고 있다는 뜻이다.

보통 자기 입으로 병이라고 말하지 않는 사람은 건강하다. 더욱이 자기 입으로 건강하다고 말하는 사람을 건강하다고 보는 것은 마땅하다. 그런데 의사는 병을 그것과는 다른 식으로 생각한다. 왜 그럴까? 의사는 건강하다는 것이 어떤 것인가에 대해 확실히 진보된 관념을 가지고 있으므로 거기에 따라 사람의 상태를 음미하기 때문이다. 단순한 망상에 지나지 않은 병이 있듯이 단순한 망상에 지나지 않는 건강도 있음을 의사는 알고 있다. 그래서 의사는, 환자가 건강하다고 망상하는 경우에는 먼저 병을 드러내도록 수단을 강구하는 것이다. 일반적으로 의사는 의사(그 분야의 전문가)인 이상 자기의 증상을 이야기하는 환자 자신의 말을 무조건 믿지는 않는다. 환자 한 사람, 한 사람이 자기는 건강하다, 병들었다, 자기는 얼마나 괴로워하고 있는지 모른다는 등등 스스로 자기 용태에 대해 말하는 모든 것을 무조건 인정할 만한 의사가 있다고 하더라도 그것으로 의사인 체한다면, 그것은 자기만족일 뿐이다. 왜냐하면 의사라는 존재는 다만 약의 처방만 하는 것이 능사가 아니고, 무엇보다도 병을 진단해야만 하기 때문이다. 따라서 무엇보다도 자신이 병자임을 스스로 알고 있는 환자가 정말 병을 앓고 있는지, 또는 자신이 건강하다는 것을 스스로 알고 있는 사람이 정말 병을 앓고 있지 않은지를 진단해야 한다.

의사가 병을 다루는 것과 마찬가지로 심리학자는 절망을 다룬다. 심리학자는 절망을 잘 알고 있다. 그러므로 어떤 사람이 스스로 자기는 절망하고 있지 않다든지, 자기는 절망하고 있다든지 하는 당사자의 진술을 그대로 믿지 않는다. 다시 말해 자기는 절망하고 있다고 말하는 사람들이 어떤 의미에서는 반드시 절망하고 있는 것이 아니라는 점에 주의를 기울여야 한다는 것이다. 사람은 절망을 가장할 수도 있고, 또 잘못 생각한 나머지 정신의 규정인 절망을 불쾌함이라든지 상심과 같은, 절망까지는 가지 않고 지나가 버리는 갖가지의 일시적인 기분과 착각할 수도 있기 때문이다. 그렇기는 하지만 심리학자라면 물론 그런 기분 또한 절망의 한 형태임을 알게 된다. 그는 물론 그것이 가장임을 잘 알고 있다. 그러나 이 가장이야말로 절망인 것이다. 그는 물론 이 불쾌한 기분과 그 밖의 기분이 대수로운 의미를 가지고 있지 않다는 것을 잘 알고 있다. 하지만 그것이 그리 대수로운 의미를 가지고 있지 않고, 그냥 지나쳐 버릴 수 있는 것이기에, 즉 절망에 이르지 않는다는 그 사실로 절망 말고는 다른 것이 될 수 없다.

더구나 통속적인 고찰이 간과하는 것은 병과 비교되는 경우의 절망은 보통 병으로 불리는 것과는 다른 방식의 것, 즉 변증법에 근거한 것이라는 점이다. 그것은 바로 절망이 정신의 병이기 때문이다. 그리고 이 변증법에 근거한 고찰에 맞는 절망을 만일 올바로 해석했다면, 다시금 수천 명의 사람들을 절망이라는 규정 아래에 둔 것이 된다. 생각건대 어느 의사가 어느 일정한 시기에 어떤 사람에 대해 건강하다고 확신하고 있었다. 그러나 뒷날 그 사람이 병에 걸렸을 경우, 그 사람이 그 무렵에는 건강했었다고 의사가 믿었던 것은 바른 것이고, 또 그 사람이 지금 병자라고 하는 것도 옳다.

절망의 경우에는 사정이 다르다. 절망이 나타나자마자 그 사람은 이제까지 절망하고 있었다는 것이 분명해지는 것이다. 이런 의미에서, 즉 지금까지 절망하고 있었는데 절망에서 구원되었다고 하는 사람은 별도로 치고, 구원되지 못한 사람에 대해서는 절망하고 있었다, 또는 아니다라고 단언할 수 없는 것이다. 왜냐하면 그 사람을 절망에 이르게 한 바로 그 순간에 비로소 그가 과거의 모든 생애를 통해 절망하고 있었다는 것이 드러나기 때문이다. 이와 달리 어떤 사람이 지금 열에 들떠 있다고 해도 그것만으로 그가 과거의 모든 생애를 통해 열에 들떠 있었다는 것이 드러난다고는 말할 수 없다. 그러나 절망은 정신의 한 규정으로서 영원한 것과 관계되어 있고, 그 때문에 그 변증법 가운데 영원한 것을 어느 정도 포함하는 것이다.

절망은 어떤 병보다도 훨씬 변증법적일 뿐만 아니라 절망에 관한 한 온갖 징조가 변증법적이며, 그 때문에 수박 겉 핥기식의 고찰은 절망이 현존하는가의 여부를 결정할 때 잘못 판단하기 쉽다. 다시 말해 절망하고 있지 않다는 것은 오히려 절망하고 있음을 뜻하는 경우가 있을 수 있고, 또 절망하고 있는 상태로부터 구원되어 있음을 뜻하는 경우도 있을 수 있는 것이다. 안심이나 침착함은 절망하고 있음을 뜻하는 경우도 있을 수 있고, 이 안심이나 침착함이야말로 절망 이외의 다른 것이 아닐 수도 있다. 그러나 또 그것은 절망을 극복하고 평화를 얻은 것을 의미할 수도 있다. 절망하고 있지 않다는 것은 앓고 있지 않다는 것과는 조금 다르다. 왜냐하면 앓고 있지 않다는 것은 앓고 있다는 것과는 도저히 같을 수 없지만, (현재) 절망하고 있지 않다고 하는 것은 그것이야말로 (아직 현실화되지 않은 가능성에 대한 불안으로 말미암아) 절망하고 있는 것이라고 할 수 있기 때문이다. 절망은 병과는 다르다. 기분이 좋지 않은 것(불안의 일종)을 곧 병이라고 할 수는 없다. 기분이 좋지 않다는 것 또한 변증법적인 것이다. 이런 기분이 좋지 않음을 일찍이 경험한 적이 없는 사람이 있다면, 그 사람이야말로 절망하고 있는 사람이다.

지금 서술한 것의 의미와 그 바탕에는, 정신으로서 고찰될 경우(절망에 대해서 말하고자 한다면 인간을 정신이라는 규정 아래에서 고찰할 수밖에 없다) 인간의 상태는 언제나 위기에 있다는 점에 있다. 병에 대해서는 위기라고 하는 말을 쓰지만 건강에 대해서는 쓰지 않는다. 왜 그럴까? 그것은 육체적인 건강은 직접적인 규정으로서, 병의 상태에 의해서만 비로소 변증법적인 것이 되므로 여기에서 비로소 위기라고 하는 말을 쓰게 되기 때문이다. 그러나 정신적으로는, 다시 말해 인간이 정신이라고 고찰되는 경우에는 건강도 병도 모두 위기 상태가 된다. 정신의 직접적인 건강 같은 것은 존재하지 않는 것이다.

인간이 정신이라는 규정 아래에서 고찰되지 아니하고(그런 식으로 고찰되지 않는다면 절망을 이야기할 수도 없다) 단순히 영혼과 육체의 종합으로 고찰되는 데 지나지 않는다면, 건강이 직접적인 규정이고 영혼이나 육체의 병이 비로소 변증법적인 규정이 되는 것이다. 그렇지만 인간이 정신으로 규정된 것을 자각하지 않는다는 것, 이것이야말로 진짜 절망이다. 인간적으로 말하면 모든 것 중에서 가장 아름다운 것, 가장 사랑스러운 것까지, 즉 평화와 조화와 기쁨이라고 할 수 있는 아주 젊은 여성조차 절망이다. 이는 행복한 것이지만, 행복은 정신의 규정이 아니기 때문이다. 행복의 가장 비밀스러운 장소의 깊고 깊은 내부에, 그것도 그 속 깊숙한 곳에는 절망 말고 또 불안이 살고 있는 것이다. 절망은 그런 깊숙한 곳을 즐겨 찾는다. 행복이 있는 깊숙한 곳, 이곳이야말로 절망으로서는 가장 사랑하고 간절히 바라는 안성맞춤인 곳이다.

모든 직접성은 자기로서는 아무리 안심되고 편안하다고 해도 사실은 불안이고, 그래서 또 마땅히 대부분의 경우 무(無)에 대한 불안이다. 직접성을 불안 속으로 몰아넣기 위해서는, 무서운 것을 가장 거창하게 서술해 보이는 것이 아니라, 교활한 지혜로 거의 아무렇지도 않은 듯하지만 분명한 반성이라는 타산에 의한 목표를 설정한 어떤 막연한 것에 대해서 서툴게나마 말하는 듯이 하는 게 좋다. 상대가 모든 것을 알고 있는데도 정말 교활한 지혜를 써서 내가 이야기하고자 하는 것은 당신 자신도 잘 알고 있을 것이라는 식으로 암시하듯이 말한다면, 직접성은 좀 더 불안에 빠지게 된다. 생각건대 물론 직접성은 그것을 알고 있을 리 없다. 그러나 반성은 그의 함정을 무에서 만들어 내는 경우보다 더 확실히 목표물을 손에 넣을 수는 없을 것이고, 또 반성은 자기가 무인 경우보다 더 자기 자신일 수는 없다. 무에 근거한 반성, 즉 무한한 반성을 견디어 낼 수 있기 위해서는 뛰어난 반성, 또는 더 정확하게 말하면 (무에 근거한 선악에서 비롯된 불안을 극복할 수 있는) 굳건한 신앙이 필요하다. 이런 까닭으로 해서 모든 것 가운데서 가장 아름다운 것, 가장 사랑스러운 것, 즉 아주 젊은 여성까지도 짐짓 행복이면서 또한 절망일 수밖에 없다. 그렇기 때문에 이런 직접성에 의해서 한평생을 편안히 살아가는 행운의 혜택을 받는 일은 결코 많지 않을 것이다. 또 그렇게 해서 한평생을 편하게 산다는 행운을 가졌다손 치더라도 아무런 소용이 없다. 그것이 바로 절망이기 때문이다.

절망은 완전히 변증법에 근거한 것이기 때문에 병이기도 하지만, 그 병에 걸려 본 적이 없다는 것은 가장 큰 불행이고, 그 병에 걸리는 것이 진정한 신의 은혜라고 말할 수 있음직한 병이다. 만일 사람이 이 병에서 낫기를 원치 않는다면 이 병은 무엇보다도 위험한 병이 된다. 보통 병의 경우라면 병이 낫는 것만이 행복하다고 할 수 있지, 병 자체는 불행한 것이다. 이렇게 보면 절망을 희귀한 것으로 생각하는 통속적인 고찰은 잘못이다. 그와 반대로 절망은 완전히 보편적인 것이 된다. 또 자기가 절망하고 있다고 생각하거나 느끼는 사람은 실제로도 절망하고 있지 않고, 자기는 절망하고 있다고 스스로 말하는 사람만이 절망하고 있다고 생각하는 통속적인 고찰도 잘못이다. 변증법의 관점에서 보면 스스로는 절망하고 있다고 아무런 가장도 하지 않고 솔직히 말하는 사람 쪽이 자신은 절망하고 있지 않다고 생각하는 모든 사람들보다도 한 걸음 더 구원에 가까이 있다.

그러나 대부분의 사람들은 자신이고, 정신이며, 또 정신이어야 한다는 것을 뚜렷이 의식하지 않은 채 그날그날을 보내는 것이 일반적이다. 이 점에 대해서는 심리학자들이 내 견해를 지지해 줄 것이 틀림없다. 그렇기 때문에 사람들은 안심하고 생활하며 인생에 만족하고 있다. 하지만 이것이 바로 절망이다. 이에 반해서 자기는 절망하고 있다고 생각하는 사람들은 깊은 의식을 갖고 있기 때문에, 보통 자기가 정신이라는 것을 자각하지 않고는 배기지 못할 사람이거나, 괴로운 사건이나 무서운 결단에 쫓기어 자기를 정신이라고 자각하기에 이른 사람들이거나 그 어느 쪽인 것이다. 그러나 그 어느 쪽이든지 실제로 절망하지 않는 사람은 매우 드물다.

아, 인간은 괴로움이나 비참에 대해 얼마나 많은 이야기를 하고 있는가! 나는 그것을 이해하려 노력했고, 또 그에 대한 여러 가지에 정통하게 되었다. 인생이 얼마나 헛되이 흘러가고 있는가라는 말을 자주 듣게 된다. 그러나 인생을 헛되게 보낸 인간이란 인생의 기쁨이나 슬픔에 속아서 어정쩡하게 나날을 보내고, 자기를 정신이자 자기로서 영원히 자각하지 못하고 산 사람들이다. 또는 결국 같은 것이긴 하지만, 그런 사람들은 신이 있고, 그리고 '그들 자신', '그들의 자기'가 그 신 앞에 존재하고 있음을 절망을 통해서만 깨닫는 이 무한성의 획득을 결코 느끼지 못한 사람이며, 더 깊은 의미에서 그것에 감명받지 못했던 사람들이다.

그러나 아, 그렇게 많은 사람들이 모든 사상 가운데서 가장 축복받은 이 사상을 취하고도 그처럼 헛되이 세월을 보내고 있으니 비참하다. 인간 대중을 인생이라는 연극에 열중케 함으로써 협력자로 만들어 놓고 있으면서도 이 축복에 대한 것만은 그들이 절대로 기억하지 못하게 하고 있으니 비참하다. 그들을 따로따로 떼어 놓고 한 사람 한 사람에게 그것 때문에 산다고 할 수 있는 최고이고 또 유일한 것을 획득하게 한다면, 그로 말미암아 인생은 가치 있는 것이 되며 그 안에서 사는 것은 영원도 결코 길 수 없다. 그런데 그와 반대로 인간이 기계처럼 사용되기 위해 군중으로서 긁어 모아지고 있는 이 비참함이 존재한다는 것을 생각하면, 나는 울어도 울어도 시원찮은 기분이다.

아, 이처럼 개인의 절망이 숨겨져 있다는 것은, 모든 것 가운데서 가장 무서운 이 병과 비참함을 더욱 무서운 것으로 만드는 이유가 된다. 그것은 단순히 이 병에 걸린 자가 병을 숨기려고 할 수도 있고, 또 실제로 숨길 수도 있다든지 해서, 이 병이 아무도 발견할 수 없다고 하는 식으로 남몰래 사람 속에 숨을 수 있다는 것은 아니다. 그것은 이 병이 병에 걸려 있는 당사자 자신까지도 모를 수 있도록 인간 내부에 숨어 있을 수 있다고 말하는 것이다. 아, 그러나 언젠가 모래시계가, 이 세상의 모든 모래시계가 멈추는 날이 오면, 그리고 속세의 소란이 침묵하고 쉴 새 없으며, 도움이 되지 않는 분주함이 종말을 알릴 때가 오면, 당신 주위에 있는 모든 것이 영원 속에 있기라도 하듯이 조용해지는 때가 오면, 그때는 그대가 남자였는지 여자였는지, 부자였는지 가난뱅이였는지, 남의 종이 었는지 독립한 인간이었는지, 행복했었는지 불행했는지, 또 그대가 왕위에 있으면서 왕관의 빛을 받고 있었는지 또는 사람의 눈에 띄지 않는 천한 신분으로서 그날그날의 노고를 걸머지고[6] 있었는지, 그대 이름이 이 세상이 존속하는 한 사람들의 기억에 남을 것인지, 사실 또 이 세상이 존속해 온 동안 기억에 남아 있어 왔는지, 아니면 그대는 이름도 없는 사람으로서 수많은 대중에 섞여 함께 뛰어 돌아다녔는지, 그리고 그대를 둘러싼 영광이 모든 인간적인 묘사를 능가하고 있었는지, 아니면 더없이 가혹하게 불명예스러운 판결이 그대에게 내려졌는지 하는 것은 아무런 상관이 없다.

이런 것들과 관계없이, 영원히 그대에게, 그리고 수백만, 수천만의 사람들 한 사람 한 사람에게 오로지 다음과 같이 한마디로 묻는다. 그대는 절망하고 살아왔는가, 아니면 그 반대인가. 그대는 그대가 절망하고 있다는 것을 모른 채 살아왔는가, 아니면 이 병을 마치 죄 많은 사랑의 과일을 그대 가슴속에 감추듯이 비밀로 간직한 채 살아왔는가, 또는 절망 속에서 미쳐 날뛰어 다른 사람들에게 공포를 주면서 살아왔는가.

만일 그대가 절망하고 살아왔다면, 그대가 다른 면에서 무엇을 손에 넣었든 또 무엇을 잃어버렸든 당신은 모든 것을 잃어버린 것이다. 영원은 그대를 모른

---

6) 〈마태복음〉 20 : 12에 기록된 포도밭 품꾼의 비유에 나오는 말로, 먼저 온 자가 불평해서 하는 말. "나중 온 이 사람들은 한 시간밖에 일하지 아니하였거늘, 그들을 종일 수고하며 더위를 견딘 우리와 같게 하였나이다."

다. 즉 영원은 뿌리부터 그대를 모른다. 그러나 더 무시무시한 점은, 알려져 있는 그대로의 당신을 영원이 알고 있다는 것이다. 영원은 그대를 그대의 자기와 함께 절망 속에 굳게 붙들어 매고 있는 것이다.

제3장 이 병(절망)의 여러 형태

절망의 여러 형태는, 추상적으로는 종합으로서의 자기가 성립되는 여러 계기를 반성함으로써 개념적으로 구성된다. '자기'는 무한성(가상성의 개입)과 유한성(현실성)으로 성립되어 있다. 그러나 이 종합은 하나의 관계이므로, 게다가 그것은 파생된 것이기는 하지만 그 자신에 관계하는 관계로서, 이 관계는 바로 자유이다. 자기(정신)란 자유이다. 그러나 자유는 변증법적인 것으로, 가능성 및 필연성(명증성)이라고 하는 규정을 가지고 있다.

하지만 그중에서도 절망은 의식이라는 규정 아래에서 고찰되어야 한다. 절망이 의식되어 있는가 하는 문제는 절망과 절망 사이의 질적인 차이이다. 모든 절망은 물론 그 개념상으로 말하면 의식되고 있는 것이다. 그러나 그렇다고 해서 절망을 자신의 내부에 간직하고 있는 사람이, 즉 개념상 절망하고 있다고 불려야 할 사람이, 자기가 절망하고 있음을 의식하고 있다고는 할 수 없다. 그런 의미에서 의식은 결정적인 의의를 갖는다. 일반적으로 의식, 즉 자기의식은 자기에게는 결정적이다.

의식이 증가하면 그만큼 자기도 증가하고, 자기의식이 증가하면 그만큼 의지가 증가하고, 의지가 증가하면 그만큼 자기가 증가하는 것이다. 의지를 조금도 가지지 않은 사람은 자기가 아니다. 그러나 인간은 의지를 많이 가지면 가질수록 그만큼 또 많은 자기의식을 가지는 것이다.

A. 절망을 의식하고 있느냐 하는 점은 반성하지 않고 고찰된 경우의 절망. 따라서 여기서는 종합의 여러 계기만을 문제로 삼는다

a. 유한성과 무한성이라는 규정 아래에서 고찰한 절망

자기라는 것은 무한성과 유한성의 의식적인 종합이요, 이 종합은 그 자신과 관계되는 것이다. 종합으로서 그 과제는 자신이 되는 것이지만, 이것은 신과의 관계를 통해서만 이루어질 수 있다. 자기 자신이 된다고 하는 것은 구체적인 것이 된다는 것을 이르는 말이다. 그러나 구체적으로 된다는 것은 유한적인 것이 된다는 뜻이 아니다. 그렇다고 무한적인 것이 됨을 말하지도 않는다. 왜냐하면 구체적인 것이 되어야 함은 종합 이외의 다른 것이 될 수 없다는 것이기 때문이다. 따라서 자기 자신의 발전은 자기의 무한화에서 자기 자신으로부터 무한히 떨어져 나가고, 그리고 유한화에서 자기 자신에게 무한히 되돌아올 수 있는 것이어야 한다. 따라서 자기가 자기 자신이 되지 못한 경우, 자기가 그것을 알고 있든 없든 상관없이 자기는 절망하는 것이다. 자기는 현실에 존재하고 있는 순간 순간에 생성해 가고 있는 것이다. 왜냐하면 가능태[7]로서의 자기는 현실로 존재하는 것이 아니고, 단순히 생성되어야 하는 존재에 지나지 않기 때문이다. 그래서 자기가 자기 자신이 되지 않는 한 자기는 자기 자신일 수 없고, 아직 자기가 가능성의 자기 자신일 수 없다고 하는 그것이야말로 절망이다.

α. 무한성의 절망은 유한성을 가지지 못하는 것이다

이 상황은 자기가 종합이고, 따라서 한쪽이 언제나 그 반대에 있기도 하다는 변증법적인 관계에 따른다. 어떤 형태의 절망도 직접적(즉 변증법적인 것과는 거리가 먼 것으로)으로 규정될 수는 없고, 다만 그 반대를 반성하는 것으로서만 규정될 수 있다. 시인이 곧잘 하는 말처럼 절망하는 이에게 교묘한 응답을 하게 하는 것을 통해 사람은 절망하는 이의 절망 상태를 직접 그릴 수는 있다. 그러나 절망은 단지 그 반대되는 것으로써만 규정할 수 있다. 거기서 만일 그런 응답을 문학적으로 가치 있는 것으로 만들려 한다면, 그것은 다채로운 표현 속에 변증

---

7) 아리스토텔레스가 운동의 개념을 설명하는 데 사용한 술어. 키르케고르도 '가능성'은 '현실성'에 대립되는 것으로 생각하고 있다.

법에 근거한 대립의 반영을 포함하고 있어야 한다. 그렇기 때문에 무한한 것이 되려고 생각하고 있는, 또는 단순히 무한이고자 하는 순간순간은 절망이다. 왜냐하면 자기는 종합이고, 이 종합에서 유한한 것은 한정하는 것이고 무한한 것은 확대하는 것이기 때문이다. 따라서 무한성의 절망은 공상적인 것이고 한계가 없는 것으로서, 자기는 정말 절망했다고 하는 그것 때문에, 투명하게[8] 신 안에서 자기 자신의 근거를 찾게 되는 경우에만 비로소 건강하며 절망에서 벗어났다고 말할 수 있기 때문이다.

공상적이라고 하는 것은 물론 공상과 가장 가까운 관계에 있다. 그러나 공상은 또 감정, 인식, 의지와도 관계한다. 따라서 인간은 공상적인 감정, 공상적인 인식, 공상적인 의지를 가질 수 있는 것이다. 공상은 일반적으로 무한화 작용의 매체이다. 공상은 다른 모든 능력에 맞먹는 하나의 능력이 되는 것이 아니고, 모든 능력을 대표하는 능력(instar omnium)이다. 한 인간이 얼마만큼의 감정을, 얼마만큼의 인식을, 얼마만큼의 의지를 가지고 있느냐 하는 것은 결국 그가 얼마만큼의 공상을 가지고 있느냐, 즉 감정이나 인식, 의지가 어느 정도로 반성되어 있는 것인가의 공상에 달려 있다. 공상은 무한해지는 반성이다. 그래서 늙은 피히테[9]가 인식에서도 공상이 여러 범주의 근원이라고 생각했다는 것은 확실히 옳다. '자기'라는 것은 반성이다. 그래서 공상은 반성이자 자기 재현이며, 자기의 가능성이다. 공상은 모든 반성의 가능성이고, 그래서 이 공상이라는 매체의 강함이 자기의 강함의 가능성인 것이다.

공상적인 것은 일반적으로 인간을 무한한 것 속으로 끌고 나아가서 인간이 자기 자신으로부터 멀어지게 하며, 그렇게 함으로써 인간이 자기 자신에게 되

8) 자기 자신에게 명료한 의식을 가지고, 라는 정도의 뜻.

9) 요한 고틀리프 피히테 앞에 "늙은"이라고 붙인 것은 그의 아들인 이마누엘 헤르만 피히테와 구별하기 위해서다. 피히테가 《지식학의 기초》에서 칸트의 구상력 이론을 발전시켜 생산력의 구상력(즉 상상)을 비아(非我), 즉 외계의 관념에 따라서 사유의 필연적인 형식, 즉 범주의 본래 기원으로 보고 있는 것을 가리키고 있다. 히르슈에 따르면 키르케고르의 '자기'에 대한 규정은 피히테의 '자아적 사고방식'에 기본을 두고 있고, 피히테에서도 '자아'는 무한성과 유한성의 모순된 통일에서 자기 자신이 되어야 하는 것으로 규정하고 있다. 이 '자아'의 규정 속에는 신과의 관계가 본질적인 계기로 조정되어 있는 것으로서, 키르케고르는 여기에서 피히테의 인식론에서의 이 중요한 계기를 언급함으로써, 스스로의 '자기' 학설에 미친 피히테의 영향에 감사의 뜻을 밝히고 있다.

돌아오는 것을 방해한다. 이렇게 해서 감정이 공상적이 되면, 자기는 점점 더 희박한 것이 되어 가다가 나중에는 하나의 추상적인 감정이 되고, 그런 감정은 비인간적이게도 어떤 인간의 것도 아닌 추상체, 이를테면 인류라는 추상적인(in abstracto) 운명에 다감한 동정을 불러일으키는 것이다. 류머티즘을 앓고 있는 사람은 자기의 감각을 자유롭게 지배하지 못하고, 기상 변화가 일어난든지 해서 그 감각이 기류나 날씨에 영향을 받으면 자기도 모르는 사이에 그것을 몸으로 느끼는데, 감정이 공상적으로 된 사람의 경우도 그와 같다. 그는 어느 정도 무한하게 되지만, 점점 더 자기 자신이 되는 것 같은 방식으로 무한하게 되지는 않는다. 왜냐하면 그는 더욱더 자기 자신을 잃어버리고 있기 때문이다.

인식이 공상적인 것으로 되는 경우도 마찬가지이다. 인식에 관련해서 본 자기 발전의 법칙, 자기가 진정한 자기 자신이 되는 한, 인식의 상승 정도는 자기 인식의 정도에 서로 대응한다. 자기는 인식을 더하면 더할수록 그만큼 더 자기 자신을 인식한다. 그렇지 않은 경우에는 인식이 상승하면 할수록, 또 하나의 비인간적인 인식이 상승하면 할수록 더욱더 비인간적인 인식이 되고, 이 비인간적인 인식을 얻기 위해 인간인 자기가 낭비된다. 그것은 마치 피라미드의 건설을 위해 인간이 낭비되는 것과 같다. 또는 러시아의 호른 취주악[10]에서처럼 사람들이 하나의 박자 그 이상도 이하도 아닌, 오직 하나의 박자이기 위해서 낭비되는 것과도 같다.

의지가 공상적이 되는 경우 또한 마찬가지로 자기는 더욱더 희박해진다. 이런 경우 의지는 점점 추상적인 것으로 되지만, 그와 반비례하여 차츰 구체적이 아닌 것으로 된다. 따라서 의지가 계획과 결의에서 무한하게 되면 될수록, 의지는 그만큼 점점 더 지금 바로 해야 할 일의 자질구레한 것들 속에 있으면서도, 무한성에만 정신이 팔려 언제나 그것처럼 있게 되어 버린다. 그래서 의지가 무한하게 됨에 따라 가장 엄밀한 의미를 얻게 되면 자기 자신으로 되돌아오는 것이다. 다시 말해(의지가 계획과 결의에서 최고의 무한성을 갖게 될 때) 자기 자신으로부터 좀 더 멀리 떨어져 있으면서도 그런 순간에, 지금 곧바로 해야 할 무한히 작은

---

10) 러시아의 호른 취주악은 60명의 취주자로 이루어지는데, 모두 일정한 곳을 불어 일정한 음만을 내 호른을 불었기 때문에 모든 취주자는 같은 음을 냈다고 한다. 드라크만은 '박자(Takt)'라고 쓴 것은 '음(Tone)'의 잘못이라는 주석을 달았다.

부분의 일을 수행함으로써 자기 자신과 가장 가까운 곳에 있게 되는 것이다.

　이처럼 감정이나 인식, 또는 의식이 공상적인 것이 되면, 마침내 이 공상은 인간이 공상적인 것 속에 뛰어든다는 비교적 능동적인 형식으로 이루어지는 경우와, 인간이 공상적인 것에 끌려 들어간다고 하는 비교적 수동적인 형식으로 이루어지는 두 경우가 있다. 그리고 어느 쪽이든 그 책임은 자기에게 있다. 그런 경우 자기는 끊임없이 자신의 자기를 갖지 못하고 차츰 더 자기로부터 멀리 떨어져 나가 추상적인 무한화의 상태, 또는 추상적인 고립화의 상태 속에서 공상적인 생활 방식을 취하게 된다. 이를테면 종교적인 영역이 그렇다. 신과의 관계는 사람을 무한화한 것이다. 그러나 이 무한화는 인간을 공상적인 데로 끌어들여 단순한 도취에 지나지 않은 것이 될 때가 있다. 왜냐하면 인간에게는 신 앞에 있다는 것이 견딜 수 없이 고통스러운 때가 있는데, 그때 인간은 자기 자신에게 돌아올 수 없는 상태에 있고, 자기 자신일 수가 없기 때문이다. 그런 공상적인 종교라면 아마 이렇게 말할 것이다(독백의 문구를 써서 그의 특징을 보인다면).

　"나는 참새가 살고 있는 이유를 알 수 있다. 그것은 참새가 자신이 현재 신 앞에 있다는 것을 모르기 때문이다. 그러나 사람은 자신이 현재 신 앞에 있다는 것을 알게 되면, 그 순간에 미치거나 파멸할 수밖에 없다!"

　인간이 이처럼 공상적이 되어 절망하고 있는 경우에 그런 상태는 대부분의 경우 눈에 띄게 되지만, 그래도 인간은 그 나름대로 훌륭하게 살아갈 수 있다. 즉 겉으로 보기에는 보통 인간으로서 평범한 일에 종사하면서 결혼하고, 애를 낳고, 존경을 받거나 명성을 얻기도 하면서 살 수 있다. 그러나 그는 더 깊은 의미에서는 자기가 부족하다는 점을 알아차리지 못하는 것이다. 세상 사람들은 자기를 가지고 크게 떠들어 대지는 않는다. 왜냐하면 자기라는 것은 세상에서는 크게 문제가 되지 않는 것이고, 그것을 가지고 있다는 것을 드러낸다는 것이 무엇보다도 위험한 일이 되어 버리기 때문이다. 자기 자신을 잃어버린다는 가장 큰 위험이 세상에서는 마치 아무것도 아닌 양 매우 조용히 다가오고, 거기에는 상실감도 없다. 다른 것이라면 팔 하나, 다리 하나, 아내, 또는 그의 아무리 사소한 것이라도 잃어버렸을 때는 곧 알게 되면서도 말이다.

β. 유한성(현실성)의 절망은 무한성(가능성)의 결핍에 있다

이 경우는 α항에서 보인 것처럼 자기가 하나의 종합이고, 따라서 또 하나는 그 반대의 변증법적인 것에 근거를 두고 있다는 것이다. 무한성의 결핍이란 절망적인 편협함과 고루함을 말한다. 그러나 이 경우 고루하다든지 편협하다는 것은 물론 다만 윤리적인 의미에서 하는 말에 지나지 않는다. 사실상 세상에서 문제로 삼는 것은 단지 지적이거나 미적인 편협함이다. 즉 아무래도 좋은 것들이다. 이런 아무래도 좋은 것들을 세상에서는 언제나 가장 큰 문제로 다룬다. 다시 말해 아무래도 좋다는 것에 무한한 가치가 주어지는 것이 세상이란 뜻이다. 일반적인 고찰은 언제나 인간과 인간 사이의 차별에만 집착하고, 그러기에 마땅한 것이기도 하지만, 유일하게 필요한 것[11](이것은 정신이 정신일 수 있을 때 가질 수 있다)에 대해 이해하지 못한다. 그러기에 또 편협함과 고루함에 대해서도 이해하지 못한다. 이것은 결국 자기 자신을 잃어버린 상태와 같은 것인데 그것도 무한한 것 속에서 희박하게 되기 때문이 아니고, 정적으로 유한하게 되는 것으로 해서, 다시 말해 하나의 자기가 되는 대신 하나의 숫자와도 같은 인간이 되어 이 영원히 일률적인 것(Einerlei란 독일어 낱말을 쓰고 있다)에 가해지는 또 하나의 인간, 또 하나의 도돌이표가 되어 버리는 것으로 말미암아 자기를 잃어버리는 것이다.

고루한 절망의 상태에는 원시성이 결핍되어 있다. 바꾸어 말하면 자기의 원시성을 버리고 있는 것, 정신적인 의미에서 자기 자신을 거세하고 있는 것이다. 인간은 누구나 원시적으로는 하나의 자기로서 만들어져 있고 자기 자신과 같이 되도록 정해져 있다. 그래서 자기라고 하는 것은 모두 있는 그대로의 상태로는 모가 나 있는 것이다. 그럼으로 말미암아 자기를 갈고닦아서 예리하게 해야 하는 것이지, 자기를 갈아서 모서리를 없애야 한다는 것은 아니다. 다시 말해 인간

---

11) 〈누가복음〉 10 : 38~42에 기록되어 있는 유명한 '마르다와 마리아' 이야기에 쓰인 말. 예수를 맞이하여 마르다는 주님을 대접하려고 애쓰며 바쁘게 일하고 있었는데, 마리아는 주님 발 곁에 앉아 주님의 말만 듣고 있었기 때문에 마르다가 주님께 와서 물었다. 그러자 주님이 말씀하셨다. "마르다야, 마르다야, 네가 많은 일로 염려하고 근심하나, 몇 가지만 하든지 혹은 한 가지만이라도 족하니라. 마리아는 이 좋은 편을 택하였으니 빼앗기지 아니하리라." 인생에서 무엇보다도 마음을 써야 하는 것은 주님을 만나서 말씀을 듣고, 그 말씀에 의해 사는 것이므로, 이것이 '다만 하나뿐이다' 가르치고 있는 것이다.

에 대한 공포심으로 말미암아 자기 자신인 것을 완전히 단념해 버려야 한다. 인간은 이런 본질적인 우연성(이것이야말로 갈아 없애서는 안 된다) 때문에 자기 자신일 수 있다.

그런데 사람은 일종의 절망에서 무한 속으로 빠져 들어가 자기 자신을 잃어 버리고, 이것에 대해 다른 일종의 절망에서는 스스로의 자기를 다른 사람들에게 빼앗긴다. 그런 인간은 자기 주위에 있는 많은 인간의 무리를 보고 이런저런 세상사와 관련된 속된 일에 종사하며, 바삐 일하면서 세상일에 익숙해짐에 따라 자기 자신을 망각해 버리고 만다. 그래서 자기(신적인 의미에서)가 어떤 이름을 가진 사람인가 하는 것도 잊어버리고, 또한 자기를 믿으려고도 하지 않으며, 자기 자신이고자 하는 것은 도리에 어긋난다고 생각하기에 이른다. 다른 사람들처럼 행동하는 편이, 즉 원숭이처럼 흉내나 내며 있는 것, 다시 말해 많은 사람들 가운데 평범한 하나가 되어 섞여 있는 편이 훨씬 마음 편하며 안전하다고 생각해 버리는 것이다.

그런데 이런 형태의 절망을 세상 사람들은 전혀 알아차리지 못한다. 그런 인간들은 그렇게 함으로써 자기 자신을 잃어버렸기 때문에, 거래를 잘 해치우는 솜씨를, 아니 세상에서 성공할 만큼의 능숙한 솜씨를 얻은 것이다. 세상에는 그런 사람의 자기라든지, 그런 사람의 무한화를 방해하거나 곤란하게 하는 것이 없다. 그런 사람은 조약돌처럼 깎이고 닦여서 화폐처럼 유통된다. 세상은 그들을 절망하고 있다고 보기는커녕 흔히 그렇듯 인간다운 인간으로 보는 것이다.

자연스러운 일인지도 모르지만, 일반적으로 세상은 정말 무서워해야 하는 것을 조금도 알지 못한다. 생활에 불편을 주지 않을 뿐만 아니라 오히려 생활을 안락하게 하고 유쾌하게 만드는 것 같은, 그런 보이지 않는 절망이 전혀 절망으로 생각되지 않는 것은 마땅하다. 세상의 통념이 그런 것임은 특히 처세훈에 지나지 않는 거의 모든 격언을 보면 알 수 있다. 이를테면 말을 하면 열 번의 후회가 있고, 침묵하면 한 번의 후회밖에 없다고 하는데, 그것은 어째서일까? 입으로 말을 했다는 것은 하나의 현실이기 때문에 겉으로 드러난 사실이 되어 사람을 온갖 불쾌한 것에 말려들게 할 가능성이 있기 때문이다. 그러나 아무 소리도 하지 않고 있으면 어떻게 될까? 사실은 이것이야말로 가장 위험하다. 그 이유는, 침묵은 인간이 자기 자신에게만 의지하도록 하기 때문이다. 말을 한다면 현실은 그를 벌함으로써, 결국 그가 지껄인 것이 낳은 결과를 그의 몸에 가져다줄 뿐이지, 그를 도와주러 오지는 않을 것이기 때문이다. 확실히 이런 점에서 보면 침묵은 아무 위험도 없는 쉬운 일이다. 그러나 무서운 것이 무엇인지를 알고 있는 사람은, 내면으로 방향을 돌림으로써 겉으로는 아무런 흔적도 남기지 않는 그런 온갖 잘못과 죄를 무엇보다도 두려워하는 것이다.

이처럼 세상 사람의 눈으로 볼 때에는 모험은 위험한 일이다. 왜 그럴까? 모험을 하면 잃어버리는 게 있기 때문이다. 그래서 모험하지 않는 것이 현명한 것이 된다. 하지만 모험을 하지 않는 경우에는 그때야말로, 모험을 했다면 많은 것을 잃어버렸다고 해도 그것만은 잃어버리는 일이 없었을 것, 즉 어떤 일이 있어도 결코 잃어버릴 리가 없었을 것을 무서울 정도로 쉽게 잃어버리게 되는 것이다. 결국 자기 자신이 마치 무이기나 한 것처럼 아주 쉽게 자신을 완전히 잃어버릴 수밖에 없게 된 것이다. 생각건대 만일 내가 모험을 하다가 실패했다고 한다면, 그것으로서 내가 뛰어든 그 인생이 벌로써 나를 구출해 줄 것이다. 그러나 내가 전혀 모험하지 않았다고 하면, 그때는 도대체 누가 나를 도와줄 것인가? 게다가 내가 가장 높은 의미에서의 모험을 전혀 하지 않는 것을 통해서(가장 높은 의미에서의 모험을 한다는 것은 자기 자신에게 주의한다는 것과 같다), 비겁하게 온갖 속세의 이익을 얻는다고 하면, 그래서 나 자신을 잃어버린다고 하면 어떻게 될까?[12]

유한성의 절망이란 정녕 이와 같다. 이렇게 유한성으로 절망할수록, 인간은 오히려 기분 좋고 한가하게 이 세상을 살아갈 수 있다. 한 인간으로 인정되어 다른 사람들로부터 칭찬받기도 하고, 존경을 받기도 하며, 또 명성을 얻기도 하면서 모든 현세의 일에 몸담고 살 수 있는 것이다. 사실 세상은 속세에 몸을 내맡기고 있는 그런 사람들만으로 성립되어 있다. 그들은 그들의 재능을 써서 돈을 모으고 세상살이를 위한 일을 경영하고, 현명하게 타산하면서 어쩌면 역사에 이름을 남기는 일까지 있을 것이다. 그러나 그들은 그들 자신이 아니다. 그들이 그 밖의 점에서 아무리 자기중심적이라고 하더라도 정신적인 의미에서의 자기를 그들은 가지고 있지 않다. 정신적이기 때문에 그들의 모든 것을 걸 수 있는

---

12) 〈마태복음〉 16 : 26의 "사람이 만일 온 천하를 얻고도 제 목숨을 잃으면 무엇이 유익하리요" 참조.

자기, 즉 신 앞에서의 자기를 가지고 있지 않은 것이다.

b. 가능성과 필연성(명증성)의 규정 아래에서 볼 수 있는 절망

생성하기 위해서는(자기가 자유롭게 자기 자신이 되어야 하는 것) 가능성과 필연성 둘 모두를 빼놓을 수 없다. 자기에게는 유한성과 무한성(아페이론–페라스[13])이 속해 있듯이 가능성과 필연성 또한 속해 있다. 아무런 가능성도 가지고 있지 않은 자기는 절망하고 있는 것이며, 또 아무런 필연성을 가지고 있지 않은 자기 또한 마찬가지로 절망하고 있는 것이다.

α. 가능성의 절망은 필연성의 결핍에 있다

이런 식의 관계는 앞서 말한 바와 같이 변증법적인 것에 근거를 둔다.

유한성이 무한성을 한정하는 것처럼 필연성은 가능성에 맞선다. 자기가 유한성과 무한성의 종합으로 조정되어 지금부터 생성하기 위해 가능성으로 존재하는 경우, 자기는 공상을 매개로 하여 스스로를 반성하는데, 그것으로써 무한한 가능성이 나타난다. 자기는 가능태로서 필연성인 동시에 가능성인 것이다. 왜냐하면 자기는 물론 자기 자신이지만, 또 앞으로 자기 자신이 되어야 할 것이기도 하기 때문이다. 자기가 자기 자신인 한 자기는 필연성이고, 자기가 앞으로의 자기 자신이 되어야 하는 것인 한 자기는 가능성인 것이다. 그런데 가능성이 필연성을 뒤로하고 혼자 달아나면, 자기는 가능성 속에서 자기 자신으로부터 달아나는 것이 된다. 이렇게 하여 자기가 돌아가야 하는 필연성(명증성)을 갖지 못하게 되는데, 이것이 가능성의 절망이다. 이런 자기는 추상적인 가능성이 된다. 자기는 가능성 속에서 몸부림치며 날뛰다가 지쳐 버린다. 그러나 이 가능성의 장소에서 걸어 나올 수도, 또 어떤 장소에 이르지도 못한다. 이르는 곳이란 필연적인 것이어야만 하기 때문이다. 자기 자신이 된다는 것은 필연적인 장소에서의 운동 외에 아무것도 아니다. 생성은 필연적 장소(가능성이 필연성이 된 장소)로부터

---

13) ἄπειρον-πέρας. 아페이론은 '무한한 것' '한정되어 있지 않은 것', 페라스는 '유한한 것', '한정'을 의미하는 말. 아마도 플라톤이 《필레보스》 25~26에서 이 둘의 혼합에 의해 생성이 생긴다고 서술하고 있는 것을 염두에 두고 삽입했을 것이다. 거기서는 '무한한 것' 즉 '비존재'가 '유한한 것'에 의해서 비로소 '존재'가 된다. 즉 '생성한다'고 설명되고 있다.

생기는 운동이며, 자기 자신이 되는 것도 그 장소에서의 운동인 것이다.

이렇게 해서 가능성은 자기에게 점점 크게 되는 것처럼 생각되어 점차 많은 것들이 가능하게 되지만, 무엇 하나도 실현되지는 않는다. 마침내는 모든 것이 가능하다고 생각되지만, 그때야말로 심연이 자기를 삼켜 버리고 만 때이다. 아무리 적은 가능성이라도 실현되기 위해서는 늘 어느 정도의 시간이 필요하다. 그런데 여기에서는 현실성 때문에 소비되어 버릴 시간이 마침내 점차 짧아져서 모든 것이 결국에는 순간적인 것이 된다. 가능성은 점점 더 강도를 더하여 간다. 그러나 이것은 가능성의 의미에서이지 현실성의 의미에서가 아니다. 그 이유는 현실성의 의미에서라면 그 강도 또한 실현될 수 있는 그 무엇인가가 되어야 하기 때문이다. 지금 무엇인가가 가능한 것으로서 나타난다. 그러면 곧 거기에 하나의 새로운 가능성이 나타난다. 그래서 마침내는 이런 환영이 계속해서 일어나 어떤 것이라도 가능한 것처럼 여겨지게 한다. 그리고 이때야말로 개인이 자진해서 완전히 하나의 신기루가 되어 버린 마지막 순간에 이르고 마는 것이다.

여기서 자기에게 결핍되어 있는 것은 말할 나위도 없이 현실성이다. 그래서 사실상 또는 일반적으로 어떤 사람이 비현실적이 되었다는 투의 말이 나오게 되는 것이다. 그러나 더 세밀히 보면 그에게 결핍된 것은 실제로는 필연성이다. 철학자들[14]이 말하는 것처럼 필연성이 가능성과 현실성의 통일이 아니고, 현실성이 가능성과 필연성의 통일(종교 우주론에서의 그리스도교적 의미의 통일)인 것이다. 또 자기가 이처럼 가능성 속을 방황하는 것은 단순히 힘이 모자라기 때문만은 아니다. 적어도 보통 이해되고 있는 것과는 다른 의미로서의 힘의 모자람이라고 풀이해야 한다. 거기에 결핍된 것은 사실 복종하는 힘이다. 다시 말해 스스로 자기 속에 있는 필연(이것은 자기 한계라고도 불러야 할 것이지만)에 머리를 숙이는 힘의 결핍인 것이다.

따라서 불행은, 그런 자기가 이 세상에서 개체적 인간이 되었다는 것을 말하

---

14) 헤겔의 《논리학》 제2권 제3편 제2장 B에서의 이론을 가리킨 것이리라. 키르케고르는 《철학적 단편》 제4장 간주곡 1에서 "필연성은 가능성과 현실성의 통일성일까?"라고 묻고, 가능성과 현실성의 차이는 '존재'에 있고, 필연성은 본질의 규정이기 때문에 가능성과 현실성의 통일이 필연성이 된다는 경우는 있을 수 없다. 만일 그렇게 된다면 그것들은 전혀 다른 것으로, 그것이야말로 생성이 배제된 유일한 것이 되어 버리고 말기 때문에 이것은 자기모순이며, 또 불가능한 것이라고 쓰고 있다.

는 것이다. 그가 자기 자신을 의식하기에 이르지 않았다는 것, '그'의 자기가 오롯이 규정된 어떤 것이며, 따라서 필연이라고 하는 점에 그의 생각이 미치지 못했다는 것이 불행이다. 그의 자기가 가능성 속에서 자기를 공상하듯이 반성했기 때문에 그는 자기 자신을 잃어버렸다. 그는 거울 속에서 자기 자신을 보기 위해 이미 자기 자신을 알고 있어야 한다. 그렇지 않다면 자기 자신을 보는 것이 아니라, 다만 하나의 인간을 보고 있는 것에 지나지 않기 때문이다. 그런데 가능성이라는 거울은 보통 거울과는 달라서, 아주 신중하게 사용해야 한다. 왜냐하면 이 거울에 대해서 말하자면 가장 높은 의미에서, 그것은 진실이 아니라고 말할 수 있기 때문이다.

자기가 자기 자신의 가능성 속에서 이러저러하게 보인다는 것은 절반의 진리밖에 되지 않는다. 왜냐하면 자기 자신의 가능성이라는 관점에서는 자기는 아직 자기 자신으로부터 멀리 떨어져 있거나 다만 절반만 자기 자신일 수 있기 때문이다. 거기서 문제는 자기의 이 필연성이 자기를 더 정확하게는 어떻게 규정할 것인가 하는 점이다. 가능성이라는 것은 어린애가 어떤 즐거운 일에 초대받은 것과도 같다. 어린애는 곧 그것에 정신이 팔린다. 그런데 이렇게 되면 문제는 부모가 그것을 허락하느냐 하지 않느냐는 데 있다. 이때 부모에 해당하는 것이 필연성이다.

그렇다고 해도 가능성에서는 모든 것이 가능하다. 그렇기 때문에 가능성 속을 모든 방법으로 방황하고 돌아다닐 수 있는데, 그러나 본질적으로는 두 가지 방법으로만 돌아다닐 수 있다. 그 하나는 갈망하고 희구하는 형태이고, 다른 하나는 우울하고 공상적인 형태이다(희망–공포 또는 불안).

동화나 전설 속에 곧잘 이런 이야기가 나온다. 어떤 기사가 우연히 한 마리의 이상한 새를 발견하고 그것을 잡으려고 뒤쫓는다. 그 새가 처음에는 그의 가까이에 있는 것으로 보였기 때문이다. 그러나 쫓아가면 갈수록 새는 자꾸만 달아난다. 그러는 동안 밤이 되어 그는 황야 가운데서 길을 잃고, 돌아갈 길을 찾지 못해 어찌할 바를 모른다. 갈망의 가능성은 이와 비슷하다. 가능성을 필연성으로 되돌리려고 하지 않고 그는 가능성의 뒤를 쫓아간다. 그래서 마침내 그는 자기 자신이 돌아갈 길을 잃어버리고 만다. 우울의 경우는 이와 반대 현상이 같은 식으로 일어난다. 개인이 우울한 애정을 품고 불안의 가능성을 뒤쫓는다. 그런데 이 가능성은 끝에 가서는 그를 그 자신으로부터 멀리 떼어 놓고, 거기서 그는 불안 속에서 몸을 망친다. 또는 거기에서 몸을 망치게 되지나 않을까 하고 그가 불안하게 생각하던 그 속에서 몸을 망치는 상태에 이르는 것이다.

β. 필연성의 절망은 가능성의 결핍에 있다

가능성 속을 방황하는 것을 어린애의 모음 발음에 비유한다면, 가능성의 결핍은 침묵하고 있는 것과 같다. 필연적인 것은 자음뿐이다. 이것을 발음하기 위해서는 가능성이 더해져야 한다. 인간의 생활에 가능성이 결핍되어 있을 때 그것은 절망하고 있는 상황이다. 따라서 가능성이 결핍된 순간마다 절망하고 있는 것이다. 일반적으로 인간은 특별히 풍부한 희망을 가지는 연령층이 있다고 생각한다. 자기 생애의 어떤 시기나 순간에 희망과 가능성이 매우 풍부하다 또는 풍부했다고 말하기도 한다. 그러나 이런 것은 모두 인간의 입버릇처럼 하는 말에 지나지 않는 것으로, 진실이 아니다. 이런 모든 희망이나 절망은 아직 참다운 희망도 아니거니와 진정한 절망도 아니다.

결정적인 것은 신에게는 모든 것이 가능하다[15]고 생각하는 것이다. 이것은 영원한 진리이고, 따라서 모든 순간에도 진리이다. 사람들은 그런 말을 곧잘 한다. 일상의 습관처럼 무심결에 말하는 것이다. 하지만 인간이 막다른 골목에 몰릴 때, 즉 인간적으로 말하면 벌써 어떤 가능성도 존재하지 않게 되었을 때, 그때야 비로소 그 말은 결정적인 의미를 가지고 온다. 신에게는 모든 것이 가능하다는 것을 인간이 믿으려고 하는지가 문제로 등장한다. 그러나 믿고자 한다고 하는 것은 지성을 잃어버리는 것을 나타내는 공식일 뿐이다. 믿는다는 것은 정녕 신을 알기 위해서 지성을 잃어버리는 것을 말한다.

다음과 같은 경우를 생각해 보자. 공포의 전율에 완전히 겁을 집어먹게 되는 상상력에 의해서 뭔가 무서운 것을, 이것만은 절대로 견딜 수 없다는 것을 상상하고 있는 사람이 있다고 생각해 보기 바란다.[16] 그런데 그것이 그의 몸을 덮쳐 온다고 하자. 그 무서운 것이 막 그의 몸을 덮쳐 온다고 하자. 인간적으로 말하면, 그때 그의 파멸은 무엇보다도 확실하다. 게다가 그의 영혼의 절망은 절망하

---

15) 〈마태복음〉 19 : 26 및 〈누가복음〉 1 : 37.
16) 히르슈는 젊은 시절 키르케고르 자신의 일이라는 주석을 달았다.

면서도 절망에게 허락받기 위해, 다시 말하면 절망을 휴식인 것처럼 얻기 위해 절망에 대한 모든 인격의 동의를 얻으려고 절망적으로 싸운다. 그래서 그는 그의 절망을 방해하는, 그의 절망을 방해하려는 시도를 하는 그 어떤 사람 또는 그 어떤 것이든 저주한다. 이런 상태를 시인 중의 시인[17]은 아주 훌륭하고 비할 데 없이 멋들어지게 그려 내고 있다 —《리처드 3세》의 제3막 3장에서 "사촌이라는 이 지긋지긋한 자식아, 절망의 만족한 심적 상태에서 나를 끌어내다니."— 따라서 인간적으로 말하면, 이때의 구원은 무엇보다도 불가능하다. 그러나 신에게는 모든 것이 가능하다. 이것이 신앙의 싸움이다. 이것은 말하자면 가능성을 위한 미친 싸움인데, 그 이유는 가능성만이 유일한 구원이기 때문이다.

기절한 사람이 있으면 물이나 콜로뉴 향수, 또는 호프만 액(에테르 화합물)을 가져오라고 떠들어 대기 마련이다. 하지만 절망에 빠져 들어가는 사람이 있을 때에는 "가능성을 가지고 오라, 가능성을 가지고 오라, 가능성만이 유일한 구원이다"라고 외쳐야 한다. 가능성을 주면, 절망하는 이는 숨을 다시 쉬고 되살아난다. 왜냐하면 가능성 없이 인간은 숨을 쉴 수 없기 때문이다. 때때로 가능성은 인간의 공상의 힘이 만들어 내는 창의만으로 이루어지는 수도 있기는 하다. 그러나 결국 믿는다는 것이 문제가 되는 경우에는 신에게는 모든 것이 가능하다는 것만이 쓸모 있게 된다.

이런 식으로 거기에서 싸움이 벌어진다. 이렇게 해서 싸우는 자가 멸망하느냐 하지 않느냐는 것은 오로지 그가 가능성을 바라느냐 바라지 않느냐, 즉 그가 믿고 있느냐 믿고 있지 않느냐에 달려 있다. 게다가 그는 인간적 의미에서 말하는 그의 파멸이 무엇보다도 확실하다는 것을 알고 있다. 이것이 믿는다는 것 속에 있는 변증법적(간접적)인 요소이다.

---

17) '시인 중의 시인'이란 물론 셰익스피어를 가리키는 것으로, 키르케고르는 셰익스피어의 작품을 즐겨 읽고, 시인으로서 그를 가장 높이 평가하고 있었다. 《인생길의 여러 단계》의 '프라테르 타키투르누스(과묵한 형제)의 독자에게 보내는 편지' 부록에 셰익스피어의 《햄릿》에 관해 쓴 문장이 있고, 그 말미에 "세계는 진보하고 있는데도 셰익스피어를 따라 앞서지는 못하고 있다. 그리고 사람들은 언제까지라도 그에게 배울 수 있고, 게다가 그의 작품을 읽으면 읽을수록 많은 것을 배울 수 있다"고 한 말이 있는데, 그것을 가리키고 있다. 여기에서는 슐레겔의 독일어 번역에 따라서 제3막 제3장이라고 나와 있지만, 영어 원전은 제3막 제2장이며, 끝부분에 있는 리처드 3세의 독백이다.

평범한 인간은 파멸보다는 즐거움을 바라고, 추측건대 이러저러한 것이 어쨌든 자기 몸에 들이닥치지는 않겠지 하고 생각할 뿐이다. 그런데 그것이 들이닥치면 그는 파멸해 버리고 만다. 조심성 없이 덤벙거리는 자는 여러 가능성을 안고 있는 위험 속으로 뛰어 들어간다. 그러나 그는 그 가능성의 실현 가능성을 완전히 믿고 있지는 않다. 그리고 그 가능성이 실현되면, 그는 절망하고 파멸하는 것이다.

믿는 자는 인간적으로 말하면(자기 몸에 들이닥친 것 속에 또는 자기가 굳이 행한 것 속에) 자기가 파멸할 것임을 알아챘다. 하지만 그는 믿는다. 그 때문에 그는 파멸하지 않는다. 믿는 자는 어떻게 해서 자기가 구원될 것이냐 하는 것을 완전히 신에게 맡긴다. 그리고 신은 모든 것이 가능하다고 믿는다. 자신의 파멸을 '믿는다'는 것은 가능성이 없다. 인간적으로는 그것이 자기의 파멸이라는 것을 깨달으면서도 계속 가능성을 믿는다는 것, 이것이 곧 '믿는다'는 것이다. 이렇게 함으로써 신 또한 그를 구원해 준다. 아마도 신은 무서워해야 할 것 가운데에서 뜻하지 않게 기적처럼 구원해 줄 것이다. 그런 의미에서, 신은 무서워해야 할 그 자체로써 구원해 주는 것이다. 이것을 굳이 기적처럼이라고 하는 이유는, 인간이 기적처럼 구원을 받았다고 하는 것이 1800년 전에 일어났을 뿐이라는 단정이 실로 이상한, 그리고 단지 추측을 가지고 아는 체하는 생각에서 나온 말에 지나지 않기 때문이다.

한 인간이 기적처럼 구원이 되느냐의 여부는, 그가 본질적으로 구원받을 수 없는 것을 지성의 어떤 정열을 가지고서 깨닫고 있는가에 달려 있다. 또 그럼에도 그를 구원해 준 힘에 대해 그가 얼마나 성실했는가에 달려 있다. 그러나 보통 사람들은 그 어느 쪽도 행하지 않는다. 사람들은 구원을 발견하고자 자기 지성의 있는 힘을 다해 노력해 보지도 않고, 구원받을 수 없다고 떠들어 댄다. 그리고 나중에는 은혜를 저버리고 거짓말을 한다.[18]

믿는 자는 절망을 영원하고 확실하게 없앨 수 있는 약을 갖고 있다. 그것은 가능성인데, 신들에게는 모든 순간에 모든 것이 가능하기 때문이다. 이것이 신

---

18) 구원받을 수 없다고 생각하고 있었는데, 기적적으로 구원받은 뒤에야 자기는 구원받을 수 없다고 생각하고 있었다는 사실을, 따라서 또 그럼에도 기적적으로 구원받았다는 사실을 인정하려 들지 않는다는 의미일 것이다.

앙이 주는 건강이요, 이 건강이 모든 모순을 푸는 것이다. 이런 경우 모순은 인간적으로 말하면 파멸이 확실하다는 것, 그럼에도 가능성이 존재한다는 것이다. 건강이란 일반적으로 말하면 모순을 풀 수 있다는 것이다. 육체적 또는 생리적으로 말한다고 하더라도 그렇다. 호흡은 하나의 모순이다. 왜냐하면 호흡은 종류를 달리하는, 또는 신앙처럼 변증법과는 거리가 먼(직접적) 차가움과 따뜻함이기 때문이다. 그러나 건강한 신체는 이 모순을 해소하고 있다. 그리고 호흡하고 있다는 것을 별달리 느끼지 못하고 있다. 신앙도 이와 같다. 신앙에도 파멸은 반드시 오지만, 신체에서의 건강처럼, 신앙에는 가능성이 있기 때문에 이 모순이 해소되는 것이다. 가능성이 결핍되어 있다는 것은, 어떤 사람에게 모든 것이 필연이 되었다는 뜻이거나, 아니면 모든 것이 일상의 흔한 일로 되었다는 의미이다.

결정론자나 숙명론자는 절망하고 있고, 절망하는 이로서 자기를 잃어버리고 있다. 그에게는 모든 것이 필연이기 때문이다(가능성이 결핍된 필연적 현실 속의). 그는 모든 음식물이 돈으로 보였기 때문에 굶어서 죽은 임금[19]과 같다. 인격이란 가능성과 필연성의 종합이다. 따라서 인격의 존립은 들숨 날숨과 같다. 결정론자의 자기는 숨 쉬는 것도 할 수 없다. 왜냐하면 필연적인 것만을 호흡할 수는 없기 때문이다. 그래서는 인간인 자기는 질식해 버리고 말 뿐이기 때문이다.

한편 숙명론자 또한 절망하고 있고, 신을 잃어버렸다. 따라서 자기 자신을 잃어버리고 있다. 신을 두고 있지 않은 자는 자기 또한 두고 있지 않기 때문이다. 또는 여기에서는 마찬가지일 테지만, 그 숙명론자의 신은 필연성이다. 다시 말해 신은 모든 것을 할 수 있으니, 신은 인간에게 모든 것을 할 수 있어야 한다는 것이다. 그렇기 때문에 숙명론자의 예배는 기껏해야 감탄사에 지나지 않고, 본질로는 침묵이요, 말 없는 복종이므로, 그는 기도를 할 수 없는 것이다. 기도한다는 것은 호흡한다는 것이며, 가능성과 자기의 관계는 산소와 호흡의 관계와 같다. 그런데 인간이 오직 산소 또는 질소만으로 호흡할 수 없듯이 기도라는 호흡도 다만 가능성 또는 필연성만으로는 할 수 없다.

기도하기 위해서는 신, 자기(정신), 가능성이 존재해야 한다. 바꾸어 말하면 자

---

19) 소아시아의 프리기아 왕 미다스를 가리킨다.

기와 깊은 의미에서의 가능성이 함께 존재해야 한다. 왜냐하면 신이란 모든 것을 할 수 있다는 것을 의미하고, 즉 모든 것을 할 수 있다는 것이 신을 의미하기 때문이다. 자기의 본질이 근본적으로 감동되어 모든 것을 할 수 있음을 깨달은 정신의 사람만이 신과의 관계에 이르렀다고 말할 수 있다. 그러므로 신의 의지가 인간에게 실현될 수 있어야만 우리는 자신에 대해 기도할 수 있는 것이다. 만일 신의 의지가 필연적인 것일 뿐이라면 인간은 본질적으로 동물처럼 언어를 지니지 않는 존재로 있을 것이다.

속물근성 또는 평범함에도 본질적으로 가능성이 결핍되어 있지만, 이 경우는 조금 사정이 다르다. 속물근성은 무정신성이요, 결정론과 숙명론은 정신의 절망 또는 복종이다. 그러나 무정신성 또한 절망이다. 속물근성은 정신의 온갖 규정이 결핍되어 있고, 개인적인 것 속에서 시작해 끝마치지만, 거기에는 가능성과 같은 것이 들어갈 여지가 아주 조금밖에 없다. 그래서 속물근성에는 신을 의식할 수 있는 가능성이 결핍되어 있다. 속물은 세상일이 어떻게 움직이고 있는가, 세상에서는 어떤 일이 일어날 수 있는가, 세상에서는 어떤 일이 일어나기 쉬운가 하는 것을 상상하는 일 없이, 일상생활에서 흔히 경험하는 평범함 속에서 생활하는 것으로서, 그 속물이 술집 주인 영감이든, 한 나라의 장관이든 마찬가지이다. 이렇게 해서 속물들은 신과 자기 자신을 잃어버리는 것이다.

인간이 자기 자신과 신을 알게 하기 위해서는 공상이 주는 분위기보다도 더 높이 날아 올라가게 함으로써 그런 분위기에서 벗어나야 한다. 그래서 모든 경험의 충분한 양(quantum satis)을 넘어서게 하여 이를 통해 희망하면서 두려워하는 것, 두려워하면서 희망하는 것을 인간에게 가르쳐 주어야 한다.

그러나 속물은 공상하지 않을 뿐만 아니라 하려고도 하지 않는다. 도리어 공상을 싫어한다. 그 때문에 이들에게는 구원이라는 것이 없다. 그래서 때로 세상이 한때의 경험을 통해 얻은 서툰 지혜를 넘어선 듯이 보이는 무서운 것들을 이끌고 구원하려 들면, 속물근성은 절망해 버리고 만다. 그래서 그 순간 자기가 절망의 상태에 있었다고 하는 것이 현실로 드러나는 것이다. 이렇게 해서 신에 의해 자기를 확실한 파멸로부터 구출할 수 있는 신앙의 가능성이 속물근성에는 결핍되어 있는 것이다.

반대로 숙명론과 결정론은, 가능성에는 절망하지만 어쨌든 상상력을 가지고 있으며, 또한 마침내 불가능성을 발견하기는 하지만 어쨌든 가능성을 갖고 있다. 그러나 속물근성은 일상 속에서 일어나는 많은 일에 안주하고 있고, 그래서 잘살든 곤경에 처해 있든 똑같이 절망하고 있는 것이다. 숙명론과 결정론에는 긴장을 완화하는 가능성, 필연성을 조절하는 가능성, 즉 완화 작용으로서의 가능성이 결핍되어 있고, 속물근성은 무정신성으로 말미암아 각성 작용으로서의 가능성이 결핍된 것이다.

생각건대 속물근성은 가능성을 마음먹은 대로 처리할 수 있다고 생각한다. 이 속물근성은 자신의 거대한 능력의 탄력성을 단정하지 않는 것이라는 함정 또는 정신병원으로 꾀어 그 안에 넣었다고 생각한다. 다시 말해 그 능력을 마치 포로로 삼은 것처럼 생각하고 있다. 가능성을 포로로 하고, 그것을 단정성 없음이라는 울타리 안에 넣어 끌고 다니면서 구경거리로 삼음으로써 거기에서 자기가 가능성의 주인이 된 듯이 만족하고 있다. 그러나 사실은 도리어 그것으로 말미암아 자기 자신이 포로가 되고, 무정신의 노예가 되고, 가장 불쌍한 신세가 되었음을 모르고 있는 것이다. 바꾸어 말하면 가능성 속에 잘못 빠진 자, 즉 내일을 모르는 절망 때문에 허공으로 뛰어오름으로써, 모든 것을 필연으로 만든 사람(숙명론자)은 절망에 눌려 찌그러지고 세상의 무게에 짓눌리지만, 속물근성은 정신이 없는 덕분에 승리감에 잠기는 것이다.

B. 의식이라는 규정 아래에서 볼 수 있는 절망

의식의 정도가 상승하는 것과 비례해서 절망의 강도도 끊임없이 상승한다. 다시 말해 의식이 증가하면 그만큼 절망의 강도도 증가하는 것이다. 이것은 모든 경우에 볼 수 있지만, 특히 가장 깊은 절망과 가장 얕은 절망의 경우 무엇보다 뚜렷이 볼 수 있다. 악마의 절망이 최강도의 절망인 것은, 악마는 완전히 정신만의 것[20]이며, 절대 의식이며, 투명한 것이기 때문이다. 악마 속에는 모호함이 조금도 없고, 그래서 악마의 절망은 절대 반항이며, 이것이 절망의 최고도인 것이다. 인정상 이렇게 말하고 싶은 것은 당연하지만, 절망의 최고도는 일종의

---

[20] 악마는 타락한 천사로서, 하나의 정신만의 것으로 보아야 한다는 것은 교부들의 견해였고, 1215년의 제4차 라테란 공의회 이후 교의로 인정되었다.

순진성으로 말미암아 그것이 절망이라는 것조차 알지 못하는 상태이다. 그러므로 의식성이 없는 것이 최고도인 경우에 절망의 정도는 가장 낮은 것으로, 그런 상태를 절망이라고 부르는 것이 정당한지조차 의문이 들 수 있다.

a. 자기가 절망하고 있음을 모르고 있는 절망 또는 자신이 자기라는 것을, 영원한 자기를 가지고 있음을 모르고 있는 절망의 무지

이 상태가 절망이고, 또 절망이라고 불리는 것이 정당함은, '좋은 의미에서의 진리의 독선'이라고 불려도 좋은 하나의 사례를 표현한 것이라 할 수 있다.

진리는 그 자신과 허위를 구별하는 지표[21]다. 그러나 진리의 독선은 물론 사람들에게 그다지 주의를 끌지 못하고 있다. 그 이유는 사람들은 진실한 것과의 관계, 즉 자기가 진실한 것과 관계를 가지고 있다는 것을 결코 최고의 선이라고 생각하지 않고, 또 오류 속에 있다는 것을 소크라테스처럼 가장 큰 불행 속에 있다고 생각하지도 않는 경우가 대부분이기 때문이다. 다시 말해 대부분의 사람들에게는 대부분의 경우, 감정적인 것이 지성적인 경우보다 훨씬 우위를 차지하고 있기 때문이다. 그렇기 때문에 진리의 빛에 비추어 본다면, 사실은 불행한 것일 텐데도 행복한 것으로 잘못 알고 있는 사람이 이런 오류로부터 벗어나기를 바라는 것은 대개의 경우 도저히 있을 수 없다. 그뿐만 아니라 그와는 반대로 그런 사람은 화를 내며 그런 짓을 하는 사람을 가장 원망스러운 적으로 생각하고, 그런 행위를 뜻밖의 습격으로 생각할 것이다. 그리고 그런 행위는 사람의 행복을 말살하는 것과 같은 뜻으로 일종의 살인에 가까운 것이라고 간주한다.

어떻게 해서 그렇게 되는 것일까? 그것은 감정적인 것과 감성적인 것이 그를 완전히 지배하고 있는 데서 온다. 그가 유쾌함이나 불쾌함이라고 하는 감성적인 것의 범주 안에 살고 있으면서 정신이나 진리라고 하는 것에 조금도 마음을

---

21) Veritas est index sui et falsi. 스피노자의 《윤리학》 제2부 정리 43 비고에 "빛이 자기 자신과 어둠을 명확히 하듯이, 진리는 자기 자신과 허위의 기준이다"에 따른 것. 단 스피노자에서는 index가 norma로 되어 있는데, 이것은 야코비의 《스피노자 서한집》에서 "왜냐하면 진리는 그 자신과 허위의 지표이기 때문에"라는 것을 간접적으로 인용했기 때문이라고 한다. 진리는 진리를 자신이 주장한다(이것은 독선). 이것에 의해서 동시에 자기와 반대되는 것이 진리가 아니라는 것을, 즉 허위인 것을 명백히 한다는 의미.

두지 않는 데서 오는 것이다. 지나치게 감성에 충실한 것을 가지고서 굳이 정신에 충실하고자 하든지, 정신에 충실한 것을 견디어 낼 만한 용기를 가지지 않는 데서 오는 것이다. 아무리 허영심과 자기만족에 강한 인간이라 하더라도 대부분은 자기가 자신에 대해서 아주 적은 관념만을 가지고 있을 뿐이다. 그들은 정신에 대해서, 인간이 절대적인 것이 될 수 있음에 대해서 아무런 관념도 가지고 있지 않는 것이다. 그러나 그러면서도 그들은 허영심과 자기만족이 강하다. 서로 사이좋게 말이다.

예를 들어 지하실과 1층 및 2층으로 된 집이 한 채 있는데, 그것이 각 계층 사람들 사이의 신분의 차이에 맞게 살도록 설비되어 있다고 하자. 그리고 인간을 그런 집에 비교해 보자. 그러면 대부분의 인간은 자신의 집이면서도 1, 2층이 아니라 지하실에 즐겨 살고 싶어 한다는, 참으로 슬프고도 우스꽝스러운 사실을 발견하게 된다. 인간은 누구나 정신일 수 있는 소질을 가지고 만들어진 심신의 종합이며, 이것이 인간이라는 집의 구조이다. 그런데 인간은 지하실에 사는 것, 즉 감성의 규정 속에 살기를 좋아한다. 그것도 단순히 좋아해서 지하실에 살고 싶어 하는 것만이 아니다. 누군가가 그를 향해 2층이 비어 있어 자유롭게 쓰실 수 있으니, 2층으로 옮기는 게 어떻겠느냐고 하면서 어디 살든 당신의 집인걸요, 하고 권유라도 하면 화를 낼 만큼 인간은 지하실에 살기를 좋아한다.

오류 속에 있다는 것은 정말 소크라테스와는 어울리지 않는(철학적·반어적) 것이지만, 사람들은 그것을 가장 무서워하지 않는다. 이 사실을 놀라울 정도로 뚜렷하게 밝히고 있는 실례가 있다. 어떤 사상가가 거대한 전당, 체계, 모든 인간 세상과 세계 역사 등 기타의 모든 것을 포괄하는 체계를 쌓아 올렸는데 반해, 그 사상가의 개인 생활을 보면, 놀랍게도 그는 거대한 높은 천장이 붙은 전당에 살지 않고 그 옆의 헛간이라든지 개집 또는 기껏해야 문지기 방에 살고 있다고 하는, 참으로 놀랍고도 우스꽝스러운 사실을 발견하는 것이다. 단 한마디라도 이런 모순에 신경을 쓰라고 말한다면, 그는 감정이 상하고 말 것이다. 왜냐하면 체계만 완전히 갖추어진다면(그것은 오류 속에 있는 덕분에 할 수 있다), 그에게 오류 속에 있다는 것쯤은 조금도 두려워할 일이 아니기 때문이다.[22]

---

22) 여기에서 체계의 건설만을 뜻하는 사상가로서 비평되고 있는 사람이 헤겔임은 명백해진다. 이미 《정신현상학》의 머리글에서 "진리가 현실에 존재하는 참모습은 다만 진리의 학문적 체

따라서 절망하고 있는 사람이 자기의 상태가 절망적임을 자신은 모르고 있더라도 상황은 조금도 다르지 않다. 그래도 그는 절망하고 있는 것이다. 만일 절망이 미혹이라고 한다면 자기의 절망에 무지하다는 것은 절망인 동시에 오류 속에 있음을 덧붙이는 것이다. 절망과 무지의 관계는 불안과 무지의 관계와 같다 (비길리우스 하우프니엔시스의 《불안의 개념》[23] 참조). 무정신의 불안은 무정신의 상태에서 안심하고 있는 상태에서 무지라고 인정된다. 그럼에도 그 바탕에는 불안이 있고, 또 절망이 있는 것이니, 착각의 마력이 다하고 인간 세상이 흔들리기 시작할 그때에 밑바탕에 있었던 절망이 모습을 나타내는 것이다.

자기가 절망하고 있음을 모르는 절망한 사람는, 그것을 의식하고 있는 절망한 사람에 비하면 진리와 구제로부터 한 걸음의 부정만큼 동떨어져 있는 것에 지나지 않는다. 절망, 그 자신은 하나의 부정성이고 절망에 대한 무지는 또 하나의 새로운 부정성이다. 그런데 진리에 이르기 위해서는 온갖 부정성을 뽑아 나가야 한다. 왜냐하면 여기에서는 전설[24]에서의 마법을 푸는 것에 대한 이야기가 적용되기 때문이다. 다시 말해 악곡이 뒤에서부터 거꾸로 끝까지 연주되어야 한다. 그렇지 않으면 마법은 풀리지 않는다. 그러나 자기 절망에 무지한 사람이, 그것을 알면서도 끝내 절망 속에 머무는 사람보다 진리와 구제로부터 훨씬 멀리 떨어져 있다고 할 수 있는 것은, 오직 순수하게 변증법적인 의미(경험이라는 매체에 의한 간접 방식)일 때만 그렇다. 왜냐하면 또 다른 의미에서, 즉 윤리적–변증법적으로는 의식적으로 절망 속에 머물러 있는 절망한 사람의 절망이 한결 더

계일 뿐이다"라고 서술되어 있는데, 모든 존재를 포괄하는 진리의 학문 체계를 세우는 것이 헤겔 철학 전체의 과제였다.

23) 1844년에 키르케고르는 비길리우스 하우프니엔시스란 가명으로 《불안의 개념》을 발표했는데, 제3장의 제1절 '무정신의 불안'에서 "무정신에는 정신이 제거된 것과 마찬가지로 불안도 제거되어 있으므로 거기에 불안이 없다. 하지만 그럼에도 불안은 있다. 다만 그 불안이 대기하고 있을 뿐이다. ……불안은 무정신 속에도 존재하고 있으나 그것은 숨겨져 있고 또 가면을 쓰고 있는 것이다"라고 설명하고 있다.

24) 크로커의 《아일랜드의 요정 이야기》를 그림(Grimm) 형제가 옮긴 것을 키르케고르가 갖고 있었는데, 83쪽에 마(魔)의 선율에 대해서 다음과 같이 기술하고 있다. "셸란섬이라든지 스웨덴 서남부에 요정의 왕에 관한 악곡이 있는데, 이 악곡을 듣는 자는 노인이든 젊은이든 모두, 아니 생명이 없는 사물까지도 춤추지 않을 수 없다. 그리고 연주자는 그 멜로디를 뒤부터 거꾸로 완전히 끝까지 연주하고서야 비로소 연주를 마칠 수 있다."

강하므로 구제에서 더 멀리 떨어져 있기 때문이다. 그러나 무지는 절망을 제거하든지, 절망을 절망이 아닌 것으로 변경하는 것은 아니고, 도리어 반대로 무지는 절망의 가장 위험한 형태일 수 있다. 무지하기 때문에 절망 속에 머무는 사람은, 이것이야말로 그 스스로의 파멸이지만, 절망을 느끼지 못하게 하는 어떤 작용으로 말미암아 지켜지고 있다. 다시 말해 그는 절망의 손안에 몸을 맡긴 채 아주 안심하고 있는 것이다.

자기가 절망하고 있음을 모르고 있을 때, 인간은 자기를 정신으로 의식하는 상태에서 가장 많이 멀어져 있다. 그런데 자기를 정신으로 의식하고 있지 않다는 것이야말로 정녕 절망이요, 무정신성으로서, 이 상태는 완전한 무기력 상태, 단순히 아무것도 하지 않는 생활일 수도 있겠고, 또는 활기가 흘러넘치는 생활일 수도 있다. 그러나 그가 그 어느 쪽에 있든 간에 그 비밀은 결국 절망이다. 뒤의 경우 절망 속에 머무는 사람은 폐병을 앓는 사람의 상태와 비슷하다. 병이 가장 위험한 상태에 있을 때 그는 가장 기분이 좋고, 무척 건강하다고 느끼며, 남이 보기에도 건강이 잠시 빛나 보이는 법이다.

이 형태의 절망(절망임을 모르고 있는 무지에 대한 절망)은 세상에서는 일반적인 사실이다. 사실 세상이라고 부르는 것, 또는 더 정확하게 규정하면 그리스도교가 이 세상이라고 부르고 있는 것, 즉 이교도나 그리스도교계의 자연적 인간세계 안에 존재했던 절망은 이런 절망이다. 바꾸어 말하면 역사상 일찍이 존재했고 지금도 존재하는 이교도 및 그리스도교계 내부에서의 이교도적 절망은 바로 이런 무지의 절망이다. 그것은 절망이지만 절망임을 알지 못하는 것이다. 하긴 이교도도 그리스도교계 내부의 자연적인 인간처럼, 절망하고 있는 것과 절망하고 있지 않은 것 사이에 구별을 짓는다. 절망하고 있는 것은 일부 개인들인 것처럼 말하고 있다. 그러나 이 구별은 그럴듯하게 속이는 것으로서, 이교도와 자연적인 인간이 사랑과 자애 사이를 구별할 때, 사랑이 본질적으로 자애가 아닌 것처럼 구별하는 것과 같다. 하지만 이교도도 자연적인 인간도 이런 그럴듯하게 속이는 구별 이상으로 발전할 수는 없었고, 그럴 능력도 없었다. 왜냐하면 그들의 절망의 특징은 정녕 자기가 절망임을 모르고 있는 데 지나지 않기 때문이다.

이렇듯 쉽게 알 수 있는 것이지만, 무정신성의 미적인 개념은 절망을 헤아리는 기준이 되지 못한다. 이것은 아주 마땅하다. 정신이 정말 무엇이냐는 문제에 대해서 미적으로 규정되어 있지 않은데, 미적인 것과 전혀 관련되지 않은 듯한 문제에 대해서 미적인 것이 대답할 수 있겠는가? 절망에 무지한 일단의 여러 이교 국민(en masse)이, 또 개개의 이교도들이 일찍이 시인들을 미적으로 감격시켰고, 또 앞으로도 감격하게 할 것 같은 놀랄 만한 사업을 이룩했음을 부정한다고 하면, 또한 미적으로 아무리 경탄해도 모자랄 자랑스러운 여러 실례의 사실을 이교도들이 가지고 있음을 부정한다고 하면, 그것은 물론 터무니없이 어리석은 일이기는 할 것이다.

최대의 미적 향락에 가득 찬 생활, 은혜롭게 주어지는 온갖 기회를 더할 수 없이 취미에 맞게끔 이용하고, 예술이나 학문까지도 향락을 북돋우고 미화하며 세련되게 하는 데 소용되는 것 같은 생활이 이교도 사이에서 도모되어 왔고, 또 자연적인 인간에 의해 도모될 수 있음을 부정한다고 하면, 이것 또한 어리석기 그지없는 일일 것이다. 그런 것을 부정하려는 것이 아니다. 문제는, 무정신성의 미적인 규정이 절망을 헤아리는 기준이 되는 것이 아니다. 그 문제는 오히려 거기에서 사용되어야 할 규정이 윤리적–종교적인 규정, 즉 '정신'이냐, 그렇지 않으면 그 부정으로서의 정신의 결여인 '무정신성'이냐 하는 것이다.

자기를 정신으로 의식하지 않은, 바꾸어 말해 신 앞에서 자기를 인격적 정신으로 의식하고 있지 않은 인간의 모든 생활 방식은, 그처럼 투명하게 신 안에 기초를 두지 않고 막연하게 뭔가 추상적이고 보편적인 것(국가나 국민들) 속에 안주하든지 녹아 있든지, 또는 스스로의 자기에 대해 막연한 의식만 가지고 있기 때문에 자신의 재능을 다만 활동력이라고 생각할 뿐이다. 그런 재능이 가져온 깊은 의미를 의식해 스스로의 자기를 내면으로 이해해야 함에도, 이해할 수 없는 그 무엇으로 생각하는 듯한 인간의 모든 이런 생활 방식은 예컨대 그 어떤 경탄할 만한 것이고 무엇을 이룩할지라도, 또 그것이 무엇을 설명한다고 할지라도, 게다가 그것이 강렬하게 인생을 미적으로 향락한다고 할지라도, 그런 생활 방식은 어느 것을 가리지 않고 결국은 모두 절망이다. 옛날 교부(教父)들이 이교도들의 덕은 찬란한 악덕이라고 말한 것은[25] 바로 이를 가리킨다.

---

25) '옛날 교부들'은 아우구스티누스와 락탄티우스를 가리킨다. 이를테면 아우구스티누스는 《신국론(神國論)》 제19권 25장에서 참된 종교가 없는 곳에서는 참된 덕이 있을 수 없다고 설명하

교부들은, 이교도의 마음속이 절망이라고 했다. 이교도는 신 앞에서 자기를 정신으로서 의식하고 있지 않다고 지적했던 것이다. 거기에서 또(나는 이것을 하나의 예로서 들지만, 사실 이것은 또 이 연구 전체와도 깊은 관계를 가지고 있다) 이교도는 자살에 대해 매우 경솔한 판단을 내리기에 이르렀다. 아니, 자살을 칭찬하기까지 이르렀지만,[26] 사실 자살을 통해 인간 세상을 탈출한다는 것은 정신적으로는 가장 결정적인 죄악인 동시에 신에게 반역하는 것이다.[27] 이교도에게는 '자기'라고 하는 것에 대한 정신적 규정이 결여되어 있었다. 그래서 이교도는 자살에 대해 그런 판단을 내렸다. 게다가 그것은 이교도들이 절도나 간음에 대해 윤리적으로 참으로 엄한 판단을 내린 것이다(세네카를 가리킴). 이들에게는 자살을

고, 영혼을 덕으로 보는 것도 그것이 신과 관계를 가지지 않는 경우에는 덕이라고 하기보다는 도리어 악덕이라고 서술하고 있다. 또 그 문제의 완성 때문에 '그리스도교계의 키케로'라고 불린 락탄티우스는 《신학 체계》 제6권 9장에서 "신을 모르는 사람은 신앙이 없는 사람일뿐더러 그가 가지고 있는 덕, 또는 그가 가지고 있다고 생각하는 덕은 모두 암흑 이외의 아무것도 아닌 죽음이라는 길 위에 있다"라고 서술하고 있다. 《철학적 단편》에는, 역설은 빛나고 번쩍이는 것은 모두, 즉 '빛나는 악덕'까지도 지성에 맡긴다고 쓰여 있다. 그리고 교부들의 소설을 두고 이른 것 같은 vitia splendida란 단어가 적혀 있다.

26) 세네카 등 스토아 철학자들의 '죽음의 찬미'를 가리키고 있다. 세네카는 말한다. "인간에게는 어느 곳에도 자유를 향한 길이 열려 있다. 그래서 어디를 바라보든 곳곳에 자네의 고뇌의 종말을 볼 수 있는 것이다. 저 벼랑을 보라. 저기를 내려가면 자유가 있다. 저 바다를, 저 강을, 저 샘을 보라. 저 깊은 곳에는 자유가 살고 있다. 저 작고 말라 죽은, 열매 맺지 못하는 나무를 보라. 저 나무에는 자유가 매달려 있다. 자네 머리를, 자네의 목구멍을, 자네의 심장을 보라. 그것들은 예속으로부터의 탈출구이다. 만일 그런 탈출구가 지나치게 빠져나가기 어렵고, 더 많은 용기와 힘이 필요하지 않은 자유를 향한 길이 필요하다면, 자네의 그 혈관 하나하나가 그 길이다."

27) 자살을 신에게 반역하는 것으로 보는 사고는, 플라톤 《파이돈》 61~62쪽에서도 발견된다. 거기에서 소크라테스는 "나와 나의 목숨을 끊는 것이 신의를 거역하는 것이란 말씀은 도대체 어떤 이유에서 그렇습니까?"라고 하는 케베스의 물음에 다음처럼 대답하고 있다. "이 문제에 관한 비교의 교의에 따르면, 우리 인간은 하나의 테두리 속에서 감시를 받고 있는 존재인 만큼 절대 제멋대로 자기들을 감시 아래에서 해방시키든지 도망시켜서는 안 된다고 말하고 있지만, 우리는 신으로부터 보호를 받고 있는 것이니, 우리 인간은 신의 지배 아래에 있는 가축의 하나와 같은 존재란 말이다. 그런 까닭에 자네만 하더라도 자네가 소유하는 가축 중에 자네가 죽으라고 하지도 않았는데 제멋대로 자살하는 놈이 있다고 한다면, 틀림없이 그놈에게 화를 내고, 무슨 징벌의 수단이 있다면, 그것을 가할 것이 아니겠는가 말이다. 그래서 그런 의미에서는, 지금 이 시간에 내게 주어지고 있는 필연적인 운명, 신이 내려 주시기까지는 스스로의 목숨을 끊어서는 안 된다는 것으로서 결코 이유가 없는 것도 아니다."

보는 관점이 결여되어 있었다. 이교도에게는 신과의 관계와 자기가 결여되어 있었던 것이다. 순수하게 이교도적으로 생각한다면, 자살이란 어떻게 해도 좋은 것, 타인에겐 아무 관계도 없는 것이니, 누구라도 제멋대로 해도 좋은 것이다. 만일 이교도의 처지에서 자살이 징계를 받는 경우가 있다면, 그것은 자살이 타인에 대한 의무 관계를 깨뜨리는 것이 된다는 것을 일깨워 주는, 우회에 빗대어 한 말일 수밖에 없을 것이다. 진실로 신에게 죄를 짓는 것이라는, 자살의 이 요점을 이교도는 전혀 깨닫지 못했으므로 이교도의 자살은 절망이었다고 할 수는 없다. 그런 식으로 말한다면, 생각 없이 앞뒤가 뒤바뀌는 잘못[28]을 저지르는 일이 될 것이다. 물론 이교도적 자살이 절망이었다고 말하지 않을 수는 없다.

그런데 엄밀한 의미에서 이교도와 그리스도교 내의 이교도와의 사이에는 구별이, 그것도 질적인 구별이 있다. 그래서 이 구별은 언제나 남아 있게 될 것이다. 이 구별은 비길리우스 하우프니엔시스[29]가 불안과 관련해서 주의를 환기시킨 적이 있는데, 그 내용은 다음과 같다. "과연 이교도에게는 정신이 결여되어 있기는 하지만, 이교도는 정신으로 향하려는 경향이 있다. 하지만 그리스도교계 내의 이교도는 정신으로부터 벗어나고자 하는 경향으로, 또는 배교로 말미암아 정신이 결여되어 있다." 따라서 그리스도교계 내의 이교도는 더욱 엄밀한 의미에서 무정신성인 것이다.

b. 자기가 절망하고 있다는 것을 자각하는 절망. 이 절망은 인간 자신이 어떤 영원한 것을 간직하는 자신을 가지고 있음을 자각하고서, 절망하여 자기 자신이기를 원하지 않는가, 아니면 절망하고 자기 자신이기를 원하는가의 어느 한쪽이다

여기서는 물론 자기의 절망을 의식하는 이가 절망이 무엇인지에 대해 올바른 관념을 가지고 있는지 여부가 구별되어야 한다. 그래서 어떤 사람이 자신의 관념으로는 자기가 절망하고 있다고 규정짓는 것이 옳은 일인지조차 모르고, 또

---

28) Hysteron—Proteron. 논리학 용어로 전후를 뒤바꾼다라는 뜻이다. 뒤에 와야 할 것을 처음에 들고나오는 논법으로, 오류의 하나로 치고 있다. 여기서는 뒤에 나타난 그리스도교적인 사고 방식을 그리스도교 이전의 이교계에 들고 들어가는 것을 말했을 것이다.
29) 《불안의 개념》의 가명 저자 이름. 이 책의 '무정신의 불안'의 장 참고.

자신이 절망하고 있는 것이 정말인지 모르고 있다고 해도, 그가 그의 절망에 대해서 참된 관념을 가지고 판단했다고는 할 수 없다. 또 절망에 대한 참된 관념을 가지고 그의 생활을 관찰한다면, 이렇게 말할 수밖에 없을지도 모른다. 당신은 사실 당신이 생각하는 것보다는 훨씬 더 많이 절망하고 있고, 당신의 절망은 훨씬 더 깊은 곳에 숨어 있다고 말이다. 앞서 말한 것을 기억에서 되살려 보면, 이교도의 경우가 그렇다. 이교도가 다른 이교도와 비교해서 자기 자신을 절망하고 있다고 볼 때, 자기가 절망하고 있다고 생각하는 점에 한해서는 그는 옳지만, 다른 이교도들이 절망하고 있지 않다고 생각하는 점에서는 잘못 판단한 것이다. 다시 말해 그는 절망에 대해서 참된 관념을 가지고 있지 않다고 볼 수 있다.

이렇게 해서 의식된 절망에는 한편으로는 절망에 대한 참된 보편적 관념이 요구된다. 그리고 명료성과 절망을 관련시켜 생각하는 경우에 한해서 자기 자신에 관한 명료함이 요구되는 것이다. 자기가 절망하고 있다는 것에 대한 완전한 명료함이 절망하고 있다는 것과 어느 정도까지 결합되느냐, 다시 말해 명료한 인식과 명료한 자기의식이야말로 인간을 절망에서 구출하고, 자기 자신의 상태에 놀라게 만들어 인간이 절망 상태에 있지 않도록 하는 것인지에 대해, 우리는 지금 여기서 결정하려고 생각하지는 않고, 또 그런 것에 대한 연구를 다음 장(章)에서[30] 볼 수 있겠기에 여기서는 그것을 시도하지 않겠다. 그래서 사상을 이렇게 변증법적인 극한점에까지 추구하지 않겠다. 여기서 보편적 절망을 의식하는 정도에 매우 큰 차이가 있을 수 있듯이, 자신의 절망 상태를 의식하는 정도에도 큰 차이가 있을 수 있음을 주의해 두는 데 그친다.

현실의 인생은 매우 다양하기 때문에, 자기의 절망에 대해 완전히 무지한 절망과 자기의 절망을 완전히 자각하는 절망 사이의 추상적인 대립을 지적하는 것만으로는 그칠 수 없다. 말할 것도 없이 대부분의 경우, 절망한 사람의 상태는 여러 가지 분위기는 갖고 있지만, 반쯤은 몽롱한 상태이다. 절망한 사람은 자기가 절망하고 있는 정도를 자기 스스로 잘 알고 있다. 자신이 몸에 병을 가지고 있는 것을 자기 스스로 느껴서 아는 것처럼, 절망한 사람은 자신의 절망을

---

30) 제2편 제1장의 A. '자기의식의 여러 단계'를 가리킨다.

자기 스스로 아는 것이다. 그러나 그는 그 병이 무엇인지를 솔직하게 인정하려 들지 않는다. 어떤 순간에는 자신이 절망하고 있음을 그 자신으로서도 잘 알 수 있는 상태가 되기도 한다. 그러나 다음 순간에는 자기의 나쁜 상태에는 다른 원인이 있는 것처럼 생각한다. 그래서 그 상태의 좋지 않은 원인이 뭔가 의식인 것에 있는 듯이 생각하는가 하면, 또 자기 밖에 있는 어떤 것 속에 있는 것처럼 생각한다. 그것만 고칠 수 있다면 절망하지 않을 수 있다는 따위로 생각한다. 아니면 아마도 그는 기분 전환이나 그 밖의 방법으로, 예를 들면 전자의 경우, 즉 자신의 절망을 스스로의 일로 자각하는 경우, 그는 일을 한다든지 무엇에 몰두하든지 함으로써 자기 상태를 자기 자신에게 몰두하게 하여 자신의 상태를 자기 자신에게도 막연한 것으로 만들어 놓으려고 한다. 그렇지만 그런 때에도 그는 자신이 그런 행위를 하는 것은 이 절망의 상태를 막연한 것으로 만들어 놓으려는 것임을 스스로는 전혀 알지 못하는 것이다. 또 어쩌면 그가 그렇게 하는 것은 마음을 몽롱한 상태에 가라앉혀 두기 위함임을 의식하고 그렇게 하는 것인지도 모른다. 그는 그것을 일종의 명민함과 지혜로운 헤아림으로, 심리학적인 통찰을 가지고 행하는 것일지도 모른다. 그러나 그는 더 깊은 의미에서 자기가 무엇을 하고 있는지, 자기의 그런 행동이 얼마나 절망적인지 하는 것 등을 명료하게 의식하고 있지는 않다. 다시 말해 온갖 모호함과 무지 속에서는 무언가를 알아내기 위한 인식과 의지의 변증법적인 합주가 행해지기 마련이므로, 인식에 중점을 둔다든지, 의지에만 중점을 두든지 하면 인간의 이해는 잘못 판단하게 되는 것이다.

그러나 앞에서도 말했듯이 의식의 정도는 절망의 정도를 강하게 한다. 어떤 사람이 절망에 대해 가지고 있는 관념이 참이면 참일수록, 더구나 그가 끝내 절망 속에 머물러 있으면, 또는 그가 절망하고 있음을 의식하는 것이 깊으면 깊을수록(더욱이 그가 끝내 절망 속에 머물러 있는 한) 그의 절망의 정도는 그만큼 강하다. 자살이 절망임을 알고 또한 절망이 무엇인가에 대해 참된 관념을 가지고 자살하는 자의 절망은, 자살이 절망임에 대해 참된 관념을 가지지 않고 자살하는 자의 절망보다는 정도가 강하다. 이에 반해 자살에 대해 그가 갖는 참된 관념의 도가 적으면 적을수록 그의 절망의 정도도 그만큼 약한 것이다. 한편 자살하는 자가 자기 자신을 생각하는 의식이 뚜렷하면 할수록, 그의 절망은 그보다 더 마음이 혼란하고 막연한 상태에 있는 자의 절망보다 강하다.

그럼, 나는 이제부터 의식된 두 가지 형태의 절망을 연구하려고 한다. 그런데 절망이 무엇인가에 관한 의식의 상승, 또는 요컨대 같은 것인 동시에 결정적인 것이기도 한, 자기 자신에 관한 의식의 상승이 함께 나타날 것이다. 그런데 절망하고 있는 것의 반대는 신앙하고 있다는 것이다. 그래서 절망이 전혀 존재하지 않는 상태를 나타내는 공식으로서 먼저 들 수 있는 것이 또 신앙의 상태를 나타내는 공식이라는 것도 확실히 마땅하다. 그것은 절망이 자기 자신과 관계되어 있는 한편, 자기 자신이고자 함에서 그 자기 자신은 자기를 조정한 어떤 힘 속에 투명하게 근거를 두고 있다는 공식을 뜻한다(제1장 A 참조).

a. 절망해서 자기 자신이고자 원하지 않는 경우, 즉 취약함의 절망

약함의 절망이 이런 형태의 절망이라고 일컬어질 때, 이미 그 약함 속에는 절망을 자기 것으로 자각하는 또 다른 형태(β항)를 반성하는 것이 포함된다. 그렇게 볼 때 이것은 단순한 상대적인 대립에 지나지 않는다. 즉 저항이라는 것이 전혀 없었으면 절망은 존재하지 않았을 것이고, 또 사실 절망하여 자기 자신이고자 하지 않는다는 말 속에는 저항이 포함된 것이다. 바꿔 말해서 절망에 저항하는 그 자체도 어느 정도의 약함(절망의 자각)을 동반하지 않고는 결코 존재하지 않는다. 따라서 이 구별은 상대적인 것에 지나지 않는 것이다. 제1의 형태는 이른바 여성의 절망이고, 제2의 형태는 남성의 절망이다.[31]

31) 만일 심리학적인 눈을 가지고 현실을 본다면, 이렇게 보는 것이 사고 방법에서 정당하고 또 현실에 들어맞을 수밖에 없는 것처럼, 사실 또한 현실에 들어맞아 이런 분류가 절망의 전체 현실을 포괄하고 있음을 확신하는 기회를 사람들은 때때로 가질 것이다. 생각건대 어린이에 게는 사실 절망이란 말을 쓸 수 없다. 다만 신경질이라고 할 수 있을 뿐이다. 그것은 어린이로 서는 영원한 것이 '가능하게 주어져' 있다고 전제할 수 있을 뿐이고, 영원한 것을 가져야 한다고 어른들에게는 당연히 요구할 수 있지만, 어린이에게는 요구할 수 있는 권리를 아무도 가지고 있지 않기 때문이다. 그러나 나는 남성의 절망이 지니는 여러 형태를 여성의 경우에도 볼수 있고, 반대로 또 여성의 절망이 지니는 여러 형태를 남성의 경우에서도 볼 수 있음을 결코 부정하려 하지 않는다.

그러나 그것은 예외이다. 새삼 말할 것도 없지만, 전형적인 것은 사실 매우 드물게 존재한다. 남성의 절망과 여성의 절망 사이의 구별만 하더라도 그것이 완전한 진리라고 말할 수 있는 경우는 순수하게 전형적일 때뿐이다. 여성은 남성에 비해서 아무리 상냥하고 자상한 감정을 가지고 있더라도, 이기적으로 발달한 자기 관념도, 결정적인 의미에서의 지성도 가지고 있지 않다. 도리어 여성의 본질은 순종, 온순, 그리고 헌신인 만큼, 만일 여성이 헌신적이 아니라면 그 여성은 여성이 아니라고 할 것이다. 매우 이상한 일이기는 하지만 여성만큼 매정하게 새침하다든지(이 단어는 정녕 여성을 위해서 만들어진 것이라고 할 수 있다) 잔인하다고 할 만큼 까다로운 존재는 없다. 그렇지만 그래도 여성의 본질은 헌신이다. 게다가 (매우 이상한데) 이런 모든 것이 사실은 여성의 본질이 헌신이라는 것의 표현이다. 즉 여성이 전적으로 여성적인 헌신을 본질로 하고 있음으로 해서 자연은 여성에게 호의를 나타내고, 그 자상함에서는 어떤 것으로도, 가장 잘 발달한 남성의 뛰어난 반성을 가지고도, 비교될 수 없는 일종의 본능이 부여되고 있는 것이다. 이 여성의 헌신을 그리스적으로 말한다면, 신으로부터 받은 재보를 함부로 던져 버리기에는 너무도 큰 재산이며, 또한 아무리 보람 있는 인간적인 반성도 그것을 그것에 알맞은 상대에게 주어 버릴 수 있을 정도로 예리한 눈을 가질 수 없는 그런 것이다. 그래서 자연이 여성의 시중을 떠맡은 것이다.

여성은 본능에 따라서 눈을 감은 채로 있어도 제아무리 예리한 반성보다 더 명료하게 꿰뚫어 본다. 자기가 무엇을 찬탄해야 하는가, 무엇에 자기의 몸을 바쳐야 하는가를 본능적으로 알아차리는 것이다. 헌신은 여성이 가지는 유일한 것이다. 그래서 자연이 여성을 보호하는 임무를 맡은 것이다. 여성다움이 어떤 변화 뒤에 비로소 나타나기 시작하는 것도 이 때문이다. 어디까지나 매정하고 새침하게 도사리고 있었던 것이 여성적인 헌신에 정화되어 여성다운 점이 생겨나게 된다.

그런데 헌신이 여성의 본질이라는 것은 절망에도 나타난다. 그래서 그것이 또 절망의 양상이 되기도 한다. 헌신이라는 관점에서 여성은 자기 자신을 잃고 있기는 하지만, 이렇게 하는 것만이 여성으로서는 행복한 것이고, 이렇게 함으로써 여성은 자기 자신일 수 있다. 헌신 없이, 즉 자신의 자기를 바치지 않고 행복할 수 있는 여성은 그 밖의 무엇을 바치고 있다고 하더라도 전혀 여성답지 않다. 남성도 헌신하기는 한다. 그리고 헌신하지 않는 남성은 하찮은 남성이다. 그러나 남성의 자기는 헌신이 아니다(자기가 헌신이라는 것은 여성에게만 본질적인 헌신의 표현). 또한 남성은 여성이 또 다른 의미에서 하듯이 헌신에 의해서 자기를 헌신하는 것이 아닌 자기 자신을 가지고 있다. 남성은 헌신하기는 하지만, 남성의 자기는 헌신하고 있다는 것을 냉정한 의식으로 끝내 나중에까지 마음속에 남겨 두는 것이다. 이와는 달리 여성은 순수하게 여성으로서 자기가 몸을 바치는 대상 속에 자신을 던져 넣는다. 자신의 자기를 던져 넣고 마는 것이다. 그래서 여성이 헌신하는 그 대상이 여성으로부터 제거된다면, 여성의 자기 또한 상실되는 것이며, 그래서 이것이 자기 자신이고자 하지 않는 여성의 절망인 것이다. 남성은 그런 식으로는 헌신하지 않는다. 남성다운 것도 절망한다. 그러나 자기 자신이고자 하는 절망의 또 다른 형태를 취해서 나타난다.

이 정도로 남성의 절망과 여성의 절망의 관계에 대해 말해 둔다. 그러나 신에게 헌신하는 것에 대해서, 또는 신과의 관계에 대해서, 여기서는 언급하지 않음을 기억해 두기 바란다. 이것은 다음 장에서 다루도록 하겠다. 신과의 관계에서는 남자라든지 여자의 구별은 사라지지만, 거기서는 헌신이 자기라는 것, 또 헌신을 통해서 자기를 얻는다는 것은 남성에게나 여성에게나 같이 적용된다. 사실 많은 경우 여성은 오로지 남성을 통해서만 신과 관계를 가지지만, 그것은 남성에게도 여성에게도 마찬가지로 적용되는 것이다. (원주)

1. 지상적인 것에 대해서, 또는 지상적인 어떤 개별적인 것에 대한 절망

이것은 순수한 직접성(외적 영향)이다. 또는 어느 정도 반성을 포함하는 직접성이다. 그래서 여기에는 자기에 대한 절망, 또는 자기 상태가 절망이라는 것에 대한 자기의 무한한 내적 의식은 존재하지 않는다. 절망은 단순한 수난[32]이고 외부로부터의 압박에 굴하는 것이지 내부로부터 행동으로 나타나는 일은 없다. 직접성이 사용하는 단어 가운데 자기 자신이라든지 절망이라는 단어가 나오는 것은 순전히 말의 남용이요, 어린애들이 병정놀이를 하는 것과도 같은 말장난이다.

직접적인 인간(직접적인 현실로서 전혀 반성을 동반하지 않고 출현할 수 있다고 할 경우)은 단순히 심적으로 규정되어 있을 뿐이다. 그의 자기나 그 자신은 시간적이고 세속적인 테두리 안에 있으면서 다른 것과 직접 관련을 가지는 것에 지나지 않으며, 그 속에 영원한 것이 포함되어 있는 것 같은 환상을 가지고 있음에 지나지 않는다. 이렇게 해서 자기는 원망하기도 하고, 욕구하기도 하며, 향락하기도 하면서 다른 것과 직접 연결된다. 그러나 그 태도는 언제나 수동적이다. 그래서 욕구하는 경우에서조차 이 자기는 마치 어린애가 무엇을 가지고 싶어 할 때, '나에게'라고 하는 그 '나에게'처럼 외부로부터 주어지는 처지에 놓이는 것이다.[33] 그런 직접적 자기 욕구의 변증은 유쾌함과 불쾌함이다. 그런 자기의 개념은 행복과 불행, 그리고 운명인 것이다.

이 직접적인 자기에게 어떤 일이 일어난다. 그를 절망으로 떨어뜨릴 만한 어떤 일이 들이닥친다(느닷없이 부닥친다). 이것은 그런 절망 이외의 방법으로는 일어나지 않는다. 자기는 속으로 반성하고 있지 않기 때문에 자기를 절망으로 떨어뜨리는 것은 외부에서 와야 한다. 이렇게 해서 절망은 단순한 수난이 된다. 직접적인 인간이 그의 생명으로 삼고 있는 것, 그가 조금이라도 반성하고 있는 한 그가 특히 애착을 가지는 부분, 그것마저 어떤 '운명의 타격'으로 말미암아 그에게서 벗어난다. 결국 그는 불행하게 된다. 다시 말해 그의 속에 있는 직접성이

---

32) 독일어의 Leiden에 해당되는 Lide라는 말이 쓰여 있다. 이것이 해악이라든지 고난을 당하는 것, 즉 '수난'인 동시에 '고통'을 의미함은 말할 것도 없다.

33) "나에게 주세요"라는 식으로 '나'의 여격으로써 욕구를 표현하고 "나는 원한다"라는 식으로 '나'의 주격을 쓰지 않는다는 것, 즉 주체적인 자각을 가지고 욕구하고 있지 않다는 의미.

자신의 힘만으로는 회복할 수 없을 만큼 손상을 입는다. 그래서 그는 절망했다는 것이다. 어쩌면 이런 절망은 현실에서는 매우 드물게 볼 수 있는 것일지 모른다. 그렇지만 변증법적(간접적)으로는 마땅히 일어날 수 있는 것이다. 이런 직접성의 절망은 직접적인 인간이 너무나 큰 행복이라고 부르는 것의 경우에 나타난다. 즉 직접성 그 자체는 아주 약한 것으로서 조금이라도 '도를 넘친 것'[34]이 직접성에게 내적 반성을 요구하면, 그 직접성은 즉시 절망에 떨어져 버리고 마는 것이다.

이렇게 해서 그는 절망한다. 다시 말해 기묘한 전도로써 또는 완전한 자기 현혹(재능이나 역량을 숨기어 감추는 것)에서 그는 그것을 절망이라고 부르는 것이다. 그러나 절망한다는 것은 영원한 것을 잃어버리는 것이다. 게다가 그는 이 상실은 전혀 문제 삼지 않고, 또 몽상조차 하지 않는다. 세속과 관련된 것을 잃는다고 해서 그것만으로 절망은 아니다. 그러나 그가 문제로 삼는 것은 바로 그것이고, 그것을 그는 절망이라고 일컫는다. 그가 말하는 것은 어떤 의미에서는 참된 것이다. 그러나 그가 그것을 이해하는 것만 가지고는 참이라고 할 수 없기 때문에 그는 뒤바뀐 위치에 있는 것이다. 그래서 그가 말하는 것도 거꾸로 이해해야 한다.

그는 절망도 아닌 것을 가리키면서 자기는 절망하고 있다고 설명하지만 그 사이, 그가 모르는 사이에 그의 배후에서는 절망이 정말 어김없이 얼굴을 내밀고 있다. 그것은 마치 사람이 시청 겸 재판소인 건물에 등을 돌리고 서서, 자기의 정면을 가리키며 거기에 있는 것이 시청 겸 재판소라고 하는 것과도 같다. 그 사나이가 말하는 대로 그 건물은 틀림없이 그곳에 있다. 그러나 그것은 그가 뒤로 돌아섰을 때의 경우이다. 그는 절망하고 있지 않다. 그가 절망하고 있다는 것은 진실이 아니다. 그러나 그가 절망하고 있다고 할 때 그 말은 옳다고도 할 수 있다. 하지만 그가 스스로 절망하고 있다고 일컬으며 마치 죽은 사람 같은 자기 자신의 그림자를 보고 있을 때, 사실 그는 죽은 것은 아니고, '그'라고 하는 인간 속에는 말하자면 아직 생명이 있다. 거기에서 갑자기 모든 것이 모습을 바꾸고 모든 외적인 것이 다시 나타나 원하는 것이 채워지기라도 하면, 생명은 그

---

34) quid nimis. 조금이라도 반성하게 되면 그 반성이 직접성을 절망으로 떨어뜨려 버린다는 의미.

의 속에서 되살아나고, 직접성도 다시 일어나 그는 새로이 삶을 시작하게 될 것이다. 절망해서 기절한다(죽은 것은 아니다). 바로 이것이 직접성이 알고 있는 유일한 전술이고 직접성이 알고 있는 유일한 것이다. 그런데 직접성은 절망에 대해서는 본질적으로 거의 아는 것이 없다. 직접성은 절망해서 기절하고, 그러고 나서 마치 죽어 버리기라도 한 듯이 꼼짝 않고 누워 있다. 그것은 '죽어서 자고 있는' 연기에 비교할 수도 있다. 이 직접성의 행동은 꼼짝 않고 누워서 죽은 흉내를 내는 것 말고는 아무런 무기도, 방어 수단도 없는 무척추동물과 비슷하다.

  이러는 가운데 시간이 흐른다. 그사이 밖으로부터 구원이 오면, 이 절망한 사람의 생명도 되살아나게 된다. 그러면 그는 그가 그만둔 데서부터 다시 시작한다. 그는 자기가 아니었고, 자기였던 적도 없다. 그는 다만 직접 규정된 대로 살아가는 것뿐이다. 만일 밖으로부터 구원이 오지 않을 때에는 뭔가 다른 일이 이따금 일어난다. 그런 경우에도 절망한 사람의 몸 안에는 생명이 되살아나지만, 그는 "나는 이제 절대로 나 자신이 되지 않겠다"라고 말하는 것이다. 거기서 그는 인생에 대해서 어느 정도 분별을 알게 되어 다른 사람들의 처세술을 흉내내기에 이르고, 그렇게 함으로써 또한 생활을 해나간다. 그리스도교계에서 그는 동시에 그리스도교인으로서 일요일마다 교회에 나가 목사의 말을 듣고 그것을 이해한다. 아니, 그들은 서로 이해하는 것이다. 그가 죽는다. 그러면 목사는 10달러로 그를 영원으로 데려다준다고 하는 식이다.

  그러나 그는 자기가 아니었고, 또 그는 자기가 되어 본 적도 없었던 것이다. 이런 형태의 절망은 절망해서 자기 자신이고자 하지 않거나, 또는 더 심한 경우는 절망해서 개인으로서의 자기이고자 하지 않는다. 다른 것이고자 하는 것, 새로운 자기이고자 원한다. 직접성은 원래 자기를 가지고 있지 않고, 자기 자신을 모르며, 따라서 또 자기 자신을 그것과 구별해서 알아볼 수 없다. 그 때문에 그것은 자칫 모험의 세계 속에서 끝나기가 일쑤이다. 직접성은 절망할 때, 자기가 되어 보지 못했던 어떤 것이 되어 있었더라면 하고 바라거나 꿈꾸거나 할 수 있는 자기조차도 가지고 있지 못한 것이다. 그래서 직접적인 인간은 다른 방법에 호소한다. 즉 다른 인간이 되고 싶어 하는 것이다. 이것은 직접적인 인간을 상대해 보면, 쉽게 이해할 수 있다. 절망의 순간에 있는 그들이 다른 사람이 되어 있었더라면, 어쨌든 그런 절망한 사람을 보고서 사람들은 빙그레 웃을 수밖에 없는 것이다. 그것은 그가 절망하고는 있지만, 인간적으로 말한다면 아주 순진하기 때문이다. 대부분의 경우 그런 절망한 사람은 무한히 희극적이다.

하나의 자기를 생각해 보는 것이 좋겠다(신 다음으로는 자기만큼 영원한 것은 없다). 그래서 그 자기가 자신이 누구인지, 또는 자기 자신을 다른 사람으로 만들어 달라고 할 수는 없는 것인지 생각해 보았다고 하자. 그런데 그런 절망한 사람은 온갖 얼토당토않은 변화 속에서 가장 이치에 맞지 않는 변화를 유일한 소망으로 하기 때문에, 그 변화가 마치 외투를 바꿔 입듯 어렵지 않게 될 수 있는 일로 생각하고 싶어 하는 것이다. 그것은 직접적인 사람은 자기 자신을 모르기 때문이다. 마치 글자 그대로 외투를 입은 자기 자신밖에 몰라서(그래서 여기에 또 무한한 희극성이 있는 것이지만) 단지 겉으로만 자기를 가지고 있다고 생각하고 있기 때문이다. 이것보다 더 우스꽝스러운 혼동은 그리 흔히 볼 수 없다. 왜냐하면 자기란 참으로 겉으로 드러나는 것과는 무한히 다르기 때문이다. 그런데 절망한 사람은 외면성 전체가 바뀌어서 그는 절망한 것이기에, 거기서 그는 한 걸음 더 나아가 다음과 같이 생각한 나머지 그렇게 바란다. 즉 자기가 주변에 보이는 다른 인간이 됨으로써 새로운 자기를 만들어 내면 어떨까 하고 생각한다. 만일 그가 정말 다른 인간이 되었다고 한다면, 어떻게 될까? 그랬다면 그가 자신이 자기라는 인식을 할까?

이런 이야기[35]가 있다. 어떤 농부가 맨발로 거리에 나가 그 거리에서 많은 돈을 벌었다. 그래서 한 켤레의 양말과 신을 샀는데도 그에게는 아직 마시고 취할 정도의 돈이 남았다. 그런데 이 농부는 취해서 집으로 돌아가는 도중 그만 거리 한가운데에 누워 곤히 잠들어 버리고 만다. 거기를 지나가던 한 대의 마차 마부가 비키지 않으면 발을 치겠다고 그에게 소리친다. 취한 농부는 눈을 뜨고 자기 발을 보았다. 그런데 양말과 신을 신고 있었기 때문에 그는 그것이 자기 발이라는 것을 알아보지 못하고 이렇게 말했다고 한다. "괜찮으니 마차를 몰아도 좋다.

---

35) 모르스섬 주민들의 소박한 단순성은 거의 어리석은 인간의 대명사처럼 되어 있다. 옛날부터 여러 가지 이야기가 전해 오고 있는데, 그것을 모은 책이 1866년 툭센에 의해 출판되었다. 여기에 인용된 농부 이야기도 그에 따른 것으로 생각되지만, 이 책에서는 농부가 잠든 동안에 도둑이 농부의 새 바지를 훔치고, 자기가 입고 있었던 헌 바지를 입혀 놓았기 때문에 농부는 자기 자신의 다리라고 생각하지 않았다고 되어 있으므로, 여기에 인용한 내용과는 조금 다르다.

그것은 내 발이 아니니까."

직접적인 인간이 절망하는 경우도 이와 같아서 그를 있는 그대로 그려 내려면, 아무래도 희극이 된다. 나 같으면, 그런 잠꼬대 같은 이야기에 '자기 자신'이라거나 '절망'이라는 말을 이러쿵저러쿵하는 것 자체가 벌써 하나의 곡예라고 할 것이다.

직접성이 그 속에 반성을 포함하고 있다고 생각하는 경우, 절망의 양상은 조금 달라진다. 거기서는 자기에 대한 의식이 어느 정도 늘어나고, 그에 따라 절망에 대한 의식과 또 그 인간의 상태가 절망이라는 것에 대한 의식도 얼마쯤 커지게 된다. 그런 인간이 자기는 절망하고 있다고 말하는 것에도 의미가 조금 있다. 그러나 그 절망은 본질적으로 약함의 절망이다. 하나의 수동적 절망이고, 짐짓 자기 자신이고자 바라지 않는 것이 그 형태이다.

순수한 직접성에 비해 이런 종류의 직접성은 더욱 진전된 절망임이 당장에 뚜렷이 드러나는데, 이것은 이런 절망이 반드시 밖으로부터의 타격에 의해서, 뭔가 들이닥치는 것에 의해서 생기지 않고, 자기반성에 의해 일어날 수 있다는 것, 따라서 이 경우의 절망은 단순히 수동적이거나 외부 사정에 대한 굴복이 아니고, 어느 정도까지는 자기 활동이요, 행동이라 할 수 있다. 이 경우에는 물론 반성이 조금은 포함되어 있고, 따라서 자신의 자기에 대한 얼마쯤의 성찰이 있다. 이 어느 정도의 자기반성과 함께 분리 작용이 시작되고, 자기반성에 의해 자기는 환경이나 외부 세계 또는 그 영향으로부터 본질적으로 구별되는 것으로서 자기 자신에게 주목하기에 이르는 것이다. 그러나 여기서의 자기반성은 어느 정도까지에 지나지 않는다. 그런데 자기가 어느 정도의 자기반성으로 자기를 떠맡으려고 하면, 아마 자기 조직 속에서, 자기의 필연성 속에서, 온갖 어려움에 부딪치게 될 것이다. 왜냐하면 어떤 인간의 육체도 완전하지 않듯이 어떤 자기도 완전하지는 못하기 때문이다. 이 어려움이 어떤 것이든 간에 그 어려움으로 말미암아 그는 뒷걸음질하게 된다. 아니면 그가 자기반성을 통해 행한 것보다 더 심각하게, '그'의 안에 있는 직접성을 깨뜨려 버릴 수 있는 다른 어떤 것이 그에게 일어나게 되거나, 또는 그의 상상력이 나타나 직접성과 절연될 것 같은 가능성을 발견하는 것이다.

이런 의식된 깨달음에 의해서 그는 더욱 절망한다. 그의 절망은 약함의 절망이요, 자기 자신에 의한 수동적 절망이고, 자기 주장의 절망에 저항하는 행위이다. 그러나 그는 그가 가지고 있는 상대적인 객관성을 띤 자기반성의 도움을 빌려 자신의 자기를 지켜보려고 한다. 그리고 이 점에 또 순수하게 직접적인 사람과 다른 점이 있다. 그는 약함으로 이제까지의 자기를 포기하는 것을 아무튼 대단하다고 생각한다. 그래서 그는 직접적인 사람처럼 발작을 일으키지는 않는다(이제까지 자기가 알고 있던). 자기를 상실하지 않더라도 잃어버릴 것이 많이 있음을 그는 반성의 도움으로 이해하고 있는 것이다. 그는 그것을 인정하고 있다. 그에게는 그것이 가능하다. 왜 그럴까? 그것은 그가 어느 정도 자신의 자기를 외계로부터 분리했기 때문이다. 막연하게나마 자기 속에는 아직도 어떤 영원한 본질이 존재할 것임에 틀림없다는 관념을 가지고 있기 때문이다. 그러나 그런 그의 내적·본질적 싸움도 소용이 없다. 그가 부딪친 어려움은 모든 직접성과 관계를 끊기를 요구하지만, 그에게는 그 요구에 응하기에 충분한 자기반성 또는 윤리적 반성 능력이 결핍되어 있다. 그는 자기 자신이 모든 외적인 것과의 무한한 '추상'에 의한 획득물이라는 의식을 가지고 있지 않은 것이다. 이런 자기는 외투를 즐겨 입는 직접성의 자기와는 반대이다. 벌거벗은 맨발의 추상적인 자기, 무한한 자기의 최초 형태가 있고, 그런 자기에게는, 현실적인 자기를 온갖 단점 및 장점과 함께 무한히 떠맡는 모든 과정에서의 추진력이 있는 것이다.

　이렇게 해서 그는 절망한다. 그리고 그의 절망은 자기 자신이 되기를 바라지 않는다. 그러나 물론 그는 다른 사람이 되고 싶다는 우스꽝스러운 생각을 하지도 않는다. 어쨌든 그는 자기 자신과의 관계를 유지하고 있고, 반성이 그를 자기에게 붙들어 매고 있는 것이다. 그 경우 그와 자기의 관계는, 어떤 사나이와 그 사나이의 주거에서 일어날 수 있는 일의 관계와 똑같다(자기와 자기 자신의 관계는 물론 한 사나이와 자기 주거의 관계처럼 무책임한 것이 아니라는 점에 희극적인 면이 있다). 다시 말해 어떤 사나이가 자기 집에 연기가 피어오르기 때문에, 또는 그 밖의 어떤 이유로, 자기 집이 싫어지고 재미가 없게 된다. 그래서 그는 집을 나가 버린다. 그러나 그는 이사를 하는 것도 아니고, 따로 방을 얻는 것도 아니며, 여전히 이제까지 그가 살고 있던 집을 자기 집으로 생각하고 있다고 하자. 그는 자기 집이 전처럼 살기 좋은 집이 되기를 기다리는 것이다. 절망한 사람의 경우도 이와 같다. 어려움이 이어지는 한, 그는 특유의 단순한 뜻을 가지고서 굳이 본래의 자기 자신에게 돌아오려고[36] 하지 않는다. 그는 자기 자신이고자 하지는 않는 것이다. 그러나 그런 사태도 머지않아 사라질 것이고, 아마도 사정 또한 달라져서 암담한 가능성도 차츰 잊히게 될 것이다. 그때가 오기까지 그는 변화가 일어났는지를 알기 위해 때때로 자기 자신을 찾아가 보곤 하는 것이다. 그러고는 변화가 일어났을 경우, 그는 즉시 다시 자기 집으로 돌아와 또다시 자기 자신이 된다고 말하지만, 그것은 그가 그만둔 데에서부터 시작할 뿐이다. 즉 그는 어느 정도까지만 자기의 본질로 돌아가 있고, 여전히 그 이상의 것으로는 되지 않는 것이다.

그러나 변화가 일어나지 않는 경우의 그는 다른 계책을 찾는다. 정말 자기가 되기 위해 내면으로 전진해야 함에도, 그는 내면으로 향해야 할 방향에서 아주 벗어나 버리고 만다. 더 깊은 의미의 모든 자기 문제는, 그의 마음의 배경을 하나의 장막처럼 가려서 내적으로 더욱 깊은 배후와의 접촉은 물론 아무것도 없는 것으로 되고 마는 것이다. 그는 그가 자기 말로 자신의 자기라고 부르고 있는 것을, 즉 그에게 주어져 있을지도 모를 능력이라든지 재능 따위를 받아들이되 그것을 전부 바깥 방향을 향해, 생활 쪽으로 향해 받아들이는 것이다. 이럴 때 그는 자신 속에 가지고 있는 조금밖에 없는 반성을 아주 조심스럽게 다룬다. 그중 한 단편의 반성이, 배후에 있는 것이 얼굴을 내밀지나 않을까 두려워하는 것이다. 그리고 그는 그것을 서서히 잊어버리는 데 성공한다. 세월이 흐름에 따라 그런 것을 하찮은 것으로 여기게 된다. 특히 현실 생활에 대한 이해와 능력을 가지는 다른 유능하고도 활동적인 사람과 훌륭한 교제를 하고 있는 경우에는 그렇다. 얼마나 멋진 일인가! 그는 바야흐로 소설에 나오는 것처럼 이미 여러 해 동안 결혼 생활을 한 활동적이며 역량 있는 사나이요, 아버지요, 시민이 되어 있으며 아마 위대한 인물이기까지 할 것이다.

집에서는 하인들로부터 '주인님'으로, 거리에서는 명사의 한 사람으로 불린다. 그의 행동 하나하나는 인격자로서 명성을 모으고, 인물로서는 존경을 불러일으킨다. 모든 사람이 보기에 훌륭한 인물이다. 그리스도교계에서는 그리스도교인이요, 이교계에선 이교도이고, 네덜란드에선 네덜란드인인 것과 같은 의미에

---

36) '자기 자신의 자리로 돌아온다'는 표현은 '자기의 밖으로 나가고' '자기를 잊어버리고' '자기(나)에게 돌아온다'는 것, 즉 '바른 정신으로 돌아간다'는 의미를 포함하고 있음을 말한 것이다.

서 교양 있는 그리스도교인 중의 한 사람인 것이다. 그는 영혼이 불멸한다는 문제에 대해 가끔씩은 몰두함으로써[37] 여러 번 목사에게 그런 불멸이라는 것이 진실로 존재하는지, 사람은 과연 자기 자신과 또한 그 자신이 자기라는 것을 분별할 수 있는지에 대해 따져 물은 적도 있다. 사실 또 이것은 그에게는 아주 특별한 관심사일 수밖에 없다. 왜냐하면 그는 (최초의) 자기를 모르기 때문이다.

이런 종류의 절망은 어느 정도의 풍자를 덧붙이지 않고서는 사실대로 묘사할.수 없는 것이다. 그가 자기는 절망했던 적이 있다고 한다면, 그것은 희극적인 것이다. 절망을 극복한 것처럼 생각하는 '그'의 상태가 바로 절망이라고 한다면, 그것은 전율할 만하다. 세상에서 크게 환영을 받고 있는 처세훈의 바탕, 다시 말해 훌륭한 충고나 현명한 격언, 즉 시세에 순응하라든지, 자기의 운명을 감수하라든지, 망각의 세계로 돌아가라는 등의 온갖 처세 지혜를 끌어모아 그 밑바탕을 잘 생각해 보니, 사실 거기에는 본질적 위험이 어디 있고 위험에 대한 완전한 무지몽매함이 숨어 있더라고 한다면, 그것은 끝없이 희극적이다. 그러나 이런 처세훈들의 윤리적인 면에서의 무지몽매 또한 전율할 만하다.

세속과 관련된 것에 관한 절망, 또는 세속과 관련된 어떤 것에 관한 절망은 가장 일반적인 종류의 절망이다. 특히 어느 정도의 부분적 자기반성만을 동반한 제2형태의 직접적 절망이라는 것이 그러하다. 절망이 반성된 정도가 높으면 높을수록 그런 절망은 차츰 드물게밖에 볼 수 없고, 또 그런 절망이 세상에 나타나는 것도 점점 드물게 된다. 그러나 이것은 대부분의 인간은 특히 깊은 절망에 빠져 있지 않다는 것을 증명할 뿐이지, 그들이 절망하고 있지 않다는 것을 증명하는 것은 결코 아니다. 조금이라도 정신의 규정 아래에 살고 있는 인간은 아주 조금밖에 없다. 아니, 그런 생활을 해보고자 하는 사람조차 결코 그리 흔치는 않고, 시도하는 사람도 대부분은 곧 또 그런 정신적 추구의 생활로부터 멀어진다.

이런 사람들은 두려워하는 것을 배운 적이 없고, 마땅함이라는 것을 배운 적도 없으며, 예컨대 무슨 일이 일어나든 그저 한없이 무관심하다. 그래서 그들은 그들 자신의 눈에 이미 모순으로 보이는 것을 참을 수가 없는 것이다. 그런 모순

---

37) 포이어바흐가 1830년에 익명으로 출판한 《죽음과 불멸에 대한 고찰》이 동기가 되어, 그즈음 영혼 불멸의 문제가 떠들썩하게 논의되었던 것을 풍자하고 있다.

은 주위 세상에 반영시켜 보면 좀 더 뚜렷하게 모순으로서 떠올라 보인다. 사실 세상 사람들은 자기의 영혼에 신경을 쓴다든지 정신이고자 하는 것은 시간 낭비에 지나지 않는다고 본다. 단순한 시간 낭비일 뿐만 아니라 어쩌면 민법으로 벌해야 마땅한 용서할 수 없는 시간 낭비로 본다. 어쨌든 인간에 대한 하나의 반역으로서 쓸데없는 것에 정신을 팔아 시간을 낭비하는 거만한 광기이자 경멸과 비웃음으로 벌하는 것이 마땅한, 용서할 수 없는 시간 낭비로 보는 것이다.

그런데 그들의 생활 가운데에서도—아마 이것이 그들의 가장 좋은 때라고 해도 좋을—그들이 내면으로 방향을 잡는 순간이 있다. 그래서 그들은 대부분 첫 번째 난관 근처까지 가게 된다. 그러나 거기서 방향을 바꿔 버린다. 그들에게는 그 길이 삭막한 황야로 통해 있는데도, "주위에는 아름다운 푸른 목장이 있다"[38]는 식으로 생각하는 것이다. 그래서 그들은 그쪽으로 가고, 이윽고 그들의 그 가장 좋은 때를 잊어버린다. 슬프게도 그것을 어린애 장난에 지나지 않는 듯 잊어버리고 마는 것이다. 그들은 하나같이 그리스도교인이다. 그래서 그들은 목사로부터 자기들이 천국에 갈 수 있다는 안심을 얻는 것이다.

앞에서도 말했듯이 이런 절망은 가장 흔한 것이다. 이렇게 인간 내면으로 향하는 입구에서 방향을 틀어 버리는 것이 가장 흔한 경우이다. 그렇기에 절망은 청년들에게는 으레 따라다니고 젊었을 때만 일어나며, 성숙한 나이라든지 노년에 이른 분별 있는 남자들에게는 일어나지 않는다는 꽤 널리 알려진 견해가 충분히 설명될 수 있을 정도이다. 그러나 그것이 흔한 것이라는 이 세상의 견해는 절망적인 잘못이다. 더 정확히 말한다면 절망적인 착각이다. 아니, 더 곤란한 점은 세상에는 더 어려운 일도 얼마든지 일어난다고 잘못 보는 것이다. 인간에게는 최선의 근사치가 있음을 생각지 않는 것이다.

대부분의 인간에게는 본질적으로, 전 생애를 통해서 소년이나 청년 시절의 상태, 즉 자기반성을 조금 동반한 직접성보다는 더 많이 나아가지 못한다는 것을 모르고 지나간다. 절망은 청년들에게만 나타나는 게 아니다. "환상에서 깨어

---

38) 메피스토펠레스와 계약을 맺고 나서도 파우스트가 서재에서 망설이고 있자, "자, 세상으로 나가 보자"고 메피스토펠레스가 촉구한 말의 한 구절. 괴테의 《파우스트》 제1부(1833) "사색에 잠기는 것은 높은 악마에게 붙들려서 풀이 말라 죽은 황야를 이리저리 끌려다니고 있는 소나 말과 같습니다. 주위에는 아름다운, 푸른 목장이 있다는데."

나는 것처럼" 쉽게 벗어날 수 있는 것이 아니다. 그러나 어리석게도 사람들은 환상에서 자신들이 벗어났다고 알고 있지만, 사실은 그렇게 쉽사리 빠져나올 수 있는 것이 아니다. 그뿐만 아니라 그와는 반대로 젊은 사람 못지않게, 어린애처럼 환상을 가지고 있는 노인들이 매우 많다. 하지만 사람은 환상에는 본질적으로 희망 환상과 추억이라는 환상이라는 두 가지 형태가 있음을 보지 못하고 있다. 청년은 희망이라는 환상을 가지며, 노인은 추억이라는 환상을 가지고 있음을 말이다. 또 노인은 늘 환상 속에 살아왔기 때문에 환상에는 희망이라는 환상밖에 없다는 아주 흔한 환상 관념을 품고 있다. 물론 노인은 희망이라는 환상으로 괴로움을 겪는 일은 없다. 그러나 그 대신 자신은 환상이 더 이상 없는 가장 높은 수준에 있는 듯이 생각하여 이런 관점에서 청년의 환상을 내려다보는 듯한, 기묘한 환상으로 인해 무엇보다도 많은 괴로움을 겪는 것이다. 청년은 환상을 품고 있다. 그는 인생이나 자기 자신에게 이상한 희망을 가지고 있다. 하지만 노인에게서도 자기의 청춘 시절을 추억한다는 식의 환상을 때때로 발견할 수가 있다. 자기는 이제야 모든 환상을 포기해 버리고 만 듯이 생각하는 한 노파가 자기의 소녀 시절을 떠올리며, 소녀 적의 자기가 얼마나 행복했으며, 얼마나 아름다웠던가를 마치 소녀처럼 환상에 사로잡혀 공상에 잠기는 것을 때때로 볼 수 있다. 노인들의 입에서 이따금 듣는 우리는 이러이러했었다라는[39] 말은 완전히 청년이 품는 미래라는 환상과 마찬가지의 커다란 환상인 것이다.

노인도 청년도 그들은 모두 거짓말을 하고 있거나 아니면 시(詩)를 쓰고 있는 것이다.

그런데 절망이 청년기에만 있는 것이라는 그릇된 견해는 전혀 다른 의미에서도 절망적이다. 신앙이나 지혜라는 것을, 이를테면 이나 머리카락이 나이를 먹

---

39) fuimus. 라틴어의 '있다'라는 동사의 완료형, 일인칭 복수형이 쓰였다. 베르길리우스의 《아이네이스》 제2권에서, 아이네이아스는 그리스 군대 때문에 트로이가 망하는 광경을 이야기하는데, 나라의 운명이 어떻게 되었느냐고 묻는 말에 판테우스는 이렇게 대답한다. "트로이 마지막 날, 피할 수 없는 날이 왔습니다. 우리 트로이인은 일찍이 있었던 과거입니다(지금은 이미 없습니다). 일리움도, 트로이인들의 찬란했던 영광도 이미 과거가 되고 말았습니다." 여기에서 fuimus Troes(우리 트로이인은 지금은 없도다)가 "우리의 영광은 이미 없도다"의 의미로 쓰여 과거의 영화를 추억하는 관용구가 됨으로써 그것이 결국에는 fuimus의 한 단어로 표현되기에 이른 것.

음에 따라 저절로 돋아나듯이, 아무런 조작 없이 가질 수 있는 것으로 생각한다면 어찌 됐건 간에 그것은 어리석은 일이며, 그것이야말로 정신이 무엇인지를 해독하지 못한 자요, 또한 인간이 정신이지 한낱 동물이 아님을 제대로 알고 있지 못한 사람일 것이다. 예를 들어 인간이 정신의 도움 없이 그처럼 저 혼자서 무엇이든 이룩할 수 있더라도, 또 무엇인가가 그처럼 아무런 정신의 도움 없이 생겨난다 하더라도 신앙과 지혜라는 것만은 결코 혼자서 저절로 이루어지는 것은 아니다. 오히려 정신이라는 의미에서의 인간은 나이와 함께 제멋대로 무엇인가가 되어 가는 것은 아니라는 것이 사실이다. 이 범주(제한 조건)야말로 정신에 가장 엄격하게 맞서는 것이다. 도리어 정신의 경우에는 나이와 함께 저절로 무엇인가를 잃어 가고 있다는 게 흔히 있을 수 있다.

아마도 사람은 나이를 먹음에 따라 자기가 가지고 있던 약간의 정열, 감정, 상상력, 그리고 얼마쯤의 내면성을 잃어버릴 것이다. 그리고 스스럼없이(왜냐하면 이런 일은 저절로 생기는 것이므로) 비겁한 인생관을 품기에 이를 것이다. 이런 진전된 상태는 물론 나이와 함께 왔지만, 그것을 인간은 지금에 와서 절망적으로 하나의 선으로 보게 된다. 자기에겐 이제 절망한다는 따위의 일은 더는 결코 일어나지 않으리라고 아무런 이유 없이 믿어 버리는 것이다(그리고 어떤 풍자적인 의미에서는 사실 나이가 먹은 뒤 이것만큼 확실한 것도 없다). 물론 절망한다는 것 따위는 있을 수 없다고 그는 안심한다. 그러나 그는 절망하고 있는 것이다. 정신을 잃고 절망하는 것이다. 도대체 어째서 소크라테스는 청년을 사랑했을까? 그것은 그가 인간의 이런 한계를 알고 있었기 때문이 아니었는지?[40]

인간은 나이를 먹음에 따라 천하기 이를 데 없는 종류의 절망에서 멀어진다고 할 수는 없더라도, 그렇다고 해서 절망이 오직 청년기에만 있다는 결론을 내릴 수는 없다. 만일 인간이 정말 나이가 듦에 따라 성장해서 자기에 관한 본질적인 의식을 갖도록까지 성숙한다면, 아마 인간은 한결 높은 형식으로 절망할

---

40) 대부분의 인간은 나이를 먹음에 따라서 청년의 탄력과 감수성을 잃어버리고 미천한 인생관을 가지기 쉬운데, 그렇게 된 나이의 사람들은 벌써 예지의 꾐을 당하지 않는다. 지(知)에 대한 사랑은 젊디젊은 정열·감정·상상력·감격·관심을 잃지 않는 자, 즉 청년 속에서만이 이것을 품에 안아 키울 수 있다는 것을 소크라테스는 알고 있었다. 그래서 그는 청년을 사랑했던 것이라고 키르케고르는 생각하고 있다.

수 있을 것이다. 또 만일 인간이 나이와 함께 본질적으로 계속 성장하지 않고, 그렇다고 해서 또 아예 천한 것에 빠져 버리는 것도 아니어서, 남편이 되고, 아버지가 되며, 머리가 희어져도, 언제까지나 젊은 그대로 청년으로 있으면서 청년에게 있는 선함을 얼마쯤 계속 지니고 있다면, 그는 짐짓 청년과 마찬가지로 현실이라는 속세의 모든 것에, 또는 세상의 어떤 미지의 것에 절망하는 가능성을 드러내는 것이다.

그러나 그런 노인의 절망과 청년의 절망 사이에 차이가 있을 수 있는 것은 확실하다. 그것은 본질이 아닌 아주 우연한 것이다. 청년이란 미래 속에 현재(현재가 될 미래)[41]를 두듯이 미래의 것에 절망한다. 거기에는 그가 자기 몸에 일어나지 않기를 바라는 미래의 것이 있어서, 그 때문에 그는 '그' 자신이기를 바라지 않는다. 노인은 과거 속 현재(현재가 된 과거)를 두듯이 과거의 일에 절망하지만, 그 일은 점점 더 과거의 일로 끝나지 않는다. 이유인즉 노인은 과거의 일을 아주 잊어버리고 말 수 있는 식의 절망을 하고 있지 않기 때문이다. 과거의 일은 사실 뉘우치고 한탄할 수 없는 그런 것일 것이다. 그러나 만일 그런 마음이 일어난다고 하면, 먼저 뿌리부터 철저히 절망하게 될 것이고, 정신의 생명이 밑바닥에서 이를 발견해야만 할 것이다. 그렇지만 절망하고는 있어도 그는 굳이 절망이라고 결단을 내리려고는 하지 않는다. 그래서 노인은 거기에서 걸음을 멈추고 말든지, 때로는 앞으로 계속 지나쳐 나아가려고 한다. 그는 더욱 절망함으로써 망각의 힘을 빌려 그럴싸하게 과거를 치유할 수 있고, 그럼으로써 후회하는 대신 자기

---

41) Präesens in futuro(미래 속 현재), Präesens in praeterito(과거 속 현재). 드라크만은 다 문법 용어를 사용했지만, 여기서 말하고자 하는 바를 적절하게 나타낸 말은 아니다. 정확하게는 futurum in präsenti(현재 속 미래) 및 praeteritum in präsenti(현재 속 과거)라고 해야 할 것이다. 그러나 이 두 가지 중 후자의 표현은 문법 용어로서 쓰인 것은 아니라고 주석이 달려 있다. 이 주를 긍정한 다음, 그것을 해석해서, 툴스트룹은 청년은 미래에 속하는 의무를 현재에서는 받아들이려 하지 않기 때문에 '현재 속의 미래'로서 미래의 것에 절망하는 것이고, 노인은 과거를 잊을 수가 없어 현재에 절망하는 것이기 때문에, '현재 속의 과거'로서 과거의 것에 절망한 것이라고 주석을 달고 있다. 그러나 히르슈에 따르면, 이 해석은 이 두 가지 표현을 절망의 대상, 즉 '미래의 것'과 '과거의 것'에 관계하게 하고 있음에서 생기는 잘못이다. 그래서는 의미가 통하지 않는다. 두 표현은 각각 절망하는 자기, 즉 청년과 노인이 취해야 할 태도를 나타내고 있다. "미래의 것에 절망하는 청년은 말하자면 미래 속에 현재하고 있는 것이고, 과거의 것에 절망하고 있는 노인은 말하자면 과거 속에 현재하고 있는 것이다"라는 게 그 의미라고 주석을 달고 있다. 옮긴이는 이 히르슈의 설에 따랐다.

자신을 감추게 되고 만다는 이야기다.

그런데 그런 청년의 절망과 노인의 절망은 본질적으로는 같다. 그들 중 어느 쪽도, 자기 내부의 영원한 것을 의식하여 절망을 좀 더 높은 형태에까지 높이든지, 그렇지 않으면 신앙으로 인도하든지 하는 싸움을 일으키는 식으로 형태가 바뀌지는 않는다.

지금까지 같은 의미로 사용해 온 두 가지 말, 즉 세속과 관련된 것(일반적인 것)에 관한 절망과 세속과 관련된 어떤 것(개별적인 것)에 관한 절망, 이 두 절망 사이에는 본질적인 차이가 있는 게 아닐까? 확실히 차이가 있다. 자기가 무한한 상상력의 정열을 가지고 세속과 관련된 어떤 것에 절망할 경우, 이 무한한 정열은 개별적인 어떤 것을 세속과 관련된 것으로 전체화하는 것이다. 다시 말해 그의 절망 속에는 전체 규정이 포함되어 있고, 그것이 그에게 속하는 것이다. 결국 세속과 관련된 시간적인 그것이 분해돼서 어떤 것이 되기도 하고 자신의 개별적인 것이 되기도 하는 것이다. 실제로 세속과 관련된 모든 것을 잊어버리거나 빼앗기는 것은 불가능하다. 왜냐하면 전체 규정이라고 하는 것은 하나의 사유(思惟) 규정이기 때문이다. 따라서 자기는 먼저 개인의 현실적인 상실을 무한히 높이고 숨겨서 세속과 관련된 것 전체에 대해 절망하는 것이다. 그러나 이 차이(세속과 관련된 것에 대한 절망과 세속과 관련된 어떤 개별적인 것에 대한 절망 사이의 차이)가 본질적인 것으로서 주장되면, 그 즉시 자기의 의식 속에서도 또한 본질적인 진보가 이루어진다. 그래서 세속과 관련된 것에 절망하는 이 정식은, 절망의 다음과 같은 형태가 있다는 변증법적 최초 표현이다.

2. 영원한 것에 대한 절망, 또는 자기 자신에 대한 절망

세속과 관련된 것에 대한 절망, 또는 세속과 관련된 어떤 특정의 것에 대한 절망이 절망인 한, 사실 그런 절망들은 또한 영원한 것에 대한, 그리고 자기 자신에 대한 절망이기도 하다는 것은, 이것이 모든 절망의 정식이기 때문이다.[42]

---

42) 그렇기 때문에 바른 언어의 사용법으로서는 세속과 관련된 것에 절망한다, 영원한 것에 절망한다고 말한다. 그러나 자기 자신에 대한 경우에는 자기 자신에게 절망한다고 말해야 한다. 왜냐하면 그것에 절망하는 것은 사실 다양할 수 있지만, 자기 자신에게 절망한다는 것도 개념상으로 말해서 늘 영원한 것에 절망하는, 절망의 기록을 나타내는 또 다른 표현이기 때문

그러나 절망한 사람은 앞에서 말한 대로 그의 배후에서 일어나고 있는 것은 모르고 있다. 절망한 사람은 세속과 관련된 어떤 것(개인적인 것)에 절망하고 있는 것으로 알고, 자신이 그것에만 절망하고 있다고 언제나 말하지만, 사실 그는 영원한 것을 절망하고 있다. 그 이유는, 그가 먼저 세속과 관련된 어떤 특정의 것을 모두 세속과 관련된 것처럼 만든 뒤 큰 가치를 부여하고 있기 때문이다. 그리고 그것이야말로 영원한 것에 절망하고 있다는 것이기 때문이다.

그런데 이 영원한 것에 절망하고 있다는 것은 뚜렷하게 진보한 것이다. 지금까지 절망은 약한 절망이었지만, 이것은 자기의 약함에 절망한 진보된 절망이다. 그러나 이 절망 또한 약한 절망이라는 본질 규정 안에 머무는 것으로, β항(반항)과는 다르다. 따라서 거기에는 상대적인 차이가 있을 뿐이다. 즉 전자의 형태(약함의 절망)가 약한 의식을 마지막 의식으로 가지고 있는 데 비해, 이 경우의 의식(영원성에 의해 진보된 절망)은 그 의식에 근거한 관점에 머무르지 않고 자기의 약함을 의식한다는 새로운 의식으로 강화되고 있다. 절망한 사람 자신은 세속과 관련된 것을 그렇게까지 괴롭게 생각한다는 것이 약한 것이고, 또한 절망하는 것이 약한 것임을 스스로 이해하고 있다. 그런데 그는 자기가 약한데도,

---

이다. 사람은 자기를 절망에 빠뜨리는 것에 절망한다. 즉 자기의 불행이라든지 세속과 관련된 것, 또는 자기 자신을 상실하는 그런 경우에는 그것들에게 절망한다. 그러나 바른 의미에서 자기를 절망에서 해방시켜 주는 것일 경우, 예를 들어 영원한 것, 자기의 구원, 자기 자신의 힘 같은 것일 경우에는 그것에게 절망한다. 자기의 경우에는 자기 자신에게 절망한다고도 말할 수 있는데, 그것은 자기가 이중으로 변증법적이기 때문이다.

이것에는 모호한 점이 있지만, 이 모호함은 특히 비교적 낮은 형태의 모든 절망 속에, 그래서 거의 모든 절망한 사람들 가운데에서 볼 수 있다. 따라서 이런 사람들은 자기가 무엇에 대해 절망하고 있느냐는 것을 겉으로는 참으로 정열적으로, 또한 명료하게 보기도 했고 또 알고도 있지만, 정신적으로 어떻게 절망하고 있느냐는 것은 모르고 있는 것이다. 구원의 조건은 언제나 이 방향 전환의 회심, 글자 그대로 말하면 독일어의 Umwendung으로 '방향을 바꾼다'이지만, 보통 이 말은 회심의 의미로 쓰인다. 여기서 '……에 대해서'와 '……에 대해서'라고 번역상 나누어 다룬 말의 원어는 over와 om이다. 그런데 이 '……에 대해서'의 over에서 '……에 대해서'의 om으로 바꾸어 Omvendelse라고 하고 있음은 원어의 om을 흉내 낸 표현이지만, 동시에 여기에 회심의 계기가 있다는 것을 암시한 것이다. 영원한 존재에 대한 절망을 암시한다는 것은 앞으로 영원한 존재를 의식한다는 것으로서, 그렇기 때문에 거기에 구원의 조건이 있고, 그것이 또한 절망일 수 있느냐 없느냐가 문제라고 말하고 있는 것이다. 그래서 순수하게 철학적으로 말하면, 자기가 무엇에 절망하고 있느냐를 완전히 의식한 상태에서 사람이 절망하고 있을 수 있는지가 미묘한 문제로 되는 것이다. (원주)

거기에서 방향을 절망에서 벗어나 신앙으로 바르게 바꿔 신 앞에 무릎을 꿇으려고는 하지 않아 더욱 절망에 빠지게 된다. 그래서 자기의 약함에 절망하는 것이다.

이렇게 되면 모든 관점이 거꾸로 된다. 바야흐로 절망한 사람은 영원한 것에 절망하고 있다는 자기의 절망을 더욱 뚜렷하게 의식하기에 이르며, 세속과 관련된 것에 이렇게까지 큰 의의를 둘 만큼 자기가 약하다는 것으로써 자기 자신에게 절망하게 된다. 그래서 바로 이런 결과가 그에게는 그가 영원한 것과 자기 자신을 잃어버리고 말았다고 하는 절망적인 표현으로 나타나는 것이다. 그러나 여기에는 상승이 있다. 먼저 자기의식의 상승이 있다. 왜냐하면 자기 속에는 영원한 어떤 것이 존재한다는, 또는 자기는 자신 내부에 영원한 어떤 것이 있다는 자기 관념이 없다면, 영원한 것에 절망한다는 것도 불가능하기 때문이다. 또 만일 사람이 자기 자신에게 절망하는 일이 있다면, 그것은 물론 사람이 자기 내부에 자기가 있음을 의식하고 있어서일 것이다. 왜냐하면 사람이 절망하는 대상, 그것은 세속과 관련된 것, 또는 세속과 관련된 어떤 것이 아니고, 자기 자신이기 때문이다. 또한 여기에 절망에 관한 좀 더 큰 의미가 있다. 여기에서의 절망은 가장 진실한 절망으로서, 영원한 것과 자기 자신을 잃는 절망이기 때문이다. 말할 나위도 없지만, 여기에서는 사람의 절망적 상태가 절망이라는 점에 보다 큰 의미가 있다. 이럴 경우 절망이란 단순한 수난이 아니고 진보하는 행위의 동기이다. 왜냐하면 세속과 관련된 것이 자기로부터 떠나 버림으로써 자기가 절망하는 경우, 그 절망은 개인적인 것으로서 밖으로부터 오는 것처럼 생각하기 쉽지만, 자기가 자기 절망에 절망하는 경우의 이 새로운 절망은 자기로부터의 내적 역압(逆壓)(즉 반동)으로서 간접적 또는 직접적으로 자기로부터 나오기 때문에, 이런 점에서 자기로부터 직접적(외적 영향)으로 오는 반항과는 다르다. 마지막으로 또 여기에는 다른 의미에서이긴 하지만, 또 하나의 진보가 있다. 이 절망은 좀 더 강도가 있는 것이므로 어떤 의미에선 구원에 더욱 가까이 가 있다. 그런 절망은 너무나도 깊은 것이기에 거의 잊어버릴 수가 없다. 그러나 그렇기에 이 절망이 입을 열고 있는 순간순간마다 구원받을 가능성도 있다.

그럼에도 이 절망은 짐짓 절망해서 자기 자신이고자 하지 않는, 그런 강한 형태라 할 수 있다. 마치 아버지가 자식과 의절하려 할 때처럼, 자기는 그처럼 약해져 버리고만 자기 자신을 자기라고 인정하려 들지 않는 것이다. 자기는 절망한 나머지 이 약함을 잊어버릴 수가 없다. 자기는 어떤 의미에서 자기 자신을 증오하고 있다. 자기는 자신이 약한 존재임에도 신앙에 의존할 생각도 없고, 겸손해져서 다시 자기 자신을 획득하려고도 하지 않는다. 그뿐인가, 자기는 절망하여 자기 자신에 대해서는 무엇 하나 들으려 하지 않는다. 자기 자신에 대해서 무엇 하나 알려고도 하지 않는다. 그렇다고 망각에 의해 구원을 얻는 것도 아니고, 또 망각의 도움을 빌려 무정신성이라는 규정 아래에 참고 들어가 다른 사람들이나 그리스도교인들처럼 세상에 흔히 있는 보통 사람 또는 그리스도교인이 되는 것도 아니다. 그러기에는 지나치게 자기가 강하기 때문이다. 자식과 의절한 아버지에게서 흔히 볼 수 있지만, 의절이라는 겉으로 드러난 사실은 아버지에게는 거의 아무런 소용이 없다. 적어도 머릿속에서는 자식과 떨어질 수 없기 때문이다. 또 사랑하는 여자가 미운 남자(연인)를 저주할 때에 흔히 볼 수 있는 그 저주는 그다지 소용이 없고 도리어 더욱더 마음을 끌어들이게 된다. 절망한 자기와 자기 자신의 관계 또한 그것과 같다.

이 절망은 앞에서 말한 절망보다는 질적으로 더 깊은 것으로서, 세상에서는 드물게 보는 절망에 속한다. 앞에서 배후에 아무것도 보이지 않는 장막 이야기를 하였지만, 이런 절망 상태에 놓인 자기야말로 정말 철저하게 보이지 않는 장막(최초의 자기를 철저히 가리는 절반의 회귀)이며 그 배후에 자기가 앉아서 자기 자신에게 주의를 기울이고, 자기 자신을 부정하는 데 시간을 보내느라 열심인 것이다. 게다가 그 자기는 자기 자신을 사랑하는 만큼의 자기이다. 사람들은 이 것을 밀폐라고 부른다. 우리는 이제부터 이 밀폐를 문제로 삼겠지만, 이것은 직접성(외적 영향)의 정반대이며, 특히 또 사고방식으로 볼 때에는 직접성을 크게 경멸하는 것이다.

그러나 그런 자기는 현실 속에는 생존하고 있지 않고 현실로부터 달아나서 황야라든지, 수도원 또는 정신병원 같은 데로 가 있는 게 아닐까? 그는 단지 다른 사람과 같은 옷을 입은, 다른 사람들과 같이 보통 외투를 입은 현실의 이방인과도 같은 인간일 뿐인가? 과연 그러하다! 그러나 자기 일에 대해서 그는 누구에게도, 단 한 사람에게도 털어놓지 않는다. 그는 그것을 털어놓고 싶은 충동을 느끼지 않는 것이다. 어쩌면 그런 충동을 억누를 수 있는 방법을 알고 있는

지도 모른다. 그것에 대해 그가 스스로 하는 말을 들어 보는 게 좋겠다. "요컨대 세상에는 오롯이 직접적인 인간들뿐이다. 그들은 정신이라는 면에서 본다면, 소아기의 제1기에 있는 어린애와 대부분 같은 시점에 있고, 정말이지 아주 사랑스러우면서도 분별력 없이 무엇이든 지껄여 버리고 만다. 결국 무엇 하나 자기 마음속에 간직해 둘 줄 모르는 아주 직접적인 인간들뿐이다. 흔한 일이지만, '진실하다든지, 진실했다든지, 진실한 인간이라든지, 천진난만하다든지' 하고 함부로 일컫는 것이 이런 부류에 속한 인간들의 직접성이기 때문에, 그것이 진실하다면 노인이 육체적인 욕구를 느끼면서도 곧 그것에 따르지 못함은 거짓이 아닌가. 조금이라도 반성해 본 적이 있는 자기라면 자기를 억제해야 한다는 것을 조금 정도는 알고 있을 것인데 말이다."

그런데 우리 절망한 사람(영원한 것에 절망한 자신을 깨닫고 그런 자신에게 절망한 뒤, 다시 영원한 것과 연계되어 절반쯤 자신 속에 밀폐된 사람)은 자기 속에 틀어박히고 마는 바람에 자기와 관계없는 사람을 모조리 멀리한다. 따라서 자기와 관계하는 모든 부류의 사람을 멀리한다. 그럼에도 밖에서 보면, 온전한 '하나의 현실적 인간'인 것이다. 그는 대학 출신의 남자요, 남편이요, 아버지요, 게다가 아주 능력 있는 관리요, 존경할 만한 아버지이며, 교제 면에서는 원만하고, 아내에게는 매우 상냥하고, 자기 자식들에게도 정말 잘해 준다. 그리고 그리스도교인이기도 한가? 물론 그는 그리스도교인이기도 하다. 그럼에도 그는 그에 대해서 이야기하기를 무척 꺼린다. 그런데 그러면서도 아내가 교회를 위해 신앙에 몰두하고 있는 것을 그는 일종의 애수에 찬 기쁨을 가지고 기뻐하면서 바라보기도 할 것이다. 그는 교회에 이따금씩밖에 나가지 않는다. 대부분의 목사는 자기가 말하는 것을 제대로는 알고 있지 못하다고 생각하기 때문이다. 그는 다만 한 목사만은 예외라고 생각한다. 그 목사만은 자기가 말하는 것을 알고 있다고 그는 인정한다. 그러나 그는 다른 이유에서 이 목사의 말도 들으려 하지 않는다. 그의 말이 그를 너무나 먼 곳으로 끌고 갈지도 모른다는 생각이 그를 두렵게 하기 때문이다.

이에 반해 그는 드문드문 고독 욕구를 느낀다. 고독은 때로는 호흡처럼, 또 어떤 때는 수면처럼, 그에게는 생명처럼 필수적이다. 그가 이 생명이라는 필수품을 대부분의 사람들보다 더 많이 가지고 있다는 것은, 그가 남보다 더욱 깊이를 가지고 있는 인간이라는 증거가 되기도 한다. 일반적으로 고독 욕구는 인간 속에 정신이 있다는 증거이고, 또 그 정신을 재는 잣대이다. '단순히 지껄이기만 하는 비인간적 세상 사람'은 고독 욕구를 느끼기는커녕, 단 한 순간이나마 고독하게 있어야 되기라도 하면, 마치 무리를 지어 사는 새처럼 곧장 죽어 버린다. 어린애는 자장가를 불러 재워야 하듯이 이런 사람들은 먹든지, 마시든지, 자든지, 기도하든지, 무엇에 열중하든지 하기 위해서 사교라는 소란스러운 자장가로 마음을 달래야 한다. 그러나 고대에도, 중세에도 이 고독 욕구를 알고 있었기에, 그 의미를 존경하기도 했다. 그럼에도 사교로 날이 새고 해가 지는 현대[43]에는 범죄자에게 내리는 형벌로만 쓰게 되었으니(오, 얼마나 멋진 경구인가!), 그 정도로 지금의 사람은 고독을 두려워하고 있는 것이다. 정말이지 현대에서는 정신을 가진다는 것이 죄를 짓는 일이 되었다. 이렇게 보면 이런 사람들, 고독을 사랑하는 사람들이 범죄자 부류에 들어가 있는 것은 마땅한 일이 아니겠는가?

그런데 틀어박혀 있는 절망한 사람이 때때로(horis successivis) 영원을 위해 산다고는 할 수 없지만, 그래도 영원한 것과 관련을 가지고서 인간의 자기인 자기 자신과의 관계를 문제로 삼으며 사는 수가 있다. 그러나 그는 각별히 그 이상 정진하지는 않는다. 거기서 영원한 것과 연계되어 고독 욕구가 채워지면, 그는 밖으로 나선다. 아내와 자식들 속으로 들어가서 그들과 담소를 나누는 경우에도, 그를 그처럼 상냥한 남편으로 만들고 그처럼 어린애들을 잘 살피는 아버지로 만들어 주고 있는 것은, (반쯤 자기 내면에 틀어박혀 있는) 그의 타고난 인간적 선량함과 그의 의무감 말고도 그가 그 틀어박혀 있는 내면에서 자기 자신에게 행하는 자기의 약함(직접적, 외적 절망)의 고백인 것이다.

그의 밀폐된 마음의 비밀을 알게 된 사람이 만일 그에게, "그것은 거만함이며 사실 자네는 자네의 자기를 자랑으로 여기고 있지 않은가"라고 말했다고 하더라도, 아마 그는 상대에게 그렇다고 고백하는 일은 없을 것이다. 그러나 그가 자기 혼자 있을 때는 그 사람의 말이 얼마쯤 타당한 구석이 있다고 인정할 것이다. 하지만 '그가 자기에게 자신의 약점을 인정하도록 만든 정열은 곧 그가 또 이렇게 생각하도록 만들 것이다. 자기가 절망하고 있는 것은 바로 자신의 약함

---

43) 19세기 40년대의 코펜하겐에는 사교 단체가 많이 있었는데, 그때는 대단한 번영을 이루고 있었다고 한다.

에 관한 것이기 때문에 그것이 오만할 리 없다고. 이것은 약함을 그렇게 당치도 않게 강조하는 것은 오히려 오만이 아니겠는가 하고 되묻게 만드는 식의 혼잣말이며, 그가 약한 의식을 견디어 내지 못하는 것은 자신의 자기를 자랑하고 싶어서 그러는 게 아니라는 식의, 어쩐지 고깝게 들리는 혼잣말인 것이다.

누군가가 그에게 이렇게 말했다고 하자. "자네가 겪고 있는 그것은 매우 기묘한 혼란이다. 참으로 기묘한 종류의 어지러움이다. 생각건대 불행이란, 사실은 생각이 서로 얽히는 식으로 오는 것이다. 이렇게 얽혀 있지만 않다면, 그것이야말로 정상이다. 그것이야말로 자네가 가야 할 길이다. 자네는 자기에게 절망함으로써 자기에게로 전진해야 한다. 자네가 약하다고 하는 것은 참으로 사실이다. 그러나 자네가 절망해야 하는 것은 그런 약함 때문이 아니다. 자네가 자네 자신으로 되기 위해서는 그 절망을 타파해야만 하니 그런 절망에 절망하는 따윈 그만두도록 하게나!" 누군가가 이렇게 말했다고 하면, 그는 정열을 잠재우는 순간에는 그것을 이해할 것이다. 하지만 이윽고 정열이 또다시 그에게 그릇된 견해를 가지게 할 것이고, 거기서 그는 또다시 방향을 바꾸어 절망 속으로 들어간다.

앞서 말했듯이 이런 절망은 매우 드물다. 그러나 절망이 다만 제자리걸음을 하며 언제까지나 그 자리에 머물러 있지 않고 상승한다면, 더욱이 절망한 사람이 신앙을 향한 바른 진로를 택하지 않는다면, 그때 이런 종류의 절망은 한 단계 더 높은 형태의 절망으로 올라가면서 여전히 밀폐된 상태에 계속 있든지, 아니면 절망의 극한에서 껍질을 깨고 밖으로 나옴으로써 이름을 숨기고서 살아왔던 덧옷을 벗어 버리든지, 둘 중 어느 하나가 될 것이다. 후자의 경우 이 절망한 사람은 실제 인생 속으로, 아마도 대사업이라도 하는 듯한 기분으로 뛰어나갈 것이다. 그는 편안을 모르는 불안한 정신이 되어 이 세상에 존재했던 흔적을 마음껏 남길 것이고, 편안을 모르는 이 정신은 망각을 원하기에 이르지만, 내부의 소란이 몹시 심하기 때문에, 리처드 3세가 어머니의 저주하는 말을 듣지 않기 위하여 사용한 수단[44]과는 다른 종류의 것이라고 하더라도 뭔가 강력한 수

---

44) 셰익스피어의 《리처드 3세》 제4막 제4장에서 리처드왕(글로스터)이, 그의 형인 클래런스와 그 자식들을 살해한 것을 어머니가 책망하자, 그는 저주의 말을 듣지 않고자 "나팔을 불라, 나팔을! 북을 쳐라, 북을! 입버릇 고약한 여자들이 국왕을 욕하는 말이 하늘에 들리지 않게 북을 쳐라, 어서 북을 치라는데도!" 하고 악대들에게 명령하고 있는 것을 가리키고 있다.

단이 필요하게 되는 것이다. 그는 관능 속에서, 방탕 속에서 망각을 추구하려 들지도 모르고, 절망해서 직접성으로 되돌아가려 할지 모른다. 그렇다고 해도 그는 원하지 않는 자기에 관한 의식에 끊임없이 붙들려 있다. 전자의 경우에 절망(자기의 내적 의식을 욕구하지 않는, 그러나 밀폐된 직접적·외적 절망)은 그 도가 강해지면 반항이 된다. 그래서 약함을 운운했던 것이 얼마나 허위였는지 여기서 뚜렷이 드러난다. 자신의 약함에 의한 절망이야말로 반항(내적인 자기 자신이려고 욕구하지 않는, 외적 약함의 절망에 의한 반항)의 최초 표현이라는 것이 변증법적으로 얼마나 정당한가가 명백해지는 것이다.

그러나 마지막으로 밀폐된 것 속에서 제자리걸음을 하는, 틀어박혀 있는 인간의 내부를 다시 한번 조금 더 들여다보기로 하자.

이 틀어박혀 밀폐되어 있는 절망이 절대적으로 모든 면에서 완전하게(omnibus numeris absoluta) 유지될 경우, 그에게는 자살이 가장 가까이 다가서는 위험이 될 것이다. 물론 사람들은 대부분의 경우 그렇게 틀어박혀 있는 사람이 무엇을 그 속에 간직하고 있을 수 있는지는 꿈에도 모른다. 만일 사람들이 그것을 알게 되면 깜짝 놀랄 것이다. 그러나 자살은 절대적으로 틀어박혀 있는 사람의 위험이다. 그런데 그에 반해 만일 그가 누구에게 이야기한다면, 단 한 사람에게라도 마음을 털어놓는다면, 아마 그는 긴장이 풀리든지, 의기소침해서 틀어박혀 있었던 결과로 자살하는 일은 없을 것이다. 이처럼 한 사람이라도 그 비밀에 관한 것을 알게 되는 자가 있는 자기 밀폐라는 것은 절대적인 틀어박힘보다는 한 음계 정도 가락이 완화되어 있는 것이다. 그래서 아마 그는 스스로 목숨을 끊지 않게 될 것이다.

그러나 자기로서는 남에게 속을 털어놓고 나서, 털어놓은 그것에 절망해서 자신의 비밀을 알고 있는 한 사람을 얻기보다 차라리 끝내 침묵을 지켰던 편이 얼마나 좋았을까 하고 생각할 수도 있다. 그런 틀어박히는 성격의 소유자가 믿을 수 있는 사람을 만나 털어놓고 이야기하고 나서 절망에 빠지고 만 실례는 세상에 얼마든지 있다. 그 경우의 결과 마찬가지로 자살로 갈 수 있는 것이다. 창작에서라면—그 인물이 이를테면 국왕, 또는 황제라고 가정을 해본다면—그 왕이 믿고 있는 이를 살해케 하는 식으로 파국이 이루어질 수도 있으리라. 그러면 여기서 한 사람의 악마 같은 폭군을 상상할 수 있을 것이다. 그는 자기의 괴로움을 누군가에게 이야기하고 싶은 충동을 느낀다. 그래서 그 결과 한 사람, 또 한 사람 하는 식으로 많은 사람을 소모해 간다. 그에게 믿음을 주는 사람이 된다는 것은 죽음을 면치 못한다는 것과 같게 되는 것이다. 다시 말해 폭군이 마음을 털어놓는 말을 들은 이는 죽임을 당할 터이니 말이다. 심복을 안 가질 수도(즉 자기 자신 내부와 영원성에 충실할 수도) 없고, 그렇다고 심복을 가질 수도(약함의 외적 절망으로 인해 변증법적이고 자기 상실의 반항을 할 수도) 없는, 그런 악마 같은 인간의 마음속에 도사린 이런 고뇌에 찬 자기모순을 해결하여 묘사하는 것은 시인에게 주어진 과제일 것이다.

β. 절망해서 자기 자신이고자 욕구하는 절망-반항[45]

*α*항에서 서술한 것이 여성의 절망(절망해서 자기 자신이 아니고자 하는 약함의 절망. 신앙으로의 귀의)이라고 일컬을 수 있다는 게 분명해졌지만, 그에 반해 이 절망은 남성의 절망이라고도 할 수 있다. 따라서 이 절망 또한 앞서 말한 것과의 관계로 보아 정신의 규정 밑바탕에서 나오는 절망이다. 그리고 사실 또 남성만이 정신의 규정에 속하고, 이에 비해 여성은 한 단계 낮은 종합이다. *α*의 2항에서 서술한 절망은 자기의 약함에 관한 절망이었다. 다시 말해 절망한 사람이 자기 자신이고자 하지 않는 것이다. 그러나 변증법적으로 한 걸음 나아가서 이 절망한 사람이 왜 자기 자신이고자 하지 않는지 그 이유를 의식(정신의 밑바탕에서)하기에 이른다면 사태는 역전되어 반항이 일어나는데, 이때야말로 절망한 사람이 절망해서 자기 자신이기를 바라기 때문이다.

최초에 세속과 관련된 것(전체적·일반적인 것), 또는 세속과 관련된 어떤 것(개별적·개인적인 것)에 관한 절망이 있고, 다음으로 영원한 것, 자기 자신의 본질적인 것에 관한 절망이 온다. 그런 다음에 반항이 나타난다. 이것은 영원한 것의 힘을 의식한 절망이기 때문에, 이 반항은 절망해서 자기 자신이고자 하는 그런 자기가 자기 속의 영원한 것을 절대적으로 남용하는 것이다.

그런데 반항은 영원한 것의 힘에 의한 절망인 덕분에 진리의 가까이에 있게 되었지만, 또 강력한 진리의 바로 가까이에 있기 때문에 반항은 진리로부터 무

---

45) 원어는 Trots(독일어의 Trotz). 물론 '오만'의 의미를 가지고 있다.

한히 멀리 떨어져 있게 된다. 신앙을 향한 통로인 절망도 영원한 것의 힘에 의한 절망으로서, 거기서 자기는 영원한 것의 힘에 의한 자기 자신을 얻기 위해 자기 자신을 잃어버릴 용기를 가지는 것이지만, 그와는 반대로 반항에서의 자기는 자기 자신을 잃어버리는 것에서 시작하려 하지 않고, 세속과 관련된 자기 자신이기를 바라는 것이다.

그런데 이 형태의 절망에는 자기의식의 상승이 있다. 따라서 절망에 관한 의식도, 자기 자신의 상태가 절망이라는 것에 관한 의식도 더욱 확장되어 있다. 여기에서 절망은 하나의 행위로서 자기를 의식하게 한다. 즉 이런 절망은 외부의 압박 때문에 수단으로 변질되는데, 밖에서 오는 것이 아니고, 직접 자기로부터 오는 것이다. 이렇게 해서 반항은 자기의 약함에 관한 절망(즉 신앙으로의 귀의 같은 여성적 절망)에 비한다면, 짐짓 새로운 성질(자기 상실을 거부하는 남성적 반항의 절망)의 것이다.

절망해서 자기 자신으로 남는 것을 바란다면 무한한 자기라는 것을 의식해야 한다. 그러나 이 무한한 자기란 본래 자기의 가장 추상적인 형태, 가장 추상적인 가능성에 불과한 것이다. 더구나 그가 절망해서 그것으로 남는 것을 바라는 것은 정녕 이런 추상적 자기이다. 그래서 그는 자기를 조정한 힘에 대한 모든 관계로부터 떨어져 나가려 하기도 하고, 또는 그런 힘이 현재 존재하고 있다는 관념과 거리를 두려고도 하는 것이다. 이 무한한 형태의 힘 때문에 자기는 절망적으로 자기 자신을 자기 마음대로 처리하려 들거나 아니면 자기 자신을 창조하며, 자신의 자기를 그가 '존재하기를' 바라는 대로의 자기로 만들어 냄으로써, 자신의 구체적인 자기 속에 가지고 싶은 것과 그렇지 않은 것을 스스로 결정하려고 하는 것이다. 물론 그의 구체적이고 자기 또는 그의 구체성은, 필연성과 한계를 가지고 있다. 구체적이고 일정한 한계 안에 있으면서 일정한 능력과 소질 등을 갖춘, 완전히 특정한 것이다.

그런데 그는 무한한 형식, 즉 부정적인 자기 힘을 빌려, 먼저 이 전체를 개조한 다음 그가 바라는 것과 같은 자기, 즉 부정적인 자기라는, 무한한 자기라는 의식의 힘에 의해 생성된 자기를 만들어 내려고 한다. 이렇게 해서 그는 그런 자기 자신이 되기를 바라는 것이다. 다시 말해 그는 다른 사람들보다도 조금 일찍 시작한 사람이 되기를 바라는 것이다. 보통 처음과 동시에 시작하는 것이 아니고, '태초에'⁴⁶⁾라는 수준을 시도한다. 그는 자신의 자기를 자기 몸에 붙이려 하지는 않는다. 그에게 주어진 자기 속에서 스스로의 사명을 찾으려 하지 않는다. 그는 무한한 형태인 것의 도움을 빌려 자신의 힘으로 자기를 구성하려는 것이다.

이런 종류의 절망에 공통되는 이름을 붙이고 싶다면, 스토아주의⁴⁷⁾라고 불러도 좋을 것이다. 단, 그 스토아라는 한 학파만을 생각해서는 안 된다. 이런 종류의 절망을 세세하게 설명하기 위해서는 일반적으로 능동적인 자기와 수동적인 자기를 구별한다. 능동적인 경우 자기는 자기 자신과 어떻게 관계되고, 수동적인 경우 자기는 수동 속에서 자기 자신과 어떻게 관계되는가를 보임으로써, 절망해서 자기 자신이고자 하는 정식이 언제나 바뀌지 않는 일반식임을 보이는 것이 가장 좋을 것이다.

절망하는 자기가 행동적인 자기일 경우, 만일 그가 무엇을 계획하든 그 어떤 큰 것을, 그 어떤 경탄할 것을 끈기 있게 계획한다 하든, 자기는 본래 언제나 오직 실험적으로만 자기 자신과 관계한다. 자기는 자신을 지배하는 힘을 인정하지 않기 때문에 그 자기에게는 결국 진지함이 결핍되어 있는 것이다. 다만 자기가 자기의 실험에 최대의 주의를 기울이는 경우에만 참으로 진지한 듯한 외관을 꾸밀 수 있을 정도이다. 그러나 그것은 거짓된 진지함일 뿐이다. 프로메테우스가 여러 신들로부터 불을 훔치고 있을 때, 그는 신이 사람을 보고 있었다고 하는 본질적 진지함 자체인 사상을 신에게서 훔쳐 낼 뿐인 것이다. 절망하는 자기는 신이 사람을 보고 있었던 것 대신에 자기 자신을 보고 있는 것으로 만족한다. 그리고 나서 자기는 자신의 여러 가지 계획에 끝없는 관심과 의의를 주는 것으로 생각하는 것이다. 그러나 사실은 그것이야말로 그의 계획을 실험케 하는데 지나지 않는다. 왜냐하면 그의 그런 자기가 자신이 실험한 신과 같은 정도로 절망에 빠지는 일은 없다고 치더라도 파생된 존재로서의 자기인 이상, 자기 자신을 보는 것을 통해서는 자기 자신 이상의 것을 자기 자신에게 줄 수는 없기 때

---

46) 〈창세기〉 1 : 1의 "태초에 하나님이 천지를 창조하시니라"에서 처음에(태초에)를 써서 인간이 신께서 준 것을 받는 것이 아니고, 신이 천지를 창조하신 것처럼, 자신이 자기를 창조하려고 함을 풍자하고 있다.

47) 아마 헤겔이 《정신현상학》에서 자기의식의 추상적 보편성의 단계를 스토아주의라고 이름 붙인 것과 관련시켜 그렇게 부르고 있는 것이리라.

문이다. 자기는 처음부터 끝까지 어디까지나 자기로서 자기를 이중화시켜 본다고 하더라도, 자기 이상으로도 그 이하로도 되는 것이 아니다. 이런 의미에서 이 자기는 자기 자신이고자 바라는 절망적 노력을 하면서 도리어 정반대의 것을 향해 노력하게 되어, 그것은 사실 자기가 되지 않는 것이다.

이런 자기의 행동 범위인 전체 변증법 속에는 확고한 것이라고는 아무것도 없다. 즉 영원히 자기인 것, 그것은 어떤 순간에도 확고하게 있는 것이 아니다. 자기의 부정적 형태는 자기를 어떤 상태로 연결하는 힘으로 작용하는 동시에 그 상태를 다시 푸는[48] 힘으로서도 작용하는데, 이때의 자기는 완전히 마음먹은 대로 언제 어느 때라도 처음부터 시작할 수 있다. 하나의 사상이 아무리 오래 추구된다고 하더라도 그 행동 전체는 가설의 테두리를 벗어나지 못한다. 그래서 이 테두리 안의 자신은 차츰 자기 자신이 될 수가 있을 뿐만 아니라, 자기가 가설적인 자기라는 것이 차츰 명백해지는 것이다. 이 자기는 자기 자신의 주인이요, 말하자면 절대적으로 자기 자신의 주인이다. 그리고 이렇게 다시 자기가 되는 것이야말로 절망이지만, 그것은 또 자기가 자신의 쾌락, 자신의 향락이라고 간주하는 것이기도 하다.

그러나 더 세밀히 주의해서 보면, 이 절대적인 지배자로서의 자기는 영토 없는 국왕임을 곧 알게 된다. 그는 사실상 무엇 하나 통치하고 있는 것이 없다. 그의 지위, 그의 지배는 그 어떤 순간에도 '반란이 합법'이라는 변증법에 지배되는 것이다. 다시 말해, 그것은 결국 자기 멋대로의 생각에 달려 있기 때문이다.

이렇게 해서 절망하는 자기는 끊임없이 그저 공중누각을 지을 뿐이고, 계속 쓸데없이 허공에 칼을 휘두르고[49] 있을 뿐이다. 이런 모든 훌륭한 실험은 눈으로 보기에는 그럴듯하다. 그것들은 한순간 동양의 시(詩)처럼 사람을 매혹한다. 그런 자제, 그런 의연한 태도, 그런 평정[50]한 마음 등은 거의 이 세상의 것이라고는 믿을 수 없을 정도임에도 그 모든 것 전체의 밑바탕에 있는 것은 무(無)이

---

48) 〈마태복음〉 16 : 19 "네가 땅에서 무엇이든지 매면 하늘에서도 매일 것이요, 네가 땅에서 무엇이든지 풀면 하늘에서도 풀리리라"에 의거해서 표현한 것.
49) 〈고린도전서〉 9 : 26 "싸우기를 허공을 치는 것같이 아니하며"를 연상케 하는 표현.
50) Ataraxia. 에피쿠로스는 욕망을 눌러 자연의 법도에 따라 평정함으로써 어떤 것에도 움직이지 않는 마음을 가져야 한다는 것을 말한다. 이 '평정심'을 덕의 이상, 최고의 선이라고 생각했다.

다. 자기는 절망해서 스스로를 자기 자신으로 하고, 자기 자신을 전개하며, 자기 자신이라는 만족을 만끽하려 든다. 자기는 자기 자신의 이해 정도를 나타내는 이런 시적인 탁월한 구상을 자랑하고 싶어 한다. 그렇지만 자기가 자기를 어떻게 이해하고 있느냐 하는 것은 결국 언제나 수수께끼이다. 자기는 전당의 건축을 완성했다고 생각하는 바로 그 순간에 자기는 제멋대로 전체를 무로 되돌리는 것일 수도 있다.

절망하는 자기가 수동적인 자기일 경우에도, 절망은 짐짓 절망하며 자기 자신이고자 한다. 이 경우는 절망해서 자기 자신이고자 하는 실험적인 자기로서, 구체적으로 자기 속에서 미리 방향을 정하고자 하는 동안 아마 어떤 어려움에 부딪칠 것이다. 그리스도교인이라면 십자가라고 부르는 것에 부딪칠 것이고, 아무튼 그게 무엇이든 뿌리부터 장애에 부딪칠 것이다. 자기의 무한한 형태인 부정적(재창조적)인 자기라면 아마도 그런 장애를 간단히 정리해 버리고서, 마치 그런 것은 현실적으로 존재한 적이 없었던 것처럼, 자기는 그런 것을 전혀 몰랐던 것처럼 가장하려고 들 것이다. 그러나 그렇게 되지는 않는다. 그의 실험이 아무리 교묘해도 거기까지 도달하지는 못한다. 추상화에 거는 그의 기량도 추상적 목표까지는 이르지 못한다. 무한히 부정적인 자기는 프로메테우스[51]처럼 이 고역(장애의 존재를 극복하지 못하는 고역)에 못 박혀 있음을 느끼는 것이다. 여기에 자기가 결국 수동적인[52] 자기에 못 박혀 있게 되는 이유가 있는 것이다. 그렇다면 절망해서 자기 자신이고자 하는 수동적 자기의 절망은 어떤 식으로 나타나는 것일까?

앞서 세속과 관련된 것 또는 세속과 관련된 어떤 개별적인 것에 절망한다고 하는 절망의 형태에 대해서 서술했는데, 그 의미는 결국 영원한 것에 절망하는 결과가 됨이 명백히 밝혀진 것을 기억에 떠올려 주기 바란다. 즉 그 절망은 영원한 것에 의해 위로받든지 치유되기를 바라지 않았던 것이다. 또한 영원한 것이

---

51) 인간이 불이 없어서 곤란을 겪고 있을 때 프로메테우스는 헤파이스토스로부터 불을 훔쳐다가 사람들에게 주었다. 그것에 격노한 제우스는 프로메테우스를 캅카스산에 쇠사슬로 붙들어 매놓고, 매일같이 독수리에게 그 간을 쪼아 먹게 했다. 밤사이에 돋아나는 간이 그렇게 해서 매일 먹히기 때문에 프로메테우스의 고통은 그칠 줄을 몰랐다.
52) 이 '수동적'은 물론 '수난'을 의미하는 말과 같은 뜻으로 사용됐다.

아무런 위로도 될 수 없을 정도로 세속과 관련된 것을 높이 평가했던 것이다. 그러나 세속과 관련된 곤궁이나 현세에서 짊어지는 십자가의 고통이 제거될 수 있는 가능성을 기대하려 들지 않는 것도 절망의 형태(수동적 자기)이다. 지금 여기서 절망해서 자기 자신이고자 하는 절망한 사람은, 그런 구원을 바라지 않는 절망한 사람을 이르는 것이다.

그는 이 육체에 가시[53](그것이 사실이든, 그의 정념이 그에게 그렇게 생각하도록 한 것이든)가 빼버릴 수 없을 만큼 깊이 박혀 있는 것이라고 굳게 믿기 때문에[54] 그는 그것을 영원히 자기 몸으로 받아들이기를 바라는 것이다. 그는 이 가시에 찔리거나, 아니면 더 정확히 말해서 이 가시에 찔린 것을 인연으로 하여 세상의 모든 일에 걸려 넘어진다. 그런데도 그는 본래 자기 자신이고자 한다. 가시가 있음에도 가시가 없는 자신이고자(이것은 물론 가시를 뽑아 버리는 것을 의미하는 것이겠지만, 그것은 그가 할 수 없는 일이다. 그래서 어쩌면 그것은 체념의 방향으로 가는 운동이 될 것이다) 하지는 않는다. 아니, 그가 가시가 있음에도 인간 세상 전체에 반항하여, 그대로 가시를 가지고 있는 자기 자신으로 남기를 바라며, 자신의 고

---

53) 〈고린도후서〉 12 : 7 "너무 자만하지 않게 하시려고 내 육체에 가시 곧 사탄의 사자를 주셨으니, 이는 나를 쳐서 너무 자만하지 않게 하려 하심이라"에 의거한 말. 키르케고르는 그의 속에도 '육체의 가시'가 박혀 있다고 때때로 말하곤 했다. 그러나 그것이 구체적으로 무엇을 가리키고 있는지는 뚜렷하지 않다. 그에게는 이 말을 표제로 한 한 편의 강화(講話)를 쓴 것이 있다.

54) 말이 났으니 여기에서 주의를 환기해 두고자 하는데, 이런 관점에서 보면 세상에서 체념이라는 단어로 꾸며져 있는 대부분의 것은 하나의 절망임을 알 것이다. 즉 그것은 절망하여 자신을 추상적인 자기이고자 바라고, 절망하여 영원한 것에 만족하고, 또 그것에 의해 세속과 관련된 것이고 현세에서 겪는 고난에 반항하든지 무시할 수 있게 되려고 하는 절망이다. 체념의 변증법은 본래 다음과 같다. 자신이 영원한 자기로 남기를 바라지만, 자기가 괴로워하고 있는 어떤 특정한 것에 대해서는 자기 자신이기를 바라지 않는다. 그런 것은 영원한 세계에서는 사라져 없어질 것임에 틀림없다고 생각하여 스스로를 위로하며, 그럼으로써 또 자기가 현세에서 그 특정한 것을 자기 몸에 받아들이지 않은 것은 마땅한 일이라고 생각한다. 자기는 자신이 그것에 괴롭힘을 당하고 있음에도 그것이 함께 자기에게 속하고 있다는 것을 끝내 인정하려 들지 않는다. 즉 경건하게 그 밑으로 굽히고 들어가려고 하지 않는 것이다. 따라서 절망의 체념(수동적)은, 절망해서 자기 자신으로 남기를 바라지 않는 절망과는 본질적으로 다르다. 체념은 절망해서 자기 자신으로 남기를 바라기 때문이다. 단, 오직 하나의 경우(최고의 구원)만은 예외로서, 이것에 대해서만은 체념이 절망해서 자기 자신으로 남기를 바라지 않는 것(신앙에 맡기는 것)이다. (원주)

뇌를 자랑이라도 하는 듯 가시를 짊어지고 가기를 바라는 것이다. 왜냐하면 구제의 가능성을 기대한다는 것, 특히 신에게는 모든 것이 가능하다는 불합리한 힘에 의해 그것을 기대하는 것 등을 바라지 않기 때문이다. 타인의 도움을 바란다는 것은 어떤 일이 있어도 그가 바라는 바가 아니다. 도움을 청할 정도라면 차라리 그는 온갖 지옥의 고통을 겪을지언정 기꺼이 자기 자신으로 남기를 바랄 것이다(즉 절망해서 자기 자신이고자 하는 수동적 자기의 모습이 이것이다). 그러므로 "고뇌하는 자는 구해 주려는 자가 있으면 물론 구해 주기를 바란다"는 말은 결코 진실한 말이라고는 할 수 없다. 절대로 그런 것이 아니다. 그 반대의 경우(즉 구해 주기를 바라지 않는 경우)도 꼭 이런 경우처럼 절망적일 수 있다. 사실은 이렇다. 고뇌하는 자는 자기가 구원을 받을 수 있다면 이러저러한 식으로 구원해 주었으면 하고 생각하는 몇 가지 구원의 방안을 가지고 있다. 물론 그는 기꺼이 구원받고 싶은 것이다.

그런데 구원받아야 한다는 것이 좀 더 깊은 의미라는 관점에서 진지한 문제가 되는 경우, 특히 그 구원이 좀 더 높은 것, 한결 최고의 것에 근거해야 할 경우에는, 그 구원을 무조건 받아들여야 할 것이다. 그런데 모든 것이 가능한 '구원자'의 손안에서 결국 무가 되어 버리거나, 타인 앞에 계속 허리를 굽실대며 구원을 청하는 한, 자기 자신이기를 바라는 것은 단념해야 한다는 것, 이것은 굴욕이다. 한편, 지금의 자신에게는 고뇌가 많고, 또 그 괴로운 고민은 언제까지나 이어지면서 고통에 가득 차 있기까지 하지만, 그래도 자기는 구원을 청할 정도로 고뇌에 시달리고 있지는 않기 때문에 계속 자기 자신이기를 바라게 된다면, 결국 그것은 고뇌를 선택하는 것이다.

절망해서 자기 자신이기를 바라는 이런 고뇌하는 사람 속에 의식이 더하면 더할수록 절망의 강도도 강해진다. 그래서 그것은 악마[55] 같은 것이 되어 버린다. 악마 같은 것은 대부분 다음과 같은 까닭으로 일어난다. 절망해서 다시 자

---

55) '악마 같은 것'은 그리스의 δαίμων에서 온 말. 다이몬은 신과 인간의 중간 존재인 초인적 존재로 여겨졌다. 그래서 그런 것은 현실 세계에서 볼 수 있는 것이 아니고, 이른바 하나의 현상으로서 시인이 창작 인물로 표현한 것이다. 이 '악마 같은 것'을 '틀어박혀 있는 정열'이라고 풀이하는 것은 키르케고르의 독자 견해로, 이 말은 언제나 이런 의미로 쓰여 왔다. 이하에서 악마 같은 절망의 서술은 키르케고르의 청년 시절 체험에 근거를 두고 있는 것이다. 그의 저작에서 이따금 발견하게 되는 중요한 개념이다.

기 자신이기를 바라는데, 구체적인 현실의 자기로부터 떼어 놓을 수도, 떨치고 나올 수도 없는 어떤 죄 속에서 시달리고 있다. 바로 이 고뇌에 그는 자기의 모든 정열을 던진다. 그러면 이 정열은 드디어 악마 같은 광포함으로 변한다. 그렇게 되고 나면 만일 하늘에 계시는 하나님이나 모든 천사들이 그를 그 상태에서 구출하기 위해 구원의 손길을 내리신다 해도, 그는 결코 그 구원의 손길을 잡지 않는다. 이미 때가 늦었다. 그 전이었다면 그는 이 괴로움에서 벗어나기 위해 기꺼이 모든 것을 바쳤을 것이다. 그는 기다렸던 것이다. 그러나 지금으로선 이미 때가 늦었다. 그는 지금으로서는 도리어 모든 것을 향해 미쳐 날뛰고 싶다. 그는 온 세계로부터, 모든 인간들로부터 부당한 대우를 받은 자이고 싶은 것이다. 그에게는 고통을 자기 손안에 넣어 둠으로써 그것을 그 누구에게도 빼앗기지 않도록 조심하는 것이 무엇보다도 중요하다. 그럴 수밖에 없는 것이 그렇게 하지 않고서는 그는 자기가 정당함을 증명하는 것도, 자기 자신에게 이해시키는 일도 할 수 없으니 말이다. 이렇게 구체적 현실의 일들이 드디어는 굳게 그의 뇌리 속에 달라붙어 버리고 마는 까닭에 그는 매우 독특한 이유에서 영원을 두려워하게 된다.

즉 그는 다른 사람들에 대한 자신의 악마 같은 끝없는 우월감으로부터, 그가 현재 있는 그대로의 '그'이고자 하는 악마 같은 의미의 권리로부터, 영원히 멀어지지나 않을까 두려워하는 것이다. 그는 그렇게 자기 자신이고자 원한다. 그는 자기의 무한한 추상화를 가지고 시작했다. 그런데 드디어 이제는 이 추상적 의미에서 영원이 될 수 없을 만큼 구체적으로 되어 버렸다. 그럼에도 그는 여전히 구체적 자신이기를 간절히 바라는 것이다. 아, 이 얼마나 악마 같은 광기라고 할 것인가! 어쩌면 영원이라는 것이 그의 현실의 비참을 그로부터 빼앗으려 할지도 모른다는 생각에 미쳐 날뛴다는 것, 이런 종류의 절망을 세상에서는 좀처럼 볼 수 없다. 그런 인물은 사실 오직 시인들의 작품에서만, 즉 언제나 자신의 작품 속 인물에게 순수한 그리스다운 의미에서의 세속과 관련된 '악마 같은' 이상성을 부여하는 참된 시인들의 작품에서만 등장한다. 그러나 이런 절망을 현실에서 전혀 찾아볼 수 없는 것은 아니다. 그러면 그 경우 이런 절망에 대응하는 것은 어떤 것일까? 물론 대응할 만한 것은 없다. 만약 그것에 대응하는 외관, 즉 자신의 내적 영원성을 스스로 밀폐시키는 것에 대응하는 외관이 있다면, 그것은 아마 자기모순이리라. 그럴 수밖에 없는 것이, 만일 대응하는 것이 있다고 해도 그것은 겉으로 드러난 외관이어야 하는데 여기에는 외관이란 어찌 되었든 전혀 상관없는 것이다. 여기서 주로 주목해야 되는 것은 밀폐되어 있는 것 또는 튼튼하게 꽉 자물쇠가 잠겨 있는 내면이기 때문이다.

한결 낮은 형태의 절망에서는 원래 내면성이 존재하지 않았다. 어쨌든 그렇게 내면성이라고 일컬을 만한 것은 아무것도 존재하지 않았기 때문에, 가장 낮은 형태의 절망을 서술하려면 그런 절망한 사람의 외면을 묘사하든지 아니면 기껏 해야 그것에 대해 서술을 조금 할 수밖에 다른 도리가 없었다. 그러나 절망이 정신적인 것으로 되면 될수록, 내면성이 자기만의 독자 세계로 틀어박히는 상태가 되면 될수록, 절망이 몸을 숨길 수 있는 외관(외적 타락)은 차츰 더 아무래도 좋다는 식으로 되어 간다. 아니, 도리어 절망이 정신적인 것이 되면 될수록 그만큼 절망 그 자체는 악마 같고 빈틈없는 신중성을 가지고 절망을 틀어박힌 상태로 가두어 놓으려고 더욱더 마음을 쓰기에 이른다. 따라서 더욱더 외관적인 일에 무관심을 가장하며 외관적인 것을 될 수 있는 한 하찮은 것, 어떻게 되도 좋은 것으로 가장하려고 신경을 쓰기에 이르는 것이다. 미신 이야기에 나오는 요망하고 간사스러운 마귀가 아무의 눈에도 보이지 않는 틈을 타 모습을 감추듯이, 절망에서도 이처럼 절망이 정신적인 것이 되면 될수록, 보통 같으면 아무도 그 배후에 절망이 있으리라고 생각지 않는 그런 외면 아래에 깊숙이 사는 것이 더욱 중요해지게 된다. 이렇게 숨어 있는 절망은 정신적인 것 외에 아무것도 아닌 것으로, 말하자면 현실의 배후에 있는 하나의 밀폐된 방, 사람들을 모두 내쫓고 자기 혼자만 있을 수 있는 세계, 절망한 자기 자신이기를 바라는 것을 쉴 사이 없이 되풀이하고 있는 탄탈로스[56]처럼 바삐 움직일 수 있는 하나의 세계를 확보하기 위한 안전책 가운데 하나인 것이다.

---

[56] 탄탈로스는 신들의 신탁에 초대되었을 때의 비밀을 인간에게 누설하고 신들의 음식을 몰래 인간에게 주었기 때문에 지옥에 빠져 영겁의 벌을 받았다. 목까지 물이 꽉 차 있으면서도 목이 말라 물을 마시려고 하면 물이 없어지고, 배가 고파 머리 위에 있는 과일을 따 먹으려고 하면 가지가 뒤로 물러나서 언제나 목마름에 괴로워했다 한다. 또 큰 돌이 머리 위로 떨어져 깔려 죽을까 싶어 공포에 휩싸인 채 신들에게 거역하여 간신히 얻은 것도 먹을 수 없었다고 한다. 아마 '교만'하게도 신에게 '반항'하여 벌을 받고 영원한 괴로움을 감수해야 했던 탄탈로스의 '반항'과 그에 따른 끝도 없는 괴로움을 염두에 두고 한 말인 것 같다.

우리는 절망해서 자기 자신이기를 바라지 않는다고 하는(신앙으로 향하는 것과 같은, 자기체념적 약함의 절망), 가장 낮은 형태의 절망에서 시작했다.(*a*의 2항) 악마 같은 절망은 절망해서 자기 자신이기를 바란다고 하는, 욕망 중 가장 그 정도가 강한 형태의 것이다. 이 절망은 스토아식[57]으로 자기 자신에게 도취하거나 자기를 신격화해서 자기 자신이기를 바라는 것이 아니다. 물론 그것은 빗나간 것이긴 하지만 어느 의미에서도 자기의 완전성을 목표로 삼는 스토아적인 절망과는 다르다. 여기서의 악마 같은 절망은 인생을 증오하면서 자기 자신이기를 바라는 것이고, 자기의 비참한 모습 그대로를 가지고 자기 자신이기를 바란다. 그리고 반항해서, 또는 반항한 결과로 자기 자신이기를 바라는 것은 아니다. 단지 반항을 위해 비참한 자기 자신이기를 바란다. 즉 그것은 자기를 조정한 힘에 반항해서 그 결과 자신을 떼어 놓으려는 것이 아니라, 반항하기 위해서 대들고 힘에 도전하는 악의를 가진 자기의 힘에 달라붙어 있으려고 하는 것이다. 말할 나위도 없이 악의 있는 항의는 먼저 선의의 상대를 단단히 붙들어 놓는 것임을 유의해야 한다.

이 절망은 전체 인간 세상에 반역하면서 전체 인생에 대한 반증, 전체 인생의 선의에 반대하는 반증을 붙들고 있으려 한다. 절망한 사람은 자기 자신이 그 반증이라고 생각하며, 또 그런 반증적 자기가 되기를 바란다. 그래서 그는 구체적 현실의 자기 자신으로서 있기를 바라며, 자기의 고뇌를 이끌고 모든 인간 세상에 항의하기 위해서, 고뇌로 괴로워하는 자기 자신이기를 바라는 것이다.

한편, 약하게나마 절망한 사람도 영원이 자기에게 어떤 위로가 되느냐에 전혀 귀를 기울일 생각을 하지 않는다. 이 절망한 사람도 영원에 귀를 기울이려 하지 않는다. 그러나 그 이유는 다르다. 후자(악마적·구체적 자기이고자 하는)는 전 인생에 대한 항의라 할 수 있으므로 그는 영원의 위로를 자신의 파멸로 여길 것이기 때문이다. 비유해서 말하면 이 악마 같은 자기이고자 하는 이는, 어느 글쓴이가 정신없이 잘못 쓴 부분이 있다고 할 때, 바로 그 잘못 쓰인 부분 자체가 잘못 쓰인 자기 자신인 양 의식하기에 이른 경우와 같다. 그러나 사실을 말하면 그것은 본래 잘못이 아니라 더 높은 의미에서 서술 전체의 본질적 목표를

---

57) 스토아 철학자들이 명상에 잠겨 조용히 혼자서 내면을 돌아보는 것을 인간의 가장 인간다운 생활 방식이라고 여긴 것을 가리키고 있다.

이루기 위한 의도된 부분일지도 모른다. 그러기에 그 잘못 쓰인 부분은 글쓴이에게 반역을 기도하고, 글쓴이에 대한 증오에서 정정 거부와 광기 어린 반항을 하면서 글쓴이에게 다음과 같이 말하는 것 같다. "싫어, 나는 고쳐 써주기를 원하지 않아. 나는 너를 반증하는 증인으로서, 다시 말해 네가 평범한 작가라고 말하는 증인으로서 여기 이대로 서 있을 테다."

제2편 절망은 죄다

제1장 절망은 죄다

죄란 '신 앞에서 또는 신의 관념을 갖고서 절망하는 것이다. 그래서 자기 자신이 아니기를 바라든 자기 자신이기를 바라든 그것은 죄이다.' 그러므로 죄란 지나치게 심한 나약함, 또는 지나치게 심한 반항이다. 다시 말해 죄는 절망의 강한 정도를 나타낸다. 중심은 신 앞에, 또는 신의 관념을 갖고 있는 지점에 있다. 인간은 그런 높은 신의 관념을 가졌다. 그래서 그는 절망하여, 죄를 변증법적으로, 윤리적으로, 종교적으로, 법률가가 말하는 '상황의 가중'이라는 절망에 이르게 하는 것이다.

적어도 제2편 제1장에는 심리적인 기술을 시도해 볼 지면도 없으며, 또 적당하지 않다. 그러나 여기에서 꼭 말해 두어야 할 것이 있다. 절망과 죄 사이의 가장 '변증법적'인 경계 영역으로서 예를 든다면, 종교적인 방향을 목표로 하는 시인의 생활 방법을 말하지 않을 수 없다는 것이다. 그것은 체념의 절망과 어떤 공통점을 지니고는 있으나, 여전히 신의 관념을 품고 있다는 점에서 그와는 다른 생활 방법이 된다. 그런 시인의 생활 방법은 신의 범주와의 결합과 위치에서 추측할 수 있는 가장 뛰어난 뜻에서 본 시인으로서의 생활 방법일 것이다. 그리스도교의 관점에서 보면(미학이 뭐라고 하든) 시인의 생활 방법은 모든 것이 죄다. 존재하는 대신 시를 짓고, 공상에 의해 선(善)과 진(眞)에 관계할 뿐, 선과 진에 힘을 쓰지 않는, 즉 선과 진으로 살고자 노력하지 않는 죄인 것이다.

우리가 여기에서 문제로 삼는 시인의 생활 방법은 신의 관념을 몸에 지니고 있다는 점에서, 또는 신 앞에 있다는 점에서, 앞서 말한 절망과 다르다고 할 수 있다. 그러나 시인으로서의 생활 방법은 대부분 변증법적이다. 자기가 죄를 어느 정도로 갖고 있느냐 하는 막연한 의식을 가지고 있으나, 추측하기 어려운 변증법적 혼란 속에 있다. 이런 시인은 대단히 깊은 종교적 요구를 가질 수 있으며, 그의 절망 속에는 신의 관념이 내포되어 있다. 그는 무엇보다도 신을 사랑하고 있다. 은밀한 고뇌로 괴로워하는 그에게 신은 유일한 위로가 되는 것이다. 그런데 그는 고뇌를 사랑하고, 고뇌를 버리려 하지 않는다. 그는 신 앞에서 자기 자신이고자 한다. 그러나 자기가 괴로움으로 여기는 일정 지점에서는 그렇지 않다. 그곳에서는 절망하여 자기 자신이기를 바라지 않는다. 그는 괴로운 점을 영원히 없애 주기를 기대하고 있으므로 현세에서는 아무리 그것으로 괴로워해도 그것을 내 몸에 받아들이려는 결심을 할 수 없으며, 신앙으로서 그 앞에 자기 자신을 낮출 수도 없다.

특히 그럼에도 그는 여전히 신과의 관련을 내내 유지해 나간다. 그리고 그것이 그에게 유일한 축복이다. 신을 갖지 않고 지내야 한다면, 그에게 그보다 더 두려운 일은 없을 것이다. "그렇게 되면 절망할 수밖에 없다." 그런데 그는 사실 무의식적으로, 신을 있는 그대로의 신과는 조금 다르지만 아무튼 받아들여, 말하자면 아이들의 '이것만은' 하는 소원을 모두 들어주는, 아이들 말에 약한 아버지와 같은 심정으로 창작하는 것이다. 사랑의 불행으로 시인이 된 자가 사람의 행복을 아주 부드럽게 찬미하듯이, 그는 신과의 관계를 유지하며 종교 시인이 된다. 그는 종교심이라는 관점에서 불행해졌다. 그는 이 고뇌를 버리라고 자기에게 요구되는 것, 즉 신앙으로써 그 고뇌 앞에 꿇어앉아 고뇌를 자기에게 속하는 일부로서 받아들이도록 요구되는 것을 막연히 이해하고 있다. 그는 고뇌를 자기에게서 멀리하려고 하지만 도리어 고뇌를 꽉 붙잡는다(절망한 사람의 말은 다 그러하듯이 그 이면이 올바른 것이므로, 뒤집어서 이해해야만 하기 때문이다). 물론 그의 처지에서는 가능한 한 자기 자신을 고뇌로부터 떼어 놓고 인간으로서 가능한 한 고뇌를 내동댕이쳐 버리려 한다.

그는 신앙으로서 고뇌를 받아들일 수는 없다. 다시 말해 그는 그러기를 바라지 않거나, 또는 여기에서 그의 자기 자신이 몽롱해져 버리는 것이다. 그러나 그 시인이 하는 연애 묘사와 마찬가지로, 이 시인의 종교적인 묘사에는 기혼자나 성직자의 종교적 묘사에서는 볼 수 없는 매력이 있다. 서정적인 감동이 있다. 그의 말이 거짓은 아니다. 결코 거짓은 아니다. 그가 묘사하는 것은 그의 좀 더 행복하고 좀 더 좋은 자아에 지나지 않은 것이다. 그는 종교라는 관점에서는 불행한 애인이다. 다시 말해 그는 엄밀한 뜻으로 신앙인은 아니다. 그는 신앙에 앞서는 것, 즉 절망을 갖고 있을 뿐이다. 또한 절망 속에서 종교적인 것에 대한 갈망을 뜨겁게 품고 있을 뿐이다. 그의 갈등은 원래 다음과 같다. 자기는 부름을 받은 자일까? 살 속의 가시는 자기 자신이 무언가 이상한 데 사용되어야 할 것이라는 자극적 표시일까? 자기가 이상한 존재가 되었다는 것이 신 앞에서 지당할 수 있을까? 아니면 살 속의 가시는 자기를 겸허하게 하고 공통되고 인간적인 것을 이루게 하려고 자기 자신에게 주어진 것일까? 이런 논의는 더 이상 할 필요가 없을 것이다. 나는 진리가 지니는 이야기의 힘으로 말할 수 있다. 도대체 나는 누구에게 말하고 있는 것이냐고. 이런 심리학 연구를 아무리 해봤자 이런 일에 누가 상대해 주겠느냐고. 목사가 그리는 뉘른베르크 판화를 훨씬 알아줄 것이다. 그 작품들은 누구에게나 훌륭한 것 같은 착각을 일으킨다. 그러나 정신적인 뜻으로는 전혀 훌륭하지 않은 것이다.[1]

A. 자기의식의 여러 단계(신 앞에서라는 규정)

앞에서 자기의식의 단계는 계속 상승해 간다고 지적했다. 처음에는 영원한 자기를 가지고 있다는 것에 관한 무지 또는 무(無)(제3장 B, a), 다음은 어떤 영원한 것을 포함하고 있는 자기에 대한 지식의 탄생(제3장 B, b), 그리고 다시 이 지식의 내부(a의 1과 2, β)에서 여러 단계가 지적되었다. 이 고찰 전체가 이번에는 새로이 변증법적으로 회전되어야 한다. 그 이유는 다음과 같다.

우리가 지금까지 문제로 다뤘던 자기의식의 단계는, 인간적인 자기 또는 인간을 기준으로 하는 자기라는 규정의 한도 내에 있다. 그러나 여기에서의 '자기'는 그것이 신 앞에서의 자기라는 것으로써 새로운 성질과 자격을 얻는다. 이 자기는 이미 단순한 인간적인 자기가 아니다. 그것은 내가 신학적인 자기, 신을 향한

---

1) 키르케고르의 시인관은, 신에게 봉사하는 사람으로 보는 초기부터, 착각으로 이끄는 길라잡이로 보는 후기에 이르기까지 여러 차례 변했다. 그것은 자신 속에 사는 시인과 싸워 그것을 극복하려 했던 노력을 나타내며, 사상의 발전은 한편으로는 시인과 싸운 흔적이라고도 볼 수 있다. 여기 나와 있는 종교적 관점에서의 시인도 그중 하나의 단계를 나타낸다.

자기라고 부르고자 하는 것이다. 그러니 이에 대해 오해 없기를 바란다. 자기가 현실적으로 신 앞에 있음을 의식하고, 신을 잣대로 하는 인간적인 자기가 된다면, 자기는 얼마나 무한한 실재성을 얻을 것인가! 암소 앞에 마주 선 자기와 같은 목자(그런 일이 가능하다고 보고)는 아주 천한 자기이다. 노예를 향해 서 있는 자기와 같은 주인 또한 마찬가지며, 그것은 본래 자기가 아니다. 어느 경우에나 그들 사이에 본질적 기준이 빠져 있기 때문이다.

아이들은 지금까지 단순히 부모를 잣대로 삼아 왔다. 그러나 어른이 되어 국가를 기준으로 삼게 되면서부터 자기가 된다. 하지만 신을 기준으로 삼게 된다면 얼마나 무한한 특징이 자기 위에 놓이겠는가! 이렇듯 자기를 재는 기준은 언제나 인생의 단계에 따라 마주하고 있는 동질의 자기 바로 그 자체이다. 그리고 이것이 또 '잣대'의 정의가 되기도 한다. 동질의 양만이 정당히 가산될 수 있다. 모든 사물을 재는 잣대는 그 사물과 동질인 것이다. 그리고 윤리적 목표는 질적으로 기준이 된다. 또 잣대와 목표는 사물의 본질과 동질의 것이다.

단 자유 세계에 대해서는 예외가 있다. 여기에서는 인간이 자기 목표이다. 인간이 그 잣대와 질적으로 다른 경우가 있으나, 그런 경우 이 질적인 변질의 책임은 분명히 그 사람 자신에게 있다. 그러므로 목표와 잣대는 어디까지나 목표이자 기준으로서 하나의 판결 방법이 되는 것이지, 인간이 그의 목표나 척도가 되는 것은 아니라는 것을 폭로한다.

죄를 두려운 것으로 만드는 것은 죄가 신 앞에 있기에 그렇다. 이것은 아주 올바른 사상으로서, 비교적 낡은 시대의 교의학[2]은 가끔 그 사상으로 돌아가기도 했다. 그러나 후세의 교의학[3]은 이 사상에 대한 이해와 감각이 결여되어 있었기에 이따금 이를 비난했다. 또 이 사상은 때때로 거꾸로 이용당하는 일도 있었지만, 어쨌든 그것은 어디까지나 아주 올바른 사상이었다. 그 뒤 사람들은 인간이 신 앞에서 두려움을 느끼는 이 사상에 따라 지옥 형벌에 대한 영겁성을

---

2) 《아우구스부르크 신앙 고백서의 변증》 제2조 "죄의 원인은 나쁜 자들의 의지, 즉 악마와 경건하지 못한 자들의 의지이다. 그 의지는 신의 도움을 받는 일 없이 신을 등지기 때문이다"에서 볼 수 있듯이, 죄의 본질을 신에게 복종하지 않는 것이라고 생각한 개혁기의 교의학을 일컫는다.
3) 슐라이어마허의 《그리스도교 신앙》에서, 죄는 '감각적인 기능의 자주적인 작용에 의해 영혼의 규정력이 저지당하게 되는 것'이라고 한 사상을 가리킨 말이다.

증명했다. 더 시대가 흐르고 보니, 사람들은 영리해져서 이렇게 말했다. "죄는 신이 없어도 죄이다. 신에게 죄를 지었다든지 신 앞에 있다고 해서 더 커지는 것은 아니다"라고. 묘한 일이다! 사실 법률가까지도 형편에 따른 가중 처벌을 이야기하고 범죄가 관리를 대상으로 삼은 것인지 아니면 개인을 대상으로 삼은 것인지를 구별해, 형벌을 가하는 데도 부친 살해와 보통 살인을 구분하지 않는가.

그렇다면 확실히 신에게 짓는 죄는 죄의 정도가 끝없이 강해진다는 옛 시대의 교의학이 옳았다. 그러나 이 경우 문제는 신을 뭔가 외적인 것으로 간주했다는 것과, 신에게 단지(법정에 서듯) 가끔 죄를 짓는 것으로 여겨 왔다는 것이다. 하지만 신은, 경찰관과 같은 뜻의 그런 외적인 것은 아니다. 여기서 주의해야 할 점은 자기가 신의 관념을 가지고 있으면서도 신이 바라는 대로 바라지 않고, 아울러 신에게 고분고분하지 않다는 것이다. 또한 가끔씩만 신 앞에서 죄를 짓는 것도 아니다. 왜냐하면 모든 죄를 신 앞에서 짓기 때문이다. 더 옳게 말한다면, 본래 인간의 죄를 부채라고 한다면, 그 채무자가 지금 채권자로서의 신 앞에 있다는 의식을 가지고 있기 때문이다.

절망의 정도는 자기의식에 비례해 강해진다. 그리고 자기의 정도는 자기를 재는 잣대에 따라 강해진다. 신이 잣대가 될 경우에는 한없이 강하게 된다. 신의 관념이 증가함에 따라 그만큼 자기도 증가하고, 자기가 증가함에 따라 그만큼 신의 관념도 증가한다. 자기가 그런 단독자로서 현실적으로 신 앞에 있는 것을 의식할 때, 그때 자기는 무한한 자기가 되는 것이다. 그래서 이런 자기가 신 앞에서 죄를 짓고 의식한다. 그러므로 교회 이단자들의 자기 주체심은 예컨대 세상 사람들이 그에 대해 무슨 말을 떠들더라도 그리스도교계에서 볼 수 있는 자기 주체심만큼 그 정도가 강해질 수는 없다. 그것은 그 이단자가 오로지 신을 향한 자신의 자기를 지니고 있지 않기 때문이다. 교회 이단자나 자연 그대로의 인간은 단순히 인간적인 자기를 잣대로 가지고 있을 뿐이다. 그러므로 교회 이단자가 좀 더 높은 관점에서 죄인이라고 보는 것은 아마 옳은 일일지도 모른다.

그러나 사실 교회 이단자들의 죄는, 신에 대해, 지금 신 앞에 있다는 일에 대해 무모할 정도로 무지한 상태였다는 것이다. 그 죄는 "하나님도 없는 세상[4]"에

---

4) 〈에베소서〉 2 : 12. 이방인이 지금은 그리스도교 신자로서 소유하게 되었지만 본래 지니지 않았다는 것을 늘어놓은 부분으로, "그때에…… 세상에서 소망이 없고 하나님도 없는 자이더니"

살았다"는 것이다. 그렇기 때문에 다른 면에서 보면 이단자들은 더 엄밀한 뜻으로는 죄를 저지르지 않았다는 것도 진실이 된다. 왜냐하면 이단자는 신 앞에서 죄를 지은 것은 아니었기 때문이다. 모든 죄는 신 앞에서 저지를 때 성립되는데 말이다. 또한 이단자가 대부분의 경우 훌륭하게 세상을 살아왔다는 것도 어떤 의미에선 전적으로 확실하다. 그것은 교회 이단자들의 펠라기우스파[5]를 닮은 듯한 경박한 사고방식이 그를 구해 줬기 때문이다. 그러기에 이단자의 죄는 다른 곳, 즉 펠라기우스파를 닮은 듯한 이런 경박한 사고방식에 있다.

그러나 또 어떤 의미로는 인간이 그리스도교의 가르침에 근거한 엄격한 교육을 받았기 때문에 죄를 지은 경우가 많았다는 것도 확실하다. 그것은 그리스도교의 사고방식 전체가 그에게는, 특히 그의 일생 중 아직 젊은 시절로서는 지나치게 엄숙하기 때문이다. 하지만 그런 경우에도, 또 다른 방향에서 보면 죄가 무엇인가에 대한 한결 깊은 사고방식이 그에게는 참된 구원이 된다.[6]

죄란 신 앞에서 절망해 자기 자신이기를 바라거나, 또는 신 앞에서 절망하여 자기 자신이 아니기를 바라는 것이다. 그러나 이 정의가 어떤 의미에서는 몇 가지 장점을 틀림없이 지니고 있다고 인정된다 하더라도(그중에서도 가장 중요한 장점은 유일하게 성서에 따른다는 것인데, 성서는 언제나 죄를 불복종으로 정의하고 있다), 지나치게 정신적이 아닐까? 그 의문에 대해서는 무엇보다도 이렇게 대답해야 할 것이다. '죄의 정의'가 지나치게 정신적일 수는 없다라고(단, 너무 정신적이라 죄를 없애 버리는 것이라면 이야기는 별문제이다). 왜냐하면 죄 자체가 사실 정신의 규정일 뿐이니 말이다. 그렇다면 왜 그 정의가 정신적으로 지나치다는 말인

라는 말에 따른 것.

5) 펠라기우스는 5세기 무렵 신학자로, 그를 중심으로 하는 사람들은 신의 은총이나 원죄설을 부정하면서 인간 의지의 자유와 책임을 강조하고, 신앙이나 법률 실현은 인간 자신의 힘에 의해 이행될 수 있다고 주장했다. 이는 펠라기우스설(說)이라 불리며, 431년 에페수스 공의회에서 이단으로 인정되었다. 이 파의 사고방식을 '경박한' 것이라고 하는 까닭은 인간 자신의 자연적인 힘을 신뢰하는 그 방법이 경박하다고 생각되기 때문이다.

6) 이것은 명백히 키르케고르 자신의 젊은 시절을 회상해서 말한 것이다. 그는 이따금 엄격한 아버지로부터 너무도 엄한 그리스도교 교육을 받았기 때문에, 자유롭고 즐거운 소년 시절을 갖지 못했던 것에 대해 말했고, 그것이 바로 그를 죄로 이끄는 동기가 되었다고 말하고 있다. 그럼에도 그는 아버지의 엄격한 그리스도교 교육이 언제나 외경에 찬 애정으로 마침내 그를 참된 그리스도교인이 되도록 노력하게 이끌어 준 것에 감사하고 있다.

가? 이 정의가 살인, 절도, 간음 등의 행위를 문제로 삼고 있지 않기 때문일까? 그러나 이 정의는 그런 것도 문제 삼는 것은 아닐까? 그런 행위들 또한 신을 거역하는 아집, 신의 명령에 반항하는 불복종이 아닌가?

그런데 반대로 죄를 말할 때, 그런 죄만을 문제 삼으면 모든 일이 인간적으로 말해 어느 정도까지 문제없이 잘 이뤄져 나가면서도 생활 전체가 죄가 되는 경우가 있음을 자칫 잊어버리기 쉽다. 이 죄는 잘 폭로된 종류의 죄일 뿐이다. 다시 말해 자기라는 인간 존재가 가진 가장 내밀한 소원이나 생각 하나하나에 대해서도, 또한 이 자기에 대해 신이 원하시는 바를 보여 주는 아주 사소한 눈길 하나하나를 민감하게 포착해 언제라도 그에 따르고자 하는 몸가짐도, 한없이 깊은 의미로 신에게 복종할 의무가 있음을 모른 체하는 것이다. 그리고 그것(살인, 절도 등의 행위만을 문제 삼는 정의)은 죄가 정신을 갖고 있지 않은 탓인지, 오만불손함에선지, 아니면 신에게 순순히 따라야 할 의무의 깊이를 모르고 있어서인지를 모른 체하려는 아집, 즉 빛나는 악덕[7]인 것이다.

육체의 죄는 천박한 자기 악의이다. 한 악마가 다른 악마의 도움으로 추방되긴 하지만,[8] 뒤에 나온 악마가 앞서 나온 악마보다도 더 질이 나쁜 수도 종종 있다. 세상이란 실제로 그러하다. 무엇보다 인간은 꿋꿋하지 못하고 연약함 때문에 죄를 짓는다. 다음은—물론 인간이 신 옆으로 피난하는 법을 알고 있으며, 또한 모든 죄로부터 구해 주는 신앙의 도움을 받는 경우도 있지만, 지금 여기에서는 그 문제를 언급하지 않기로 한다—인간은 자신의 약함에 절망하여 절망적인 자신의 약함을 일종의 합법적인 정의로 올려 받드는 바리새인이 되든지, 아니면 절망하여 다시 죄 속으로 빠져들든지 한다.

그러므로 앞에서 내린 정의는 분명히 생각할 수 있는 모든 현실적인 죄의 형태들을 포괄한다. 그러나 또 이 죄의 정의가 강조하는 것은, 죄는 절망이며(왜냐하면 죄는 살과 피, 즉 육체적 횡포뿐만이 아니라 정신이 그 횡포에 동의하는 것이므로) 아울러 신 앞에 있다는 결정적인 사실이라는 것도 분명히 정당한 일이다. 그것

---

7) 제1편 B의 주 20번 참조.

8) 바리새인들이, 그리스도가 보인 병 치료의 기적이 악령의 힘에 의해 이루어진 것이라고 비난하는 말, 즉 〈마태복음〉 12 : 24의 "이가 귀신의 왕 바알세불을 힘입지 않고는 귀신을 쫓아내지 못하느니라."

은 다른 기호로 수를 대신하는 대수(代數)의 정의와도 같다. 만일 내가 여러 죄에 대해 하나하나 상세하게 기술하려 해도 그것은 이 작은 저서로선 불가능하며, 게다가 그런 시도는 틀림없이 실패로 끝날 것이다. 중요한 것은 정의가 그물처럼 모든 형태를 포괄한다는 사실뿐이다. 그리고 이 죄의 정의가 그러하다는 것은 반대의 것, 즉 신앙의 정의를 세워서 이를 음미해 보면 곧 알 수 있다. 그 신앙이야말로 내가 이 책 전체의 중심으로 마치 항로 표지를 목표로 하여 키를 잡고 있는 것과 마찬가지이다. 신앙이란 자기가 자기 자신이기를 바랄 때 신 안에 투명한 기초를 두는 것이다.

그러나 죄의 반대가 덕이라고 때때로 생각해 온 적이 있다. 그렇게 보는 것은 상당히 이교도다운 사고방식으로서, 죄를 단순히 인간적인 기준으로 달게 받아들여, 죄가 무엇인지를, 또 모든 죄가 신 앞에 있다는 것을 결코 모르는 것이다. 그래서 죄의 반대는 덕이 아니라 신앙이다. 그러므로 〈로마서〉 14 : 23에는 신앙에 따르지 않은 모든 것은 죄라고 쓰여 있다. 그래서 죄의 반대가 덕이 아니라 신앙이라는 것은 그리스도교 전체에 가장 결정적인 규정 가운데 하나이다.

부론: 죄의 정의는 절망의 가능성까지도 지니고 있다. 절망에 대한 일반적 사변

죄와 신앙, 이 대립은 그리스도교다운 것이며, 그것은 그리스도교다운 것으로 모든 윤리적인 개념 규정을 개조하고 이를 더 깊이 있게 하는 것이다. 이 대립의 밑바닥에는 '신 앞에서'라는 결정적으로 그리스도교다운 것이 가로놓여 있다. 이 규정(죄와 신앙의 대립 관계)은 다시 불합리와 역설(신 앞에서의), 좌절의 가능성 등 그리스도교다운 결정적 표지를 지니고 있다. 그리고 모든 그리스도교다운 규정에서 그 표지가 지적되는 것은 더 중대한 일이다. 왜냐하면 (신 앞에서의) 좌절이야말로 (인간의 위험한) 사변에 대한 그리스도교다운 방벽이기 때문이다. 그러면 지금 좌절의 가능성은 어디에 있는 것일까? 그 가능성은, 인간이 단독의 인간으로서 지금 신 앞에 있다는 '실재성'을 지녀야 하며, 또 그로부터 귀결되는 일로서, 인간의 죄는 신과 관련되어야 한다는 데 있다. 신 앞에 있는 단독의 인간이란 결코 사변이 생각해 낼 수 없는 것이다. 사변은 단지 개개의 인간을 공상하듯이 일반 존재로 만들 뿐이다. 믿음이 없는 어떤 그리스도교가, 죄는 죄이고, 그것이 신 앞에서건 아니건 간에 그것은 상관없는 것이라는 생각을 해낸 것은 사실 그 때문이었다. 다시 말해 그들은 신 앞에서라는 규정을 제거해 버리려고 한 것이다. 그리고 그 때문에 한층 높은 지혜를 날조했지만, 사실 기묘하게도 그것은 물론 보통보다 높은 지혜라는 사례를 벗어나지 못하는, 고대의 이교 이상의 것도, 이하의 것도 아니었다.

사람이 그리스도교 앞에서 좌절하는 것은 그리스도교가 너무도 어둡고 음울하기 때문이라든지, 지나치게 엄격하기 때문이라든지 하는 말을 오늘날 때때로 듣게 된다. 그러므로 인간이 그리스도교 앞에서 좌절하는 이유를 일단 설명하는 것이 우선일 것 같다. 그 이유란 그리스도교가 너무 높다는 것이다. 그리스도교의 목표가 인간의 목표는 아니다. 그리스도교가 인간을 인간의 머리로서는 이해할 수 없을 것 같은 독특한 것으로 만들려고 하는 것이다. 이 일은 좌절에 대해 아주 간단한 심리학적 설명을 덧붙여 봐도 판명될 수 있을 것이고, 또 사람들이 그리스도교를 변호하려고 그 심리학적 설명에 의해 (신 앞에서의) 좌절을 제거한 것이 얼마나 어리석은 짓이었는지도 명백해질 것이다. 그들은 어리석게도, 또 뻔뻔스럽게도, 좌절을 암시한 그리스도 자신의 교훈을 무시한 것이다. 그리스도는 이따금 몹시 마음 아파하면서 좌절하는 일이 없게 하라고 훈계했는데, 이것은 다시 말해 좌절의 가능성이 그곳에 있고, 또 그곳에 있기 마련임을 그리스도 자신이 보여 주는 것이다. 생각건대 만일 좌절의 가능성이 그곳에 있기 마련인 것이 아니라면, 즉 그리스도교다운 영원하고 본질적인 하나의 요소가 아니라면, 그리스도가 그것을 아예 제거하는 일 없이, 단지 마음 아파하면서 좌절하지 말라고 훈계한다는 것은, 그리스도로서는 사실 인간적인 터무니없음이라고 할 수밖에 없을 것이다.

지금 이곳에 한 사람의 가난한 날품팔이꾼과, 지금까지 전례가 없을 만큼 강한 권력을 가진 제왕이 있다고 하자. 이 비할 바 없는 권력을 가진 제왕이 갑자기 날품팔이꾼이 있는 곳으로 심부름꾼을 보내려 한다고 치자. 그런데 날품팔이꾼 쪽에서는 제왕이 자기 존재를 알고 있으리라고는 꿈에도 생각해 본 적이 없으며, 그야말로 "사람의 마음에 떠오르지도 않았던 일"[9]이었다. 그러므로 만

---

9) 〈고린도전서〉 2 : 9에서 바울이 "눈으로 보지 못하고 귀로 듣지 못하고 사람의 마음으로 생각하지도 못하였다"라고 한 역설은 〈이사야〉 64 : 4 및 65 : 17에서 자유롭게 인용하고 있는 말.

일 단 한 번이라도 제왕을 바라볼 수 있다면 그는 말로 다 표현할 수 없는 영광이라고 기뻐하며, 그것을 생애의 가장 큰 사건으로 대대손손 전할 것이다. 그런데 그 날품팔이꾼에게 제왕이 사자를 보내어 제왕이 그를 사위로 삼고자 한다는 말을 그에게 전했다고 하자. 그러면 어떻게 될 것인가? 날품팔이꾼은 인간답게 어쩔 줄 몰라 쩔쩔매면서 난처하기도 하고 부끄럽기도 하다는 생각을 품을 것이다. 그는 그것이 인간적으로는 아주 묘한 일이며, 정신이 돈 것과 같은 일로 생각해서(실제로 그것이 인간적이다), 남에게 말할 만한 성질의 것은 아니라고 생각할 것이다. 왜냐하면 주위 사람들이 곧 짚어 생각할 것 같은 해석이 이미 그의 마음 한구석에 머리를 쳐들고 있기 때문이다. 다시 말해 제왕은 자기를 놀림감으로 삼으려는 것이다. 그러므로 그 말을 곧이듣다가는 날품팔이인 자기는 온 동네의 웃음거리가 될 것이고, 자기 초상화가 신문에 나고, 자기와 제왕 딸의 결혼설이 수다쟁이 여자들의 화제에 오를 것이라고 해석하는 것이다. 하지만 제왕의 사위가 되는 사건이라면, 물론 머지않아 겉으로 드러날 사실이 될 것은 당연한 노릇이고, 그렇게 되면 그런 말을 하는 제왕이 어디까지가 본심인지, 제왕은 단지 이 불쌍한 사람을 놀려 그의 일생을 불행하게 하고 마지막에는 정신병원에서 남은 생을 보내게 할 셈인지, 하는 모든 것이 지금까지의 이야기처럼 지나친 일(quid nimis)로 생각되며, 그 반대로 전환되기 쉽기도 함을 날품팔이꾼은 자기 오관으로 확인할 수 있을 것이다. 제시된 호의가 그리 크지 않다면 날품팔이꾼도 이해했을 것이다. 그렇다면 아마 이 작은 도시에서도 이해할 것이고, 많은 존경을 받는 교양 있는 대중과 모든 현명한 여자들, 그리고 요컨대 이 작은 도시(그것은 흔히 인구로 보아서는 틀림없이 대도시이지만, 특별한 일에 대한 이해와 감각에서는 무척 작은 도시인 것이다)에 사는 50만의 시민들도 이해했을 것이다.

그러나 아무튼 제왕의 사위가 된다는 것은 지나치게 분수에 넘치는 일이다. 그런데 지금 문제가 되는 것은 그의 자격에 대한 외면적인 사실이 아니라 내면적인 사실이다. 따라서 그 청혼이 사실이라는 것만으로는 날품팔이꾼을 확신시킬 수도 없는 일이다. 이럴 경우 신앙 그 자체가 유일한 사실이다. 아울러 모든

"주 외에는 자기를 앙망하는 자를 위하여 이런 일을 행한 신을 예부터 들은 자도 없고 귀로 들은 자도 없고 눈으로 본 자도 없었다", "보라 내가 새 하늘과 새 땅을 창조하나니 이전 것은 기억되거나 마음에 생각나지 아니할 것이다"라는 데서 나온 말.

것을 신앙에 위임하고, 그것을 믿을 만한 겸허한 용기를(왜냐하면 뻔뻔스러운 용기 같은 것은 신앙에 도움이 될 수 없기 때문이다) 그가 지니고 있는가에 모든 것을 위임하고 있다고 가정한다면, 그런 마당에서 그런 용기를 지니고 있는 일꾼이 과연 몇 명이나 있을 것인가? 그러나 그 용기를 갖지 않은 자는 좌절할 것이다. 특이한 일은 그런 왕의 제안이 자기에게 퍼붓는 조소라고 여기게 된다는 것이다. 그리고 그는 아마 솔직하게, 그리고 노골적으로 이렇게 고백할 것이다. "그런 일은 내게는 너무 과분하다. 나로서는 이해하기 어렵다. 솔직히 말한다면 어리석은 일이라고 생각한다."

그럼 그리스도교는 어떠할까. 그리스도교는 가르친다. 이 단독의 인간이, 즉 남자건 여자건, 하녀건 대신이건, 상인이건 이발사건, 학생이건 그 밖의 무엇이건 간에, 어쨌든 단독의 인간 저마다는 지금 신 앞에 있다고 가르친다. 생애에 단 한 번이라도 국왕과 말을 나눈 것을 자랑거리로 여길 그럴 단독의 인간이라도, 또한 이러이러한 사람과 허물없는 사이라고 적잖이 우쭐대는 그런 인간이라도, 그 인간은 동시에 현실적으로 신 앞에 있으며 언제든 신과 대화를 나눌 수 있고 그 대화를 분명히 신이 들어 줄 수 있다고 가르친다. 다시 말해 그 인간이 신과 함께 아주 편한 마음으로 살아갈 수 있게 되어 있다고 가르친다.

그뿐이랴. 그 인간을 위해, 또 그 인간 때문에 신은 세상에 왔으며, 사람의 자식으로 태어나 어려움을 겪고 죽어 간 것이다. 그리고 그 수난의 신이 그 인간을 보고 제발 구원의 제안을 받아들이도록 구걸하다시피 탄원하는 것이다. 정말이지 세상에 바른 정신을 잃는 자가 있다면, 그야말로 이 신 앞에 있기 때문일 것이다. 이 수난의 신 앞에서 감히 그것을 믿고 받아들일 만한 겸허한 용기를 지니지 못하는 자는 누구나 좌절한다. 왜 그는 좌절하는 것이냐 하면, 신이 그에게는 지나치게 높기 때문이다. 그의 머리로는 그것을 받아들일 수 없기 때문이다. 그가 그것을 보면 유순한 마음이 들지 않고, 아울러 그것을 없앰으로써 그런 일을 미치광이처럼 만들고, 웃음거리로 삼지 않고는 배기지 못하기 때문이다. 그것은 그를 질식케 하려는 것처럼 보이기 때문이다.

도대체 좌절이란 무엇일까? 좌절이란 (숭고한 상대에 대한) 불행한 경탄이다. 그렇기에 그것은 질투와 비슷하다. 그러나 그것은 시기하는 자 자신이 품는 질투이다. 더 엄밀히 말한다면, 더 짓궂게 자기 자신에게 맞서는 질투이다. 자연 그대로의 인간의 좁은 마음으로는, 신이 그에게 주고자 했던 특이한 일을 받아들일 수가 없다. 그래서 그는 좌절하는 것이다.

그러므로 좌절하는 정도는, 인간이 (숭고한 상대에 대해) 경탄하는 일에 얼마만큼의 정열을 지니고 있느냐에 관련되어 있다. 상상력이나 정열도 지니고 있지 않고, 또 소질로도 경탄하기에 알맞지 않은 지루한 인간의 두뇌로는 그런 좌절을 알 수 없다. 그는 (경탄도 좌절도 필요 없이) 그런 일은 내버려 두면 된다고 말할 뿐이다. 이것은 회의적 마음을 품는 자의 태도이다. 그러나 인간이 정열과 공상을 갖는 일이 많으면 많을수록 어떤 의미에서는 가능성이라는 관점에서 조심해 주면 좋으련만, 그는 특이한 것 앞에 겸허하게 엎드려 신앙을 가질 수 있는 상태에 가까이 가 있을수록 좌절도 그만큼 정열적이 되어 마침내는 그 자신을 아주 뿌리째 뽑아 진창 속에서 마구 짓밟고 나서야 마음이 후련해진다.

좌절이란 것을 이해하려면, 인간의 질투심을 연구하면 된다. 이 연구는 특히 내가 과제로 삼고 있는 것인데, 나는 이제까지 철저하게 연구해 왔다고 자부한다. 질투란 숨겨진 경탄이다. 경탄하는 사람은 헌신으로는 행복해질 수 없다고 느끼고, 경탄의 대상을 시기하게 된다. 그렇게 되면 그가 하는 말도 달라진다. 그는 사실은 그가 경탄하고 있는 것이 아무것도 아니든지, 어리석고 보잘것없으며, 기묘하고 유별난 것이라고 말한다. 경탄은 행복한 자기 상실이며, 질투는 불행한 자기 주장이다.

좌절도 마찬가지이다. 인간과 인간 사이의 관계에서의 경탄은 질투이던 것이 신과 인간 사이의 관계에서는 예배, 즉 좌절이기 때문이다. 모든 인간적인 지혜를 대체로(summa summarum), "도를 넘지 마라(ne quid nimis). 지나침은 못 미침이나 같다"라는 그 '황금의' 지혜[10]인 것이다. 아니, 이보다 더 정확히 말한다면 금을 입힌 지혜이다. 사람과 사람 사이에서는 이것을 지혜로 주고받는다. 경탄의 마음으로 존경하고, 그 시세는 절대로 변동하는 일 없이 온 인류가 가치를 보증

---

10) 중용이란 말은 이미 고대 그리스의 격언 시인이나 비극 시인들이 찬양했지만, 플라톤이나 아리스토텔레스는 그것을 윤리설 속에 넣었다. 그것을 가리켜 키케로는 《의무에 대하여》에서 "과다와 과소 사이에 있는 중용"이라 말하고 있다. 여기에서 '황금의'라고 말하고 있는 것은 호라티우스가 《송가》 속에서 "황금의 중용을 사랑하는 자는 낡아빠진 지붕 밑에서 사는 법도 없고, 사람들이 부러워하는 것 같은 궁전도 필요하지 않다" 노래하고 있는 것을 가리킨 것이다.

한다. 그러나 간혹 어떤 천재가 나타나 조금 도를 넘게 되면, 그는 지혜로운 사람들로부터 미치광이 취급을 받고 마는 것이다. 그러면 여기서 그리스도교는 도를 넘지 말라고 하는 이 지혜를 넘어서서 불합리 속으로 거대한 한 발자국을 내딛는다. 그리스도교는, 그리고 좌절은 거기에서 시작된다.

이제 알 수 있겠지만, 그리스도교를 변호한다는 것은 정말 유별나고(적어도 뭔가 유별난 것이 남기를 바라는 모양이지만) 어리석은 짓이며, 얼마나 인간을 모르는가를 폭로하는 것이며, 결국은 그리스도교다운 것[11]을 변호로 구해 낼 수밖에 없는 불쌍한 것으로 만들어 버린다. 모르고 있더라도 사실은 남몰래 좌절과 익숙해지려고 하는 것이다. 그러므로 그리스도교계에서 그리스도교 변호를 처음으로 생각해 낸 사람은 사실 유다 제2호라고 말해도 잘못된 말은 아니다. 그도 키스로 배신[12]하는 것이다. 다만 그의 배신은 (무지 또는 악이라기보다는) 어리석음의 소치라는 차이가 있을 뿐이다.

무엇을 변호한다는 것은 언제나 그것이 나쁘다는 전제를 추천하는 것이다. 어떤 사람이 광에 금화를 가득 갖고 있다고 하자. 그런데 그가 그 금화를 하나도 남기지 않고 하나씩 하나씩 가난한 사람에게 나누어 주고 싶은 생각이 들었다고 하자. 그러나 그때 어리석게도 그가 자신의 자선 계획을 바꾸고 세 가지 이유를 들면서 자신의 계획이 올바르다는 것을 증명하려고 한다면, 사람들은 아마 그가 과연 선행을 하려는 것인지 의심하게 될 것이다. 그리스도교도이면서 그리스도교를 변호하는 자는 아직도 그것을 믿은 적이 없는 사람이다. 만일 그가 믿고 있다면 신앙의 감격이 있을 뿐이지 변호 따위는 아예 없을 것이다. 아니 그 감격은 공격이며 승리이다. 믿는 자는 승리자이다.

그리스도교다운 것과 좌절의 관계 또한 마찬가지이다. 이리하여 좌절의 가능성은 아주 정당하게, 신 앞에서의 좌절이라는 그리스도교다운 정의와 죄가 서로 관련되어 부여되고 있다. 그것은 '신 앞에서'라는 것이다. 그런데 자연 그대로

---

11) 독일어 am Ende가 사용되고 있다.
12) 〈마태복음〉 26 : 48~49에 적혀 있듯이, 유다는 "내가 입 맞추는 자가 그이니 그를 잡으라"라고 말해 둠으로써 예수를 잡히게 했다. 유다가 우정의 표시인 입맞춤을 예수를 파는 배신의 신호로 삼은 것과 마찬가지로, 그리스도교를 변증하고자 하는 자도 그리스도교에 대한 애정을 과시하면서 사실은 그리스도교를 배신하고 있다는 뜻.

의 인간인 이교도라도 죄가 존재한다는 것을 스스로 인정한다. 그러나 본래 뜻으로 보아, 죄가 되게 하는 '신 앞에서'라는 것은 이교도에겐 지나치게 도를 넘은 것이다. 여기서 말한 것과는 다른 방법으로서이긴 하지만, 이교도로서는 인간을 너무도 거대하게 생각하는 것이다. 인간을 더 작게 생각했다면 이교도도 기꺼이 신 앞에 서는 일에 동의했을 것이다. "지나침은 못 미침이다."

B. 소크라테스가 내린 죄의 정의

죄는 무지이다. 다 알고 있듯이 이것이 소크라테스가 내린(철학적이고 반어적인) 정의[13]이며, 그 정의는 소크라테스가 내린 정의가 다 그러하듯이, 늘 주목해 볼 만한 견해이다. 그러나 그 소크라테스가 지은 죄(무지)도 다른 많은 소크라테스와 닮은 것과 마찬가지로, 새롭게 진보하는 욕구를 느끼게 될 운명이다. 얼마나 수많은 사람들이 소크라테스가 지은 무지를 넘어서 다시 진보하려는 욕구를 느꼈을까? 살펴보건대 그것은 그들이 무지 앞에 머물러 서 있을 수 없다는 것을 느꼈기 때문일 것이다. 생각해 보면 고작 1개월 동안만이라도 모든 것에 대한 무지를 실존적으로 표현하는 것을 참을 수 있는 사람이 각 세대에 걸쳐 도대체 몇 명이나 될 것인가?

그러므로 나는 무지 앞에 머물러 서 있을 수 없다는 이유만으로 소크라테스가 내린 정의를 처리해 버릴 생각은 없다. 오히려 나는 그리스도교다운 것을 염두에 두면서 소크라테스가 내린 정의를 이용해 그리스도교다운 것을 선명하게 묘사해 봤으면 한다. 그 이유는 소크라테스가 내린 정의야말로 틀림없이 그리스다운 것이기 때문이며, 또한 더 엄밀한 뜻에서 볼 때 그리스도교다운 것이 아닌 모든 불완전한 정의는 언제나 다 그렇지만 이 죄의 문제에서 분명히 공허한 것에 지나지 않기 때문이다.

소크라테스가 내린 정의에 따르는 난점은, 그 정의가 무지 자체와 무지의 기

---

13) 소크라테스에 따르면 옳은 일과 좋은 일을 알고 있는 사람은 이를 실행할 것이다. 옳은 일을 하지 않고 좋은 일을 이행하지 않는 것은, 옳은 일과 좋은 일이 무엇인가를 모르기 때문이다. 즉 부정을 저지르고 좋지 않은 일을 하는 것은 무지하기 때문이다. 그러므로 덕은 지(知)이다. 이것을 바꿔 말하면 무지는 부덕, 즉 죄인 것이다.

원 등과 다시 관련지어 어떻게 이해해야 하느냐 하는 문제를 규정짓지 않고 내버려 둔 점에 있다. 다시 말해 소크라테스가 지은 죄가 무지(그리스도교에서는 죄가 어리석음이겠지만)라고 하더라도 그것은 어떤 뜻으로는 결코 부정될 수 없는 사실이라는 것이 문제이다. 우리는 그 무지가 근원적인 무지인지, 아니면 항상 진리에 대해 지금까지 아무것도 안 적이 없으며 또 알 수도 없었던 인간의 상태인지, 아니면 그것은 만들어 낸 무지, 즉 나중에 생긴 무지인지를 알아야 한다. 만일 마지막의 경우라면 물론 죄는 원칙적으로 무지가 아닌 어떤 것 속에 잠복해 있었던 것이어야 한다. 소크라테스가 지은 죄(무지)는 인간이 자기 인식을 흐리게 만드는 활동 속에 숨어 있었던 것이어야 한다.

그러나 이 사실을 인정했다 하더라도 완고하고 끈질긴 어려움이 또 나타난다. 바로 인간이 자기의 인식을 흐리게 하기 시작한 그 활동의 순간에 과연 그 일을 명료하게 의식하고 있었는가 하는 문제가 드러나기 때문이다. 만일 인간이 그 인식을 명료하게 의식하고 있지 않았다면, 인간이 인식을 흐리게 하는 활동을 위해 행한 활동 이전에 이미 인식은 어느 정도 흐려져 있던 셈이다. 이런 경우 문제는 제자리로 돌아갈 뿐이다. 이와 달리 인간이 인식을 흐리게 하는 활동을 시작했을 때 그 인식을 명료하게 의식하고 있다면, 그 경우 죄에 대한 인식 여부는—무지가 결과인 한 무지는 죄가 되겠지만—단순한 인식 속에 있는 것이 아니라 의지 속에 있게 되며, 거기에서 인식과 의지의 상호 관계라는 문제가 일어난다.

모든 이런 집요한 추궁은(사람은 며칠이고 이런 투로 계속 물어 댈 수 있다) 본래 소크라테스가 내린 정의와 관련이 없다. 소크라테스는 물론 윤리가였다(이것은 고대가 무조건 그에게 인정하는 것으로, 그는 윤리학의 창시자이다). 그는 제1급 윤리가이고 다시는 더 나올 수 없는 독특한 윤리가이며, 언제까지나 그러하다. 그런데 그 소크라테스가 새삼 무지로써 시작하는 것이다. 지적으로 그가 목표로 삼는 것은 무지, 즉 아무것도 모른다는 것이다. 윤리적으로 그는 무지라는 것을 그와는 전혀 다른 것으로 생각한다. 그리고 그런 무지로부터 시작한다. 그럼에도 소크라테스는 마땅한 말이지만, 본질적으로 종교를 앞세우는 윤리가는 아니다. 하물며 교의가—그리스도교다운 윤리가라면 그렇게 되겠지만—는 더욱 아니다. 그러므로 그는 그리스도교가 그런 관점에 근거해서 시작하는 연구에는 본래 한 발짝도 내딛지 않는다. 죄가 전제되고, 그리스도교의 관점에서는 숙죄(宿罪)[14]라는 교의에서 설명되는 것 같은, 그런 선결 문제에는 발을 들여놓고 있지 않다. 특히 우리도 그 연구는 기껏해야 그 경계까지밖에 다다를 수 없다.

그러므로 사실 소크라테스는 죄의 규정에는 이르지 못하는 것이다. 이는 물론 죄의 정의에서는 결함이다. 그것은 왜 그럴까? 소크라테스의 관점에서 만일 죄와 무지가 같다고 보면, 사실상 죄는 현실에서는 존재하지 않는 것이다. 왜냐하면 죄는 오직 의식되는 것이기 때문이다. 올바른 일에 무지한 상태로 부정을 저지르는 것이 죄라면, 그 경우 죄는 현실(의식)에서는 존재하지 않는다. 그런데 만일 그 무지를 죄라고 한다면, 반대로 사람이 올바른 일 또는 부정한 일을 알면서 죄를 짓는 것은 물론 있을 수 없다고 생각되며, 소크라테스도 그렇게 생각했다. 따라서 소크라테스가 내린 정의가 올바르다고 한다면, 죄는 전혀 존재하지 않는 것이 된다.

그런데 정확히는, 이 죄에 대한 사실이야말로 그리스도교의 관점에서 보면 놀라운 일이며, 그리스도교의 관점에서 반드시 증명되어야 했던 것(quod erat demonstrandum)으로서, 그리스도교를 특히 결정적으로 이교와 질적으로 구별해 준다. 그 개념은 죄라는 개념이고, 죄에 대한 가르침인 것이다. 그러므로 그리스도교가, 교회의 이단자든 자연 그대로의 인간이든 죄가 무엇인가를 모른다고 간주하는 것도 매우 마땅한 일이다. 그뿐만 아니라 그리스도교는 죄가 무엇인가를 명백히 하기 위해서는 신의 계시가 있어야 한다고 생각한다. 즉 피상적인 고찰이 생각하고 있는 속죄라는 가르침은 이단자와 그리스도교 사이의 질적인 구별이 될 수 없다. 그렇지 않고, 그리스도교가 실제로 행하듯이 아주 깊은 곳에서, 즉 죄에 대한 가르침으로부터 시작해야 하는 것이다. 그러므로 그리스도교가 승인할 수밖에 없는 죄의 정의를 이단자가 갖고 있다면, 그것은 그리스도교에게 얼마나 위험한 항의가 될지 모르겠다.[15]

---

14) Arvesynden, 보통 원죄로 옮기는데, 문자대로(독일어의 Erbsünde) '숙죄'로 옮겼다.

15) 이런 죄의 정의를 이교가 가지고 있다면, 이교는 그리스도교와 같은 의식 단계에 있는 셈이 되며, 그리스도교에서 죄를 명백하게 하는 계시는 폐기되기 때문이다. 그때 더욱 계시라는 말이 쓰이게 된다. 그렇지만 그런 계시는, 인간이 스스로 이성적으로 진리라고 주장할 수 있는 계시가 될 뿐 인간의 이성을 초월한 그리스도교적인 계시가 될 수는 없으며, '신 앞에서'라는 일과 신앙이라는 일도 될 수 없기 때문이다.

그러면 죄를 규정할 때 소크라테스에게 결여된 규정이란 어떤 것일까? 그것은 의지 반항이다. 사람들이 알면서 선을 이행하기를 게을리하거나, 올바른 지식을 가지면서도 부정한 일을 하거나 한다는 것을 이해했다고 하면, 그리스다운 지성은 너무 행복하고 소박하며, 지나친 아름다움이고 역설이며, 이지에 크게 치우친 탓에 죄가 너무 깊었다. 그리스 정신은 지적인 지상명령[16]을 계시할 뿐인 것이다.

　그렇다 하더라도 소크라테스가 내린 죄의 규정 중에 포함된 진리를 결코 간과해서는 안 된다. 오늘날에는, 무섭게 팽창한 듯이 보이나 속은 텅 빈 지식 속으로 말려 들어감으로써 바야흐로 소크라테스 시대와 똑같이, 아니 그 이상으로 사람들에게 소크라테스가 느꼈던 시장기를 느끼게 해줄 필요성이 있기 때문에, 그것을 확고히 마음속에 새겨 둘 필요가 있을 것이다. 최고의 것을 이해했다든지 파악했다든지 하는 사람들의 단언을 들을 때마다, 또 많은 사람들이 최고의 것을 추상적인 동시에 어떤 뜻에서는 아주 올바르게 서술하는 그 산뜻한 솜씨에 접할 때마다 웃고도 싶고, 울고도 싶은 심정이다. 그런 모든 지식이나 이지적 이해는 사람들의 생활에 아무런 힘을 미치지 못하고 있다. 그들이 이해한 것이 그들의 생활에 조금이라도 나타나기는커녕 오히려 그 정반대인 것을 보고 울어야 할지 웃어야 할지 모르게 되는 것이다. 슬프기도 하고 우습기도 한 이런 모순을 바라보며 결국 자기도 모르게 이렇게 외쳐 버린다. "아니, 도대체 그들이 그것(선 또는 부정인 줄 알면서도 짓는 죄는 물론이고, 무지의 죄까지도)을 이해할 수 있단 말인가, 과연 그들은 그것을 정말 이해하는 것일까?" 그러면 그 옛날의 윤리가(소크라테스)는 본래 그렇듯이 비꼬며 이렇게 대답한다. "친구여, 그런 것을 믿어서는 안 된다. 그들은 그것을 이해하고 있지 않다. 만일 그들이 그것을 정말 이해한다면, 그들의 생활에 그것이 나타났겠지. 그들은 자기가 이해한 것을 실행했을 것이다."

---

16) '지상명령'은, 칸트가 인간은 도덕률을 다른 목적을 위해서가 아니라 그 자신을 위해 무조건 지켜야 한다고 한 절대명령을 가리킨다. 칸트는 그것을 윤리로서 말했지만, 그리스에서의, 특히 소크라테스나 플라톤 말의 뜻은, 인간은 그 지식과 견문에 따르고 그 지식의 정도에 응하여 그 지식 자체를 위해 행동해야 한다(덕은 지가 되므로)고 했으므로 이 명령을 '지적인' 지상명령이라고 한 것이다.

그러고 보면 이해하고 있다 하더라도 이해하는 방법이 다른 것은 아닐까? 사실 그렇다. 그리고 그런 죄를 이해하고도 규정하지 않는 자는(그렇다고 앞서 말한 것과 같은 이해를 말하는 건 아니지만) 그것만으로도 모순의 모든 비밀과 통했다고 해도 좋을 것이다. 모순이 문제로 삼는 것은 사실 그런 모순이다. 어떤 인간이 실제로 어떤 일에 무지하다는 것을 우습다고 생각한다면 그것은 매우 수준 낮은 웃음거리일 뿐, 모순이라는 이름을 붙일 만한 것은 못 된다. 그러나 지구는 정지해 있다고 생각하고 있는 사람들의 경우에는, 그들의 무지는 원래 보다 깊은 뜻으로 보아 웃음거리라고 할 만한 것은 아무것도 없다. 틀림없이 우리 시대 또한 물리학 지식이 더 발전한 미래의 시대에서 바라본다면 마찬가지일 것이라 하겠지만, 이 경우는 본질적으로 웃음거리라 할 수 없다. 그리고 이 경우의 모순은 좀 더 깊은 비교점이 결여된 두 시대 사이에 있는 것으로 본질과는 거리가 멀다.

그런데 한 인간이 입으로는 올바른 말을 하고, 아울러 그것을 이해하고 있는 것 같기도 한데, 막상 행동하게 되면 부정한 일을 해버리는 경우가 있다. 그래서 그가 그것을 이해하지 못했다는 것이 폭로된다면, 물론 그것은 언제까지나 웃음거리가 된다. 어떤 인간이 조용히 앉아 자기 부정의 이야기 또는 진리를 위해 생명을 바치는 숭고한 마음의 이야기를 읽거나 듣거나 하면서 눈물을 흘릴 만큼 감동해 땀뿐만이 아니라 눈물까지 뚝뚝 떨어뜨리고 있다가, 다음 순간에는 눈물도 채 마르기 전에 갑자기 변해서 이마에 땀을 흘리며 그 보잘것없는 재능을 동원해 거짓으로 승리를 얻고자 크게 웃는다면, 그것은 그야말로 아주 큰 웃음거리이다. 어떤 연설가가 음성이나 몸짓에도 진리를 담고, 자기도 깊이 감격하며 사람들도 감격케 하면서 아주 감동적으로 진리를 외친다. 그런데 태연한 태도와 대담무쌍한 눈초리, 놀라울 만큼 정확한 발걸음으로 모든 악과 지옥의 힘에 맞서는가 했더니, 그와 거의 동시에 옷자락이 끌리는 옷[17]을 입은 채 아주 조그만 어려움에도 겁을 집어먹고 살금살금 도망쳐 버리는 일이 있다면, 그야말로 언제까지나 웃음거리가 된다.

누군가 세상이란 것이 얼마나 하잘것없이 불쌍한 것인가에 대한 모든 진리

---

17) Adriennen paa. 대학교수의 덧옷처럼 질질 끌리는 겉옷.

를 이해하고 있으면서도 자기가 이해한 그것을 다시 인식할 수 없다면, 다시 말해 세상이 그렇게 하잘것없다고 생각하면서도 자기 자신이 그 보잘것없고 불쌍한 세상 사람들 속에 끼어 들어가 세상에서 명예를 받기도 하고, 존경을 받기도 함을 시인한다면, 그야말로 언제까지나 웃음거리가 되는 것이다.

또 그리스도가 아주 천한 하인의 모습으로 돌아다니며 얼마나 가난으로 천대를 받고, 욕을 먹고, 성서에 나오는 말[18]대로 침 뱉음을 받았는가를 완전히 이해했다고 단언하는 사람[19]을 만났을 때, 그리고 바로 그 사람이 속된 말로 살기 좋은 곳으로 살짝 도망가 그곳에서 아주 기분 좋은 생활을 하고 있는 것을 보았을 때, 그리고 그 사람이 뜻밖의 사소한 바람이라도 맞을까 봐, 또 그렇게 되면 생명에 지장이라도 있는 듯이 그것을 피하고자 전전긍긍할 때, 더욱이 자기는 모든 사람들로부터 무조건 존경받고 신뢰받고 있다며 그것에 행복을 느끼고 크게 만족해 감격한 나머지 신에게 감사할 만큼 기뻐하는 것을 볼 때, 나는 가끔 마음속으로 나 자신에게 이렇게 말하곤 했다.

"소크라테스여, 소크라테스여, 소크라테스여, 이 사람은 스스로를 이해하고 있다 하나 이해하는 자기를 자신이 이해할 수 있을까요?" 나는 그렇게 말하는 순간에 소크라테스처럼 말했기를 바라는 것이다. 왜냐하면 아무래도 나에게는 그리스도가 지나치게 엄격해 보이는 데다 그런 사람까지 먹물이 든 위선자로 만든다는 것은 내 경험과도 일치하지 않기 때문이다. "소크라테스여, 당신의 기분을 나도 확실히 이해합니다. 당신은 그런 인간을 어릿광대나 일종의 익살꾼으로 만들어 웃음거리로 삼았습니다. 내가 그런 인간을 위해 희극이라는 식탁을 마련하고 시중을 들어도 어쨌든 잘만 하면, 당신은 다른 의견이 없을 것이오. 아니, 오히려 갈채까지 보내 줄 것이오."

소크라테스, 소크라테스, 소크라테스! 정말이지 당신의 이름은 아무래도 세

---

18) 예수의 수난 예고는 여러 군데에 있으나, 그중 하나 〈누가복음〉 18 : 32에는 "인자가 이방인들에게 넘겨져 희롱을 당하고 능욕을 당하고 침 뱉음을 당하겠으며"라고 되어 있으며, 〈마가복음〉 10 : 34에도 "그들은 능욕하며 침 뱉고 채찍질하고"라고 쓰여 있다. 특히 "종의 모습을 하고"는 〈빌립보서〉 2 : 7에 "자기를 비워 종의 형체를 가지사 사람들과 같이 되셨고"라고 쓰여 있다.

19) 히르슈에 따르면 키르케고르의 눈에 비친 1448년 이후의 독일 서북부 도시 뮌스터의 모습을 그린 것이라고 한다.

번은 불러야 할 것 같다. 만일 무슨 도움이 된다면 열 번 불러도 지나치지 않을 것이다. 세계는 하나의 공화국이 필요하다고 사람들은 말한다. 새로운 사회질서와 새로운 종교가 필요하다고 말이다. 그러나 이 방대한 지식으로 말미암아 혼란에 빠져 있는 세계가 필요한 것은, 아무리 생각해도 단지 한 사람의 소크라테스임은 아무도 생각지 못한다. 하지만 그것은 마땅한 노릇이다. 만일 누구든 그런 필요성을 생각해 낼 수 있는 자가 있다면, 또 많은 사람들이 그 필요성을 깨닫는다면, 그만큼 소크라테스의 필요성은 줄어들게 될 것이다. 방황하고 있을 때는 언제나, 가장 필요한 것이 무엇인지 가장 생각해 내기 어렵다. 그것은 당연하다. 만일 그렇지 않다면 방황이 아닐 테니 말이다.

따라서 우리 시대는 풍자하면서도 윤리에 충실한 그런 교정이 필요하다고 말해도 무방하다. 사실 그것은 우리 시대가 필요로 하는 유일한 것인지도 모른다. 왜냐하면 그런 필요성은 명백하게 우리 시대가 가장 생각해 내기 힘들다는 사실로 반증되기 때문이다. 우리는 소크라테스보다 더 앞으로 나아가는 게 아니고 그와 똑같이 이해하고 있다 해도, 이해의 방법을 달리하는 어떤 새로우면서도 소크라테스다운 것으로 되돌아가야 한다. 그러나 되돌아가야 할 그런 소크라테스다운 것은 소크라테스다운 죄에 대한 이해는 아니다. 그것은 죄에 대한 이해의 두 가지 구별(옳고 그름을 모르고 행한 죄와, 알고 행한 죄의 구별)을 없애 버려 결국 인간을 더없이 비참하게 만들어 버리는 셈이 될 것이다. 그런 것이 아니라 일상생활 속에서 필요한 윤리관으로서의 소크라테스다운 것으로 되돌아가야 한다.

그렇게 되면 소크라테스다운 정의는 다음과 같이 내릴 수 있다. 누군가가 올바른 일을 하지 않을 경우, 그는 그것을 알지 못한 것이다. 그는 이해하고 싶다고 생각할 뿐이다. 이 경우 알고 있다는 그의 단언은 착오일 뿐이다. 누가 뭐라든지 알고 있었다는 단언을 그가 되풀이하면 할수록 차츰 더 멀어져 갈 뿐이다. 그리고 보면 이 정의는 틀림없이 옳다. 어떤 사람이 올바른 일을 하면, 물론 그는 죄를 짓는 것이 아니다. 그리고 그가 올바른 일을 하지 않으면 그는 그것을 모르고 있는 것이다. 만일 그가 그것을 진실로 알고 있었다면, 그것은 곧 그를 움직이게 하여 올바른 일을 하도록 이끌었을 것이며, 당장에 그를 그 이해와 일치시켰을 것이다. 그러므로 이제 무지는 죄와 같다(즉 우리 시대에 윤리적 교정을 거친 소크라테스다운 윤리이다).

그렇다면 여기서 난해한 문제점은 어디에 있을까? 그것은 소크라테스다운 것이 스스로 얼마쯤 그 문제점을 알고 있기에 교정 수단을 찾고 있는 것인데, 어떤 일을 알게 된 시점에서부터 그것을 행하려는 순간으로 이르는 이행 과정에 관한 변증법적인 규정이 결여되어 있다는 점이다. 이 이행 과정에서 그리스도교다운 것이 시작된다. 그리고 이 길로 가다 보면, 그리스도교다운 것은 죄가 의지 속에 있음이 나타나기까지, 즉 반항이라는 개념에까지 이르게 된다. 그리고 끝을 단단히 맺기 위해 원죄라는 교의가 첨가된다. 왜냐하면 개념적으로만 파악하는 사변적 비밀은, 끝을 단단히 맺지 않고 또 실에 매듭도 짓지 않은 채 끊임없이 꿰매어 가기 때문이다. 그렇기 때문에 사변은 이상하게도 어디까지나 한없이 꿰매어 갈 수 있다. 다시 말해 어디까지나 실을 바늘로 꿰어 이어 갈 수 있기 때문이다. 이에 반해 그리스도교는 역설의 도움을 빌려 끝맺음을 단단히 해버린다.

개개인의 현실적 인간이 문제가 되지 않는 순수한 관념 세계에서도 이행이 필연이다(철학 체계에서는 사실 그 철학과 관련된 모든 것이 필연임을 전제로 한다).[20] 그 세계에는 이해하는 것에서 행하는 것으로 이르는 이행에 아무런 곤란도 없다. 이것이 그리스다운 관점이다. 그러나 소크라테스다운 것은 아니다. 그러기에는 소크라테스는 지나치게 윤리적이다. 그리고 그것과 완전히 일치하는 것이 근세 철학 전체의 비밀이다. 왜냐하면 그 비밀은 "나는 생각한다. 그러므로 나는 존재한다(cogito ergo sum)", 즉 생각하는 것이 존재하는 것이라고 할 수 있기 때문이다. 이에 반해 그리스도교에서는 이렇게 말한다. "너희가 믿은 대로 되리라."[21] 다시 말해 "네가 믿는 것처럼 너는 있다", 즉 "믿는 것이 존재하는 것이다"라고. 따라서 근세 철학은 그리스도교적 이교보다 그 이상도 이하도 아님을 알게 될 것이다. 그러나 아직 최악인 것은 아니다. 소크라테스와 동족이 되는 괜찮은 점이 있으니까. 하지만 근세 철학이 소크라테스와 동떨어진 점은, 그 철학을 그리

---

20) '체계'라는 것은 물론 헤겔의 철학 체계를 말한다.
21) 〈마태복음〉 9 : 29. 두 사람의 맹인이 치료를 하러 왔을 때 예수께서 그들의 눈을 만지시며 이르신 말씀 "너희 믿음대로 되라"에 따른 것. 또 〈마태복음〉 8 : 13에도 하인의 중풍 치료를 원하는 백부장에게 예수께서 이르신 "가라, 네 믿은 대로 될지어다"라는 구절이 있다.

스도교라고 보고, 스스로 그렇게 생각하는 동시에 타인에게도 그렇게 생각하게 하는 것이다.

이에 반해 개개의 인간이 문제가 되는 현실 세계에서는, 이해한 시점에서 행하는 일로 이르기에는 이행이 조금 있을 뿐으로, 이 이행은 반드시 빠르게, 아주 빠르게(cito citissime)—철학적인 표현 방법이 없으므로 독일어로 말한다면—바람처럼 빠르게(geschwind wie der Wind) 이루어진 것은 아니다. 반대로 여기에서부터 아주 오랜 역사가 시작된다.

정신생활에는 정지 상태가 존재하지 않는다(본래 정지된 상태라는 것조차 없으며 모든 것이 움직이는 활동이다). 따라서 인간이 올바른 일을 인식한 그 순간에 그것을 실행하지 않는 상태에 있다면, 물론 처음에는 인식의 끓어오름이 멈추기 때문에 그 상태라고 할 수 있을 것이다. 그러면 다음으로 의지가 인식된 것에 어떻게 호의를 표하느냐가 문제가 된다. 의지는 변증법적이고, 게다가 또 인간 속에 있는 질 낮은 성질을 모조리 손아귀에 잡고 있다. 그런데 인식된 이 저질인 성질의 것이 마음에 들지 않을 경우, 그렇다고 해서 의지가 나서서 인식이 이해한 것과 반대의 일을 행한다든지 하는 일은 있을 수 없다. 그런 심한 대립은 아주 드물게 일어날 뿐이다. 오히려 의지는 한동안 되어 가는 대로 내버려 둔다. 거기에서 사이가 조금 생긴다. 다시 말해 내일까지 되어 가는 꼴을 보고 있자는 셈이 된다. 그러는 사이에 인식은 차츰 흐려지고, 저질인 것이 점차 승리를 차지한다. 그 까닭은, 선을 인식했을 때 그 자리에서 즉시 이루어져야 하는 것이지만(그러므로 '순수'한 관념 세계에서는 사유 상태에서 존재로 이르는 이행이 그처럼 쉽게 이루어진다. 거기에서는 모든 것이 그 자리에서 일어난다), 저질인 성질은 오래 끄는 것을 자랑으로 삼고 있기 때문이다. 그리하여 악성이 자꾸 연장시켜 가는 것에 의지는 거역하는 일도 거의 없다. 의지는 보고도 거의 못 본 체한다. 이리하여 마침내 인간이 자신의 인식을 흐리게 하는 활동을 시작해 악성 인식이 크게 흐려지면, 인식과 의지는 서로 전보다도 더 잘 이해할 수 있게 되어 마침내는 둘이 완전히 일치된다. 왜냐하면 그 흐려진 인식은 바야흐로 의지 쪽으로 옮아가 의지가 바라는 것이 완전히 올바른 것이라고 인정하게 되기 때문이다. 대부분의 인간은 거의 이런 식으로 살아가고 있다. 그들의 윤리적이고 종교적인 인식은, 그 속에 있는, 저질의 성질이 꺼리는 좋은 결단이나 결혼으로 종교와 윤리에 근거한 인식을 데려가려고 하는 한편, 서서히 그런 좋은 인식을 흐리게 하려고 애쓰는 것이다. 그 대신 윤리와 종교에 근거한 인식은 미적이고 형이상학에 근거한 인식을 확장해 가려 한다. 이런 인식은 윤리적으로 본다면 기분 전환의 정도에 지나지 않는다.

그러나 이것만으로는 우리는 아직 소크라테스가 주장한 것 이상으로 나아가기에 부족하다. 왜냐하면 소크라테스의 말을 빌린다면, 앞에서 말한, 악성의 연장 상태에까지 이른 것은 그런 인간이 올바른 일을 결코 이해하지 못했다는 것을 증명한 데 지나지 않기 때문이다. 즉 그리스 정신은, 사람은 지식을 갖고 있으면서 부정을 행하고, 올바른 일에 대한 지식을 갖고 있으면서 부정을 행하는 것이라고 잘라 말할 만한 용기를 갖고 있지 않다. 그리고 도피책으로 이렇게 말한다. "사람이 죄를 짓는다면 그 사람은 올바른 일을 이해하고 있지 못했던 것이다"라고.

정말 그 말대로이다. 또 인간으로서는 그 이상 나갈 수도 없다. 인간은 자기가 죄 속에 있는 것이므로 자기 자신의 힘과 자기 자신의 입으로 죄가 무엇인가를 확언할 수는 없다. 인간이 죄에 대해 어떻게 말하더라도 그들의 말은 모두 결국 죄에 대한 미봉책이자 변명이고, 무거운 죄를 가볍게 만들려고 하는 것이다. 그렇기 때문에 그리스도교는 또 그와는 다른 방법으로, 즉 죄가 무엇인가를 인간에게 해명하려면 신의 계시가 있어야 한다는 사실을 들어 시작하는 것이다. 다시 말해 죄는 인간이 올바른 일을 이해하지 못했다는 데 있는 것이 아니라 인간이 그것을 이해하려고 하지 않았다는 것, 즉 인간이 그것을 원하지 않았다는 점에 있다.

이해할 수 없는 것과 이해하려 들지 않는 것의 구별에 대해서조차 소크라테스는 사실 조금도 설명하지 않았다. 그러나 그 대신 이해한다는 데 대한 두 가지 구별(모르고 지은 죄와 알고서 지은 죄)을 둔 점으로 본다면, 소크라테스는 모든 역설가들의 스승일 것이다. 소크라테스는 올바른 일을 행하지 않는 자는 옳은 것이 무엇인지를 알지 못했기 때문이라고 설명했다. 하지만 그리스도교는 더 근본으로 거슬러 올라가 말한다. 그것은 그가 올바른 일을 이해하기를 바라지 않기 때문이며, 이것은 또 그가 올바른 일을 바라지 않기 때문이라고. 뒤이어 그리스도교는 이렇게 말한다. 인간은 올바른 일을 이해함에도 부정한 일을 저지른다(이것이 본래 뜻으로 본 절망의 반항이다), 또는 올바른 일을 이해하고 있음에도 그것을 행하는 것을 게을리한다고. 간단히 말해서 죄에 대한 그리스도교의 가르침은 인간에 대한 완전한 힐책이며 고소이다. 신이 고발자로서 인간에게 제기하는 고소장이다.

이런 그리스도교다운 것을 개념적으로 이해할 수 있는 인간이 있을까? 결코 있을 수 없다. 그리스도교다운 것이 사실은 또 그렇게 개념과는 거리가 멀다. 그렇기 때문에 인간은 좌절도 할 수 있다. 그리스도교다운 것은 믿게 해야 한다는 것이다. 개념적으로 이해한다는 것의 속성은, 인간다운 것에 대한 인간의 능력이다. 그러나 믿는다는 것은 신과 인간 사이의 관계이다. 그럼 그 이해해야 하는 것을 그리스도교는 어떻게 설명할 것인가? 으레 그렇듯이 이해해야 할 방법에 의해, 즉 계시되어 있는 일에 의해서이다.

따라서 그리스도교답게 해석하면, 죄는 인간의 의지 속에 있지 인식 속에 있는 것은 아니다. 그리고 그 의지의 타락은 개인의 의식을 넘어서 이루어진다. 그것은 너무도 마땅한 일이다. 만일 그렇지 않다면, 죄가 어떻게 해서 시작되었느냐 하는 문제가 개개인마다 달리 일어나야 하지 않겠는가.

그래서 이곳에 또 좌절의 표지가 있다. 좌절의 가능성은, 죄가 무엇이며 죄가 어떻게 깊이 박혀 있는가를 인간에게 해명하기 위해서는 반드시 신의 계시가 있어야 한다는 점에 있다. 자연 그대로의 인간과 교회의 이단자들은 이런 식으로 생각한다. "좋소. 내가 하늘 위와 땅 위에 있는 모든 것을 이해하고 있지 않다는 것을 나는 인정하오. 만일 계시라는 것이 있다고 한다면, 하늘 위의 일에 대해 우리에게 해명해 주기 바랍니다. 그러나 죄가 무엇인가를 해명하기 위해서 계시가 있어야만 한다고 말하는 것은 참으로 어리석은 일이며, 이치에 맞지 않는 이야기요. 나는 내가 완전한 인간이라고 말하지 않습니다. 완전하다는 것은 감히 생각지도 못할 일이지요. 그러나 계시가 없어도 나는 내가 완전하지 못하다는 것을 잘 알고 있을 뿐만 아니라 오히려 나 스스로 내가 완전함에서 얼마나 멀리 떨어져 있는가를 고백할 작정이오. 그래도 내가 죄가 무엇인가를 모르고 있다는 말이오?" 그러면 그리스도교는 이렇게 대답한다. "그렇다, 네가 완전함에서 얼마나 멀어져 있는가 하는 것과 함께, 또 죄가 무엇인가, 하는 그것이야말로 네가 가장 모르고 있는 것이다." 보라, 이런 뜻에서 그리스도교의 관점에서 말한다면 죄는 무지이다. 죄가 무엇인가에 대한 무지인 것이다.

앞 장에서 말했던 죄의 정의는 그러기에 다시 다음처럼 보충되어야 한다. 죄란 신이 내린 계시에 따라 죄의 문제가 해명된 다음, 신 앞에서 절망해 자기 자신이고자 하지 않는 것, 또는 절망하여 자기 자신이고자 하는 것이다.

C. 죄는 소극적인 것이 아니라 적극적인 것이다

죄가 소극적(신에게로의 귀의 등)인 것이 아니라 적극적(창조적 반항)인 것이라 함은 정통파인 교의학과 일반 정교(正敎)가 그 옹호를 위해 계속 싸워 온 것이다. 일반 정교는, 죄를 단순히 소극적인 것, 즉 약함, 감성, 유한성, 무지와 같은 것으로 만들어 버리는 죄의 정의는 모두 범론론적인 것이라고 하면서 물리쳐 왔다.[22] 정교는 이곳이 전투장이라는 것과, 앞서 말했던 것을 생각해 본다면 여기에서 끝맺음을 분명히 해두어야 한다는 것, 그리고 여기서 마지막 저항을 해야 한다는 것을 비교적 정확하게 꿰뚫어 볼 수 있었다. 정교는 만일 죄가 소극적인 것으로 규정된다면, 그리스도교 전체가 중심을 잃게 됨을 정확하게 내다보고 있었던 것이다. 그러므로 정교는 타락한 인간에게 죄가 무엇인가를 가르쳐 주기 위해서는 신의 계시가 있어야만 한다는 것, 그리고 그 계시는 교의이므로 으레 믿을 수밖에 없다는 것을 엄숙히 가르쳐 준다. 말할 나위도 없이 역설, 신앙, 교의 등 세 가지 규정은 동맹[23]을 맺어 단결하고, 모든 교회의 이단적 지혜의 가장 안전한 곳이 되며, 또한 요새를 이룬다.

이상이 정교가 죄를 보는 관점이다. 그런데 이른바 사변적인 정통 교의학[24]은,

---

22) 여기서 정통파의 교의학이라든지 정교라고 말하는 것은 루터파 정교를 가리키고 있는 것은 물론이지만, 히르슈에 따르면, 죄의 소극적인 개념, 즉 약함, 유한성, 무지 등을 범신론적인 것이라고 하면서 배격하는 것은 19세기에 계몽주의나 사변과 싸운 새로운 경건주의 정교이며, 이처럼 죄를 적극적인 악으로 해석하는 관점에서 헤겔의 범신론을 공격하는 방법은 툴럭으로부터 시작된 것이다. 그는 1823년 《그리스도교의 죄악론》을 출간했다. 이 책은 여러 차례 판을 거듭했고, 제1부 제2장의 제목 '죄는 소극적인 것이라는 범신론적 견해 및 펠라기우스를 지지하는 견해를 공박한다'는 암호처럼 되어 그 무렵 많은 사람들이 반복했다. 이하의 서술은 툴럭의 책을 요약한 것이라고 한다.

23) 러시아, 프로이센, 오스트리아 사이에 이루어졌던 이른바 '신성동맹'에 비유해서 표현한 것.

24) 독일 관념론, 특히 헤겔의 사상을 교의에 적용한 프로테스탄트 신학자들의 교의학으로, 히르

물론 철학과 의심스러운 관계를 맺고 하는 말이지만, 기묘한 오해로 인해 죄는 적극적인 것이라는 규정이 개념적으로 파악될 수 있는 것이라고 생각하고 있다. 그러나 만일 그것이 가능하다면, 죄는 짐짓 소극적인 것이 된다. 왜냐하면 모든 개념 파악의 비밀은, 개념 파악 그 자체가 그것이 조정하는 모든 적극적인 요소들보다도 더 높은 곳에 있다는 것을 의미하기 때문이다. 개념은 적극적인 것을 소극적인 것(약함, 유한성, 무지의 속성)으로 다루어 조정하는 것이다. 적극적인 것도 개념으로 파악되기만 하면, 바로 그것이 소극적인 것이 될 뿐이다.

사변적인 교의학도 어느 정도까지 이런 결점을 알고는 있었지만, 동요가 일고 있는 지점으로, 입에 발린 보증을 하는 별동대를 보내는—이것은 물론 철학적인 학문에서 그다지 적합한 일은 아니다—것 말고는 구조책을 알지 못했다. 그들은 죄가 적극적이라는 것을, 말끝마다 엄숙함을 더해 가며 맹세와 저주의 말투를 점점 강조하면서 단언하고, 죄가 단순히 소극적이라고 하는 것은 범신론이거나 합리주의거나 그 밖의 무엇이며, 그것은 사변적 교의학이 단연코 부인하고 혐오하는 것이라고 말한다. 그리고 나서도 그들은 죄가 적극적이라는 것을 개념으로 파악함으로써 소극적인 것으로 만든다. 그렇게 해서 죄는 어느 정도까지만 적극적인(계시에 따라야만 하는) 데서 멈추게 된다. 하여간 적극적인 것을 개념으로 파악할 수 있는 한도 안에서만 다루는 셈이다.

단, 이런 사변적 교의학의 모순된 말은 같은 사항에 관한 일이긴 하지만, 다른 관점에서도 볼 수 있다. 죄의 규정 방법은 회개의 규정에서 결정적이다. 그러나 부정의 부정[25]이란 것이 매우 사변적인 것이므로 별달리 어려운 점은 없다.

슈에 따르면, 이 교의학은 정교를 철학적이고 개념적인 파악으로까지 높이려고 노력했다. 이런 교의학을 처음으로 서술한 것은, 마르하이네케의 《그리스도교 교의학의 기본 원칙》으로, 259절에서 그는 악을 적극적인 것으로서 신을 적으로 대하는 관계라 했음에도 신의 계시의 본질적인 계기로서 악을 사변적, 개념적으로 파악하려고 시도하고 있다. 그러나 이하의 서술로 보아, 키르케고르가 염두에 두었던 것은 아마 마르텐센의 교설이라 하겠다. 마르텐센의 《그리스도교 교의학》은 1849년 출판되었으나 키르케고르는 이미 1837~39년에 마르텐센의 사변적 교의학에 관한 강의를 듣고 있었다.

25) '부정(否定)의 부정'은 헤겔의 논리에서 중요한 역할을 하고 있다. '부정의 부정으로서의 형벌'이라든지 '부정의 부정으로서의 시간'이라든지 '부정의 부정은 자기로 향한 귀환이다'라든지 여러 경우에 쓰이고 있다. '부정' '긍정'과 서로 관계되는 것이고, 저마다 동시에 '소극적'(또는 소극적인 것) '적극적'(또는 적극적인 것)을 뜻함은 말할 나위도 없다. '극기'를 '부정의 부정'이라

회개는 부정의 부정이어야 한다. 따라서 죄는 물론 부정인 셈이 된다. 언젠가 공평한 사상가가 나타나서 뚜렷이 해줬으면 하는 생각이지만, 논리와 문법의 최초 관계, 즉 이중부정은 긍정[26]이다와, 수학상의 이중부정[27]을 생각나게 하는 이 순수한 논리는, 현실의 세계, 질(質)의 세계에서도 어디까지나 타당한 것인가, 일반적으로 질의 변증법은 그것과는 다른 것이 아닐까, 현실로의 '이행'이 다른 역할을 연출하는 것은 아닐까. 영원한 이미지[28] 앞 또는 영원한 방식(aeterno modo)이라는 관점에서 본다면 물론 계기적(일직선상의 연속)인 것[29]은 전혀 존재하지 않는다. 그러기에 모든 것은 있는 것이고, 그곳에 이행은 존재하지 않는다. 따라서 이런 추상적인 매체는 설정[30]과 동시에 폐기된 상태와 같다.

그러나 현실을 이렇게 생각하는 것은 거의 미친 짓이나 다름없다. 또 아주 추상적이라면 미완료태(imperfectum) 다음에 완료태가 온다고 말할 수도 있다. 그러하다고 해서 현실 세계에서 아직 완료되지 않은 일(미완료태)이 완료된다는 사실이 저절로 나온다든지 금방 나온다든지 한다고 추론하는 사람이 있다면, 아마 그는 미친 사람일 것이다. 이른바 죄의 적극적인(그리스도교다운 계시로 구원하는) 경우도 그와 마찬가지여서 그것을 조정하는 매체가 순수한 논리적 사변이라고 하는 것은 미친 짓이다. 그렇게 수학처럼 순수한 논리적 사변은 죄의 적극성을

생각하는 것은 그것이 죄라는 '부정—소극적인 것'을 부정하는 것이라고 생각하기 때문이며, 죄를 소극적인 것이라고 생각하지 적극적인 것이라고 생각하고 있지 않기 때문이다.
26) 헤겔은 스피노자를 논한 부분에서 "스피노자 철학에는 부정의 부정이, 그러니까 긍정이 결여되어 있다" 말했고, 또 "이 부정의 부정은 그러니까 긍정이다"라고 쓰여 있다.
27) 마이너스와 마이너스를 곱하면 플러스가 되는 것을 말한다.
28) Sub specie aeternitatis. 스피노자의 《윤리학》 제2부 정리 44의 2에 "이성은 사물을 영원한 상 아래에서 파악하는 본성을 지니고 있다"에서 비롯된 유명한 말. 이성이 영원한 상 아래에서 포착되는 것은 필연적인 것, 보편적인 것, 영원한 것이지 우연적인 것, 개별적인 것, 시각적인 것은 아니다. 따라서 영원한 상 아래에서 볼 수 있는 것은 계기적인 것이 될 수는 없다.
29) 원어는 Spatiende로 라틴어의 Spatium에서 비롯됨. 시간 및 공간에서의 넓이를 조성하는 것을 뜻하는데, 거기에서 공간적으로 중간의 공간을, 시간적으로는 휴지(休止)를 이루는 일을 뜻하는 말로 바뀌었으며, 그런 뜻에서 여기에서는 하나가 연속되어 계기라는 것이 없는 영원에 대한 시간적인 것을 가리켜 말하고 있다.
30) '조정한다'라고 번역한 원어는 Saette로 독일어의 Setzen에 해당한다. '적극적인 것' 또는 '긍정'을 뜻하는 말에서 생긴 말로, 여기에서 말하는 '조정'과 관련됨과 아울러 '지양한다'가 '부정한다'의 계기를 포함하고 있다는 점에 주의해 주기 바란다.

심각한 문제로 받아들이기에는 지나치게 경박하기 때문이다.

그러나 이런 것은 모두 지금 여기서 내가 말하려는 문제가 아니다. 나는 어디까지나 죄는 적극적인 것이라고 하는 그리스도교다운 것만을 고집한다. 그것은 개념적으로 하나하나 파악할 수 있는 것이 아니라 믿을 수밖에 없는 신앙, 역설로서이다. 이것이 올바른 것이라고 나는 생각한다. 개념적으로 파악하려는 모든 시도가 자기모순임을 명백히 증명할 수만 있다면, 문제는 알맞은 방향을 취하게 된다. 그래서 그리스도교다운 것은 사람이 신앙을 믿으려 하는가, 믿으려 하지 않는가에 위임되어야 한다는 점이 명백해진다. 어디까지나 개념적으로 파악해야만 마음이 놓이고, 단지 개념적으로 파악할 수 있어야 마음이 놓이는 사람은 이 일을 아주 초라하게 여기리라는 것을 나도 개념적으로 잘 파악할 수 있다. 이것은 개념으로 파악할 수 없을 만큼 신적인 것은 아니다. 그러나 그리스도교라는 것 전체는 믿어야 할 것이지 개념으로 파악될 것이 아니라는 관점으로 말미암아 그것을 사람들이 믿을 수 있느냐, 아니면 그로써 좌절할 것이냐의 문제가 된다면, 그때는 개념으로 파악해 보는 것이 공적이 될 수 있지 않을까? 개념으로 파악하기 바라지 않는 것을 개념으로 파악하고자 하는 것이 과연 공적이 될까? 그것은 오히려 파렴치한 일이나 분별없는 일이 되지는 않을까?

어느 국왕이 몰래 숨어 살고 싶다든지, 그냥 보통 사람처럼 대해 주기를 바라는 생각이 들었다고 하자. 그런 경우도 국왕에게 합당한 충성을 나타내는 것이 훌륭한 일이라고 보통 사람들이 생각한다 해서 그대로 한다면, 그것이 과연 올바른 일일까? 오히려 그것이야말로 복종하는 대신에 국왕의 의지를 어기면서 자기 자신과 자기 생각을 주장하고, 자기가 원하는 대로 일을 행하는 것은 아닐까? 아니면 국왕이 그처럼 대우받기를 바라지 않는데도 그 사람이 끝내 빈틈없이 신하로서의 경의를 나타내면 나타낼수록, 즉 그 사람이 빈틈없이 국왕의 의지에 어긋나게 행동하면 할수록, 국왕의 마음에 들 것이라는 말인가?

그리스도교다운 것을 개념으로 파악할 수 있다고 말하는 사람들을 다른 사람들이 경탄하고 칭찬하는 것은 자유이다. 단지 나는, '다른 사람들'이 앞을 다투어 개념으로 파악하는 일에 몰두할 수 있는 이런 사변적인 시대에, 그리스도교다운 것은 개념으로 파악할 수 있는 것도 아니고, 개념적으로 파악되어야 할 일도 아님을 고백하는 것이 적잖은 자기 제어가 필요한 하나의 윤리 과제라고 생각할 뿐이다. 그러나 믿어야 할 뿐, 그리스도교에 대한 이런 개념은 파악할 수 없다고 고백하는 것이야말로 현대나 그리스도교계에 필요한 것이다. 다시 말해 그 필요한 것이란 그리스도교다운 것에 대한 약간은 소크라테스다운 무지이다. 하지만 특히 주의를 바라는 것은, 이것은 '약간은 소크라테스다운' 무지라는 점이다. 소크라테스의 무지가 신에 대한 하나의 두려움이며 신을 받드는 일이었다는 것을 잊지 말자. 소크라테스의 무지가 '신을 두려워하는 것이 지혜의 시초'[31]라는 유대 철학을 그리스식으로 표현한 것임을 전부터 알고 있었던 자나 생각해 본 적이 있는 자가 도대체 얼마나 있을지는 모르지만, 우리는 그것을 절대로 잊지 말았으면 한다.

소크라테스는 바로 신에 대한 공경과 두려움이라는 마음에서 무지했었다는 것과, 그가 교회의 이단자로서 있는 힘을 다해 신과 인간 사이의 경계선에 서서 심판자로서 감시했다고 기억하자. 그가 신과 인간 사이의 질적 차이라는 깊은 연못이 언제까지나 존속함을 깨닫고, 신과 인간이 철학적이고 시적인 방법으로 하나가 되어 버리는 일이 없도록 감시하고 있었음을 우리는 결코 잊지 않아야 한다. 보라, 그러기에 또한 소크라테스는 무지한 사람이었다. 그리고 그러기에 신은 소크라테스를 최대의 지자(知者)[32]로 인정한 것이다.

그러나 그리스도교는 모든 그리스도교다운 것이 신앙에 대해서만 존재한다고 가르치고 있다. 그러고 보면 소크라테스다운, 신을 두려워하는 무지는, 오히려 무지로써 신앙을 사변으로부터 지키는 일이라고 할 것이다. 소크라테스다운 무지는 신과 인간 사이의 질적 차이를 인정한다. 그리고 그 차이를 마치 역설과 신앙 속에서 이루어지고 있듯이, 어디까지고 존속시킴으로써 신과 인간이 이미 이단자의 교회에서 보았던 것보다도 더 무섭게 철학적이고 시적인 체계에서 하나가 되어 버리는 일이 없도록 감시하고 있는 것이다.

따라서 여기에서는 단 하나의 측면에서만 죄가 적극적(신의 계시나 역설, 신앙이 필요한 죄)이라는 것을 명백히 할 수 있다. 앞에서 절망을 서술할 때 계속되는

---

31) 〈시편〉 111 : 10의 "여호와를 경외함이 지혜의 근본이라."
32) 플라톤의 《소크라테스의 변명》에서 소크라테스는 델포이로 찾아가 자기보다도 지혜 있는 자가 있나 없나를 물어본 결과, 그곳에 있는 무녀는 그보다 지혜 있는 자는 아무도 없다고 대답했다고 말하고 있다.

절망의 상승이라는 것을 지적했다. 그 상승은, 한편으로는 자기의식의 강도가 높아지는 것이며, 다른 한편으로는 수동적인 괴로움에서 의식적인 행동에 이를 때까지 그 강도가 강해지는 것이었다. 절망의 상승으로 이 두 가지 일이 나타난다는 것은 또한 절망이 밖에서 오는 게 아니라 안에서 온다는 것을 나타낸다. 그리고 그 정도에 따라 절망은 또 차츰 적극적인 것(구원이 필요한 것)으로[33] 되어 간다. 그러나 앞서 말한 죄의 정의에 따르면, 죄는 신의 관념에 의해(신 앞에서) 무한히 그 정도가 강해진 자기, 즉 하나의 행위로서의 죄에 대한 가장 큰 의식이 필요하다. 이것이 죄가 적극적임을 나타내는 것이며, 죄가 신 앞에 있다는 것이 죄를 보는 관점에서 적극적인 것이다.

죄가 적극적인 것이라는 규정은 또 완전히 다른 뜻에서의 좌절의 가능성과 역설을 내포한다. 다시 말해 그 역설이란 속죄의 교설에서 오는 귀결로서, 속죄의 가능성을 만들어 내는 것이다. 먼저 그리스도교가 나서서 인간의 지성으로는 결코 개념으로 파악할 수 없도록 죄를 적극적인 것(신앙의 구원이 필요한 것)으로 확고히 조정한다. 그리고 또한 그 그리스도교가, 인간의 지성으로는 절대로 개념으로 파악할 수 없는 방법으로 적극적인 것을 제거하는 것이다. 어떤 역설이라도 교묘히 빠져나갈 수 있는 사변이, 역설의 양쪽 옆을 조금씩만 잘라 내면 일은 쉽게 이루어지게 된다. 다시 말해 사변은 결코 죄를 적극적인 것으로 하지 않는다. 그렇다고 죄를 완전히 잊어버려야 한다는 것을 머리로 이해하라고 할 수는 없다. 그러나 온갖 역설(진리와 모순되는 듯이 보이나 사실 그 속에 진리가 담긴 말)의 최초 발명자인 그리스도교는 여기에서도 가능한 한 역설인 것이다. 그리스도교는 이른바 자기 자신에게 거역하려고 노력한다. 즉 그리스도교는 벌써 제거하기는 완전히 불가능하게 되었다고 생각될 만큼 죄를 확고히 적극적인 것으로 조정해 두면서도, 한편으로는 그리스도교가 속죄와 동시에 마치 바닷속에서 빠져 죽기라도 한 것처럼 흔적도 없이 죄를 다시 씻어 버리려고 하는 것이다.[34]

---

33) ponerende '조정하는(독일어의 setzend에 해당됨)'으로 사용되고 있다. 이 말의 뜻이 '적극적인 것'의 뜻에 연결된다.

34) 〈미가〉 7 : 19의 "우리의 모든 죄를 깊은 바다에 던지시리이다"를 연상케 하는 표현.

A의 부론: 죄는 어떤 의미에서 매우 희귀한 것이 아닐까?

제1편에서 절망의 강도가 강해지면 강해질수록 세상에서는 차츰 희귀한 것으로 눈에 띄지 않게 되리라는 것을 주의해 두었다. 그런데 지금 죄는, 좀 더 질적으로 강해진 절망이라는 말로 나왔다. 그리고 보면 죄는 완전히 드문 것이 될 수밖에 없지 않은가. 참으로 기묘한 난점이다! 그리스도교는 모든 것을 죄 아래에 놓는다(죄를 전제한다). 그리고 우리는 그리스도교다운 것을 가능한 한 엄밀히 서술하려고 노력해 왔다. 그리고 지금 이렇게 기묘하게도 죄가 드물다는 귀결이 나와 버렸다. 죄는 다른 종교에서는 전혀 볼 수 없으며, 유대와 그리스도교에서만 발견되고, 그것도 아주 드물게 볼 수 있다는 기묘한 귀결이 나온 것이다!

그러나 이 사실은 단 한 가지 의미에서이긴 하지만 참으로 옳은 말이다. "신의 계시에 의해 죄가 무엇인가에 관한 해명이 된 이후에, 신 앞에서 절망하여 자기 자신이고자 하지 않거나 또는 절망하여 자기 자신이고자 하는 것", 이것이 죄를 저지르는 것이 된다. 그리고 물론 이 정의가 인간 자신에게 꼭 들어맞을 정도로 성장해 그만큼 자기 자신에게 투명하게 되는 경우는 드물다. 그러면 거기에서 결론이 어떻게 나오게 될까? 사실 이 점에 주의할 필요가 있다. 왜냐하면 저마다 독자적인 변증법적 뉘우침이 있기 때문이다. 한 인간이 강도가 강한 의미에서 절망하고 있지 않다고 해서 그가 전혀 절망하고 있지 않다고 할 수는 없다. 그렇지 않고, 이미 나타냈듯이 대부분의 인간, 더욱이 거의 모든 인간이 절망하고 있으며, 단지 그 절망의 강도가 낮다는 것뿐이다. 물론 높은 정도로 절망하고 있다고 해서 그것이 공적이 되는 것도 아니다. 그것은 미적으로 보면 단지 우월성에 착안하는 것이다. 그러나 윤리라는 관점에서 보면 정도가 강한 절망은 정도가 낮은 절망보다 훨씬 구원으로부터 멀리 떨어져 있다.

죄에 대해서도 마찬가지이다. 대부분의 인간 생활은 변증법적인 것과 동떨어지게 꾸려지게 되면서[35] 선(신앙)에서 매우 멀리 떨어져 있고 너무도 정신과는 거

---

35) 직역하면 '무관심적–사변적으로 규정되어'인데, 영어, 독일어, 프랑스어의 번역서가 저마다 모두 다르게 읽고 있다. 도렌부르크는 직역하여 키르케고르가 말하려고 한 것을 다음과 같다고 주를 달고 있다. "대부분의 인간 생활은 그들이 자기 사명을 실현하거나 잘못하거나 하는 변증법적인 가능성을 전혀 알아차리지 못할 만큼, 그저 평범하고 아무 생각 없이 지나고 있다."

리가 먼 것(직접적)이어서 죄라고도 할 수 없을 뿐만 아니라 너무도 정신과는 거리가 먼 것이므로 절망이라고조차 말할 수 없을 정도이다. 물론 엄밀한 뜻으로 죄인이란 것이 무슨 공로자가 되는 것은 아니다. 그러나 다른 면으로 본다면 늘 일상사에 몰두하고 '다른 사람들'의 흉내 내기에 여념이 없어, 거의 생활이라고 부를 수도 없는 생활, 너무도 정신을 잃고 있으므로 죄라고도 할 수 없고, 성서에서 말하는 "입에서 토해 낼"[36] 만한 값어치만 있는 생활, 도대체 그런 생활의 어디에서 본질적인 죄의식(그리스도교가 지니려고 하는 의식)을 발견할 수 있다는 말일까?

그러나 이로써 문제가 정리된 것은 아니다. 죄의 변증법이 또 다른 방법으로 사람을 잡고 있기 때문이다. 그런데 단단한 지면이 없고, 다만 습지나 늪지밖에 없어서, 지렛대(그리스도교의 고양력은 지레의 힘과 같다)를 비치하지 않은 것과 마찬가지로 그리스도교가 그를 올려 주는 관계에 있을 필요가 전혀 없다고 여겨질 때까지 인간 생활이 정신을 잃게 됨은 도대체 어떻게 해서 일어나는 것일까? 그것은 인간의 몸에 어떤 영향이 미치기 때문일까? 아니, 그렇지는 않다. 그것은 인간 자신의 책임이다. 누구나 정신을 잃은 채 태어나는 것은 아니다. 그리고 아무리 많은 사람들이 죽음을 앞에 놓고 보니 그동안 일생의 유일한 수확은 정신 상실일 뿐이라 그것만을 지니고 간다 해도 그것은 인생의 책임은 아니다.

그런데 아무래도 솔직히 해둬야 하겠지만, 이른바 그리스도교계라는 곳은, 수백만의 사람들이 힘들이지 않고 모두 다 그리스도교인이며, 그곳에는 인간의 머릿수와 같은 수만큼의 그리스도교인이 있는 셈이다. 단지 뜻이 통하지 않는 잘못된 지식이나 부주의의 탈락, 또는 보충해서 써넣은 글씨가 수두룩한 가없은 그리스도교 판일 뿐만 아니라, 그리스도교다운 것의 남용, 즉 그리스도교의 이름을 요란스레 드러내는 것이다. 작은 나라에서는 거의 어느 시대를 보나 시인은 고작 세 사람밖에 태어나지 않을 것이다. 그러나 목사는 남아돌아갈 만큼 있다. 도저히 모두 고용될 수 없을 만큼 공급 과잉이다. 시인의 경우에는 천

---

36) 〈요한계시록〉 3 : 16의 "네가 이같이 미지근하여 뜨겁지도 아니하고 차지도 아니하니 내 입에서 너를 토하여 버리리라." 미지근한 물은 구토를 하게 하는 데 사용했다고 한다. 십자가 앞에는 믿느냐 안 믿느냐의 문제가 있을 뿐, 미지근한 중립의 태도는 허용할 수 없다는 것을 말한 것이다.

직[37]을 갖고 있느냐 없느냐가 문제가 된다. 목사가 되려면 대다수 사람들(따라서 대다수의 그리스도교인)의 생각에 그는 시험에 통과하기만 하면 되는 것이다. 하지만 참다운 목사란 참다운 시인보다도 더 희귀하다. 게다가 '천직'[38]이란 말은 본래 신의 영역에 속하는 말이다. 그런데도 그리스도교계에서는 시인에 대해, 시인은 그야말로 대단한 일이며, 그것을 직업으로 하는 데는 큰 뜻이 있는 것으로 여겨 왔다. 이에 반해 목사는 많은 사람들(따라서 많은 그리스도교인)의 눈으로 보면, 거의 사람의 마음을 북돋울 만한 관념과는 인연도 없고 눈곱만큼의 신비도 없으며, 솔직하게 말해 다만 살아가는 방편이나 지위에 지나지 않을 것이다. '천직'이란 공직[39]을 뜻한다. 그러므로 그는 공직을 얻은 것이라고 말할 수 있다. 그러나 사실 천직을 갖는다는 것은 성직을 사양했을 때 할 수 있는 말이 아닐까.

아, 그리스도교계에서 이 천직이라는 말의 운명이란 그리스도교다운 것 전체를 나타내는 보통의 표어와 같다. 그리스도교다운 것에는 불행한 요인들이 아주 흔하다(따라서 목사의 수가 모자란다는 것은 불행도 아니다). 그리스도교다운 것이 숱하게 입에 오르내리고 있지만, 그 말을 들어도 많은 사람들은 결국 아무 생각도 하지 않는다(그것은 마치 목사님이라는 말을 들어도 그 많은 사람들이 상인, 변호사, 제본사, 수의사 등과 같은 그저 평범한 직명을 들었을 때나 마찬가지로 조금도 다르게 생각하지 않는 것과 같다). 그러므로 매우 높은 일이나, 무척 성스러운 일도 아무런 감명을 주지 못한 채 다른 많은 일이나 다름없이 지나쳐 갈 뿐만 아니라 왠지 풍습이나 습관이 된 것처럼 그와 마찬가지로 들리는 것이다. 그러고 보면 사람들이 자기 자신의 태도가 용서하기 힘든 것이라고 생각하지 않고, 그리스도교를 변호하는 것이 더 필요하다고 생각한들 무엇이 이상하겠는가?

목사라 하면 물론 신앙인이라야만 한다. 그럼 신앙인이란! 신앙인이란 물론 사랑하는 자이다. 아니, 사랑하는 모든 사람 중에서도 목사가 가장 열렬히 사

---

37) 원어는 Kald.

38) 원어는 Kald. 이 말은 종교적인 직, 즉 '성직'의 뜻을 지니고 있기 때문이다.

39) 덴마크어의 Kald는 독일어의 'Ruf, Beruf, Berufung, Amt(천직·직무·사명·공직)' 등의 뜻을 갖고 있지만, 동시에 '목사직'의 뜻도 지니고 있으므로 이 다양성을 이용해 표현의 재치를 부리고 있는 것이다. 즉 목사직이란 신의 뜻을 받은 자만이 받을 수 있는 성스러운 자리여야 할 텐데, 보통 공무원이 임용되는 것과 마찬가지로 이루어지고 있는 것을 비꼬고 있다. 그즈음 덴마크에선 목사직 임명권은 국왕에게 있었다.

랑하는 자일지라도 신앙인에 비하면 감격하는 점에선 사실 한낱 풋내기에 지나지 않는다. 지금 한 사람의 사랑하는 자를 생각해 보자. 그는 매일매일 자나 깨나 자기의 사랑을 말할 것이다. 그러나 그가 사랑하는 것이 사실 대단한 일이라는 것을 세 가지 이유를 들어 증명하리라고, 그리고 그에게 그런 일이 가능하리라고 생각할 수 있겠는가? 그에게 그런 일은 입에 담기조차 불길한 생각이 들게 한다는 생각을 그대들은 할 수 있겠는가? 기도하는 것이 유익하다는 것을 목사가 세 가지 이유를 들어 증명하는 것도 그와 거의 같은 일이 된다. 이렇게 되면 그 목사의 기도의 값어치는 그의 신망을 조금이나마 유지하기 위해 세 가지 이유가 필요할 만큼 떨어진 셈이 된다.

또 조금 우스울 뿐 결국은 같은 일이지만, 기도는 모든 지성을 초월하는 정복임을 목사가 세 가지 이유를 들어 증명하고자 한다면, 이것 또한 마찬가지일 것이다. 아, 분별도 없는 안티클라이맥스여,[40] 어떤 것이 모든 지성을 초월하고 있음이 세 가지 이유로 증명되다니. 세 가지 이유, 만일 그것이 어떤 도움이 된다 해도 그런 것으로써 모든 지성을 초월해서는 안 된다. 오히려 반대로 그 기도의 정복이 모든 지성을 초월하여 넘어서지 않는다는 것을 지성이 깨닫도록 해야 하지 않겠는가. 왜냐하면 모든 것의 '이유'란 물론 지성의 영역 안에 있는 것이기 때문이다. 오히려 모든 지성을 초월하는 것에서는, 또 지성을 넘어선 그것을 믿는 자에게는, 세 가지 이유 같은 것은 세 가지의 병명이나 세 마리의 사슴과 같다. 그 이상의 뜻을 지니지 않는다!

그런데 그대들은 또 사랑하는 자가 자기 사랑을 변호하고자 생각한다고, 그러니까 자기의 사랑이 자기에겐 절대적인 것, 즉 무조건 절대적인 것이 아니라 오히려 자기 사랑에 대한 이런저런 이론과 마찬가지로 이유가 있다고 생각한다고, 그래서 그런 식으로 변호해야 한다는 것을 사랑하는 자가 승인하리라고 그대들은 믿는가? 사랑하는 자가 자기는 사랑하고 있는 것이 아님을 인정할 수

---

40) 수사학 용어로 클라이맥스(Climax)가 점점 강력한 말이나 문장을 거듭해서 어세나 문세를 강하게 해가는 수사법인 데 비해, 안티클라이맥스(Anticlimax)는 그와 반대로 점점 힘이 약한 말이나 문장을 거듭해 가는 수사법을 말한다. 지성을 초월한 것을 세 가지 이유를 들어 증명하려고 하면, 한두 가지 이유를 들 때마다 그 이유들은 사항을 증명하기는커녕 증명의 힘을 점점 약하게 만들 뿐이다(사랑이나 기도, 지성의 증명을 초월한 것이기 때문에). 그래서 분별없는 것이라고 하는 것이다.

있거나, 인정하려고 하거나, 자기는 사랑하고 있는 것이 아니라고 하면서 자기 자신을 배신하는 일을 할 수 있거나, 그런 마음이 생기거나 하는 일이 있을 수 있다고 그대들은 생각하는가? 만일 사랑하는 자에게 그런 변호를 하게 하는 사람이 있을 경우, 사랑하는 자는 그 사람을 사람으로 보리라고 그대들은 생각하겠는가? 그리고 사랑하는 자가 사랑하고 있고 더구나 조금이나마 관찰자의 소질을 지니고 있다면, 그에게 사랑을 변호하라는 말을 하라고 제의한 사람이 아직 사랑이 무엇인가를 조금도 모르는 자든지, 아니면 사랑을 변호시킴으로 해서 결국 자기의 사랑을 배신하고 부인하게 하려는 자는 아닌가 하는 의심을 그가 품을 것이라고 그대들은 생각할 것이다. 정말로 사랑하고 있는 자가 세 가지 이유를 들어 그의 사랑을 증명하거나 변호하거나 할 생각을 갖지 않는다는 것쯤은 뻔한 일이 아닌가. 왜냐하면 그는 모든 이유보다도, 어떤 변호보다도 그 이상 가는 무엇인가가 있기 때문이다. 그는 사랑하고 있기 때문이다. 변호 따위를 하는 자는 사랑하고 있지 않은 것이다. 단지 사랑하고 있다 말할 뿐이다. 불행히 아니면 요행히, 어리석게도 그는 사랑하고 있지 않은 것을 자기 자신이 폭로하고 있을 뿐이다.

그런데 그와 똑같은 일이 그리스도교라는 관점에서 신앙이 두터운 목사들의 입에 오르내리고 있다. 그들은 그리스도교를 '변호한다'라든지 '이유(理由)'라든지로 번역한다. 그뿐만 아니라 건방지게도 사변으로 '개념 파악'을 하려고 한다. 그리고 그것을 설교라는 것으로 부르면서, 그처럼 설교하고, 그런 설교를 듣는 사람이 생기기도 하는데, 그리스도교계에선 그것만으로도 대단한 일인 양 여겨지고 있다. 또 그렇기 때문에 그리스도교계(이것이 그 증거이지만) 스스로가 일컫고 있는 것이긴 하지만, 대부분 사람들의 생활은 너무도 그리스도교다운 순수 정신을 잃어버리고 있으므로 엄밀히 그리스도교다운 뜻으로는 죄라고 할 수조차 상정될 수 없을 정도이다.

제2장 죄의 계속

모든 죄는 상태에 따라 그 하나하나가 새로운 죄이며 이어지는 그 순간순간이 새로운 죄이다. 이것은 더 정확하게 표현해야 하며, 또 이하에서 더 정확하게 표현하겠지만, 죄 속에 있는 각 상태는 저마다 새로운 죄이고 죄 그 자체이다. 이 사실은 죄인에겐 아마 너무 확장된 것으로 생각될지 모른다. 그는 기껏해야 실제로 새로운 죄를 저지를 때마다 그 하나를 새로운 죄로 인정할 뿐일 것이다. 그러나 죄인의 감정서를 만드는 영원은 죄 속의 상태에 따라 저마다 새로운 죄로 기록할 것이다. 영원은 단지 두 개의 공간만 갖고 있다. 신앙이냐, 죄냐. 즉 "신앙에 의해 행하지 않으면 다 죄가 된다."[41] 뉘우칠 수 없는 죄는 그 하나하나가 새로운 죄이며 죄를 뉘우치지 않고 있는 순간순간이 새로운 죄이다.

하지만 자기 자신에게 연속된 의식을 갖고 있는 인간이 얼마나 희귀한지 모른다! 사람들은 대부분 순간으로만 자기를 의식하고, 또 중대한 결단을 내릴 때의 자기를 의식할 뿐이며, 일상생활에서는 자기를 전혀 돌아볼 수 없다. 사람들은 이렇게 일주일에 한 번,[42] 그것도 한 시간만 정신을 돌아보는 상태가 될 뿐이다. 존재 방법으로서의 정신을 돌아보는 상태는, 그것이 매우 동물적인 것임은 말할 나위도 없다. 그러나 영원은 본질적인 연속성이며, 그 연속성을 인간에게 요구한다. 또는 인간이 자기를 정신을 돌아보는 상태로 의식하고 신앙을 가져 주길 강요한다.

그런데 그와는 반대로 죄인은 완전히 죄의 지배 아래에 있으므로 죄의 전체 규정 같은 것은 모르고, 자기가 파멸의 길을 헤매고 있다는 것도 전혀 알지 못한다. 그는 그저 하나하나의 새로운 죄만 계산에 넣을 뿐이다. 그리고는 새로운 죄를 저지를 때마다 그가 이른바 한 발짝 한 발짝 새로이 멸망의 길[43]을 밟아 나가는 것으로 알고 있을 뿐, 그보다 앞선 순간에는 그보다 앞선 모든 죄에 이끌려 멸망의 길을 더듬고 있었다고는 조금도 생각지 않는다. 죄는 그에게 매우 자연스럽다. 말하자면 죄는 그에게 제2의 천성이 된 것이다.

그러므로 그는 일상생활을 전혀 불편하지 않은 것으로 알고 새로운 죄를 저

---

41) 〈로마서〉 14 : 23의 "믿음에 따라 하지 아니하는 것은 다 죄니라."
42) 일요일마다 교회에 나가 목사의 설교를 듣는 것을 말하고 있다.
43) 〈마태복음〉 7 : 13의 "멸망으로 인도하는 문은 크고 그 길이 넓어"에 따른 말. 키르케고르는 젊은 시절 자신의 미혹이 이 '멸망의 길'에 있었다고 말하고 있다. "사실 나는 살아 있는 게 아니었다. 멸망의 길을 잡고 있었던 것이다."《저자로서 나의 작품을 보는 관점》

지른다. 새로이 멸망의 한 발짝을 내디딜 때마다 한 순간만 우뚝 멈춰 설 뿐, 아무것도 보지 못한 듯이 다시 발을 내딛는다. 그는 멸망의 상태에서 눈이 어두워졌으므로, 자기 생활이 신앙의 신 앞에 있음으로 해서 영원한 본질적 연속성을 가지기는 하지만, 죄의 연속성을 지니고 있는 것은 그의 눈에는 보이지 않는다.

그런데 '죄의 연속성'이라고 하지만, 죄는 연속성과는 거리가 먼 것이지 않을까? 보라, 여기에 또 머리를 내밀고 있는 것은, 죄는 소극적인 것에 지나지 않는다는 사상이다. 다시 말해 죄는 훔친 물품에는 소유권을 얻을 수 없는 것처럼 결코 소유권을 얻을 수 없는 것, 다시 말해 소극적인 것, 자기를 구성하고자 시도는 해보지만, 절망적인 반항 속에서 무력한 데 대한 모든 괴로움으로 괴로워할 뿐, 끝내 자기를 구성할 수는 없는, 그런 무력한 시도일 뿐인 것이다. 과연 사변이라는 관점에서 보면 죄는 소극적이다. 그러나 그리스도교 관점에서 보면, 물론 죄(이 사실은 어떤 인간이라도 개념으로 파악할 수 없는 역설과도 같은 죄이므로 믿을 수밖에 없다)는 적극적이며, 계속 증대하는 조정의 연속성[44]을 자기 자신 속에서 전개해 가는 것이다.

이 죄의 연속성이 증대한다는 법칙은 부채(負債) 또는 부정(否定)이 증대한다는 법칙과는 다르다. 왜냐하면 부채라는 것은 갚지 못한다 해서 늘어나는 것이 아니며, 새로이 부채를 질 때마다 늘어나는 것이지만, 죄는 사람이 죄에서 벗어나지 않는 한 순간마다 늘어나기 때문이다. 죄인이 단지 새로운 죄를 저지를 때마다 죄가 늘어나는 것으로 생각한다면 그것은 올바른 생각이 아니며, 그리스도교의 관점에서 보면 본래 죄 속에 있는 상태가 죄가 늘어나는 것인 동시에 새로운 죄를 짓는 것이다.

속담에서조차 "죄를 짓는 것은 인간다운 것이지만, 죄 속에 머무는 것은 악마 같은 것이다" 말한다.[45] 그러나 그리스도교 관점에서 본다면 이 속담은 물론 좀 다른 식으로 이해되어야 한다. 그저 새로운 죄에 주목할 뿐, 중간 부분, 즉 개개의 죄와 죄 사이에 있는 것을 건너뛰고 말기 때문이다. 징검다리처럼 건너

---

44) '조정'과 '적극적'의 관계로 죄는 죄를 조정하고, 적극적인 성격은 계속 그 정도를 늘려 간다는 뜻.

45) 라틴어 속담. "잘못을 저지르는 것은 인간에게 으레 있는 일이다. 그러나 언제까지나 잘못 속에 머물러 있는 것은 어리석은 자만이 하는 일이다"라는 속담이 있다. 이 말을 바꿔 말한 것.

뛰는 이런 비약적 고찰 방법은, 기차는 다만 기관차가 증기를 폭폭 내뿜을 때마다 움직이는 것이라고 단순히 생각하는 것과 마찬가지의 피상적 견해에 지나지 않는다. 그런 것이 아니고, 주목해야 할 점은 사실 그런 증기를 뿜으면서 나아가는 것이 아닌, 전진하는 기관차의 평균적인 진행이다. 죄의 경우에도 마찬가지이다. 죄 속에 있는 상태는 더 깊은 뜻에서의 본질적 죄로 보아야 할 것으로서, 개개의 죄는 죄의 반복된 연속이 아니라 어떤 죄의 계속된 표현인 것이다. 새로운 죄 각각의 진행이 감각적으로는 더욱 감지되기 쉽다.

죄 속에 머물러 있는 상태는 개개의 죄보다 더 나쁜 죄이며, 죄 그 자체이다. 이처럼 해석한다면 죄 속에 머물러 있는 상태는 죄의 계속이자 새로운 죄라고 할 수 있다. 일반적으로는 그와는 다른 식으로 이해되어 하나의 죄가 새로운 죄를 생겨나게 한다는 식으로 해석된다. 그러나 여기에는 훨씬 깊은 근거, 다시 말해 죄 속에 머물러 있는 상태에는 새로운 죄의 근거가 있는 것이다.

셰익스피어는 맥베스를 통해 다음과 같이 말하는데, 이것은 과연 인간 심리에 정통한 거장의 말이라 할 만하다(제3막 제2장). "죄에서 나온 행위는 다만 죄로 말미암아 힘과 그 강도가 증가된다."[46] 그가 뜻하는 죄는 그 자신의 내부에서 일관되게 나타난 것이며, 죄가 이처럼 그 자신 속에서 일관된 것이라 함은 죄 또한 어떤 동적인 힘(추진력)을 지니고 있다는 말이 된다. 그러나 단순히 개개의 죄로만 본다면 결코 그처럼 볼 수는 없을 것이다.

대부분의 인간은 자기에 관한 의식을 매우 적게 지니고 생활하고 있으므로 일관된 것에 관한 관념을 가질 수가 없다. 그들은 정신적으로 실존하고 있지 않는 것이다. 그들의 생활은 일종의 어린애다운 사랑의 소박함 속에서 이루어지든지, 아니면 분별없는 수다 속에서 지새게 되며, 약간의 행동과 수많은 사소한 사건으로 이루어진다. 그들이 지금 뭔가 좋은 일을 하고 있는가 하면, 벌써 잘못된 일을 저지르고 말아 다시 처음부터 시작하는 것이다. 지금 그들은 오후 내내 절망하고 있다. 그러나 얼마 안 있어 또 기운이 솟아나고, 그런가 하면 또 하루 내내 절망한다. 그들은 이른바 인생이라는 놀이 속에 끼어서 놀고 있으되 그 놀이

---

46) 티크와 슐레겔의 번역에 의해 다음 독일문으로 인용되고 있다. Sündensproßne Werke Erlangen nur durch Sünde Kraft und Stärke(독일어 원문에는 Sünde가 Sünden으로 되어 있다). 원문은 Things bad begun make strong themselves by ill로, '죄'라는 말은 볼 수 없다.

를 하나의 일관된 일로서 체험하지 않는다. 또 자기 속에 있는 무한한 일관성에 생각이 미치지 않는다. 그러므로 그들 사이에선 늘 단지 개개의 일들, 개개의 선행, 개개의 죄만이 문제가 되는 것이다.

정신의 규정 앞에서는, 모든 실존은 일관성을 지닌다. 그것이 자기 한 개인의 책임에 관련된 것이라 하더라도 본질적으로 자기 속에 일관된 어떤 것을 지니고 있기에 한결 높은 어떤 것 속에, 적어도 이념 속에 일관된 것을 지니고 있다. 또 이런 인간은 일관되지 않는 모든 것을 무한히 두려워한다. 자기의 생명체인 전체로부터 떨어져 나갈지도 모른다는, 가능성의 결과를 무한하게 두려워하는 관념을 품고 있기 때문이다. 아무리 극소수일지라도 일관성으로부터 떨어져 나간 것이 있으면 그것은 두려워해야 할 상실이다. 그는 일관된 것을 잃게 되기 때문이다. 그런 순간에 마술이 풀리고, 이제까지 모든 힘을 조화 속에 결부시켰던 이상한 힘이 그 힘을 잃게 하고, 나사는 늘어지고, 전체가 혼돈으로 변해 버린다. 그래서 자기 안에서 애처롭게도 모든 힘이 반란을 일으켜 서로 싸움을 벌이게 되므로, 이미 자기 자신과의 어떤 일치도, 어떤 전진도, 어떤 추진력도 없어져 버린다. 일관되고 있을 때의 그 거대한 기계의 추진력은 철과 같은 강함에도 매우 유연했고, 그런 힘이 있음에도 부드러웠으나, 이제는 기능을 잃고 마는 것이다. 그리고 기계가 우수하고 웅대했던 만큼 그 혼란은 점점 더 두려운 것으로 변하게 된다.

그러므로 선(善)의 일관성 속에서 편히 지내던 신앙인은, 그 선을 자신의 생활 터전으로 삼고서 아무리 사소한 죄라도 그것을 끝없이 두려워하는 것이다. 그것은 그가 무한히 잃어야만 되기 때문이다. 직접적인 사람들, 즉 어린애답거나 어린애 같아 보이는 사람들은 전체 개념을 생각하지 않기 때문에 잃어버릴 전체라는 것을 갖고 있지 않다. 그들은 늘 오로지 낱낱의 개체 속에서, 또는 개개의 것을 잃기도 하고 얻기도 할 뿐이다.

신앙인의 경우와 마찬가지로 그와 대립되는 악마 같은 인간도, 죄 그 자체에서의 일관성이라는 점에서 말할 수 있다. 술꾼은 취기가 깨는 것을 두려워한다. 하루라도 맑은 정신으로 있으면 나타나는 무기력과 그 무기력 때문에 비롯되는 결과를 두려워한 나머지 날마다 취한 상태를 유지하려고 하는데, 악마 같은 인간도 그와 마찬가지이다.

사실 누군가가 선인을 유혹하려고 다가와서 죄를 여러 가지 매력적인 모습으로 바꿔 그의 눈앞에 제시해 보이면, 선인은 그 사람에게 "나를 유혹하지 말라" 하고 애원하겠지만, 그와 똑같은 예를 악마 같은 자의 경우에서도 볼 수 있는 것이다. 선에서 악마 같은 자보다도 강력한 누군가가 선을 좀 더 행복하고 숭고한 모습으로 바꾸어 그의 눈앞에 보인다면, 악마 같은 자는 그 사람에게 애원할 것이다. 눈물을 흘리며, 나에게 말을 걸지 말아 달라, 내 마음을 약하게 하지 말아 달라 하고 애원할 것이다.

악마 같은 자로서는 그 자신에게서 일관되어 악의 일관성 속에 있음으로써 전체를 잃어버려야만 한다. 단 한 순간이라도 그 일관성 밖으로 나가는 일이 있거나, 단 한 번이라도 식품위생과 관련된 부주의가 있거나, 단 한 번이라도 한눈을 파는 일이 있거나, 단 한 순간이라도 전체든 일부든 다른 방법으로 보거나 이해하는 일이 있다면, 이미 그는 결코 자기 자신을 되찾을 수는 없을 것이라고 말할 수 있다. 다시 말해 그는 절망하여 선을 버렸고, 선은 이미 무슨 짓을 해도 그를 도와줄 수 없는 것이다. 그러나 선은 그의 마음을 혼란스럽게 하여, 그가 다시 악의 일관성을 전속력으로 진행시킬 수 없게 함으로써, 그를 약하게 할 수도 있다. 단지 죄의 이어짐 속에서만 그는 자기 자신이다. 그 속에서만 그는 살며, 그 속에서만 그는 자기 자신이라는 느낌을 갖는다. 하지만 이것은 어떤 것을 뜻하는 것일까? 그 뜻은 이러하다.

죄 속에 있는 상태는 그가 빠져 있던 바닥 깊숙이에다 그를 잡아맴으로써 일관성에 의해 그의 불신의 마음을 강하게 하는 것이다. 그 죄의 강해짐을 돕는 것은 개개의 새로운 죄가 아니다(만일 그렇다면 얼마나 무서운 정신 상태이겠는가). 오히려 그의 새로운 죄의 각각은 죄 속에 머물러 있던 상태의 표현에 지나지 않으며, 죄 속에 있는 상태야말로 본래의 죄이다.

따라서 우리가 지금 문제로 삼으려는 '죄(일관성)의 계속'이란 경우 개개의 새로운 죄를 말하는 것이 아니라 오히려 죄 속에 머물러 있는 상태를 생각해야 한다. 그런데 죄 속에 머물러 있는 상태는 그 자신 속에서 죄의 정도를 강하게 하는 셈이다. 죄의 상태에 머물러 있음을 의식하면서 죄의 상태에 있게 되므로, 죄의 정도가 높아져 가는 운동의 법칙은 여기에서도 다른 경우와 마찬가지로 내면으로 점점 의식의 강도를 높여 가는 것이다.

A. 자기의 죄에 절망하는 죄

죄와 절망은 같다. 그 정도가 강해진, 자기의 죄에 절망하는 새로운 죄이다. 이것이 죄의 정도가 강해진 것이라는 사실은 쉽게 알 수 있다. 예를 들어 이전에 100달러를 훔친 자가 이번에는 1000달러를 훔쳤을 경우, 그것은 새로운 죄이다. 그러나 여기에서는 그런 개개의 죄를 문제로 삼고 있지 않다. 죄 속에 머물러 있는 상태가 죄로, 이 죄가 새로이 의식되어 정도가 강해지는 것이다.

자기의 죄에 절망하는 것은, 죄가 그 자신에게 일관된다는 표현이거나 일관된 것으로 되려 한다는 표현이다. 이 죄는 선과는 아무런 관련도 가지려 하지 않는다. 어떤 경우에라도 타인의 이야기에 귀를 기울이게 되는 그런 약한 마음을 가져서는 안 된다고 고집한다. 아니, 이 죄는 다만 자기 자신의 목소리에만 귀를 기울이고, 자기 자신에게만 관련시키며, 자기 자신만 숨어 있으려고 한다. 뿐만 아니라 울타리를 하나 더 만들어 그 속에 틀어박혀서, 죄에 관한 절망으로, 선 쪽에서 오는 모든 습격이나 추적으로부터 몸을 지키는 것이다.

이 죄는 자기 뒤쪽에 있는 다리가 이미 다 부서져 있으므로, 또 자기 쪽에서 선으로 가는 길도, 선 쪽에서 자기에게로 오는 길도 끊어져 버렸으므로, 마음이 약해져서 순간적으로 선을 바라게 되는 일이 있어도 끝내 그것이 불가능함을 자각하고 있다. 죄 그 자체가 선으로부터의 벗어남이며, 죄에 관한 절망은 또 한 번 벗어나는 것이다. 당연한 일이지만, 이것은 죄 속에서 악마 같은 힘을 남김없이 쥐어짜서 신을 모멸하는 냉혹함이나 완고함을 자아내게 한다. 그러고 나서 일관적으로 회개라 불리는 모든 것과 은총이라 불리는 모든 것을 단순히 공허하고 의미 없는 것으로 간주한다. 그뿐만 아니라 그 악은 회개나 은총 등 선의 요소들을 자기의 적이라고 간주한다. 그리고 마치 선인이 악의 유혹에 저항하듯이, 그 선의 유혹에 무엇보다도 강력히 맞서야 된다고 생각하기에 이르는 것이다.

이런 의미에서 절망하고 있는 악마 메피스토펠레스(《파우스트》 중에서)만큼 비참한 것은 없다[47]고 한 말은 꼭 들어맞는 말이다. 왜냐하면 여기에서 절망하고

---

47) 괴테의 《파우스트》 제1부 〈숲과 동굴〉의 장면 끝에서 메피스토펠레스가 파우스트에게 하는 말. "당신도 별수 없이 악마처럼 되었군요. 절망하고 있는 악마만큼 보기 흉한 것은 또 없어요."

있다는 것은 아주 강한 절망으로서, 회개나 은총에 대해 뭔가 듣고 싶다는 생각이 들 정도로 마음이 약해진 절망으로 볼 수 있기 때문이다. 죄와 죄에 대한 절망 사이의 관계에서 그 죄의 정도를 강화하는 요소에 이름을 붙인다면, 죄를 부추기는 것은 선과의 절교, 죄에 관한 절망을 부추기는 것은 회개와의 절교라고 할 수 있을 것이다.

죄에 관한 절망이란 좀 더 깊숙이 가라앉음으로 해서 몸을 지탱해 보려는 시도이다. 가벼운 기구를 타고 하늘로 올라가는 사람이 무거운 물건을 집어 던지면서 올라가듯이, 이 절망한 사람은 마침내 단호하게 모든 선을 뿌리쳐 버리면서 가라앉는다. 선의 무게는 끌어올리는 힘이기 때문이다. 그렇게 해서 그는 가라앉은 것이다. 그러나 그 자신은 물론 올라가고 있다고 생각한다. 사실 몸이 차츰 가벼워지기 때문이다. 죄 그 자체는 절망과의 싸움이다. 하지만 그는 힘이 다하면 새로이 절망의 정도를 강하게 할 필요가 생기고, 악마같이 새로이 자기 자신 속에 틀어박히는 것, 즉 죄에 관한 절망이 필요해지는 것이다. 이것은 전진이며, 악마 같은 것에서 올라가는 것이고, 물론 죄 속으로 깊이 가라앉는 것이다. 그것은 회개나 은총에는 완전히 귀를 기울이지 않겠다고 마침내 최후의 결의를 함으로써, 하나의 힘으로 죄에 지지와 이익을 주려고 시도하는 것이다.

그러나 물론 그의 죄에 관한 절망은 자기 자신의 공허함을 깨닫는 데서 오며, 자기가 생명의 양식을 조금도 갖고 있지 않다는 것, 그리고 자기 자신이 자기의 관념조차 갖고 있지 않다는 사실을 잘 자각하는 데서 온다. 맥베스(제2막 제3장)가 말하는 다음 말은 과연 인간 심리에 정통한 거장의 말이다. "앞으로는—그가 국왕을 죽이고 나서부터는—그리고 나의 죄에 절망하고 있는 지금부터는 모든 가치 있는 일은 이 인생에서 사라져 버렸다. 명예도 은총도 죽었다."[48]

참으로 거장다운 점은, 최후의 두 마디(명예와 은총–Ruhm und Gnade)를 중복

---

48) 다음 독일문에서 인용되고 있다.
  Von jetzt giebt es nichts Ernstes mehr im Leben :
  Alles ist Tand, gestorben Ruhm und Gnade!
  원문은
  from this instant
  There's nothing serious in mortality.
  All is but toys. Renown and grace is dead.

한 훌륭한 필치이다. 죄로써, 즉 죄에 절망함으로써 그는 은총과의 모든 관계를, 그리고 동시에 자기 자신과의 모든 관계를 잃어버린 것이다. 자기를 주체로 생각하는 그의 자기는 명예가 아닌 명예욕으로서 그 정점에 이른다. 바야흐로 그는 확실히 국왕이 되었다. 그런데도 그는 그의 죄에 절망하고, 회개의 실재에도 절망하고, 은총에도 절망하기 때문에, 자기 자신까지도 상실해 버린다. 그는 이제 자기 자신의 눈앞에서는 자기를 주장할 수도 또 은총을 잡을 수도 없는 것과 마찬가지로, 명예욕 속에서도 더 이상 자신의 자기를 누릴 수 없는 것이다.

인생에서(이것은 인생 속에 죄에 관한 절망이 나타날 경우의 이야기인데, 어쨌든 사람들이 그렇게 죄에 관한 절망이라고 부르는 종류의 일이 뭔가 나타나는 것이다) 이 죄에 절망하는 것을 대부분 오인하고 있다. 생각건대 이 오인의 원인은, 세상에서는 흔히 그저 경솔한 일이나 무분별한 잡담만 오고 있어서 사람들은 뭔가 조금 심각한 이야기만 나와도 곧 심각한 얼굴이 되어 정중하게 모자를 벗곤 하는 것을 말한다. 죄에 절망하는 자신을 과시하려는 데서 온다. 그 과시가 자기 자신과 자기의 의의가 혼란스럽고 명료하지 않기 때문인지, 아니면 위선 같은 점이 있기 때문인지, 아니면 어떤 절망에라도 따르기 마련인 교활함과 궤변을 사용하려한 탓인지는 몰라도 어쨌든 그중 어느 것으로든 자신을 뭔가 좋은 것인양 과시하려 하는 것이다. 그것은 그 사람이 깊이 있는 인간이기 때문에 자기의 죄에 그렇게 신경을 쓰고 있다는 사실이 표현된 것이라고 본다.

예를 하나 들어 보기로 하자. 전부터 어떤 죄에 몸을 맡기기는 했으나, 그 뒤 오랫동안 유혹에 맞서서 이를 이겨 낸 사람이 있다고 하자. 그리고 그 사람이 되돌아가 다시 유혹에 빠진다고 하자. 그 경우 그곳에 나타나는 의기소침은 반드시 죄에 관한 슬픔이라고 볼 수는 없다. 그것은 다른 여러 가지로 볼 수 있다. 그것은 죄에 관한 슬픔보다는 섭리에 대한 분노일 수도 있다. 즉 섭리가 자기를 유혹에 빠뜨린 것이라고 생각하기도 하고, 자기는 이제까지 오랫동안 유혹에 맞서 그를 이겨 왔는데 이런 상태에 빠뜨리는 것은 섭리가 자기에 대해 너무 가혹해서라고 생각하기도 하는 것이다.

그러나 어쨌든 이런 죄의 슬픔을 모른 채 당장에 좋은 것으로 생각하여, 모든 걱정 속에 포함된 허위에 조금도 주목하지 않는 것은 꼭 부녀자들이 하는 짓과 같다. 더구나 격정 속에는 참으로 기분 나쁜 것이 있기 때문에, 격정에 쉽게 휘둘리는 사람은 자기가 말하려던 것과 정반대의 것을 말해 버렸음을 나중에야 알고, 때로는 미칠 것처럼 못 견디는 경우도 있다. 아마 그런 사람은 차츰 어조를 높여, 그 죄로 되돌아간 일이 얼마나 자신을 책망하게 했는지 모르며, 또 얼마나 자신을 절망에 빠뜨렸는지 모른다고 단언할 것이다. 그러면서, "나는 결코 그것을 나 자신에게 허용치는 않는다"고 말한다. 그렇게 되면 그 말은, 그의 속에 얼마나 많은 선이 깃들어 있으며, 그가 얼마나 깊이 있는 인간인가를 나타내 주는 셈이 된다.

이것은 하나의 속임수이다. 나는 지금 서술 속에 일부러 "나는 결코 그것을 나 자신에게 허용치는 않는다"는 그의 말을 삽입했지만, 이 말은 이런 경우 아주 쉽게 들을 수 있다. 그리고 이 말을 실마리로 삼기만 한다면, 곧 변증법적으로 올바른 길을 발견할 수 있다. 그는 결코 그것을 자기에게 허용하지 않는다. 그러나 만일 지금 신이 그것을 그에게 허용하려고 한다면, 그 또한 기꺼이 자기 자신을 허용할 만한 선의를 가져도 되는 게 아닐까? 그런데 그렇지가 않고, 죄에 관한 그의 절망은 격정에서 비롯된 말이 되어서, 날뛰면 날뛸수록 격해지며, 결코 자기에게 허용하지는 않는다는 말 때문에(그 자신은 조금도 이해하지 못하는 말이지만) 그는 또 죄를 지을 가능성이 있다(그런 자의 말은 신에게 용서를 구하는 처절한 회개의 기분과는 거의 정반대이기 때문이다)는 것을 스스로 고백하는 것이다. 이렇게 죄에 절망하는 것은 선의 규정과는 너무도 거리가 멀다. 이 절망은 죄의 규정보다 더 강하며, 그 강함은 죄의 깊이가 된다.

그 사정은 다음과 같다. 그가 유혹에 저항해 이겨 냈을 경우, 자신의 눈에는 자기가 실제 자기보다 좋게 보였다. 그는 자기 자신을 자랑하게 되었다. 그런데 이 자랑스러운 기분이 되어 보니, 과거의 일은 완전히 지나가 버린 것으로 간주해 버리고 싶은 것이다. 그런데 죄가 거듭됨에 따라 과거의 일이 갑자기 다시 현재가 되고 만다. 그의 현재의 자랑은 그 추억에 지고 만다. 그러기에 그처럼 크게 비탄하는 것이다. 그러나 이 비탄의 방향은 명백히 영원한 신으로부터의 벗어남이며, 남모르는 자기애이며, 과거의 자신에 대한 거만이다. 추억에 지는 것은 먼저 그처럼 오랫동안 자기를 도와서 유혹에 저항케 해준 것을 겸허하게 신에게 감사하는 것을 잊은 것이고, 그처럼 유혹에 저항할 수 있었던 것이 자기의 힘을 훨씬 넘어선 것이라고 신과 자기 자신 앞에 솔직히 고백하는 것도 잊은 것이며, 또한 자기의 본래 모습을 겸허하게 생각해야 한다는 것을 잊은 것이다.

이런 절망은 여느 때나 마찬가지로, 옛 신앙서[49]의 말대로 아주 깊고, 매우 세속적인 일에 뛰어나며, 또한 뛰어난 이정표가 된다. 그 절망의 가르침에 따르면, 신은 신앙인이 중심을 잃고 어떤 유혹에 빠지는 것을 때때로 묵과하는 경우가 있다. 그러나 그것은 오히려 신앙인을 겸허하게 하고, 그를 선 속에 단단히 묶어 두려는 배려에서 나온 일에 지나지 않는다. 죄를 거듭하는 침몰과 선을 거듭하는 상승이라는 대립된 힘이 결국 자기 자신의 자리와 같다는 느낌은 괴로움을 치른 대가이다.

인간이 선의 길을 걷고 있으면 있을수록 으레 개개인의 죄는 그만큼 깊이 그의 마음을 괴롭힌다. 그가 방향을 잘 바꾸지 않는 경우에는 그만큼 위험도 커서 초조감이 조금만 나타나도 위험하다. 어쩌면 그는 마음이 아픈 나머지 어둡고 우울한 바닥으로 가라앉을지도 모른다. 그러면 목사는 마치 그것이 선의 표시라도 되는 양 "얼마나 깊은 영혼의 소유자인가. 이 사람 속에 있는 선은 얼마나 큰 힘을 갖고 있는가" 하고 경탄한다. 그리고 그의 아내는, 죄 때문에 그 정도까지 슬퍼할 수 있는 진실되고 믿음이 두터운 남편과 자신을 비교해 본다. 그리고 자기도 겸허한 기분에 깊이 잠기는 것을 느끼게 된다. 아마 남편이 그에게 하는 말도 좀 더 그럴듯하게 들릴 것이다.

아마 그는, 나는 결코 그것을 허용할 수는 없다, 이런 말 따위는 하지 않을 것이다(말하게 되면 그는 전에 자기에게 죄를 허용한 일이 있었던 것처럼 보기 때문에 그것은 신을 모독하는 것이다). 오히려 그는 신이 결코 그것을 자기에게 허용하지 않으리라고 말할 것이다. 아, 이 남편의 말은 마찬가지로 속임수일 뿐이다. 죄에 대한 그의 슬픔, 그의 한탄, 그의 절망은 자기를 주체로 생각하는 것이라서(죄에 대한 불안과 마찬가지로, 이 불안은 죄 없이 있는 것을 자랑하고 싶다고 생각하는 자기 사랑의 상태일 뿐이기 때문에 때때로 사람을 죄로 빠뜨린다), 위안, 그것이야말로 그에게 가장 필요하지 않은 것이며, 그러기에 목사가 처방하는 막대한 위안의 약이 오히려 병을 악화하게 된다.

---

49) 드라크만은 예를 들어 타울라의 《설교》를 참조하라는 주를 달고 있는데, 히르슈는 요한 아른트(Johann Arndt)의 《참된 그리스도교에 관한 책(Bücher vom wahren Christentum)》을 들고 있다.

B. 죄의 용서에 절망하는 죄(좌절)[50]

이 경우, 자기의식의 정도를 강하게 하는 것은 그리스도를 아는 것이다. 그리스도를 향해 있는 자기라는 것이다. 제1편에서는 영원한 자기를 갖고 있다는 것에 관한 무지가 처음에 있었고, 다음에는 어떤 영원한 것을 내포하는 자기를 지니고 있다는 지식이 나타났다. 그 뒤를 이어 제2편으로 넘어가면서, 구별의 인식은 자기 자신에게 인간적인 관념을 지니고 있는 자기, 즉 인간을 잣대로 하는 자기 속에서 이루어져야 한다고 드러난 바 있다. 거기(인간을 잣대로 하는 구별)에 대립하는 것이 신을 향한 자기였고, 이것이 죄의 정의에 기초로 놓였던 것이다.

여기에서는 그리스도를 향한 자기가 나타난다. 그러나 이 또한 절망하여 자기 자신이고자 하지 않거나, 또는 절망하여 자기 자신이고자 하는 자기이다. 이것은 죄의 용서에 대한 절망은 절망의 두 가지 정식 중 하나인데, 약함에서 비롯된 절망(일반적 의미로는, 절망하여 자기를 체념하고 신앙에 의존하는 것)이나, 반항에서 비롯된 절망(일반적 의미로는, 절망하여 자기 자신이 되기 위해서 다시 재창조하는 것) 중 하나로 환원될 수 있다. 그것은 좌절하여 믿을 만한 용기가 없는 약함에서 비롯된 절망이든지 좌절하여 믿으려 하지 않는 반항에서 비롯된 절망이든지 둘 중 하나이다. 단지 여기에서는(물론 인간이 인간으로서 자기 자신이 되기 위해서 하는 것이 문제일 뿐만 아니라, 죄인이라는 규정 속에서 자기 자신이 되기 위해서 하며, 아울러 자기가 불완전한 존재라는 규정 속에서조차 자기 자신이 되기 위해서 하는 것이 여기에서는 문제이니까) 약함이 반항으로 나타남으로써 다른 경우와는 반대가 된다. 다른 경우라면 약함이란 절망하여 자기 자신이 되려 하지 않고 신을 따르는 것이다. 그런데 여기에서는 (신의) 용서를 받아들이지 않는 반항이다. 왜냐하면 인간이 현실적으로 그런 자기 자신, 즉 죄인이고자 하지 않기 때문에, 죄의 용서를 필요 없는 것으로 여기려 하는 것이 또한 반항이기 때문이다. 또한 다른 경우라면 반항이란 절망하여 자기 자신이 되기 위해서 고집하는 것이다. 그런데 여기에서는 그것이 약함이 됨으로써 절망하여 자기 자신을 죄인으로 여

---

50) 자기의 죄에 절망하는 것과 죄의 용서에 절망하는 것의 차이에 주의해 주기 바란다. (원주)

기려 하는 동시에, 또한 죄의 용서 등은 있을 수 없다고 생각하는 것이다.

그리스도를 향한 자기란, 신의 끝없는 양보에 따라 강도가 강해진 자기, 즉 신이 자기를 위해 탄생하고, 인간이 되며, 괴로움을 받고 죽었다는 사실 때문에 자기를 덮치는 헤아릴 수 없는 무게에 의해 좌절의 반동 정도가 강해진 자기이다. 앞에서 신의 관념이 증대하면 할수록 그만큼 자기도 증대한다고 했는데, 그와 마찬가지로 여기에서도 그리스도의 관념이 증대하면 할수록 그만큼 자기도 증대한다고 할 수 있다. 자기가 질적으로 자기를 잣대로 삼는 것과 마찬가지이다. 그리스도가 잣대라 하는 것은 자기가 얼마나 거대한 실재성을 지니고 있는가의 표현이며, 신의 관점에서 확증된 표현이다. 신이 잣대로서 목표가 되는 것은, 그리스도가 최초의 변함없는 진실이기 때문이다. 그러나 인간의 자기는 변하며, 자기가 증대하면 할수록 그만큼 죄의 강도 또한 강화된다.

죄의 정도가 강화되는 것은 다른 면에서도 볼 수 있다. 죄란 신 앞에서의 절망을 말한다. 그 정도가 강화된 것이 죄에 관한 절망이었다. 그럼에도 지금 신은 죄의 용서, 즉 화해를 내세운다. 그런데 죄인은 절망한다. 그러므로 절망은 한층 심각하게 표현되고, 이 절망은 마침내 신과 어떤 식의 관련을 갖게 된다. 그러나 이런 관련이 생기는 것은 절망이 좀 더 신으로부터 멀리 떨어져 있기 때문이며, 한결 더 강하게 죄 속에 가라앉아 있기 때문이다. 죄인이 신의 용서에 절망하는 모습은 마치 그가 신에게 덤벼들고 있는 것처럼 보인다. "아니, 죄의 용서와 같은 일은 있을 수 없다. 그런 일은 불가능한 일이다"라고 말하는 것을 보면, 마치 입씨름이라도 하는 것처럼 들린다. 그것은 마치 서로 맞잡고 싸우는 것처럼 보이는 것이다. 그러나 인간이 그런 말을 입에 담기 위해서는, 그리고 신이 그의 말을 들을 수 있게 하기 위해서는 질적으로 좀 더 멀리 신으로부터 떨어져 있어야만 한다. 그렇게 가까이에서 싸우기 위해 멀리 있어야만 한다.[51] 정신 세계란 음향학의 관점에서 보면 이처럼 구조가 기이하며, 그 거리 관계는 이처럼 기묘하다.

어떤 뜻으로는 신에게 덤벼든다고도 할 수 있는 이 부정적 반항의 말을 신이

---

51) comminus vs. eminus. '가까이에서', '멀리에서'를 뜻하는 말인데, 둘 다 로마 시대의 군사 용어로서, 전자는 적에게 '접근하여 싸우는' 전투를, 후자는 적으로부터 '멀리 떨어져 싸우는' 전투를 말한다.

들을 수 있게 하기 위해서, 인간은 가능한 한 신으로부터 멀리 떨어져 있어야만 한다. 신이 있는 곳으로 더 가까이 갈 수 있는 것은 신으로부터 더 멀리 떨어져 있을 경우이다. 신에게 다가서기 위해서는 신으로부터 떨어져 나가야만 한다. 신 가까이에 있으면 신에게 다가설 수 없다. 가까이 있다는 것은 결국 더 멀리 떨어져 있는 것이다. 오, 신을 향한 인간의 무력함이여! 만일 높은 지위에 있는 사람에게 가까이 간다면, 사람은 아마 벌로 멀리 내팽개쳐질 것이다. 그러니 신 가까이 가려면 신으로부터 멀리 떨어져서 함께 가야만 하는 것이다.

인생에서 이 죄(죄의 용서에 절망하는 죄)를 대부분 잘못 생각하고 있다. 특히 윤리적인 것이 의도적으로 폐기[52]되어 있기 때문에 인간은 건전하고 윤리와 관련된 말을 듣기 어려워하거나 아니면 전혀 듣지 않게 되었다. 미학과 형이상학의 관점에서는 죄의 용서에 절망하는 일이 깊이 있는 인간이라는 표시로 존경되지만, 그것은 어린애의 경우 장난꾸러기라는 것을 깊이 있는 아이의 표시라고 보는 것과 마찬가지이다. 신과 인간의 관계에서 "네가 행할지어다"라는 유일한 규제 원리가 일부러 폐기된 이후 얼마나 많은 혼란이 종교적인 것 속으로 파고들어 왔는지 거의 믿을 수 없을 정도이다.

그런데 기이하게도 인간은 "네가 행할지어다"라는 종교적인 모든 규정 속에 반드시 포함되어 있어야 하는 신의 관념을, 또는 신에 관한 관념을 겸허히 받아들이지 않고, 인간 자존심의 한 요소로서 신의 눈앞에서 자기의 무게를 과시하는 데 사용해 온 것이다. 마치 정치 생활에서 야당에 소속함으로써 자기를 무게 있게 하고 결국 자기가 반대할 수 있는 뭔가를 갖기 위해 정부의 존재를 바라듯이, 사람들은 결국 신을 제거하는 일을 바라지는 않는 것이다. 그것은 신과 대립하고 있음으로 해서 좀 더 자기 자신을 무게 있어 보이게 하기 위해서일 뿐이다.

더구나 사람들이 그 옛날에는 신을 모멸하는 반역의 표현이라고 하며 전율하며 보아 오던 그 모든 것을, 오늘날에는 현명한 것, 즉 깊이 있는 인간의 표시로 여기고 있다. "너는 믿을지어다"라는 말이 전에는 간결하게 또한 솔직하게 통했다. 그러나 오늘날에는 믿을 수 없다는 것이 현명한 것이고, 깊이 있는 인간의

---

52) 키르케고르는 헤겔 철학을, 즉 일반적으로 사변 철학이 윤리와 관련된 것을 일부러 폐기해 버렸다고 비난하고 있다.

표시이다. 본래 "너는 죄의 용서를 믿을지어다"라는 말에 대한 유일한 주석으로, "만일 네가 그렇게 할 수 없다면 너는 불행을 초래할 것이다. 왜냐하면 사람은 자신이 해야 마땅한 일을 해야 하기 때문이다"라고 말했다. 하지만 오늘날에는 그것을 믿을 수 없다고 하는 것이 현명한 것이며 깊이 있는 인간의 표시이다. 얼마나 훌륭한 결과인가!

이것이 그리스도교계가 가져온 또 하나의 결과이다. 그리스도교에 대해 한 마디도 들을 수 없었다면 사람들은 결코 이렇게 생각할 리 없었을 것이다. 사실 이교도는 그처럼 생각한 적이 한 번도 없다. 그런데 그리스도교다운 여러 관념이 그렇게 그리스도교답지 않게 널리 퍼져 있기에, 그다운 관념은 더없이 건방진 일에 이용되든지, 아니면 다른 곳에 뻔뻔스러운 방법으로 나쁘게 쓰이는 것이다. 그렇다 해도 참으로 기이한 일로 여겨지는 일이지만, 이교도의 세계에서는 저주[53]라는 것이 풍습이 되지는 않았는데, 오히려 그리스도교계에서 그것이 아주 당연한 일로서 널리 이루어지고 있는 것이다.

이교도는 어떤 종류의 전율을 지니고서, 그리고 신비로운 것을 두려워하면서, 흔히 아주 엄숙한 태도로 신의 이름을 부른다. 그런데 그리스도교계에서 신의 이름은 일상 담화에 자주 나오는 말이며, 아주 분별없이 무관심하게 쓰이는 말이 되었다. 그것도 불쌍하게 뚜렷이 현신한 신(고귀한 것이 보통 그러하듯이, 자기의 몸을 숨기지 않고, 부주의하고 어리석게 뚜렷이 나타나 보이게 된 신)이 모든 민중에게 너무도 흔히 알려진 한 인물로 변화해 버려, 사람들은 때때로 교회에 가기만 해도 그것만으로 그리스도를 위해 큰 봉사를 한 셈으로 여긴다. 또 그들은 목사로부터도 칭찬받고, 목사는 참배자가 참배함으로써 나타낸 경의를 신의 이름으로 감사하면서 그에게 경건함이라는 존칭을 주는 한편, 교회에 가서 신에게 경의를 나타내지 않는 사람들에게는 조금 언짢은 얼굴빛을 나타내기 때문이다.

신이 죄를 용서하는 것에 절망하는 것은 죄이다. 유대인은 그리스도가 죄를 용서하려 했기 때문에 그리스도에게 좌절했고, 그것은 유대인으로서는 너무도

---

53) "신을 두고 저주한다"는 말. 예를 들어 그리스에서는 '신을 두고'라는 말은 좋은 뜻의 맹세에 쓰이는 것이 보통이었는데, 그리스도교 국가에서 신의 말은 온갖 저주의 마음을 표현하는 데 쓰게 되었음을 말하고 있다.

마땅한 일이었다.[54] 한 인간(신앙인이면 물론 그리스도가 신이었다는 사실을 믿고 있었을 테지만)이 죄를 용서하려 할 때 신앙을 지니고 있지 않은 사람이 좌절하지 않기 위해서는 고도의 자기 정신의 상실(즉 보통 그리스도교계에서 볼 수 있는, 약함에서 비롯된 신으로의 귀의)이 필요하다. 다음에는 또 죄를 용서받을 수 있다는 것에 좌절하지 않기 위해서도 마찬가지로 상당한 정신 상실(약함의 절망)이 필요하다. 그것은 인간의 지성으로는 무엇보다도 불가능한 일이다.

그렇다고 해서 내가 그 용서를 믿지 못하는 것이 현명한 자질 때문이라고 스스로를 칭찬하는 것은 아니다. 그 용서는 믿을 만한 것이기 때문이다. 이교의 세계에서는 으레 그런 죄(용서에 절망하는 죄)는 존재할 수 없었다. 만일 이교도가 죄에 대해 참된 관념을 지닐 수 있었다 하더라도(이교도에겐 신의 관념이 없었기 때문에 그렇게 될 수 없었지만), 자기 자신의 죄에 절망하는 일 이상으로(용서 등으로) 더 나아갈 수는 없었을 것이다. 만일 이교도가 세상에 절망하거나 일반적인 의미로 자기 자신에게 절망하거나 하는 것이 아니고(이것이 인간의 지성과 사유에 대해 이루어질 수 있는 이교도다운 양보의 전부이지만) 자기의 죄에 절망하는 데까지 이르렀다면, 그 이교도는 칭찬받아야 할 것이다.[55] 거기까지 도달하기 위

54) 예수가 중풍을 고치고 동시에 사람의 죄를 용서하는 권위를 나타냈는데도 유대인이 좌절한 것은 〈마가복음〉 2 : 1~12, 〈누가복음〉 5 : 17~26에도 나와 있지만, 〈마태복음〉 9 : 1~8에도 아래와 같은 아주 간결한 서술로 나와 있다.
"예수께서 배에 오르사 건너가 본 동네에 이르시니 침상에 누운 중풍병자를 사람들이 데리고 오거늘 예수께서 그들의 믿음을 보시고 중풍병자에게 이르시되 작은 자야 안심하라 네 죄 사함을 받았느니라. 어떤 서기관들이 속으로 이르되 이 사람이 신성을 모독하도다. 예수께서 그 생각을 아시고 이르시되 너희가 어찌하여 마음에 악한 생각을 하느냐? 네 죄 사함을 받았느니라 하는 말과 일어나 걸어가라 하는 말 중에 어느 것이 쉽겠느냐? 그러나 인자가 세상에서 죄를 사하는 권능이 있는 줄을 너희로 알게 하려 하노라 하시고 중풍병자에게 말씀하시되 일어나 네 침상을 가지고 집으로 가라 하시니 그가 일어나 집으로 돌아가거늘 무리가 보고 두려워하며 이런 권능을 사람에게 주신 하나님께 영광을 돌리니라."
병을 고친다고 되어 있기는 하지만, 병의 바탕에는 죄가 있고, 병자는 또 죄인이었다. 예수는 그 병을 고침으로 해서 죄를 용서한 것이다. 그러나 율법학자들(유대교를 전문으로 연구하는 유대교 학자들)은 그것을 "신을 더럽히는 것", 즉 죄를 용서하는 권위는 신만이 갖는 것이므로 예수가 분수에 넘치게 이 권위를 일컫는 것은 신을 모독하는 것이라고 여겼다. 그들은 "인자가 땅에서 죄를 사하는 권세를 가지고 있다는 것"에 좌절한 것이다.
55) 죄에 절망하는 것이 여기에서는 신앙을 바라보는 관점에서 변증법적으로 포착되어 있음을 알 수 있을 것이다. 이런 변증법적인 것이 존재한다는 것(이 책은 절망을 단지 병으로만 다루고 있긴 하지만)을 결코 잊어서는 안 된다. 그 변증법적인 것은 실제로 절망이 신앙에서 제1의 계

해서는 인간적으로 말하면 깊은 마음과 윤리 규정이 필요하다. 인간은 인간인 이상 그 이상 나아갈 수는 없으며, 거기까지(자기 죄에 절망) 말한 사람조차 매우 드물 것이다. 그러나 그리스도교적으로는 모든 대상이 변한다고 하는데, 그것은 "네 죄의 용서를 믿어야 한다"고 한, 상대에 대한 그리스도교의 주체적 말에서 비롯되는 것이다.

하지만 죄의 용서에 그리스도교계는 어떤 상태에 있는가? 확실히 그리스도교계의 상태는 사실상 죄의 용서에 절망하고 있는 상태이다. 이 말은 그리스도교계의 그런 절망 상태가 그런 상태로서 특별히 느껴지지 않을 정도로 그리스도교계가 퇴보하고 있다는 뜻으로 이해되어야 한다. 사람들은 죄의 의식에조차도 아직 이르지 않았다. 사람들은 이교도도 알고 있는 것 같은 종류의 죄밖에 알지 못하기 때문에, 이교도다운 안심 속에서 행복하고 기분 좋은 마음으로 살고 있다. 그렇다고 해도 사람들은 그리스도교계 속에서 살고 있으므로 이교도보다는 앞으로 나아간다. 그들은 앞으로 나아가 그들의 안심—실제로 그리스도교계에선 그 밖의 것이 될 수는 없는 것 같지만—이 곧 죄를 용서하는 의식이라는 망상을 한다. 그리고 목사들은 교회 신도들의 그 망상을 강하게 해준다.

그리스도교계의 근본 불행은 그리스도교인이다. 다시 말해 '신=사람'이라는 교설(주의를 요하는 것이지만, 이 교설은 그리스도교적인 뜻으로는 적극적 역설과, 신 앞에 선 인간의 좌절 가능성과 그 죄로써 보증되어 있다)이 계속 설교되면서, 신과 인간 사이의 질적 차이가 범신론적으로(처음에는 귀족적인 사변에 의해, 나중에는 서민적으로 한길이나 뒷골목에서) 묵살되어 버렸다는[56] 것이다.

기라고도 할 수 있다는 점에 있다. 이에 반해 관점이 신앙에서 떨어져 나가고 신과의 관계로부터 떨어져 나가는 경우에는, 죄에 절망하는 것은 새로운 죄다. 정신생활에서는 모든 것이 변증법적이다. 따라서 좌절도 폐기된 가능성으로서는 신앙이 그 한계이다. 그러나 신앙으로부터 떨어져 나가는 관점에 근거한 좌절은 죄다. 사람은 어떤 사람이 그리스도교에 좌절마저 할 수 없다고 할 때 그 사람을 나무랄 수 있다. 그런 식으로 이야기할 경우에는 물론 좌절이 뭔가 좋은 일이라도 되는 양 말하고 있다. 그러나 다른 면에서 본다면 물론 좌절은 죄라고 말해야만 되는 것이다. (원주)

56) '귀족적인 사변에 의해' 신과 인간의 질적 차이를 폐기한 범신론의 관점에서 생각하고 있는 것이 헤겔 철학 및 그 아류들의 철학이나 신학이라는 것은 말할 나위도 없지만, 그것을 '서민적으로 한길이나 뒷골목에서' 폐기했다고 말하고 있음은 히르슈에 따르면, 헤겔 철학의 한 가

지상에 있는 어떤 교설도, 신과 인간을 그리스도교만큼 가까이 결부시킨 것은 없었다. 사실 그것은 다른 어떤 교설도 할 수 없는 것이었다. 그것은 단지 신 자신만이 할 수 있는 일이며, 인간이 생각해 내는 것은 어떤 것이건 단지 결국 꿈이며 믿을 수 없는 망상에 지나지 않은 것이다. 그러나 또한 신이 그런 수단을 취한 다음에, 마치 신과 인간이 결국 하나가 되어 버리기라도 하는 것처럼 오해해 버리는, 아주 두려워할 모독에 그리스도교만큼 주의 깊게 몸을 지킨 교설도 없었다. 이 모독에 신 앞에서의 좌절의 도움을 얻어 몸을 지킨 교설은 아직 없었던 것이다. 단정치 못한 설교자들[57]은 불행할 것이다. 경박한 사상가들은 불행하고 불행할 것이다. 그들로부터 배우고, 그들을 칭찬해 온 모든 귀의자들은 불행할 것이다!

인간 세상에서 질서가 유지되어야 한다면 그것은 신이 바라는 것이다. 왜냐하면 신은 무질서하지 않기 때문이다.[58] 신이 바라는 것은 무엇보다도 먼저 인간 저마다가 단독의 인간이라는 것에, 단독의 인간이라는 것을 깨닫게 되는 것에 그 주의가 집중되어야 한다. 만일 인간이 모여서 아리스토텔레스가 동물의 규정이라고 부르고 있는 것,[59] 즉 군중이 될 수 있는 허가를 얻어 그 추상물(이 것은 무 이하의 것이며, 전혀 쓸데없는 온갖 것보다도 이하의 것일 텐데)이 뭔가 상당

지 발전이기도 하고 유물론에 근거한 범신론이라고도 할 수 있는 포이어바흐의 인간학적 철학을 말하는 것으로, 이하의 문장에서도 포이어바흐에 대한 풍자를 자주 볼 수 있다고 한다.

57) 원어는 '연설가' 또는 '웅변가'이지만, 철학자, 신학자들까지 포함해서 '설교자'의 뜻으로 쓰이고 있다. '단정치 못하다' 함은 좌절을 모르는, 또는 좌절을 폐기해 버린 것을 가리켜 평한 형용이다.

58) 〈고린도전서〉 14 : 33의 "하나님은 무질서의 하나님이 아니시요 오직 화평의 하나님이시니라."

59) 아리스토텔레스는 《정치학》 제3권에서 나라의 주권자가 될 자는 누구냐고 묻고, 그 제11장에서 뛰어난 소수자보다 오히려 다수자가 주권자이어야 한다는 주장을 비판했는데, 거기에서 대강 다음과 같이 말하고 있다. "아주 뛰어난 소수자보다는 대중이 주권자로 알맞다고 생각한다. 즉 다수자는 그 한 사람 한 사람을 놓고 본다면 대단한 사람은 아니지만, 한데 모이면 소수의 뛰어난 자들보다도 훨씬 뛰어나다. 그것은 예를 들어 다수자들이 가지고 온 식사가 단 한 사람의 비용으로 만든 식사보다 훨씬 뛰어난 것과 마찬가지이다. 덕이나 사려도 마찬가지이다." 그러나 대중이 개개의 뛰어난 사람보다도 뛰어나다는 주장은 모든 경우에 들어맞는 것은 아니다. 오히려 어떤 종류의 민중이나 대중의 경우에는 절대로 있을 수 없는 일이다. "만일 그렇다면 그와 똑같은 이론이 동물에게도 들어맞을 것이다." 즉 동물은 무리의 힘을 과시하는 것으로 생각되기 때문이다.

한 것으로 간주되면, 이윽고 이 추상물은 신이 되고 마는 것이다.[60] 그렇게 되면 그것은 철학적으로 신은 곧 사람이라는 교설과 잘 일치되는 셈이다.

이렇게 되어 군중이 국왕을 위압하거나 신문이 정부의 관리를 위압하거나 하는 것을 사람들이 여러 국가에서 배워 알고 있듯이, 사람들은 마침내 모든 인간을 동원해 신을 위압하는 일을 발견하게 된다. 이렇게 해서 이것이 '신은 곧 사람'이라는 교설, 즉 신과 인간이 똑같은 것[61]이라는 교설로 불리는 것이다. 낱개에 대한 동류 무리의 우위를 설파하는 이 학설의 보급에 협력한 철학자들 대부분은, 가장 낮은 계층의 사람들이 신은 곧 사람이라고 여기는 정도까지 그 학설이 하락하게 되면, 혐오의 마음으로 등을 돌릴 것이 뻔하다. 그러나 이 철학자들은 그것이 그래도 그들의 학설일 수밖에 없음을 잊고 있는 것이다. 그들은 자신들의 학설을 귀족들이 받아들이고 있었을 때에도, 선발된 귀족들이나 뽑힌 철학자 동료들이 자기들을 신의 화신이라 생각하고 있었을 때에도, 지금보다 더한 진리는 아니었음을 모른 체하는 것이다.

요컨대 신은 곧 사람이라는 교설이 그리스도교계를 몰염치한 꼴로 만든 것이다. 마치 신이 지나치게 약해 보일 정도이다. 신으로서는 마음씨 좋게도 너무도 큰 양보를 한 탓에 망은으로 보답을 받듯, 당치 않은 보복을 받은 것과 마찬가지이다. 신은 곧 사람이라는 교설을 만들어 낸 것은 신이다. 그러나 바야흐로 그리스도교계는 뻔뻔스럽게도 사태를 역전시켜 신을 허물없는 친척으로 대한다. 따라서 신이 이행한 양보의 의의[62]는 국왕이 자유 헌법을 발포하라고 한 최근 사건[63]이 지니는 의의와 거의 같은 정도인데, 사람들은 자유 헌법 발포가 어떤 의의를 띠고 있는가를 잘 알고 있는 듯이 이렇게 말한다. "국왕은 그렇게 할 수밖에 없었다."[64] 신은 난처한 처지였다는 것이다. 지혜로운 사람이 신에게 다

---

60) 닐스 툴스트룹에 따르면 "신인(神人)은 온 인류다"라고 하는 슈트라우스의 사상을 가리킨 것이다.

61) idem per idem. 문자대로는 '같은 것은 같은 것으로써'이다. 그리스 이후 인식의 한 가지 원리로 생각되는 것인데, 여기에서는 '완전히 똑같은 물건'이라는 뜻으로 쓰인다.

62) 신이 그리스도로서 사람이 된 것을 가리킨다.

63) 프리드리히 4세는 1848년 3월 자유 헌법의 발표를 약속하고, 1849년 6월 5일에 그 약속이 이루어졌다.

64) 이 인용은 그즈음의 민주주의적 정치가가 말한 것이며, 또 키르케고르가 길 위의 대화에서

음과 같이 말한다 해도 마땅하다는 생각을 할 것 같다. "그것은 당신 자신의 책임입니다. 왜 당신은 그처럼 깊이 인간과 관련되어 나타났습니까? 신과 인간 사이에 그런 동일성이 있으리라고는 누구든 결코 생각할 수 없었을 것이며, 어떤 인간의 마음에도 그런 생각이 떠오르지는 않았을 것입니다.[65] 그것을 알린 것은 바로 당신 스스로였습니다. 그리고 이제 당신은 그 뿌린 씨를 거두고 있는 것입니다."

그러나 그리스도교는 처음부터 몸을 지켜 온 것이다. 그리스도교는 죄의 교설로부터 시작된다. 죄라는 범주의 속성은 단독성[66]이다. 죄는 사변적으로는 결코 사유될 수 없다. 다시 말해 단독의 인간, 즉 개인은 개념 아래에 있기 때문에, 사람은 어떤 한 인간을 직접 사유할 수는 없고 오직 인간이라는 개념을 통해 사유할 수 있을 뿐이다. 그래서 사변은 낱개보다는 동류 무리가 우위라는 설에 금방 빠져든 것이다. 현실에서 개념이 무력함을 사변이 인정하도록 한다는 것은 도대체 무리한 요구이기 때문이다. 사람은 단독의 인간을 사유할 수 없듯이 단독의 죄인을 사유할 수 없으나 죄를 사유할 수는 있다(이 경우 죄는 신의 계시로 구원될 수 없는 소극적인 것이다). 그러나 또한 단독의 죄인을 사유할 수는 없다.

그렇기 때문에 단지 죄를 사유하려고 할 경우, 죄가 심각한 문제가 될 수 없는 것이다. 왜냐하면 심각함은 죄 전체에 있지 않고 사실 너와 내가 죄인이라는 점에 있기 때문이다. 심각함의 중점은 개별자인 죄인 위에 놓여 있는 것이다. '단독의 인간'인 경우, 본래 사변은 그가 일관된 한 단독인이라든지, 그래서 사유할 수 없다든지 하는 것을 크게 경멸할 것이다. 사변은 이 관점에서 뭔가 충고라도 하고 싶은 생각이 들면 개별자에게 이렇게 이야기할 것이다. "개별자란 것을 문제로 삼는 것은 시간 낭비이다. 먼저 그런 일을 잊어버리는 것이다. 단독의 인간

들은 것일 거라고 히르슈는 말하고 있다. 특히 그의 말을 빌리면, 이 《죽음에 이르는 병》은 1848년 3월에 코펜하겐에서 정치 정세의 영향 아래 쓰였다고 한다.

65) 〈고린도전서〉 2 : 9의 "기록된 바 하나님이 자기를 사랑하는 자들을 위하여 예비하신 모든 것은 눈으로 보지 못하고 귀로 듣지 못하고 사람의 마음으로 생각하지도 못하였다"에 따른 표현.

66) 헤겔 철학의 용어 '개별성'이 사용되고 있다. 키르케고르의 근본 범주인 '개별자'의 '단독성'과 같다.

이란 것은 아무것도 아니라고 사유해 보면 자네는 온 인류이다. 그렇게 해서 나는 사유한다. 그래서 존재한다(cogito ergo sum)." 그러나 아마 그것도 거짓말일 것이다. 단독의 인간에게는 자신이 단독의 최고 인간일 것이다. 하지만 어쨌든 사변의 말이 옳다고 하자.

그러면 사변은 아주 마땅한 듯이 또 다음과 같이 말할 것이다. "단독의 죄인은 아무것도 아니다. 그것은 개념 이하의 것이다. 그런 것으로 시간을 낭비하는 것은 그만두게." 자, 그러고 나서는 어떻게 될까? 아마 그 개인은 단독의 죄인 노릇을 그만두고—마치 단독의 인간 노릇을 그만두고 인간이라는 개념을 사유하라고 권고를 받을 때처럼—죄를 사유해야 할 것인가? 과연 앞으로는 어떻게 될 것인가? 아마도 그 죄의 전체 개념을 사유함으로써 '죄'가 자신의 것이 되는 것은 아닐까? 나는 사유함으로써 존재하는 것이다. 훌륭한 제안이다! 그러나 이렇게 해서 죄가 사변과 관련된 순수한 죄가 되지는 않을까 하는 걱정은 조금도 할 필요가 없다. 왜냐하면 죄(신의 계시로 구원받는 죄)는 결코 사유할 수 없는 것이기 때문이다. 이 사실은 아마 사변도 인정하지 않을 수 없을 것이다. 죄는 개념으로부터 떠난 것[67]이기 때문이다. 그런데 이런 양보적 논쟁에는 더는 참여하지 않지만, 문제는 주로 다른 곳에 있다.

죄에는 윤리적인 것이 관계되어 있음을 사변은 주의하지 않는다. 윤리적인 것은 언제나 사변과는 반대되는 것을 강조하고, 사변과는 정반대 방향으로 나아간다. 왜냐하면 윤리적인 것은, 현실을 추상으로 받아들이는 것이 아니라 오히려 현실 속에 깊숙이 파고든 다음에, 본질적으로 사변이 간과하고 경멸하는 단독성의 범주로써 현실을 조작하는 것이기 때문이다. 그래서 이 경우의 죄는 개별자적 규정이다. 사람은 스스로 이런 단독의 죄인인데, 단독의 죄인이라는 것을 아무것도 아닌 것인 양 여겨 가벼이 행동하는 것은 새로운 죄이다. 여기에 그리스도교가 파고들어 사변 앞에서 십자를 그으며 도움을 준다. 돛단배가 심한 역풍을 안고는 앞으로 나갈 수 없듯이, 사변도 그 어려움에서 벗어날 수는 없다. 죄의 심각, 또는 엄숙함은 네가 죄인이고 또 내가 죄인이라는 식으로 개별자의 관점에서 본 죄의 현실성이다. 사변의 관점으로는 개별자는 무시당할

---

67) 이 말은 셸링의 철학에서 비롯된 표현이라고 히르슈는 설명하고 있다.

수밖에 없다. 따라서 그 개별자의 죄에 관한 사변적인 말은 경박할 수밖에 없다. 죄의 변증법(개별자적)은 사변의 변증법(전체 개념적)과는 정반대로 나가는 것이다.

여기에서 그리스도교는 죄의 교설과 함께 시작되어 인간 저마다에게 개입한다.[68] 신은 곧 사람이라는 교설, 신과 인간 사이의 동일성의 교설을 푼 것은 물론 그리스도교이기 때문이다. 그러나 그리스도교는 뻔뻔스럽고 건방지게 강제로, 책임을 지우는 것을 크게 증오한다. 죄와 단독의 죄인이라는 개념의 교설에 따라, 신과 그리스도는 여느 국왕이 대중에게 하는 방법과는 전혀 다른 방법으로, 국민이나 인민 또는 대중들에게 똑같이 발포된 자유 헌법의 온갖 요구에 대해서도 단호히 몸을 지켜 개인의 죄를 규정한 것이다.

이들 모든 추상물(개념적·추상적 죄)은 신 앞에서는 전혀 존재하지 않는다. 단지 단독의 인간들(죄인들)만이 그리스도에게, 신 앞에 살아 있는 것이다. 그러나

---

[68] 인류의 죄에 관한 교설은 다음과 같은 점에 주의하지 않았기 때문에 이따금 함부로 쓰여 왔다. 죄는 바로 모든 사람에게 공통된 것이긴 하지만, 인간을 하나의 사회라든지 회사 같은 공통 개념에 통합해 버리는 것이 아니라(이것은 집 밖에 있는 묘지에서 죽은 이들의 무리가 사회를 형성할 수 없는 것과 마찬가지이다) 오히려 인간을 개별자로 분산시켜 개별자 각자를 죄인으로 포착하고 놓치지 않는 것이다. 그리고 이 분산은 또 다른 뜻으로는 인간 세상의 완전함과 조화로 이루어진다. 또 목적론적으로는 완전함을 지향하는 것을 목표로 삼고 있다. 사람들은 이 점에 주의하지 않는다. 그래서 타락한 인류가 그리스도로 말미암아 단번에 좋은 자로 다시 되돌아가게 된 것이다. 이리하여 또 사람들은 추상물을 신에게 짊어지게 한 것인데, 이 추상물이 추상물인 주제에 감히 신과 가까운 사이라고 주장하는 것이다. 그러나 그것은 단지 인간을 철면피로 만드는 구실에 지나지 않는다. 즉 '개별자'가 신과 친근한 사이임을 느껴야 하는 것이라면(그리고 이것이 그리스도교의 교설이다) 인간은 거기에서 생기는 모든 중압을 두려움과 떨림 속에서 느껴야 하는 것이다. 그는 그것이 예부터 발견된 것이 아니므로 좌절의 가능성을 발견해야만 한다. 그러나 개별자가 추상물을 사이에 두고 그 영광에 이르러야 하는 것이라면, 사태는 너무도 천박한 것이 되어 결국은 헛된 것이 되어 버린다. 그때 개별자는 겸허한 기분이 들게 하고 의기소침하게 함과 아울러 마음을 돋보이게 하는, 그 신의 거대한 압력을 받는 일이 없다. 개별자는 그 추상물이 나누어 주는 것으로, 모든 것을 쉽게 소유하는 것으로 생각하게 된다. 인간은 개개의 예가 늘 같은 유(類)보다 이하인 동물의 존재와는 다르다. 인간은 보통 들 수 있는 여러 가지 특징으로 다른 동물보다 뛰어날 뿐만 아니라, 개별자가 같은 부류보다 나은 점에 따라 개체가 질적으로 뛰어나게 된다. 그리고 그 규정이 또 변증법적이어서 그것은 개별자가 죄인임을 뜻하고, 더구나 개별자가 완전함이라는 것도 뜻하는 것이다. (원주)

신은 전체를 잘 내다볼 수 있을 뿐만 아니라 참새까지도 알아볼 수 있다.[69] 신은 일반적으로 질서의 친구이다. 그리고 이 목적을 위해 신 자신은 모든 장소에, 모든 순간에 임하고 존재한다—이것은 신의 이름을 부르는 하나의 칭호로서 교과서[70] 안에서 다루지만, 사람들은 그저 심심하면 조금씩 생각해 볼 뿐, 결코 온갖 순간들을 통해 그것을 생각해 보려고 하진 않는다. 신은 곳곳에 두루두루 존재한다. 신의 개념[71]은 인간의 개념과는 다르다. 개별자는 전체 개념 속으로 들어갈 수 있는 것이 아니라 인간의 개념 아래에 한 구성원으로서 속해 있다. 신의 개념은 모든 것을 포괄한다. 또 다른 뜻으로 보면 신은 개념을 갖고 있지 않다. 신은 그런 개념, 즉 준말의 도움 같은 것이 필요하지 않다. 신은 현실 그 자체와 모든 개별자를 하나하나 개념으로 파악하고 있다(포괄하고 있다).[72] 신의 관점에서 본다면, 개별자는 전체 개념 아래에 다만 하나의 국한된 부분으로 속한 것은 아닌 것이다.

죄의 교설, 즉 너와 내가 죄인이라고 해석하는 교설은 '대중(무리)'을 완전히 분산시켜 버리는 교설로서, 신과 인간 사이의 질적 차이를 아직까지 본 적이 없을 만큼 심하게 드러낸다. 또 이런 신과 인간 개인 사이에 있는 질적 차이의 목표는 신만이 이룩할 수 있기 때문이다. 죄란, 바로 신 앞에서는 ……에 지나지 않기 때문이다. 인간이, 즉 인간 각자가 죄인이고, 그것도 '신 앞에서' 죄인이라는 점에서만큼 인간이 신과 구별되는 점은 없다. 그러나 그 때문에 사실은 서로 대립하는 신과 인간 개인은 이중의 뜻으로 결부되어 있는 것이다.[73] 즉 서로 대

---

69) 〈마태복음〉 10 : 29의 "참새 두 마리가 한 앗사리온에 팔리지 않느냐? 그러나 너희 아버지께서 허락하지 아니하시면 그 하나도 땅에 떨어지지 아니하리라"에 따른 것.

70) 발레의 《복음과 관련된 그리스도교 교과서—덴마크 학교용》의 제3장 6절에 "편재(遍在)에 대해. 신은 모든 곳에 존재하고 있으며, 그 힘으로써 모든 사물 속에 골고루 작용하려고 한다. 신은 그 피조물과 떨어져 있는 일이 없다"고 쓰여 있다.

71) 여기서 키르케고르는, 히르슈에 따르면 칸트 및 독일 관념론에 의해 강조된 교설, 즉 신은 경험이나 추리, 판단 등을 거듭함으로써 추상적으로 사유되는 것이 아니고, 지적으로 직관하는 것이라는 교설을 키르케고르식으로 말한 것이라고 한다. 그에 따르면 이 '개념'이란 말은 일종의 '지적인 직관'이라고 해석된다.

72) Comprendit. '포괄하다'와 '개념적으로 파악하다'의 두 뜻을 동시에 나타내는 말로 쓰이고 있다.

73) holdes sammen이란 말을 쓰고 있다. sammenholde란 말이 '결합시킨다'와 '비교 대칭한다'의 두 뜻을 지니고 있음을 인용한 것이다.

립하는 것은 결부된다(떨어지지 않도록 꼭 붙게 된다). 그들은 서로 떨어지는 것을 허용하지 않는다. 하지만 그처럼 결부되어 있기에 이 둘의 차이는 바야흐로 두드러진다. 그것은 마치 두 가지 색을 연결했을 경우, 두 빛이 더욱 두드러져 보인다고 말하는 것과 마찬가지이다. 상반되는 것은 나란히 늘어놓으면 더욱 두드러지기 마련이다.

보통 인간에 관한 모든 술어 중에서도 죄는, 부정의 길에서나 탁월의 길에서나[74] 도저히 신의 술어가 될 수 없는 유일한 것이다. 신에 대해(신은 무한하다는 것을, '유한하지 않다'고 부정적으로 표현하는 것과 같은 뜻에서) 신은 죄인이 아니라는 표현 방법을 쓴다면, 그것은 신을 모독하는 것이다.

죄인으로서의 인간은 질(質)이라는 무한정한 심연으로써 신과 단절되어 있다. 또 말할 나위 없는 것이지만 신이 인간을 용서할 경우에도 신은 마찬가지로 질이라는 무한정한 심연으로써 인간과 단절되어 있다. 다른 경우라면 일종의 역적응[75]에 의해 신적인 것을 인간적인 것으로 옮길 수 있다 하더라도, 죄를 용서한다는 것에 대해서만은 인간은 영원히 신과 동등할 수 없다.

이렇게 하여 여기에 인간의 좌절(즉 죄의 용서에 절망하는 죄)이 극도로 집중되어 있다. 그래서 바로 신과 인간 사이의 동일성을 가르치는 교설이 필요하다고 생각한 것이다. 그러므로 좌절은 주체성 있는 단독의 인간으로 규정하는 것을 크게 결정하는 것이다. 물론 좌절한 사람을 생각하지 않고 좌절을 생각하는 일은 가능하다. 피리 부는 사람이 없을 때 피리 소리를 생각할 수 없을 정도[76]로 불가능한 것은 아니다. 좌절은 연정 이상으로 현실과는 동떨어진 개념이라서, 좌절하는 개별자가 그곳에 존재한다면 그 사람이 비로소 현실일 것이라고 사유

---

74) via negationis, via eminentiae. 17세기 이래 루터파 교의학자들이 신의 속성을 규정하는 데 쓴 두 가지 방법이다. '부정의 길'이라는 것은 여기서 설명되었듯, 신에 관한 유한하고 불완전한 속성을 부정하는 규정의 방법이며, '탁월의 길'이란 것은 신에게 절대적이고 완전한 선의 속성을 인정하는 방법이다.

75) 여기에서 '적응'은 인간적인 것을 신에게로 옮겨서 생각하는 것을 말한 것 같다.

76) 플라톤의 《소크라테스의 변명》 27B, "이 세상에, 인간에게 교섭해 오는 사항은 그 존재를 인정하지만 인간의 존재는 인정하지 않는다고 하는 자가 있을까마는, 또한 말은 인정하지 않지만 말과 교섭하는 사항은 인정한다는 자가 있을까. 또 피리 부는 사람의 존재는 인정하지 않으나, 피리 부는 사람에게 교섭해 오는 사항은 인정한다는 자가 있을까. 세상에서 뛰어난 자여, 그런 자는 없다"에 따랐다.

로써 인정하는 것이다.

따라서 좌절은 개별자와 관련된다. 그런 점에서, 즉 인간 저마다를 개별자나 단독의 죄인으로 만드는 데서 그리스도교는 시작된다. 그리고 그리스도교는 천지가 찾아낼 수 있는 모든 좌절의 가능성들을 한곳에 집중시킨다(신은 이 일만을 마음에 둔다). 이것이 그리스도교이다. 그래서 그리스도교는 개별자 저마다에게 "너는 믿을지어다. 즉 너는 좌절하든지 믿든지 둘 중 하나를 택해야 한다"고 말한다. 그 밖에는 아무 말도 하지 않고, 덧붙일 말도 없다. "이제 나는 말해 버렸다"고 신은 하늘 위에서 말한다. "우리는 영원의 세계에서 또 말하기로 하세. 그동안 자네는 자네가 하고 싶은 일을 하면 되네. 그러나 심판은 코앞에 닥쳐 있네."

심판! 확실히 우리 인간이 이미 배운 것이며, 또 현실에서 경험이 가르쳐 준 것이지만, 배 위나 군대에서 폭동이 일어날 경우에는 죄를 저지른 사람의 수가 너무 많으므로 처벌을 단념하게 된다. 또 명예 있고 교양 있는 대중이나 백성일 경우, 그것은 범죄가 아니다. 복음서나 계시처럼 신뢰할 수 있는 신문에 따르면 그런 교양 있는 대중의 반란은 신의 의지라고 한다. 어떻게 해서 그렇게 되는가? 심판이란 개념은 개별자에 대응하는 것이지 집단으로 이루어지는 것이 아닌데 말이다. 많은 사람을 집단으로 살해할 수는 있다. 많은 사람에게 집단으로 물을 끼얹을 수는 있다. 집단으로 많은 자의 비위를 맞출 수는 있다. 요컨대 온갖 방법으로 많은 자를 가축처럼 다룰 수도 있다. 그러나 많은 자를 가축처럼 심판할 수는 없다. 가축을 심판할 수는 없기 때문이다. 아무리 많은 사람이 심판을 받는다 하더라도 심판이 엄숙하고 진실한 것이라면, 개별자 각자가 심판을 받아야 마땅할 것이다.[77]

그러므로 유죄자의 수가 매우 많을 경우 인간의 힘으로는 판단할 수 없다. 따라서 심판 그 자체를 단념하게 되는 것이다. 그렇다면 이때는 심판 자체가 문제가 아님을 알게 된다. 유죄자가 지나치게 많아서 심판할 수가 없는 것이다. 많은 유죄자를 저마다 개별자로서 포착할 수도 없으며, 그런 방법도 모른다. 그러므로 심판을 단념할 수밖에 없는 것이다.

---

77) 보라, 신이 '심판자'가 됨은 신에게 대중은 없고 단지 개별자가 있을 뿐이기 때문이다. (원주)

문명이 진보된 오늘날에는, 신이 인간과 같은 모습에다 인간과 같은 감정을 지니고 있다고 생각하는, 신을 사람에 비기어 나타낸 모든 관념은 시대에 뒤떨어진 것이라고 생각한다. 그러나 일반적으로 옛 재판소 판사, 군법회의 판사와 같은 심판자로서 신을 생각하는 것은 그다지 시대에 뒤떨어진 것이라고 생각하지 않는다. 그런데 보통 판사는 그 정도로 의의가 광범위한 사건을 판결할 수 없다. 그러므로 영원의 세계에서도 그와 똑같을 것이라고 추론하게 되는 것이다.

그래서 우리는 가능한 한 일치단결해 안전을 꾀하기 위해, 목사가 그런 식으로 설교하게 해주자는 것이다. 만일 일부러 다른 주장을 하는 개별자가, 어리석게도 두려움과 떨림 속에서 자기 생활을 스스로 불안해하면서 책임지게 만들고, 게다가 다른 사람들까지도 괴롭히려 한다면, 그런 개별자들의 패거리를 미치광이로 다루든지, 필요하다면 때려죽이든지 하여 우리 몸을 지켜야 한다. 그런 경우 판결은, 우리 쪽이 다수이기만 하면 그런 것은 죄가 되지 않는다. 그러나 또한 다수가 부정을 저지른다는 것은 터무니없는 생각이고 시대에 뒤떨어진 것이기도 하다.

이 시대는 다수가 하는 일이 바로 신의 의지가 되기 때문이다. 다수의 의지에 따른 판결이라는 이 지혜 앞에서는 지금까지 모든 인간이, 국왕도 황제도 각하도 모두 머리를 숙여 온 것이다. 우리는 그것을 경험으로 안다. 우리는 경험이 없는 젊은이는 아니다. 우리는 적당히 나오는 대로 지껄이는 것이 아니다. 경험을 쌓은 수많은 어른들의 관점에서 말하는 것이다. 이 지혜 덕분에 우리 모든 피조물은 이제까지 구원을 받아 왔다. 그러므로 신도 이제 틀림없이 이 지혜 앞에 머리를 숙이리라.

요컨대 우리가 다수가 되기만 하면 된다. 그렇게 되기만 하면 우리는 영원성을 지닌 심판인지 여부에 대해서도 마음 놓고 태평할 수 있을 것이다. 물론 그들은 영원한 세계에 걸맞는 개별자가 될 수 있을 때에야 비로소 무사태평할 것이다. 그러나 그들은 신 앞에서 언제나 개별자였고, 또 지금도 그러하다. 유리 상자 속에 앉아 있는 인간이라 할지라도, 신 앞에서 속속들이 간파당하고 있는 한 사람 한 사람의 인간만큼 부끄러운 생각은 하지 않는다. 그것은 양심과 관련되어 있다. 양심 덕분에 죄를 지을 때마다 즉시 보고서가 작성되고, 게다가 죄를 짓는 자 스스로 그 보고서를 쓰도록 되어 있다. 하지만 그 보고서는 신비한 잉크로 쓰이므로 영원한 세계에서 빛을 쐬게 될 때나 영원이 양심을 음미할 때, 그때야 비로소 뚜렷이 보이게 된다.

요컨대 인간은 영원한 세계에 도착할 때, 누구든 자기가 저질렀거나 게을리 했던 사소한 일까지도 빠뜨리지 않고 상세히 기록한 보고서를 스스로 지니고 가서 건네주는 것이다. 그러므로 영원한 세계에서 심판을 하는 것은 어린아이라도 할 수 있을 정도이다. 따라서 본래 제삼자가 할 일은 아무것도 없고, 그가 한 말은 아주 상세한 말까지도 모조리 조서에 실리는 것이다. 인생을 통해 영원으로 가는 여행길에 있는 범죄자는, 기차를 타고 그 기차의 속력으로[78] 현장으로부터, 그리고 자기의 범죄로부터 달아나려는 살인자와 같다. 그런데 불쌍하게도 그가 앉아 있는 차 바로 밑에는, 그의 인상을 적은 서류와 다음 역에서 그를 체포하라는 지령이 기록된 전신이 함께 달리고 있는 것이다. 이를테면 그는 조서를 손수 갖고 가는 것이다.

이렇기 때문에 죄의 용서에 절망하는 것은 좌절이다. 그리고 좌절이란 절망의 정도가 강화된 것이다. 보통 사람은 이런 생각을 할 수가 없다. 주로 좌절은(아직 좌절의 가능성인 단계에 비하여) 오히려 죄로 꼽히지 않는다. 그러므로 그런 죄에 대해서는 말할 수 없으며, 아직 좌절되지 않은 죄에 대해서만 말할 수 있다. 그렇다면 좌절이 죄의 정도가 진전된 것이라고 여겨지지도 않는다. 왜냐하면 그리스도교에 어울리는 죄는 신앙과 맞부딪히는 것이 아니라 덕과 맞부딪히기 때문이다.

C. 그리스도교를 적극적[79]으로 폐기하고, 그것을 허위라고 말하는 죄

이것은 성령에 적극적으로(역설적·교설적·신앙적으로) 반(反)하는 죄이다.[80] 여기

---

78) 그 무렵은 기차가 발명된 지 얼마 안 된 때이므로, 기차의 속력은 빨리 달리는 것을 대표하는 것으로 여겨졌다.

79) modus ponendo ponens. 논리학상 가언적 3단 논법의 한 형식.

80) 〈마가복음〉 3 : 29의 "누구든 성령을 모독하는 자는 영원히 사하심을 얻지 못하고 영원한 죄가 되느니라"는 말 참조.

서 자기는 가장 절망적으로 그 정도가 강화된 상태에 있다. 자기는 그리스도교 전체를 내동댕이칠 뿐 아니라 그리스도교를 거짓이고 허위라고 생각하는 것이다. 이런 자기는 왜 자기 자신에 대해 이토록 무섭고 절망적인 관념을 지녀야 한단 말인가!

죄를 인간과 신 사이의 싸움으로 파악하면, 죄의 강도가 높아지는 것을 뚜렷이 볼 수 있다. 이 싸움에서 전술이 바뀌고 정도가 강화된다는 것은 수비하는 형세에서 공격하는 형세로 바뀌는 것이다. 신 앞에서의 절망은 죄다. 이 경우에는 도피하듯이 싸우게 된다. 다음에 자기의 죄에 대한 절망이 다시 나타나지만, 이 경우에도 다시 한번 도피하듯이 싸우면서, 즉 퇴각 지점만은 굳게 지키면서 계속 퇴각(pedem referens)하게 된다. 그런데 이번에는 전술이 일변한다. 죄가 갈수록 더 자기 자신 속에서 깊어져 간다. 그래서 신으로부터 멀어지려 함에도 오히려 다른 뜻으로는 차츰 신에게 가까워져 마침내는 결정적으로 자기 자신이 되는 것이다.

신의 용서에 관한 절망은 신의 자비로운 의견에 대한 인간적 태도의 하나인데, 이 절망하는 죄는 완전히 도피하는 것도, 단순히 방어하는 것도 아니다. 오히려 그리스도교를 허위나 거짓인 것으로 폐기하려는 죄로서 공격하는 싸움인 것이다. 이 공격에 앞선 모든 죄는 어쨌든 어느 정도까지는 상대편이 강한 것을 승인하고 있었다. 그런데 바야흐로 이제 죄는 공격하고자 한다.

성령에 거역하는 죄는 좌절의 적극적인 형태이다. 그리스도교의 교설은 신은 곧 사람이라는 교설이며 신과 인간 사이의 친근성에 대한 교설이기는 하지만, 주의할 것은 거기에는 좌절의 가능성이 인간을 견제해, 인간이 신에게 지나치게 가까워지지 않도록 신의 몸을 지키기 위한 보증이 되는 것이다. 좌절의 가능성은 모든 그리스도교다운 것에서 변증법적 계기가 된다. 만일 이 좌절의 가능성 단계에서 죄의 진전을 견제한다면, 그리스도교다운 것은 이교와 똑같아질 뿐만 아니라 더욱이 아주 사변적이고 공상적인 것이 되어 이교는 이를 농담이라고 언명할 것이다.

그리스도교가 가르치는 바에 따르면, 인간은 그리스도로 말미암아 신 앞에 다다를 수 있고 신 앞에 다다를 수 있도록 허용되며, 또 신 앞에 다다라야 하는데, 이처럼 감히 신 가까이에 있는 것은 아직 어떤 인간의 마음에도 떠오르지 않았던 것이다. 지금 만일 이 사실(신의 가까이에 이르고자 하는 것)을 단순히, 또 아주 쉽게 조금의 머뭇거림도 없이, 완전히 무관심하고 뻔뻔스럽게 이해해도 상관없다면 그래서 신들에 관한 그런 이교의 무례한 창작적 시도를 인간적 광기라고 부른다면, 그때의 그리스도교는 광기에 찬 신으로의 조작이라 할 것이다. 이런 교설은 지성을 잃은 신만이 생각해 낼 수 있다. 아직 지성을 잃지 않은 인간이라면 그렇게 판단하게 되는 것이다. 인간의 모습을 한 그런 신과 인간이 그처럼 쉽게 동료가 될 수 있다면, 셰익스피어의 헨리왕과 신도 좋은 한 쌍을 이루게 될 것이다.[81] 신과 인간이란, 그 사이에 끝없는 질(質)의 차이가 있는 두 가지의 다른 질이다. 이 차이를 간과하는 모든 교설은 인간적으로 말하면 광기이고, 신적으로 해석하면 신을 모독하는 것이다. 이교에서는 인간이 신을 인간으로 만들지만(사람이 곧 신), 그리스도교에서는 신이 스스로를 인간으로 만들었다(신이 곧 사람). 그러나 신은 자비로운 은총의 무한한 사랑 속에서 하나의 조건을 내건다. 신은 그렇게 할 수밖에 없다. "신은 그렇게 할 수밖에 없다"라는 말, 이것이야말로 그리스도의 슬픔이다. 신은 스스로를 천한 자로 만들고, 하인의 모습이 되어 괴로움을 받고, 인간을 위해 죽을 수 있으며, 모든 사람을 내게로 오라고 불러들이고,[82] 그 생애의 매일매일을, 그리고 모든 시간 아니 생명까지도 희생할 수 있다. 하지만 좌절의 가능성, 이것은 신조차 없앨 수 없다. 유일한 사랑의 행위이다! 아, 헤아릴 수 없는 사랑의 슬픔이다! 그런데 신 자신은 그 좌절의 가능성(죄)을 실천할 수 없다. 그것은 다른 뜻으로 보면 신이 바라지 않는 것이기도 하고, 신이 바랄 수 없는 것이기도 하다. 그러나 신이 인간들처럼 죄를 짓기를 바라서 인간과 같아졌다 하더라도, 사랑의 행위로 말미암아 인간들이 오히려 비참해질지도 모를 결과를 막는 것은 할 수 없다.

인간의 가장 큰 비참함, 죄보다도 더 큰 비참함은, 그리스도로 말미암아 그리스도 앞에서 좌절하여 그 좌절 속에 머물러 있는 것이라 생각된다. 그리고 그

---

81) 셰익스피어 《헨리 4세》 제1부 및 제5부에 등장하는 헨리 5세를 일컫는다. 그는 왕위에 오를 몸이면서도 방탕한 건달 친구들과 술집에 드나들고 온갖 어리석은 짓을 하고 다녀, 아버지 헨리 4세와 궁정에 있는 자를 슬프게 했다. 그 술친구의 대표자 존 폴스타프 경과 헨리 5세의 사이와 같은 것이라고 한다.
82) 〈마태복음〉 11 : 28의 "수고하고 무거운 짐 진 자들아, 다 내게로 오라. 내가 너희를 쉬게 하리라."

좌절은 그리스도도 그것을 불가능하도록 막을 수 없으며, '사랑'도 그것을 불가능하게 할 수 없다. 보라, 그러기에 그리스도는 말한다. "누구든지 나로 말미암아 실족하지 아니하는 자는 복이 있도다."[83] 그로서는 그 이상의 것을 할 수 없다. 그리스도는 더없는 그 사랑으로 말미암아 인간을 전례 없을 정도로 비참하게 한다. 아, 헤아릴 수 없는 사랑의 모순이다! 그럼에도 그는 사랑 때문에 그 사랑의 행위를 일부러 멈출 수는 없다. 아, 그렇기에 또 인간은 신이 사랑을 중지했으면 결코 그렇게는 되지 않았을 비참에 빠지게 되는 것이다!

이 일[84]에 대해 극도의 인간적 측면에서 말해 보도록 하자. 사랑 때문에, 사랑에 따라서 모든 것을 희생하려고 드는 충동을 아직까지 느껴 보지 못했던 자, 그래서 그 사랑을 이룩할 수 없었던 자, 그는 얼마나 가엾은 인간인가! 그러나 사랑 때문에 모든 것을 희생하려고 드는 충동을 느꼈을 때, 바로 이 사랑 때문에 하는 그의 희생이 오히려 다른 사람, 즉 사랑하는 이를 불행하게 만들지도 모른다는 것, 그리고 그런 가능성이 있을 수 있다는 것을 그가 발견했다면 어떻게 될까? 그때는 다음 두 가지 중 어느 하나를 택할 것이다.

그 하나의 경우는, 그의 속에 있는 애정이 탄력을 잃고 힘찬 생명력도 멈춤으로써 비애의 감정에 갇힌 번민으로 빠져드는 것이다. 그는 사랑을 버리는 것이다. 그는 현재 사랑의 행위를 무게 때문이 아니라, 그 가능성의 무게에 억눌려 일부러 그 사랑의 행위를 하려 들지 않게 된다. 그것의 무게가 막대기의 한쪽 끝에 걸리면 그 무게는 한없이 무거워져 그것을 들어 올리는 사람은 그 지렛대의 다른 쪽 끝도 잡아야만 한다. 그와 마찬가지로 모든 행위가 변증법적으로 되면 한없이 곤란하게 되고, 그것이 동정적이고 변증법적인 것이 되면 더없이 곤란해진다. 그러기에 사랑이 애인을 위해 하는 것처럼 몰아세우는 것은 다른 뜻으로 보면 애인에 대한 염려를 중단시키는 것처럼 생각된다.

그리고 다른 하나의 경우는, 사랑이 승리를 차지할 것이다. 그는 사랑 때문에 그 사랑의 행위(사업)를 일부러 할 것이다. 아, 그 사랑의 기쁨 속(사랑이란 것은 언제나 기쁜 것이다. 특히 사랑이 모든 것을 희생할 때에는)에는 깊은 슬픔 또한

83) 〈마태복음〉 11 : 6.

84) 이하의 서술은 명백히 레기네와의 약혼을 파기하고자 했을 때의 키르케고르의 내면적 고민을 나타낸다.

있다. 사랑 때문에 애인을 불행하게 할지도 모르지 않겠는가! 보라, 그러니 그는 자신이 행하는 사랑의 행위를, 즉 희생을 낳는 것(그로서는 기꺼이 희생을 바쳤을 것이지만)을 눈물 없이는 이행할 수 없었을 것이다. 글쎄, 뭐라고 이름 붙이면 좋을까? 그의 내면성의 역사화라고 할 수 있는 이런 사랑의 희생 외면에는 어두운 가능성이 떠 있다. 만일 그 어두운 가능성이 그 위에 떠 있지 않았다면, 그의 '참된' 사랑의 행위는 없었을 것이다. 오, 나의 벗이여, 도대체 자네는 이 인생에서 무엇을 해봤다는 말인가! 자네의 두뇌를 긴장시키고 경험하게나. 모든 것을 다 벗어 버리고 자네 가슴속에 있는 감정을 기록한 장부를 드러내 놓게. 자네가 읽는 작가의 작품으로부터 자네를 떼어 놓는 모든 장해를 물리쳐 버리게. 그러고 나서 셰익스피어를 읽게나. 그러면 자네는 온갖 갈등 앞에서 전율할 것이다. 본래의 종교 갈등 앞에서는 셰익스피어까지도 두려움에 질린 듯하니까.

아마 그런 종교 갈등은 단지 신들의 말에 의해서만 표현될 것이다. 그리고 신들의 말은 도저히 인간이 이야기할 수 있는 것은 아니다. 왜냐하면 이미 그리스도인이 능숙하게 말했듯이 인간은, 인간으로부터 말하는 것을 배우고, 신들로부터는 입을 다무는 것을 배우기 때문이다.[85]

신과 인간 사이에 무한한 질(質)의 차이가 있다는 점, 이것이 없앨 수 없는 좌절의 가능성이다. 사랑 때문에 신은 스스로 인간이 된다. 신은 말을 한다. "보라, 그리고 인간이란 어떤 것인가를 이해하라." 그러고는 이렇게 덧붙인다. "오! 그러나 너는 주의하라. 나는 동시에 신이다. 나로 말미암아 좌절하지 아니하는 자는 복이 있도다." 신은 인간으로서 천한 하인의 모습을 취한다. 신은 사람이 누구든 자기를 제거자라고 생각하지 않도록 하는 동시에, 또 사람이 신 앞에 가까이 가게 할 수 있는 것을 인간적 명성이나 사람들 사이에 떨치는 명성이라고 생각하지 않도록 비천한 인간이란 어떤 것인지를 드러내 준다. 신의 말대로 신 자신도 비천한 인간인 것이다.

그는 말한다. "보라, 그리고 인간이란 것이 어떤 것인가를 이해하라. 오! 그러나 너는 주의하라. 나는 동시에 신이다. 나로 말미암아 좌절하지 아니하는 자는

---

85) 플루타르코스의 《윤리론집》, 〈수다에 대하여〉에서 나오는 다음 말에 따른 것. "우리는 말하는 데는 인간을 교사로 삼지만, 침묵하는 데는 신들을 교사로 삼는다. 그리고 비밀스럽게 행하는 의식에 참석할 때에는 이 침묵을 신들로부터 배우게 되는 것이다."

복이 있도다"라고. 또는 반대로 이렇게 말할지도 모른다. "나와 아버지는 하나이
니라.[86] 그러나 나는 보다시피 모자라고 비천한 인간으로 가난하게 버림을 받아
사람들의 손으로 넘어와 있다.[87] 나로 말미암아 실족하지 아니하는 자는 복이
있도다. 나야말로, 이 비천한 인간인 나야말로 청각장애인을 듣게 하고, 시각장
애인을 보게 하며, 신경장애인을 걷게 하고, 한센병 환자를 낫게 하며, 죽은 자
를 되살리는 자이다. 나로 말미암아 실족하지 아니하는 자는 복이 있도다."[88]

　그러기에 신의 법정에서 책임을 지고 나는 말한다. 나로 말미암아 실족하지 아니
하는 자는 복이 있다는 그 말은 마지막 만찬에서 한 성찬제정(聖餐制定)의 말씀[89]
과 똑같지는 않지만, 누구든 먼저 자신을 겸허히 음미하라[90]는 말로서 그리스
도가 선의로써 하신 말씀 속에 포함되어 있다. 그것은 그리스도 자신의 말씀이
며, 특히 그리스도교계에서는 몇 번이고 가르쳐서 확고히 마음속에 아로새겨
주고, 한 사람 한 사람에게 특별히 되풀이해서 들려줘야 한다.[91] 어디에서든 이

---

86) 〈요한복음〉 10 : 30.
87) 〈마가복음〉 14 : 41의 "보라, 인자가 죄인의 손에 팔리느니라."
88) 〈마태복음〉 11 : 5~6의 "맹인이 보며, 못 걷는 사람이 걸으며, 나병환자가 깨끗함을 받으며,
　　못 듣는 자가 들으며, 죽은 자가 살아나며, 가난한 자들에게 복음이 전파된다 하라. 누구든
　　지 나로 말미암아 실족하지 아니하는 자는 복이 있도다."
89) 최후의 만찬에 대한 기술은 〈마태복음〉 26장, 〈마가복음〉 14장, 〈누가복음〉 22장의 각 공관
　　복음서에 있는데, 그중에서도 가장 오래된 문헌으로 보고 있는 〈고린도전서〉 11장에 따르면,
　　만찬제정의 말은 다음과 같다. "주 예수께서 잡히시던 날 밤에 떡을 가지사 축사하시고 떼어
　　이르시되 '이것은 너희를 위하는 내 몸이니 이것을 행하여 나를 기념하라' 하시고, 식후에 또
　　한 그와 같이 잔을 가지시고 이르시되 '이 잔은 내 피로 세운 새 언약이니 이것을 행하여 마
　　실 때마다 나를 기념하라' 하셨으니, 너희가 이 떡을 먹으며 이 잔을 마실 때마다 주의 죽으
　　심을 그가 오실 때까지 전하는 것이니라. 그러므로 누구든지 주의 떡이나 잔을 합당하지 않
　　게 먹고 마시는 자는 주의 몸과 피에 대하여 죄를 짓는 것이니라."
90) 〈고린도전서〉 11 : 28에는 "사람이 자기를 살피고 그 후에야 이 떡을 먹고 이 잔을 마실지니"
　　로 나와 있다.
91) 오늘날에 와서는 모든 그리스도교계가 거의 다 그러하다. 바로 그리스도 자신이 그렇게 여러
　　번 되풀이해 정성껏 좌절하지 말라고 훈계했다는 것을, 그리고 마찬가지로 그 생애의 마지막
　　에 이르러서도, 아마 최후의 만찬이 있은 뒤 예수가 함께 산에 오른 제자들에게 "오늘 밤에
　　너희가 다 나를 버리리라"라는 말씀이 기록된 〈마태복음〉 26 : 31을 가리킨 것 같다. 처음부
　　터 그를 따르고, 그를 위해 모든 것을 내던진 충실한 사도들을 향해서까지 그렇게 훈계했다
　　는 것을 전혀 무시하고 있는지, 아니면 좌절의 가능성을 조금도 알아채지 못해도 그리스도에
　　대한 신앙을 가질 수 있다는 것을 몇만 명 되는 사람의 경험이 보증한다고 보고, 마음속으로

말이 함께 울려 오지 않는 곳, 그리고 그리스도교다운 것에 대한 서술이 구석구석까지 이 사상으로써 일관되지 않은 곳, 그런 곳에서의 그리스도교는 신을 모독하는 것이다. 그리스도는 자신을 겸허하게 음미하라는 말을 들려주기 위해 길을 마련하고, 저기 오는 사람은 누굴까, 하고 사람들의 시선을 집중케 하는 호위나 하인을 함께 데리고 다니지도 않고 천한 하인의 모습으로 이 지상을 헤맸다.

그러나 좌절의 가능성이(아, 이것이 그리스도에게서나 그의 사랑 속에 얼마나 큰 슬픔이었던가!) 예나 지금이나 그리스도를 호위하고 그리스도와 그의 곁에서 입을 크게 벌린 심연으로, 신과 가장 가까웠던 인간과의 사이에 엄연히 놓여 있다. 다시 말해 좌절하지 않은 자는 믿고 예배하는 것이다. 그러나 예배는 신앙의 표현으로서, 예배하는 자와 예배받는 자 사이에 무한히 입을 벌린 질이라는 심연이 엄연히 놓여 있다는 것을 나타내는 것이다. 왜냐하면 믿고 신앙하고 있어도, 짐짓 좌절의 가능성이 변증법적 예배의 계기가 되기 때문이다.[92]

그러나 지금 여기에서 문제 삼는 좌절은 적극적인 것이다. 그것은 그리스도교를 허위와 거짓말이라고 언명하고, 또 그리스도에 대해서도 똑같이 언명하는 것이다.

그것을 그리스도의 쓸데없는 걱정이라고 생각하든지, 그 둘 중 하나이다. 그러나 그것은 잘못일 것이다. 그것이 잘못이라는 것은 좌절의 가능성이 그리스도교계를 심판할 날이 왔을 때 아마 틀림없이 명백해질 것이니까. (원주)

92) 여기 관찰자에게 작은 과제가 있다. 설교를 하거나 설교 원고를 쓰거나 하는 우리 나라와 외국의 수많은 목사들 대부분이 신앙을 가진 그리스도교인이라고 가정한다면, 특히 우리 시대에 알맞은 다음과 같은 기도를 조금도 들을 수도 없고, 읽을 수도 없다는 사실은 과연 어떻게 설명해야 한단 말인가. 하늘에 계신 하나님이여, 나는 당신이 그리스도교를 개념적으로 파악하기를 인간에게 요구하지 않은 것에 감사드립니다. 만일 그것을 요구하셨다면, 나는 모든 사람들 중에서도 가장 비참한 것(《고린도전서》15 : 19의 "만일 그리스도 안에서 우리가 바라는 것이 다만 이 세상의 삶뿐이면 모든 사람 가운데 우리가 더욱 불쌍한 자이리라")이었겠죠. 그리스도교를 개념으로 파악하려고 노력하면 할수록 나는 그리스도교를 점점 개념으로 파악하기 힘든 것으로 생각해서, 나는 결국 많은 좌절의 가능성을 발견할 뿐입니다. 그러므로 나는 당신이 단지 신앙만을 요구한 데 감사하며, 나의 신앙이 더 증가되도록(《누가복음》17 : 5의 "사도들이 주께 여짜오되 우리에게 믿음을 더하소서") 해주십시오. 이런 기도는 정통파 쪽에서 보아도 정당한 것이 될 것이며, 그렇게 기도하는 자가 참된 기도를 하고 있는 것이라면 그 기도는 동시에 사변 전체에 대한 적절한 역설이기도 할 것이다. 세상에서 믿음을 보겠느냐?(《누가복음》18 : 8) (원주)

이런 종류의 실족을 해명하기 위해서는 실족의 여러 형태를 알아보는 것이 가장 좋다. 실족은 원리적으로 역설(그리스도에 관한)에 해당되는 것으로서, 그리스도교다운 것에 대한 모든 규정에 되풀이해서 나타난다. 그런 그리스도교다운 것에 대한 규정은 어느 것이나 다 그리스도와 관련되고 그리스도를 염두에 두고 있기 때문이다.

　좌절의 가장 낮은 형태, 인간적으로 말해서 가장 천진한 형태는, 그리스도에 관한 모든 문제를 결정하지 않은 상태로 두고 그 문제에 대해 일부러 아무런 판단을 내리지 않는 것이다. 더욱이 신앙도 갖지 않고 판단도 내리지 않는다고 판단하는 것이다. 이것이 좌절의 한 형태인 것을 대부분의 사람은 알아채지 못한다. 사실 사람은 "너는 행할지어다"라는 식의 그리스도교다운 교지(敎旨)를 완전히 잊고 있으므로, 이처럼 그리스도에 무관심한 태도를 취하는 것이 좌절하는 것임을 사람들은 모르고 있는 셈이 된다. 그리스도교가 당신에게 전달되었다는 사실은, 바로 당신이 그리스도에 대해 하나의 견해를 지녀야 함을 뜻한다. 그리스도 자신이, 다시 말해 그리스도가 현재 있다는 것과 또 그리스도가 현실적으로 존재했었다는 것, 바로 그것이 온 인류의 운명을 결정하는 중대사인 것이다. 그리스도가 당신에게 말을 전했을 때, 그것에 대해 나는 아무런 의견도 가질 생각이 없다고 하는 것은 좌절인 것이다.

　그러나 그리스도교가 현재 볼 수 있듯이 아주 평범한 상태로만 전달되는 오늘날에는, 앞에서 말한 것도 조금 제한적인 것으로서 이해되어야 한다. 확실히 요즈음은 그리스도교의 선교의 말은 들었으나 이 "행할지어다"라는 것에 대해서는 아무것도 들은 바 없다는 사람이 수없이 많다. 하지만 사실은 그 말을 듣고 있으면서도, 나는 그에 대해 아무런 의견도 가질 생각은 하지 않는다, 라고 말하는 사람이 있다면 그 사람은 좌절하고 있는 것이다. 다시 말해 그는 그리스도의 신성과 그리스도가 인간에게 의견을 가지도록 요구할 권리를 갖고 있음을 부인하는 것이다. 그런 사람이 나는 아무 언명도 하지 않으며 그리스도에 대해 긍정도 부정도 말하지 않겠다고 언명해 봤자 아무 의미가 없다. 그렇다면 나는 그에게 이렇게 물어보겠다. 그러면 당신은 그리스도를 어떻게 생각하는지 의견은 있는가? 이에 대해 그가, 의견이 있다고 대답한다면 그는 스스로 잘못해 곤란에 얽혀 드는 격이다. 또 만일 없다고 한다면, 그리스도교는 그에게 유죄를 선고한다. 왜냐하면 그리스도교는 그가 그의 일에 대해, 또 그리스도에 대해서도 하나의 의견이 있어야 하며, 어떤 인간이라도 그리스도의 생애를 골동품처럼 진열해 놓는 그런 무례를 저질러서는 안 된다고 생각하기 때문이다.

신이 스스로를 탄생케 하여 스스로 인간이 된다는 것은, 신이 시간이 남아돌아서 하는 일은 아니다. 그것은 뭔가 해봐야겠다는 생각에서이며, 그가 뻔뻔스럽게 말했듯이[93] 신이 신의 존재와 결부되어 있다는 따분함을 쫓아내려고 단순히 생각한 것은 아니다. 신은 모험을 하고 싶어 그런 일을 한 것이 아니다. 아니, 신이 인간이 되었다는 것은 인간 세상에서의 엄숙한 사실이 되었다는 뜻이다. 그리고 또 인간 각자가 그것(즉 신이 인간으로 된 것)에 대해 의견을 가져야 한다는 것은 이 엄숙한 사실 중에서도 엄숙한 문제이다. 국왕이 시골 거리를 찾아갔을 때, 관리가 정당한 이유도 없이 문안드리는 것을 게을리한다면, 국왕은 그것을 모욕이라고 볼 것이다. 또 그 관리가 만일 국왕이 그 고장에 와 있다는 사실 자체를 무시하고 시골 사람인 체하며 "국왕이 뭐야, 왕법이 뭐야?" 하고 큰소리를 친다면, 도대체 국왕은 뭐라고 판단할 것인가? 신이 인간이 되려고 생각할 때, 인간(인간 저마다의 신에 대한 관계는 그 관리의 국왕에 대한 관계와 같다)이 그에 대해, 아니 그의 일에 대해서 나는 의견을 갖고 싶지 않다는 마음이 든다면, 이것 또한 그 관리의 경우와 같다. 이런 식의 말은 얕은 마음으로 경멸하고 있는 일을 그럴듯하게 반문하는 말이며, 따라서 신을 그럴싸하게 멸시하는 것이다.

좌절의 제2형태는 부정적이되 수동적이다. 이런 형태의 좌절은 그리스도에게 부정적이지만 무시할 수 없다는 것을 느끼기 때문에, 그리스도에 관한 일을 내버려 두고 생활에만 몰두할 수는 없다. 그러나 또 그는 신앙을 가질 수도 없기에 다만 같은 한 점, 즉 역설을 언제까지나 바라보고 있다. 그러는 한에서 그것은 어쨌든 그리스도교를 존경은 하고 있는 것이고, 그리스도를 어떻게 생각

---

93) 하이네의 시집 《노래의 책》 속에 나오는 〈귀향〉이라는 시에 다음과 같은 말이 있다.

아무래도 지루해서 못 배기겠다!
지상으로 내려가 볼까?
신이 될 수는 없다 하더라도
악마는 될 수 있겠지.

하느냐[94] 하는 이 문제가 정말 무엇보다도 중대한 문제임을 나타내 보이는 것이다. 이런 형태의 좌절을 하는 자는 그림자처럼 살고 있다. 그의 생명은 쇠진한다. 그는 마음속 깊은 곳에서 계속 이 중대한 문제, 즉 그리스도에 대해 어떤 의견을 가질 것인지의 결단과 다투기 때문이다. 이렇게 해서 그는 (실연의 괴로움이야말로 사랑의 실재성을 나타내는 것과 마찬가지로) 그리스도교의 실재성을 나타내 준다.

좌절의 마지막 형태는, 우리가 여기에서 문제로 삼고 있는 적극적인 좌절이다. 그것은 그리스도교를 허위와 거짓이라고 주장하고(그가 현실로 존재한다는 것과 그가 그 말대로 존재한 분이라는 것을) 그리스도를 가현설(假現說)[95]의 관점에서든지, 또는 합리주의 관점에서 부인하는 것이다. 그러기에 그리스도는 현실적으로 단독의 인간이 되지는 않고, 다만 가상적인 존재가 되거나 아니면 그냥 가상적 단독 인간이 되거나 둘 중 어느 하나이다. 따라서 그리스도는 가현설이라는 관점에 따라 현실이라는 것을 요구하려 들지 않는 시 또는 신화가 되거나, 아니면 합리주의라는 관점에 따라 신이라는 것을 요구하려 들지 않는 현실성 중 하나가 되고 만다. 이렇게 역설적으로 그리스도를 부인하는 것에는 으레 죄, 죄에 대한 용서 등의 모든 그리스도교다운 것을 부인하는 것도 포함된다.

좌절의 이런 형태는 성령을 거스르는 죄이다.[96] 유대인은 그리스도를 가리켜, 그는 귀신들의 힘을 빌려 귀신들을 쫓아 버리는 자[97]라고 말했지만, 그와 마찬가지로 성령 자체를 거스르는 이런 적극적 좌절을 하는 사람은 그리스도가 악귀를 조작했다고 간주해 버리는 것이다. 이런 좌절은 죄의 강도가 가장 강화된 것이지만, 대부분 그것을 간과하고 있다. 그리스도교는 죄와 신앙을 대립적 관

---

94) 〈마태복음〉 22 : 41~42의 "바리새인들이 모였을 때에 예수께서 그들에게 물으시되 너희는 그리스도에 대해서 어떻게 생각하느냐? 누구의 자손이냐?"

95) 그리스도론의 이단 가운데 하나로 그리스도는 사람으로 태어났지만 물질적인 육체와 결합할 수 없는 존재이며, 오직 외관상 육체의 형태를 취하였을 뿐이라는 주장이다.

96) 〈마태복음〉 12 : 31~32의 "그러므로 내가 너희에게 이르노니 사람에 대한 모든 죄와 모독은 사하심을 얻되 성령을 모독하는 것은 사하심을 얻지 못하겠고, 또 누구든지 말로 인자를 거역하면 사하심을 얻되 누구든지 말로 성령을 거역하면 이 세상과 오는 세상에서도 사하심을 얻지 못하리라."

97) 〈마태복음〉 9 : 34의 "그가 귀신의 왕을 의지하여 귀신을 쫓아낸다." 〈누가복음〉 11 : 15에도 같은 말("그가 귀신의 왕 바알세불을 힘입어 귀신을 쫓아낸다")이 나온다.

계로 여기지 않고 죄와 덕을 대립 관계로 여기기 때문이다.

그에 반해 이 대립은 이 책 전체를 통해 주장되어 왔다. 이 책의 첫머리 제1편 제1장의 A에서는 신 앞에서의 절망이 전혀 존재하지 않은 상태가 정식(定式)이라고 정했다. 이런 상태, 즉 신앙을 가진 상태가 자기 자신과 관계하는 동시에, 자기 자신이고자 할 때 자기를 조정하는 힘에 투명한 발판이 된다고 말했다. 나는 그것을 상기하도록 이따금 되풀이해서 주의를 촉구해 왔는데, 그 정식은 동시에 신앙의 정의이기도 하다.

Forførerens Dagbog

유혹자의 일기

그가 정열을 기울인 것은 젊은 아가씨
《돈 조반니》 제1막 제4장의 아리아

유혹자의 일기

나는 지금 나를 휘어잡고 있는 이 불안한 마음을 자신에게 숨길 수도, 억제할 수도 없다. 전에 나는 아주 우연히 한 권의 메모 뭉치를 발견했고, 그것을 아주 조마조마한 마음으로 서둘러 베껴 놓았다. 그랬던 것을 이제 내 관심에 따라 깨끗이 옮겨 쓰려고 한다. 내 앞에는 그때의 정경이 그대로 나타나서 그때와 마찬가지로 내게 불안한 마음을 불러일으키고, 비난을 퍼붓는다. 그때 그는 평소 습관답지 않게 책상 서랍을 닫아 놓지 않았었다. 그래서 책상 안의 것을 모두 내 마음대로 처리할 수 있게 되었다. 그러나 내가 서랍을 연 것이 아니라고 아무리 스스로 타이르고 내 행동을 변명해 봐야 아무 소용이 없다. 서랍 하나가 열려 있었고 거기에는 매지 않은 많은 종이가 어수선하게 들어 있었으며, 그 위에 꼼꼼하게 겉모양을 꾸민 사절판 크기의 메모 뭉치가 한 권 놓여 있었다. 펼쳐진 면지에는 무늬 있는 흰 종이가 붙어 있었는데, 거기에는 그의 자필로 '콤멘타리우스 페르페투우스 4',[1] 즉 '영원한 기록 4번'이라고 쓰여 있었다. 이제는 다 소용없는 일이기는 하지만, 만일 이 책의 면지가 위로 놓여 있지 않았더라면, 그래서 그 기묘한 제목을 보지 못했더라면 아마 유혹에 빠지지 않았으리라. 아니면 하다못해 유혹에 저항쯤은 했을 것이라 상상하고 싶어진다.

표제 그 자체가 진기했다. 그러나 표제가 진기했다기보다는 그것이 놓여 있던 환경 때문에 진기했다. 책으로 매지 않은 낱장들을 쭉 훑어보고 알았지만, 그 내용은 관능에 충실한 갖가지 정경의 관찰이라든지, 여러 가지 연애 관계에 대한 약간의 암시라든지 편지 초안 같은 것이었다. 나중에 알았지만, 이 편지는 얼른 보기에 아무렇지도 않게 쓴 것 같으나 사실은 세밀한 계산 아래 쓰인 것으로, 예술의 관점에서도 완전한 아주 독특한 것이었다.

---

1) 사건의 순서를 좇아 일일이 상세하게 적은 회상록이라는 뜻의 말.

그 타락한 인간의 책략에 찬 마음을 꿰뚫어 보고 있는 지금에 와서, 내가 그때의 정경으로 되돌아가 어떤 간계라도 간파할 만한 눈초리로 다시 그 서랍 앞에 다가서 본다. 그때 내가 받은 인상은 경찰관이 지폐 위조자의 방에 뛰어들어 금고를 열고 서랍 안에서 낱장으로 흩어진 종이며 초안, 다시 말해 한 장에는 도안 글자의 조그만 토막이, 다른 종이에는 짜 맞춘 서명 글자가, 또 다른 종이에는 왼쪽으로 쓰인 한 줄의 글이 있는 것을 발견했을 때 그가 느꼈을 심정과 같은 것이었음이 틀림없다. 그럴 때 그는 곧 자기의 수색이 적중했음을 깨달을 것이고, 그 기쁨은 틀림없이 일에 대한 자신의 열성과 근면에 대한 감탄과 뒤섞일 것이다.

물론 내 경우는 조금 달랐을 것이다. 나는 범죄를 찾아내는 데 익숙하지도 않고, 또 경찰의 휘장을 달거나 무장하지도 않았기 때문이다. 오히려 나는 정당하지 못한 일을 하고 있다는 사실 때문에 이중의 부담을 느꼈을 것이다.

그때 나는 그런 경우에 언제나 그렇듯이 말이 사라지고 생각도 하지 못했다. 사람은 강한 인상을 받으면 그것에 압도된다. 그리고 한참 뒤에야 반성의 고개를 들고 이것저것 궁리를 해본 다음 교묘한 말로 접근해 그 미지의 침입자와 사귀는 것이다. 이 반성의 힘이 발달해 있으면 있을수록 그만큼 빨리 자기 자신을 가라앉힐 수 있다. 외국 여행자의 여권을 다루는 직원처럼 기교스럽기 짝이 없는 인물을 늘 보아 온 덕에 웬만해서는 놀라지도 않는다. 이제는 내 반성의 힘도 꽤 많이 발달했지만, 그 첫 순간에는 정말 깜짝 놀랐다. 그때 내가 얼마나 새파랗게 질려서 까무러칠 뻔했으며, 또 내가 그것을 얼마나 무서워했는가를 나는 잘 기억한다. 그가 집에 돌아와서 서랍을 붙든 채 실신해 있는 나를 발견했다면 어떻게 되었을까? ……양심의 가책이라는 것은 언제나 인생을 흥미진진하게[2] 만들어 주는 것 같다.

'영원한 기록 4번'이라는 이 메모 뭉치 표제만으로 내 주의를 끈 것은 아니었다. 나는 그것을 발췌집이라고 생각했다. 그가 언제나 열심히 공부하고 있다는 것을 알고 있었으므로 내가 그렇게 생각한 것도 무리가 아니었다. 그러나 내용은 전혀 달랐다. 그것은 틀림없는 한 권의 일기였다. 알뜰히 기록한 일기였다. 그

---

2) '심미적인 것과 윤리적인 것의 경계선'이라는 뜻으로, '전기'의 범주라든지 '경계'의 범주라고 부르는 중요한 개념이다.

리고 이제까지 내가 그에 대해 알고 있는 범위 안에서는 그의 생활에 그렇게까지 회고록이 필요하다고 생각지는 않으나, 얼른 보기에도 이 표제는 풍부한 취미와 뛰어난 분별로 자신과 자신의 처지를 미적, 객관적으로 깊이 생각한 끝에 선택한 것임을 인정하지 않을 수 없다. 이 표제는 내용 전체와 완전히 조화를 이룬다. 그의 생활은 시적으로 살겠다는 의지를 실현하고자 하는 시도였다. 인생에서의 흥미진진한 것[3]을 발견하기 위한 기관이 예민하게 발달되었던 그는 어떤 방도로든 그 흥미를 발견해 냈고, 그 뒤에는 언제나 그것을 시적 체험으로 재현했다. 그러므로 그의 일기는 사실적으로 정확한 것도 있고, 또 단순한 이야기도 있으며, 직설법이 아니라 가정법으로 쓰여 있다. 말할 것도 없이 그 체험은 그 일을 겪은 뒤에, 때로는 꽤 오래 지난 뒤에 기록된 것이다. 그런데도 흔히 지금 이 순간에 진행되는 것처럼, 때로는 모든 것이 바로 눈앞에서 진행되는 듯이 여겨질 만큼, 극적으로 생생하게 적혀 있다.

이 일기는 무언가 다른 의도가 있어서 그가 그런 투로 썼다고는 생각하지 않는다. 이 일기가 더 엄밀한 뜻에서 그에게 개인적인 의의밖에 지니지 않았다는 것은 틀림없다. 그래서 내 눈앞에 있는 것이 하나의 문학 작품이며, 게다가 아마도 출판을 예정하고 쓴 것이라고까지 생각하려 한다는 것은 전체의 내용으로 보나 개개의 기록으로 보나 생각할 수 없는 것이다. 물론 이 일기를 공개했다 하더라도 그 자신은 전혀 두려워할 점이 없을 것이다. 왜냐하면 이 일기에 나타나는 대부분의 이름이 도저히 실존 인물의 것 같지 않은 희한한 이름들이었기 때문이다. 다만 나는 의문을 느꼈다. 왜 이름은 실제와 같게 하고 성은 읽는 사람 누구나 속도록 사실대로 해놓지 않았을까? 대표적으로 이 흥미로운 기록의 가장 중심에 서 있는 코델리아라는 소녀가 그렇다. 나는 그 소녀를 알고 있는데, 그 이름이 바로 코델리아였다. 그러나 실제 그녀의 성은 발(Wahl)이 아니었다.[4]

---

3) 앞의 주와는 달리 미학의 특수한 범주로 간주되는 것으로, 색다르고 사람의 흥미를 끄는 것이라는 정도의 뜻. '흥미진진한 것'이라는 말은 앞의 주와 여기에서처럼 두 가지의 다른 뜻으로 사용되고 있는 데 주의할 것.

4) 키르케고르의 연인 레기네 올센에게는 코델리아라는 언니가 있었다. 그녀는 키르케고르에게 호의를 갖고 있어서 파혼 뒤에도 그를 나쁜 사람으로는 보지 않았다. 《유혹자의 일기》는 레기네를 떼기 위해 쓴 것이며, 자기에게 호의를 가진 코델리아 올센까지 자기의 적으로 만들기 위해 일부러 코델리아라는 이름을 쓴 것으로 추측되고 있다.

그런데 그럼에도 이 일기가 그토록 문학적인 색채를 띠고 있다는 사실은 어떻게 설명해야 좋을까? 이 질문에 대답하는 것은 어렵지 않다. 그의 속에 있는 시인적 소질로 설명할 수 있기 때문이다. 말하자면 그의 시인적 소질이 그리 풍부하지는 않았으나, 시와 현실을 연결하지 못할 만큼 빈약하지도 않았기 때문이라고 할까. 시적인 것은 그가 스스로 발전시킨 재능이었다. 이 재능이야말로 그가 현실의 시적 상황 속에서 누린 것이며, 이 재능을 그는 문학적 반성의 형태로 다시 갖게 되었다. 이것은 그의 두 번째 향락이었다. 그리고 이 누림이야말로 그의 인생의 동기였다. 첫 번째 누림은 그가 심미적인 것을 인격적으로 누린다는 것이고, 두 번째 향락은 자기 인격을 심미적으로 누린다는 것이다. 앞의 경우, 일부는 현실이 그에게 주고 일부는 자신이 현실에 잉태시킨 것을 스스로 인격적으로 누렸다는 데 중점이 있고, 그다음의 경우에는 그 자신의 인격을 발산하면서 그 상황 속에 있는 자기 자신을 누리는 것이다. 앞의 경우 즉 심미성을 개인의 인격으로 끌어들이는 경우, 그는 기연 또는 계기로서 언제나 현실이 필요했으나, 뒤의 경우 즉 인격을 심미성으로 전이시키는 경우에는 현실이 시적인 것으로 빠져들게 되었다. 이렇게 하여 이런 제1단계의 열매가 일기를 낳게 하는 정서가 되고, 일기는 이 정서에서 제2단계의 열매로 태어났다. 하기야 이 열매라는 말이 두 번째의 경우는 첫 번째의 경우와 좀 다른 뜻으로 해석되고는 있지만, 이렇게 그는 끊임없이 그의 생활 자체에 따르는 다양한 경험을 시적인 것으로 표현하는 재능을 갖고 있었던 것이다.

우리가 살고 있는 이 세계의 배후에는 아득히 먼 저편 제2의 세계가 있으며, 이 두 세계의 관계는 마치 극장에서 무대와 무대 뒤편의 관계와 같다. 제2의 세계는 가려진 세계이며, 현실 세계보다 훨씬 가볍고 밝아 길이 완전히 다른 세계이다. 많은 사람들이 육체적으로는 현실 세계에 모습을 나타내고 있으면서도, 이 현실 세계를 편하게 여기지 못하고 오히려 그 별세계에서 편안함을 느낀다. 인간이 이렇게 현실 앞에서 그림자가 흐려지는 것은, 현실에서 도피한다는 뜻이며, 건강상의 또는 병의 징후이기도 하다. 그런데 내가 이제껏 잘 모르고 사귀어 온 이 사내의 경우는 병 탓이었다. 그는 현실에 속하지 않았다. 그런데도 현실에 깊이 관련되어 있었다. 그는 끊임없이 현실을 가벼이 스쳐 지났다. 그리하여 그는 현실에 온전히 몸을 내맡기고 있을 때조차 현실 밖에 초연히 서 있었다. 그러나 그를 현실 밖으로 끌어낸 것은 옳은 일도 그렇지 않은 일도 아니었다. 지금 이 순간에도 나는 도저히 그 일에 대해 나쁘다고 운운할 수가 없다. 그는 어느 정도 뇌수흥분증(腦髓興奮症)[5]에 걸려 있었는데, 이 증상에 빠지면 현실은 충분한 자극이 되지 않고 기껏해야 한순간의 자극만 준다. 그가 꺾인 것은 현실의 무게 때문이 아니었다. 그는 현실을 짊어지기에 지나치게 약했던 것이 아니라 오히려 너무 강했다. 그 강함이 그의 병이었다. 현실이 자극제로서의 의의를 잃자마자 그는 무장 해제당하고 말아 그 자리를 그의 악이 대신했던 것이다. 그는 자극을 받고 있는 순간에도 이 사실을 의식했고 이 의식 속에 악이 있었다.

한 소녀를 에워싼 사건이 이 일기의 주된 내용을 이루는데, 그 소녀를 나는 알고 있다. 그가 달리 또 많은 소녀를 유혹했는지는 모른다. 그의 기록으로 미루어 그런 일도 있을 법하다는 생각이 든다. 그가 행한 몇 차례의 유혹은 저마다 종류가 다르며, 거기에 어디까지나 그다운 특징이 있다. 말하자면 그는 평범한 의미의 유혹자이기에는 너무 정신적으로 치우친 소질을 타고난 것이다. 일기로도 알 수 있듯 그가 갈망한 것은 가벼운 눈인사처럼 참으로 소박할 때가 많았고, 결코 그 이상을 바라지 않았다. 그 소박한 것이야말로 그 여자가 지닌 최고의 아름다움이라고 생각했기 때문이다. 하늘이 준 정신적 재능으로 그는 소녀를 매혹하는 방법을 알고 있었지만, 그녀를 자기 것으로 만들려고 애쓰지는 않았다. 상상할 수 있지만, 소녀가 모든 것을 바칠 기분이 되어 있다는 확신을 가질 수 있는 최고조에 다다를 때까지 그는 소녀의 마음을 부채질하는 방법을 알고 있었다. 그리하여 거기까지 가면, 갑자기 그는 관계를 끊고, 소녀에게 접근하려는 기색을 조금도 보이지 않으며, 사랑의 말 한마디 중얼거리기는커녕 변명 한마디, 약속 한마디도 하지 않았다. 사실이 그러했다. 이런 이별을 받아들인다는 것은 이별을 당한 여성으로서는 이중의 고통으로 애걸할 일이었다. 왜냐하면 무엇을 어떻게 호소하고 싶어도 아무런 단서가 없기 때문이며, 또 방금 자기 자신을 책망하고 그를 용서해 주었는가 하면, 이번에는 그를 책망하게 되는, 마

---

5) 그 무렵의 의학 용어로 보인다. 키르케고르는 이것을 뇌의 작용이 이상하게 흥분하는 것, 말하자면 상상력이 이상하게 작용하는 것, 일종의 비정상적인 억센 상상력의 뜻으로 사용하고 있는 것 같다. 1839년 7월 17일자로 에밀 뵈센에게 보낸 편지에서 키르케고르는 이것을 자기 자신의 상태라고 말하고 있다.

치 무서운 마녀의 춤에 장단을 맞추는 듯한 기분에 희롱되어야 했기 때문이다. 게다가 그들의 연애 관계는 결국 비유하는 의미 정도로 현실에 충실한 것이었으므로, 모든 것이 공상이 아니었을까 하는 의심과도 싸워야만 했다. 누구에게도 그녀는 마음을 털어놓을 수 없었다. 더 정확하게 말하면, 그녀는 남에게 털어놓을 만한 것을 아무것도 갖고 있지 않았다. 꿈을 꾸었다면 꿈 이야기를 할 수도 있다. 그러나 그녀가 이야기해야 했던 것은 결코 꿈이 아니었다. 그것은 현실이었다. 그런데도 그녀가 그것을 다른 사람에게 털어놓음으로써 슬픈 가슴속을 후련하게 풀려고 하면, 곧 사라져 버린 아무것도 없는 상태로 돌아가 버리는 것이었다. 그녀는 스스로 그것을 잘 느끼고 있었으나 누구도 그것을 뚜렷이 포착하지는 못했으며, 그녀 또한 그랬다. 그런데 그것은 불안한 무게로 그녀의 머리를 누르고 있었다.

그러므로 그 희생자 아가씨들은 아주 독특한 경우를 겪었다고 할 수 있었다. 그들은 세상에서 실제로 배척되었거나, 또는 배척당했다고 스스로 생각하고는, 건전하고 아주 깊이 괴로워하며 슬퍼하되, 일단 생각이 마음에 넘치도록 쌓이고 쌓이면 미움이나 용서로 후련하게 가슴속 회포를 풀어 버리는 그런 류의 불행한 소녀들이 아니었다. 그녀들에게는 금방 눈에 띄는 변화가 조금도 나타나지 않았다. 그녀들은 전과 똑같이 생각되고, 여느 때와 마찬가지의 처지에서 생활하고 있으면서도 자신도 거의 설명하지 못하고, 남도 이해할 수 없는 변화를 일으키고 있었던 것이다. 그녀들의 인생은 다른 사람들의 인생처럼 꺾이거나 부서지지는 않았다. 그러나 자기 자신 안에 박혀 있을 뿐, 그녀들은 남의 눈에는 없는 거나 다름없었으며, 제 안에서 헛되이 자신을 발견하려 했다. 이런 의미에서 그의 인생 여정은 파악하기 어려웠고(그의 행적은 뒤에 어떤 발자취도 남기지 않았기 때문에 파악하기 어려웠다. 바로 이 점 때문에 그를 끝없이 자기반성을 하는 사람이라고 생각하게 된다), 마찬가지 의미로 그의 앞에서는 어느 누구도 희생자가 아니었다. 일반적인 뜻의 유혹자이기에는 그는 너무나 지적인 삶을 살고 있었다. 그러나 때로는 그도 육체를 지닌 인간이었기에[6] 감성적이었고, 관능만 남는 수도 있었다. 그와 코델리아의 사건도 몹시 복잡해서, 그가 '유혹당한 것은 나'라고

---

[6] 영(靈)이 내리는 정신에 '따라다니는' 신체, '피와 살을 가진 육체' 정도의 뜻.

말할 수도 있다. 아니 불행한 소녀조차 때로는 어느 쪽인지 알지 못해 얼떨떨해 할 지경이며, 여기에서도 그의 발자국은 뚜렷하지 않아서 어떻게 증명할 도리가 없다. 개개의 여성은 그에게는 자극제에 지나지 않았다. 나무가 잎사귀를 흔들어 떨어뜨리듯이 그는 그녀들을 버리고, 다시 생기를 찾으면 또 나뭇잎은 시들어 일찍 떨어져 버렸다.

그 자신의 머릿속은 대체 어떨까? 남을 혼미하게 했듯이 결국 그 스스로도 혼미해진다고 나는 생각한다. 그는 남을 혼미하게 했지만, 그것은 외면적인 것이 아니라 그들 자신과 관련된 내면적인 것이었다. 길을 잃고 어찌할 바를 모르는 나그네를 그릇된 길로 이끌어 그대로 버려둔다면, 그것은 참으로 나쁜 일이다. 그러나 그것도 사람을 자신의 내면 속에서 길을 잃게 만드는 데 비하면 아무것도 아니다. 길을 잃은 나그네에게는 그래도 주위의 경치가 시시각각 변해서 위안이 되고, 경치가 바뀔 때마다 옳은 길로 빠지는 오솔길을 발견하겠지 하는 희망이 생긴다. 그런데 자기 자신 속에서 길을 잃고 헤매는 자는 돌아다닐 만한 넓은 영토도 없고, 그것이 빠져나갈 수 없는 쳇바퀴 돌기라는 것을 곧 깨닫는다. 그도 이와 마찬가지인데, 그는 스스로가 인도자이기 때문에 그것이 훨씬 더 무서운 규모로 일어난다고 생각한다. 양심이 눈을 떠 이런 미로에서 빠져나가려 할 때 그 예리한 재능을, 깡그리 자신을 향한 그 교활한 마음을 견디는 것보다 더 심한 고통을 나는 생각할 수 없다. 그의 여우 굴에는 많은 출구가 있지만 다 소용이 없다. 왜냐하면 괴로운 그의 영혼은 금방 햇빛이 비쳐 드는 것을 본 듯이 느끼지만, 다음 순간 그것이 새로운 입구임을 깨닫게 되기 때문이다. 이렇게 그는 몰린 짐승처럼 절망에 사로잡혀 쉴 새 없이 탈출구를 찾아 헤매지만, 발견하는 것은 언제나 자신에게로 되돌아오는 입구뿐이다. 이런 인간을 반드시 범죄자라고 부를 수는 없다. 그는 자기 자신의 속임수에 속는 수가 흔하며, 더욱이 그는 범죄자 이상으로 무서운 벌을 받기 때문이다. 하지만 생각건대 이 뉘우침의 고통도 그의 의도된 광기에 비한다면 별게 아니다. 그가 받는 벌이라야 고작 순전히 심미적인 성격의 것이다. 말하자면 양심이 눈을 뜬다는 말조차 그에게 쓰기에는 지나치게 윤리적이다. 양심은 그의 경우 단지 어떤 고급 의식의 형태를 취할 뿐이다. 그것은 불안정한 마음으로 나타나지만, 그 이상 깊은 뜻으로 그를 고발하는 일은 처음부터 없으며, 다만 그를 눈뜨게 해놓고 끊임없이 헛된 활동을 하게 하여 결코 안식을 주지 않는다. 그는 미친 것도 아니다. 왜냐하면 현세를 중시하는 그의 갖가지 사고들이 영원한 광기 속에 화석이 된 것은 아니기 때문이다.

가엾은 코델리아, 그녀도 평안을 발견하기는 어려울 것이다. 그녀는 진심으로 그를 용서해 본다. 그러나 편안함을 찾지 못한다. 의심이 눈을 뜨기 때문이다. 약혼을 깬 것은 내가 아니었던가, 이 불행의 원인은 내게 있지 않았던가, 비범한 것을 구한 것은 나의 오만이 아니었던가 하는 의심. 그래서 이번에 그녀는 후회해 본다. 그래도 편안함을 찾지 못한다. 간사한 책략으로 그 계획을 내 마음속에 들고 들어온 것은 그 사람이다, 하고 그를 규탄하는 생각이 떠올라 그녀의 무죄를 선언하기 때문이다. 그래서 이번에는 그를 미워해 본다. 그녀의 마음은 저주의 말을 쏟아 냄으로써 가벼워진 듯하다. 하지만 여전히 편안함을 찾지 못한다. 다시 그녀는 자신을 책망한다. '나야말로 죄 많은 여자인데, 그런 내가 그를 미워하다니' 하고 자신을 꾸짖으면서 그가 아무리 악랄했더라도 어디까지나 죄는 자신에게 있다고 생각하는 것이다. 물론 그가 그녀를 속였다는 것은 그녀로서는 쓰라린 일이다. 그러나 더욱 괴로운 일은 그가 그녀로 하여금 수다스러운 반성에 눈뜨게 하고 그녀를 심미적으로 성숙시켜서 그녀가 이제 겸허한 마음으로 한목소리에 귀를 기울이지 못하고 많은 말을 한꺼번에 듣게 되었다는 것이다. 그때 추억이 그녀의 마음에서 눈뜬다. 그녀는 잘못이나 책임을 잊는다. 그녀는 멋진 순간순간을 생각하고, 부자연스러운 흥분에 취해 버린다. 이런 순간 그녀는 단지 그를 회상할 뿐만 아니라 일종의 투시력으로 그를 이해하는데, 이것 자체가 그녀에게 자신이 얼마나 성숙했는가를 보여 주는 증거가 된다. 그때 그녀는 그를 범죄자로 보지도 않고, 고귀한 사람으로 보지 않으면서도, 그를 심미적으로 느낀다. 그녀는 언젠가 나에게 한 통의 편지를 보낸 적이 있는데, 그에 대한 기분을 이렇게 표현했다.

때로 내가 여성이라는 것을 무시하고 있는 듯 여겨질 만큼 그분은 정신적이었지만, 또 어떤 때는 무서워서 소름이 끼칠 만큼 거칠고 정열적이며 욕망에 불타고 있었어요. 그분은 나를 마치 낯선 사람처럼 대할 때가 있는가 하면 완전히 나에게 몸을 맡겨 버릴 때도 있었어요. 그런 때 내가 두 팔로 그분을 끌어안으면, 이따금 모든 것이 순식간에 변하여 나는 '구름을 안고'[7] 있었어요. 이 말을 나는 그분을 만나기 전부터 알고 있었지만, 그 뜻은 그분을 만난 뒤에야 비로소 알게 되었답니다. 이 말을 쓸 때면, 언제나 나는 그분을 생각하죠. 하기야 나는 무엇을 생각하거나 그분과 연결 지어야만 생각할 수 있으니 말예요. 나는 평소에 음악을 좋아했는데, 그분은 언제나 민감하고 보기 드문 악기였어요. 그분은 어떤 악기도 지니지 못한 소리의 폭을 갖고 있었어요. 그분은 모든 감정과 정서로 꽉 차 있었어요. 어떤 사상이든 그분에게는 지나치게 높을 수 없고, 또한 큰 절망일 수도 없었어요. 그분은 가을 폭풍처럼 거세게 휘몰아칠 수 있는가 하면, 알아듣지 못할 만큼 나직이 속삭일 줄도 알았어요. 그에 비해 내가 하는 말들은 그런 효력이 없어요. 아주 없진 않지만요. 그것이 어떤 영향을 주었는지, 나는 도저히 알 수 없거든요. 나 자신이 불러일으킨 것이면서도 나 자신이 불러일으키지 않았다고도 할 수 있는 이 음악에, 나는 무어라 말할 수 없는, 신기하고 한없이 즐거운 이 형용하기 어려운 불안을 느끼면서 귀를 기울였어요. 그러면 거기에는 언제나 조화가 있었어요. 그분은 언제나 내 마음을 낚아채 갔어요.[8]

이런 심리 상태는 그녀로서는 끔찍했을 것이다. 그러나 그에게는 더 끔찍한 일이었다. 이 연애 사건을 떠올릴 때마다 나를 엄습하는 불안을 나 스스로 거의 억제하지 못한다는 사실로도 나는 이렇게 말할 수 있다. 나까지 이 안개의 나라에, 끊임없이 제 자신의 그림자에 놀라야 하는 이 꿈의 세계에 함께 끌려 들어가 있는 듯했다. 나는 몇 번이나 거기에서 빠져나오려고 애를 쓰지만, 소용이 없다. 나는 위협하는 그림자로서, 말 없는 고발자로서 함께 빨려 들어가는 것이다. 이 얼마나 기묘한 일인가! 그는 모든 것에 대해 가장 깊은 비밀들을 뿌려 놓았는데, 그 비밀보다 더 깊은 비밀이 지금 존재하는 것이다. 그건 내가 그의 비밀들 한가운데 서 있으며 더욱이 참으로 불법적인 방법으로 그의 비밀을 알게 되

---

7) 익시온이 헤라를 범하려고 했을 때 제우스는 구름으로 헤라의 모습을 만들어 이것과 관계를 가지도록 했다는 신화에 따른다.

8) 이 초고(표현은 좀 다르지만)가 1841년 원고에서 발견된다. 파혼 뒤 처음으로 베를린으로 여행하기 전에 쓴 것인데, 그때 벌써 《유혹자의 일기》를 구상하고 있었음을 알 수 있다.

었다는 것이다. 이제 모든 걸 잊을 수는 없다. 나는 여태까지 몇 번이나 이 일에 대해서 그와 이야기할 생각을 했다. 그러나 이야기했더라도 소용이 없었을 것이다. 그는 모든 것을 부인하면서 그 일기는 문학으로서의 한 시도라고 주장하거나, 나에게 침묵을 명령하거나 했을 것이다. 내가 그의 비밀을 알게 된 과정을 생각하면, 나는 그의 그런 명령을 도저히 거부할 수 없다. 그러나저러나 이 세상에서 이 일기의 비밀만큼 많은 유혹과 은밀한 저주에 싸여 있는 것도 없으리라.

나는 코델리아가 보낸 한 묶음의 편지를 받았다. 그것이 전부인지는 모른다. 하지만 몇 통은 그녀가 간직하고 있다고 언젠가 암시한 적이 있는 듯하다. 나는 그것을 베껴 놓았으므로 깨끗이 베껴 쓴 이 기록 속에 엮어 넣을 생각이다. 그 편지에는 분명 날짜가 없었지만, 날짜가 있더라도 소용이 없었을 것이다. 왜냐하면 일기는 앞으로 나아가면서 차츰 날짜를 기입하는 일이 뜸해져서 끝에 가서는 몇몇 예외를 제외하면 아예 날짜가 없기 때문이다. 그것은 마치 이 이야기가 앞으로 나아감에 따라 질적으로 중요한 의미를 띠기 시작해 모든 일이 사실인데도 차츰 이념으로 접근해 가서 시간의 설정 따위는 아무래도 좋은 게 된 것처럼 보였다. 겨우 어느 단 하루의 일기에만 날자가 쓰여 있을 뿐이다. 그런데 고맙게도 일기의 군데군데에서 몇 가지 암호를 발견했다. 처음에는 그 뜻을 알지 못했지만 그 말들을 편지와 대조해 본 결과, 나는 그 일기 속의 말들이 편지 속 내용의 동기가 되었다는 것을 깨달았다. 그래서 편지를 정확한 자리에 끼워 넣는 내 작업은 아주 쉬운 일이 되었다. 편지 내용의 동기가 암시되어 있는 자리에 편지를 계속 끼워 넣어 가면 되었으니 말이다. 만일 내가 이 길잡이의 암시를 발견하지 못했더라면, 나는 내가 오해하고 있을지도 모른다는 죄책감에서 벗어나지 못했을 것이다. 왜냐하면 나는 이제 와서야 그럴 법하다고 일기로써 짐작할 수 있지만, 편지가 연거푸 날아와서 때로는 그녀가 하루에도 몇 통이나 받았다는 점은 상상도 못 했을 것이기 때문이다. 만일 내가 내 마음대로 처리하지 않을 수 없었다면 나는 틀림없이 편지를 그저 골고루 나누어서 배치했을 것이고, 또 그가 코델리아를 정열의 정점에 사로잡히게 하기 위해 모든 수단을 써서 편지에 쏟아 넣은 정열적인 에너지로 그가 거둔 효과를 꿈에도 생각하지 못했을 것이다.

그와 코델리아의 연애 관계에 대한 완전한 설명 이외에 이 일기에는 몇 가지

짤막한 서술이 군데군데 끼워져 있고 그런 서술이 있는 자리에는 반드시 가장 자리에 '주의!'라고 적혀 있었다. 내용상 코델리아의 이야기와 아무런 관계가 없는 그 서술들은 그가 잘 썼던 말이지만 지금까지 내가 달리 이해하던 "언제나 조그만 끄나풀 한 가닥을 따로 가지고 있어야 한다"는 말의 뜻을 내게 확실하게 알려 주었다. 이 일기의 더 앞부분이 내 손에 들어와 있었더라면, 그가 그 가장자리에다, '에둘러서 펼치는 작전 행동'이라고[9] 적어 놓은 주변의 말들을 몇 번이나 보았을 것이다. 이렇게 상상할 수 있는 것은 코델리아 때문에 마음이 가득 차서 주변에 한눈을 팔 겨를이 없었다고 그 자신이 말하기 때문이다.

그는 코델리아를 버린 지 얼마 되지 않아 그녀가 보낸 몇 통의 편지를 받았으나, 봉투도 뜯지 않고 되돌려 보냈다. 코델리아가 내게 넘겨준 편지 속에 그 편지도 끼어 있었다. 그녀가 손수 봉투를 뜯어 주었으니, 내가 베껴도 상관없을 줄 안다. 그런 편지의 내용에 대해서 그녀는 한 번도 내게 이야기한 적이 없다. 그러나 그녀는 이야기가 요하네스와의 관계에 미칠 때마다 괴테의 시 같은 짤막한 시구를 읊었으며, 더욱이 그 시구에 그때그때의 기분에 따른 알맞은 억양을 붙여 서로 다른 뜻으로 표현했다.

가시라,
참된 마음을
물리치면,
회한이
머지않아 오리니.[10]

그 편지들의 내용은 다음과 같다.

요하네스 님!
나는 당신을 '나의' 요하네스라고는 부르지 않겠어요. 이제야 나는 똑똑히 알

---

9) 유혹의 대상인 코델리아를 직접 겨누는 것이 아니라 간접으로 에둘러서 펼치는 작전 행동이라는 뜻이다.
10) 괴테의 《예리와 베텔리(Jery und Bätely)》에서 인용.

고 있지만, 당신이 내 것이었던 적은 한 번도 없었어요. 그러니 지금 나는 당신을 내 것으로 생각하고 일찍이 내 마음을 기쁘게 만든 데 대한 가혹한 벌을 진저리가 나도록 받고 있는 거예요. 하지만 아무래도 나는 당신을 '나의 요하네스'라고 부르겠어요. 나의 유혹자, 나의 기만자, 나의 원수, 나의 살육자, 내 불행의 원천, 내 기쁨의 무덤, 내 파멸의 심연. 나는 당신을 '나의 사람'이라 부르고 나를 '당신의 사람'이라고 부르겠어요. 그리고 이 말은 일찍이 당신을 사모하는 내 목소리에 자랑스럽게 기울였던 당신 귀에 유쾌하게 울렸듯이, 이제는 당신에 대한 영겁의 저주처럼 울리겠지요. 내가 당신을 쫓아갈 생각으로 있거나 손에 쥔 비수를 쳐들고[11] 당신의 비웃음을 살 작정으로 있다고 생각하며 기뻐해서는 안 됩니다. 어디든지 가고 싶은 곳으로 달아나세요. 그래도 나는 당신 거예요. 세계 끝까지 달아나세요. 그래도 나는 당신 거예요. 다른 여자 백 사람을 사랑하셔도 좋겠지요. 그래도 나는 당신 거니까요. 아니, 죽는 순간까지도 나는 당신 것이랍니다. 내가 당신에게 쓰고 있는 이런 말 자체가 그 증거예요. 당신은 당신이 내 모든 것이 되도록, 그러니까 내가 당신의 노예가 되어 모든 기쁨을 당신에게서 발견하도록 한 인간을 감히 속인 거예요. 나는 당신 거예요. 당신 거예요. 당신의 저주예요.

당신의 코델리아

요하네스!
옛날에 한 부자가 있었답니다.[12] 그 사람은 크고 작은 가축을 잔뜩 갖고 있었답니다. 그리고 가난한 한 소녀가 있었어요. 그 소녀는 아기 양 한 마리밖에는 가진 것이 없었죠. 그 아기 양은 소녀가 손수 주는 밥을 먹고, 소녀의 잔으로 물을 마셨습니다. 당신은 그 부자여서 이 세상의 온갖 멋진 것을 풍족하게 갖고 있었어요. 나는 가난한 소녀라서 내 사랑밖에는 가진 것이 없었고요. 그리고 당신은 욕망에 못 이겨서 얼마 안 되는 내 소유물을 희생시켰습니다. 당신의 소유물은 아무것도 희생하지 않고 말예요. 옛날에 한 부자가 있었죠. 그는 크고 작

---

11) 《돈 조반니》의 돈나 엘비라를 풍자하고 있다.
12) 여호와가 예언자 나단을 보내어 다윗의 죄악을 꾸짖게 했을 때 나단이 다윗에게 말한 비유 (《사무엘하》 12 : 1~16 참조)를 모방한 것.

은 가축을 잔뜩 갖고 있었답니다. 그리고 가난한 한 소녀가 있었죠. 그 소녀는 한 마리 아기 양밖에 가진 것이 없었답니다.

당신의 코델리아

요하네스!

이제 희망이 아주 없어졌을까요? 당신의 사랑은 이제 두 번 다시 눈을 떠주지 않을까요? 지금까지 당신은 나를 사랑해 주셨잖아요? 나는 그렇게 믿고 있어요. 어째서 그런 확신을 가질 수 있는지 나도 알 수 없지만. 나는 기다릴래요. 아무리 먼 앞날이라도 나는 기다릴게요. 기다리고말고요. 당신이 다른 여자들을 사랑하는 데 싫증이 날 때까지. 그때가 되면 나에 대한 당신의 사랑이 틀림없이 사랑의 무덤에서 되살아나겠죠. 그때 나는 여느 때처럼 당신을 사랑할 거예요. 여느 때처럼, 아니 지난날처럼 당신에게 감사할 거예요. 아, 요하네스 님, 지난날처럼! 요하네스 님! 나에 대한 지금 당신의 그 무정함과 차가움, 이것이 당신의 진짜 인품인가요? 당신의 사랑은, 당신의 풍족한 마음은 다 거짓말이었나요? 지금의 당신이 진정한 당신 자신으로 돌아간 건가요? 내 사랑을 거부하지 말아 주세요. 내가 언제까지나 당신을 사랑할 수 있도록 허락해 주세요. 내 사랑이 당신에게 무거운 짐이라는 것을 잘 알고 있어요. 하지만 당신이 당신의 코델리아에게로 돌아와 주실 날이 꼭 올 거예요! 이 애원의 말씀을 들어 주세요! 나는 당신의 코델리아, 오직 당신의 코델리아랍니다.

당신의 코델리아

요하네스를 애절히 부르는 코델리아는 비록 요하네스만큼 변화하지는 못했지만, 그녀 또한 충분히 변화가 있었다. 비록 그녀의 표현에 어느 정도 명료함이 모자란다 하더라도 그녀의 감정은 편지 하나하나에 짙게 나타나 있다. 특히 두 번째 편지가 그렇다. 그 편지로는 그녀의 감정을 잘 알 수 있다기보다 예감할 뿐이지만, 그런 표현의 불완전함이야말로 나를 무척 감동시켰다.

4월 4일

조심하십시오. 누구신지는 모르지만, 아름다운 아가씨! 조심하십시오. 마차에서 내리는 것은 쉬운 일이 아닙니다. 때로는 그 모든 일을 결정할 수도 있으니까요. 좋으시다면 루트비히 티크(독일 작가)의 소설《거센 영국 아가씨》을 빌려드릴까요? 그 작품을 읽어 보시면 한 아가씨가 말에서 내릴 때의 한 걸음으로 온 생애의 운명을 결정하게 될 만큼 큰 분규에 휩쓸려 들어가는 과정을 알 수 있을 것입니다. 게다가 마차의 발판은 대부분 매우 어설프게 달려 있어서 품위 따위는 거들떠볼 수도 없이 죽기를 각오하고 마부나 하인의 팔 안에 뛰어들어야 했답니다. 정말이지 마부나 하인들은 얼마나 행복할까요? 나도 어디 젊은 아가씨들이 있는 집의 하인 자리나 하나 구해 볼까 진심으로 생각하고 있지요. 하인이되면, 그런 귀여운 아가씨들의 비밀을 쉽게 얻을 수 있을 테니까요.

하지만 제발 뛰어내리지는 마십시오. 부탁입니다. 이제 어둡지 않습니까. 내가 당신의 방해가 될 까닭은 없지요. 나는 저 가로등 아래에 가서 서 있겠습니다. 그러면 당신 눈에 띄지 않지요. 언제나 누가 보고 있다는 생각만 해도 쑥스러워지는 법인데, 누가 보고 있다고 생각하는 것은 다만 자기 눈에 상대편이 보이기 때문입니다. 그러니 혹시 당신의 급한 발디딤을 받아 내지 못할 수 있는 하인을 생각해서라도, 또 그 비단옷과 치맛자락의 장식을 생각해서라도 내가 늘 감탄해 마지않는 그 귀엽고 미끈한 당신의 작은 발을 세상 앞에 내놓고 시험해 보십시오. 틀림없이 발판이 닿는다는 생각으로 과감히 당신 발을 딛는 것입니다. 한 순간, 아찔해지지요. 발이 내려설 자리를 찾을 때 찾지 못할 것 같은 기분이 들기 때문이지요. 아니, 발판을 발견하고 나서도 여전히 무서울지 모릅니다. 그럴 때는 나머지 발을 재빨리 끌어당기십시오. 그렇지만 당신을 그런 자세로 엉거주춤 매달려 있게 내버려 둘 잔인한 사람은 아마 없을 것입니다. 당신의 아름다운 등장 앞에 그렇게 멋없고, 느린 자가 누가 있겠소. 아니면, 당신은 아직도 누가 불쑥 나타날까 두려워하고 있나요? 그것은 물론 하인도, 나도 아니겠죠. 왜냐하면 나는 벌써 그 조그만 발을 본 적이 있으니까요. 게다가 나는 자연 과학자니까, 퀴비에에게 배워 당신의 다리에서 여러 가지 기능적 결론을 끌어내는 법을 알고 있습니다. 그럼, 자, 빨리하십시오. 아, 불안 때문에 더해지는 당신의 아름다움, 그러나 불안 그 자체는 아름다움이 아니지요. 불안을 느끼는 그 순간에 불안을 이겨 내는 힘이 보일 때에만 불안은 아름다운 것입니다.

자, 보세요. 그 조그만 발이 어쩌면 그토록 든든하게 서 있는지를, 발이 조그마한 소녀가 발이 큰 사람들보다 훨씬 확고하게 선다는 것을 나는 알고 있습니다.

이것은 뜻밖의 일이었다. 경험으로 알 수 있는 것이 아니다. 조용히 마차에서 내리는 편이 뛰어내리는 것보다 옷자락이 걸리는 위험이 적은가 보다. 그러나저러나 젊은 아가씨들이 마차를 타고 다닌다는 것은 위험천만하니 생각해 볼 일이다. 결국 아가씨들은 그대로 타고 있어야 한다. 그래서야 레이스고 리본이고 감추어져 아무에게도 보여 줄 수 없게 되겠지만 손해는 그것뿐이다.

망토를 깊숙하게 덮어쓴 검은 그림자 하나가 나타났다. 불빛이 당신의 눈을 비추고 있어 그것이 어디에서 나타났는지 당신은 알 수 없다. 당신이 문간으로 들어가려고 하는 순간 그 그림자가 당신 곁을 지나갔다. 그 아슬아슬한 순간에 그의 곁눈질이 당신에게 덤벼들었다. 당신은 얼굴을 붉히고, 가슴이 가득 부풀어서 숨도 쉬지 못했다. 당신 눈에는 노여움과 모멸 어린 빛이 떠올랐다. 애원과 눈물이 당신 눈에 비쳤다. 모두 똑같이 아름다워서 나는 그 양쪽을 동등하게 받아들였다. 나는 계속해서 짓궂은 생각을 이어 간다. 그 집이 몇 번지였지? 아니, 그녀는 너무나 예쁜 진열된 치렛감이 아니었을까?

나의 아름다운 이방인이여, 나는 나쁜 인간인지도 모른다. 놀랍게도 나는 그 밝은 길을 따라가고 있다. 그녀는 그 일을 잊었다. 당연한 일이다. 열일곱 살쯤 되면, 그만큼 행복한 나이가 되어 물건이라도 사러 나가면, 온갖 자질구레한 물건을 하나하나 손에 쥐어 보며 이루 말할 수 없는 즐거움에 잠겨 쉬 잊어버리게도 된다. 그녀는 아직 나를 보지 못했다. 나는 판매대 반대쪽에서 멀리 떨어져서 혼자 우두커니 서 있다. 맞은편 벽에 거울이 걸려 있다. 그녀는 거울을 염두에 두지는 않지만, 거울은 그녀를 담아내고 있다. 거울은 어쩌면 그렇게도 충실히 그녀의 모습을 받아들이고 있는 것일까? 마치 그 충성으로 헌신의 정도를 드러내려는 천한 노예 같다. 노예에게 그녀는 소중한 의미이지만, 그녀에게 노예는 아무런 의미도 아니다. 노예는 그녀를 비출 수는 있지만, 껴안을 수는 없다. 거울은 그런 노예와 같다. 그녀의 모습을 붙잡을 수는 있어도 그녀를 붙잡을 수는 없는 것이다. 불행한 거울, 그녀의 모습을 몰래 속으로 간직해 온 세계의 눈에 띄지 않게 감추어 두지 못하고, 마치 지금 내게 보여 주고 있듯이 다른 사람에게 보여 주지 않고는 못 견디는 불행한 거울. 인간이면서 이렇게 행동하는 사람이 있다면 얼마나 괴롭겠는가? 그러나 세상에는 그런 인간이 얼마나 많은지! 남에게 보이는 순간 말고는 아무것도 가진 것이 없는 인간, 사물의 겉만 볼 뿐 본질을 파악하지 못하고, 그녀가 휴! 하며 한숨으로 자기 본심을 거울에 털어놓으려 하면 그만 그녀의 모습을 잃어버리고 마는 이 거울처럼, 본질이 나타나면 모든 것을 잃어버리고 마는 인간이! 눈앞에 보이는 것을 추억 속의 이미지와 결합시킬 수 있는 사람이 아니라면, 언제나 아름다움에서 멀리 떨어져 있기를 바라는 도리밖에 없다. 자신의 품에 너무 꼭 껴안고 있는 바람에 그 아름다움을 눈으로 볼 수 없을 만큼 그렇게 가까이 있어서는 안 된다. 그 아름다움은 입술과 입술이 접할 때처럼 너무 가까워서 겉으로 드러난 눈에는 보이지 않았으나, 실제로는 영혼의 눈앞에 존재하고 있었으므로 거리를 둔다면 보게 되는 것이다.

정말, 그녀는 어쩌면 저렇게도 아름다울까! 가엾은 거울아! 너는 아마 괴로울 게다. 그러나 네가 질투를 모른다는 것은 다행이다. 그녀의 얼굴은 완전한 달걀 모양이다. 그녀는 그 얼굴을 조금 앞으로 기울이고 있다. 그 때문에 이마가 한층 더 높아 보인다. 그래서 지성적인 능력의 그림자를 조금도 지니고 있지 않지만 청순하고 당당해 보인다. 그녀의 검은 머리는 나슬나슬하고 보드랍게 이마를 덮고 있다. 그녀의 얼굴은 어느 모로 보나 과일처럼 보동보동하고 동그스름하다. 그녀의 피부는 투명해 감촉이 꼭 벨벳 같다. 내 눈으로 그것을 지배할 수 있다. 그녀의 눈은, 그렇다, 나는 아직 그녀의 눈은 보지 못했다. 눈은 비단실의 술로 무장한 눈꺼풀에 가려져 있으며, 그 술이 갈고리처럼 굽어서 그녀의 시선을 포착하려는 이에게는 위험하다. 그녀의 머리는 마돈나의 머리 같다. 청순함과 순진함 바로 그 자체이다. 그녀는 마돈나처럼 몸을 굽힌다. 그러나 그녀가 오직 한 사람만을 지그시 바라보고 있는 것은 아니다. 그러기에 그녀의 얼굴 표정에는 변화가 생긴다. 그녀가 보는 것은 다양하다. 이 세상의 부귀영화를 나타내는 갖가지의 것이다. 그녀는 장갑을 벗는다. 거울과 그리고 나에게, 마치 고대 조각처럼 잘생긴 하얀 오른손을 보여 준다. 장식품은 하나도 안 달았다. 하물며 손가락에 납작한 금반지 하나도 끼고 있지 않다. 브라보! 그녀가 눈을 든다. 그러자 사람이 아주 달라진 것 같다. 그러나 같은 얼굴이다. 이마는 그리 높지 않고 얼굴도 완전한 달걀 모양은 아니지만, 아까보다 더욱 생기가 돈다. 그녀는 점원과 말을 주고받는다. 그녀는 쾌활하고 즐거워 보이며 잘도 떠든다. 그녀는 벌써 하나, 둘, 셋, 물건을 골라내고 있다. 그러다 그녀는 네 번째 물건을 집어 든다. 그녀는 눈을 다시 아래로 내리깐다. 그녀는 값을 묻고 그 물건을 옆에 있는 장갑 아래에 놓는다. 무슨 비밀이 있나 보다. 보낼 상대는, 연인? 그러나 그녀는 약혼하지 않았으리라. 하지만 세상에는 약혼은 하지 않았어도 연인이 있는 사람이 많고, 약혼은 했지만 연인은 없는 사람도 많지 않은가.

나는 그녀를 단념해야 할까? 그녀의 행복을 방해하지 말고 가만히 놔두어야 옳은가? 그녀는 값을 치르려고 한다. 그런데 지갑을 잃어버렸나 보다. 그녀는 주소를 알려 주고 있는 눈치이다. 그 말은 듣지 말자. 경이로움을 위해 어디까지나 기습하고 싶다. 나는 무슨 일이 있더라도 내 평생에 다시 한번 그녀를 만날 것이다. 나는 틀림없이 그녀를 기억하고 그녀도 아마 나를 알아볼 것이다. 내가 건넨 곁눈질을 그리 쉽게 잊을 수는 없다. 생각지 않은 상황에서 내가 그녀를 만나 뜻밖의 일이라고 깜짝 놀라면, 이번에야말로 그녀가 나를 알아볼 차례이다. 그녀가 나를 기억하고 있지 않다면, 그래서 나를 금방 알아채지 못한다면, 나는 꼭 기회를 보아서 곁눈질로 그녀를 바라볼 기회를 가질 테다. 그러면 그녀가 이 장면을 회상하게 될 것을 나는 확신한다. 서둘러서는 안 된다. 탐내는 눈치를 보여서는 안 된다. 무슨 일이고 천천히 즐기는 것이 좋다. 그녀의 운명은 정해졌다. 머지않아 반드시 나에게 미혹될 테니까.

4월 5일
이것 참 멋지군요. 혼자서 밤에 외스테르가데(코펜하겐 번화가)를 거닐다니. 물론 하인이 한 사람, 뒤에서 따라가고 있네요. 당신 같은 처녀가 혼자 거닐 거라고 생각할 만큼 내가 어수룩한 사람이라고 짐작지 마시오. 주위 상황을 한 번만 둘러보면, 그런 불길한 인물이 따라다닌다는 것은 금방 알지요. 그건 그렇고, 왜 그렇게 바삐 서두르시나요? 좀 불안한가요? 가슴이 좀 두근거리나요? 당신은 조바심이 나서가 아니라 그 달콤한 불안이 온몸에 넘쳐 심장이 두근거리고, 그래서 발길이 자꾸만 빨라지고 있어요. 그러나저러나 이 얼마나 근사한 일일까. 무엇과도 바꿀 수 없이 멋진 일이다. 저렇게 혼자 나돌아 다니다니, 하인을 뒤에 거느리고!

열여섯 살쯤 되었으면, 무언가 책도 읽었을 것이다. 아마 소설쯤은 읽었으리라. 하루는 오빠의 방을 지나갈 때 오빠가 친구들과 주고받는 대화에서, 외스테르가데에 관한 말을 엿듣는다. 그러고는 될 수 있으면 더 상세한 것을 알고 싶어 몇 번이나 오빠 방을 재빨리 지나가 본다. 그러나 아무 소용도 없다. 이제 어른이 된 아가씨라면 세상일을 조금 더 알아도 좋을 법하다. 하인을 뒤에 붙여서라도 외출할 수 있다면 물론 그것은 아주 좋은 일이다. 그렇지만 그렇게 되지도 않는다. 아버지나 어머니나 틀림없이 싫은 얼굴을 하실 것이고, 또 그녀는 뭐라고 변명하면 좋을지? 파티에 참석할 때로 적당치 않을뿐더러 시간이 좀 이를 것이다. 아우구스트 씨의 말로는 9시나 10시쯤이라니까. 파티에서 돌아오는 길은 너무 늦고, 게다가 돌아올 때는 대부분 하인이 따른다.

그녀는 속으로 이렇게 생각했을 것이다. 화요일 밤 연극을 구경하고 돌아올 때라면, 정말 아주 좋은 기회가 될지도 모르는데. 하지만 연극을 보고 돌아올 때는 언제나 마차를 타게 되니까 톰센 부인이나 귀여운 사촌들과 부딪쳐야만 해. 혼자 탈 수만 있다면 창문을 젖혀 놓고 바깥을 좀 둘러볼 텐데. 하지만 세상에서는 흔히 바라지 않는 일이 잘 일어나는 법. 오늘도 어머니가 말씀하셨어. "애, 아버지 생신 때 드릴 뜨개질한 옷 아직 다 안 됐지? 예테 아주머니 댁에 가서 차 마실 시간까지 머물다 오도록 하려무나. 거기에서는 차분하게 일할 수 있을 게다. 저녁에 옌스를 마중 보낼 테니까." 정말이지 이건 그렇게 기쁜 이야기가 아니었어. 예테 숙모 댁이 여간 따분해야지. 하지만 아주머니 댁에 가서, 9시까지나 혼자 하인을 데리고 돌아올 수도 있어. 옌스가 오려면 9시 15분까지 기다렸다가 숙모 집을 떠나게 될 거야. 아마 오빠와 아우구스트 씨를 만날지도 몰라. 하지만 만나야 반가울 것도 없지. 곧장 집으로 끌려와 버릴지도 모르니까. 고마워라, 하지만 나는 자유롭고 싶어 못 견딜 지경이거든. 자유, 그들에게 들키지 말고, 내가 그 사람들을 볼 수 있으면 좋으련만.

자, 귀여운 아가씨, 당신은 대체 무엇을 보고 있죠? 그리고 내가 무엇을 보고 있다고 생각하십니까? 무엇보다도 당신이 쓰고 있는 그 조그만 모자가 보이는군요. 당신에게 썩 잘 어울리고, 바쁘게 걸어가는 당신 동작과 정말 잘 조화를 이루는군요. 챙 달린 모자도 아니고 챙 없는 모자도 아닌 일종의 두건인데. 그러니 오늘 아침 집을 떠나올 때 당신이 그것을 쓰고 나왔을 까닭이 없습니다. 하인이 갖고 왔을까요? 아니면 예테 숙모에게 빌렸을까요? 미행할 때 쓰는 행장이군요. 그런데 관찰할 생각이라면, 베일을 완전히 다 내릴 수도 없겠습니다. 혹시 그것은 베일이 아니라 단지 폭넓은 비단 레이스가 아닌가요? 어두운 데서 보니, 어느 쪽인지 분간하기 어렵군요. 아무튼 그것이 그대의 얼굴 위쪽을 가리고 있고, 턱이 참으로 귀여운데 무척 뾰족한 것 같기도 하고, 너무 빨리 걷기 때문에 조그만 입은 살짝 벌어져 있습니다. 이는 눈처럼 흽니다. 그래야죠. 이는 가장 중요하며, 유혹하는 듯한 부드러운 입술 뒤에 숨은 호위병이죠. 두 볼은 발갛게 불타고, 머리를 조금 옆으로 기울여만 주면 그 베일인지 레이스인지의 안을 살짝 들여다볼 수 있겠는데.

조심하십시오. 이렇게 밑에서 쳐다보는 시선은 정면에서 보는 시선보다 위험합니다. 펜싱의 경우와 꼭 같지요. 눈처럼 날카롭고, 눈처럼 깊이 꽂히며, 눈처럼 번쩍이듯 질주하고, 눈처럼 사람을 속이는 무기가 달리 또 뭐가 있겠습니까? 검사의 말을 빌리면, 네 번째 자세처럼 보이게 하고는 두 번째 자세로 후려칩니다. 오른쪽에서 치는 체하다가 밑에서 베는 거예요. 그 동작은 빠르면 빠를수록 좋습니다. 치는 체해 보인 그 순간은 참으로 형용하기 어려운 순간인데 상대편은 그때 얻어맞았다고 느낍니다. 그는 이미 일격을 받은 것입니다. 확실히 그렇습니다. 그러나 사실은 자기도 모를 뜻밖의 부분을 얻어맞게 되는 것입니다.

그녀는 끈기 있게 걷고 있다. 무서워지지도 않고, 어디 하나 나무랄 데 없는 모습으로. 아가씨, 조심하십시오. 저쪽에서 한 남자가 오고 있으니까 베일을 내리십시오. 당신은 저런 자의 비속한 시선으로 더럽혀져서는 안 됩니다. 당신은 상상도 않겠지만, 저 시선이 당신 마음에 한번 불쾌한 불안을 일으켜 놓으면, 오랫동안 그것을 잊을 수 없게 될지도 모릅니다. 당신은 깨닫지 못하지만, 저자가 이 장면을 엿보고 있었다는 것을 나는 알 수 있습니다. 먼저 하인을 노리는 거지요. 그렇습니다. 하인을 데리고 혼자서 나돌아 다니면 무슨 일이 일어나는지 이제 당신도 아셨지요? 하인이 쓰러졌다고 해봅시다. 사실 이것은 우스꽝스러운 일입니다. 아무튼 당신은 어떻게 하시겠습니까? 되돌아가서 하인을 안아 일으킬 수도 없고, 흙투성이가 된 하인을 데리고 걸어 다니기도 싫고, 혼자 가기는 무섭고. 아가씨, 조심하십시오. 괴물이 다가오고 있습니다.

대답이 없으시군요. 나를 봐주십시오. 내 외모에 무언가 당신을 무섭게 만드는 것이 하나도 없습니까? 나는 그다지 깊은 인상을 당신에게 주지 못하나 보군요. 나는 아주 먼 세계에서 온 사람처럼 멋질 텐데. 내 말투 때문에 당신이 어리둥절해질 만한 것은 아무것도 없나요? 당신에게 어떤 옛 광경을 떠올리게 할 만한 것도, 아니면 멀찌감치서 그대의 마음을 빼앗을 만한 어떤 행동도 나와는 인연이 없나 봅니다. 당신은 아직도 조금 불안합니다. 그러니까 그 기분 나쁜 그림자가 당신을 습격하려고 한 것을 아직도 잊지 않았군요. 당신은 나한테 오히려 호의를 보이려 하는군요. 내가 어줍게도 당신 얼굴을 똑바로 보지 못하고 있는데, 이 점 때문에 당신이 우월감을 느끼는가 봅니다. 그래서 당신은 기뻐하며 안도감을 얻고, 나를 조금 놀려 주고 싶어진다는 말이지요. 내기를 해도 좋은데, 당신은 이 순간에 생각만 있었다면 나를 껴안을 용기까지도 가졌을 것입니다.

아무튼 당신은 스톰가데에 살고 있군요. 어쩌면 인사가 그토록 차갑고 무뚝뚝합니까? 그 궁지에서 구해 드린 나를 대하는 태도가 고작 그것입니까? 양심의 가책을 느꼈군요. 되돌아와서 내 호의에 감사하고 내게 악수의 손을 내밀어 주시는 걸 보니. 그런데 왜 그렇게 얼굴이 창백하지요? 내 목소리는 여전하지 않습니까? 내 태도도 아까와 같고, 내 눈 또한 조용하고 침착하지 않습니까? 방금 하신 그 악수 탓인가요? 대체 악수 따위에 무슨 뜻이 있지요? 그래요, 참으로 많은 뜻이 있지요. 귀여운 아가씨, 두 주일 안에 내가 모든 것을 설명해 드리지요. 그 전에는 다음과 같은 모순을 당신은 풀 수 없을 것입니다. 말하자면 기사처럼 젊은 처녀에게 도움의 손을 내미는 친절한 사나이인 동시에, 친절과는 거리가 먼 방법으로 당신의 손을 꽉 쥐는 수도 있다는 모순을 말이지요.

4월 7일

"그럼, 월요일 1시 전시회에서." 좋아. 나는 1시 15분 전에 거기에서 기다리면 된다. 제법 그럴듯한 밀회다. 토요일에 나는 일을 깨끗이 정리하고 언제나 여행만 하고 돌아다니는 내 친구 아돌프 브룬을 찾아보기로 했다. 그래서 오후 7시께 그가 살고 있다고 들은 베스테르가데로 갔다. 그러나 바쁘게 4층까지 올라갔는데 그는 집에 없었다. 내가 막 층계를 내려가려는데, 감미로운 여자 목소리가 내 귀에 나직이 들려왔다. "그럼, 월요일 1시에 전시회에서. 그 시간에는 모두 나가고 아무도 없지만 난 집에서는 선생님을 뵐 수 없어요. 아시죠?" 이 초청은 나를 향한 것이 아니라 한 청년에게 한 것이었다. 그 청년은 하나, 둘, 셋을 셀 겨를도 없이 재빨리 문간으로 뛰어나가 버렸으므로, 내 발은커녕 눈도 그를 쫓아가지 못했다. 어째서 이 층계에는 가스등이 켜져 있지 않을까? 불만 켜져 있었더라도 과연 일부러 시간을 맞추어 가볼 만한 가치가 있는지 확인할 수 있었을 텐데. 하긴 불이 있었더라면, 아마 나는 아무것도 들을 수 없었을지도 모른다. 지금 현재 그대로가 짐짓 도리에 맞는 것이다(헤겔《법철학 강요》머리말의 한 구절). 나는 역시 낙천가이고 언제까지나 변함없는 낙천가이리라.

가만있자, 그 여자가 누구지? 전시회는 돈나 안나의 말을 빌리면, 정말 "아가씨들이 우글우글하다고 한다"《돈 조반니》의 구절). 정말 1시 15분 전이다. 나의 아름다운 이방인이여, 아직 만나지 못한 당신의 그분도 언제 어느 때나 나처럼 시간을 지켜 주면 좋겠군요. 혹시 당신은 그 사람이 15분이나 일찍 오지 않기를, 오히려 바라고 있을까요?

나는 언제 어느 때나 당신의 뜻대로 하겠습니다.

"요정이든 마녀든, 페에건 헥스건[13] 그대를 에워싼 안개를 거둬라." 그대의 모습을 보이게 하라. 그대는 아마 벌써 여기에 와 있겠지만, 내 눈에는 보이지 않는다. 모습을 드러내라. 그러면 나도 굳이 언제 나타날까 괜히 고대하지 않을 것이다. 어쩌면 그녀와 같은 볼일로 여기에 와 있는 여자들도 많을지 모른다. 있을 수 있는 일이다. 누가 무얼 하러 어디를 가는지 아무도 알 수 없다. 전시회에 가는 것도 무엇 때문인지 누가 알겠는가.

저것 봐. 한 젊은 아가씨가 로비를 지나 들어오고 있다. 허둥지둥 양심의 가책이 죄인을 쫓는 것보다 빠른 달음박질로 말이다. 그녀는 입장권을 내놓는 것조차 잊었다. 관리인이 붙잡는다. 맙소사, 어찌 저렇게 급할까! 그녀가 틀림없다. 왜 저토록 보기 흉하게 초조해하지? 아직 1시도 안 되었는데. 당신, 연인을 만나러 왔다는 걸 잊지 말아요. 그런 경우에는 남의 이목이고 체면이고 전혀 상관없는 걸까? 아니면 그런 행동으로 "힘껏 사랑하고 있다는 걸 보여야 한다"는 것일까? 순진한 젊은 피는 밀회라면 미친 사람처럼 날뛴다. 그녀는 지금 완전히 정신이 뒤집혀 있다. 그런데 나는 참으로 태평스럽게 여기 의자에 앉아 전원 풍경

---

13) Fee는 로마 민간 이야기에 나오는 요정. Hex는 악마와 결탁하여 인간에게 불행을 가져다준다는 숲에 사는 요정.

의 아름다운 그림을 바라본다.

그녀는 마치 악마에게 기도를 바쳐 태어난 자식처럼, 방으로 돌진해 간다. 아가씨, 조심, 그대의 욕망을 조금은 감추어야 해요. 엘리자베스 양이 "어떤 이와 의심스런 관계로 자꾸 만나고 싶어 한다는 것은 젊은 처녀답지 않다"[14]는 말을 들었던 것을 잊어서는 안 됩니다.

그래도 그들의 밀회가 순진한 밀회인 것만은 뻔하다.

애인들은 대부분 밀회라는 것을 더없이 아름다운 순간으로 알고 있다. 나도 첫 밀회 때 일을 마치 어제 일처럼 아직도 뚜렷이 기억한다. 나를 기다리고 있는 미지의 환희에 가슴을 설레면서 약속한 자리로 허겁지겁 달려간 일을, 처음으로 내가 손뼉을 세 번 친 일을, 처음으로 창문이 열렸을 때의 일을, 숨어서 자물쇠를 끄르는 소녀의 보이지 않는 손이 처음으로 조그만 문을 열었을 때의 일을, 밝은 여름밤 처음으로 소녀를 내 망토 속에 감추었을 때의 일을. 그러나 밀회가 멋지다는 생각에는 많은 환상이 섞여 있다. 냉정한 제삼자는 애인들이 밀회하는 찰나가 가장 멋지다고 생각지 않는다. 나는 전에 밀회를 목격한 적이 있다. 소녀는 귀엽고 남자는 미남이었는데도 전체적으로 받은 인상은 불쾌했다. 물론 그 연인에게야 확실히 아름다운 순간이었겠지만 나에게 그 밀회 자체는 도저히 괜찮다고 말할 수 없었다. 경험을 쌓으면 무언가 몸에 붙는 법이다. 말하자면 조마조마한 동경과 그리움 속에서도, 달콤한 불안정을 잃는 대신 그 순간을 참으로 멋지게 만드는 자세를 얻게 되는 것이다. 모처럼의 기회에 그만 정신이 혼미해져서 오로지 그 사랑 때문에 와들와들 떨며 섬망증에 걸려 버리는 녀석을 보면, 화가 나서 견딜 수 없다. 농민들이 오이 샐러드라는 고급 요리를 알 까닭이 없다. 그런 사내들은 사랑하는 여자의 불안정한 마음을 멀찌감치에서 즐기지 못하고, 불안정한 마음을 부채질해 그녀의 아름다움에 불을 붙이며 서툰 혼란을 일으킬 뿐이다. 그러면서도 자기가 멋지게 해낸 듯 흡족한 마음으로 집에 온다.

아니, 그런데 상대 녀석은 대체 어디서 우물거리고 있지? 벌써 2시가 다 되어

---

14) 홀베르의 희곡 《에라스뮈스 몬타누스》 제1막 제5장에서, 리스베트가 부모님과 함께 약혼자 에라스뮈스의 집에 들러 그가 내일 돌아온다는 말을 듣고 무척 기뻐한다. 이것을 보고 아버지가, "얘, 얘, 반한 것을 그렇게 노골적으로 드러내면 못 쓰느니라" 하고 꾸짖는다.

가고 있는데. 어쨌든 이 연인도 참 놀라운 족속이군! 이런 무례한 짓이 어디 있 나, 젊은 아가씨를 기다리게 하다니. 나는 놈들과 달라서 참으로 믿을 만한 인 간이지. 그녀는 이제 벌써 다섯 번째로 내 곁을 지나가는데, 이번에야말로 그녀 에게 말을 건네는 것이 좋을 것 같다. "실례합니다. 아가씨, 아마 여기에서 가족 되는 분을 찾고 계시는 모양이죠? 몇 번이나 바쁘게 내 옆을 지나가셨는데, 가 만히 보니 언제나 옆방에서 되돌아서시는군요. 모르시는 것 같은데, 그 안쪽에 도 방이 하나 있습니다. 어쩌면 찾는 분이 그 방에 계실지도 모르지요." 그녀는 몸을 살짝 굽히고 인사한다. 그 동작이 어찌나 잘 어울리는지. 고맙게도 남자는 오지 않는다. 더 바랄 수 없는 기회다. 고기는 물이 파도치고 있을 때 가장 잘 낚인다고 한다. 젊은 처녀의 마음이 흔들리고 있을 때는 평소 같으면 실패할 모 험도 성공을 거두는 수가 많은 법이다.

나는 되도록 정중하게, 그리고 되도록 냉정하게 그녀에게 답례했다. 나는 다 시 의자에 앉아 풍경화를 바라보면서도 그녀에게서 눈을 떼지 않는다. 당장 뒤 를 따라가는 것은 지나치게 대담하다. 뻔뻔한 사나이로 보일지도 모른다. 그러 면 그녀는 금방 경계하게 될 것이다. 그녀는 지금 내가 동정심에서 말을 건넨 줄 알고 있고, 나에게 호감을 느끼고 있다. 가장 안쪽 방에 아무도 없다는 것을 나 는 잘 알고 있다. 혼자 있는 것도 그녀를 위해서는 좋다. 주위에 많은 사람들이 있는 동안에는 초조하지만 혼자 남게 되면 마음이 가라앉을 것이다. 틀림없다. 그녀는 방에 들어가더니 나오지 않는다. 조금 있다가 시치미를 떼고 들어가 보 자. 나는 아직 대답을 들을 권리가 있다. 적어도 그녀는 나한테 인사할 정도의 빚은 지고 있는 셈이다.

그녀는 앉아 있었다. 가엾은 아가씨다. 자못 슬퍼 보인다. 울고 있었다고 나는 생각한다. 울지는 않았더라도 확실히 눈에 눈물이 글썽거렸다. 말도 안 되는 일, 이런 아가씨를 울리다니. 그러나 안심해도 좋아요. 복수할 수 있으니까. 내가 당 신의 원수를 갚아드리지요. 기다린다는 것이 어떤 건지 그자에게 알려 주겠습 니다.

어쩌면 그녀는 이토록 아름다울까. 몇 번이나 휘몰아친 돌풍이 가라앉고 기 분이 온화해진 지금의 그녀가 지닌 아름다움. 그녀의 정체는 비애이며, 고통 속 에 느껴지는 조화다. 그녀는 참으로 매력이 있다. 그녀는 여행복을 입고 여기 앉아 있다. 그러나 물론 여행을 떠나려는 것은 아니다. 그녀는 즐거움을 찾아 여행 복을 입고 나왔다. 하지만 이제는 즐거움이 여행을 하려고 그녀를 떠난 것처럼 보이는 탓에 오히려 그녀가 지금 겪고 있는 고통을 상징하듯이 보여 주는 것 같다. 그녀는 마치 연인과 영원한 이별이라도 한 것처럼 보인다. 그 사내를 가게 내 버려 두시오!

상황은 이제 내게 유리하다. 이런 때는 그녀가 가족이나 친구를 찾고 있다고 내가 생각하는 것처럼 말해야 한다. 한 마디 한 마디로 그녀의 감정에 호소해야 한다. 그래야 그녀의 생각 속으로 들어갈 기회를 잡을 수 있는 것이다.

쳇, 얄미운 악당 녀석. 나타났군. 틀림없이 저 녀석이다. 얼빠지기는커녕 바라 던 상황을 겨우 만들어 놓고 나니 나타나는 녀석이다. 가만, 그러나 조금만 재 치를 부리면 사태는 호전될 수 있다. 그들의 관계를 파악해 그 상황 속으로 비 집고 들어가야 한다. 나를 보면 그녀는 저도 모르게 빵긋 미소를 지을 것이다. 자기가 가족을 찾고 있는 줄로만 나는 알고 있을 텐데, 사실은 전혀 달랐으니까. 그녀가 미소를 지으면, 나는 그녀의 비밀을 안 친분 있는 사람이 된다. 남의 비 밀을 알고 있는 사람이 되는 것은 언제나 대단한 일이다.

정말 고맙소, 아가씨! 내게는 그 미소가 당신이 생각하는 것보다 훨씬 가치 있습니다. 그것은 단서니까요. 단서는 언제나 잡기가 어렵지만 이로써 우리는 아 는 사이가 되었습니다. 우리의 관계는 참으로 이상한 국면에서 이루어졌으나 나 로서는 먼저 이만하면 만족합니다. 당신은 여기에서 한 시간 넘게 머물진 않겠 지만, 나는 두 시간 안에 당신이 누군지 알게 될 것입니다. 경찰이 왜 인구 조사 기록을 작성해 놓고 있다고 생각하죠?

4월 9일

내가 눈이 멀었나? 내 속에 있는 마음의 눈이 힘을 잃었나? 나는 그녀를 보 았다. 그러나 하늘의 계시라도 보고 있었던 듯한 기분이다. 그녀의 모습이 내 눈 앞에서 깨끗이 사라져 버린 것이다. 그녀를 떠올려 보려고 온 마음을 기울여 보 지만 헛수고다. 만일 언젠가 다시 그녀를 보는 일이 있다면, 예컨대 몇백 명 속 에 섞여 있다 하더라도 나는 바로 그녀를 알아볼 것이다. 그러나 지금은 달아나 버렸다. 그리고 내 마음의 눈이 아무리 그리워하며 찾아 헤매도 헛일이다.

나는 랑엘리니(코펜하겐의 해안 산책로)를 정처 없이 걸어가고 있었다. 얼핏 보기에 주위 사물은 아무것도 개의하지 않는 듯이 무관심해 보였겠지만, 내 감시의 눈초리는 무엇 하나 놓치지 않았다. 그런데 그때 내 눈이 그녀에게 가서 멈추었다. 얼어붙은 듯 그녀를 응시하며 움직이지 않았다. 눈은 나의 뜻을 무시했다. 눈을 움직여 다른 곳을 바라볼 수도 없다. 그러니까 나는 보고 있었던 것이 아니고 눈이 고정되어 버린 것이다. 검객이 급작스런 '목 찌르기'를 당했을 때처럼 내 눈은 가만히 쏘아보고 움직이지 않았으며, 한번 잡은 방향을 향한 채 화석이 되어 버린 것이다. 눈을 내리깔 수도, 나 자신의 내면으로 돌릴 수도, 볼 수도 없었다. 나는 너무나 많은 것을 보았기 때문이다. 단 하나, 내 눈에 남아 있는 것은 그녀가 초록 망토를 입은 모습이다. 그게 전부다. "헤라를 잡으려다가 구름을 껴안았다"는 건 이런 걸 말한다. 요셉이 포티파르의 아내에게서 달아날 때 망토를 벗어 던진 것처럼 그녀는 내 손에서 빠져나갔고, 뒤에는 초록 망토의 그림자만 남았다. 그녀는 나이가 지긋한 부인과 함께 걸어가고 있었다. 부인은 그녀의 어머니처럼 보였는데, 이 부인에 대해서라면 머리 꼭대기에서 발끝까지 그려 보일 수 있다. 그렇다고 내가 유달리 그 부인을 주의해 본 것은 아니고, 그저 지나치면서 힐끔 보았을 뿐이다. 그런데도 이 여성은 나에게 깊은 인상을 준 것처럼 뚜렷이 그려지고 나에게 인생을 준 아가씨는 잊어버렸다니.

4월 11일

아직도 내 마음은 같은 모순에 사로잡혀 있다. 나는 그녀를 보았다는 것을 알고 있다. 또 나는 그녀를 잃어버렸다는 것도 알고 있다. 더욱이 기억 속에 남아 있는 것조차 위안이 되지 못할 만큼 잊어버렸다. 격렬하게 들뜬 불안한 마음으로 나는 내 행복이 걸려 있기나 한 듯 그 모습을 찾고 있다. 그러나 그녀의 모습은 나타나지 않는다. 그 모습을 쉬 잊어버린 벌로 내 눈을 도려내 버리고 싶다. 내가 초조함에 못 이겨 사납게 날뛰다가 이윽고 내 마음이 고요해지면, 육감과 추억이 하나의 모습을 짜낼 듯한 기분이 든다. 하지만 그 모습은 내 눈에 뚜렷이 보일 만큼의 형태를 지금은 갖추지 못하고 있다. 지나치게 밝고 가벼워서 내가 그것을 고정시켜 하나의 종합된 형태로 만들지 못하기 때문이다. 그 모습은 얇은 비단 무늬와 같다. 무늬가 바탕보다 색깔이 밝아서 그것만으로는 눈에 보이지 않는다. 색깔이 지나치게 밝기 때문이다. 참으로 묘한 상태에 빠져 버렸다. 그러나 이 상태에도 나름의 즐거움은 있다. 그 자체로서도 그렇고, 내가 아직 젊다는 확신을 갖게 해주기도 하기 때문이다. 내가 아직 젊다는 것은 다른 점을 생각해 보아도 알 수 있다. 즉 나는 사냥감을 줄곧 어린 처녀들 중에서 찾았지, 젊은 부인들 가운데서 찾지 않았다. 부인들에게는 자연스러움이 적다. 아양을 부리는 태도가 많다. 부인들과의 관계는 아름답지도 않고, 흥미진진하지도 않다. 그것은 자극을 준다. 그런 자극을 주는 짜릿함은 언제나 마지막의 것이다. 나는 사랑에 빠지는 첫 싹들을 두 번 다시 맛볼 수 있으리라고 기대한 적이 없다. 그런데 지금 나는 그런 사랑 속에 잠입한 것이다. 수영하는 사람들이 말하듯 물속에 머리를 처박은 상태에 돌입해 있는 것이다. 그러니 내가 조금 현기증을 느꼈기로서니 뭐가 이상하겠는가? 그만큼 좋고, 그만큼 많이 나는 이 관계에 기대를 가질 수 있는 셈이다.

4월 14일

나는 이제 나 자신을 거의 알 수 없다. 내 마음은 사납게 파도치는 바다처럼 정열의 폭풍으로 요동친다. 이런 상태에 있는 내 마음을 보는 사람이 있다면, 내 마음은 뱃머리를 바다에 쑤셔 박은 작은 배처럼 보일 것이고, 무서운 속력으로 심연을 향해 곤두박질치는 것처럼 여겨질 것이다. 남에게는 보이지 않지만 돛대 위에서는 선원이 파수를 보고 있다. 사납게 파도쳐라, 그대 거친 힘이여. 떨쳐라, 그대 정열의 맹위를. 그대의 큰 파도가 구름 위까지 물보라를 튀길지라도 그대는 결코 내 머리 위로 솟아오를 수는 없다. 나는 암벽의 왕(초자연적 존재)처럼 꿈쩍도 하지 않는다.

나는 발판을 발견할 수 없다. 물새처럼 내려앉을 자리를 찾고 있으나 내 마음의 사나운 바다에는 그럴 만한 곳이 없다. 하지만 이런 격동이야말로 내 본질이다. 나는 사나운 내 마음의 바다 위에 내가 의지할 집을 짓는다. 마치 물총새가 바다에 둥지를 치듯이.[15]

---

15) 옛날에는 물총새가 물 위에 둥지를 치고 사는 줄 알고 있었다.

칠면조는 빨간 빛깔을 보고 흥분한다. 나 또한 초록빛을 볼 때나 초록 망토를 볼 때마다 그렇다. 내 눈은 흔히 나를 속이므로, 프레데릭스베르 병원 관리인(초록색 옷을 입음)을 보고 착각했다가 내 모든 기대가 허무해질 때가 있다.

4월 20일

사람은 자제해야 한다. 이것은 모든 향락의 기본 조건이니까. 내 마음을, 내모든 생각을 채우고 연모하는 심정만을 더해 가는 그 소녀에 대해서 지금 당장어떤 정보가 내 손에 들어오리라고는 생각지 않는다. 나는 이제 아주 차분한 태도로 있을 생각이다. 이런 상태에도 정체 모를 모호한 감미로움이 있고, 더욱이심한 마음의 흔들림에도 그 나름의 단맛은 있기 때문이다. 나는 달 밝은 밤, 아름다운 호수 여기저기에 작은 배를 띄워 놓고 드러누워 있기를 예로부터 좋아했다. 돛을 접고, 노를 올리며, 키를 뽑고는 다리를 쭉 뻗고 드러누워 하늘을 본다. 파도가 가슴으로 보트를 흔들어 줄 때, 구름이 거센 바람에 몸을 맡겨 흐르고 달이 그 속을 드나들 때, 그때 나는 이 흔들림 속에서 안식을 발견하는 것이다. 파도의 일렁거림은 나를 잠 속으로 이끌고, 뱃전을 치는 파도 소리는 단조로운 자장가가 된다. 바쁘게 흘러가는 구름이 달빛과 달그림자에 따라 변하는모습에 나는 도취된다. 나는 눈을 뜬 채 꿈을 꾼다. 지금도 나는 이처럼 돛을 접고 키를 뽑아 놓은 채 다리를 쭉 뻗고 드러누워 있다. 동경과 초조한 기대가 가슴에 나를 안고 흔들어 준다. 그리고 그것들은 서서히 사라져 나를 차츰 행복하게 한다. 동경과 기대가 마치 젖먹이처럼 나를 흔들며 얼러 준다. 내 위에는희망의 하늘이 펼쳐져 있다. 그녀의 모습은 때로는 빛으로 때로는 그림자로 내눈을 속이는 달의 모습과도 같이 덧없이 내 곁을 떠돈다.

이렇게 일렁이는 물 위에서 흔들거린다는 것은 얼마나 즐거운 일인지. 자신의마음속에 잔잔한 파도가 일고 있다는 것이 얼마나 멋진 일인지.

4월 21일

날은 하루하루 지나가는데 나는 여전히 같은 지점에 머물러 있다. 젊은 처녀들은 전보다 나를 즐겁게 해준다. 그러나 나는 젊은 처녀들과 즐길 생각이 없다. 어디에서든 그녀를 찾고 있다. 그 때문에 나는 이따금 일반 궤도를 벗어나 버린다. 내 눈은 흐려지고, 내 즐거움은 시들었다. 이윽고 멋있는 계절이 찾아온다. 겨울에는 비싼 값을 치러야 살 수 있는 사교 생활에 필요한 자질구레한 것들도 그때가 되면 거리나 뒷골목에서 살 수 있게 된다. 젊은 처녀들은 건망증이 심하지만 그런 때가 온다는 것을 잊지 않고 기억하기 마련이다.

사교 생활을 통해서 여성과 접촉할 수 있다. 하지만 거기에서 연애 이야기를 시작한다는 것은 재치 없는 짓이다. 사교 생활에서 보면, 젊은 처녀들은 하나같이 무장해 있고, 그것이 이루어지는 장소도 연애 장면으로서는 빈약한 데다가 색달라 보이지도 않기 때문에 처녀들의 관능이 뒤흔들리는 일도 없다. 그러나 길거리에서의 처녀들은 마치 넓은 바다에 나온 것과 같다. 그래서 모든 것이 더 강렬하게 작용하고, 모든 것이 더 신비롭다. 나는 길거리에서 만난 젊은 처녀의 미소에는 100리그스달러라도 기꺼이 주겠지만, 사교장에서의 악수에는 10리그스달러도 주고 싶지 않다. 이 둘은 종류가 다른 통화와 같다. 연애 이야기가 일단 시작되거든 여러 사교장을 옮겨 다니면서 상대 여자를 두리번거리며 찾아라. 유혹할 심사로 그녀와 비밀스런 이야기들을 나눠라. 이것은 내가 알고 있는 가장 효과 있는 자극제다. 이 밀약을 그녀는 감히 입 밖에 내지 않는다. 그녀는 그 일을 골똘하게 생각하기 시작한다. 내가 파티장을 떠나서도 그 일을 기억하고 있는지, 아니면 잊었는지 그녀는 모른다. 온갖 수법으로 그녀를 혼미하게 만들어야 한다. 나로 말하면 올해에는 그다지 수확이 없었다. 그 소녀의 일이 너무도 내 마음을 빼앗아 버린 탓이다. 하지만 사냥감의 수가 적어진 대신 하나의 매우 귀중한 사냥감을 손에 넣을 가망은 확실히 있다.

5월 5일

얄미운 우연이여! 나는 이제까지 네가 만든 기회를 한 번도 저주한 적이 없다. 그런데 이제 나는 너를 저주한다. 네가 조금도 얼굴을 보여 주지 않기 때문에. 혹시 네가 얼굴을 보여 주지 않는 것은 무슨 새로운 꿍꿍이인가? 이런 이해할 수 없는 존재! 너는 만물의 불모의 어머니인가? 그래서 필연(영원하고 절대적인 존재)이 자유를 낳고[16] 자유가 속임을 당해 그 모태 안으로 되돌아간 그

---

16) 키르케고르에 따르면 영원한 것, 신적인 것만이 필연이며, 역사상의 어떤 사건도 필연이 아니다. 다시 말해서 필연이란 영원의 또 다른 이름인 것이다.

때, 뒤에 남은 유일한 잔재인 그대가 새 계략을 꾸몄는가? 얄미운 우연이여, 그대, 뒤에 남아 내 비밀을 아는 유일한 이여, 내 동맹자이면서 또 내 적이 될 만한 가치가 있다고 여겨지는 유일한 자여, 너는 너와 같지 않은 자이면서 너 자신이며, 이해할 수 없는 수수께끼다. 나는 너를 진심으로 동정하고 사랑한다. 나는 나 자신을 네 모습과 비슷하게 만들고 있다. 그런데 너는 어째서 얼굴을 보여 주지 않는지? 나는 이러이러한 얼굴로 나타나 달라고 너에게 애걸하지 않는다. 그런 비굴한 애원은 하지 않는다. 분명 그런 일은 우상 숭배이며, 네 뜻에 맞는 것도 아닐 것이다. 차라리 나는 너에게 도전한다. 왜 너는 얼굴을 보이지 않지? 우주의 평형추가 멈추고 네 수수께끼가 풀리자 너도 영원의 바다에 몸을 던져 버렸느냐! 이 세계가 따분해서 걸음을 멈추어 버린 것인가? 생각만 해도 무서운 일! 얄미운 우연이여, 나는 너를 기다린다. 나는 원리라든가 어리석은 자들이 특성이라고 부르는 것들로 너를 패배시킬 생각은 없다. 그렇지 않아. 나는 너를 노래하는 시인이고 싶다! 나는 너 외의 것을 위해서 노래 부르는 시인이 되고 싶지는 않다. 우연이여, 얼굴을 내놓아라! 너를 시로 읊으련다. 내가 지은 시를 먹어 양식으로 삼으련다. 나를 그럴 만한 인간으로 보고 있느냐? 인도의 무희가 신을 찬양하기 위해 춤을 추듯이 나는 내 한 몸을 바쳐 너를 위해 기도한다.

가벼운 몸에 얇은 옷을 걸쳐 민감하게, 또 아무 무장도 하지 않게, 나는 모든 것을 버린다. 나는 내 것을 아무것도 갖고 있지 않다. 나는 아무것도 내 것으로 만들고 싶지 않다. 나는 그 무엇도 사랑하지 않는다. 그러므로 잃어버릴 것도 없다. 그러나 그렇게 때문에 나는 너를 가질 만한 더 많은 가치를 가진 자가 아니냐? 너는 인간에게서 그가 사랑하는 것을 빼앗는 데 이미 오래전에 진저리가 나 있을 것이다. 아니, 인간의 겁 많은 탄식도, 탄원도 이제 지긋지긋할 것이다. 의표를 찔러 나를 놀래 주려무나. 나는 준비가 되어 있다. 아무것도 내기할 필요는 없다. 오직 명예를 위해서 싸우자꾸나. 그녀를 나에게 보여라! 불가능한 듯 보이는 가능성을 나에게 보여라.

저승의 어둠 속에서라도 그녀를 보여라. 그러면 나는 그녀를 꺼내 오겠다. 그녀가 나를 미워하게 하라. 나를 멸시하게 하라. 나에게 냉담하게 하라. 다른 사나이를 사랑하게 하라. 나는 두렵지 않다. 고요한 물을 휘저어 정적을 깨라. 지금 같은 상태로 나를 굶겨 시들게 한다는 것은 나보다 강하다고 우쭐대고 있을 너의 참 쩨쩨한 짓이 아니냐.

5월 6일

봄이 왔다. 모든 것이 피어난다. 젊은 처녀들도. 그리고 망토는 치워진다. 아마 내 초록빛 망토도 어딘가로 들어갔을 것이다. 사교장이 아니라도 길거리에서 소녀와 사귈 수 있는 계절이 되었으니까. 사교장에서라면, 그녀의 이름이 무엇인가, 어떤 집안 사람인가, 어디에 살고 있는가, 약혼했는가 등등을 금방 알 수 있다. 약혼 여부를 아는 것은, 분별 있고 점잖으며, 이미 약혼한 아가씨와 연애할 생각은 전혀 없는 청혼자에게는 가장 중요한 정보다. 만약, 그런 친구가 지금의 내 처지에 있다면 죽도록 괴로워할 것이 틀림없다. 그런 사나이는 어떡하든 정보를 얻고 싶다는 노력을 겨우 이룬 다음, 그녀가 벌써 약혼해 버린 사실을 알고 아연해지는 법이지.

그러나 나라면 그런 것은 애써 알려고 하지도 않는다. 약혼은 희극과도 같은 장애에 지나지 않는다. 나는 희극과도 같은 장애도, 비극과도 같은 장애도 두렵지 않다. 내가 두려워하는 것은 오직 따분한 장애일 뿐. 나는 아직 한 조각의 정보도 얻지 못했다. 확실히 나는 모든 것을 시험해 보고 몇 번이나 다음의 시구가 가진 진실함을 절실히 느껴도 보았는데 소식은 여전히 알 수 없다.

밤, 폭풍, 길고 긴 행군, 잔인한 고통들도,
이 매혹적인 산장에 있을 것 같은 모든 고통도.

(오비디우스의 《사랑의 기술》)

아마도 그녀는 이 동네 사람이 아닌 모양이다. 아마 그녀는 시골 사람인가 보다. 아마도, 아마도…… 나는 이 끝없는 '아마도'의 연속 때문에 미쳐 버릴지 모른다. 그리고 내가 미치면 미칠수록, 이 '아마도'의 수 또한 점점 늘어 간다. 나는 언제라도 여행을 떠날 수 있도록 돈을 마련해 놓았다. 나는 극장에서, 음악회에서, 무도회에서, 산책로에서 그녀를 찾지만 소용이 없다. 어떻게 보면 기쁜 일이다. 그런 곳에서 자주 오락을 즐기는 처녀라면 대부분 정복할 만한 가치가 없는 인간이다. 일반적으로 그런 처녀는 나에게는 꼭 필요한 조건인 참신함이 없기 마련이다. 그건 집시 속에서 한 사람의 프레키오사(볼프의 시극 등장인물)를 발견하는 것이 젊은 아가씨를 상품으로 파는 시장에서 여자를 찾는 것(이는 아주 순진한 뜻으로 말하는 것이며, 물론 다른 뜻은 절대로 없다)보다 오히려 이해하기 쉬운 것과 같다.

5월 12일

귀여운 아가씨, 당신은 왜 문간에 가만히 서 있지 못하지요? 젊은 처녀가 비를 피하러 문간에 들어갔다고, 이러쿵저러쿵 말할 사람은 없습니다. 나도 우산이 없다면 그렇게 하지요. 아니, 우산이 있더라도 때로는 그렇게 합니다만. 지금처럼 말이지요. 게다가 나는 그런 경우에 망설임 없이 문간에 들어서는 존경할 만한 귀부인들의 이름을 서슴지 않고 얼마든지 댈 수도 있어요. 그대가 가만히 서서 한길에 등을 돌리고 있으면, 그 자리에 서 있으려는지 집 안으로 들어가려 하는지 지나가는 사람들은 알지 못하죠. 그런데 반쯤 열린 문 뒤에 숨는 것은 경솔하니 조심하시길. 특히 그 결과를 생각하면 말입니다. 숨으면 숨을수록 불쾌함도 더해지니까요. 그러나 일단 숨은 이상은 자기의 수호신이나 천사의 도움에 몸을 맡기고 가만히 있어야 합니다. 특히 비가 그쳤나 살피려고 밖을 슬쩍 엿보는 몸짓은 금물. 날씨를 확인하고 싶거든 큰 동작으로 한 걸음 밖으로 나가서 진지하게 하늘을 쳐다보세요. 그렇지 않고 무언가 호기심에 찬 얼굴로, 그것도 걱정스러운 듯이 초조해하면서 머리를 밖으로 내밀었다면 어서 고개를 집어넣으시죠. 어린아이라도 이 동작을 읽을 수 있지요. 숨바꼭질을 하고 있다고요. 나는 언제나 숨바꼭질에 가담하는데, 그럴 때 내가 숨어 있어야 할까요? 그들이 물으면 망설이면서 대답하지 말아야 할까요?

당신에 대해서 내가 무슨 무례한 생각을 하고 있다고 생각해서는 안 됩니다. 당신은 무슨 꿍꿍이가 있어서 얼굴을 내민 것은 아닙니다. 순진하기 짝이 없는 동작이더군요. 그 대신 당신도 나를 나쁘게 생각해서는 안 됩니다. 그것은 내 훌륭한 이름과 명성이 견디지 못하는 일입니다. 게다가 일의 발단은 당신에게 있으니. 충고해 둡니다만, 이 일은 아무에게도 말하지 않는 것이 좋습니다. 잘못은 당신 쪽에 있으니까요. 내가 하려고 한 것은 바로 기사라면 누구나 하고 싶어 하는 일, 즉 당신에게 내 우산을 주려고 한 것뿐이었습니다.

그녀는 어디로 갔을까? 근사하다, 수위의 문 뒤에 숨어 있다. 정말 귀여운 아가씨다. 쾌활하고 기뻐 보인다. "혹시 방금 이 문에서 얼굴을 내민 젊은 부인을 모르십니까? 우산이 없어서 곤란해 보이던데요. 나는, 아니 나와 내 우산이 그분을 찾고 있습니다." 그러면 당신은 웃는다―실례일지도 모릅니다만, 내일 그 우산을 받으러 하인을 보내도 괜찮겠습니까? 아니면 마차를 불러 올까요? 뭐, 고마워하실 것은 없어요. 당연한 예의니까요―참으로 쾌활한 소녀. 이런 소녀를 만나는 것은 무척 오래간만이다. 그녀의 눈길은 참으로 순진하고 앳되면서도 대담하다. 행동이 우아하고 더없이 정숙하다. 그러면서도 그녀는 궁금증에 차 있다. 안녕, 아가씨. 그 초록빛 망토만 없다면 당신과 더 사귀고 싶은데⋯⋯ 그녀는 쾨브마게르가데(거리 이름)를 내려간다. 어쩌면 저렇게도 순진하고, 내숭 없이 자신만만할까. 보라, 그녀의 저 경쾌한 걸음걸이! 얼마나 예쁘게 머리를 뒤로 젖히고 있는지! 그 초록빛 망토가 이런 모습을 온통 가리고 있는 걸 생각하면 그 망토는 제대로 쓰이지 못하고 있다.

5월 15일

고맙다, 친절한 우연, 내 감사를 받아 다오! 그녀의 자세는 곧고 당당했다. 그녀는 마치 한 그루 전나무처럼 고상하고, 비밀에 차, 생각에 잠겨 있었다. 그녀는 깊은 대지의 바닥에 하늘을 향해 높이 뻗어 오른 한 가닥의 생생한 가지, 하나의 사상, 그리고 남에게도 자신에게도 설명할 수 없는, 부분으로 나뉘지 않은 하나의 통일체다. 너도밤나무라면 수관이 발달해, 잎들이 나무 아래서 일어난 일들을 이야기하지만, 전나무에게는 받들 수관도 전할 이야기도 없다. 그 자체가 수수께끼다. 그녀가 그러했다.[17] 그녀는 자기 자신 속에 숨어 있었다. 예컨대 대지에 뿌리박고 있더라도 대담하게 하늘 높이 솟아오르는 전나무처럼, 그녀도 자신으로부터 일어서서 조용한 긍지를 마음에 안고 있었다. 그녀 위에는 들비둘기 울음소리 같은 비애의 기운이 걸리고, 무엇도 그리워할 것이 없는 깊은 동경이 떠돌았다. 그녀는 하나의 수수께끼였다. 그녀는 수수께끼의 답을, 즉 비

---

17) 이 전나무 비유는 1837년 6월 9일의 노트에 다음과 같이 자기 자신에 대해 적혀 있다. "한 그루의 고독한 전나무처럼, 나는 자기중심적으로 틀어박혀서 그림자 하나 떨어뜨리지 않고 하늘을 향해 치솟아 있다. 나의 가지에 둥우리를 치는 것은 산비둘기뿐이다."

밀을 갖고 있었다. 그 수수께끼에 비하면, 외교관의 비밀 따위가 무엇이겠는가? 그리고 그 수수께끼를 푸는 말만큼 아름다운 것이 이 세상 어디에 있을까? 푼다, 이 얼마나 뜻이 깊고 함축된 말인가? 얼마나 많은 모호함이 그 속에 포함되어 있는가? 더욱이 이 모호함은 푼다는 말이 나타내는 모든 결합을 어쩌면 그토록 아름답게, 또 강렬하게 일관하고 있는가? 혀를 묶은 끈이 풀리지 않아 침묵으로 그 수수께끼가 해결되는 한, 풍요로운 영혼은 수수께끼인 것과 같이 젊은 처녀도 하나의 수수께끼이다.

고맙다, 친절한 우연, 내 감사를 받아 다오! 내가 그녀를 겨울에 알게 되었다면, 아마 그녀는 초록빛 망토를 걸치고 추위에 떨고 있었을 것이다. 그리고 자연의 무정함이 그녀의 타고난 아름다움을 줄어들게 했으리라. 그런데 지금, 이 얼마나 큰 행운인가? 1년 중에서 가장 아름다운 계절인 초여름에, 그것도 오후 햇살 아래에서 나는 처음으로 그녀를 발견했다. 물론 겨울에도 겨울만의 좋은 점이 있다. 불빛이 눈부신 무도장은 야회복을 입은 젊은 처녀들을 확실히 즐겁게 하는 무대일 것이다. 그러나 거기에서 젊은 처녀가 최고의 장점을 두드러지게 보이기는 어렵다. 말하자면 그녀가 지켜야 할 사항이 너무 많아서, 그것에 그녀가 따르건 저항하건 간에 방해받기 때문이다. 게다가 그곳의 모든 것이 허무함과 덧없음을 생각나게 하고, 일종의 초조함을 느끼게 하여 즐거움과 신선함을 줄여 버린다. 나도 때로는 무도장의 기회를 놓치고 싶지 않다고 생각한다. 그 호화로움을, 청춘과 아름다움의 귀중한 범람을, 또 갖가지 힘의 다채로운 희롱을, 나 또한 없어도 괜찮다고는 생각지 않는다. 그러나 나는 즐기기보다는 가능성을 탐닉하는 것이다. 나를 사로잡는 것은 개개의 특별한 아름다움이 아니라 전체의 아름다움이다. 하나의 환상과도 같은 장면이 내 머릿속을 떠돈다. 그 환영 속에서 이 세상의 모든 여성들이 서로 섞여 하나가 되고, 눈에 보이지 않는 어떤 중요한 것을 찾기 위해 움직이고 있다. 하나의 그림 속에서 안식을 찾는 것이다.

뇌레포르트와 외스테르포르트(성문 이름) 사이에 있는 보도에서의 일이었다. 6시 반쯤인데 태양은 벌써 그 힘을 잃고, 주변에 퍼진 연하고 아련한 빛에 그 여운을 남기고 있을 뿐이었다. 자연은 생기 있고 자유롭게 숨 쉬고 있었다. 호수는 조용하여 거울처럼 매끄러웠다. 블레그담의 아늑한 집들이 물결 위로 먼 앞

바다로 갈수록 수면은 금속을 흘린 듯이 어두웠다. 보도도, 그 맞은편에 늘어선 건물도 힘없는 햇빛을 받고 있었다. 하늘은 맑았다. 다만 한 조각의 엷은 구름이 눈에 띄지 않게 서서히 하늘을 흘러가고 있었다. 호수를 응시하는데 무엇인가 번쩍 나타났다가 반짝반짝 빛나는 수면 위로 미끄러지듯 사라졌다. 나뭇잎 하나 까닥하지 않았는데…… 그녀였다! 내 눈은 초록빛 망토에는 속았지만, 나를 속이지는 않았다. 나는 지금까지 무척 오랫동안 이 순간을 고대하고 있었으나, 그렇다고 그 어떤 마음의 흔들림을 억누를 수는 없었다. 위아래로 크게 움직이는 마음의 파도는, 이웃 들판에서 노래를 부르며 오르내리는 종달새와 비슷했다. 그녀는 혼자였다. 그녀가 어떤 차림을 하고 있었는지, 나는 이번에도 잊어버렸다. 그러나 이번에는 그녀의 모습을 간직하고 있다. 그녀는 혼자였고 골똘히 생각에 잠겨 있었다. 하지만 분명히 자신을 생각하고 있는 것이 아니라 자신의 생각에 잠겨 있는 것이었다. 아니, 그녀는 아무 생각도 하고 있지 않았다. 젊은 처녀의 온갖 한숨처럼 설명하기 어려운 예감을 지닌 영혼을 간절히 바라는 모습이 그녀의 마음 앞에서 조용히 맴돌고 있었다. 그녀는 지금 아름다움의 절정에 있다. 젊은 소녀의 성장은 소년의 성장과는 의미가 다르다. 소녀는 성장하는 것이 아니라 태어난다. 소년은 즉각 발육하기 시작하지만 성장하는 데는 긴 시간이 걸린다. 이와 달리 소녀는 태어나는 데 오랜 시간이 걸리지만 다 성숙한 상태로 태어난다. 이 점에서 소녀는 무한한 풍부함을 갖는다. 즉 소녀는 태어난 순간에 이미 다 성장해 있는데 단지 그 탄생의 순간이 늦게 오는 것이다. 그러므로 소녀는 두 번 태어난다. 두 번째는 그녀가 결혼할 때다. 더 정확하게 말한다면, 그 순간에 소녀는 탄생하는 것을 마치며, 이 순간에만 비로소 소녀는 태어난다. 제우스의 이마에서 성숙한 상태로 튀어나오는 것은 아테나뿐이 아니다. 우아한 아름다움을 지닌 채 바다에서 떠올라 오는 것은 아프로디테뿐이 아니다. 성장하면서 여자다움이 손상되지 않은 소녀라면 모든 소녀가 그러하다. 그녀는 차츰 눈을 뜨는 것이 아니라 한 순간에 눈을 뜬다. 사람들이 무분별하게 때도 되기 전에 깨우지만 않으면, 소녀는 그만큼 오랫동안 계속 꿈을 꾼다. 그리고 이 꿈은 무한하고 풍부한 재산이 된다.

그녀는 겉으로 드러난 어떤 일 때문에 생각에 잠긴 것이 아니라 자기 내면에 잠겨 있었다. 이처럼 골똘하게 생각에 잠기는 것은 무한한 평화이며, 자기 자신

속에서의 안식이었다. 소녀는 이 때문에 풍요하다. 이 풍요의 재산을 가슴에 껴안은 사람 또한 풍요롭다. 소녀는 비록 자기가 귀한 것을 가졌음을 스스로 깨닫지 못하지만 풍요롭다. 소녀는 보물이다. 그녀 위에는 고요한 평화와 한 가닥 슬픔의 흔적이 있다. 그녀는 눈으로도 쉽게 들어 올릴 수 있을 만큼 가볍다. 수호신들에게 운반되는 프시케만큼이나 가볍다. 아니, 그녀는 자기가 스스로를 나르고 있었기 때문에 프시케보다도 더 가볍다. 신학자들은 마리아의 승천에 대해서 제멋대로 논쟁을 벌여도 좋다. 마리아는 이 세상 사람이 아니니 나는 그것을 이해할 수 없는 일이라고 생각하지 않는다. 그러나 젊은 처녀의 경쾌함은 이해할 수가 없는 일로서, 중력의 법칙을 비웃는다.

그녀는 아무것도 눈치채지 못했고 누가 보고 있다는 생각도 하지 않았다. 나는 그녀에게서 멀리 떨어져 그녀의 모습을 들이마셨다. 그녀는 서서히 걸어감으로써 서둘러 그녀의 평화를 휘젓거나 주위의 고요함을 깨지 않았다.

한 소년이 호숫가에 앉아 낚시질을 하고 있었다. 그녀는 걸음을 멈춰 거울 같은 수면과 조그마한 찌를 바라보았다. 물론 바쁘게 걸어가고 있던 것은 아니었지만 그녀는 잠깐 숨을 고르고 싶었다. 목에 두른 조그만 스카프를 풀자 호수를 건너오는 가냘픈 바람이 눈처럼 희면서도 따뜻하고 풍족한 가슴으로 살살 불어왔다. 소년은 누가 자기의 낚시질을 지켜보는 것이 불만스러운 모양이었다. 그는 고개를 돌려 좀 무뚝뚝한 눈초리로 그녀를 쳐다보았는데 그 모습이 참으로 우스웠다. 그녀가 웃음을 터뜨린 것도 무리가 아니다. 그녀의 웃음이 너무나 쾌활해서, 만일 그녀가 소년과 단둘이 있었더라도 그 소년과 싸우는 것을 겁내지는 않았을 것 같다. 그녀의 큰 눈은 반짝반짝 빛났다. 그 눈을 들여다보면 검은 윤기가 있어서 바닥을 알 수 없는 깊은 연못을 떠올리게 했다. 그 눈은 맑고 순결하며 부드럽고 온화했다. 그녀가 미소를 지으면, 얼굴에 장난기가 가득 찼다. 그녀의 코는 오뚝한 곡선을 그리고 있었는데 마치 이마 속으로 끌려 들어가는 듯해서, 내가 그녀를 옆에서 보았을 때 조금 짧고 날렵한 코로 보였다.

그녀는 계속 걸었다. 나는 뒤를 밟았다. 다행히도 보도에는 많은 사람들이 거닐고 있었다. 나는 이 사람 저 사람과 두세 마디씩 인사를 나누며 그녀가 조금 앞서 걸어가게 했다가는 곧 또 바짝 따라붙곤 했다. 이렇게 해서 나는 느릿느릿 걸어가지 않아도 일정한 거리를 두면서 그녀와 걸음걸이를 맞출 수 있었다. 그녀는 외스테르포르트 쪽으로 걸어갔다. 나는 들키지 않도록 더 가까이에서 그녀를 보고 싶었다. 길모퉁이 집에서 아마 이 소원을 풀 수 있을 것 같다. 나는 그 집 사람들을 알고 있어서 그 집을 방문하기만 하면 되었다. 나는 그녀를 조금도 신경 쓰지 않는 체하면서 성큼성큼 그녀 옆을 지나 꽤 멀찍이 그녀를 앞질러 가서 그 집 가족들과 인사를 나누고는, 보도가 내려다보이는 창가에 앉았다. 그녀는 계속 걸어오고 있었다. 나는 거실에 모여 차를 마시는 사람들에 끼어 부질없는 말을 주고받으면서도 한편으로는 그녀를 보고 있었다. 그녀의 걸음걸이를 보면, 특별히 무용 연습을 하지는 않았다는 것을 금방 알 수 있으나, 그래도 참으로 자신만만하고 당당해서 자연스러운 기품이 묻어 있었다. 더욱이 그녀에게서 자기의 걸음걸이에 신경을 쓰는 기색을 찾아볼 수 없었다. 기쁘게도 예상보다 한 번 더 그녀를 볼 수 있었다. 창가에서는 보도의 저쪽 앞을 내려다볼 수는 없었으나, 호수 쪽으로 쑥 나와 있는 잔교(棧橋)는 볼 수 있었다. 그런데 놀랍게도 그 잔교 위에서 나는 다시 그녀를 발견한 것이다. 문득 나는 생각했다. 그녀는 혹시 어느 동구 밖의 시골 사람이 아닐까? 그녀의 가족이 이 동네에 여름을 보낼 수 있는 집을 갖고 있는 것이 아닐까? 나는 이 집에 들어온 것을 후회하기 시작했다. 그녀가 발길을 돌려 보도로 향하면 내가 그녀를 볼 수 없기 때문이었다. 그녀가 잔교 끝에 서 있다는 건, 곧 방향을 바꿔 걸을 것임을 의미한다. 그런데 그때 그녀가 이 집 옆을 지나갔다. 부랴부랴 나는 모자와 지팡이를 집어 들었다. 될 수 있으면, 좀 전처럼 그녀를 앞섰다가 뒤따랐다가 하며, 그녀의 집을 확인하고 싶었기 때문이다.

그런데 너무 서두르다가 차를 대접하던 부인의 팔에 부딪치고 말았다. 요란스러운 외마디 소리가 났다. 나는 모자와 지팡이를 손에 쥔 채 우뚝 서버렸으나, 빨리 자리를 뜰 생각밖엔 없었다. 그리고 사태를 바꾸어 달아날 수 있는 구실이 될지도 모른다는 생각에 나는 장중한 어조로 말했다. "카인(가인)처럼 나는 찻잔이 엎질러진 이 자리에서 추방당하리라!"《창세기》 그런데 일이 제대로 안 되려고 그랬는지 주인이 내 말을 받았다. 그는 어처구니없는 생각을 하고는 소리 높여 엄숙하게 선언했다. "그대는 한 잔의 차를 즐겁게 마신 다음, 엎지른 차의 대가로 부인에게 손수 차를 바쳐 모든 것을 이전처럼 회복시키지 않고는 가지 못하리라." 주인이 강제로라도 나를 붙잡는 것을 예의라고 생각하고 있음을 잘 알 수 있었으므로 나는 어쩔 수 없이 남아 있을 수밖에 없었다. 그사이에 그녀는 모습을 감추어 버렸다.

5월 16일

사랑한다는 것은 얼마나 멋진 일인가! 누군가가 사랑하고 있음을 안다는 것은 또 얼마나 흥미로운 일인가! 그러나 이 둘은 다르다. 그녀가 다시 내 앞에서 모습을 감추어 버린 것을 생각하면 은근히 화가 나지만, 나는 어떤 의미에서는 그것을 기뻐하고 있다. 내가 간직한 그녀의 모습은 그녀의 현실 모습과 이상의 모습 사이를 덧없이 떠돌고 있다. 이 모습을 나는 지금 내 눈앞에 출현시킨다. 그런데 그것은 현실이거나, 아니면 적어도 현실이 그 직접적 원인이므로 그 모습은 독특한 마력을 갖고 있다. 나는 초조함을 느끼지는 않는다. 그녀는 이 동네에 살고 있을 것이 틀림없기 때문이다. 먼저 나는 그것으로 만족한다. 그녀의 모습을 제대로 볼 가능성은 있는 것이다. 무슨 일이든 천천히 즐기는 것이 좋으니, 유유히, 그리고 침착하게 있지 않을 이유가 무엇이겠는가. 다시 사랑을 하는 행운이 주어진 것이다. 나는 나 자신을 신들의 총아라고 여겨도 좋다. 다시 사랑을 한다. 이것은 그 어떤 기술, 어떤 학문으로도 이루어질 수 없는 것이다. 그것은 선물이다. 그러나 나는 이 사랑이 얼마나 오래갈 것인가 시험해 볼 참이다. 이 사랑을 첫사랑보다 소중히 가꾸어 길러야겠다. 기회는 좀처럼 오지 않는 법. 기회가 오면, 어떻게 하든 이용해야 한다. 서글픈 일이지만, 처녀를 유혹하는 것은 손쉬워도, 유혹할 만한 가치가 있는 처녀를 발견하는 것은 행운이기 때문이다.

사랑은 많은 신비를 간직하고 있다. 첫사랑도 하나의 신비다. 만일 그것이 평범한 사랑이라도 그렇다. 대부분의 사람들은 저돌적으로 돌진해 약혼하거나 무언가 다른 어리석은 짓을 저지른다. 그리고 순식간에 모든 일을 끝내고 만다. 더욱이 그들은 그로 말미암아 무엇을 얻었고 무엇을 잃었는지도 모른다.

이것으로 벌써 두 번, 그녀는 내 앞에 모습을 나타냈다가 사라졌다. 이것은 그녀가 머지않아 자주 모습을 나타내리라는 것을 뜻한다. 요셉은 바로 이 꿈을 풀어 주고 덧붙여서 말했다. "바로께서 꿈을 두 번 겹쳐 꾸신 것은 하나님이 이 일을 정하셨음이라 하나님이 속히 행하시리니."《창세기》 41 : 32)

인생의 내용을 짜는 갖가지 힘을 조금이라도 미리 알 수 있다면, 그것은 확실히 흥미로운 일일 것이다. 그녀는 지금 매우 조용한 평화 속에 살고 있다. 그녀는 아직 내 존재 따위는 꿈에도 모른다. 하물며 내 마음속에서 어떤 일이 일어나고 있는지, 내가 얼마만 한 확신을 갖고 그녀의 미래를 내다보고 있는지 꿈에도 모른다. 내 마음은 점점 더 강하게 그 일이 현실로 이루어지기를 요구하고 있다. 첫눈에 이상적인 모습에 눈뜨게 할 만큼 깊은 인상을 주지 않는 한, 현실의 그녀는 일반적으로 그다지 만나고 싶은 대상이 아닐 것이다. 이에 반해서 그녀가 깊은 인상을 준다면 아무리 세상에 닳고 닳은 사람이라도 조금은 압도되는 것이 보통이다. 그런데 그 압도된 상황에서 어떤 공격을 가해 모험을 해볼 재간도, 안목도, 승리할 자신도 없는 사람들이 있다. 나는 그들에게 과감하게 공격하라고 권한다. 왜냐하면 바로 그 상황일 때 그는 압도됨으로써 동정심과 이기심이 묘하게 뒤섞인 마음을 마주하게 되며, 바로 이것이 그에게 초자연적인 힘을 갖게 하기 때문이다. 그러나 그는 향락을 놓쳐 버리게 될 것이다. 왜냐하면 스스로 그 상황 속에 휘말려 들어감으로써 그 상황을 즐길 수가 없게 되기 때문이다. 무엇이 가장 아름다운 것인가를 정하기는 어렵지만, 무엇이 가장 흥미로운 것인지를 정하기는 쉽다. 가능하면 그 흥미로운 한계선까지 접근하라. 그것이 진짜 향락이다. 다른 사람들은 무엇을 향락하는지 나는 잘 모른다. 단지 그것이 자신의 여인을 소유한다는 점에 만족하는 것이라면 그건 큰 의미가 없다. 또 그런 식의 연애를 하는 사나이들이 쓰는 수법은 대부분 참으로 가엾은 것이다. 그들은 돈이나 권세, 남의 도움이라든가 수면제 같은 것의 사용도 마다하지 않는다. 그러나 절대적인 헌신, 다시 말해 소유하기보다는 완전히 포기하지 않는다면 그런 연애에 무슨 향락이 있겠는가? 포기하는 데는 용기가 필요한데, 가엾은 연인들에게는 이 정신이 결핍되어 있는 경우가 흔하다.

5월 19일

코델리아! 알고 보니 그녀의 이름은 코델리아였다. 참으로 아름다운 이름이고 이 아름다움은 중요하다. 정말 아름다운 온갖 서술어를 추한 이름을 꾸미는 데 써야 한다는 것은 참으로 불쾌한 일이기 때문이다.

그녀는 두 소녀와 함께 보도 왼쪽으로 걸어가고 있었다. 나는 이미 멀리서 그녀임을 알고 있었다. 그녀들의 걸음걸이로 미루어 곧 멈추어 설 것으로 보였다. 나는 길모퉁이에 서서 세워 놓은 간판을 읽으면서도 내 마음속의 낯선 여인에게 끊임없이 시선을 보냈다. 그녀들은 서로 작별 인사를 나누었다. 두 소녀는 그녀를 전송하러 나왔는데 너무 멀리 와버린 모양이었다. 왜냐하면 두 사람은 반대 방향으로 되돌아갔기 때문이다. 그녀는 내가 있는 길모퉁이로 걸어왔다. 그녀가 대여섯 걸음쯤 걸어왔을 때, 그중 한 소녀가 그녀를 다시 쫓아와서 내가 알아들을 만큼 큰 소리로, "코델리아! 코델리아!"라고 불렀다. 이어 또 한 소녀도 돌아와 셋은 서로 머리를 맞대고 무언가 비밀 의논을 하기 시작했다. 나는 귀를 잔뜩 기울이고 그 비밀 이야기를 엿들으려고 했으나 들을 수가 없었다. 그녀들은 함께 웃으며 두 소녀가 가던 쪽으로 빠르게 걸어갔다. 나는 뒤를 밟았다. 그녀들은 스트란덴의 어느 집으로 들어갔다. 나는 오랫동안 기다렸다. 코델리아가 이윽고 혼자서 돌아갈 것이 틀림없다고 생각했기 때문이다. 그러나 그녀는 나오지 않았다.

코델리아! 참 멋있어. 리어왕의 셋째 딸도 분명 그 이름이었는데 그녀는 가슴속의 생각을 입술에 맡기지 않았고, 그녀의 입술은 가슴이 온갖 생각으로 넘쳐도 묵묵히 침묵했다《리어왕》 참조). 그 소녀다운 소녀처럼, 나의 코델리아도 그렇다. 확실히 그녀는 리어왕의 코델리아를 닮았다고 나는 굳게 믿었다. 그러나 그녀의 가슴속에 깃든 생각이 그녀의 입술에 깃들어 있기도 하다. 그것은 말이라는 형태가 아닌 정성 어린 키스의 형태로 나타났다. 건강하게 부풀어 있는 그녀의 입술! 나는 그렇게 아름다운 입술을 일찍이 본 적이 없다.

내가 정말로 사랑하고 있다는 것은 무엇보다도 내가 그 사실을 자신에게조차 비밀로 해두려고 한 데서도 알 수 있다. 사랑은 모두 비밀스러운 것. 이를테면 부실한 연애라도 미적인 요소를 포함하고 있을 경우에는 그렇다. 나는 내 비밀을 함께 알아주는 사람을 갖고 싶어 한 적도 없고, 내 사랑의 모험을 자랑할 생각을 한 적도 없다. 그러니까 그녀의 집을 알지 못하지만 그저 그녀가 자주 드나드는 장소만이라도 알고 있다는 것이 나를 기쁘게 한다. 아마도 그 때문에 나는 내 목적에 더 접근해 있는지도 모른다. 나는 그녀의 주의를 끌지 않으면서도 그녀를 관찰할 수 있으며, 여기를 확실한 거점으로 삼는다면 그녀의 집에 드나들 수 있게 되는 것도 그리 어렵지는 않을 것이다. 만일 예상과는 달리 사태가 곤란해지면, 좋다, 그때는 그 혼란을 온전히 떠맡겠다. 나는 어떤 일이든, 애정을 갖고 대해 왔다. 연애도 애정을 담아(con amore) 해내고야 말 생각이다.

5월 20일

오늘 나는 그녀가 모습을 감춘 집에 대한 정보를 알게 되었다. 그곳은 세 딸을 둔 어느 부인의 집인데, 그 집에서 나는 많은 정보를 얻을 수 있었다. 물론 그녀들이 알고 있는 범위 안의 정보이긴 하나, 그 세 명은 동시에 지껄였기 때문에 그러니까 나는 한꺼번에 쏟아져 나오는 세제곱된 정보를 이해해야 했다. 그녀는 코델리아 발이며, 해군 대령의 딸이라고 했다. 아버지와 어머니는 모두 몇 해 전에 세상을 떠나고 없다. 아버지는 아주 완고하고 엄격한 사람이었다. 그녀는 지금 고모 댁에서 살고 있으며, 고모는 자기 오빠를 많이 닮았지만 그 밖의 점에서는 존경할 만한 부인이었다. 그런대로 만족할 만한데, 그 딸들도 코델리아 집 안일에 대해 그 이상은 알고 있지 않았다. 코델리아는 자주 그녀들 집에 놀러 오지만 그녀들은 코델리아네 집에 가지 않았다. 코델리아와 이 집의 두 처녀는 함께 왕립 요리원에 요리를 배우러 다니고 있다. 그래서 그녀는 대부분 이른 오후 시간에 찾아오는 것이다. 때로는 오전 중에 오는 경우도 있지만 밤에는 결코 오지 않는다. 코델리아와 고모는 세상을 피해서 살고 있었던 것이다.

이것이 내가 아는 이야기의 끝이었으며, 코델리아의 집에 들어가기 위한 연결 고리는 찾을 수 없었다.

그러고 보면, 코델리아는 이미 인생의 괴로움을, 인생의 어두운 면을 알고 있는 것이다. 누가 그녀를 보고 그런 상상을 했겠는가? 그러나 확실히 그런 일들이 그녀의 어린 날에 있었고, 그것들은 뚜렷이 인식하지 못하고 살아온 그녀의 여성다움을 지켜 준 것이다. 그녀는 기가 죽은 모습이 아니다. 게다가 또 그런 기억을 올바로 불러일으킬 줄 안다. 이것은 그녀의 마음을 높이는 데 중요한 뜻을 갖게 될 것이다. 무릇 그런 일들은 인간의 기를 눌러 생기를 없애지 않는 한 인간을 기품 있게 만들어 준다. 그녀는 결코 기가 죽어 있지 않다.

5월 21일

그녀는 제방 근처에 살고 있다. 지형은 편리하지는 않다. 사귈 수 있도록 마주 보고 사는 이웃도 없고, 남이 눈치채지 않게 지켜볼 수 있는 장소도 없다. 제방 위를 간다는 것도 적당하지 않다. 남의 눈에 너무 띈다. 길 아래로 가서 제방 옆쪽으로 돌아들 수도 없다. 걸어 다니는 사람들이 없어서 눈에 띄기 때문이다. 그래서 집을 따라 붙어 걸어가는 수밖에 없는데, 그 경우에는 아무것도 보이지 않는다. 그녀의 집은 길 끝 모퉁이에 있고, 마당 쪽으로 나 있는 창문이 길거리에서도 보인다. 이웃집이 없기 때문이다. 거기에 아마 그녀의 침실이 있으리라.

5월 22일

오늘 나는 처음으로 얀센 부인 댁에서 그녀를 만났다. 나는 그녀에게 소개되었다. 그녀는 그런 일에 그다지 신경 쓰지 않는 것 같았다. 또는 나 같은 사람은 안중에 없는 것처럼 보였다. 나는 가능한 한 그녀를 잘 관찰할 수 있도록, 되도록 눈에 띄지 않게 행동했다. 그녀가 머문 것은 잠깐 동안이었다. 요리원에 가는 처녀들을 부르러 왔을 뿐이기 때문이다. 두 얀센 양이 준비하는 동안, 우리 두 사람만 방에 남아 있었다.

나는 냉담하고 오만하게 보일 만큼 무관심한 체하면서 슬쩍 두어 마디 그녀에게 말을 건넸는데, 그녀의 대답은 싱겁게도 지나치게 공손했다. 그녀들은 나갔다. 나는 함께 가겠다고 제의할 수도 있었지만, 그랬다가는 친절한 멋쟁이 사나이의 정체가 드러나 버렸을 것이다. 게다가 그런 수법으로는 그녀의 마음을 사로잡을 수 없다고 나는 굳게 믿는다. 그 대신 그녀가 간 뒤 곧 나도 그 집을 나왔다. 그러고는 그녀들보다 훨씬 빠른 걸음걸이로 왕립 요리원 쪽으로 난 다른 길을 걸었다. 바쁘게 그녀들 옆을 지나면서 그녀들을 거들떠보지도 않고 아는 체를 하지도 않자 그들은 몹시 놀라는 것 같았다.

5월 23일

그녀 집에 드나들 만한 핑계가 필요했다. 이 점에서 나는 군대 용어로 말한다면 준비 완료 상태였다. 그러나 꽤 복잡하고 성가신 일이 될 것 같다. 이토록 세상을 피해서 살고 있는 가정을 나는 일찍이 본 적이 없다. 그녀와 그녀의 고모

뿐이다. 형제도 없고, 사촌도 없다. 실마리가 될 줄도 없거니와, 팔을 잡고 그 집으로 함께 들어갈 먼 친척도 없다. 나는 언제나 한쪽 팔을 비우고서 돌아다니고 있다. 얼마 동안 그게 누구더라도 그녀와 관련이 없는 사람이라면 팔을 끼고 걸을 생각이 없다. 내 팔은 언제라도 아군의 배가 나타나기를 기다리는 갈고리 닻이다. 어쩌면 아득히 멀리서 팔 끝이라도 붙잡을 수 있는 멀고 먼 친척이나 친구가 나타날 수도 있다는, 기대할 수 없는 행운을 잡기 위해 제쳐 놓았다고 할 수 있다. 나타나면, 바로 기어 올라갈 참이다. 어쨌든 한 가족이 저렇게 고립해서 생활한다는 것은 정상이 아니다. 저래서야 세상을 아는 기회를 그 가엾은 처녀에게서 빼앗아 버리는 것이지 세상을 알았기 때문에 일어나는 온갖 위험한 결과가 무슨 문제가 되겠나. 그런 생활에는 반드시 그만한 보답이 있는 법이다. 결혼 문제만 하더라도 그렇다. 그렇게 고립된 생활을 하면 물론 좀도둑을 막을 수는 있다. 사교가 많은 가정에서는 견물생심으로 딸을 도둑맞는 일도 있는 법. 그러나 그런 것도 그리 큰일이 아니다. 그런 처녀에게는 그다지 훔칠 것이 없기 때문이다. 열여섯 살이나 되면, 그런 처녀의 마음에는 벌써 후보자의 이름이 가득 적혀 있을 텐데 그 많은 남자가 이미 이름을 써놓은 곳에 내 이름을 함께 기록하는 일에는 흥미가 없다. 나는 결코 유리창 위나 숙박소 안, 프레데릭스베르 공원의 벤치나 나무그루에 내 이름을 새기겠다는 생각을 한 적이 없다.

5월 27일

그녀를 주의해서 보면 볼수록 그녀가 외떨어진 사람이라는 확신이 점점 더 굳어진다. 남자라면 물론 그래서는 안 되지만, 젊은 여자도 마찬가지이다. 인간의 발전이란 본질적으로 반성[18]에 의존하므로 남과의 관계를 맺지 않을 수 없기 때문이다. 그렇다고 젊은 처녀가 다른 사람의 관심을 끌어야 좋다는 것은 아

---

18) '반성'이라는 말을 키르케고르는 여러 가지 뜻으로 사용하고 있다. reaexio(튀어서 되돌아옴)라는 라틴어의 어원에 따라서 먼저 광선 같은 것의 '반사, 반영, 반조'를 뜻하고, 다시 밖을 향하고 있던 눈이 자기에게 되돌아오는 데서 자기를 '되돌아보다', 즉 '반성'을 뜻하며 이것이 부연되어 '내성, 심사, 묵상'의 뜻으로도 널리 사용되는데, 여기에서는 헤겔에게서 볼 수 있듯이 '상관관계'의 뜻으로 사용되고 있다. 즉 인간의 자기는, 남이 있고 나서야 비로소 자기가 있고, 남을 예상하지 않고는 생각할 수 없다. 자기는 남에게 부딪혀서 자기에게 되돌아오는 데, 즉 반성과 양자의 상관관계 위에 비로소 존재한다고 생각되는 것이다.

니다. 왜냐하면 예술에서 흥미로운 것[19]은 그것을 창작한 예술가의 인상을 반영하듯, 흥미를 끄는 것은 언제나 자기 자신을 반성하는 것을 포함하기 때문이다. 젊은 처녀가 흥미를 끌어 남의 마음에 들려고 하는 것은, 자기 자신의 마음에 들려고 하는 것이다. 이 때문에 모든 종류의 미태를 미학이라는 관점에서 본 이론이 나오는 것이다. 자연의 본성 그 자체의 동작이나 다름없는 아름다운 자세는 본래 미태라고 할 수 없는 것으로, 이를테면 교태인데, 가장 여자다운 수줍음이 언제나 가장 아름다운 교태이다.

그런 흥미를 끄는 처녀도 남의 호의를 살지 모른다. 그러나 그녀 스스로 자기의 여자다움을 버리고 말 만큼, 그녀를 좋아해 주어야 할 남자들은 흔한 말로 남자답지가 않다. 그런 젊은 처녀가 흥미를 끌게 되는 것은 사실 남자와의 관계에 의존한다. 여성은 남성보다 약하다. 그런데도 여성에게는 어린 시절의 고독이 남성보다 훨씬 본질적으로 중요하다. 여성은 자기만족에 익숙해야 하니까. 그러나 여성을 자기를 만족시키는 수단, 그리고 상태는 하나의 환상이다. 이것은 자연이 여성에게 준, 공주의 지참금에 비교할 만한 지참금이다. 그러나 이처럼 환상 속에 안주하는 것이야말로 여성을 고립시킨다. 젊은 처녀에게 다른 처녀들과 넓은 교제를 갖는 것만큼 해로운 일이 없다는 말이 과연 어디에서 온 것인가에 대해 나는 자주 생각하곤 했다. 그것은 분명 그런 교제는 이것도 저것도 아닌 엉거주춤한 것이어서, 환상을 휘젓기만 하지 환상을 명확하게 해주지는 않기 때문에 생겨난 말일 것이다. 여성의 가장 깊은 운명은 남성의 반려자가 되는 데 있다(《창세기》). 그런데 여성이 동성과 교제하면, 관심이 그쪽으로만 쏠리기 쉽다. 그 때문에 여성은 남자의 반려자이기보다는 사교를 중시하는 부인이 되어 버린다. 이 점에서 말 자체가 암시하는 바가 크다고 하겠다. 남자를 주인이라고 부르는 반면, 여자는 시녀나 반려 시녀가 아닌 본질적인 규정에 따라서 반려자라고 하는 것이다.

내게 이상적인 처녀란 언제나 세상과 외떨어져 있어, 자기 자신만을 의지하고, 특히 여자 친구가 많지 않은 처녀라야 한다. 카리테스(미와 우아함을 상징하는 여신들)는 세 자매였지만, 그녀들이 수다를 떨고 있는 모습은 그려지지 않는다. 그

---

[19] '흥미로운 것'은 당시 미학의 중요한 범주로 간주하던 것이었다.

녀들은 침묵의 삼체로서 여성으로서의 아름다움의 하나를 이루고 있다. 이 점을 생각하면 구속으로 처녀를 손상시키는 일만 없다면, 그 옛날처럼 따로 마련된 처녀의 거처[20]를 다시 이용하도록 권하고 싶어질 정도다. 젊은 처녀들은 자유롭게 두는 것이 바람직하다. 그러나 그 자유를 이용하는 기회를 주어서는 안 된다. 그러면 처녀는 아름다워지고 흥미로워지는 것에서 벗어난다. 다른 처녀들과 다양한 교제를 하는 젊은 처녀들에게는 처녀의 베일이나 신부의 베일을 준다 해도 헛일이다. 하지만 미적 감각을 충분히 가진 남자라면 예컨대 신부의 베일을 사용하는 것이 관습이 아니더라도, 깊은 선의로 순결한 처녀에게 베일을 씌워서 자기에게 데리고 오기를 바랄 것이다.

그녀는 엄격한 교육을 받았다. 이 점에 대해 나는 무덤에 잠들어 있는 그녀의 부모님에게 경의를 표한다. 그녀는 세상을 피해서 살고 있다. 이것이 너무나 고마워서 나는 그녀의 고모 목에 매달리고 싶을 정도다. 그녀는 이 세상의 환락을 모른다. 수다에 지친 기색도 보이지 않는다. 그녀는 기품이 높아 다른 젊은 처녀들에게는 즐거움이 될 만한 것 따위는 멸시한다. 잘못된 일이지만 나는 그녀의 이런 점을 내게 유리한 쪽으로 이용하는 방법을 알고 있다. 그녀는 다른 처녀들의 화려함이라든지 사치스러움을 좋아하지 않는다. 또한 조금 논쟁거리가 된다고 볼 수 있는데, 그건 그녀처럼 몽상을 좇는 소녀에게는 어쩔 수 없는 일이다. 그녀는 공상의 세계에 살고 있다. 만일 그녀가 어울리지 않은 자의 손에 떨어진다면, 그녀의 아주 여성답다는 바로 그 점 때문에 그녀는 아주 심하게 비여성적으로 변화될지도 모른다.

5월 30일

우리의 길은 곳곳에서 마주친다. 오늘 나는 그녀와 세 번이나 만났다. 아무리 가벼운 산책이라도 나는 그녀의 외출에 대해서라면 다 알고 있다. 그러니 언제 어디에서 그녀를 만날 수 있는지도 안다. 그러나 나는 그 정보를 그녀와 만나기 위해서 이용하지는 않는다. 오히려 나는 무서울 정도로 정보와 시간을 낭비한다. 나는 몇 시간이나 기다린 끝에 간신히 그녀를 만나는 수가 있는데, 그런 만

---

20) 중세에 손님들 눈에 띄지 않도록 결혼하지 않은 딸들을 넣어 두었다는 방이다.

남까지는 하찮은 일로 낭비해 버린다. 나는 그녀를 만나는 것이 아니다. 오직 그녀 존재의 표면에 닿고 있을 뿐이다. 그녀가 얀센 부인 댁에 온다는 것을 알아도 무언가 중대한 관찰을 할 필요가 없는 한은 그녀와 부딪히지 않도록 한다. 나는 오히려 조금 일찌감치 얀센 부인 댁에 가서, 되도록이면 문간에서 그녀는 들어가고 나는 나올 때 만난다든지 또는 층계에서 만나 모른 체 그녀 곁을 지나간다. 이것이 그녀가 말려들 첫 번째 그물이다. 길거리에서 만나도 그녀를 불러 세우거나 인사를 하지 않는다. 나는 결코 그녀에게 접근하지 않고 언제나 멀리 떨어져 관찰한다. 우리가 자주 만나는 것이 그녀에게는 기묘한 느낌을 준다. 그녀는 아마 그녀의 지평선 위에 하나의 새로운 천체가 나타나서 이상하게 침착한 움직임으로 그녀의 가는 길을 방해하고 있다고 느끼게 될 것이다. 그러나 그 운동을 지배하는 법칙을 그녀는 꿈에도 알지 못한다. 그녀는 오히려 그 운동의 목표가 된 점을 발견할 수는 없을까 하여 좌우를 돌아보고 싶어진다. 그녀는 자기가 그 중심점이라는 것을 알지 못한다. 내 주위 사람들은, 대부분 내가 할 일이 많아서 언제나 돌아다니는 줄 안다. 그녀도 그렇다. 나는 끊임없이 일을 벌이면서 마치 피가로처럼 "하나, 둘, 셋, 네 가지 계략이 동시에 일어나는 것, 그것이 나의 즐거움이다"(모차르트의 《피가로의 결혼》)라고 말한다. 공격에 들어가기 전에 먼저 나는 그녀를, 그리고 그녀 정신 상태를 잘 알아야 한다. 대부분의 사람들은 한 잔의 샴페인을 거품이 이는 순간에 즐기는 것처럼 젊은 여자를 즐긴다. 물론 꽤 아름다운 일이다. 대개 젊은 여자들의 경우라면, 아마 최고의 향락 방법일 것이다. 그러나 거기에는 그 이상의 것이 있다. 만일 처녀들이 명료함이나 투명함에 견딜 수 없을 만큼 허약하다면, 막연한 것을 향락하게 될 것이다. 하지만 그녀들은 분명히 그것을 견디어 낼 수 있다. 선정성(煽情性)을 띠는 사랑에 바치는 헌신도가 높으면 높을수록 그만큼 흥미로워진다. 그 순간에 느끼는 향락은 외면적인 뜻으로는 그렇지 않더라도 정신적인 뜻으로는 폭행이다. 그리고 폭행 속 향락은 허무한 향락에 지나지 않는다. 그것은 훔친 입맞춤처럼, 아무런 특징이 없다. 진짜 향락은 그런 것이 아니다. 그녀가 자유 의지로 향락을 즐기는 상황에 가고, 거기서 충만한 행복을 느껴야 한다. 그리고 거의 구걸하듯 헌신하고 싶어 하면서도 그녀가 '나는 자유다'라는 기분을 느끼도록 이끌어 갈 수 있어야만 비로소 거기에 향락이 있는 것인데, 그러나 처녀를 거기까지 끌고 가려면 언제나 고도의 정신적 수법이 필요하다.

코델리아! 아무리 생각해도 참으로 멋진 이름이다. 나는 집에 앉아 마치 앵무새처럼 지껄이는 연습을 하며 말한다. 코델리아, 코델리아, 나의 코델리아, 그대 나의 코델리아. 이렇게 연습을 하고, 언젠가 필요할 때가 와서 이 이름을 부를 생각을 하면 미소 짓지 않을 수 없다. 무엇이든 미리 연습을 해두어야 한다. 모든 준비를 갖추어 둘 필요가 있다. 연인끼리 서로 "여보" 하고 부르는 그 순간을 시인이 즐겨 그리는 것도 이상할 것이 없다. 이 순간 연인들은 서로 사랑의 바닷물을 끼얹는(많은 사람은 결코 그 이상 나아가지 않지만) 것이 아니라, 사랑의 바다에 빠져 예전의 낡은 자신을 벗어던진 뒤, 비로소 이 세계를 통해 서로를 진실로 발견하는 가운데 다시 떠오른다. 젊은 처녀에게는 이렇게 다정한 이름으로 불리는 순간이 가장 아름답다. 그리고 이 순간을 옳게 즐기기 위해 사람은 조금 높은 곳에 서야 한다. 말하자면 그저 세례를 받는 사람일 뿐만 아니라 동시에 세례를 주는 사제의 수준이어야 한다. 조금의 모순된 점만 있으면 이 순간 다음의 순간은 가장 흥미진진한 순간이 될 수도 있다. 그것은 정신적으로 벌거벗는 행위로, 말하자면 우리는 앞의 1막을 방해하지 않을 만큼은 시의 정취를 가지고 있어야 하지만, 한편에서는 마음속의 악한이 언제나 이 순간을 기다리고 있어야 한다.

6월 2일

그녀는 긍지가 높다. 그것은 내가 이미 알고 있는 것이다. 그녀는 세 사람의 얀센 아가씨들과 함께 자리할 때 말이 매우 적다. 분명히 얀센 아가씨들의 수다를 따분하게 생각하는 것이다. 그녀의 입술 언저리에 떠도는 가냘픈 미소가 그것을 암시하는 것처럼 보인다. 그 미소에 나는 희망을 걸고 있다.

이따금 그녀는 마치 사내아이처럼 난폭해져서, 얀센 아가씨들을 몹시 놀라게 한다. 그녀의 어린 시절을 생각해 보면 나로서는 이해 못할 것도 아니다. 그녀에게는 한 살 위인 오빠가 있을 뿐이었다. 그녀는 아버지와 오빠밖에 몰랐고, 몇 번이나 엄숙한 광경을 겪었으므로 세상의 부질없는 이야기를 혐오하는 것이다. 그녀의 아버지와 어머니도 행복하게 산 것은 아니었다. 보통 같으면 조금이라도 확실하게, 또는 모호하게 젊은 여자를 끌어당길 만한 일도 그녀를 끌지는 못한다. 젊은 처녀가 무엇인가 하고 그녀는 스스로도 얼떨떨해하는 수가 있을지도 모른다. 어쩌면 때로 여자가 아니라 사내아이였더라면 좋았을 것을 하고 바라는 일마저 그녀에게는 있을지 모른다.

그녀는 고상함이나 정열, 예지 등 여자로서의 특징을 다 갖추고 있지만, 그런 것을 주체적으로 반성하며 의식하고 있지는 않다.[21] 오늘 우연히 나는 그 점을 확신할 수 있었다. 내가 얀센 댁에서 들은 이야기로는 그녀는 악기를 연주하지 않는데, 그것은 고모의 주장 때문이라고 한다. 나는 늘 그것을 유감으로 생각했다. 왜냐하면 이것은 중요한 일로서, 전문가인 체하지 않도록 조심만 한다면, 음악이란 언제나 젊은 처녀와의 뛰어난 의사소통 수단이기 때문이다. 오늘 나는 얀센 부인 댁을 방문했다. 나는 인기척을 내지 않고 문을 절반쯤 열었다. 뻔뻔한 일이지만 이 뻔뻔함이 자주 내게 유리하게 작용한다. 또, 필요하면 장난으로, 예를 들어 열려 있는 문을 두드리든가 해서 나의 뻔뻔함을 얼버무려 회복한다. 방에는 그녀 혼자뿐이었는데, 피아노 앞에 앉아 있었다. 그녀는 남의 눈을 피하여 몰래 피아노를 조용히 치고 있는 것처럼 보였다.[22] 스웨덴의 소곡이었다. 연주 솜씨가 대단치 않아서인지 그녀는 짜증을 냈다. 그러나 다시 또 부드러운 소리가 들려왔다. 나는 문을 닫고 그녀의 기분 변화에 귀를 기울이며 밖에 서 있었다. 이따금 그녀의 연주에 정열이 부풀어 올랐는데, 그것은 황금 하프를 뜯으면 가슴에서 젖이 샘솟았다는 처녀 메텔릴[23]을 떠올리게 했다. 그녀의 연주는 애조를 띠고 있었지만, 열광적인 가락도 느껴졌다. 나는 뛰어 들어가서 이 순간을 포착할 수 있었다. 그러나 그것은 어리석은 짓일 것이다.

추억이라는 것은 보존하는 수단일 뿐 아니라 고양의 수단이기도 하다. 추억에 스며든 것은 이중의 효과를 갖는다. 책 속에는, 특히 시집 속에는 흔히 조그만 꽃이 들어 있다. 그 꽃을 발견하는 순간은 아름답다. 하지만 그 순간을 기억

---

21) 자기가 그런 것을 소유하고 있다는 것을 자각하지 못하고 있다는 뜻이다.

22) 키르케고르가 레기네에게 청혼했을 때, 그녀는 혼자서 피아노를 치고 있었다.

23) 메텔릴(Mettelil)로 되어 있으나 시드렐릴(Sidselille)의 잘못이며, 옛 덴마크 민요에 나오는 인물의 이름이다.

하는 것이 훨씬 더 아름답다. 그녀는 분명히 피아노를 치고 있는 것을 비밀로 하고 있다. 혹시 그녀는 이 스웨덴 소곡만 칠 줄 아는 것일까? 아니면 이 곡에 특별한 관심이 있는 것일까? 그것을 나로서는 알 수가 없다. 그러므로 이 사건은 나에게 매우 중요하다. 언젠가 그녀와 속을 터놓고 말을 주고받을 수 있게 되면, 나는 은밀히 이 사건으로 대화를 이끌어 그녀를 함정에 빠뜨릴 생각이다.

6월 3일

아직도 나는 그녀를 어떻게 해석해야 좋을지 결정을 내리지 못하고 있다. 그래서 나는 가만히, 되도록이면 눈에 띄지 않게 뒤에 머물러 있다. 마치 대지에 엎드려서 접근해 오는 적의 아주 작은 소리라도 놓치지 않으려고 귀를 기울이고 있는 전초선의 병사 같다. 나는 그녀에게는 전혀 존재하지 않는 것이다. 그것도 부정적인 관계라는 뜻에서가 아니라, 아직 아무 관계도 맺지 않았다는 의미로, 아직도 나는 감히 실험을 시도하지 않는 것이다.

그녀를 보는 것과 사랑하는 것이 하나라고 소설에서는 말한다. 하기야, 사랑이 변증법을 따르는 것이 아니라면, 그 말은 확실히 맞으리라. 그러나 소설 따위를 읽고 연애에 대해 얼마나 알 수 있다고…… 순전히 거짓말이며, 사랑의 사명이 가진 문제를 간단하게 만들려는 속임수일 뿐이다.

지금까지 그녀에 대해 안 것을 바탕으로 해서 첫 만남 때 내가 받은 인상을 되돌아보니, 그녀에 대한 내 생각이 꽤 수정되어 있다. 그리고 그것은 그녀를 위해서나 나를 위해서나 유리하게 되었다. 젊은 처녀가 그처럼 혼자 걷고 있다는 것, 또 젊은 처녀가 그처럼 자기 자신 속에 깊이 빠져 있다는 것은 요즘에 와서는 흔한 일이 아니다. 나는 그녀를 엄격한 비평의 기준, 다시 말해서 애교라는 기준으로 판단했다. 그러나 가장 여성다운 정숙인 애교라는 것은, 어제라는 날이 흘러 덧없이 사라져 버린다. 나는 현실 속에 살고 있는 그녀를 상상해 본 적이 없다. 적어도 인생의 폭풍우에 아무런 반성 없이 그저 익숙해지는 그녀를 상상해 본 적이 없다.

그녀의 감정이 어떤 상태에 있는지 알고 싶다. 그녀는 분명 아직 연애를 한 적이 없다. 연애 경험을 하기에는 그녀의 정신은 너무나 자유로이 날고 있다. 적어도 그녀는 사랑하는 남자의 팔에 안긴 자신을 상상하는 데 익숙한, 머리만 조숙한 여자들 가운데 하나는 아니다. 그녀가 지금까지 만난 온갖 현실 속 인물들은 꿈과 현실의 관계에 대해서도 그녀를 어지럽힐 수 없었다. 그녀의 영혼은 지금도 이상이라는 신들의 양식으로 양육되고 있다. 그러나 그녀에게 떠오르는 이상은 아마도 양치기 소녀나 소설 속 여주인공이 아니라, 잔 다르크 같은 여성일 것이다.

문제는 어디까지나 그녀의 여자다움이, 자기 본성을 반성할 만큼 강한 것인가, 아니면 아름다움이나 우아한 존재로 향락될 만한 것인가 하는 데 있다. 즉 희망을 좀 더 높은 방향으로 둘 수 있는 문제다. 순수하고 직접적인 여자다움을 발견한다는 것은 대단한 일이다. 그러나 과감히 위험을 무릅쓰고 그 여자다움에 변화를 주게 되면 그녀는 다른 사람의 흥미[24]를 끌게 된다. 이때 소박하고 단순한 청혼자를 그녀의 목에 매달리게 하는 것이 가장 좋다. 이런 것이 젊은 처녀에게는 좋지 않다는 생각은 사람들이 지닌 미신이다. 하지만 만일 그녀가 매우 섬세하고 나약한 식물 같은 사람이고, 평생 동안 애교라는 단 하나의 확실한 특징만 지닌 여자라면, 연애라는 말을 한 번도 듣지 않는 편이 가장 낫다. 그러나 그렇지 않은 것이 그에게는 유리한 것이므로 만일 청혼자가 없다면 주저 없이 나는 중매라도 해주겠다. 그 청혼자는 우스꽝스런 사나이여서는 안 된

---

24) '흥미로운 것'이라는 말이 얼마나 중요한가 하는 점을 이미 독자는 깨달았을 것이다. 그래서 이 말이 처음 나왔을 때, 자주 나오는 이 말을 무시하지 않도록 주의해 두었는데, 여기에서 이 말이 《유혹자의 일기》 전체의 가벼운 주제가 되어 있어서, '유혹자'의 모든 행동을 규정하고 있다는 것, 즉 '흥미로운 것'에 대한 욕구를 만족시키고자 하는 생각이 줄곧 유혹자를 움직이고 있음을 알 수 있다. 바로 뒤에 적혀 있듯이 그것은 유혹자 요하네스가, 코델리아를 유혹하는 '싸움'에서 사용되는 모든 작전을 이끄는 전략 원리이며, 또 싸움터이기도 하다. 아니, 유혹자가 살고 있는 하나의 범주이다. 그러면 그 '흥미로운 것'이란 무엇인가? 유혹자는 키르케고르가 말하는 미적 생활의 한 형태이며, '시적으로 산다'는 것을 과제로 삼고 있다. '시적으로 산다'는 것은 인생을 누리는 것, 또는 하나의 향락 방법이다. 그리고 그 향락과는 대조되는 것, 이것이 바로 '흥미로운 것'이다. 그것은 조금 색달라서 남의 흥미를 끄는 것, 곧잘 둔해지려는 감각 및 감정과 의지를 자극하는 것, 말하자면 남을 따분하게 만들지 않는 것이며, 이처럼 자극을 주는 것을 끊임없이 추구하는 것이 향락하는 것이고, 따라서 '흥미로운 것'에 대한 욕구는 따분함이라는 마음의 공허를 좇는 소망의 발현으로서 따분함 또는 권태로움의 체험과 상관관계에 있다.

다. 그래서는 아무것도 얻을 수 없기 때문이다. 오히려 훌륭하고, 가능하면 호감을 사는 청년이어야 한다. 그렇다고 해도 그는 그녀의 정열을 불러일으키기에는 기량이 모자란다.

그녀는 그런 그를 멸시하고 연애를 혐오하게 될 것이다. 그녀가 운명을 예감하고 자신이 현실에서 얻은 것을 알게 되면 그녀는 자신의 존재에 크게 절망할 게 뻔하다. 사랑한다는 것이 고작해야 이런 거라면 연애 따위는 대단한 게 아니라고 말한다. 그러니까 그는 연애 때문에 긍지도 높아지고, 그 긍지가 그녀를 흥미진진한 사람으로 만들며, 그녀를 산뜻한 분홍빛으로 비추어 내겠지만, 동시에 그녀는 몰락하게 된다. 그리고 이 모든 점이 그녀를 더 흥미로운 인물로 만든다.

아무튼 가장 현명한 행동은 먼저 그녀의 지인들을 확인하고, 청혼자가 있나 없나를 알아보는 것이다. 그녀의 집에서는 그런 기회가 없다. 그녀를 찾는 사람이 거의 없기 때문이다. 그러나 그녀도 외출하는 일은 있으니 집 밖에서라면 혹시 그런 남자를 발견할지 모른다.

그런 것도 알기 전에 청혼자를 구한다면 좀 위험하다. 서로에게 다 시원찮은 두 명의 청혼자를 제시한다면 각자를 위해서도 좋을 것이 없다. 그래서 나는 집 안에 뛰어들 만한 용기가 없는 그런 연인이 있는지, 수도원 같은 집에서는 기회를 엿보지 못하는 닭 도둑이 근처에 숨어 있지나 않는지를 살펴봐야 한다.

여기에서의 전략은, 즉 모든 행동 법칙이 되는 작전 원칙은, 흥미를 불러일으킬 만한 상황에 있는 그녀와 살짝 스칠 정도로만 접촉해야 한다는 것이다. 따라서 흥미로운 곳이야말로 이런 노력을 투입할 수 있는 영역이고, 바로 거기에서 흥미진진한 것을 남김없이 다 써서 없애야 한다. 내가 심한 착각을 하지 않았다면 그녀의 본성도 이처럼 되어 있다. 그래서 내가 요구하는 것이 그녀가 주는 것, 바로 그녀가 요구하는 것이다. 그러므로 핵심은 여자들이 저마다 줄 수 있는 것, 또 그 대가로서 요구하는 것을 더듬어 알아내는 것이다. 이런 까닭으로 나의 갖가지 연애 이야기는 나 자신으로서는 언제나 실재성을 갖고 내 생애의 한 계기와 발전의 한 시기를 이루고 있으며, 그것을 나는 잘 알고 있다. 그런 연애 이야기는 흔히 무언가 특수한 기능과 결부되어 있는데, 첫사랑 소녀를 위해서 나는 춤을 배웠고, 귀여운 무희를 위해서는 프랑스 말을 배웠다. 그 무렵에는 나도 다른 바보들과 마찬가지로 사교장에 가서 넋을 빼앗겨 손해를 보곤 했었다. 지금의 나는 그것을 뒤에서 암거래하려 하고 있다.[25]

아마도 그녀는 흥미진진한 어떤 면에 지쳐 버렸는지 모른다. 그녀의 은둔에 가까운 생활이 그것을 암시하는 것처럼 보인다. 그래서 이번에는 또 하나 다른 면을 발견해야 한다. 이 한 면은 언뜻 보아서는 그녀에게 흥미롭게 보이지 않을지 모르지만, 나중에는 그런 장애가 흥미가 된다. 이 목적을 위해 나는 시적인 것이 아니라 산문적인 것을 택한다. 말하자면 산문적인 것이 시작이다. 먼저 그녀의 직접적인 것이 아니라 간접적인 여자다움은 산문적인 분별과 비웃음으로 상쇄된다. 또한 지적 정신의 절대적인 작용을 통해서도 상쇄된다. 그래서 그녀는 자신의 여자다움을 거의 잃게 되는데 그 상태를 혼자는 견뎌 내지 못하므로 내 가슴속에 몸을 던져 온다. 물론 내가 연인이라서가 아니라 여전히 중간자와도 같은 의미에서이다. 그러나 이제 비로소 그녀의 여자다움이 눈을 뜬다. 나는 그녀의 여자다움을 이끌어 내고 그것을 최고로 긴장시켜 현실 세계에 통용되는 온갖 규범과 충돌시킨다. 그러면 그녀는 그것을 넘고 나아가 자신의 여자다움을 거의 초자연적이라고 할 만한 높이까지 이르게 한다. 그녀는 더할 수 없이 높은 정열을 통해서 내 것이 되는 것이다.

6월 5일

나는 굳이 멀리까지 갈 필요가 없었다. 그녀는 박스테르라는 큰 상인 집에 드나들고 있었다. 그 집에서 나는 그녀를 만났을 뿐 아니라 나로서는 참으로 반가운 사나이도 만날 수 있었다. 이 집 아들 에드바르[26]는 그녀에게 홀딱 반했다. 그것은 그의 두 눈만 보아도, 아니 한쪽 눈을 감고 있어도 알 수 있는 것이었다. 그는 아버지 사무실에서 일하고 있다. 한눈에 보기에도 훌륭하고 인상도 좋은 청년이며, 조금 수줍어하지만 이것이 그녀의 눈에 결점으로 비친다고는 생각하지 않는다.

---

25) 직역하면 정상적으로 물건을 사는 것이 아니라 '암매'한다는 뜻이다.
26) 초고에서는 프리츠(Fritz)라고 쓰여 있었으나, 너무 노골적이어서 교정 때 에드바르로 고쳤다. 프리츠는 나중에 레기네와 결혼한 슐레겔이다. 이하의 에드바르는 그 슐레겔을 모델로 삼아 그린 것이라고 한다.

가엾은 에드바르여! 그는 연애를 어떻게 하면 좋을지 모른다. 그녀가 저녁때 온다는 것을 알면, 그는 그저 그녀만을 위해서 정장을 하고, 그녀만을 위해서 검은 새 옷을 입고, 그녀만을 위해서 멋있는 소맷부리 단추를 다는데, 그런 모습의 그가 거실에서 평상복 차림의 사람들과 함께 있을 때의 모습은 우스꽝스럽다고 할 만하다. 그가 당황해하는 태도는 거의 믿어지지 않을 정도다. 만일 그것이 거짓된 꾸밈새라면, 에드바르는 나에게는 만만찮은 연적일 것이다. 당황하는 체하는 데는 아주 큰 기술이 필요하다. 그리고 수확도 꽤 크다. 나는 이제까지 몇 번이나 당황하는 체하여 귀여운 아가씨들의 마음을 내 마음대로 사로잡았다. 젊은 처녀들은 대개 수줍어하는 사나이를 입으로는 몹시 심하게 대하면서도 속으로는 좋아하는 법이다. 당황해하는 편이 그녀들의 허영심을 북돋운다. 처녀들은 우월감을 느낀다. 그것은 선금이다. 이렇게 해서 처녀들을 안심하게 해놓고, 남자가 당황한 나머지 죽어 버리지나 않을까 하고 그녀들이 생각하는 그 기회를 포착해, 자신은 그런 것을 꿈에도 생각지 않을뿐더러 얼마든지 훌륭하게 혼자 걸어갈 수 있는 남자라는 것을 그녀들에게 보여 주어야 한다. 수줍음은 남자다움을 잃게 하므로 남녀 관계를 원만하게 하는 데는 꽤 쓸모 있는 수단이기도 하다. 따라서 그것이 남자의 거짓된 꾸밈새에 지나지 않았다는 걸 알게 되면 그녀들은 부끄러워서 마음속까지 빨개질 것이다. 그녀들은 자기가 이미 어떤 의미에서 한계를 벗어났다고 강하게 느낀다. 처녀들은 젊은 남자를 너무 오랫동안 어린아이처럼 다뤘다고 생각한다.

6월 7일

이리하여 에드바르와 나는 이제 친구가 되었다. 우리 사이에는 그리스의 가장 아름다운 시대 이후 볼 수 없었던 참된 우정으로 이루어진 아름다운 교제가 있다. 우리는 빠르게 친해졌다. 나는 코델리아에 관한 여러 가지 관찰로 그를 끌어낸 뒤 그가 모든 비밀을 고백하게 만들었는데, 그런 뒤에야 우리는 친밀한 관계가 될 수 있었다.

가엾게도, 그는 벌써 오래전부터 그녀를 연모하고 있었다. 그는 그녀가 올 때마다 매만지고 꾸민다. 그리고 밤이 되면 그녀를 집까지 배웅한다. 그녀의 팔이 자기 팔에 얹히는 것을 생각만 해도 그의 가슴은 두근거린다. 그들은 별을 바라보며 집으로 걸어간다. 그는 그녀 집 문간의 벨을 울린다. 그녀가 집 안으로 사라진다. 그러면 그는 잠시 절망스러워하다가 다음 기회를 간절히 기다린다. 그는 용기를 내어 그녀의 집 안으로 들어간 적이 아직 한 번도 없다. 아주 좋은 기회를 가진 그가 말이다. 나는 속으로 에드바르를 비웃지 않을 수 없었지만, 그럼에도 그의 앳된 태도에는 무언가 아름다운 것이 있다. 나는 이래 봬도 삶의 본능과 관련된 모든 분야에 걸쳐서 꽤 정통하다고 자부하는데, 일찍이 이런 상태, 이런 사랑의 불안과 전율을 나 자신의 경우에서는 본 적이 없다. 말하자면 내로라하는 나도 정신을 못 차릴 정도다. 왜냐하면 보통 같으면 이런 상태를 잘 알고 있겠는데, 에드바르의 상태는 나를 더욱 강렬하게 만들어 주는 것 같기 때문이다. 어쩌면 "너는 아직 진짜 사랑을 한 적이 없다"고 말할 사람이 있을지 모른다. 그렇지도 모른다. 나는 에드바르를 심하게 나무라고 내 우정을 믿도록 그를 격려했었다. 내일 그는 과감한 행동을 할 것이다. 그는 직접 그녀를 찾아가서 그녀를 초대할 것이다. 나는 그가 나에게 함께 가자는 터무니없는 제안을 하도록 부추겼다. 그리고 나는 그 제안을 받아들였다. 그는 나의 대답을 적잖은 우정의 표현이라고 생각한다. 이 기회야말로 내가 바라던 것이다. 다시 말해 나는 방 안으로 뛰어 들어갈 상황에 있다. 만일 내 출현에 그녀가 그다지 의미를 두지 않는다면 그것은 사태를 더욱 혼란스럽게 만들 것이다.

이제까지 나는 한 번도 미리 대화 준비를 하지 않았다. 그런데 지금은 그녀의 고모를 즐겁게 하기 위해 그런 준비가 필요하다. 말하자면 내가 고모의 말벗이 됨으로써 에드바르가 코델리아에 대해 품고 있는 사랑이 전진하지 못하게 막는 영광스러운 역할을 맡은 것이다. 고모는 옛날 시골에 산 적이 있기 때문에 나의 농업 경제학에 관한 지식과 고모의 경험이 만나면 나는 그 분야에서 두드러진 진보를 이룰 수 있다.

고모와의 대화 쪽은 성공적이다. 고모는 나를 말벗으로서 참으로 즐거운, 요즘 젊은이들과는 다른 착실하고 믿음직한 사나이라 생각하고 있다. 코델리아의 반응은 특별히 좋지 않았다. 하기야 그녀는 너무나도 순결하고 순진한 여성이니, 모든 남자들이 자신을 부추겨 주고 자신에게 경의를 드러내기를 바라지는 않지만, 그래도 그녀는 내 존재에 은근한 분노를 느끼고 있다.

　내가 아늑한 거실에 앉아 있을 때 그녀가 착한 천사처럼 자신의 우아한 아름다움을, 착한 사람이든 나쁜 사람이든 그녀가 접하는 모든 사람에게 뿌리면, 나는 마음속으로 견디기 어려운 초조감에 쫓겨 이렇게 사랑을 숨기고 있는 내 은신처에서 뛰쳐나가고 싶어졌다. 왜냐하면 나는 거실에서 사람들의 눈앞에 앉아 있기는 하지만 사실은 잠복하고 있는 것과 다름없기 때문이다. 나는 그녀의 손을 잡고, 그녀의 몸을 끌어안고 누군가가 그녀를 내 손에서 빼앗아 가거나 않을까 하는 두려움 때문에 그녀를 내 속에 감추어 버리고 싶은 기분에 사로잡힌다. 또 에드바르와 내가 저녁에 그녀의 집을 떠날 때 그녀가 작별 인사로 내게 손을 내밀어, 그녀의 손을 내 손에 꼭 쥘 때면, 나는 이따금 내 손에서 이 새를 놓아주기 싫은 욕망을 느낀다. 참아야 한다, 옛날에는 충동에 못 이겨서 한 일을 이제는 분별로 해야 하는 것이다(오비디우스의 《사랑의 치료》). 그녀는 전혀 다른 방식으로 내 직물의 짜임 속에 짜여 들어가야 한다. 그때 나는 느닷없이 사랑의 모든 힘을 분출시키겠다.

　우리는 때에 맞지 않은 간식이나 예측 같은 것으로 이 순간을 망쳐서는 안 된다. 이 점에서는 코델리아, 당신은 내게 감사해도 좋다. 나는 이 모순된 상황을 발전시키기 위해서 애쓰고 있다. 나는 더욱 깊은 상처를 입히기 위해 사랑의 활을 힘껏 잡아당긴다. 군사처럼 시위를 늦추었다가는 다시 잡아당기고, 그 줄의 울림에 귀를 기울인다. 이것이 내 전투 음악이다. 그러나 나는 아직 목표를 겨누지 않는다. 아직 화살을 활시위에 메기지 않았다.

　몇몇 사람이 자주 같은 방에 모여서 사귀게 되면, 흔히 타성 같은 것이 생겨 저마다 자기 자리나 담당하는 위치를 갖게 되는 법이다. 그 광경을 언제나 눈에 선하게 그릴 수 있는 그림이 생기는 것이다. 지금 우리의 에드바르 댁에서의 생활도 그러하며, 모두가 서로 모여서 한 폭의 그림을 이루고 있다. 저녁때가 되면 차를 마신다. 소파에 앉아 있던 고모는 조그만 재봉틀 앞으로 자리를 옮긴다. 그러면 거기 있던 코델리아가 자리를 비워 주고 소파 앞의 차탁자 앞으로 옮기면 에드바르는 그녀를 따르고, 나는 고모를 따라간다. 이것이 보통이다. 에드바르는 무슨 비밀이라도 있는 듯이 행동한다. 그는 소곤소곤 말하고 싶은 모양이나 지나치게 작은 소리로 속삭여서 나중에는 거의 들리지 않게 된다. 나는 아무것도 비밀로 할 일이 없으므로 고모에게 마음속의 것을 다 털어놓는다. 시장 물가에 관한 것, 크림이 버터가 되는 과정에서 1파운드의 버터를 만드는 데 몇 잔의 우유가 드는가에 대한 계산 등. 이런 것들은 사실 젊은 처녀가 들어도 손해볼 게 없는 이야기일 뿐 아니라 교육이 되기도 한다. 견실하고 기본에 충실하며 교훈을 주는 대화이다. 나는 보통 차탁자 쪽의 에드바르와 코델리아 두 사람의 흥미에 등을 돌리고서 고모와 정신없이 이야기를 나눈다. 자연의 산물은 참으로 위대하고 현명하지 않습니까, 버터라는 게 얼마나 귀중한 선물입니까, 자연과 기술이 낳은 얼마나 경탄할 만한 산물입니까 등등. 에드바르와 코델리아 사이에 어떤 중요한 이야기가 오갔다고 가정하더라도 두 사람이 주고받는 말은 아마도 고모의 귀에 들릴 수 없었을 것이다. 이것은 고모가 듣지 못하도록 하겠다고 내가 에드바르에게 약속한 것이기 때문이다. 나는 언제나 약속을 지켜 고모와 계속 대화한다. 그러나 나는 두 사람이 주고받는 말을 한마디도 빠뜨리지 않고 다 듣고 있으며, 어떤 동작도 놓치지 않는다. 이것은 나에게 중요한 일이다. 인간이 절망 상태에서 모험을 하려면 무엇이든 알고 있어야 한다. 어떤 무모한 짓을 하게 될지 모르기 때문이다. 매우 겸손하고 소심한 사나이일수록 어처구니없는 짓을 하는 경우가 흔하다. 이렇게 나는 두 사람과 아무 관계도 없는 듯한 태도를 취하지만, 그 둘 사이에 언제나 내가 눈에 보이지 않게 끼어 있음을 그녀의 행동으로 알 수 있다.

우리 네 사람이 그려 내는 그림은 참으로 독특하다. 이와 비슷한 점을 잘 알려진 성격 유형에서 찾는다면 먼저 나는 나 자신을 메피스토펠레스라고 생각한다. 그러나 거기엔 에드바르는 도저히 파우스트가 될 수 없다는 어려움이 있다. 나 자신을 파우스트로 가정할 때면 이번에는 에드바르가 도저히 메피스토펠레스가 될 수 없다는 어려움이 생긴다. 나도 에드바르의 눈에는 결코 메피스토펠레스가 아니다. 그는 나를 그의 연애의 수호신으로 보고 있으며, 그것은 마땅하다. 적어도 나 이상으로 신경 써서 그의 연애를 지켜보는 자가 없다는 것을 그는 믿어도 좋다. 나는 고모의 말벗이 되기로 그에게 약속했으며 이 영광스러운 임무를 아주 진지하게 완수하고 있다. 그래서 고모는 농업 경제학 이야기에 빠짐으로써 눈앞에서 사라지는 셈이 된다. 우리는 부엌에도 들어가 보고, 술을 저장해 두는 헛간에도 들어가며, 다락 위 창고로 올라가 닭이며 오리와 거위 등을 돌아본다. 이런 것은 코델리아를 화나게 만든다. 그녀는 내가 대체 무슨 꿍꿍이를 하고 있는지 모른다. 나는 그녀에게 수수께끼다. 그러나 이 수수께끼를 풀어 보고 싶다는 기분이 들도록 그녀를 이끌어 가는 대신 그녀를 불쾌하게 만들고 있는, 아니 정말이지 화나게 하고 있는 것이다. 그녀는 고모가 우스꽝스러워지고 있음을 잘 알고 있다. 하지만 고모는 존경할 만한 부인이므로 웃음거리로 삼을 수는 없다. 나는 나름대로 교묘하게 내 역할을 해내기 때문에 나를 막으려고 해봐야 헛일임을 그녀는 잘 알고 있다. 때때로 나는 코델리아로 하여금 고모를 아주 살짝 미소 짓게 만드는 수도 있다. 많은 연습이 필요한 일이다. 내가 코델리아와 공모해서 함께 웃거나 하지는 않는다. 그렇게 되면 그녀가 고모에게 미소 짓도록 할 수 없다. 나는 어디까지나 아주 진지하며 심각한 태도를 허물어뜨리지 않는다. 그녀는 나를 어떻게 생각하면 좋을지 알지 못하고 있다. 그래서 그녀는 고모를 향해 미소를 지을 수밖에 없는 것이다. 우리는 그녀에게 비웃는 듯한 미소를 가르쳐 준 거다. 이것이 위장의 첫 번째 과정이다. 그러나 이 미소는 고모에게로 향한다. 아무래도 나는 너무 빨리 애늙은이가 된 청년 가운데 한 사람인가 보다. 그럴지도 모른다. 하지만 제2의 가능성, 제3의 가능성도 있다. 아무튼 이렇게 해서 그녀는 고모를 보며 웃고 그럴 때면 자신에게 화가 난다.

그때 나는 고개를 돌려 고모와 이야기를 계속하면서도 매우 진지하게 그녀를 바라본다. 그러면 그녀는 어쩔 수 없이 나에게 미소 짓는다.

우리 관계는 이해라는 정답고 친절한 포옹도, 서로 끌어당기는 사이도 아니다. 오히려 오해라는 반발 작용 관계이다. 나와 그녀 사이에는 사실 특별한 게 없다. 그것은 완전히 정신과 관계된 것이어서 젊은 처녀가 보기에 당연히 아무 관계도 아니다. 지금 내가 쓰고 있는 방법에는 확실히 아주 큰 장점이 있다. 끈적끈적한 멋쟁이 사나이로서 등장하는 자는 의혹을 불러일으키고, 스스로의 저항도 불러오게 된다. 그러나 나는 그런 걱정에서는 완전히 벗어나 있다. 아무도 나를 경계하지 않는다.

오히려 나는 안심하고 젊은 처녀를 맡길 수 있는 사나이로 선정될 정도다. 이 방법에는 단 하나의 단점이 있는데 시간이 걸린다는 점이다. 하지만 그러기에 또한 이 방법은 흥미진진한 것을 얻을 가능성이 있는 인물에 대해서만 성공적으로 적용될 수 있는 것이다.

젊은 처녀는 얼마나 사람을 다시 젊게 만드는지! 아침 공기의 상쾌함도, 바람의 산들거림도, 바다의 시원함도, 포도주의 은은한 향기도, 지상의 어느 것도 그처럼 젊게 만드는 힘을 갖고 있지 못하다.

곧 나는 그녀가 나를 미워하는 데까지 그녀를 끌고 갈 계획이다. 나는 이제까지 독신 남자 행세를 완벽하게 했다. 내 화제는 기분 좋게 자는 것, 믿을 만한 하인을 고용하는 것, 편안하게 앉는 것, 다리가 튼튼해 손을 잡고 걸어갈 때 의지가 될 만한 친구를 갖는 것 등에 관한 것뿐이다. 고모가 농사 이야기를 그만두게 할 수만 있다면, 나는 그녀를 이런 이야기에 끌고 들어와서 좀 더 모순된 기회를 마련해 줄 작정이다. 독신주의니 어쩌니 하고 말하면 비웃음을 살 것이다. 아니 어렴풋이나마 가엾게 여겨 줄지도 모른다. 그러나 꽤 재능을 가진 청년이 그런 행동을 하면 젊은 처녀는 화를 내는 법이다. 여성으로서의 모든 의미, 아름다움과 시(詩)가 뿌리째 부정되기 때문이다.

이렇게 하루하루 흘러간다. 나는 그녀와 만나지만, 말을 나누지는 않는다. 나는 그녀의 눈앞에서 고모와 이야기한다. 어쩌다가 밤에 나는 문득 연모의 정을 쏟아 놓고 싶은 생각이 들 때가 있다. 그럴 때면 나는 외투를 덮고 모자를 깊숙이 눌러쓴 채 그녀의 창문 아래로 걸어간다. 그녀의 침실은 마당 쪽으로 나 있으나 집이 모퉁이에 있어서 길거리에서도 보인다. 이따금 한순간 그녀가 창가에 설 때가 있다. 또는 창문을 열고 별이 빛나는 밤하늘을 바라보는 수도 있다. 그녀는 누가 보고 있으리라고는 생각지도 않는다. 그런데 지금, 만약 누군가 보고 있으리라 생각한다 하더라도 그녀가 전혀 예상할 수 없는 사람인 그가 그녀를 보고 있는 것이다. 이렇게 나는 유령처럼 밤을 헤매고, 그녀의 집 근처를 서성거린다. 그때 나는 모든 것을 잊고, 계획이나 계산도 잊으며, 분별을 내동댕이친 채, 깊은 한숨을 펼쳐서 내 가슴을 격려한다. 그것은 내가 계획된 행동을 견디어 내기 위해 필요한 중요 동작이다. 다른 사람들은 낮에는 도덕을 중시하고 밤에는 죄가 많은 법이지만, 나는 낮에는 가면을 쓰고 있다가 밤이 되면 단순한 욕망을 드러낸다. 만일 그녀가 이런 나를 본다면, 만일 그녀가 내 마음속을 들여다볼 수 있다면 만일 그렇게 된다면……!

만일 그녀가 자기를 제대로 알고 싶다면, 나야말로 그녀에게 알맞은 남자임을 인정해야 한다. 그녀는 결혼해서 행복해지기에는 감정이 지나치게 격하고 깊다. 평범한 유혹자의 손에 넘어간다는 것은 그녀에게 걸맞지 않다. 그녀가 내 손안에 떨어진다면, 그녀는 자신의 난파된 배 안에서 흥미로운 것을 구해 낼 수 있다. 그녀는 나와의 관계를 통해서, 철학자들이 말장난하듯이 설명한 '자신의 근원'으로 돌아갈 수 있는 것이다.[27]

그녀는 사실 에드바르에게 귀를 기울이는 데 진절머리가 나 있다. 당연한 일이다. 흥미진진한 것으로 한정해야만 그만큼 더 많은 것을 발견할 테니 말이다. 그녀는 이따금 나와 고모의 대화에 귀를 기울인다. 내가 그것을 깨닫게 되면, 아주 다른 세계, 아득히 먼 지평선에서 번개 같은 암시가 다가와 숙모도 코델리아도 놀라게 만든다. 고모에게는 번개는 보이지만 아무것도 들리지 않는다. 코델리아에게는 소리는 들리는데 보이지 않는다. 그러나 한순간 뒤에 모든 것은 원래대로 되돌아간다. 고모와 나의 대화는 밤의 고요 속에 울리는 역마차의 말발굽 소리처럼 다시 단조로운 가락으로 이어진다. 주전자의 물 끓는 소리가 우리 대화에 애조로 반주를 넣는다. 그 순간, 이따금 거실 분위기가 불쾌해질 때가 있다. 특히 코델리아에게는 함께 이야기를 나눌 상대도, 귀를 기울일 상대도 없는 것이다. 에드바르 쪽을 보면 그가 수줍어하다 뭔가 바보 같은 짓을 할지도 모른다는 위험을 느끼고, 고모와 내 쪽을 돌아보면, 망치를 치는 듯한 대화의

---

27) 헤겔의 논리학에서 사용되는 말. 헤겔에 따르면, 유(有)에서 본질로의 이행은 유가 그 '근거로 간다'는 것이며, 그것은 '자기의 몰락'을 뜻하는 동시에 '자기의 근거로 돌아간다'는 것을 뜻한다. 여기에서도 이 두 가지 뜻을 포함해서 사용하고 있다. "철학자들이"라고 하는 것은 다시 덴마크의 헤겔학파 학자들, 특히 헤이베르가 주창한 '사변적 논리학'에서의 헤겔 논리학의 해설을 풍자한 것이다.

단조로운 가락이 지나치게 침착해서 짐짓 불쾌해진다. 에드바르와는 꽤나 대조가 되다 보니 고모가 내게 놀림을 당하고 있지 않나 하고 코델리아가 생각할지 모른다는 걸 나는 잘 알고 있다. 고모는 내가 이끄는 가락의 박자대로 움직이는 것이다. 그녀는 우리 대화에 끼어들 수도 없다. 왜냐하면 이것도 그녀의 화를 돋우기 위해 내가 쓰는 방법 가운데 하나인데, 내가 그녀를 아주 어린애로 대하기 때문이다. 그렇다고, 그녀를 내 멋대로 대하고 있진 않다. 그렇게 하다가는 얼마나 불리한 결과가 오는지를 나는 잘 알고 있다. 중요한 것은 그녀의 여자다움이 다시 청순하고 아름답게 익는 것이다. 나와 고모는 가까운 사이라서 내가 코델리아를 세상 물정 모르는 어린아이로 다루기는 아주 쉽다. 그렇게 했다고 해서 그녀의 여자다운 본성이 손상되거나 하지는 않는다. 다만 중성처럼 될 뿐이다. 왜냐하면 그녀가 시장 물가를 모른다는 것은 그녀의 여자다움을 떨어뜨리지는 않지만, 인생에서 아주 큰일로 생각되고 그 점에 그녀가 분개하기 때문이다. 고모는 나의 이해타산을 따지는 도움 덕분에 이 점에서는 자기의 힘 이상으로 솜씨를 보인다. 고모는 열광된 상태라고 해도 좋을 정도다. 이에 대해 고모는 마땅히 내게 감사해야 한다. 고모가 나 때문에 참을 수 없는 단 한 가지는 내게 일정한 직업이 없다는 사실이다. 그래서 화제가 어떤 회사의 구인 공고로 옮아가면, 나는 언제나 "나에게 꼭 맞는 일자리네요"라고 말하고는, 진지하게 고모와 그 일에 대해 이야기를 한다. 코델리아는 언제나 이 모순 같은 대화를 의식한다. 그것이야말로 바로 내가 바라는 것이다.

가엾은 에드바르! 그의 이름이 프리츠가 아닌 것이 유감스럽다. 나는 그와의 관계를 생각할 때마다 《피앙세》의 프리츠를 생각한다. 에드바르도 모범이 되는 인물인 프리츠처럼 시민군의 하사 같다. 솔직히 말하면, 에드바르도 매우 따분한 사나이다. 그는 일을 잘 처리하지 못한다. 언제나 말쑥한 차림새로 치장만 잘한다. 우리끼리 하는 이야기지만, 내가 될 수 있는 대로 너절한 복장을 하고 있는 것도 그에 대한 우정 때문이다. 가엾은 에드바르! 내가 유감으로 생각하는 단 하나는 그가 내게 뭐라고 감사해야 좋을지 모르겠다면서 괜히 나에게 신세를 진 것처럼 대한다는 점이다. 이런 일로 감사하다니, 정말 너무하다.

어째서 너희는 조용히 있지 못하지? 너희는 아침에 줄곧 내 창문의 커튼을 흔들기도 하고, 창문 유리와 커튼 줄을 가지고 장난치고, 4층에 있는 초인종 끈을 잡아당겨 초인종을 울리는가 하면, 유리창을 두들기고…… 온갖 장난을 다 하면서 너희 존재를 알리려고만 한단 말이야. 마치 너희는 나를 너희 쪽으로 꾀어내려는 것 같아. 하기야 참으로 훌륭한 날씨이다. 그러나 나는 마음이 내키지 않는단 말이야. 집에 가만히 좀 있게 해다오. 너희, 장난꾸러기에다 변덕스러운 제피로스(서풍의 신)들아, 쾌활한 아이들과 함께 가면 되지 않니? 너희는 여느 때처럼 젊은 처녀들을 상대로 재미를 보려무나. 정말이지 젊은 처녀들을 납치해 가서 껴안을 줄 아는 이도 너희밖엔 없다. 처녀들이 아무리 너희 손을 뿌리치려고 해봐야 헛일이지. 너희의 덫에서 빠져나올 수가 없거든. 아니 그녀들은 그렇게 하고 싶어 하지도 않지. 너희는 그녀들을 시원하고 상쾌하게 하며, 뒤흔들지 않으니까. 너희가 하고 싶은 대로 하려무나. 나는 상관 말아 다오. 그러면 재미가 없다고? 너희 자신을 위해서 그러는 것이 아니라고?

좋아, 그렇다면 나도 함께 가마. 그 대신 두 가지 조건이 있다. 첫째 조건은 이렇다. 콩겐스뉘토르(거리 이름)에 젊은 처녀가 살고 있다. 매우 귀여운 처녀인데 얄밉게도 나를 사랑하려고 하지 않는단 말이야. 아니, 그뿐 아니라 더 얄밉게도 다른 남자를 사랑하는데, 두 사람은 서로 팔짱을 끼고 산책하는 사이가 되었어. 1시에 그 사나이가 처녀를 데리러 가게 되어 있으니, 내게 약속해 주면 좋겠어. 너희 중에 가장 억센 바람이 그 사나이가 그녀와 함께 현관에서 나오는 순간까지 어느 집 부근에 숨어 있는 거야. 그들이 스토레 콩겐스가데로 접어들 때까지 기다렸다가 그 순간 느닷없이 습격해서 그의 머리에서 아주 정중하게 모자를 벗겨 그의 눈앞에서 꼭 1야드 떨어지게 거리를 유지하면서 모자를 굴려가는 거야. 그 이상의 거리가 되면 집으로 가버릴지도 모르니까 더 빨리 굴려서는 안 돼. 그러면 그는 계속 금방이라도 모자를 잡을 수 있을 줄 알고 그녀와의 팔짱을 풀지 않을 거야. 이렇게 해서 너희는 그와 그녀를 스토레 콩겐스가데를 지나 뇌레포르트로 통하는 둑을 따라서 호이브로 광장까지 데리고 가렴. 시간이 얼마나 걸릴까? 30분쯤이겠지. 정각 1시 반에 나는 외스테르가데 쪽에서 오마. 연인들이 광장 중앙에 갔을 때 거세게 공격을 해서 그녀의 머리에서도 모자를 빼앗아! 그녀의 곱슬머리를 엉망으로 헝클어 놓고, 솔을 빼앗고, 한편에서는 또 남자의 모자를 훨훨 하늘 높이 날려 버려라. 그러니까 너희는 나쁜 아니라 점잖은 구경꾼들이 와자하게 웃어 대고, 개들이 짖으며, 탑을 지키던 사람들이 종을 울릴 만한 큰 혼란을 일으키는 거야. 그런데 그녀의 모자가 나한테 날아오도록 해야 한다. 그래야 내가 그녀에게 모자를 바치는 행복한 사나이가 될 수 있으니까.

둘째 조건은, 나를 따라오는 나머지 바람들은 내 신호에 따라 예의범절의 한도를 지켜야 하고, 귀여운 아가씨에게 불쾌감을 주지 말 것이며, 너희의 장난을 보아도 처녀의 앳된 마음이 기쁨을 잃지 않고, 입술에 미소를 잃지 않으며, 눈이 침착성을 잃지 않고, 마음에 불안을 느끼지 않게 해야 돼. 다시 말해 정도를 넘어서 멋대로 굴면 안 된다. 내 지시를 하나라도 어기거나 멋대로 행동하는 녀석이 있을 때에는 용서치 않을 테다.

자, 그러면 가보자. 인생과 환희를 향해서, 청춘과 아름다움을 향해서. 이제껏 내가 몇 번이나 보아 왔지만 언제까지나 싫증이 나지 않는 것, 그것을 나에게 보여 다오. 아름답고 젊은 처녀를 내게 보여 다오. 처녀의 아름다움을, 그녀 스스로 더욱 아름답게 보이도록 꽃피워 다오. 그런 식으로 처녀를 시험해 다오. 그녀가 그 시험을 기뻐할 만큼! 나는 브레드가데(거리 이름)를 택하겠다. 그러나 나는 너희도 알고 있듯이 1시 반까지밖에 시간이 없다.

저것 좀 봐라. 처녀가 단정한 차림으로 오고 있다. 그렇다, 오늘은 일요일이야. 휙 한 번 불어라. 그녀에게 바람을 보내 줘라! 그녀 위를 미끄러지듯 흘러가 그녀를 부드럽게 만지고 살짝 안아 줘라! 그녀의 볼이 조금 붉어진 것 같군. 입술의 붉은빛이 더해지고, 가슴이 부풀어 오른다. 여보, 아가씨, 이 상쾌한 산들바람을 들이마시는 맛을 무어라 표현할 수가 없군요. 참으로 기쁜 즐거움이군요. 그녀의 조그마한 옷깃이 나뭇잎처럼 바람에 흔들거린다. 그녀는 매우 건강하고 가슴 가득히 숨을 쉬고 있다. 그녀의 걸음걸이가 느려진다. 마치 한 조각의 구름이 꿈처럼 부드러운 바람에 실려 가고 있는 것 같다. 조금만 더 세게, 좀 더 긴 숨결로 불어라!

그녀는 열심히 걷는다. 두 팔을 가슴께에 끌어당긴 채, 돌풍이 천한 짓을 하지 못하도록, 가벼운 옷 아래로 재빨리 무정하게 스며드는 일이 없도록 그녀는 가슴을 가리려고 애쓴다. 그녀의 붉은 얼굴빛은 점점 더 건강해 보인다. 볼은 부풀고, 눈동자는 더욱 맑으며, 걸음걸이는 점점 더 착실해진다. 무릇 실연은 인간을 아름답게 만드는 법이다. 젊은 처녀라면, 모두 하늬바람을 좋아하게 될 것이다. 처녀와 사소한 일로 싸우면서도 동시에 그녀의 아름다움을 높이는 일이라면 바람만큼 솜씨 있게 잘하는 사나이도 없기 때문이다.

그녀의 몸이 살짝 앞으로 기운다. 발끝을 내려다보고 있다. 잠깐 그만해라! 너무 불었다. 그녀의 모습이 퍼져서 날씬한 아름다움을 잃어버린다. 그녀를 조금 식혀 줘라. 아가씨, 뜨거워졌을 때 이렇게 시원한 기운을 느껴야 상쾌한 기분이 드는 것입니다. 인간 세상에 감사하고 기쁜 나머지 두 팔을 벌리고 싶어지지요? 그녀는 몸을 옆으로 돌렸다. 자, 빨리 내가 그녀 몸의 아름다움을 엿볼 수 있도록 힘차게 불어라! 더 세게! 풍성한 옷의 주름이 몸에 더 달라붙도록. 너무 세! 자세가 보기 흉하게 되었잖아. 가벼운 걸음걸이가 비틀거린다. 그녀는 다시 돌아선다. 자, 불어라, 그녀의 힘을 시험해라! 이제 됐어, 그로써 충분해. 그녀의 곱슬머리가 한 가닥 헝클어졌다. 너희, 좀 자제하기를! 저기, 세 사람이 행진하듯 오고 있다.

한 사람이 사랑에 빠졌으니,
다른 한 사람은 존재하는 것만으로도 매우 기쁘겠지.

(아이헨도르프의 《시인과 그 친구들》)

장래를 촉망받는 남편의 왼팔에 부축되어 걸어가다니, 아무리 보아도 인생의 가엾은 직무에 지나지 않는다. 젊은 처녀의 그런 직무는 남자라면 꼭 임시 서기 같은 모양새다. 임시 서기라면 출세의 길도 있다. 사무실에는 자기 자리가 있고, 긴급할 때에는 소집되기도 한다. 그런데 의자매라는 신분과는 경우가 달라서 그럴 때는 보상으로 출세하고 싶으면, 그리 힘들지 않다. 승진해 다른 사무소로 옮겨 가면 되는 것이다. 자, 더 세게 불어라! 꽉 붙잡을 만한 것만 있으면, 얼마든지 버틸 수 있다. 한가운데에는 힘차게 전진하는데 좌우 날개는 따르지를 못하니 지금 그는 참으로 꿋꿋하게 서 있다. 바람은 그를 흔들지 못한다. 그러기에는 그가 너무 무겁다. 그렇다고 양 날개가 그를 땅에서 번쩍 들어 올릴 수도 없다. 그는 너무 무겁다. 그는 무거운 자기 몸을 과시한다. 그러나 그가 움직이지 않으면 그만큼 아가씨들이 괴로워하게 된다. 아름다운 아가씨들이여, 내가 좋은 것을 가르쳐 드릴까요? 당신들은 미래의 남편이나 그의 형제들을 떠나서 혼자 걸어 보십시오. 그러면 그편이 얼마나 더 유쾌한 일인지 알게 될 것입니다. 자, 더 조용히 불어라. 그들은 바람의 파도에 휩쓸려 가는구나. 이윽고 그들은 길 양편을 따라 옆으로 서로 마주 보고 춤을 추듯 한길을 달려갈 것이다. 춤추기 좋은 음악이라도 들려와서 더 명랑하고 들뜬 기분을 자아낼 수 있으면 좋을 텐데. 그런데 바람은 그들을 힘들게 하지 않고 힘을 북돋아 주고 있다. 지금 그들은 나란히 서서 돛에 바람을 가득 싣고, 거리를 스쳐 지나간다. 어떤 왈츠가 젊은 처녀를 이토록 유혹하는 힘으로 휩쓸어 갈 수 있겠는가? 바람은 그들이 피로하지 않도록 옮겨 주는 것이다. 이제 바람은 남편이나 그의 형제 쪽으로 방향을 바꾼다. 얼마쯤의 저항은 기분 좋은 것이군요.

사랑하는 것을 손에 넣기 위해서는 싸움도 마다하지 않기 마련이다. 그리하여 그 싸움의 목적을 반드시 손에 넣는다. 거기에는 사랑을 거드는 높은 섭리가 있어, 남자와 마주 선다. 내 사전 준비는 정당하지 않았나? 뒤에서 바람을 맞으면, 애인 곁을 그냥 스쳐 지나가 버릴지도 모른다. 그러나 바람과 마주 서면 기분 좋은 자극을 받아 애인 곁으로 달아난다. 그리고 바람 줄기는 사람을 더 건강하게, 더 매력 있는 존재로, 더 유혹하는 존재로 만들어 준다. 또 바람 줄기는 입술이라는 열매를 식혀 준다. 이 열매는 뜨거운 것이므로 바람으로 차갑게 식혀 먹을수록 맛있다. 마치 몸이 얼음처럼 찰 때 샴페인이 몸을 따뜻하게 해주듯이. 그런데 그녀들은 무엇을 보고 저렇게 웃고 떠드는 걸까? 바람이 말을 싣고 가버려 들을 수가 없다. 대체 지금 이야기해야 될 일이 무얼까? 그녀들은 계속 웃으며 바람을 향해 몸을 굽히고, 모자를 누르며 발밑을 조심한다. 이제 그만 멈추어라. 젊은 처녀들이 짜증이 나서 우리에게 화를 내고, 우리를 무서워하면 안 되니까! 그래, 그래, 단호하고 힘차게, 하나 둘, 하나 둘. 그녀는 어쩌면 저렇게 대담하고 용감하게 눈으로 주위를 볼까! 잘못 보았나? 그러나 그녀는 분명히 남자에게 팔을 잡히고 있다. 약혼한 사이일까? 아가씨, 당신 인생의 크리스마스트리에 누가 어떤 선물을 걸어 줍디까? 보여 주시오. 오, 과연, 참으로 든든하고 믿음직스러운 약혼자 같군. 그렇다면 그녀는 지금 약혼이라는 첫 단계에 있는 것이다. 그녀는 그를 사랑한다, 아마도. 그러나 그녀의 사랑은 바람기가 있고, 그의 주위를 폭넓게 여기저기 뛰어다닌다. 그녀는 지금도 많은 사나이를 덮을 수 있는 사랑의 망토(《베드로전서》)를 가지고 있다. 자, 세계 불도록! 저렇게 씩씩하게 걸으면 모자의 리본이 바람에 날리는 게 당연해 보이고, 그 모습은 마치 리본이 가벼운 이 아가씨를—그리고 그녀의 사랑을—실어 나르는 날개처럼 보일 것이다. 그녀의 사랑은 요정처럼 바람이 장난치며 데려가는 베일을 따라 날아간다. 아, 이런 상태를 보면 사랑이란 참으로 광활해 보인다. 그러나 이 사랑의 옷을 입기 위해 베일을 평상복으로 고치려고 하면, 몇 개의 드레스를 만들 재료가 모자란다. 결단코 온 생애를 결정하는 한 걸음을 감히 내디딜 만한 용기를 가진 자라면, 바람에 저항하여 곧장 날아갈 용기가 없을 까닭이 없다. 누가 이것을 의심할까? 나는 의심하지 않는다. 하지만 기를 쓰고 그럴 것은 없습니다. 귀여운 아가씨, 화내지 마세요. 시간이란 짓궂고 엄격한 선생이라서 바람 또한 짓궂은 것일뿐 그리 나쁜 건 아니니까요. 바람아, 이제 좀 잔잔해져라. 손수건은 어디로 갔지? 아이코, 용케도 찾았군요. 아니, 이번에는 모자의 리본이 날아가 버렸구나. 옆에 있는 저 미래의 남편, 정말로 당황스럽겠네. 저기 아가씨의 여자 친구 한 사람이 오는군요. 인사를 해야겠지요. 당신은 약혼 뒤에 이 친구를 처음 만납니다.

　당신이 일부러 이 브레드가데에서 나와 다시 랑엘리니로 가자는 것은 약혼자로서의 자기 모습을 과시하기 위해서입니다. 내가 아는 한 결혼한 사람들은 결혼식이 끝난 뒤 맞이하는 첫 번째 일요일에 교회로 가고, 약혼자들은 랑엘리니로 가는 것이 관례가 되어 있지요. 실제로 약혼에는 랑엘리니와 공통점이 여럿 있다고들 하지요.[28] 조심하세요. 바람이 모자를 붙잡았습니다. 더 단단히 모자를 누르고 머리를 숙이세요. 참으로 얄밉구나. 당신은 그 동무에게 인사도 못하고 말았군요. 약혼한 처녀가 약혼하지 않은 처녀에게 여봐란듯이 우월감에 찬 표정으로 인사할 만한 침착성을 잃어버렸군요. 이번에는 좀 조용히 불도록! 어쩌자고 저 아가씨는 저토록 연인에게 매달려 있을까? 그녀는 이제 그를 앞서 가고 있다. 그리고 고개를 돌려 그를 바라보면서, 자신의 행복과 희망, 미래에 대해 기뻐하고 있다. 오, 아가씨, 당신은 그에게 지나치게 기대를 거는군요. 아니

---

28) 랑엘리니 바닷가에는 덴마크의 동화 작가 안데르센의 유명한 인어공주 동상이 있다.

면 그는 자기가 저렇게 늠름해 보이는 데 나와 바람에게 감사해야 하지 않을까요? 고통을 잊게 해주고 있는 나와 산들바람에게 감사해야 하지 않을까요? 우리 덕분에 당신은 그처럼 발랄해 보이고, 그처럼 동경에 넘쳐 보이고, 그처럼 예감이 풍부해 보이는 것이니까.

> 학자들은 싫더라
> 밤새도록 공부에만 정신을 판다.
> 장교들은 좋더라
> 모자의 깃 장식 휘날리며 활보한다.
>
> (노르웨이의 속요)

당신을 보면 금방 알 수 있습니다. 아가씨, 당신 눈에 그렇게 쓰여 있습니다. 그렇습니다. 당신은 학자로는 결코 만족하지 않아요. 하지만 왜 장교로 제한하지요? 사관후보생도 공부가 끝나면, 마찬가지로 훌륭해지지 않습니까? 지금 나는 장교는커녕 후보생도 주선해 드릴 수 없습니다만, 당신의 가슴을 진정시킬 시원한 바람이라면, 마련해 드리지요. 자, 얘들아 살살 불어라! 됐어. 비단 숄을 어깨 뒤로 밀고, 천천히 걸어가십시오. 그러면 아마 볼이 조금 파래지겠지요. 눈동자도 그렇게 심하게 빛나지는 않겠지요. 그렇습니다. 조금은 운동을 해야죠. 특히 오늘처럼 멋진 날씨에는 말입니다. 그리고 조금 참아야 합니다. 그러면 머지않아 틀림없이 장교를 붙들 수 있을 것입니다.

둘이 나란히 온다. 정말 어울리는 한 쌍이다. 걸음걸이는 규칙적이고, 태도 전체에 넘치는 서로의 신뢰는 또 얼마나 확고해 보이는지! 모든 움직임 속에 깃든, 영혼과 육체의 법칙에 따른 예정된 조화![29] 저 자신감! 그들의 태도는 경쾌하지도 않고 우아하지도 않다. 그들은 서로 춤추고 있는 것도 아니다. 그들 속에 있는 것은 영속성이다. 속는 일 없는 희망을 일깨우고 서로의 존경을 쏟아 넣는 대담성이다. 내기해도 좋지만, 그들의 표어는 인생은 하나의 길이라는 것이다. 그들은 서로 손을 잡고 인생의 고락을 헤치며 길을 가도록 정해져 있는 듯이 보

---

29) 라이프니츠의 주장으로, 세계는 창조 때부터 신의 뜻에 따라 만물이 서로 독립를 이루면서도 결국은 최선의 조화를 이루게끔 예정되어 만들어져 있다는 내용이다.

인다. 그들은 참으로 잘 조화를 이루므로 귀부인조차 포장도로를 걸어가는 특권을 포기해 버렸다. 그러나 귀여운 제피로스, 너희는 어쩌고 이 두 사람에게 그토록 관심을 쏟고 있나? 그들은 주목할 만한 가치가 없을 것 같다. 특히 주목할 만한 것이 대체 무엇이란 말이냐? 벌써 1시 반이다. 호이브로 광장으로 가야겠다.

한 영혼이 성숙해 가는 과정을 정확히 각본 짜듯 할 수 있다고 생각해서는 안 된다. 이는 코델리아의 영혼이 얼마나 풍요로운지를 말해 준다. 정말로 그녀는 훌륭한 처녀이다. 그녀는 몸가짐이 조용하고 정숙하며 조심성이 많다. 그러나 그녀의 내부에는 뚜렷이 의식되어 있지 않아도 엄청난 생각들이 잠겨 있다. 오늘 밖에서 문을 열고 들어오는 그녀를 보았을 때, 나는 그것을 깨닫고 놀랐다. 불어 대는 바람 때문에 생긴 문의 조그마한 저항이, 말하자면 그녀 속에 잠겨 있는 온 힘을 일깨웠으나, 그 때문에 마음이 헝클어지는 일은 없었다. 그녀는 손가락 사이로 흘러 떨어지는 그런 하찮은 소녀가 아니었다. 누가 지그시 바라보면, 산산이 부서져 버리지나 않을까 걱정이 될 만큼 허약한 처녀가 아니다. 그러나 그녀는 또 겉치레가 표독스럽게 화려한 꽃도 아니다. 그래서 나는 마치 의사처럼 그녀의 이런 건강한 온갖 징후들을 관찰하며 즐거워한다.

점차 나는 그녀를 공격하는 손을 접근시키기 시작한다. 더 직접적인 공격으로 옮겨 가는 것이다. 이 변화를 이 가정집 내부의 지도상에 표시한다면, 내 의자의 방향을 돌려서 그녀에게 측면을 보여야 한다. 나는 이제까지 했던 것보다 더 그녀에게 신경을 쓰고, 그녀에게 말을 건네며, 그녀의 대답을 끌어낸다. 그녀의 마음은 정열적이고 격렬하며, 평범하지 않은 것을 얻고자 하되 지나치게 어리석고 소소한 반성에 잠겨 흥미를 갖지는 못한다. 내가 인간의 어리석음을 비웃거나, 인간의 겁과 나른한 무기력을 조롱하면, 그녀는 끌려온다. 태양의 수레를 몰고 창공을 달려 지구에 다가와 인간들을 불태우는 것을 그녀는 기뻐했다. 그러나 그녀는 나를 믿지는 않는다. 지금까지 나는 그녀가 접근해 오는 것을 (정신적인 접근조차) 막아 왔다. 내가 그녀를 내 곁에서 휴식하게 해주기 전에 그녀는 먼저 그녀 안에서 강해져야 한다. 순간적으로는 내가 그녀를 나와 우애 있는 암묵의 친구로 삼으려 하고 있는 것처럼 보일 수도 있다. 그러나 그것도 순간적인 것에 지나지 않는다. 그녀는 자신의 내면에서 성숙해야 한다. 자기 영혼의 회복력을 깨달아야 한다. 세상을 평가하는 방법을 배워야 한다. 그녀가 얼마나 진보했는지를 나는 그녀의 응답이나 눈길로 곧 알 수 있다. 단 한 번 나는 몸이 오그라질 듯한 큰 노여움을 그녀의 눈동자에서 본 적이 있다. 그녀는 내게 어떤 신세를 졌다는 부담감을 느껴서는 안 된다. 그녀는 자유여야 한다. 자유 속에만 사랑이 있고, 자유 속에만 즐거움과 영혼의 기쁨이 있기 때문이다. 나는 그녀가 자연스러운 필연성에 따라서 내 가슴속에 온 거라고 믿길 바라면서 나의 인력을 조정하고 있는데, 중요한 것은 그녀가 무거운 물체처럼 떨어지는 게 아니라 정신이 정신에 끌려가듯 가슴속으로 스며들어 와야 한다는 것이다. 난 그녀를 내 것으로 만들어 보일 참이지만, 꼭 무거운 짐처럼 내 위에 덮치는, 그런 보기 흉한 방법으로는 안 된다. 그녀는 육체적인 뜻에서 나의 무거운 짐이 되어도 안 되고, 도덕적인 뜻에서 나에게 의무를 지워서도 안 된다. 우리 두 사람은 자유라는 독특한 유희만을 즐겨야 할 것이다. 그러므로 그녀는 내 팔에 올려놓을 수 있을 만큼 가벼워야 한다.

코델리아의 일로 내 마음속은 가득 차 있다. 그녀가 눈앞에 있거나 서로 마주 보고 있지 않아도, 아니 가장 엄밀한 뜻에서 내가 그녀와 단둘이 있을 때면, 내 마음은 몇 번이나 평정심을 잃는다. 나는 그녀를 동경하고 그리워하지만, 그것은 그녀와 이야기하고 싶어서가 아니라, 그저 그녀의 모습을 눈앞에 떠올리고 싶기 때문이다. 그녀가 외출한 것을 알면 나는 몰래 그녀의 뒤를 밟는다. 그것은 내가 그녀의 눈에 띄기 위해서가 아니라 그녀를 보기 위해서다. 그저께 밤, 우리는 함께 박스테르 댁을 나섰다. 에드바르가 그녀를 배웅했다. 나는 재빨리 그들과 헤어져서 하인이 기다리는 다른 길로 서둘러 갔다(금방 옷을 갈아입은 나는 그녀가 눈치채지 않게 다시 그녀와 만났다). 에드바르는 여전히 입을 다물고 있었다. 나는 확실히 사랑을 하고 있다. 그러나 그것은 보통의 뜻으로 말하는 연애가 아니다. 그러니 아주 신중해야 한다. 그런 사랑은 언제나 위험한 결과를 가져오기 때문이다. 게다가 그런 사랑을 하는 것은 한 번뿐이라고들 한다. 하지만 사랑의 신은 맹목적이다. 그래서 현명한 사람이라도 쉽게 바보가 될 수 있다. 인상에 대해서는, 되도록 온갖 감수성을 작용시켜서 자기가 어떤 인상을 주는가, 또 처녀들한테서 어떤 인상을 받는가를 알아 두어야 한다. 그러면 많은 처녀들과 동시에 연애할 수도 있다. 한 사람 한 사람의 처녀와 저마다 다른 식으로 사랑하게 되기 때문이다. 한 사람만을 사랑해서는 너무 적고, 모든 처녀를 사랑한다면 진부한 것이 된다. 사랑의 모든 위력을 자기 마음속에 숨겨 한 사람 한 사람의 처녀가 저마다의 알맞은 양분을 취할 수 있게 하고, 그러나 의식은 그 전체를 포괄하는 것, 이것이 향락이며, 삶을 사는 것이다.

7월 3일

에드바르는 나 때문에 푸념을 늘어놓을 수가 없다. 물론 코델리아가 사랑에 빠지기를 기다린다. 그에게 싫증이 나고 그를 통해서 평범한 연애에 진저리가 나고, 그로써 자신의 한계를 넘어서기를 나는 바라고 있다. 그러나 그러기에 더욱더 에드바르는 풍자만화 같은 인물이 되어서는 안 된다. 그래서야 아무 도움도 되지 않는다. 그런데 에드바르는 세상에서 흔히 말하는 배우자로서 손색없는 사나이일 뿐이다. 그런 것은 그녀에게 아무런 의미도 없는 것이고, 또한 열일곱 살의 소녀라면 문제 삼지 않는 게 마땅하다. 그 밖에도 그는 인간적으로 사랑할 만한 다양한 성질을 갖고 있는데 나는 그런 좋은 성격이 가능한 한 유리하게 드러나도록 그를 도와주는 것이다. 나는 시녀처럼, 재단사처럼 온 집안의 자원을 끌어모아 되도록 훌륭하게 그를 곱게 꾸며 준다. 아니 때로는 장신구까지 빌려 와서 달아 준다. 이렇게 우리가 함께 걸어갈 때 나는 내가 그의 옆에 서 있다는 것을 참으로 묘하게 생각한다. 나는 그가 내 동생이나 아들 같은 기분이 든다. 웬걸, 그는 내 친구이자 동년배요, 연애의 경쟁자인데 말이다. 그러나 그는 결코 나에게 위험한 존재가 될 수는 없다. 내가 그를 높이 추어올려 주면 줄수록 그는 결국 떨어지고 말 것이니 그만큼 더 좋은 셈이다. 코델리아가 싫어하는 것에 대한 의식을 그만큼 많이 그녀의 마음에 일깨울수록, 그녀가 욕구하는 것에 대한 예감을 그만큼 확실히 일깨우게 되는 것이다. 나는 그가 잘 헤쳐 나가도록 도와준다. 나는 그를 받들고 칭찬한다. 말하자면 무릇 친구를 위해 할 수 있는 모든 일을 해주는 것이다. 코델리아에 대한 나의 냉담함을 뚜렷이 부각시켜 두드러지게 보이도록 하기 위해서 나는 때때로 에드바르를 심하게 꾸짖기도 한다. 나는 그를 사랑에 몸을 불사르는 자로서 그려 낸다. 에드바르는 어떻게 하면 좋은지 혼자서는 전혀 알 수 없으므로 내가 그를 앞으로 밀어내 주어야 한다.

코델리아는 나를 미워하고 또 무서워한다. 젊은 처녀는 대체 무엇을 무서워하는 것일까? 바로 지성이다. 어째서일까? 지성은 그녀가 지닌 여성다운 특징을 모두 부정하기 때문이다. 남자다운 아름다움, 매력 있는 태도 같은 것은 훌륭한 무기이다. 이런 무기로도 사랑을 정복할 수는 있지만, 절대로 완전한 승리는 얻을 수 없다. 왜? 처녀와의 싸움은 처녀 자신의 권력 범위 안에서 행해지는데, 그 안에서는 언제나 처녀 쪽이 강하기 때문이다. 나의 무기로 처녀의 볼을 물들이고 눈을 내리깔게 할 수는 있지만, 형용할 수 없이 매혹적인 불안을 일깨울 수는 없다. 이 불안함이야말로 처녀의 아름다움을 흥미진진하게 만드는데 말이다.

> 율리시스는 미남은 아니지만, 말솜씨가 좋았네.
> 바다의 두 여신들이 그를 연모했네.[30]

사람은 누구나 자신이 가진 힘을 알고 있어야 한다. 그런데 내가 흔히 기분 나쁘게 생각하는 것이지만, 타고난 재능을 가진 자들마저 참으로 서투른 행동을 한다. 사실을 말하면, 남자의 사랑보다는 오히려 자신의 사랑에 희생되어 있는 젊은 처녀를 보면, 그 처녀가 어떻게 속고 있는가 첫눈에 알아차릴 수 있어야 한다. 능숙한 살인자는 결정적인 일격을 가할 줄을 알며, 경험 많은 형사는 상처를 보고 첫눈에 범인을 아는 법이다. 그토록 체계적인 유혹자가 어디 있겠는가? 그만한 심리학자가 어디 있겠는가? 처녀를 유혹한다는 것은 대부분의

---

30) 오비디우스의 《사랑의 기술》에서 라틴어로 인용되어 있다. 율리시스(Ulixes)는 오디세우스의 로마 이름, 바다의 여신들이라는 것은 키르케와 칼립소를 가리킨다. 키르케는 오디세우스가 아이아이에섬에 1년 동안 머무를 때 그와의 사이에 아들 하나를 얻었다. 칼립소는 오기기아 섬에 사는 바다의 요정으로, 오디세우스가 키르케섬을 떠나 항해하다가 난파해 이 섬에 도착했을 때 그를 맞이하여 그 뒤 7년 동안 함께 산 것으로 되어 있다.

사람들에게는 처녀를 꾀어낸다는 의미를 갖는다. 따라서 그로써 종결된다. 그러나 처녀를 유혹한다는 이 사상에는 온갖 말들이 숨어 있는 것이다.

　그녀는 나를 미워한다. 여성으로서의 그녀는 나를 두려워한다. 타고난 재능을 가진 여성으로서 그녀는 나를 사랑한다. 나는 뛰어난 두뇌로 이런 갈등을 지금 작전의 첫 단계로서 그녀의 마음속에 일으킬 수 있다. 나의 높은 긍지, 나의 고집, 나의 냉담한 비웃음, 나의 비꼬인 냉소, 이것들이 그녀의 마음을 끌어당기는 것이다. 물론 그렇다고 그녀에게 나를 사랑할 마음이 있다는 것은 아니다. 오히려 그녀에게는 그런 감정의 기미가 보이지 않는다. 적어도 나에 대해서는 조금도 없다. 그녀는 나와 대결하고 있다. 그녀의 마음을 끌어당기는 것은 사람들 사이에서의 자랑스러운 독립성이며, 사막의 아라비아인들이 갖고 있는 그런 자유이다. 나의 웃음이나 엉뚱한 특이성은 삶의 본능에 그녀의 충실한 충동을 중성화해 버린다. 그녀는 나에게 꽤 스스럼없는 태도를 보인다. 거기에 무언가 정숙함이 있다고 하더라도 그것은 여성다운 정숙함이 아니라 오히려 지적인 정숙함이다. 그녀는 나를 연인으로 간주하기는커녕 그저 머리가 좋은 사람으로 생각하고 나와 사귀고 있을 뿐이다. 그녀는 내 손을 잡고 꼭 쥐고 웃으면서 순수하게 그리스적인 의미로 내게 어떤 주의를 기울인다. 그래서 비꼬거나 비웃으면서 잠시 그녀를 놀리고 있으면, 나는 옛날 시[31]에서 볼 수 있는 충고를 따르게 된다. 기사는 새빨간 자기 망토를 펴놓고 아름다운 처녀에게 앉으시라고 청하노라. 그러나 나는 지상의 푸른 잔디에 그녀와 함께 앉기 위해 내 망토를 펴지는 않는다. 나는 사상의 날개를 타고 그녀와 더불어 공중으로 사라지기 위해 내 망토를 펼치는 것이다. 또는 나는 그녀 없이 혼자 사상에 걸터앉아 손을 흔들어 그녀에게 작별을 고하고, 그녀의 손가락에 입을 맞춘 뒤 그녀의 시야에서 사라져 버린다. 하지만 그녀의 귀에는 날개 있는 언어의 어수선함이 아직도 들린다. 그러나 여호와의 경우처럼(《사무엘상》) 목소리와 더불어 모습이 차츰 더 잘 보이는 것이 아니라, 오히려 나는 조금씩 보이지 않게 된다. 내가 말을 하면 할수록 나는 점점 더 높이 올라가기 때문이다. 그러면 그녀는 대담한 사랑의 날개를 타

31) 〈수도사와 수녀〉라는 덴마크의 잘 알려진 민요의 다음 구절을 가리키는 듯하다. "수도사는 푸른 자기 망토를 펴놓고 아름다운 처녀에게 쉬시라고 청하노라."

고 떠 올라와서 나를 따르고 싶어 한다.

그러나 그것은 겨우 한순간의 일이며, 다음 순간 나는 벌써 차갑고 무뚝뚝해진다.

여자가 볼을 붉히는 데는 여러 가지 종류가 있다. 먼저 야비한 벽돌색으로 얼굴을 붉히는 경우이다. 소설가가 여주인공의 볼을 새빨갛게 물들이기 위해서 놀랄 만큼 잘 쓰는 바로 그 수법이다. 다음에는 부드럽게 붉히는 방법이다. 이것은 정신이 눈뜨는 것이라고 할 수 있는데, 젊은 처녀에게서 이런 모습을 본다는 것은 참으로 아름다운 일이다. 행복한 생각에 따르는 잠시 동안의 붉은빛은 남자의 경우는 아름답고, 청년의 경우는 더욱 아름다우며, 여성의 경우는 사랑스러움을 느끼게 한다. 그것은 번개가 칠 때의 번쩍임이며, 정신이 절정에 오를 때의 번득임이다. 이것을 젊은 남자에게서 볼 때 가장 아름답고, 처녀에게서 볼 때는 사랑스럽다. 왜냐하면 그것은 처녀의 처녀다움을 드러내는 것이기 때문이다. 그것은 처녀에게서 일어나는 순간적인 놀라움이 갖는 수줍음까지 갖고 있다. 따라서 나이를 먹음에 따라 이렇게 볼을 붉히는 일은 차츰차츰 잃어 가는 법이다.

이따금 나는 코델리아에게 무언가를 들려준다. 보통 하찮은 것을 이것저것 낭독한다. 나는 에드바르에게 여느 때처럼 무언가 알려 주는 등불이 되어야 한다. 말하자면 나는 젊은 처녀와 흉허물 없이 가까운 사이가 되는 아주 좋은 방법은 그녀에게 책을 빌려주는 것이라고 그에게 가르쳐 준 것이다. 그는 내 말대로 확실히 여러 가지 얻은 것이 있다. 왜냐하면 그는 그것을 큰 은혜로 알기 때문이다. 그러나 가장 덕을 본 사람은 나였다. 왜냐하면 나는 책의 선택을 지시하면서도 언제나 멀찌감치 떨어져 있기 때문이다. 멀리 떨어져 서 있으므로 나는 넓은 범위를 관찰할 수 있다. 에드바르는 문학을 몰라서 나는 내가 원하면 아무리 극단적인 내용이라도 고를 수 있다. 밤에 그녀와 함께 있을 때는 마치 우연인 듯 천연덕스럽게 책을 집어 들고 5, 6쪽 정도를 나직이 읽으면서, 에드바르가 참으로 재치 있는 사람이라고 넌지시 칭찬을 하기까지 한다. 어젯밤 나는 그녀 마음의 탄력을 실험해 보자는 생각이 들었다. 실러(Schiller)의 시를 빌려주게 하여 시치미를 떼고 테클라의 노래 부분[32]을 펼쳐 낭독할 것인가, 아니면 뷔르거(Bürger)의 시[33]를 빌려주게 할 것인가, 나는 어느 쪽을 에드바르에게 권할까 망설이다가 후자를 택했다. 뷔르거의 《레노레(Lenore)》는 특히 아름답기 때문이다. 조금 일반적인 정도를 벗어나 과장되긴 했지만 말이다. 나는 《레노레》의 대목을 펼쳐 되도록 열정을 깃들여 읽었다. 코델리아는 감동했다. 시 속의 빌헬름이 자기를 맞이하러 오기나 한 듯 그녀는 바느질하는 손을 바쁘게 움직였다. 나는 낭독을 멈췄다. 고모는 별 흥미도 없이 귀를 기울이고 있었다. 고모는 빌헬름이 살아서 나타나건 죽어서 나타나건 두려워하지 않았다. 그런데 내가 꾸밈새가 아름다운 그 책을 보여 주자 자신이 잘 알고 있는 제본업에 관한 이야기를 시작했고, 아주 자랑스러운 경지로 되돌아갔다. 그러니까 내 의도는 코델리아의 마음에 저 열정적인 것의 인상이 눈뜨는 순간 바로 부숴 버리려는 것이었다. 따라서 그녀는 좀 불안해졌다. 그러나 그 불안이 그녀의 마음에 유혹하는 듯한 효과를 준 게 아니라 기분 나쁜 느낌을 불러일으킨 것이 내 눈에 뚜렷하게 보였다.

나는 오늘 처음으로 지그시 그녀를 응시했다. 졸음이 오면 눈꺼풀이 무거워져서 자연히 감긴다고 한다. 아마 내 시선은 그와 비슷한 작용을 하는 모양이다. 그녀의 눈은 감겨 있다. 하지만 그녀의 마음속에서는 어두운 힘들이 움직이고 있다. 그녀 위에 머문 나의 응시를 그녀는 보고 있지 않다. 그녀는 그것을 느끼고 있다. 몸 전체로 느끼는 것이다. 그녀의 눈은 감겨 있다. 그리고 밤이다. 그러나 그녀의 마음속은 환하게 밝은 대낮이다.

에드바르를 떠나가게 해야 한다. 그는 이제 도달해야 할 곳에 도달했다. 언제 어느 때 그가 그녀를 찾아가 사랑을 고백할지 모른다. 그것을 나만큼 잘 아는 사람은 없다. 나는 그의 친구이고, 그를 격려하여 이 열광 상태에 앉혔으며, 그

---

32) 〈처녀의 탄식〉이라는 제목으로 《시집》에 실려 있는데, 본래는 실러의 희극 《발렌슈타인》 3부작 제2부 〈피콜로미니 부자(父子)〉 제3막 제7장에 나와 있다.
33) 뷔르거는 발라드의 명장이라고 일컬어지는 독일 시인. 특히 1773년 《레노레》로 명성을 높였으며 이 시는 유럽 각국 언어로 번역되었다. 연인인 죽은 전사 빌헬름에 대한 레노레의 지극한 연모의 정을 노래하고 있다. 마지막에 빌헬름은 레노레를 검은 말에 태워 무덤 속으로 데리고 가버린다. 이 시도 〈테클라의 노래〉와 더불어 사랑과 죽음을 노래한 애수에 찬 작품이다.

가 차츰 더 강하게 코델리아에게 작용하도록 하고 있는 것이 나이기 때문이다. 하지만 사랑을 고백하는 데까지 가면 모험이 지나치다. 물론 그가 퇴짜를 맞을 것을 나는 잘 알고 있다. 그러나 그로써 끝이 아니다. 그는 아마 몹시 슬퍼할 것이다. 그것이 코델리아의 마음을 건드려 감동시킬지도 모른다. 그렇게 될 경우 그녀가 마음을 고쳐먹지나 않을까 하고 가장 나쁜 사태를 걱정할 필요는 없다고 하더라도, 이 순수한 동정심 때문에 그녀의 영혼이 상처받지 않는다고는 할 수 없기 때문이다. 그렇게 되면 에드바르를 이용한 내 목적은 완전히 실패로 끝나게 된다.

코델리아와 나의 관계는 극적인 출발로 시작되었다. 무엇이거나, 아무튼 어떻게든 해야 한다. 내가 그저 관찰자인 지금의 태도를 지속한다면, 더 이상 우리의 관계를 유지할 수 없다. 그녀의 허를 찔러야 한다. 그것이 필요하다. 그러나 그녀의 허를 찌르고 싶으면, 그저 순간을 놓치지 않고 지켜보는 것만으로는 안된다. 허를 찌르는 보통의 방법은 그녀에게 아마 효과가 없을 것이다. 처음 허를 찔러서 깜짝 놀랄 때, 그것이 아주 흔해 빠진 방식이었다고 그녀가 생각하도록 그녀의 허를 찔러야 한다. 그리고 그 안에 깜짝 놀랄 만한 것이 포함되어 있었음을 차츰 깨닫게 되도록 해야 한다. 이것은 흥미로운 것을 위한 법칙이며, 또한 코델리아에 대한 나의 모든 행동 법칙이기도 하다. 허를 찔러서 놀라게 하는 방법을 알고 있다면 승부에서는 이긴 것과 다름없다. 노리는 상대의 에너지를 한순간 정지시켜 그녀가 행동할 수 없게 만든다. 그러기 위해 엉뚱한 수단을 쓰느냐 평범한 수단을 쓰느냐 하는 것은 문제가 아니다. 나는 지금도 그 생각을 하면 혼자 흐뭇해하는데, 어느 고귀한 집안의 부인에게 참으로 저돌적인 실험을 한 적이 있다. 나는 흥미진진한 접근을 하고 싶어서 잠시 동안 괜히 그녀의 주변을 몰래 따라다니기만 했었다. 그러다 어느 날 점심때, 길거리에서 그녀와 마주쳤다. 나는 그녀가 나를 모른다고, 바꾸어 말하면 내가 이 동네 사람이라는 것을 모르고 있다고 확신했다. 그녀는 혼자 걷고 있었는데, 나는 그녀 곁을 스치고 지나 정면으로 그녀와 마주치려고 했다. 그녀가 보도를 걸어오고 있었으므로 나는 옆으로 피했다. 순간 나는 그녀의 구슬픈 시선을 보았다. 눈물까지 글썽거렸던 것으로 생각된다. 나는 모자를 벗었다. 그녀는 걸음을 멈추었다. 감동에 찬 목소리로, 그리고 꿈꾸는 듯한 눈길로 나는 말했다.

"용서하십시오, 아가씨. 당신 얼굴이 내가 진심으로 사랑하는 분과, 하기야 그 분은 멀리 떨어져 살고 있습니다만, 그분과 무척 닮으셔서 그만, 제발 제 우스운 행동을 용서해 주십시오."

그녀는 나를 사랑에 넋이 나간 사나이라고 생각했다. 젊은 여자는 사랑에 넋이 나간 편을 오히려 마음에 들어 하는 법이다. 특히 여자가 우월감을 느끼고 상대편을 비웃고 있을 경우에는. 아나나 다를까, 그녀는 미소를 지었다. 그 미소는 이루 말할 수 없이 그녀에게 잘 어울렸다. 품위 있는 상냥함으로 그녀는 내게 눈인사를 하고, 미소를 지었다. 그리고 그녀는 다시 걷기 시작했다. 나는 두세 걸음을 그녀와 나란히 걸어갔다. 며칠인가 뒤에 나는 다시 그녀를 만났다. 나는 과감하게 인사했다. 그녀는 나를 보고 웃었다. 참고 견딘다는 것은 확실히 귀중한 덕이다. 그리고 마지막에 웃는 자가 가장 행복한 자이다.

코델리아의 허를 찔러 놀래 주려면, 온갖 수단을 생각할 수 있을 것이다. 나무들을 뿌리째 뽑을 수 있을 만한 에로스와도 같은 폭풍을 일으켜 보는 것도 좋을지 모른다. 이 폭풍으로 가능하다면, 그녀를 대지로부터 끌어올려 현실과 연관된 불안정한 흥분 상태 속에서 몇 번이나 밀회를 거듭하고, 그녀의 정열을 꾀어내 보는 것이다. 생각할 수 없는 방법은 아니다. 처녀들은 자신이 갖고 있는 정열 때문에 어떻게 하든 남의 뜻대로 되어 버리는 까닭이다. 그러나 이 수법은 아름다움이라는 관점에서 알맞지 않다. 나는 현혹을 좋아하지 않는다. 이건 그런 방법으로밖에는 시적 감흥을 느끼지 못하는 처녀들을 상대로 하는 경우에만 권할 만한 것이다. 게다가 이 수법으로는 본래 향락을 잃기 쉽다. 왜냐하면 지나친 혼돈이란 짐짓 해로운 것이기 때문이다. 그리고 그녀에게는 그런 수법을 써봐야 효과가 없을 게 분명하다. 그래서는 내가 오랫동안 소중히 해온 것을, 아니 더 나쁘게는 내가 신중히 하기만 하면 충분히 더 풍부하게 누릴 수 있는 것을 나는 단 한순간에, 한두 입김으로 삼켜 버리게 될 것이다. 코델리아를 흥분 상태로 향락해서는 안 된다. 만일 내가 그런 수단을 쓴다면, 아마 첫 순간에 그녀는 허를 찔려 깜짝 놀랄 것이다. 그러나 그녀는 곧 진저리를 낼 것이다. 그렇게 허를 찌르는 방법은 그녀의 과감한 영혼에 너무나 가까워 별로 놀라울 게 없기 때문이다.

모든 방법 중에서 가장 좋은, 무엇보다 효과가 있는 방법은 진부하고 단순하게 약혼하는 것이다. 자기에게 청혼하는 나의 산문적 사랑 고백을 들으면, 아마 그녀는 자신의 귀를 믿지 않을 것이다. 내 열변에 귀를 기울이기도 하고, 나의 마취제를 삼키기도 하며, 함께 달아날 것을 생각하고, 자신의 심장이 고조되는 것을 들을 때보다 더 자기 귀를 믿지 않을 것이다.

약혼이라는 것의 지긋지긋한 점은 언제나 거기에 윤리와 관련된 면이 포함된다는 데 있다.

윤리와 관련된 것은 학문에서나 인생에서나 따분하다. 이 얼마나 큰 차이인가? 미학의 하늘 아래에서는 모든 것이 경쾌하고 아름답고 변화하기 쉽다. 그런데 거기에 윤리와 관련된 것이 끼어든다면, 모든 게 딴딴하고 거칠어지며 한없이 따분해진다. 그러나 더 엄밀하게 말하면 약혼에는 결혼이 가진 윤리의 실재성 같은 것은 없다. 약혼에는 일반 동의에 입각한 효력이 있을 뿐이다. 약혼은 이처럼 모호한 것으로서의 윤리성을 포함하기 때문에 코델리아는 때가 되면 자기가 보편된 것의 한계를 넘을 듯한 인상을 받는다. 그와 동시에 약혼에 따르는 윤리와 관련된 것은 내가 그로 말미암은 큰 충격을 두려워해야 할 만큼 엄숙하지 않다. 나는 언제나 윤리와 관련된 것을 어느 정도 존경해 왔다. 아직도 나는 어떤 처녀에게든 결혼 약속을 한 적이 없다. 일시적으로나마 한 적도 없다. 지금 내가 그것을 하고 있는 것처럼 보인다면, 나는 다만 그런 체하고 있을 뿐이다. 물론 나는 그녀 쪽에서 이 의무를 파기하도록 만들 계획이다. 나의 기사적인 긍지는 약속하는 것을 경멸한다. 만일 재판관이 자유를 약속함으로써 죄인을 자백하도록 한다면, 나는 그것을 경멸한다. 그런 재판관은 자기의 힘과 재능을 단념하는 것이다. 지금 내 계획에서는 엄밀한 뜻에서 자유의 선물이 아니면 아무것도 바라지 않는 상황이 존재함을 인정하고 있다. 진부한 유혹자라면 그런 수단을 쓰는 것도 좋겠으나, 그들은 과연 무엇을 손에 넣을 것인가? 보이고 싶지 않은 모든 것을 처녀에게 보이지 않으면서, 그녀를 휩싸 버리는 그 방법을 그들은 모른다. 그들은 무엇이나 자기 생각대로의 것이 처녀에게서 나오도록 그녀의 마음을 창작하는 방법을 모르는 무능한 자다. 나는 그런 사나이의 향락 따위는 부럽지 않다. 그런 사나이는 어디까지나 풋내기라서, 그런 자를 유혹자라고 부른다면 나를 그렇게 부를 수는 없다. 나는 탐미가이며 사랑의 본질과 요체를 파악하고 있는 사랑의 대가이다. 사랑을 믿고, 사랑을 밑바닥에서부터 알고 있다. 어떤 사랑의 이야기라도 기껏해야 6개월쯤 계속하면 충분하다. 또 어떤 연애도 마지막 것을 향락한 순간에 끝나야 한다. 나는 이런 사건을 은밀히 간직하고 있다. 나는 사랑에 대해 잘 알고 있다. 동시에 사랑받는다는 것, 세상의 그 무엇보다도 사랑받는다는 것이 생각할 수 있는 가장 큰 향락이라는 것도 알고 있다. 처녀의 마음속에 들어가 그것을 창조하는 것은 이미 하나의 예술 재능이며, 창조적으로 처녀의 마음에서 빠져나오는 것 또한 고도의 기술이다. 그러나 후자는 본질적으로 전자에 의존하고 있다.

또 하나, 다른 방법도 가능하다. 나는 그녀와 에드바르가 약혼하도록 모든 준비를 갖추어도 좋을 것이다. 그런 경우 나는 그 가정의 친구가 된다. 에드바르는 무조건 나를 믿을 것이고, 물론 그의 행복은 완전히 내 덕택이 된다. 그렇게 되면 나는 더 몸을 숨길 수 있을지도 모른다. 그러나 그렇게 되지는 않지. 그녀가 에드바르와 약혼하면, 그녀는 어떤 방법으로든 왜소한 존재가 되는 수밖에 없고, 그렇게 되면 나와 그녀의 관계는 흥미진진하다기보다 오히려 매력적일 만큼 자극을 주는 것이 되어 버리니까. 따라서 무한히 의례적인 약혼이 오히려 파격적인 흥미를 불러일으키게 된다.

발 댁에서는 모든 것이 차츰 중요한 의미를 띠고 있다. 일상생활 뒤에 숨은 생명이 움직이고 있는 것이 뚜렷이 눈에 띈다. 그리고 이 생명은 머지않아 그에 알맞은 형태를 갖고 나타나 자기를 주장할 것이 틀림없다. 발 댁에서는 약혼 준비를 하고 있다. 표면만 보는 단순한 관찰자라면 고모와 내가 부부가 된다고 생각할지도 모른다. 그런 부부가 생긴다면 자손에게 농사에 관한 지식을 보급하는 데는 큰 도움이 될 것이다. 그리고 나는 코델리아의 고모부가 되는 셈이다. 나는 사상의 자유를 인정하고 그 사상과 친근한 까닭에 내가 지킬 용기가 없을 만큼 어이없는 사상은 품지 않는다. 코델리아는 에드바르가 사랑 고백을 하지 않을까 두려워하고 있다. 에드바르는 사랑을 고백하여 결말을 지을 작정이다. 실제로 지금 그는 결말을 지을 만한 확신을 갖고 있는지도 모른다. 그러나 그가 그런 짓을 해서 불쾌한 결과를 일으키지 않도록 나는 그보다 한 걸음 앞서갈까 생각한다. 나는 지금 당장 그를 내동댕이칠 참이다. 그는 정말로 내 길에 방해가 되고 있다. 그 사실을 오늘 뚜렷이 느꼈다. 그가 느닷없이 몽유병자처럼 일어서서 코델리아에게 다가가지도 않을 만큼 객관적인 태도로, 여러 사람들 앞에서 사랑을 고백하지나 않을까 염려될 정도로 그는 몽환에 잠기고 사랑에 빠진 것처럼 보인다. 나는 오늘 무서운 눈초리로 그를 쏘아보았다. 코끼리가 코로 물건을 들어 올리듯이, 나는 눈으로 키가 후리후리한 그를 들어 올려 거꾸로 내던졌다. 그는 가만히 앉은 채로 있었지만, 온몸으로 그것을 느꼈을 줄 안다.

코델리아는 나를 예전만큼 침착하게 대하지는 못한다. 그녀는 언제나 여성답고 침착하게 내게 다가오곤 했는데, 지금의 그녀는 좀 흔들리고 있다. 그러나 그것은 대단한 일도 아니고, 모든 것을 원래 상태로 돌리고 싶으면 나로서는 그것도 그다지 어려운 일이 아니다. 하지만 나는 그렇게 하고 싶지 않다. 아직 조금 더 정찰한다. 약혼은 그 뒤에 하면 된다. 약혼하는 데는 아무런 어려움도 있을 수 없다. 코델리아가 허를 찔려서 깜짝 놀라 "네" 대답하고, 고모는 열심으로 "아멘"을 외칠 것이다. 고모는 농업에 정통한 조카사위를 얻은 기쁨에 정신을 잃을 것이다. 사위라니, 이런 범위 안에 발을 들여놓으면 어쩌면 모든 것이 이렇게 콩깍지처럼 뒤죽박죽이 되는 것일까! 사실 그 경우 나는 그녀의 사위가 되는 게 아니라, 그녀의 조카사위가 될 뿐이다. 아니, 더 정확하게 말한다면 신의 뜻처럼 그 어느 쪽도 되지 않는 것이다.

7월 23일

오늘 나는 내 입으로 퍼뜨린 소문, 바로 내가 어느 처녀를 사랑하고 있다는 소문의 열매를 땄다. 에드바르 덕분에 이 소문은 코델리아의 귀에도 들어갔다. 그녀는 호기심에 찬 눈으로 나를 바라보았다. 그러나 감히 물어보려고는 하지 않는다. 하지만 사실을 확인한다는 것이 그녀로서는 중요한 것이다. 왜냐하면 첫째, 그녀로서는 믿기 어려운 일이기 때문이고, 둘째, 그녀가 자신을 위한 선례로서 보고 싶은 기분이 있기 때문이다. 말하자면 나처럼 냉담하게 잘 비꼬는 인간도 사랑을 할 수 있다면, 그녀가 사랑을 하더라도 전혀 부끄러워할 것이 없기 때문이다. 오늘 나는 이 문제를 화제에 올렸다. 요점을 잃지 않으면서도 지나치게 빨리 요점에 들어가지 않도록 이야기한다. 나는 이것이 내가 가진 장기라고 생각한다. 나는 내 말을 듣는 사람을 해결되지 않은 상태에 머물러 있게 하고, 삽화와도 같은 사소한 사건을 이야기함으로써 듣는 사람이 이야기가 어떤 결말이 되기를 바라고 있는가 확인하면서, 이야기를 계속하는 동안에 듣는 사람을 어리둥절하게 만들어 버린다. 이것이 나의 즐거움이다. 뜻이 모호한 말을 써서 듣는 사람이 처음에는 그 말을 하나의 뜻으로 풀이하고는, 갑자기 그 말을 다른 뜻으로도 받아들일 수 있다는 걸 깨닫게 한다. 이것이 나의 재주다.

무언가 어떤 특별한 관찰을 하는 기회를 잘 포착하고 싶으면 언제라도 한바탕 이야기쯤은 할 수 있어야 한다. 그렇지 않으면 관찰하고자 하는 사람이 요점을 슬쩍 빠져나갈 수도 있고, 말을 주고받음으로써 자기 말이 주는 인상을 교묘히 감출 수도 있다. 진지한 태도로 나는 고모에게 내 연설을 시작했다.

"나는 그것을 친구의 호의라고 생각해야 좋겠습니까? 아니면 적의 악의라고 생각해야 되겠습니까? 어느 쪽이거나 너무하지 않습니까!"

여기서 고모는 내 말을 가로막고 자기 의견을 늘어놓았다. 그 의견을 받아 나는 온 힘을 다해 내 말을 지루하게 늘리고 너절하게 설명을 덧붙이면서, 귀를 기울이고 있는 코델리아를 언제까지나 긴장하도록 했다. 코델리아가 긴장을 풀 수 없는 이유는 나는 고모를 상대로 이야기하고 있는 것이니 내게 질문을 할 수도 없고, 또 내 말투가 진지했기 때문이다. 나는 말을 이었다.

"아니면, 나는 그것을 우연으로 돌려야 하겠습니까? 소문의 우연한 발생으로 말입니다."(이 말을 코델리아는 분명히 알아듣지 못했다. 그래서 그녀는 더욱 혼란스러울 뿐이었다. 더욱이 내가 일부러 그 말의 어조를 강하게 하고, 사뭇 그 점이 중요하다고 말하고 싶은 듯 장난기 어린 표정으로 말했기 때문에, 그녀는 점점 더 어리둥절해졌다.)

"글쎄, 언제나 세상에서 숨어 살고 있는 내가 약혼을 했다느니 어쩌니 하는 말을 듣게 되었으니 말입니다."

코델리아는 분명히 내 설명을 더 듣고 싶어 했다. 나는 계속했다.

"내 친구들일까요? 그렇다면 사랑을 하게 된 것을 아주 다행스러운 일로 생각해야 할 텐데요(그녀는 움찔했다). 또는 내 적들일까요? 그렇다면 나 같은 인간이 이런 행운을 차지한다는 것을 참으로 우스꽝스러운 일이라고 생각할 게 틀림없군요."(이번에는 그녀가 반대 의견을 나타내는 몸짓을 했다.)

"아니면 우연일까요? 그렇다면 이유가 조금도 필요 없지요. 말하자면 소문은 우연히 난 거지요. 텅 빈 머리를 맞대고 말을 주고받고 있으면 무슨 소문이든지 나거든요."

고모는 여자다운 호기심으로 나와 약혼했다는 소문이 난 여자가 어떤 사람일까 몹시 궁금해했다. 나는 질문들을 얼버무리며 대답을 회피했다. 이 모든 이야기는 확실히 코델리아에게 어떤 인상을 주었다. 에드바르의 주가가 얼마쯤 올랐다고 나는 생각한다.

결정해야 하는 순간이 다가오고 있다. 나는 고모 앞으로 편지를 써서 코델리아에게 청혼할 수도 있었다. 이 수법은 이야기하는 쪽보다 글로 쓰는 쪽이 심장에는 자연스러운 것처럼 애정 문제에서 으레 사용되는 수법이다. 만일 내가 그수법을 선택했다면, 그것은 나의 세속적 성격으로 가능했을 것이다. 그러나 내가 이 수법을 선택한다면, 나는 진짜 허를 찌를 수 있는 희망을 잃게 된다. 나는 그런 기습을 단념하고 있지 않다. 내게 친구가 있다면 그는 아마 이렇게 말할 것이다. 자네가 하려고 하는 일이 더없이 엄숙한 것임을 자네는 잘 생각해 봤는가? 그것은 자네의 앞으로의 생애, 그리고 다른 사람의 행복을 결정하는 한 걸음일세. 친구가 있으면, 이런 충고를 듣는 이익이 있다. 나한테는 친구가 한 사람도 없다. 그것이 과연 이익인지 어떤지는 판단할 수 없지만, 적어도 나는 친구의 충고를 듣지 않아도 되는 것을 절대적인 이익이라고 생각한다. 아무튼 나는 다른 문제에 대해서는 말 그대로 엄밀하게 곰곰이 생각해 보았다.

이제 약혼하는 데 나에게는 아무런 장애가 없다. 그래서 나는 청혼자의 길을 나아갈 생각이다. 보잘것없지만 곧 나는 한 단 높은 처지에서 나를 보게 될 것이다. 나는 한 개인이 아니라 누군가의 배우자가 되는 것이다. 참으로 훌륭한 배우자라고 고모는 말하겠지. 고모가 가장 가엾다. 고모는 순수하고 정직한 농부의 마음으로 나를 사랑해 주고 있으니. 고모는 나를 거의 자기의 이상으로 숭앙해 주고 있으니까.

나는 지금껏 살아오면서 몇 번인가 사랑을 고백한 적이 있다. 그러나 그 경험을 모두 합쳐도 지금의 경우에는 전혀 도움이 되지 않는다. 이번 고백은 완전히 독특한 방법으로 해야 하기 때문이다. 특히 나 자신의 마음에 새겨 두어야 할 것은 이 사건 전체가 거짓에 지나지 않는다는 점이다. 어느 방향에서의 등장이 가장 좋은가를 알아내기 위해 벌써 여러 가지를 해보았다. 도발하듯이 등장하는 것은 좋은 생각이 아니다. 그러면 나중에 어떤 일이 펼쳐질지 너무 쉽게 짐작할 수 있기 때문에 믿을 수가 없다. 그렇다고 매우 엄숙하게 만드는 것도 위험하다. 그런 순간은 처녀에게는 매우 큰 의미를 지니고 있으므로, 마치 임종을 맞이하는 사람이 자기의 마지막 바람을 말하는 도중에 굳어 버리듯이 처녀의 마음 전체가 그 순간 굳어 버릴지도 모르기 때문이다. 한편, 그 순간을 애교 있는 것으로 만들기 위해서는 어릿광대짓을 해야 하는데, 그건 내가 지금까지 사용해 온 가면과 조화를 이루지 못하고, 또 앞으로 내가 쓰고 다닐 가면과도 어울리지 않을 것이다. 그 순간을 재치 있지만 비웃는 듯한 것으로 만드는 것도 모험이 지나치다. 이 경우 보통 사람들과 마찬가지로 나도 그 "네"라는 짧막한 말 한마디를 끌어내는 것만을 문제로 삼고 있다면 힘들 것이 전혀 없다. 물론 승낙의 대답을 듣는 것이 나에게는 중요한 일이다. 그러나 절대적으로 중요하지는 않다. 사실 나는 이 처녀를 선택하고는 있어도, 나의 많은 주위를, 아니 내 모든 관심을 그녀에게 보내고는 있어도, 조건에 따라서는 그녀의 "네"를 듣고 싶지 않은 상황도 있다. 외면적인 뜻에서 아가씨를 차지하는 게 내게는 문제가 아니라, 아가씨를 예술적으로 즐기는 것이 나의 문제라는 이야기이다. 그러므로 처음부터 되도록 예술적이어야 한다. 또한 되도록 불안정한 것이어야 하며 동시에 온갖 가능성이 있어야 한다. 그녀가 나를 즉각 사기꾼이라고 알아본다면, 그녀는 나를 오해하고 있는 것이다.

　나는 일반적인 의미에서의 사기꾼이 아니기 때문이다. 그녀가 나를 성실한 연인으로 본다면, 이 또한 오해다. 이런 식의 태도로 나아감으로써 되도록 그녀의 마음이 어느 쪽으로도 정해지지 않도록 해두는 것이 중요하다. 처녀의 마음이란 결정적 찰나에는 임종을 맞이하는 사람의 마음처럼 예언같이 되는 법이다(플라톤의《소크라테스의 변명》). 그렇게 되도록 해서는 안 된다. 나의 사랑하는 코델리아여! 나는 그대를 속여 그대에게서 아름다움을 빼앗아 가고 있소. 그것은 나로서는 어쩔 수 없는 일이오. 그러므로 나는 그대에게 되도록 그 배상을 해줄 참이오. 가능한 한 모든 것이 하찮게 보이도록 해야 한다. 그래서 그녀가 승낙했을 때라도 그 관계 속에 무슨 일이 감추어져 있는지를 전혀 모르게 해야 한다. 이 끝없는 가능성이야말로 바로 흥미진진한 것이다. 만일 그녀가 무언가를 예언할 수 있게 된다면, 나는 큰 실패를 한 것이 되고, 이 관계는 그 의의를 잃어버린다. 그녀가 나를 사랑하기 때문에 승낙한다고는 생각할 수 없다. 그녀는 아직 나를 사랑하지 않는다. 내가 이 약혼을 행위에서 사건으로 바꾸고, 그녀가 실제로 하는 일이 아니라 그녀에게 일어나는 일로 바꾸어서, 그녀가 "어떻게 이렇게 되었을까" 말하게끔 만들기만 한다면, 그게 가장 좋다.

7월 31일

오늘 나는 어떤 사나이를 대신해서 연애편지를 써주었다. 이것은 나로서는 언제나 큰 기쁨이다. 첫째, 나도 그 연애 장면 속에 들어가 참으로 생생하게 향기를 느끼면서, 그것도 한가한 기분으로 있을 수 있기 때문에 언제나 참으로 흥미진진하다. 나는 파이프에 담배를 재우고 그들의 관계에 대한 보고에 귀를 기울이며 상대편 여자가 보내온 편지를 내놓게 한다. 젊은 처녀가 어떤 편지를 쓰는지는, 나에게는 언제나 중요한 연구 과제이다. 그는 치즈에 빠진 생쥐처럼 연정에 불타 허둥대면서 옆에 앉아 그녀의 편지를 읽어 주는데, 이따금 내가 간결한 평을 내리면 중단된다. 꽤 잘 썼는걸, 생각도 깊고, 눈치도 빠르고, 신중해. 아마 사랑을 한 적이 있나 보군 등등. 둘째로, 나는 좋은 일을 하고 있는 것이다. 나는 두 젊은이의 결합을 도와주고 있다. 그리고 중대한 역할이 끝나면 나는 모습을 감춘다. 행복한 한 쌍이 생길 때마다 나는 한 명의 희생자가 되는 운명을 선택한 셈이다. 나는 두 사람을 행복하게 만들고, 단 한 사람만이 불행해질 뿐이다. 나는 성실하고 믿을 수 있는 인간이다. 나는 나를 믿어 주는 사람을 속인 적이 없다. 그 때문에 내가 조금쯤 장난을 쳤다고 해봐야 재판의 수수료로 치면 된다. 그런데 어떻게 나는 이런 신뢰를 받을까? 나는 라틴어를 잘 알고 있으며 이런 방면의 연구에 몰두하고 있기 때문이다. 그리고 내가 언제나 내 온갖 조그만 연애 사건을 내 마음에 간직하고 입 밖에 내지 않기 때문이다. 그러니 왜 내가 이만한 신뢰를 받을 가치가 없다고 말할 수 있겠는가? 나는 결코 신뢰를 함부로 쓰지 않으니 말이다.

8월 2일

그 순간이 왔다. 나는 길에서 고모를 보았다. 그래서 고모가 지금 집에 없다는 것을 알았다. 에드바르는 세관에 있으니 코델리아가 집 안에 혼자 있는 게 거의 확실했다. 실제로 그랬다. 그녀는 재봉틀 앞에 앉아 바느질을 하고 있었다. 내가 오전 중에 이 가정을 방문하는 것은 참으로 드문 일이라 그녀는 나를 보고 좀 당황했다. 감동으로 숨이 막힐 듯한 공기가 되어 버렸다. 그것은 그녀의 탓이 아니었다. 그녀는 제법 쉽게 평온을 되찾았으니까. 그 책임은 나 자신에게 있었다. 왜냐하면 나는 갑옷을 입고 있었는데도 그녀 때문에 적잖이 강렬한 감정의 동요를 느꼈기 때문이다. 수수한 푸른 줄무늬 평상복을 입고, 갓 꺾은 싱싱한 장미꽃 한 송이를 가슴에 꽂은 그녀가 얼마나 우아하고 어여쁘던지. 갓 꺾은 싱싱한 장미. 그렇다, 이 처녀 자신이 마치 갓 꺾은 싱싱한 꽃처럼 그렇게 생기 넘쳤으며, 갓 피어난 듯 보였다. 젊은 처녀는 어디에서 밤을 보내는 것일까? 환상의 나라라고 나는 생각한다. 매일 아침 그녀는 거기에서 돌아오는 것이다. 그녀의 젊음과 싱싱함은 거기에서 오는 것이리라. 그녀는 보기에도 젊은 데다가 자못 성숙한 것처럼 보여서, 지금 이 순간에 자연이 꼭 부드럽고 풍족한 어머니처럼, 자신의 손에서 그녀를 풀어 준 것 같다. 그 이별의 광경을 눈앞에서 보는 느낌이다. 나에게는 그 애정에 찬 어머니가 이별에 즈음하여 다시 한번 그녀를 끌어안는 광경이 보이고, 그녀를 타일러 주는 목소리가 들리는 듯하다.

"자, 세상에 나가렴, 내 딸아. 나는 너에게 할 수 있는 일을 다 해주었다. 자, 이 입맞춤을 받아 다오. 네 입술에 누르는 봉인, 이것은 성전을 지키는 봉인이야. 네 자신이 원치 않으면 아무도 이 봉인을 찢지 못한다. 하지만 참된 사랑이 나타나면 너는 그 사람을 알아볼 수 있을 것이다."

어머니인 자연은 그녀의 입술에 입을 맞추었다. 남자의 키스는 무언가를 앗아 가지만 어머니의 키스는 모든 것을 준다.

신기한 자연이여, 그대는 어쩌면 그렇게도 뜻이 깊고 수수께끼에 차 있을까! 그대는 남자에게는 말을 주고 처녀에게는 입맞춤의 감동을 주었다. 그 입맞춤 세례가 그녀의 입술에 쏟아졌고, 그녀의 이마에 작별 인사가, 그리고 그녀의 눈에는 기쁨에 찬 인사말이 쓰여 있다. 그 때문에 그녀는 자기의 집에 있는 듯이 편안하다. 동시에 세상일에 대해서는 아무것도 모르는 어린아이처럼 보였다. 말하자면 그렇게 편안해 보인 것은 그녀가 사실 이 집의 자식이었기 때문이고, 어린아이처럼 보인 것은 그녀가 이 세상에 대해 모르고, 눈에 보이지 않게 은밀히 그녀를 지켜보는 애정에 찬 어머니밖에 몰랐기 때문이다. 그녀는 참으로 귀엽고, 어린아이처럼 싱싱하며, 더욱이 존경심을 느끼게 하는 고귀한 처녀의 위엄을 갖추고 있었다.

그러나 곧 나는 냉정을 되찾아 천연스럽고 무관심한 듯한 태도를 보였다. 이것은 중요한 일을 조금도 중요하지 않은 듯이 행하려고 할 때 알맞은 태도다. 두세 마디의 평범한 말을 주고받은 뒤, 나는 그녀 쪽으로 조금 다가앉아서 결혼을 신청했다. 책의 문구 같은 말투를 쓰는 사람의 이야기를 듣는 것처럼 따분한 것도 없다. 하지만 때에 따라서는 그런 식으로 말하는 편이 참으로 알맞을 때도 있다. 말하자면 책은 마음대로 아무렇게나 해석될 수 있다는 주목할 만한 특징이 있는데, 책의 문구 투로 말하는 사람의 담화에도 그런 특징이 있다. 나는 세상 방식대로, 아주 성실한 태도를 취했다. 그녀는 내 생각대로 짐짓 깜짝 놀랐다. 분명히 그랬다. 그녀의 모습을 설명하기는 어렵다. 그녀의 표정은 갖가지로 읽을 수 있었고, 또 출판되어 있지는 않지만 이미 발표되어 있는 내 책에 대한 비평, 즉 어떻게라도 해석할 수 있는 비평 같았다. 한마디라도 말했으면 그녀는 비웃었을 것이다. 다시 한마디라도 말했으면 그녀는 흔들렸을 것이다. 또다시 한마디 더 했으면, 그녀는 나에게서 달아났을 것이다. 그러나 한마디도 내 입술에 떠오르지 않았다. 나는 여전히 천연덕스럽게 대단찮은 듯한 태도로 있었다. "그녀는 얼마 전에 나를 알았을 뿐이다." 얄미운 일이다. 연애의 꽃이 피는 오솔길이 아니라, 약혼의 좁은 길을 걷기 때문에 이런 혼란에도 부딪히는 것이다.

참으로 묘한 일이다. 지난 며칠 동안 이 일을 곰곰이 생각하면서 나는 그녀가 허를 찔려서 놀라는 순간 "네"라고 대답할 것으로만 믿어 의심치 않았다. 그리고 그만큼 모든 준비가 필요했다. 그런데 예상한 결과대로 되지 않았다. 다시 말해 그녀는 "네"라고도 "아니오"라고도 말하지 않고, 고모에게 말하라고만 대답했을 뿐이다. 이쯤은 나도 예상할 수 있었어야 했다. 그렇기는 하나, 그나마 나는 참으로 운이 좋은 셈이다. 이 결과는 더 좋은 결과를 맺을 것이 틀림없기 때문이다.

고모는 찬성한다. 그에 대해서 나는 조금도 의심을 품지 않았다. 코델리아는 고모의 권고를 들을 것이다. 그런데 내 약혼을 나는 시적인 것이라고 자랑할 순 없다. 약혼이란 아무리 보아도 다시없이 낡아 빠졌고 부르주아적이기 때문이다. 처녀는 "네"라고 대답해야 좋을지, "아니오"라고 대답해야 좋을지 알지 못한다. 고모가 "네"라고 말했고, 처녀도 "네"라고 말함으로써, 내가 처녀를 손에 넣고 그녀가 나를 손에 넣는다. 그리고 여기에서 이야기가 시작된다.

8월 3일

이렇게 해서 나는 코델리아와 약혼했다. 그리고 이것이 이 연애 사건에 대해서 그녀가 알고 있는 거의 전부다. 만일 속마음을 터놓고 말할 수 있는 친구들이 그녀를 만난다면, 그녀는 아마 이렇게 말했으리라.

"뭐가 뭔지 도대체 모르겠어. 그분에게는 무엇인가 나를 끄는 것이 있지만, 그게 뭔지, 나는 모르겠단 말이야. 그분은 나를 움직이는 이상한 힘을 갖고 있지만, 나는 그분을 사랑하는 것도 아니야. 앞으로도 아마 절대로 그분을 사랑하게 되지는 않을 거야. 하지만 난 얼마든지 그분과 살아갈 수 있을 것 같고, 그러니까 그분과 결혼하면 진실로 행복해질 것도 같아. 그분은 참고만 있으면 결코 많은 것을 요구하지는 않을 테니까."

나의 귀여운 코델리아여! 나의 귀여운 코델리아여! 아마 그 사람은 많은 것을 요구할 거요. 그리고 참는 것도 조금은 요구할 테고.

어떤 것이 우습다고 해도 약혼만큼 우스운 것은 없다. 결혼에는 그래도 뜻이 있다. 하기야 그 뜻은 나에게는 불쾌한 것이기는 하지만 말이다. 약혼이라는 것은 인간이 발명했으며, 발명자에게조차 명예가 되지 않는다. 약혼은 결합된 것도 아니고, 결합되지 않은 것도 아니다. 약혼과 연애의 관계는 꼭 대학 하급 직원의 등에 달려 있는 밴드 표식과 교수가 입는 가운의 관계와 같다. 더욱이 이제 나는 이 영광스러운 관련자들처럼 결혼의 일원이 된 것이다. 이것은 아무런 의미도 없는 일이 아니다. 왜냐하면 트로프[34]가 말했듯이 스스로 예능인이 됨

---

34) 트로프는 헤이베르의 짧은 희극 《비평가와 동물》에 등장하는 나이 먹은 학생의 이름이다. 이 극의 제5장에서 카이사라는 학생이 "비평가가 되려면, 자기가 예능인이 되어야 한다" 말한 데 대해 트로프가 "정말 그래, 그래야만 다른 예능인들을 비평할 권리가 생기는 거야" 대답한다.

으로써 비로소 다른 예능인을 비평할 권리가 생기기 때문이다. 게다가 약혼자는 뒤레하운 예능인[35]과 같은 것이 아닐까?

에드바르는 분개한 나머지 극도로 흥분되어 있다. 그의 수염은 자랄 대로 자라 있고, 그 검은 외투도 선반에 그냥 걸어 놓은 채로 있다. 이는 의미심장한 일이다. 그는 코델리아와 이야기하여 내 간계를 그녀에게 마구 털어놓고 싶어 하고 있다. 수염도 깎지 않고, 너절한 차림의 에드바르가 크게 소리 지르면서 코델리아와 이야기하려고 한다. 이것이야말로 참으로 감동을 주는 장면이 될 것이다. 그 긴 수염으로 나를 밀어낼 수도 없을 게 아닌가. 헛일이지만, 나는 그가 제정신으로 돌아가도록 애를 쓴다. 에드바르에게 설명해 준다. 이 혼담을 성립시킨 것은 고모이고, 코델리아는 아마 아직도 자네를 생각하고 있을 것이다. 만일 자네가 코델리아의 마음을 사로잡을 수만 있다면, 언제라도 그녀에게서 물러서 주겠다고 말이다. 한순간 그는 수염을 새로운 모양으로 깎고 검은 외투를 살까 하고 망설이지만, 바로 다음 순간에는 나에게 욕을 퍼붓는다. 나는 그와 다시 사이좋게 지내려고 모든 부분에 신경을 쓴다. 아무리 그가 분개해 봐야 나와 의논 없이는 한 걸음도 내딛지 못한다는 것을 나는 확신한다. 내가 그의 멘토르[36]로서 얼마나 자기를 위해서 애썼는가를 그는 잊지 않고 있다. 어떻게 내가 그에게서 마지막 희망을 빼앗아 버릴 수 있겠는가? 왜 내가 그와 절교를 해야 하는가? 그는 좋은 사람이고, 또 앞으로 무슨 일이 일어날지 모르는데.

내가 이제부터 해야 할 일은 한편에서는 약혼을 파기하면서도 코델리아와의 관계를 더 아름답고 더 의미가 깊은 것으로 만들 수 있도록 모든 준비를 갖추는 것이며, 다른 한편에서는 시간을 되도록 잘 이용해서 자연에서 이토록 풍족하게 은총을 입은 그녀의 모든 우아함과 아름다움, 모든 귀여움을 즐기는 것이다. 그것도 물론 한도를 지키고 세심한 주의를 기울여 때가 되기 전에 먼저 취

---

35) 뒤레하운은 코펜하겐 교외의 유원지. 앞의 주에 나오는 트로프가 그곳 언덕에서 돈벌이를 위해 동물을 보였기 때문에 그런 예능인을 가리켜서 한 말이다.
36) 호메로스의 《오디세이아》에 등장하는 오디세우스의 친구이자 오디세우스 아들을 돕는 현명한 조언자.

하는 일이 없이 즐겨야 한다. 곧 내가 그녀에게 사랑한다는 것은 어떤 것인가, 나를 사랑한다는 것은 어떤 것인가를 가르쳐 줄 수 있게 되었을 때는 약혼은 불완전한 형식인 듯이 깨지고 그녀는 내 사람이 되는 것이다. 다른 사람들은 거기까지 이르면 약혼하고, 그리하여 따분한 결혼이라는 것에 영원히 즐거운 기대를 건다. 그것은 그들 마음대로 할 문제이지, 내가 상관할 문제는 아니다.

여전히 모든 것이 지금까지와 같다. 그러나 어떤 약혼자도 나만큼 행운일 수는 없을 것이다. 금화를 발견한 구두쇠라도 나보다 더 행복할 수는 없을 것이다. 그녀가 내 손아귀에 있다고 생각만 해도 나는 취해 버린다. 순결하고 때가 전혀 묻지 않은 여성이여, 바다처럼 투명하고, 더욱이 바다처럼 깊고 사랑의 예감조차 느끼지 못하는 여성이여! 머지않아 그녀는 사랑이 어떤 위력을 갖는가를 배우게 되리라. 미천한 처지에서 복권되어 조상의 왕위에 앉는 공주처럼, 머지않아 그녀도 그녀의 타고난 고향인 왕국의 왕위에 앉게 되는 것이다. 그리고 그것을 나를 통해 이룬다. 또 그녀는 사랑하는 것을 배움으로써 나를 사랑하게 될 것이다. 그녀가 사랑의 규칙을 펼쳐 나감에 따라 활용 사례가 차츰 확장되어 간다. 내가 바로 그 활용 사례인 것이다. 그녀는 이 사랑 속에서 자기 존재의 의미를 깨닫고, 그것은 나를 사랑하는 데 쓰일 것이며, 이 모든 것을 나한테서 배웠다는 사실을 알게 되면, 그녀는 나를 두 배로 사랑하게 된다. 이 기쁨을 생각하면 나는 거의 나란 존재 자체를 잊어버릴 지경이다.

그녀의 영혼은 연애의 막연한 감동으로 공허해지지도 않았고 지치지도 않았다. 이 막연한 감동에 사로잡히면 많은 처녀들은 결코 사랑하게 되지 않는다. 정확히 말해 결정적이며, 정력적으로, 온 힘을 다해서 사랑하게 되지는 않는 것이다. 많은 처녀들은 그녀의 의식 속에 몽롱한 신기루 같은 것을 갖고 있으며 그것을 이상으로 삼고, 그것을 기준으로 현실의 상대를 음미하게 된다. 그래서 그녀들이 현실에서 필요한 일을 실제로 할 수 있도록 하는 방법을, 그 모호한 불안정성에 의지하게 되면서 잃고 마는 것이다. 이윽고 사랑이 그녀의 마음속에 눈뜰 때, 나는 사랑의 모든 가락을 연주하면서 그녀로부터 솟아 나오는 사랑을 바라보며 거기에 귀를 기울인다. 나는 그녀 안에서 사랑이 무엇을 말하는지 밝히고, 그에 따라 나 자신을 만들어 갈 수 있다. 나는 이미 그녀 마음속에서 만들어지고 있는 이 사랑 이야기 속에 직접 들어가 있기는 하지만, 다시 한번 되도록 그녀의 눈을 속이며 가장하고서 밖에서 그녀 안으로 들어가 보겠다. 처녀는 결국 한 번만 사랑한다.

지금 나는 코델리아를 합법적으로 소유하고 고모의 동의와 축복을 얻었으며, 친구나 친척들의 축하를 받고 있다. 이로써 이제 안심이다. 이제 바야흐로 싸움의 쓰라린 일들은 지나가고 평화의 축복이 시작된다. 참 어이없는 일이다. 이래서야 마치 고모의 축복이나 친구의 축하가 더 심오한 의미에서 내가 코델리아를 소유할 수 있게 하기라도 한 듯 행동하고 있으니. 마치 연애에 전쟁의 때와 평화의 때의 구별이 있는 것 같지 않은가? 평화 시에는 갈등이 없다고 생각하는 것처럼 말이다. 오히려 연애라는 것은 현실적으로 연애를 하고 있는 한, 무기야 그때그때 다르기는 하되 갈등으로 나타난다. 무기의 차이란 사실은 바로 가까이에 있느냐, 아니면 얼마쯤 거리를 두고 있느냐의 차이다. 연애의 경우 멀리 떨어진 상태에서 전술을 많이 쓰면 쓸수록 그만큼 고통도 더 많다. 왜냐하면 그만큼 직접 부딪치는 싸움이 덜 중요해지기 때문이다. 직접 부딪치는 싸움은 악수라든지, 다리의 접촉과 같은 것을 말하며, 다 알다시피 오비디우스가 질투로 인해 반대하면서 권장하기도 한 방법이다. 입맞춤이나 포옹이 이에 속하는 것은 말할 것도 없다. 거리를 두고 싸우는 자들은 보통 눈에 의존하는 모양이다. 그러나 숙달한 인물이면 아마도 이 무기를 교묘히 써서 가까이에서 부딪치면서 싸우는 것과 마찬가지의 효과를 거두는 수법을 알 수 있다. 그는 사람을 황홀하게 만드는 부드러운 눈길을 처녀에게 쏟고, 갑자기 몸에 손이 닿은 것 같은 기분을 처녀가 느끼게 할 수 있다.

그는 그 눈길로 단단히 그녀를 붙들고, 가슴에 안겨 있는 듯한 기분을 그녀가 느끼게 할 수 있다. 하지만 너무 오랫동안 거리를 두고 싸운다면 언제나 실패하며 불행한 일이 된다. 왜냐하면 그런 싸움은 언제나 하나의 상징을 암시할 뿐으로 즐거운 것이 아니기 때문이다. 가까이에서 몸으로 부딪치며 싸워야만 모든 것이 비로소 참된 의의를 갖게 된다. 사랑 속에 싸움이 존재하지 않을 때, 그 사랑은 이미 끝난 것이다. 나는 가까이에서 부딪치면서 하는 싸움을 거의 하지 않았다고 할 수 있다. 따라서 나는 사랑의 끝에 있는 것이 아니라 처음에 있는 것이므로 지금부터 무기를 꺼낸다. 내가 그녀를 소유하고 있다는 것, 그것은 확실하다. 말하자면 법과 시민이라는 관점에서는 확실하다. 그러나 그래서는 나한테 아무런 의미도 되지 않는다.

나는 훨씬 순수한 생각을 하고 있다. 그렇다고 해서 그녀가 나를 사랑한다고 생각한다면 터무니없는 착각이다.

그녀는 나를 사랑하지 않는다. 나는 법적으로는 그녀를 소유하고 있지만 사실은 그녀를 소유하고 있지 않은 것이다. 마치 내가 그녀를 법적으로 소유하지 않더라도 소유할 수 있는 것과 마찬가지이다.

> 남몰래 붉게 물드는 볼에
> 타는 가슴속의 생각 비친다.
>
> (지은이를 알 수 없는 독일 시)

그녀는 차탁자 옆에 있는 긴 의자에 앉아 있다. 나는 그녀 옆에 있는 의자에 앉는다. 이 위치에는 무언가 친근감이 있다. 그러나 또 접근하기 어려운 듯한 기품도 있다. 위치는 매우 중대하다. 물론 보는 눈을 가진 자를 두고 하는 이야기다. 연애에는 많은 태도가 있다. 내가 취한 태도는 그중에서도 첫 번째 것이다. 자연은 이 처녀에게 어쩌면 이토록 호화로운 지참금을 쥐어 주었을까! 저 순결하고 부드러운 자태, 깊고 여성스러운 순진함, 티 없이 맑은 눈, 모두가 나를 도취시킨다.

나는 그녀를 찾았다. 그녀는 여느 때처럼 반가이 나를 맞이해 주었으나, 조금 어리둥절해하고, 얼마쯤 당황하는 듯이 보였다. 아무튼 약혼이 우리 관계를 무언가 좀 다른 것으로 바꾸어 놓았음에 틀림없다. 어째서인지 그녀는 모른다. 그녀는 나와 악수를 나누었으나, 여느 때와는 달리 미소를 띠지 않았다. 나는 가볍게, 거의 느끼지 못할 만한 악수를 하고, 그녀의 인사에 대답했다. 나는 정답고 친근한 태도로 접했으나 관능을 좇는 눈치는 보이지 않았다.

이렇게 해서 그녀는 차탁자 옆에 있는 긴 의자에 앉았고, 나는 그녀 옆의 의자에 앉았다. 부드러운 아침 햇빛이 거룩하고 장중하게 이 자리를 비춘다. 그녀는 잠자코 있다. 이 고요를 깨는 것은 아무것도 없다. 내 눈은 부드럽게 그녀를 스쳐 간다. 그것은 욕정을 품은 눈이 아니다. 눈으로 보려면 정말 뻔뻔해야 한다. 어렴풋하고 덧없는 붉은빛이 목장의 하늘에 뜬 한 조각 구름처럼 그녀의 얼굴에 떠돌다가 나타나서는 곧 사라져 간다. 저 홍조는 무엇을 뜻하는가? 사랑? 동경? 희망? 공포? 분홍은 그녀의 마음의 빛이기도 한가? 아니, 그렇지 않다. 그녀는 놀란 것이다. 그녀는 의아하게 생각하고 있다. 그것도 나에 대해서가 아니다. 나 같은 자를 대상으로 해서는 부족한 모양이다. 그녀는 자기 자신의 내부를 의아해한다. 즉 그녀는 자신 속에서 변하고 있다. 지금이야말로 고요가 필요한 순간이다. 그러니 그 어떤 반성도 이 고요를 휘저어서는 안 되며, 어떤 정열의 파도 소리도 이 고요를 깨뜨려서는 안 된다.

나는 마치 그 자리에 있지 않은 것 같다. 그러나 내가 그 자리에 있다는 것이 그녀의 이 명상과도 같은 경탄의 전제 조건이다. 내 본질은 그녀의 본질과 조화를 이룬다. 그런 상태에 있는 젊은 처녀를 어떤 신들과 마찬가지로 침묵으로 공경하고 숭앙해야 한다.

내게 숙부의 집이 있다는 것은 참으로 고마운 일이다. 젊은 남자가 담배를 싫어하게 만들고 싶으면, 나는 그를 코펜하겐 대학의 레겐센(기숙사)에 있는 흡연실로 데리고 갈 것이다. 젊은 처녀가 약혼을 싫어하게 만들고 싶으면, 나는 그 처녀를 숙부의 집으로 데리고 가기만 하면 된다. 양복점 조합 사무소에는 양복 상인밖에 없듯이 숙부의 집을 자주 드나드는 사람은 약혼자들뿐이다. 그 무리 속에 휘말려 든다는 생각만 해도 소름이 끼친다. 그러니 코델리아가 거기에서 견디지 못했다고 해서 그녀를 나무랄 수는 없다. 우리가 모두 모이면, 큰 축제일 수도에 모이는 쌍을 빼고도 열 쌍은 될 것이다. 그래서 우리 약혼자들은 약혼의 기쁨을 실컷 누릴 수 있다. 좋아하느냐 반했느냐 하며 시시덕거리는 꼬락서니에, 상사병에 걸린 직공들의 서투른 보기 흉한 말투며 태도에, 코델리아가 지긋지긋해하도록 만들기 위해 나는 이 비상 집합소에 그녀와 함께 얼굴을 내놓는 것이다. 그러면 밤새도록 쉴 새 없이 누군가가 파리채를 치고 돌아다니는 듯한 소리가 들리는데 그것은 연인들이 입맞춤을 하는 소리다. 이 집에서는 고맙게도 체면을 차릴 필요가 없다. 남의 눈에 띄지 않는 구석을 찾지 않아도 된다. 아니 오히려 모두가 큼지막한 둥근 탁자 앞에 앉아 입맞춤을 한다. 나도 코델리아를 그런 식으로 다루는 체한다. 그렇게 하기 위해서는 내가 스스로에게 큰 폭력을 가해야 한다. 내가 만일 그렇게 해서 그녀의 여자다움을 손상한다면 그것은 나 자신에게도 참으로 충격일 것이다. 그런 짓을 한다면 그녀를 속였을 때보다도 나는 나 자신을 더 호되게 나무랄 것이다. 주로 나는 내게 몸을 맡겨 오는 처녀라면, 어떤 처녀라도 완전히 아름다움이라는 것으로 다룬다고 장담할 수 있다. 그렇게 하면 다만 그 처녀가 속아서 몸을 망칠 뿐이다. 그리고 이렇게 처녀를 속이는 것이 나의 미학의 일부분이다. 왜냐하면 결국 여자가 남자를 속이느냐, 남자가 여자를 속이느냐, 그 둘 중의 하나이기 때문이다. 처녀가 부실한 경우가 많은지, 남자가 부실한 경우가 많은지, 어느 얼빠진 문학자에게 옛이야기나 전설, 민요, 신화 등을 조사해서 통계를 내보게 할 수 있다면, 아마 재미있을 것이다.

코델리아 때문에 아주 많은 시간을 빼앗기지만 나는 조금도 아깝지 않다. 몰래 만날 때마다 나는 언제나 그녀와 함께 그녀가 겪는 사랑의 풋경험에 동참한다. 나는 그녀 곁에 눈에 보이게 앉아 있으면서도 거의 안 보이게 앉아 있다. 원래 두 사람이 함께 추어야 하는 춤을 혼자서 추고 있는 것과 같은 것이 나와 코델리아의 관계다. 말하자면 내가 그 춤의 상대인데, 눈에 보이지는 않는 것이다. 그녀는 꿈을 꾸는 듯이 움직이지만, 누군가를 상대로 춤을 추고 있다. 그 상대가 나인데 나는 눈에 보이게 그 자리에 있으면서도 보이지 않고, 또한 눈에 보이지 않으면서도 보이는 것이다. 그녀의 동작에는 상대가 필요하다. 그녀는 그 상대에게 다가가 악수를 청한다. 그녀는 달아났다가 다시 가까이 오고, 나는 그녀의 손을 잡으면서 그녀의 사고를 채워 준다. 그러나 사실 그녀의 생각은 그 자체로 이미 가득 차 있는 것이다. 그녀는 자신의 영혼이 지닌 독특한 가락을 따라 움직인다. 나는 그 움직임의 동기에 지나지 않는다. 나는 관능을 좇는 태도를 취하지 않는다. 그런 태도로 나가면, 그녀를 그저 눈뜨게만 해주는 것이다. 나는 유연하고 순하며, 개성이 없고, 어떻게라도 조절할 수 있는 분위기처럼 인격과는 거리가 먼 존재이다.

보통 약혼자들끼리는 무슨 말들을 나눌까? 내가 아는 한 그들은 서로 따분하기 짝이 없는 상대의 가족 관계를 아는 데 정신이 없다. 그러니 관능을 좇는 듯한 맛이 사라져도 이상할 것은 전혀 없다. 선정성을 띠는 연애에 비하면 다른 모든 것은 사라져 버릴 만큼 연애를 절대적인 것으로 만들 줄 모르는 사람은 예컨대 열 번이나 결혼을 하더라도 연애의 참된 맛을 느끼지 못할 것이다. 내게 마리아네라고 부르는 고모나, 크리스토페르라고 부르는 큰아버지나, 육군 소령인 아버지, 그 밖에 많은 친척들이 있거나 없거나 간에 그런 세속과 관련된 지식은 연애의 신비와 아무런 관계도 없다. 그뿐 아니라 자신의 과거 생활조차 아무 의미도 없다. 젊은 처녀는 흔히 이렇다 할 화제가 될 만한 과거 생활을 갖고 있지 않다. 그런 과거를 가졌다면 혹 처녀의 이야기를 들어 주는 것에 그만한 수고의 보람이 없지는 않겠지만, 그런 처녀를 사랑한다는 것은 대부분 헛된 일이다. 내 경우, 나는 그런 신상 이야기 따윈 듣고 싶지도 않다. 나는 이미 지긋지긋할 만큼 많은 이야기를 알고 있기 때문이다. 내가 갖고 싶은 것은 직접성이다. 서로 사랑하는 두 사람이 그 사랑의 순간에 비로소 서로를 위한 존재가 되는 것, 이것이 바로 연애에서 영원한 것이다.

좀 더 깊은 믿음이 그녀의 마음에 자리 잡아야 한다. 다시 말하면 의심이 사라져야 한다. 존경해서 사랑하고, 존경하기 때문에 결혼하고, 존경하는 마음으로 아이를 갖는 연인들이 있다. 물론 나는 그런 부류의 연인이 아니다. 그러나 나는 잘 알고 있는데, 연애는 특히 정열이 솟지 않는 경우일 때 연인에게 아름다움이라는 관점에서 도덕과 관련된 것을 어기지 않기를 요구하는 법이다. 이 점에서 연애에는 연애 특유의 반증 또는 변증법이 있는 셈이다. 그러니까 도덕과 관련된 관점에서 말한다면 에드바르를 대하는 나의 태도가 고모를 대하는 나의 태도보다 훨씬 비난받아야 할 것이므로 나는 코델리아에게 후자보다 전자를 변호하는 편이 한결 나을 것이다. 그녀는 그런 것을 조금도 입 밖에 내지는 않았지만, 내가 왜 그런 식으로 등장할 수밖에 없었는가를 그녀에게 설명해 주는 것이 가장 좋음을 깨달았다. 내가 사용한 신중함, 즉 그녀의 긍지를 존중하여 모든 일을 처리한 나의 비밀 수법은 그녀의 주의를 끌었다. 이런 식으로 나는 이미, 나의 너무나도 관능에 충실한 소질을 그녀에게 보여 주었다. 그 때문에 내가 아직 한 번도 연애를 한 적이 없다는 것을 그녀가 믿게 할 필요가 생겼을 때, 나는 모순에 빠져 버린다. 그러나 그것은 대단한 일이 아니다. 그녀가 그런 모순을 알아차리지 못한다면 나는 자기모순에 빠지는 것을 두려워하지 않아도 되고, 내가 바라는 것을 얻는 것이다. 학식 있는 논객이라면 모든 모순을 피하는 것을 명예로 생각하겠지만 젊은 처녀의 생활이란 모순을 포함하지 않기에는 너무 풍요롭다. 따라서 그녀는 모순을 피할 수 없다.

그녀는 긍지가 높고, 동시에 관능에 충실한 것을 제대로 알지 못한다. 지금 그녀는 정신과 관련된 의미에서 어느 정도까지 내게 경의를 표하고 있지만, 관능에 충실한 것이 힘을 얻게 되었을 때는 그녀가 그 긍지를 내게 돌려주고 싶어질지도 모른다는 것은 쉽게 생각할 수 있다. 내가 관찰할 수 있는 바로는 아무래도 그녀는 여성의 본래 의미를 모르고 있다. 그러기에 그녀는 에드바르에게 쉽게 자신을 자랑할 수 있었던 것이다. 그러나 그 자랑은 여성성을 혼동한 아주 엉뚱한 것이었다. 그것은 그녀가 관능에 충실한 사랑을 조금도 몰랐기 때문에 가능했다. 만일 그런 사랑을 알고 있다면, 그녀는 진정한 자부심을 가질 수 있을 것이다. 엉뚱한 자부심은 자칫하면 자국을 남길지도 모른다. 다시 말해 그녀가 나와 맞서는 경우까지 생각할 수 있다. 약혼에 동의한 것을 후회하지는 않는다고 하더라도, 내가 그녀를 너무나 싼값으로 손에 넣었다는 것쯤은 그녀도 곧 깨닫게 될 것이다. 그녀 쪽에서 본다면, 시작이 옳지 않았다는 결론을 내릴 수 있다. 그리고 그런 생각이 들면 그녀는 과감히 내게 총부리를 겨눌 것이다. 그래야 한다. 그래야만 나는 그녀가 얼마나 깊이 자극받았는지, 그녀의 마음이 얼마나 크게 움직이고 있는지를 똑똑히 알 수 있게 되는 셈이다.

그렇다. 저만큼 먼 길가인데도 그 귀엽고 조그마한 곱슬머리의 그녀가, 창문에서 몸을 한껏 밖으로 내밀고 있는 것이 내 눈에 보인다. 그녀가 그런 모습을 하고 있는 것을 나는 벌써 사흘째 보고 있다. 아무 일도 없다면, 젊은 처녀가 저렇게 창가에 나와 있을 까닭이 없다. 여기에는 아마 그만한 이유가 있으리라. 그러나 제발, 그렇게 창문에서 몸을 내밀지 말아 주시오. 아마 당신은 의자의 가로목에 올라서 있나 보지요. 자세를 보면 알 수 있습니다. 그러다가 거꾸로 곤두박질치면 얼마나 무서운 일이 일어나겠는가 생각해 보세요. 떨어진다고 해도 물론 내 탓은 아니지요. 나는 관계가 없으니까. 내 탓이 아니라 그 사람 탓이지요. 왜냐하면 틀림없이 누군가 좋은 사람이 있을 테니까요. 아니, 저쪽에서 내 친구인 신학 석사 한센이 길 한가운데를 걸어오고 있지 않은가. 태도가 평소 같지 않군. 여느 때와 달리 걸음걸이가 무척 급한 걸 보니, 내 생각에는 동경의 날개를 타고 오는 것이 분명하다. 그가 이 집에 드나들고 있는 것일까? 그런 말을 들은 적이 없는데.

귀여운 아가씨, 당신은 모습을 감추었군요. 짐작건대 그를 맞이하기 위해서 문을 열어 주러 갔을 테지요. 돌아오는 편이 좋습니다. 그는 절대로 이 집에 들어오지 않습니다. 왜냐고요? 당신이 더 잘 알고 있잖아요. 장담해도 좋습니다. 그 사람이 자기 입으로 그렇게 말했으니까요. 지나가는 마차의 덜거덕거리는 소리가 저렇게 크지 않았다면 당신도 몸소 들을 수 있었을 텐데. 나는 아주 시치미를 떼고 "자네, 이 집에 들어가는가?" 물었지요. 그러자 그는 똑똑히 "아니야"라고 대답했습니다. 당신은 "자, 안녕히 가십시오"라고 말하는 편이 좋겠군요. 이 신학 석사와 나는 지금부터 산책을 할 참이니까.

그는 당황해하고 있다. 당황한 사람은 흔히 말이 많은 법이다. 이제부터 나는 그가 구하는 목사직에 관한 이야기를 그와 해야겠다. 잘 계시오, 아름다운 아가씨, 우리는 지금 세관으로 갈 거라오. 거기까지 가면, 나는 그에게 말할 것이오. 쳇, 아뿔싸, 자네 덕분에 어처구니없는 곳에 와버렸단 말이야. 나는 베스테르가데로 갈 참이었지.

보시오, 아가씨, 우리는 다시 오지 않았습니까. 어쩌면 이렇게도 성실할까. 그녀는 아직도 창가에 서 있지 않나? 저런 아가씨라면, 아마도 틀림없이 남편을 행복하게 만들어 줄 것이다.

어쩌자고 내가 이런 짓을 하는지 그대는 묻겠지. 내가 남을 희롱하고 기뻐하는 비열한 사나이냐고. 천만에, 귀여운 아가씨, 모두 당신을 생각해서 하는 일입니다. 첫째, 당신은 그 신학 석사를 기다리고 있었습니다. 그 사람을 그리워하고 있었습니다. 그러니 지금 그가 다시 온 것이 이중으로 훌륭한 셈이지요. 둘째로, 신학 석사는 문간에 들어설 때 이런 말도 할 수 있습니다.

"하마터면 우리 관계가 폭로될 뻔했습니다. 당신을 찾아왔는데, 얄밉게도 그 사람이 문간에 서 있지 않겠습니까. 하지만 나는 신중했지요. 내가 구하고 있는 목사직 이야기에 그 사람을 끌어넣고 긴 이야기를 시키면서 이리저리 끌고 다니다가 마침내 세관까지 갔지요. 아마 그자는 아무것도 눈치채지 못했을 겁니다."

그러면 자, 어떻게 될까요? 당신은 그 신학 석사를 지금보다 훨씬 더 믿음직스럽게 생각하실 것입니다. 왜냐하면 당신은 그를 무척 마음씨 고운 사람이라고 생각하고 있는데, 더욱이 그가 현명하기까지 한 걸 바로 지금 당신의 눈으로 보았으니까요. 그런데 그것은 내 덕분임을 당신은 아셔야 합니다.

그러나 나는 문득 다른 생각이 들었다. 그들의 약혼은 아직 공개 발표되었을 까닭이 없다. 공개 발표되었다면 나도 알고 있어야 할 테니 말이다. 그 처녀는 보기에 곱고 귀엽지만, 아직 어린애다. 그녀의 분별은 아직 성숙하지 않았을 것이다. 그래서 그녀는 약혼이라는 매우 엄숙한 것을 아무 일도 아닌 듯이 경솔하게 해버릴 수도 있다. 그런 짓을 해서는 안 된다. 나는 그녀와 이야기해야 한다. 이것은 그녀에 대한 내 책임이다. 그녀는 너무나 매력이 있기 때문이다. 이것은 또 신학 석사에 대한 나의 책임이기도 하다. 그는 내 친구니까. 그리고 보니, 그녀에 대한 내 책임이 맞다. 그녀는 내 친구 미래의 아내니까. 그것은 또 그들이 이룰 가정에 대한 나의 책임이기도 하다. 그들의 가정은 매우 존경할 만한 가정이 될 것이 틀림없기 때문이다. 그것은 온 인류에 대한 나의 책임이기도 하다. 존경할 만한 가정은 매우 위대한 가치를 지니니까. 아, 온 인류의 이름으로 행동하고 그 전권을 위임받고 있다는 것은 얼마나 대단한 사상이고, 마음을 흥분시키는 일일까! 이제 코델리아네 집에 가야겠다. 나는 언제나 분위기를 잘 이용할 수 있고, 그녀의 아름다운 갈망이 나를 자극하니까.

드디어 지금부터 코델리아와의 첫 싸움이 시작된다. 이 첫 싸움에서 나는 후퇴한다. 그리고 그녀가 내 뒤를 추격하게 하면서 싸움에 이기는 기쁨을 가르쳐 줄 생각이다. 나는 계속 후퇴한다. 그렇게 퇴각하는 나를 통해, 안절부절못하는 사랑의 심정과 사랑의 정열, 동경, 초조한 희망, 또 그리움 등등, 사랑의 모든 위력을 그녀에게 가르쳐 주겠다. 내가 그런 역할을 하면, 그 모든 것이 그녀 안에서 발전해 가리라. 이것은 그녀를 개선 행진에 끌어넣어 놓고서, 나 자신은 그녀의 안내자인 동시에 그녀의 승리를 열광하듯이 찬양하게 되는 것이다. 사랑에 지배받으며 감동하는 내 모습을 보면서, 그녀는 관능에 충실한 사랑이 영원한 힘이라고 믿을 수 있는 용기를 얻을 것이다. 이렇게 그녀는 나를 믿게 된다. 또한 나의 예술성과, 내가 하는 행동에 깃들어 있는 진리를 믿게 된다. 만일 내게 그런 것들이 없었다면, 그녀는 나를 믿지 않을 것이다. 한 걸음 한 걸음 내가 후퇴할 때마다 그녀는 차츰차츰 강해진다. 사랑이 그녀의 마음속에서 눈뜨고, 그녀는 여성으로서의 자기 비밀을 알게 되는 것이다.

나는 지금까지 일반적인 뜻으로 그녀를 내 마음대로 하지는 않았다.[37] 이제부터 그렇게 하는 것이다. 나는 그녀를 내 마음대로, 자유롭게 한다. 그렇게 해야만 나는 그녀를 사랑하게 될 것이다. 그것이 내 덕이라는 것을 그녀가 느끼게 해서는 안 된다. 그것을 느끼면 그녀는 자기 자신을 잃기 때문이다.

그녀가 나와 손을 끊고 싶어 할 만큼 자유롭게 되었다고 느끼는 때가 오면 그때는 두 번째 싸움이 시작된다. 그때 그녀는 힘과 정열을 갖고 있으며, 이 싸움은 나에게 싸울 만한 가치가 있는 것이다. 일시적인 결과 따위는 아무래도 상관없다. 예를 들어 그녀가 자기의 자부심에 눈이 어두워져 예컨대 나와의 관계를 끊게 된다고 하더라도 나는 좋다! 그녀는 자신의 자유를 얻은 것이고 그럼에도 여전히 내 것이니까. 약혼으로 그녀를 묶어 두는 것은 어리석은 짓이다. 나는 오직 자유로운 상태에 있는 그녀를 내 것으로 만들고 싶다. 그녀에게 나를 버리게 해보라. 그때야말로 두 번째 싸움이 시작된다. 그리고 그 싸움에서는 내가 이긴다. 그것은 그녀가 첫 번째 싸움에서 이긴 것이 착각인 것과 마찬가지로 확실한 것이다. 그녀 안에 힘이 넘치면 넘칠수록 그만큼 나는 흥미를 갖게 된다. 첫 번째 싸움은 자유를 위한 싸움이며 하나의 장난이다. 두 번째 싸움은 침략의 싸움이며 목숨을 건 싸움이다.

나는 코델리아를 사랑하는가? 그렇다! 진심으로? 그렇다! 성실하게? 그렇다! 심미라는 의미에서는 그렇다. 이것은 확실히 중요하다. 그녀가 성실하기는 하나 무모하기 짝이 없는 남편을 얻는다면 그녀에게 무슨 도움이 되겠는가? 그녀는 어떻게 될까? 아무것도 없는 상태로 돌아갈 뿐이 아닌가? 세상을 살아가려면 정직 이상의 것이 필요하지만, 나는 그녀를 사랑하려면 정직 이상의 것이 필요하다고 말하고 싶다. 나는 그 '이상의 것'을 갖고 있다. 그것은 말하자면 거짓이다. 그러면서도 진실한 마음으로 그녀를 사랑하고 있다. 나는 엄하게, 그리고 조심스레 그녀 안에 있는 모든 것이, 그녀 안에 있는 그 거룩하고 풍부한 자질 전체가 꽃필 수 있도록 지켜보는 것이다. 나는 그렇게 할 수 있는 몇 안 되는 사람

---

37) '마음대로 한다'는 뜻의 덴마크어에는 '청혼한다'의 뜻도 있으므로 여기에서는 이 두 가지의 의미를 모두 갖는다.

가운데 하나다. 그녀는 그렇게 하기에 알맞은 몇 안 되는 사람 가운데 하나다. 그러고 보면 우리는 서로 어울리지 않는가?

내가 계속 목사에게로 시선을 돌리지 않고, 당신 손에 들려 있는 그 아름답게 수놓인 손수건을 지켜보고 있는 것이 나쁜가요? 오히려 그런 모습으로 있는 당신이 죄인 아닌가요? 한쪽 귀퉁이에 이름이 새겨져 있군요.

당신은 샤를로테 한이라고 불리는군요? 숙녀 이름을 이렇게 우연히 안다는 것은 제법 매력 있는 일입니다. 친절하신 하느님의 주선이라도 받은 기분이에요. 또는 손수건이 내가 이름을 읽을 수 있도록 접혀 있었다는 것을 우연이라고 볼 순 없지 않을까요? 당신은 감동하고 있습니다. 당신은 눈물을 닦고 있습니다. 손수건이 또 쳐졌네요. 당신은 내가 목사를 보지 않고 당신에게 시선을 고정시킨 채로 있다는 걸 깨닫고 깜짝 놀랍니다. 당신은 손수건을 봅니다. 당신은 손수건을 통해 자신의 이름이 알려져 버린 것을 깨닫습니다. 하지만 그만한 일은 아무런 죄도 되지 않는 일이 아닙니까? 누구나 젊은 처녀의 이름을 쉽게 알아내곤 하니까요. 아니, 손수건의 이름 있는 부분을 왜 숨겨 버리지요? 왜 손수건을 마구 뭉쳐 버리지요? 어째서 손수건에게 화를 내시지요? 어째서 내게 화를 내시지요? 목사님 말을 들으십시오. 아무도 시험에 들게 하지 마라. 자기도 모르게 무의식중에라도 사람을 시험하는 사람에게는 죄가 있습니다. 그리고 그 죄과는 그 곱절의 착하고 어진 행실로써만 보상받을 수 있습니다. 자, 목사는 "아멘"을 외쳤습니다. 교회 문을 나서면, 당신은 실컷 손수건을 바람에 휘날려도 상관없습니다. 아니면 혹시 당신은 나를 무서워하고 있습니까? 대체 내가 무엇을 했다는 것입니까? 당신이 용서할 수 없다고 생각할 만한 일을, 당신이 용서해 주려고 회상해 보기조차 싫은 일이라도 내가 했다는 것입니까?

코델리아에 대해서 이중 작전이 필요해졌다. 내가 그녀의 우세함에 밀려 언제나 후퇴만 하다가는 그녀 안에 있는 삶의 본능에 충실한 것이 너무나 방종하고 해이해져서 한층 깊은 여성스러움이 실체를 드러낼 수 없게 될지도 모른다. 그렇게 되면 두 번째 싸움이 시작되었을 때 그녀는 저항하지 못하게 된다. 물론 그녀는 자기의 승리를 꿈꾸고 있고, 또 승리할 것이지만, 한편 그녀는 계속 깨어나 있어야 한다. 한순간이라도 누군가 그녀의 손에서 승리를 앗아 갈 듯이 보일 때 승리를 꽉 움켜쥐는 법을 배워야 한다. 이런 투쟁 속에서 그녀의 여성스러움이 성숙할 수 있다. 나는 대화로써 타오르게 해놓고 편지로 냉각시키거나, 아니면 그 반대의 수법을 쓸 수 있을 것이다. 아무리 보아도 후자의 방법이 뛰어나다. 이 수법을 쓰면 그녀가 가장 열렬하게 타고 있는 순간을 즐길 수 있다. 그녀가 편지를 받아 달콤한 독즙이 그녀의 혈액 속으로 녹아 들어가면, 단 한마디로 사랑의 싹을 확 트게 할 수 있는 것이다. 다음 순간, 내 입에서 흘러 나가는 모순과 차디찬 말이 그녀에게 의심을 품게 한다. 그러나 그녀가 더 이상 자기의 승리를 믿지 못하게 할 정도는 아니며, 다시 다음 편지를 받음으로써 그녀는 점점 승리의 확신을 굳힌다. 게다가 모순이라는 것은 편지로는 잘 나타낼 수 없으니, 아무리 잘 써봐야 결국 그녀는 이해하지 못할 뿐이다. 또 열광은 대화에서는 섬광처럼 나타날 뿐이다. 내가 눈앞에 있다는 것은 황홀경에 빠지는 것을 방해한다. 만일 편지 속에서만 내 모습이 떠오른다면, 그녀는 내 존재를 쉽게 견딜 수 있다. 그녀는 나를 어느 정도까지 그녀의 사랑 속에 살고 있는 평범한 인간으로 착각한다. 게다가 나 또한 편지 속에서라면 실제보다 잘 행동할 수 있어서, 그녀의 발아래 엎드리는 것도 훌륭하게 해낼 수 있다. 만일 나 자신이 정말로 그런 짓을 한다면 영문 모를 행동으로만 보이고 환상은 사라져 버릴 것이다. 두 가지 작전에서 생기는 이런 모순들은 그녀의 마음속에서 삶의 본능과도 같은 사랑을 불러일으키고, 기르며, 강하게 만들고, 굳힌다. 한마디로 말하면 사랑을 꾀어내게 될 것이다.

그러나 너무 빨리 편지에 강한 삶의 본능과도 같은 색채를 띠게 해서는 안 된다. 처음에는 보통의 체재를 갖추고, 하나의 암시만을 포함시킴으로써 의심을 사지 않도록 하는 것이 가장 좋다. 기회를 보아 약혼의 장점, 말하자면 속임수로 사람들을 멀리 해둘 수 있는 장점에 대해서도 암시해 둔다. 하지만 또 약혼에는 얼마나 많은 불완전한 점이 있는가를 그녀가 깨닫는 계기를 없애서도 안 된다. 숙부의 집에 가면, 이 점에서 언제나 도움이 되는 풍경화가 있다. 그녀는 내가 도와주지 않으면, 진짜 삶의 본능과도 같은 본질을 끌어낼 수 없다. 내가 도와주기를 거부하고 그 회화를 들이대어 그녀에게 괴로운 생각을 하게 하면, 틀림없이 그녀는 약혼했다는 데 싫증이 날 것이다. 그러면서도 그녀는 약혼을 싫어하게 만든 자가 바로 나라고는 도저히 알지 못한다.

오늘 짧은 편지를 써서 내 마음의 상태를 보임으로써, 그녀의 마음이 어떤 상태에 있는지를 넌지시 깨닫도록 해주자. 이것은 올바른 방법이며, 이런 방법이라면 나는 잘 알고 있다. 이에 대해서는 일찍이 내가 사랑한 귀여운 처녀들이여, 나는 그대들에게 감사한다. 내 마음이 이처럼 잘 조율되어 지금 코델리아에게 내가 바라는 가락을 울릴 수 있게 하는 것도 모두 그대들 덕분이다. 감사한 마음으로 나는 그대들을 생각한다. 이 명예는 그대들 것이다. 나는 언제나 인정하지만 젊은 처녀란 태어날 때부터 교육가이며, 그녀들로부터 다른 것은 아무것도 배울 수 없더라도 적어도 그녀들을 속이는 수법은 언제라도 배울 수 있다. 나는 아무리 나이를 먹더라도 결코 잊어버리지 않을 것이다. 남자가 젊은 처녀들한테서 더는 아무것도 배울 수 없을 만큼 늙어 버리면, 그것으로 끝장이라는 것을.

나의 코델리아!

당신은 내가 이런 인간인 줄은 상상도 못 했다고 하지만, 나도 내가 이렇게 될 줄은 꿈에도 생각지 못했습니다. 그리고 보면 바뀐 것은 당신이 아닐까요? 왜냐하면 사실 내가 바뀐 것이 아니라 나를 보는 당신의 눈이 바뀌었다고 생각할 수도 있기 때문입니다. 아니면 바뀐 것은 나일까요? 그래요, 바뀐 것은 납니다. 나는 당신을 사랑하고 있으니까요. 또는 바뀐 것이 당신이면 그건 내가 당신을 사랑하기 때문일 겁니다. 나는 무슨 일이고 지성의 냉정한 빛에 비추어 자랑스럽고 흔들림이 없이 바라보아 왔습니다. 그 무엇도 나를 무섭게 할 수 없었고, 그 무엇도 나를 놀라게 할 수는 없었습니다. 만일 망령이 내 방문을 두들기더라도 나는 놀라지 않고 조용히 촛대를 들고 문을 열어 주었을 것입니다.[38] 그런데 어찌 된 일일까요? 내가 문을 열고 맞아들인 것은 유령이 아니었습니다. 창백하고 힘없는 자가 아니었습니다. 그것은 당신이었습니다. 나의 코델리아였습니다. 나를 맞이하러 와준 것은 생명과 청순과 건강과 아름다움이었습니다. 팔이 떨려서 나는 침착하게 등불을 들고 있을 수 없었습니다. 나는 비틀거리며 당신 앞

---

38) 《돈 조반니》의 2막 마지막 장면에서, 기사단장의 망령인 어떤 석상이 문을 두드렸을 때, 돈 조반니가 태연하게 문을 열고 그 손님을 맞아들인 데 비유한 표현이다.

에서 달아나려 했지만, 그러면서도 나는 가만히 당신에게 눈을 고정시키고 있을 수밖에 없습니다. 침착하게 등불을 들고 있을 수 있기를 바랄 수밖에 없습니다. 나는 바뀌었고말고요. 그러나 무엇 때문에 어떻게 바뀌었다는 것일까요? 왜 이런 일이 일어났던 것일까요? 모르겠습니다. 다만 언제까지나 풀 수 없는 수수께끼처럼 누군가 나를 바뀌게 했다고 나 스스로에게 말하는 수밖에, 나는 그 이상의 설명을 덧붙이지도, 더 풍부한 형용사를 쓰지도 못합니다.

당신의 요하네스

나의 코델리아!

사랑은 비밀을 사랑합니다. 그러나 약혼은 밖으로 드러나게 하는 것입니다. 사랑은 침묵을 사랑합니다. 그러나 약혼은 사람들에게 보란 듯이 알리는 것입니다. 사랑은 속삭임을 사랑합니다. 그러나 약혼은 소리 높은 선전입니다. 하지만 나의 코델리아! 당신이 하기에 따라서는 우리 약혼이 적들을 속이는 훌륭한 수단이 될 수 있습니다. 캄캄한 밤에는 등불을 내거는 것 이상으로 다른 배에게 위험한 것이 없습니다. 불은 어둠보다 더 다른 배들을 속일 수 있는 것입니다.

당신의 요하네스

그녀는 차탁자 옆에 있는 긴 안락의자에 앉아 있었다. 나는 그녀 곁에 앉아 있다. 그녀는 내 팔을 잡고, 많은 생각으로 복잡해진 머리를 내 어깨에 기대고 있다. 그녀는 이렇게 내 가까이에 있으면서도 아직 멀리에 있다. 그녀는 내게 몸을 맡겨 놓고 있지만, 내 것이 아니다. 아직도 그녀의 저항이 계속되고 있기 때문이다. 그러나 그 저항은 주관적으로 반성된 것은 아니다.[39] 그것은 여자다움이라는 것이 하는 공통의 저항이다. 왜냐하면 여성의 본질은 헌신이고, 이 헌신의 형태가 저항이기 때문이다. 그녀는 차탁자 옆에 있는 긴 안락의자에 있다. 나는 그녀 곁에 앉아 있다. 그녀의 심장은 고동치고 있지만 정열을 띠고 있지는 않다. 그녀의 가슴은 감동하고 있지만 동요하지는 않는다. 이따금 그녀의 낯빛

---

39) 아직 당사자는 의식하고 있지는 않다는 정도의 뜻.

이 바뀌지만, 미세한 정도일 뿐이다. 이것은 사랑인가? 결코 그렇지 않다. 그녀는 귀를 기울이고, 이해한다. 그녀는 날개를 가진 말에 귀를 기울이고, 그 말을 이해한다. 그녀는 상대편 말에 귀를 기울이고, 그것을 자기 자신의 것으로 이해한다. 그녀는 상대편 목소리가 그녀 안에 메아리쳐 오는 것처럼 귀를 기울이고, 그녀는 그 메아리가 마치 그녀와 상대편에게 들리는 그녀 자신의 목소리인 것처럼 이해한다.

나는 무엇을 하는 것일까? 나는 그녀를 속이고 있는 것일까? 그렇지 않다. 그런 짓을 해봐야 내게 아무런 도움이 되지 않는다. 나는 그녀의 마음을 훔치고 있는가? 결코 그렇지 않다. 나는 나의 사랑하는 처녀가 그녀의 마음을 잃지 않고 간직해 주기를 바란다. 그렇다면 나는 무엇을 하는 것일까? 나는 내 마음을 그녀의 마음과 비슷하게 만들고 있다. 화가는 그의 연인을 그린다. 그것이 그의 기쁨이다. 조각가는 그의 연인을 새긴다. 나도 그렇게 하고 있다. 그러나 정신과 관련된 의미에서 하는 것이다. 그런 느낌에서 비롯된 형상을 내가 가졌다는 것을 그녀는 알지 못한다. 사실은 이 점에 나의 속임수가 있는 것이다. 나는 몰래 그녀의 형상을 손에 넣었다. 그러므로 이런 뜻에서 보면 나는 그녀의 마음을 훔쳤다고 할 수 있다. 리브가[40]가 간사한 계략을 써서 라반(Laban)의 가신(家神)을 훔쳤을 때, 라반의 마음을 훔쳤다는 말을 들은 것과 마찬가지로.

주위 환경이나 배경은 인간에게 큰 영향을 끼치며, 기억보다 더 깊이 마음에 새겨지므로 결코 잊을 수 없다. 내가 아무리 나이를 먹더라도 이 조그만 방 밖의 다른 환경에 있는 코델리아를 떠올릴 수는 없을 것이다. 내가 그녀를 찾아가면, 언제나 하녀가 객실 문을 열고 들어가게 해준다. 코델리아가 그녀 방에서 나와 거실에 들어오려고 문을 열면, 그리고 내가 객실에 들어가려고 맞은편 문을 열면 우리의 눈이 마주친다. 거실은 조그맣고 아늑하다. 나는 지금까지 여러 다른 관점에서 이 거실을 보아 왔지만, 짐짓 긴 안락의자에 앉아서 바라보는 것이

---

40) 리브가(레베카)는 이삭의 아내 이름인데, 키르케고르가 착각을 일으킨 것 같다. 라반으로부터 가신(드라빔)을 훔친 것은 리브가가 아니라 라반의 딸로 야곱의 아내가 된 라헬이다(〈창세기〉 31 : 17~35 참조).

언제나 가장 좋다. 그녀도 나와 나란히 긴 안락의자에 앉아 있다. 우리 앞에는 둥근 차탁자가 놓여 있고, 그 위에는 풍성하게 주름이 잡힌 식탁보가 덮여 있다. 그 위에는 꽃 모양 등잔이 있는데, 힘차고 묵직하게 솟은 꼭대기까지 꽃들이 이어져 있고, 맨 위에는 훌륭하게 세공한 종이 갓이 얹혀 있다. 이 종이 갓은 참으로 가벼워 줄곧 흔들린다. 등잔 모양은 동양을 생각나게 하고, 그 갓의 흔들림은 그곳을 스쳐 지나가는 온화한 바람을 떠올리게 한다. 바닥에는 양탄자가 깔려 있는데 특수한 버드나무로 엮은 것이어서 첫눈에 외국산임을 알 수 있다. 때때로 등잔이 풍경의 주된 주제로 이야깃거리가 되기도 한다. 그때 나는 그녀와 함께 이 등잔의 꽃 아래에 다리를 쭉 뻗고 앉아 있다. 또 때로는 버드나무로 엮은 깔개에서 한 척의 배를, 고급 선실을 떠올린다. 그리고 우리는 바다 한가운데로 배를 몰아가는 것이다. 창문에서 멀리 떨어진 곳에 앉아 있으므로 우리는 하늘 저멀리의 거대한 수평선을 직접 바라보게 된다. 이것이 또한 환상을 점점 더 강하게 만든다. 이렇게 그녀 곁에 앉아 있으면, 온갖 광경이 인간의 무덤 위를 헤매는 죽음처럼 현실 위를 기묘하게 스쳐 가는 상(像)으로 내 눈에 비치곤 한다.

환경은 언제나 중요하지만, 추억에서는 특히 중요하다. 무릇 삶의 본능과도 같은 관계는 그 관계와 연관되는 광경의 모든 아름다움을 소유하기 쉽도록 이루어져야 한다. 이렇게 할 수 있기 위해서는 특히 환경에 주의를 기울여야 한다. 만일 바라는 환경을 발견할 수 없을 때는 그것을 만들어 내야 한다. 코델리아와 그녀의 사랑의 경우에는 환경이 참으로 알맞게 균형을 이룬다. 그런데 그 귀여운 에밀리에를 생각하면 얼마나 다른 광경이 내 눈앞에 나타나는지 모른다. 그 경우 환경이 그녀에게 알맞지 못한 것일까? 나는 그 조그만 정원에 있던 에밀리에가 기억나지 않는다. 아니 더 정확히 말한다면 그곳 이외에서의 그녀를 회상할 수 없다. 문은 열려 있었다. 집 앞의 조그만 정원이 전망을 가로막아 눈을 거기서 멈추게 하고, 멀리 저편으로 사라져 가는 국도를 끝까지 좇아가려는 눈을 붙들어 버린다. 에밀리에는 귀여웠지만, 코델리아에 비하면 아무것도 아니었다. 환경도 그랬다. 눈은 땅바닥에 고정되어 대담하게 돌진하지 못하고 앞에 있는 조촐한 광경만을 바라보고 있었다. 길이 제아무리 낭만적으로 멀리 굽어 있어도, 그 길 앞에 뻗어 있는 선을 넘지 못해서, 시선은 다시 집으로 돌아와 그

선 너머를 바라보게 된다. 방은 땅에 있기 때문에 현재의 세상이 중심이 될 수밖에 없다.

코델리아의 환경에는 시야를 가로막는 어떤 광경도 없다. 끝없는 지평선이 과감하게 뻗어 있다. 그녀는 지면에 있어서는 안 된다. 허공에 떠돌고 있어야 한다. 걷는 것이 아니라 날고 있어야 한다. 그것도 앞뒤로 왔다 갔다 하면서 날고 있는 것이 아니라, 영원히 앞을 향해 날고 있어야 하는 것이다.

일단 약혼을 해보면, 약혼자의 어리석음을 금방 알게 된다. 며칠 전부터 신학 석사 한센 군은 약혼한 귀여운 처녀와 나란히 돌아다니고 있다. 그는 내게, 그녀는 애교가 있어서 말이야, 하고 말했는데, 그런 것은 나도 이미 알고 있다. 그는 또, 그녀는 아주 젊어서 말이야, 하고 말했는데, 이 또한 내가 이미 알고 있다. 마지막으로 그는 내게 고백하며 말했다. 나는 그녀를 언제나 내가 머리에 그려온 이상적인 모습으로 만들려고 택했어, 라고. 아, 이 신학 석사님은 어쩌면 이렇게도 얼이 빠졌을까. 그 처녀가 그토록 건강한데! 이래 봬도 나는 이 분야에서 꽤 전문가인데, 그런 나도 자연이 베풀어 준 존경할 만한 가치가 있는 아가씨가 아니면 결코 젊은 처녀에게 접근하지 않으며, 무엇보다도 그녀에게서 배운다. 만일 내가 젊은 처녀에게 무언가 영향을 줄 수 있다면, 그것은 그 처녀에게서 배운 것을 거꾸로 되풀이하여 처녀에게 가르치기 때문이다.

그녀의 마음은 동요되어야 한다. 모든 방향으로 흥분되어야 한다. 그것도 이따금 돌풍에 휘말리는 것이 아니라 전체적으로 자극을 받고 흥분되어야 한다. 그녀는 무한한 것을 발견하고 그것이 인간의 가장 가까이에 있는 것임을 배워야 한다. 이것을 그녀는 사고의 길에서가 아닌 그녀와 나의 의사소통의 수단인 상상력에서 찾아야 한다. 왜냐하면 남성에게서 이 상상력은 부분에 지나지 않지만 여성에게는 전체이기 때문이다. 그녀는 지루한 사고의 길을 더듬어 무한한 것에 도달하려고 애쓰는 고생을 해서는 안 된다. 여성은 그런 노력을 하기 위해 태어나지는 않았다. 오히려 그녀는 상상력과 마음의 평온한 길을 더듬어 무한한 것을 붙잡아야 한다. 영원한 것은 젊은 처녀에게서는 사랑하면 누구든 행복할 거라고 그녀들이 생각하는 것과 마찬가지로 자연스럽다. 젊은 처녀란 어느 쪽을 바라보거나 곳곳에 무한한 것을 갖고 있으며, 그것으로의 변화는 비약(날아오름)이다. 그러나 그것은 여성의 비약이지 남성의 비약은 아님에 주의해야 한다. 그렇기는 하나 남성은 어쩌면 그토록 둔할까? 비약해야 할 때에도 남성은 먼저 도움닫기를 하기 위해 많은 준비를 하고 거리를 눈으로 재고, 몇 번이나 연습 삼아 달려 보고도 무서워서 되돌아가 버린다. 그래도 결국 그들은 비약하지만 떨어져 버린다. 젊은 처녀의 비약 방법은 다르다. 산악 지대는 흔히 두 개의 산봉우리가 높이 솟아 있다. 그 사이에는 내려다보기만 해도 소름이 끼치는, 깊이를 모르는 협곡이 있다. 남자 중에는 그 협곡을 뛰어 건널 만큼 용기 있는 사람이 없다. 그런데 이 지방 주민들의 말을 들어 보면, 한 젊은 처녀가 그 비약을 과감히 해냈다고 한다. 그래서 이 자리를 처녀의 비약이라고 부른다고 한다. 나는 젊은 처녀라면 어떤 대단한 일도 할 수 있다고 믿기에 이것도 사실이라고 생각하며, 이 지방의 소박한 주민이 말한 그 이야기를 듣고 넋을 잃을 만큼 흥분했다. 나는 그 이야기의 모두를 믿는다. 또 그 기적을 믿기 때문에 놀라고 경탄한다. 이 세상에서 나를 놀라게 한 유일한 것은 젊은 처녀. 젊은 처녀야말로 나를 놀라게 만든 최초이자 마지막일 것이다. 더욱이 이 정도의 비약은 젊은 처녀로서는 그저 한번 뛰는 것뿐이다. 그런데 남자의 비약을 보면 언제나 우스꽝스럽다. 그가 아무리 두 다리를 벌려도 두 봉우리의 꼭대기와 꼭대기 사이의 거리에 비하면 아무것도 아님을 금방 알 텐데 그는 계속 그 거리를 자로 재기만 하기 때문이다.

그러나 젊은 처녀가 도움닫기를 할 것이라고 생각하는 바보가 어디 있을까? 하기야 처녀가 달리는 것을 생각할 수는 있다. 하지만 그런 경우 그 자체가 장난이고 놀이이며, 매력의 발산인 것이다. 도움닫기는 여성의 바탕에서 하나로 연결된 두 가지를 떼어 낸다. 도움닫기 그 자체에 변증법과 닮은 것이 있어서 여성의 본성과 어긋나는데, 비약으로 연결된 것을 떼어 내는 일을 누가 감히 하겠는가? 그러나 처녀의 비약은 미끄러지듯 내닫는 것이다. 처녀는 저쪽 기슭에 건너가서도 애를 먹어 지친 듯한 기색은 조금도 보이지 않으며, 오히려 평소보다 한결 아름답고 한결 깊은 고상한 태도로 다시 그 자리에 서서 이쪽에 있는 우리를 향해 키스를 던진다. 산기슭에 핀 꽃처럼 젊고 싱싱하게 갓 태어난 모습으로, 처녀는 저 위에서 손을 흔드는 것이다. 눈앞이 아찔해지는 심연 위에서.

코델리아가 배워야 할 것은 무한성의 모든 운동을 하는 것이다. 자기 자신을 뒤흔들어 갖가지 기분에 취해 보기도 해야 하고, 시와 현실, 진실과 허구를 혼동하며 무한성 속에서 헤매 보는 것이다. 그리고 그녀가 이 야단법석의 방랑에 익숙해졌을 때 나는 삶의 본능에 충실한 것을 덧붙인다. 그러면 그녀는 내가 바라는 대로의 사람이 된다. 이로써 내 봉사, 내 일은 끝이 난다. 그때 나는 내 모든 돛을 접고 그녀 곁에 앉아 그녀의 돛으로 함께 항해하는 것이다. 정말이지, 이 처녀가 처음 삶의 본능에 도취해 버릴 때 키를 잡고 앉아 있는 나는 너무 빨리 나아가거나, 보기 흉하게 나아가지 않도록 속도를 조절하느라고 무척 바쁘게 생각하게 될 것이다. 때로는 서서히 돛으로 나아가고, 다음 순간에는 바람 소리도 요란하게 돌진해야 한다.

숙부 댁에 갈 때마다 코델리아는 차츰 더 심각해진다. 그녀는 벌써 몇 번이나 부탁하고 있다. 이제 그 댁에 가는 것은 그만두세요. 하지만 부탁해 봐야 아무 소용도 없다. 나는 그때마다 그곳에 가야 할 구실을 찾을 줄 알기 때문이다. 지난밤에 우리가 그 집에서 나오자 그녀는 평소와는 다르게 정열을 앞세워 내 손을 잡았다. 그녀는 아마 그 집에 있는 것이 꽤나 괴로웠던 모양이다. 그녀가 그러는 것도 무리는 아니다. 만일 내가 약혼이라는 인위적 산물이 자아내는 갖가지 부자연스러운 환경을 평소에 즐겨 바라보지 않았더라면, 나 또한 못 견뎠을 것이다. 오늘 아침 나는 그녀에게서 편지를 받았는데, 그 속에서 그녀는 내가 상상도 못 한 기지에 찬 말로 약혼이라는 것을 비웃고 있었다. 나는 그 편지에 입을 맞추었다. 그 편지는 내가 그녀에게서 받은 편지 중에서 가장 반가운 것이었다. 그렇다, 나의 코델리아여! 그것이야말로 내가 바라던 것이다.

참으로 묘한 일이지만, 외스테르가데에는 두 커피숍이 서로 마주 보고 있다. 왼쪽 2층에는 귀여운 아가씨인지, 젊은 부인인지가 살고 있다. 그녀는 대부분 창문에 친 베네치아풍의 커튼 뒤에 숨어서 앉아 있다. 그 커튼은 매우 얇은 천이어서 이 아가씨를 알고 있는 사람이나 몇 번 본 사람이면, 그리고 시력만 좋다면 얼굴 모습을 하나하나 쉽게 알아볼 수 있다. 그러나 그녀를 모르는 사람이나 시력이 좋지 않은 사람에게는 그녀가 검은 그림자로만 보일 뿐이다. 나는 어느 정도 후자의 경우이며, 한 젊은 장교는 전자인데, 그 장교는 날마다 12시 정각이면 이 근처에 모습을 나타내어 그 커튼으로 시선을 던진다. 사실, 나는 그 커튼 때문에 이 아름다운 관계에 주의하게 된 것이다. 다른 창문에는 커튼이 없다. 그래서 이렇게 한 군데만 단 한 장의 유리창을 가리기 위한 커튼이 걸려 있다는 것은, 보통 누군가가 늘 그 뒤에 있다는 조짐 같은 것을 보여 준다.

어느 날 아침이었다. 나는 맞은편 커피숍 창가에 앉아 있었다. 마침 12시였다. 나는 지나가는 사람들은 개의하지 않고, 그 커튼을 가만히 지켜보고 있었다. 갑자기 커튼 뒤의 검은 그림자가 움직이기 시작했다. 여자의 옆얼굴이 유리창에 나타났는데, 그날은 이상하게도 얼굴을 커튼이 쳐져 있는 쪽으로 돌렸다. 그리고 매우 친근하게 고개를 끄덕이더니 다시 커튼 뒤로 숨어 버렸다.

그 동작에서 먼저 내가 짐작한 것은 그녀가 고개를 끄덕여 보인 상대는 남성이라는 것이다. 여자 친구를 보고 인사했다고 하기에는 그 동작이 지나치게 정열적이었기 때문이다. 다음으로 내가 추측한 것은 그녀가 인사한 사나이는 창문 반대편 도로에서 온다는 것이다. 그렇다면 그녀가 앉아 있는 자리는 참으로 적당한 곳이며, 또 꽤 멀리 있는 그를 발견할 수 있는 곳이다. 게다가 커튼 뒤에 살짝 숨은 채로, 그에게 인사할 수도 있는 것이다.

아니나 다를까, 12시 정각에 이 그럴듯한 연애극의 주인공인 우리 소위님이 나타난다. 나는 그 아가씨가 살고 있는 2층집의 아래층 커피숍에 앉아 있다. 소위님은 벌써 눈을 그녀에게 돌리고 있다. 자, 조심하게, 나의 친애하는 친구. 2층을 향해서 품위 있는 인사를 한다는 것은 그리 쉬운 일이 아니지. 그의 인물은 그리 나쁘지 않다. 훌륭한 체격에 늘씬하고 말쑥하며 매부리코에 머리칼은 검고 삼각 모자도 잘 어울린다. 저런, 곤란하게 됐군. 너무 오래 기다린 탓에 다리가 비틀거리기 시작한다. 눈에 비치는 이 인상은, 마치 치통이 있는데 아픈 이로 음식물을 씹으려고 계속해서 우물거리고 있을 때의 답답한 느낌과 비슷하다. 온 힘을 눈에 집중해 2층을 쳐다보려고 하면, 다리에서 힘이 쑥 빠지는 게 당연하다. 용서하게나, 소위, 하늘에 오르려고 하는 자네 시선을 막았으니. 그것이 괜한 참견이라는 것쯤 나도 잘 알고 있네. 그의 눈초리는 그리 의미가 있다고 할 수는 없다. 오히려 표정이 없다. 그러나 많은 것을 약속하고 있다. 그런데 그 많은 약속들이 너무나 강하고 뚜렷하게 그의 머리에 떠오른 모양이다. 그는 현기증을 일으킨 듯 비틀거렸다. 그리고 아그네테[41]에 대해서 시인이 "아그네테는 머뭇거리다가, 기가 죽어 쓰러졌다"라고 한 말처럼, 그는 건들거리다가 쓰러졌다. 가엾다. 내가 충고해 주었더라면 이렇게 되지는 않았을 것을. 사람이 좋아서 그런 꼴을 당했다. 불쌍하다. 그렇기는 하나 참 운이 나쁘다고 할 수밖에 없다. 숙녀에게 기사 같은 인상을 주려고 하는 판에 넘어져서야 되겠나. 기사가 되고자 하는 자는 똑바로 정신을 차려야 한다. 그러나 그저 지적으로 위대한 인물임을 뽐내려고 한다면, 그런 것은 모두 아무래도 좋다. 그런 사나이는 자기 자신 속에 가라앉아서 몸이 쇠약해져 버릴 것이다.

그런 사나이가 실제로 쓰러져 뒹굴었다고 하더라도 그다지 인상에 남을 것은 없다. 이 사건이 귀여운 아가씨에게는 어떤 인상을 주었을까?

유감스럽지만 나는 이 다르다넬스 도로 양쪽에 동시에 있을 수가 없다. 누군가 아는 사람을 반대편에 세워 두지 못할 것도 없으나, 나는 언제든지 직접 관찰하기를 가장 좋아한다. 다른 사람들은 내가 이런 일을 해서 뭘 어쩌자는 것인지 전혀 이해할 수 없을 것이다. 또한 공모자가 있으면 그에 대한 정보를 파악해야 하고, 그가 어리둥절해하는 동안 꽤 시간을 헛되이 쓰므로 결코 좋은 생각이 아니다.

나는 정말 따분해졌다. 나의 선량한 소위님이 날마다 정장 차림으로 지나간다. 참으로 무서운 끈기다. 군인답다고나 할까? 자네는 군도를 안 찼군그래? 그 집을 습격해서 아가씨를 약탈하는 편이 자네에게는 어울리지 않을까? 물론 자네가 학생이라든지, 신학 석사라든지, 장래에 희망을 걸고 사는 부목사라면 이야기는 다르지만, 그럼에도 너그러이 봐주기로 하겠네. 저 아가씨는 보면 볼수록 내 마음에 드니까 말이야. 애교가 있는 데다 갈색 눈은 장난기로 가득 차 있고, 자네가 오기를 기다리고 있을 때 보면, 아름다운 얼굴이 한층 더 빛나서, 그것이 이루 말할 수 없이 그녀에게 잘 어울리거든. 그래서 나는 생각하는데, 그녀는 상상력이 풍부한 것이 틀림없소. 상상력은 자연이 아름다운 여성에게 준 화장품이니.

---

41) 덴마크 작가 옌스 페테르 야콥센(Jens Peter Jacobsen)의 서사시 〈아그네테 프라 홀메가르〉에 나오는 "아그네테는 비틀거리고 머뭇거리고 쓰러졌다"는 구절 인용.

나의 코델리아!

그리움이란 무엇일까요? 말 그대로, 또 시인들이 사용할 때 이 말은 감옥이라는 말과 나란히 운을 맞추어서 사용했지요.[42] 이 얼마나 어처구니없는 일입니까! 그러면 마치 감옥에 갇혀 있는 자만이 그리워할 수 있는 것 같습니다. 자유로운 몸으로는 그리움을 알 수 없는 것 같지 않습니까? 내가 자유로운 몸이라면, 어떻게 그리워하지 않고 견딜 수 있을까요? 나는 이렇게 자유롭습니다. 새처럼 자유롭습니다. 그런데도 이렇게 그리운걸요. 당신 곁으로 발걸음을 옮겨 놓을 때 나는 그리워합니다. 당신 곁에서 떠날 때 나는 그리워합니다. 당신 곁에 앉아 있을 때조차도 나는 당신을 그리워하는 것입니다. 그러나 도대체 이미 손에 있는 것을 그리워하는 수도 있을까요? 있고말고요. 어쩌면 다음 순간에는 벌써 내 손에 없지 않을까 하고 좀 불안하게 생각할 때는 그럴 수 있습니다. 나의 그리움은 영원한 초조함입니다. 만일 내가 영원히 살아남아 언제 어느 순간에도 당신은 내 것이라는 확신을 얻으면, 그때야말로 나는 다시 당신 곁으로 돌아가서 당신과 더불어 영원히 살고 싶습니다. 그리고 그때, 물론 한 순간이라도 당신과 떨어져서, 더욱이 그리워하지 않고 견딜 수 있을 만한 인내력은 가질 수 없다고 하더라도, 편안히 당신 곁에 앉아 있을 만한 침착성을 가질 수 있게 되겠지요.

당신의 요하네스

나의 코델리아!

문 밖에 마차가 기다리고 있습니다. 조그마한 마차이지만, 나한테는 온 세계보다 더 크게 느껴집니다. 우리 두 사람이 타기에 꼭 알맞은 크기거든요. 두 필의 말이 매여 있는데, 자연의 힘처럼 거칠고 분방하며, 나의 정열처럼 성급하고 당신의 생각처럼 대담한 녀석들이지요. 바라신다면 당신을 멀리 모시고 나갈 수도 있습니다. 나의 코델리아! 그것을 명령하시겠습니까? 당신의 명령 한마디면 고삐를 당겨 마음대로 내달리게 할 수 있습니다. 내가 당신을 멀리 모시고 가지요. 이 사람들로부터 저기 다른 사람들에게로 모시고 가는 것이 아니라, 이 세

---

42) 덴마크어에서 '동경'은 Længsel, '감옥'은 Fængsel이라 서로 운이 맞기 때문이다.

계에서 세계의 바깥으로 모시고 가겠습니다. 말들은 뒷발로 서고 마차는 하늘로 올라갑니다. 말들은 거의 우리 머리 위로 발돋움해 있습니다. 우리는 구름을 뚫고 하늘로 들어가는 것입니다. 우리 주위에 바람 소리가 어수선합니다. 우리는 가만히 앉아 있고 세계 전체가 움직이는 것일까요? 아니면 우리가 무모하게 내달리는 것일까요? 당신은 어지럽습니까? 코델리아, 그렇다면 나한테 꼭 매달리십시오. 나는 어지럽지 않으니까요. 정신적으로는 단 한 가지만 생각하면 결코 현기증이 일어나지 않습니다. 그리고 나는 당신만 생각하고 있습니다. 육체적으로는 단 하나의 대상만 가만히 응시하고 있으면 결코 현기증이 일어나지 않습니다. 그리고 나는 당신만을 보고 있습니다. 꼭 붙잡고 있어요. 만일 세계가 사라지고, 우리의 가벼운 마차가 우리 발아래에서 사라져 버리더라도 우리는 여전히 전체의 조화 속을 떠돌면서 서로 껴안고 있게 될 것입니다.

당신의 요하네스

너무하다. 내 하인은 여섯 시간, 나는 두 시간 동안이나 그 귀여운 아가씨 샤를로테 한 양을 만나려고 비바람 속에서 잠복하고 있었다. 그녀는 수요일마다 12시부터 5시 사이에 그녀의 늙은 고모를 찾는다. 그런데 하필 오늘은 오지 않는다, 하필이면 내가 이토록 만나고 싶어하는 오늘. 왜 나는 그녀가 이토록 만나고 싶을까? 그것은 그녀가 나를 정말 특별한 기분에 잠기게 해주기 때문이다. 내가 가볍게 인사를 한다. 그러면 그녀는 살며시 눈인사를 보낸다. 내게는 그것이 이루 말할 수 없이 지상의 것인 동시에 천상의 것으로도 보인다. 그녀는 걸음을 멈춘다. 그러면 그녀는 곧 땅 밑으로 가라앉을 듯이 보인다. 그러면서도 그녀는 당장 하늘 위로 들려 올라갈 듯한 눈을 하고 있다. 그녀를 보면 나는 엄숙한 기분이 드는 동시에 욕망을 느낀다. 그렇지만 이것 이상으로 이 처녀가 내 마음을 빼앗지는 않는다. 나는 이 눈인사가 갖고 싶을 뿐이지, 그 밖의 것은 예컨대 그녀가 준다고 해도 갖고 싶지 않다. 그녀의 눈인사는 나를 어떤 묘한 기분으로 이끌어 준다. 그리고 그 기분을 나는 코델리아를 위해서 아낌없이 쓰는 것이다.
그런데 그녀가 내가 모르는 어떤 길을 통해 우리 옆을 빠져나갔다. 젊은 처녀를 숨어서 지켜보고 있는 것은 연극에서뿐 아니라 현실에서도 어려운 일이다. 그러려면 손가락마다 눈이 달려 있어야 한다.

옛날에 카르데아[43]라는 요정이 있었는데, 그 요정은 남자들을 희롱했다. 요정은 숲속에 살면서 자기를 연모하는 남자들을 깊은 숲속으로 꾀어내 놓고는 모습을 감추어 버렸다. 요정은 야누스도 희롱하려다가 오히려 희롱당하고 말았다. 야누스는 뒤통수에도 눈을 갖고 있었기 때문이다.

내 편지들은 과녁을 제대로 겨누었다. 그 편지들은 삶의 본능에 충실한 것은 아니지만, 그녀의 마음을 성숙시키고 있다. 삶의 본능에 충실한 성숙을 위해서라면 글쪽지가 필요하다. 삶의 본능에 충실한 것을 표현하려 하면 할수록 점점 더 짧아지는데, 그만큼 더 확실하게 핵심을 붙잡아야 한다. 그러나 그녀가 감상에 치우치거나 기죽지 않도록 하기 위해서는 풍자로 말미암아 그녀의 감정을 죄고, 그와 동시에 그녀가 가장 좋아하는 내용들을 갈망하도록 만들어야 한다. 글쪽지는 최고의 것을 멀리서 막연히 예감케 해야 한다. 그리고 이 예감이 그녀의 마음속에 뿌옇게 떠올라 점점 의식되기 시작한 순간에 우리의 관계는 끊어지는 것이다. 그때 내가 그녀에게 저항하면 그녀는 그 예감이 마치 자신의 사상이기나 한 듯이, 마치 자신의 마음의 충동이기나 한 듯이 생각하게 된다. 바로 그것만이 내가 바라는 바이다.

나의 코델리아!

이 동네 어느 곳에 한 과부와 세 딸로 이루어진 조촐한 가족이 살고 있습니다. 두 딸은 요리법을 배우러 왕립 요리원에 다니고 있습니다. 초여름 어느 날 오후 5시쯤에, 거실 문이 조용히 열리더니 무언가를 탐색하는 듯한 시선이 방 안을 살폈습니다. 그곳에는 피아노 앞에 앉은 한 소녀가 있을 뿐, 다른 사람은 아무도 없었습니다. 문은 조그마한 틈을 남긴 채 닫혀 있어서 밖에서도 남의 눈에 띄지 않고 방 안의 소리를 살짝 엿들을 수 있었습니다. 피아노를 치는 사람은 거창한 피아노 연주자가 아닙니다. 만일 그랬다면, 아마 문은 완전히 닫혔을

---

43) 카르데아(Cardea)는 문의 경첩을 다스리는 신, 말하자면 가정생활을 지키는 로마 여신인데 실은 로마 여신인 카르나(Carna)가 맞다. 카르나는 테베레강 기슭의 숲속에 살면서 사냥을 하고 있었는데, 자기를 연모하는 남자가 접근하면 같이 숲으로 들어가서 자기는 모습을 감추었다. 그러나 야누스 신도 그녀를 사랑하여 그녀가 숨는 것을 붙잡아 겁탈해 버렸다. 야누스는 문의 수호신으로 앞뒤를 볼 수 있는 두 개의 머리를 갖고 있었다.

것입니다. 그녀는 스웨덴 민요를 연주하고 있었습니다. 그 민요는 짧은 청춘과 아름다움의 덧없음을 주제로 한 것이었습니다. 가사는 소녀의 청춘과 아름다움을 비웃고, 소녀의 청춘과 아름다움은 그 가사를 비웃고 있었습니다. 어느 쪽이 옳을까요? 소녀 쪽일까요, 가사 쪽일까요? 피아노 소리는 매우 조용히, 더없이 슬프게 울리고 있어서 마치 서글픈 시름이 이 싸움을 결정할 심판자이거나 한 것 같았습니다. 그러나 부당합니다. 서글픈 시름이 심판을 하다니! 청춘과 이 슬픔의 반성 사이에 무슨 관계가 있을까요? 아침과 저녁 사이에 무슨 우의가 있을까요! 피아노의 줄이 떨리고, 공명판의 유령들은 뒤섞이며 일어나 서로를 알 수 없게 되어 버립니다. 나의 코델리아여, 왜 그토록 격하게 치나요? 무엇 때문에 그렇게 정열을 쏟는 거요?

한 사건을 추억하게 되기까지는 얼마나 긴 시간이 우리에게 필요한 것일까요? 추억을 동경하는 것이 더 이상은 그 사건을 붙잡지 못하게 되기까지에는 그것이 얼마나 먼 과거가 되어야 할까요? 대부분의 사람들이 이 점에서 한계를 갖고 있습니다. 그들은 시간적으로 너무 가까이 있는 것은 추억할 수 없고, 또 너무 멀리 있는 것도 추억할 수 없습니다. 나는 그런 한계를 모릅니다. 어제의 체험을 나는 1000년 전 옛날로 밀어내기도 하고, 그것을 다시 어제의 체험인 것처럼 추억하기도 하는 것입니다.

당신의 요하네스

나의 코델리아여!

한 가지 비밀을 당신에게, 내 마음을 허락한 당신에게 털어놓아야 합니다. 그 비밀을 당신이 아니면 누구에게 내가 털어놓겠소? 산울림에게요? 산울림은 비밀을 남에게 말해 버릴 것입니다. 별들에게요? 그들은 냉담합니다. 사람들에게요? 그들은 비밀을 이해하지 못합니다. 오직 당신에게만 나는 그것을 털어놓고 싶습니다. 당신 곁에, 가슴속에, 몰래 간직해 달라고 부탁할 수가 있으니까요.

한 소녀가 있습니다. 내 영혼의 꿈보다 아름답고 태양빛보다 맑고 바다 밑보다 깊고, 독수리의 비상보다 더 긍지가 높은 소녀입니다. 자, 내 비밀이 살며시 스며들 수 있도록 머리를 내 귓전까지 굽혀서 내 말에 귀 기울여 주십시오. 그 소녀를 나는 내 목숨보다도 사랑합니다. 그녀는 나의 생명이기 때문입니다. 나는 내 모든 소원보다도 그녀를 사랑하고 있습니다. 그녀는 나의 유일한 소원이기 때문입니다. 나는 내 모든 사상(思想)보다도 그녀를 사랑하고 있습니다. 그녀는 나의 유일한 사상이기 때문입니다. 태양이 꽃을 사랑하는 것보다 뜨겁게, 슬픔이 근심과 걱정에 잠긴 마음의 은신처를 찾는 것보다 절실하게, 사막의 타는 듯한 모래가 비를 연모하는 것보다 깊은 동경으로 나는 그녀를 사랑하고 있습니다. 사랑하는 아기를 바라보는 어머니의 눈길보다 부드럽게, 기도하는 사람의 영혼이 신에게 보내는 것보다 더 큰 신뢰에 차서, 식물이 그 뿌리에 매여 있는 것보다 질기게 나는 그녀에게 붙들려 있습니다. 당신의 머리는 근심으로 무거워졌군요. 가슴 위까지 숙여졌군요. 그것을 받치려 가슴은 부풀어 있네요. 나의 코델리아여! 내 말을 알아들으셨겠지요? 내 말을 똑똑하게 한마디 한마디 아셨겠지요? 한마디도 빠뜨리시지 않았지요? 나는 귀를 기울여 당신의 목소리로 그 대답을 들어야 할까요? 내가 그것을 의심할 수 있을까요? 당신은 이 비밀을 지켜 주겠지요? 나는 당신을 믿어도 되지요? 무서운 범죄를 함께 저질렀기 때문에 서로 침묵의 밀약을 해야만 했던 사람들이 있었습니다.[44] 나는 당신에게 한 가지 비밀을 털어놓았습니다. 내 생명이자 내 생명의 내용인 비밀을. 당신은 내게 털어놓을 비밀이 아무것도 없습니까? 만일 그 비밀이 누설되면 초자연적인 힘마저 자신의 마음을 움직이지 않을 수 없는, 그토록 소중하고, 그토록 아름답고, 그토록 순결한 비밀을?

당신의 요하네스

나의 코델리아!

하늘은 구름에 덮여 있습니다. 검은 비구름이 정열에 불타는 얼굴의 찡그린 검은 눈썹처럼 하늘에 걸려 있습니다. 숲의 나무들은 꺼림칙한 꿈에 희롱되어 흔들거리고 있습니다. 당신은 숲속에서 모습을 감추어 버렸습니다. 어느 나무 그늘에서나 나는 당신의 모습과 닮은 여성을 봅니다. 내가 가까이 가면 그녀는 옆에 있는 나무 그늘에 숨어 버립니다. 당신은 나에게 모습을 보여 주기가 싫은

---

44) 로마 역사가 살루스티우스의 《카틸리나의 음모》 22장에서 카틸리나가 자기의 모반을 공범자들에게 맹세시켰을 때, 포도주에 사람의 피를 섞어 저주의 말을 뇌면서 마신 다음에야 계획을 밝혔다는 이야기를 가리키는 것 같다.

건가요? 당신의 모든 모습을 보여 주지 않겠습니까? 나는 영문을 알 수 없습니다. 숲의 부분 부분이 저마다 윤곽을 잃고 내 눈에는 모두가 안개의 바다처럼 보입니다. 그리고 그 안개의 바다 곳곳에 당신과 비슷한 여성이 나타났다가는 사라져 버립니다. 당신은 내가 가만히 지켜보는 파도 사이를 끊임없이 떠돌고 있습니다. 그러나 나는 당신을 닮은 것이라면 무엇이라도 붙잡고, 그것만으로 행복합니다.

왜 그럴까요? 당신의 본성이 풍족한 통일성을 이루기 때문일까요, 아니면 나라는 인간이 부족하기 짝이 없는 잡동사니이기 때문일까요? 어쨌든 당신을 사랑하는 것은 세계를 사랑하는 것이 아닐까요?

당신의 요하네스

내가 코델리아와 나누는 대화를 아주 정확하게 재현할 수 있다면, 참으로 흥미로울 것이다. 그러나 그것이 불가능하다는 것은 바로 알 수 있다. 왜냐하면 우리 사이에 주고받는 말 한마디 한마디를 내가 다시 떠올릴 수 있다고 치더라도, 대화의 핵심인 동시적 요소, 즉 뜻하지 않은 감정에 치우친 부르짖음이나 대화의 생명 원리인 정열 등은 도저히 재현할 수가 없기 때문이다. 대체로 나는 마땅한 일이지만 준비라는 것을 하지 않는다. 그건 대화의 본질에도 어긋나며 특히 삶의 본능에 충실한 대화의 본질에는 더욱 크게 어긋나는 것이다. 하지만 나는 내 편지의 내용들만은 늘 염두에 두고, 그 편지를 통해 아마도 그녀가 깨우쳤을 것으로 여겨지는 기분을 줄곧 눈앞에 그려 보는 것이다. 물론 내 편지를 그녀가 읽었는지 그녀에게 물어볼 생각은 전혀 없다. 그녀가 내 편지를 읽었다는 것을 나는 곧 알 수 있다. 내 편지에 대해서 그녀와 직접 이야기하거나 하지도 않는다. 그러나 나는 대화 속에서 넌지시 내 편지의 사연을 암시하면서, 한편으로는 일정한 인상을 그녀의 마음속에 더 깊이 새겨 주고, 또 한편으로는 그 인상을 그녀에게서 낚아채어 그녀를 어리둥절하게 만드는 것이다. 그러면 그녀는 다시 한번 그 편지를 읽고 새로운 인상을 받게 될 것이고…… 등등.

그녀에게 하나의 변화가 일어났다. 또 지금도 일어나고 있다. 지금 이 순간 그녀의 마음을 특징지으라고 요구한다면, 그것은 범신론에 근거한 대담성이라고 나는 말할 것이다. 그녀의 눈길이 단적으로 그것을 말해 주고 있다. 그녀의 눈길에는 대담한, 저돌적이라고 할 만한 기대가 깃들어 있다. 그러나 자신감이 없다. 그래서 무언가 꿈꾸는 것 같고 애원하는 것 같지만, 그것은 당당하지도 명령하는 것 같지도 않다. 그녀는 기적이 자기 밖에서 나타나기를 바라고 있다. 마치 그녀 자신의 힘으로는 그 기적을 일으킬 수 없는 것처럼. 이것을 막아야겠다. 그렇게 하지 않으면 나는 너무 빨리 그녀를 정복하게 되어 버린다. 어제 그녀는 나에게 당신이라는 분에게는 무언가 왕자다운 모습이 있어요, 라고 말했다. 아마 그녀는 굴복할 생각인 모양이다. 그렇게 하도록 내버려 두지는 않겠다. 귀여운 코델리아, 확실히 나라는 인간에게는 무언가 왕자다운 모습이 있다. 그러나 내가 지배하는 왕국이 어떤 나라인지 그대는 꿈에도 모른다. 그 왕국은 폭풍우 같은 기분들을 지배하고 있다. 바람의 신 아이올로스처럼 나는 내 인격이라는 산속에 모든 기분을 가두어 놓고, 어떤 때는 이 기분을, 어떤 때는 저 기분을 분출시킨다. 알랑거리는 말로 그녀에게 자신감을 주고, 그녀가 '나의 것'과 '당신의 것'을 뚜렷이 구별하게 해서 모든 책임을 그녀가 지도록 만들 것이다. 치켜세우는 말을 할 때는 세심한 주의가 필요하다. 어떤 때는 매우 높이 몸을 두고(그러면서도 아직 더 높은 자리가 남아 있는 것처럼 해야 한다), 또 어떤 때는 매우 낮게 몸을 낮춰야 한다. 전자는 정신적인 것을 향해서 행동하는 경우에 가장 어울리며, 후자는 삶의 본능에 충실한 것을 향해서 행동할 때 가장 어울린다.

그녀는 나에게 무슨 신세를 지고 있을까? 아무 신세도 지고 있지 않다고? 신세 진 것이 있기를 나는 바랄 것인가? 결코 바라지 않는다. 그런 어처구니없는 것을 생각하기에는 나는 너무나 뛰어나게 앞을 잘 내다본다. 삶의 본능에 충실한 것을 나는 무척 잘 알고 있다. 또 만일 내가 그렇게 전문가라면 나는 온 힘을 다해서 그녀에게 그런 것을 잊게 하고, 나 자신의 그런 생각도 졸음 속으로 쫓아내어 몽롱해지도록 노력할 것이다. 젊은 처녀란 누구나 자기 마음의 미궁에서(젊은 처녀는 누구나 아리아드네다) 길을 찾아 나갈 실마리를 갖고 있으며, 그 실을 따라 남은 미궁을 빠져나가는 길을 발견할 수 있다. 그러나 그녀 자신은 실마리를 갖고 있으면서도 그 사용법을 알지 못하는 것이다.

나의 코델리아!

말해 주시오. 나는 당신 말대로 하겠습니다. 당신의 부탁은 명령입니다. 당신의 간절한 부탁은 전능한 주문입니다. 당신의 소원은 아무리 짧은 한때의 부탁이라도 나에게는 은혜입니다. 나는 당신의 바깥에 서 있는 하인으로서 당신을 따르는 것이 아니기 때문입니다. 당신이 명령하면 당신의 뜻이 생기고, 그 뜻과 더불어 나도 존재합니다. 나의 마음은 당신의 오직 한마디를 기다리는 혼돈이기 때문입니다.

당신의 요하네스

나의 코델리아!

알다시피 나는 나 자신과 이야기하기를 매우 좋아합니다. 나는 내가 아는 사람들 중에서 가장 흥미로운 인물을 나 자신 안에서 발견했습니다. 이따금 나는 나 자신과의 이 대화에 화제가 바닥나지나 않을까 걱정하곤 했었지만, 이제는 그런 걱정이 없습니다. 지금은 나에게 당신이 있기 때문입니다. 그러니 지금부터는, 그리고 영원히 나는 당신에 대해 나 자신과 이야기하는 것입니다. 가장 흥미로운 대상에 대해서, 가장 흥미로운 인물과 말입니다. 그렇습니다. 나는 흥미로운 사람에 지나지 않지만, 당신은 가장 흥미로운 주제의 대상입니다.

당신의 요하네스

나의 코델리아!

당신은 내가 당신을 사랑하게 된 것이 바로 얼마 전의 일인 줄 알고 계시는군요. 당신은 내가 이전에 사랑을 한 적이 있지 않을까 두려워하기까지 하는군요. 예리한 눈으로 재빨리 알아볼 수 있는 희미하게 낡은 원고들이 있습니다. 원고는 시간이 흐르는 동안에 거듭된 덧없는 낙서로 덮여 있습니다. 부식제를 써서 나중에 쓰인 그 글자들을 지워 버리자, 처음에 썼던 글자가 또렷하게 올라옵니다. 마찬가지로 당신의 눈은 나 자신 안에서 나 스스로를 발견할 수 있도록 가르쳐 주고 있습니다. 나는 당신과 관련이 없는 것은 완전히 잊게 되었답니다. 그러자 나는 태고의 문자를, 거룩하고 싱싱한 원본의 문자를 발견하게 되었습니다. 그리고 당신에 대한 나의 사랑이 내 나이만큼 오래되었다는 것을 알게 되었습니다.

당신의 요하네스

나의 코델리아!

자신과 싸우고 있는 나라는 어떻게 하면 살아남을 수 있겠습니까?[45] 만일 내가 나 자신과 싸우고 있다면 어떻게 해야 나는 살아남을 수 있을까요? 무엇을 얻으려고 싸우는 것일까요? 당신을 얻기 위해서입니다. 될 수 있으면 내가 당신을 사랑하고 있다는 생각을 하고, 그 생각 속에서 편안함을 찾고 싶습니다. 그런데 정말이지 내가 어떻게 해야 평안함을 발견할 수 있을까요? 서로 싸우는 힘의 한쪽은, 자기야말로 가장 깊고 가장 열렬하게 사랑하고 있다고, 끝까지 상대편을 설득하려고 합니다. 그리고 다음 순간에는 상대편이 또 같은 행동을 합니다. 만일 그 싸움이 내 마음속이 아닌 바깥에서 벌어지고 있다면, 만일 당신에게 사랑을 하거나 사랑하지 않거나 하는 자가 있다면, 그 손실은 마찬가지로 무거운 것이겠지만, 그것은 나와는 그다지 관계가 없겠지요. 그러나 나 자신의 내부에서 벌어지고 있는 이 싸움은, 둘로 갈린 이 하나의 정열은 나를 다 삼켜 버리고 있습니다.

당신의 요하네스

자, 모습을 감추시오. 귀여운 어부의 딸, 자, 나무들 사이에 숨으시오. 자, 당신 짐을 들어 올리시오. 몸을 굽힌 자세가 당신에게 썩 잘 어울립니다. 정말 지금 그렇게 허리를 굽힌 당신의 모습은 자연스럽고 우아합니다. 주워 모은 나무 다발을 짊어지고 몸을 앞으로 구부렸군요. 저런 아가씨가 무거운 짐을 날라야 하다니! 마치 무희처럼 당신은 온갖 아름다운 자태를 보여 주고 있네요. 가느다란 허리, 풍요한 젖가슴, 터질 듯한 몸매, 그만하면 어떤 시험관이라도 합격시켜 줄 것이 틀림없습니다. 그까짓 것은 아무것도 아니라고 당신은 말하는지 모릅니다. 귀부인들 쪽이 훨씬 아름답다고 당신은 생각하나요? 아가씨! 이 세상에 얼마나 거짓이 많은지 당신은 알지 못합니다. 자, 짐을 짊어지고 들어가세요. 몇 마일이나 펼쳐진, 저 아득히 파랗게 뻗어 있는 산기슭까지 이어진 큰 숲속으로 헤매어 들어가시오. 당신은 어쩌면 사실은 어부의 딸이 아니라 마법에 걸린 공주님인지도 모릅니다. 당신은 마법사를 섬기고 있으며, 그 마법사가 잔인하게도 당신에

---

45) 〈마가복음〉 3 : 24에는 "나라가 스스로 분쟁하면 그 나라가 설 수 없고" 및 〈누가복음〉 11 : 17 에는 "스스로 분쟁하는 나라마다 황폐하여지며"라고 나와 있다.

게 숲에 가서 땔나무를 주워 오게 하는지도 모릅니다. 동화라면 늘 그런 식으로 되어 있지요. 그렇지 않다면 어째서 당신은 자꾸만 숲속 깊숙이 들어가지요? 만일 당신이 정말로 어부의 딸이라면, 당신은 그 떨기나무 가지 더미를 짊어지고 반대쪽 길에 서 있는 내 옆을 지나 바닷가 마을 쪽으로 내려가야 할 것이 아닙니까? 자, 나무들 사이로 꼬불꼬불 굽어 나간 오솔길을 더듬어 가시오. 내 눈은 당신을 놓치지 않습니다. 자, 나를 돌아보시오. 내 눈은 당신을 좇고 있습니다. 당신은 나를 움직이게 하지 못합니다. 동경도 나를 당신에게로 데려갈 수 없고요. 나는 조용히 난간에 걸터앉아 담배를 피우고 있습니다. 또 다음번에도 아마 그리되겠지요. 당신이 그렇게 머리를 뒤로 반쯤 돌리니 당신의 눈은 정말 장난꾸러기의 눈 같군요. 당신의 가벼운 걸음걸이는 손짓을 하고 있는 것 같고요. 네, 알고 있습니다. 이 길이 어디로 통하는지 나는 알아요. 쓸쓸한 숲으로, 나무들이 쉴 새 없이 속삭이는 곳으로, 몇 겹씩의 긴 정적으로 통하는 것입니다. 보시오, 하늘마저 당신에게 호의를 보여 주고 있지 않습니까. 하늘은 구름 속에 숨어서 숲 주변을 어둡게 만들고 있습니다. 그것은 마치 우리를 위해서 장막을 쳐주는 것 같습니다. 잘 가시오. 아름다운 어부의 딸, 안녕. 당신의 호의에 감사합니다. 아름다운 순간이었습니다. 흐뭇한 기분이었습니다. 난간에 묵직하게 걸터앉은 나를 자리에서 일어서게 할 만큼은 아니었지만, 그래도 나 자신의 내부에서 마음을 움직여 나를 풍요롭게 해주는 그런 기분을 느끼게 해주었습니다.

야곱이 자기 일의 대가 문제로 라반과 이야기를 주고받을 때, 야곱은 흰 양을 지켜주고 그 양 떼 중에서 얼룩이 있는 작은 양이 태어나면, 그것을 모두 노동의 대가로 받는 데 합의했다(《창세기》 30 : 31~43). 그래서 야곱은 껍질을 벗겨서 얼룩지게 한 나뭇가지를 물통 앞에 세워 물을 먹는 양이 이것을 보도록 해놓았다.

그와 마찬가지로 나는 코델리아 앞의 어느 곳이나 나 자신을 놓는다. 그러면 그녀의 눈은 끊임없이 나를 보게 된다. 그녀는 나라는 존재가 있다는 것을 단지 볼 뿐이라고 생각할지도 모른다. 그러나 내 처지에서 보면, 그렇게 함으로써 그녀의 마음이 나 이외의 모든 것에 대한 흥미를 잃고 그녀가 자신의 마음속 어디에서나 나를 보고 싶다는 정욕을 갖도록 만드는 것이다.

나의 코델리아!

내가 당신을 잊어버리게 된다면, 그러면 내 사랑은 단지 기억의 산물이 되는 걸까요? 만일 시간이 자신의 흑판에 적힌 것을 깡그리 지워 버리고, 기억 그 자체까지 깨끗이 지워 버렸다고 하더라도 나와 당신의 관계는 언제까지나 변함없이 생생할 것입니다. 당신을 잊는 일은 결코 없습니다. 내가 만일 당신을 잊어버리게 된다면, 나는 대체 무엇을 추억하면 좋을까요? 나는 당신을 추억하기 위해서 나 자신을 잊어버릴 것입니다. 만일 내가 당신을 잊어버린다면, 물론 나 자신을 추억하게 되겠지만, 내가 나 자신을 추억하는 순간 나는 또한 당신을 떠올리게 됩니다. 만일 내가 당신을 잊어버린다면 어떻게 될까요?

옛 시대의 그림이 있습니다. 아리아드네를 그린 것입니다. 아리아드네는 잠자리에서 벌떡 일어나 돛에 가을바람을 싣고 사라져 가는 배를 근심스러운 듯이 바라보고 있습니다. 그녀 옆에는 사랑의 신 에로스가 시위 없는 활을 들고 서서 눈물을 닦고 있습니다. 등 뒤로는 투구를 쓰고 날개를 가진 여성의 모습이 보입니다. 이 여성은 일반적으로 복수의 여신 네메시스라고 생각됩니다. 이 그림을 당신도 머릿속에 그려 보십시오. 아니, 조금 구조를 바꾸어 생각해 보십시오. 에로스는 울고 있지 않습니다. 그 활에는 시위도 있습니다. 내가 미쳐 버려서 당신의 아름다움이나 매력이 줄었다고 생각해 보는 거예요. 에로스는 미소를 지으면서 활시위를 잡아당기고 있습니다. 네메시스도 당신 곁에서 그저 보고만 있지는 않습니다. 그 고대의 그림에는 배 안에서 이리저리 바쁘게 설치고 있는 한 사나이가 있습니다. 그는 테세우스로 생각됩니다. 내가 구조를 바꾸어 생각해 낸 그림에서는 테세우스 또한 다른 모습입니다. 그는 배의 고물 위에 서서 그리운 듯이 뒤를 바라보고 있습니다. 그는 두 팔을 벌리고 서 있습니다. 그는 후회하는 것입니다. 아니, 정확히 말하면 그의 광기가 그에게서 떠나갔고 배는 그를 멀리 데려가고 있습니다. 에로스와 네메시스는 함께 겨냥을 합니다. 두 활에서 화살이 날아갑니다. 명중합니다. 두 개의 화살이 그의 심장 한 곳에 명중했습니다. 그것은 테세우스의 사랑이 바로 네메시스였음을 나타내는데, 이 사실을 우리는 곧 알게 됩니다.

당신의 요하네스

나의 코델리아!

내가 자기애에 빠져 있다고 사람들은 말합니다. 나는 그것을 조금도 이상하게 생각지 않습니다. 왜냐하면 내가 오직 당신만을 사랑하기 때문에 비로소 나를 사랑할 수 있음을 사람들이 이해할 수 없기 때문입니다. 나는 나 자신을 사랑하고 있습니다. 어째서일까요? 그것은 내가 당신을 사랑하기 때문입니다. 다시 말해 나는 당신을, 오직 당신 한 사람만을, 그리고 참된 뜻에서 당신에게 속하는 모든 것을 사랑하며, 바로 그런 나 자신을 사랑합니다. 나는 당신에게 속하는 것이지요. 만일 내가 당신을 사랑하지 않게 되면 나 자신도 사랑하지 않게 됩니다. 세상의 세속적인 눈에는 이것이 다시없는 자기애가 드러난 것으로만 비치겠지만, 비밀을 알고 있는 당신의 눈에는 세상에 둘도 없는 순수한 동경이 드러난 것으로 보일 것입니다. 세상의 세속적인 눈에는 가장 평범한 자기 보존의 발현으로 보여도 당신의 밝고 깨끗한 마음에는 세상에 둘도 없는 감동을 주는 자기 부정이 드러난 것으로 비치는 것입니다.

당신의 요하네스

나의 가장 큰 걱정은 그녀의 사랑이 완전히 다 자라는 데 너무 오랜 시간이 걸리지 않을까 하는 것이었다. 그런데 지금도 코델리아는 크게 성장했다. 그래서 그녀의 정서를 계속 자극하기 위해서 모든 것을 동원할 필요가 있을 것 같다. 그녀가 너무 빨리 지쳐 버려서는 절대로 안 된다. 다시 말해 아직 때가 되기도 전에 그녀의 때가 끝나 버려서는 안 되는 것이다.

사랑을 하면 사람은 일반적으로 넓은 길로 걷지 않는 법이다. 온 세상의 넓은 길 한가운데에서 꾸물거리는 사람들은 반드시 결혼한 사람들이다. 연애를 하는 사람은 뇌데보(셀란섬의 북쪽 마을)에서 산책하지 에스롬 호수 주변의 길을 택하지는 않는다. 그 길은 원래 사냥도로로 매우 잘 닦여 있다. 하지만 사람이란 자신의 길을 스스로 닦기를 더 좋아한다. 연인들은 그리브스코우 숲 안쪽 깊숙이 파고 들어간다. 그리고 이렇게 팔을 끼고 숲속을 헤매다 보면 서로 상대의 기분을 알게 되고, 전에는 그저 막연히 기뻐하고 슬퍼하던 것이 뚜렷해진다. 누가 그 자리에 있을 줄은 꿈에도 생각지 않는다.

그렇군, 그래서 이 아름다운 너도밤나무가 당신들 사랑의 증인이 되는군요. 이 나무 그늘 아래에서 당신들은 처음으로 사랑을 고백하는군요. 이렇게 해서 당신들은 모든 것을 참으로 생생하게 회상하는군요. 당신들이 처음 만났을 때의 일, 춤을 출 때 처음으로 손을 잡던 일, 새벽녘에 헤어지던 일, 서로 무엇 하나 고백하려고 하지 않았던 일, 하물며 자신에게조차 사랑을 부정했던 일 등등.

이런 사랑 이야기에 귀를 기울이는 것은 참으로 즐거운 일이다. 그들은 나무 밑에서 무릎을 꿇고, 변함없는 사랑을 맹세하며, 첫 입맞춤으로 굳은 언약을 했다. 이처럼 풍성한 마음이 코델리아를 위해서도 아낌없이 뿌려져야 한다.

아무튼 너도밤나무는 유일한 증인이 되었다. 나무는 참으로 알맞은 증인이다. 그러나 나무로는 부족하다. 그래서인지 당신들은 하늘도 증인이라고 생각하고 있군요. 하지만 하늘은 아무리 해도 지나치게 추상적인 관념이에요. 보십시오, 그러기에 여기 또 한 사람의 증인이 있었던 겁니다.

나는 일어서서 내가 여기에 있다는 것을 그들이 깨닫게 해주어야 옳을까 하고 생각해 본다. 역시나 그건 안 된다. 그들은 아마 내 얼굴을 알고 있을 것이다. 그렇다면 나는 승부에서 지게 된다. 그들이 떠날 때 내가 일어나서, 누가 마침 그 자리에 있었음을 그들이 깨닫게 해주면 어떨까? 아니, 그것도 서툰 짓이다. 그들의 비밀은 침묵에 싸여 있어야 한다. 적어도 내가 희망한다면 말이다. 그러니까 그들은 내 손안에 있는 것이다. 나는 마음만 먹으면 그들을 떼어 놓을 수도 있다. 나는 그들의 비밀을 알고 있으니까. 그에게서 알아낼까, 아니면 그녀에게서? 후자는 불가능하다. 그럼 그에게서? 그건 내가 싫다. 좀 짓궂어 보인다. 그래, 좋은 수가 있다. 내가 바라는 것, 즉 일반적인 방법으로는 받을 수 없는 어떤 특별한 느낌을 그녀에게서 받을 수 있다면 그냥 넘어가 주기로 하자.

나의 코델리아!

보잘것없는 나. 당신은 나의 재산입니다. 어두운 나. 당신은 나의 빛입니다. 나는 아무것도 갖고 있지 않습니다. 아무것도 필요 없으니까요. 하긴 어떻게 내가 무엇을 소유할 수 있겠습니까? 자기 자신을 소유하지 않은 사람이 무엇을 소유할 수 있다는 것은 모순이 아닐까요? 무엇 하나 소유할 수도 없고 무엇 하나 소유할 필요도 없는 나는 어린아이처럼 행복합니다.

나는 무엇 하나 갖고 있지 않습니다. 나는 그저 당신의 것이니까요. 나는 존재하지 않습니다. 당신의 것이 되기 위해 나는 나 자신으로서 존재하기를 멈추었습니다.

당신의 요하네스

나의 코델리아!

'나의'라는 이 말은 무엇을 뜻할까요? 그것은 나에게 속하는 것이 아니라 내가 그것에 속한다는 뜻입니다. 내가 그것에 속하고 있다는 뜻일 뿐만 아니라 내 모든 존재를 포함하는 것입니다.

'나의 신'이라는 말도 나에게 속하는 신이 아니고, 내가 그 신에 속한다는 뜻이듯이 말입니다. 나의 조국, 나의 고향, 나의 직업, 나의 동경, 나의 희망이라고 하는 경우에도 마찬가지입니다. 만일 불멸이라는 것이 일찍이 존재하지 않았더라면 내가 당신의 것이라는 이 사상은 지금까지의 자연의 규칙을 한순간에 깨뜨려 버리게 될 것입니다.

당신의 요하네스

나의 코델리아!

나는 무엇일까요? 당신의 성장을 함께 호위하는 다소곳한 기록자입니다. 당신이 경쾌하고 아름답게 비상할 때, 당신 아래에서 웅크리고 앉아 있는 사람입니다. 당신이 날아다니느라 피곤해졌을 때 잠깐 동안 앉아서 쉬었다 가는 나뭇가지입니다. 열광적인 높은 음의 소프라노 속에 끼어들어 그 소프라노를 더욱 아름답게 들리게 하는 베이스입니다. 나는 무엇일까요? 당신을 대지에 붙들어 매는 지상의 중력입니다. 그러면 나의 정체는 무엇이지요? 육체, 물질, 흙, 먼지, 재입니다. 나의 코델리아, 당신은, 당신은 혼이고 정신입니다.

당신의 요하네스

나의 코델리아!

사랑은 모든 것입니다. 그러기에 사랑하는 사람에게는 어떤 것도 그 자체만으로는 아무런 의미가 없습니다. 모든 것은 사랑이 주는 해석에 따라 뜻을 갖게 됩니다. 그렇기에 만일 약혼을 해놓고도 자기가 다른 여자에게 마음을 두고 있었다고 고백하는 남자가 있다면, 그 남자는 마치 죄인 같은 기분으로 그녀 앞에 있는 것입니다. 그녀는 노여워할 것입니다. 그렇지만 당신이라면 내게서 그런 고백을 들어도 그것을 틀림없는 충심의 표현으로 받아들이게 됩니다. 나로서는 도저히 다른 여자를 사랑할 수 없음을 당신은 알기 때문입니다. 내 인생에 찬란한 빛을 던져 주는 것은 당신을 향한 나의 사랑밖에는 없습니다. 그러기에 내가 다른 여자에게 마음을 두고 있다고 해도, 그것은 내가 사랑하는 사람은 그녀가 아닌 당신뿐임을 나 스스로에게 일러 깨우치기 위해서가 아닙니다. 그런 짓을 한다는 건 너무나 짓궂습니다. 그것은 오히려 나의 마음이 당신으로 가득 차 있기 때문에 인생이 나에게 또 다른 의미를 주는 것입니다. 그러니 그렇다 해도 그건 어디까지나 당신을 신화로 만드는 것입니다.

당신의 요하네스

나의 코델리아!

나의 사랑은 나 자신을 먹어 버리고 말았습니다. 다만 나 자신의 목소리만 남아서, 당신에게 사랑을 주고 있습니다. 언제나 나는 당신을 사랑하고 있습니다, 하고 말입니다. 당신의 귀에는 나의 이런 속삭임만 남아 있습니다. 아, 당신은 나의 이 목소리에 싫증을 느끼셨습니까? 나의 목소리는 곳곳에서 당신을 에워싸고 있습니다. 이동할 수 있는 열 겹 스무 겹의 담처럼, 나는 반성하는 마음으로 깨끗하고 속 깊은 당신의 주위를 둘러치고 있는 것입니다.

당신의 요하네스

나의 코델리아!

옛날이야기를 함께 읽었지요. 어떤 소녀를 사랑하는 냇물의 이야기가 있었어요. 나의 마음도 당신을 사랑하는 냇물과 같습니다. 어떤 땐 조용하게 고여 있으면서 당신의 모습을 흔들림 없이 마음속 깊이까지 비칩니다. 또 어떤 땐 당신의 모습을 붙잡고, 다시는 당신을 놓치지 않으려고 마음의 파도가 미쳐 날뜁니다. 수면에 조용한 물결을 일으키면서 당신의 모습과 놀고 있을 때도 있고, 당신의 모습을 잃어버려 흐려진 물결에 절망할 때도 있습니다. 내 마음이 이렇습니다. 냇물처럼 당신을 사랑하는 것입니다.

당신의 요하네스

솔직하게 말해서 남달리 상상력이 활발하지 않다 해도, 편리하고 기분 좋은, 특히 자신의 신분에 넘치는 마차를 타고 가는 상상쯤은 누구라도 할 수 있으리라. 말 한두 필이 끄는 작은 마차라면 신이 좀 덜 나겠지만, 위급한 경우에는 그조차 황송하다. 잠깐 시골길을 걸어서 국도로 나간다. 마차를 타고 1마일쯤 나아간다. 아무도 만나는 사람이 없다. 2마일쯤 나아간다. 모든 것이 순조롭다. 안심이 되고 마음이 편안히 가라앉는다. 그렇게 마차에서 바라다보니, 주변의 경치가 보통 때보다 훨씬 잘 보인다. 이럭저럭 3마일쯤 왔을까.

이것 참 뜻밖이다. 이렇게 멀리 떨어진 국도에서 코펜하겐 사람을 만나다니. 틀림없이 코펜하겐 사람이다. 시골 사람이 아니다. 보기에도 어딘가 독특한 데가 있다. 태도가 꽤 절도 있어서 영리하게 품평을 해낼 것 같고, 사람을 조금 무시하는 것 같은 태도도 엿보인다. 이봐요, 아가씨, 당신 자리는 편한 자리가 아니군요. 마치 쟁반 위에 앉아 있는 것 같잖아요. 너무 평평한 마차라, 다리를 둘 곳이 없는 셈이군요. 그러나 바라신다면 내 마차라도 언제든지 빌려드리지요. 내 옆에 앉는 것이 싫지 않으시다면 훨씬 좋은 자리를 제공해 드리지요. 그렇게 하신다면, 마차를 완전히 당신에게 양보하고 나는 운전대에 앉아 기꺼이 목적지까지 당신을 모셔다드리겠습니다. 밀짚모자도 옆에서 보는 시선을 충분히 막을 수 없지요. 그렇게 고개를 숙여도 아무 소용이 없습니다. 나는 충분히 아름다운 당신의 옆얼굴을 감상할 수 있으니까요. 농사꾼이 나에게 인사해서 성가신가요? 그렇지만 농사꾼이 신사에게 인사하는 건 당연한 일이겠죠? 이제 당신은 도망갈 수 없어요. 참, 저기 선술집이 있군요, 여관도 있고. 농사꾼도 나름대로 신앙심이 지극하니 기도를 드릴 겁니다. 지금부터 내가 그 농사 지식을 상대해 줘야겠군요. 이래 봬도 내가 농사꾼들을 다루는 솜씨는 보통이 아니거든요. 타고난 재능을 가지고 있지요. 오, 바라건대 이 기회에 당신의 마음에도 들 수 있기를. 저 사나이는 나의 초대에 저항할 수 없을 테고, 응하기만 한다면 그 효과 또한 나타나게 마련이죠. 혹시라도 내가 그를 상대할 수 없게 되면 나의 하인이 해줄 거예요. 이렇게 해서 그는 술집에 들어가죠. 당신은 혼자 마차에 남아 있게 되고.

그런데 도대체 이 아가씨는 누구일까? 중류 계급의 딸일까? 아니면 목사의 딸일까? 그렇게 보기에는 아주 훌륭하고 옷차림도 멋있다. 목사라면 대단히 수입이 좋은 목사일 게다. 아니면, 혈통이 좋은 귀족 댁 따님인지도 모르지. 자기 집의 호화로운 마차를 타고 다니는 데 싫증이 나서 시골에 있는 별장으로 걸어서 가는 걸 수도 있지? 모험이라도 조금 해보려고 말이야. 있을 법한 일이다. 그런 이야기를 들어 본 적이 있기도 하니까. 그런데 저 농사꾼은 아무것도 모른다. 저 얼간이로 말하면 마시는 것밖에 모른다. 자 자, 어서 마시게. 실컷 마시란 말이야.

그런데 대체 내가 누굴 보고 있는 거지? 저건 틀림없는 예스페르센 양, 우리와 한동네에 사는 도매업자의 딸, 한시네 예스페르센이 아닌가. 확실히 우리는 아는 사이다. 언젠가 내가 브레드가데에 갔을 때 그녀를 만난 적이 있지. 마차 뒷자리에 앉은 그녀는 창문을 열 수 없었어. 그때 나는 안경을 쓰고, 그녀를 바라보고 있었거든. 그녀는 아주 불편한 자세였어. 마차 안은 사람들로 꽉 차서 옴짝달싹할 수도 없을 정도였으니, 아마 소리조차 지를 수 없었겠지. 지금 자세 또한 그때처럼 불편해 보인다. 우리는 서로 운명으로 이어져 있는 것 같다. 이것은 명백한 사실이다. 그녀는 낭만에 잘 빠지는 아가씨임에 틀림없다. 그렇기에 그녀는 스스로 이곳까지 뛰어나온 것이다.

아, 내 하인이 농사꾼과 함께 돌아왔군. 정신없이 취했구나. 뭐 저런 녀석이 다 있어, 형편없는 놈이로구나. 저 농사꾼들이라니. 하긴 이런 농사꾼보다 더 나쁜 인간도 있기는 하다. 그러니 내버려 두자. 자, 그런데 이것 참 곤란하게 됐는데. 드디어 당신은 싫어도 직접 말고삐를 잡게 됐어요. 정말 낭만 그 자체이지 않습니까?

나의 부탁을 받아들여 주시지 않는군요. 당신이 말고삐를 훌륭하게 잡을 수 있다니요? 나를 속이려고 해도 안 될걸요. 당신의 앙큼한 속셈을 나는 벌써 눈치채고 있답니다. 당신은 얼마쯤 앞으로 나아가다가 숲속에서 당신이 숨을 만한 곳을 발견하면 뛰어내리시려는 거죠? 내 말에 안장을 놓겠습니다. 말을 타고 당신을 따라가겠습니다. 어때요? 자, 나는 준비가 다 됐습니다. 이제 당신은 언제 습격을 받더라도 괜찮습니다. 뭐, 그렇게 무서워서 벌벌 떨 필요는 없어요. 그러시면 나는 돌아갈게요. 나는 다만 당신을 조금 불안하게 해놓고, 당신의 자연스런 아름다움을 더욱 돋보이게 하고 싶다는 생각뿐입니다. 당신은 잘 모르고 있을 테지만, 저 농사꾼을 취하게 한 사람은 나란 말입니다. 그러나 나는 당신을 모욕하는 것 같은 말을 한 적은 없습니다. 아니, 이제 곧 모든 일이 잘될 것입니다. 틀림없이 나는 이 일을 나중에 당신이 웃어넘길 수 있도록 해 보이겠습니다. 나는 다만 잠깐 당신과 이런 식의 일을 연출해 보고 싶었을 뿐입니다. 나를 아가씨들을 덮치는 그런 사람으로 보시면 안 됩니다. 나는 당신의 자유로운 친구입니다. 그리고 나는 내가 자유롭게 손안에 넣을 수 있는 것이 아니면, 절대로 상대하지 않는 성격이니까요.

이제 당신도 잘 알겠지요? 그렇게는 마차 여행을 계속할 수 없다는 것을. 나는 사냥을 가는 길입니다. 그래서 말을 타고 있는 것입니다. 내 마차는 말을 매어 술집 앞에 세워 놓았습니다. 당신이 명령만 하시면 당신이 원하는 곳으로 모셔다드리겠습니다. 유감스럽게도 나는 당신을 모셔다드리는 기쁨을 만끽할 수 없습니다. 나는 사냥 약속이 있어요. 사냥 약속이란 신성한 것이죠. 당신은 내 부탁을 받아 주시겠지요. 이로써 모든 일은 잘될 겁니다. 안 그래요? 앞으로 또 나와 만나는 일이 있더라도 당신은 조금도 난처해할 필요는 없습니다. 어떤 일이 있어도 당신답지 않게 난처해할 필요는 없단 말입니다. 당신은 이 일을 우스꽝스럽게 생각할 것입니다. 잠깐 웃기도 하면서 내 생각도 좀 하고요. 그 이상을 바라지는 않습니다. 당신은 그것만으로는 부족하다고 생각하실지 모르겠지만, 나로서는 그것으로 충분합니다. 이것은 그저 시작입니다. 그리고 나는 일의 시작에 매우 강하지요.

어젯밤 코델리아의 고모 집에서 조그마한 모임이 있었다. 코델리아가 뜨개질거리를 꺼내리라 생각했기에 나는 그 안에 짤막한 쪽지를 몰래 넣어 두었다. 그녀는 그것을 떨어뜨렸다가 다시 주워 들어 읽고는 생각에 잠겼다. 이런 식으로 사람은 언제든지 상황을 이용해야 하는 법이다. 이런 방법이 얼마나 유리한지 믿을 수 없을 정도다. 하찮은 쪽지라도 이런 상황에서 읽으면 그녀에겐 엄청난 의미를 주는 것이다. 그녀는 나와 이야기할 기회가 없었다. 어젯밤에 나는 어떤 부인을 집까지 모셔다드려야 되도록 일을 꾸며 놓았기에 코델리아는 오늘까지 기다릴 수밖에 없었다. 이런 것이야말로 그녀의 마음에 더욱더 깊이 스며들 수 있는 멋진 방법이다. 겉으로 보기에는 언제나 내가 그녀에게 신경을 쓰는 것처럼 보이기 때문이다. 여기에는 내가 어디에 있든 그녀의 생각 속에 들어가 그녀의 마음을 갑자기 습격함으로써 그녀를 놀라게 할 수 있다는 유리함이 있다.

사랑에는 독특한 변증법이 있다. 일찍이 나는 어떤 소녀를 사랑했던 적이 있다. 지난해 여름 드레스덴의 극장에서 나는 그녀로 착각할 정도로 비슷하게 생긴 배우를 보았다. 그래서 나는 그 배우와 가까워지고 싶다는 생각을 했다. 그 일은 잘되긴 했으나, 가까워지고 보니, 이 배우에겐 내가 사랑했던 그녀와 닮지 않은 점이 오히려 꽤 많음을 알게 되었다. 오늘 나는 그 배우를 생각나게 하는 부인을 거리에서 만났다. 이런 이야기는 언제까지나 계속할 수 있다.

내 생각은 곳곳에서 코델리아를 둘러싸고 있다. 내 생각을 마치 천사처럼 그녀의 주위로 보내는 것이다. 아프로디테가 수레를 타고 비둘기에 이끌려 가듯이, 나는 그녀를 개선 마차에 태우고, 천사의 날개를 단 내 생각을 마차 앞에 달아 그녀를 이끌어 나가는 것이다. 그녀는 기쁜 표정으로 거기 앉아 있다. 어린애처럼 만족한 듯한 그녀는, 신처럼 전능해 보인다. 나는 그녀를 따라 걸어간다. 정말이지 젊은 아가씨란 자연, 그리고 모든 인간 세상의 성체이다. 그것을 나만큼 잘 알고 있는 사람은 없다. 다만 이 위대함은 더없이 짧은 시간 동안만 계속된다는 점이 유감스럽다. 그녀는 나에게 웃음으로 인사를 한다. 그녀는 마치 내 누나나 된 것처럼 나에게 눈짓을 한다. 하지만 내가 나의 눈길로 그 인사에 응답하면 그녀는 자신이 내 애인임을 떠올리게 된다.

사랑에는 여러 단계가 있다. 코델리아도 진전을 보이고 있다. 그녀는 내 무릎 위에 앉아 그녀의 팔을 부드럽고 따뜻하게 내 목에 감은 채 내 가슴에 안긴다. 가벼워서 몸무게는 느끼지 못한다. 그 부드러운 몸은 내 몸에 닿지 않는 것처럼 느껴진다. 꽃과 비교할 수 있는 그녀의 우아한 모습이 나를 휘감는다. 리본의 거추장스러움은 전혀 느껴지지 않는다. 그녀의 눈은 속눈썹 뒤로 숨어 버리고, 그녀의 가슴은 눈처럼 눈부시게 하얗고 부드럽다. 만일 그녀의 가슴이 움직이지 않았다면 내 시선은 미끄러져 떨어졌을지 모른다. 가슴의 움직임은 무엇을 뜻하는 것일까? 사랑? 아마 그럴 것이다. 그것은 사랑의 예감이고 사랑의 꿈이다. 그러나 아직 활력이 부족하다. 그녀는 변모한 사람을 구름이 둘러싸듯(《마태복음》 17 : 1~5) 멀찍이, 약한 바람처럼 조용히, 꽃을 안을 때처럼 부드럽게 나를 포옹한다. 그녀는 하늘이 바다에 입맞춤하듯 어렴풋하게, 이슬이 꽃에 입맞춤하듯 부드럽고 상냥하게, 달빛에 입맞춤하듯 엄숙하게 나와 입맞춤한다.

　그녀의 이 순간의 정열을 나는 소박한 정열이라 부르고 싶다. 여기에서 만일 내가 방향을 바꿔 단호히 물러나기 시작한다면, 그녀는 온 힘을 다해 나를 붙잡으려 할 것이다. 그리고 이 목적을 이루는 수단으로서 그녀는 삶의 본능에 충실한 것만 갖고 있으며, 또한 그것이 이번에는 이제까지와는 전혀 다른 모습과 크기로 나타날 것이다. 그렇게 되면 그것은 그녀의 손안에 들어간 무기처럼 되고, 이 무기를 그녀는 나를 향해 들 것이다. 그러나 나는 그때쯤이면 반성을 할 줄 아는 정열을 손에 쥐고 있게 된다.

　결국 그녀는 자신을 위해 싸우는 것이다. 내가 삶의 본능에 충실한 것을 소유하고 있음을 그녀도 알게 되기 때문이다. 그녀는 나를 정복하고자 그녀 자신을 위해 싸우는 것이다. 그녀는 한층 높은 형식의 삶의 본능에 충실한 것으로 진전해야만 한다. 나는 내가 불을 붙여 그녀에게 느끼게 했던 것을 이번에는 나의 냉담성을 사용해 느끼게 하고, 그녀가 그것을 스스로 발견했다는 생각을 갖도록 하겠다. 그런 감정들을 거느리고 그녀는 나에게 달려들 것이다. 그녀의 대담성은 나를 넘어서게 되고, 따라서 나를 사로잡았다고 생각하게 된다. 그래서 그녀의 정열은 뚜렷한 형체를 취해 정력적이고 단호해져서 변증법다운 것이 된다. 그때 그녀의 입맞춤은 모든 힘을 다한 것이고, 그녀의 포옹은 완전해진다.

　그녀는 내 안에서 자기의 자유를 구한다. 그리고 내가 그녀를 꼭 껴안으면 안을수록 그만큼 많은 자유를 발견하게 된다. 그리하여 약혼이 깨진다. 이렇게 되었을 때 소동을 벌이거나 꼴사나운 짓을 하지 않기 위해 그녀는 얼마쯤 숨을 돌려야 한다. 그리고 그녀의 정열은 다시 한번 응집하게 되고, 그래서 그녀는 나의 것이 된다.

　전에 그 불쌍한 에드바르가 있었을 때, 나는 코델리아가 읽어야 할 책에 대해에둘러 조언을 해주었지만, 지금은 직접 조언해 주고 있다. 나는 내가 가장 좋은 것이라고 생각하는 신화와 옛날이야기를 그녀에게 읽도록 한다. 그러나 이 경우에도 그녀는 언제나처럼 자유롭다. 나는 그녀의 말을 한마디도 못 듣는 일이 없도록 귀를 기울여 그녀의 모든 것을 알아낸 다음 그녀가 알아 둘 만한 게 있으면 내가 먼저 문제를 제기한다.

하녀들은 여름이 되면 사슴 사냥터인 뒤레하운으로 놀러 가는데, 그녀들은 한 해에 한 번만 거기에 갈 수 있기 때문에 많은 것을 기대한다. 그런데 그 즐기는 방법은 대부분 매우 보잘것없다. 그래서 축제처럼 떠들썩하게 어깨걸이를 두르고 할 수 있는 데까지 꾸민 것이 도리어 추한 꼴이 되어 버린다. 그녀들의 떠들썩한 놀이는 난폭하고 볼썽사나우며 난잡하다. 도무지 말이 안 되는 일이다. 그래서 나는 프레데릭스베르 공원 쪽을 좋아한다. 일요일 오후가 되면 그곳의 모습은 고상하고 단정하며, 이때 하녀들의 놀이 또한 점잖고 품위가 있다. 일반적으로 하녀 계급들에게 흥미를 못 가진다는 남자가 있다면 그것으로 손해를 보는 쪽은 하녀들보다는 도리어 그런 남자들이다. 온갖 차림을 하고 있는 하녀 집단이야말로 정말 우리 덴마크의 가장 멋진 집단이다. 만일 내가 국왕이었다면, 무엇을 해야 할지 나는 잘 알고 있다. 나는 상비군의 열병식 같은 것은 행하지 않겠다. 만일 내가 수도의 서른두 사람의 시의원 중 한 명이라면, 즉시 공안위원회 설치를 제안해서 시찰도 하고 충고도 하고 경고도 하겠으며, 마땅한 포상을 주는 등의 온갖 방법으로 하녀들의 사기를 북돋울 것이다. 그래서 그녀들의 차림이 자기 취미에 맞는 풍류다운 것이 되고, 아주 세심하게 꾸민 것이 되도록 하겠다. 어째서 아름다움을 낭비해도 괜찮단 말인가? 어째서 아름다운 것을 일생 동안 한 번도 남의 눈에 띄지 않게 덮어 두어야 한단 말인가? 적어도 일주일에 한 번쯤은 빛을 보이고, 아름다움이 더욱 드러나게 해주어야 할 게 아닌가! 그러나 거기에는 무엇보다 풍부한 취미, 그리고 절제가 필요하다. 하녀가 숙녀 차림을 해서는 안 된다. 이 점에서는 《폴리티베넨》[46]의 주장은 옳지만, 존

---

46) Politivennen(정치의 벗)이라는 제명의 주간지로 1837년 발행의 86호 219면 이하에 또는 235면 이하에 다음과 같은 풍자의 글이 있다고 한다. "하녀들은 옛날이나 지금이나 같은 장소에서 볼 수 있다." 카스틸리오네(이탈리아 화가)의 그림과 같은 모습으로, 거기에서는 현대 하녀들의 복장을 다음과 같이 설명하고 있다. "귀부인용 외투, 모피 목도리, 거창한 모자, 회색의 메리노 양가죽 장화, 회색의 화려한 장갑."

경할 만한 동지가 그 주장에 대한 이유로 꼽고 있는 것은 전혀 불합리하다. 이렇게 해서 하녀 계급이 언젠가 바람직한 꽃을 피워 주기를 기대할 수 있다고 한다면, 그것은 이윽고 우리 딸들에게도 이로운 영향을 줄 수 있을 게 아니겠는가. 아니면 내가 이렇게 무적의 상대라고 할 만한 덴마크의 장래를 예견하는 것은 지나친 일이라고 할 것인가?

아무튼 다행히도 내가 그런 황금 시절을 살아서 누릴 수 있다면, 그 황금시대를 살았던 사람으로서 하루 종일이라도 마음 편히 큰 거리나 골목길을 쏘다니며 눈을 즐겁게 할 수도 있을 텐데. 나의 공상은 얼마나 멀리, 얼마나 대담하게, 그리고 얼마나 애국적인 공상으로 달려가는 것일까? 그래서 나는 프레데릭스베르 공원 쪽으로 달려가고 있다. 여기는 일요일 오후에 하녀들이 몰려오고 나도 가는 곳이다.

가장 먼저 농사꾼 딸들이 애인과 손을 잡고 온다. 또는 아가씨들끼리 손을 잡고 선두에 서면 그 뒤에 젊은 남자들이 뒤따라온다. 두 아가씨와 한 젊은 남자가 함께 오기도 한다. 그래서 이들은 하나의 집단을 이룬다. 그들은 정자 앞에 있는 크고 넓으며 네모난 광장에 모여 줄지어 서 있는 나무 아래에서 즐거운 듯이 앉기도 하고 서 있기도 한다. 그들은 건강하고 발랄하다. 다만 옷 색깔이나 피부색이 너무 강하다 싶을 정도로 대조된다. 뒤이어 윌란반도와 퓐섬에서도 아가씨들이 오고 있는데, 키가 크고 뚱뚱하며 골격이 조금 드센 듯하다. 옷차림도 약간 무관심한 편이다. 만일 위원회가 결성된다면 매우 바쁠 형상이군. 보른홀름섬의 지역 대표자 아낙들도 빠지지 않고 이곳저곳에 보인다. 그녀들은 요리는 잘하지만 부엌에서도, 프레데릭스베르에서도 가까이하기 힘들다. 그녀들의 태도는 거만하고 저돌적이다. 그래서 그들이 여기 와 있다는 것이 대조되는 효과가 없지는 않다. 그녀들이 여기 와 있지 않다면 나는 싫증이 나서 그녀들을 아쉬워할 것이다. 하지만 그렇다고 해서 내가 그녀들과 접촉하는 일은 절대 없다.

뒤이어 선발된 무리들, 즉 뉘보데르 아가씨들이 온다. 살이 통통한 작은 몸집에 부드러운 피부를 지녔다. 명랑 쾌활하고, 말괄량이에 수다스럽고 조금 짓궂은 데가 있는, 무엇보다 모자를 쓰지 않은 점이 특징이다. 차림은 귀부인 차림이라 해도 좋은 정도지만, 다만 두 가지만은 다른 점이 있다. 그들은 어깨걸이 대신 보자기를 쓰고, 모자도 없이 기껏해야 조그마하고 경쾌한 두건을 두르고 있다. 그녀들은, 모자 같은 것을 쓰지 않을 수 있다면 그것이 가장 바람직하다고 생각한다.

안녕하세요? 마리 씨. 이런 데서 뵙게 되다니 정말 오래간만입니다. 여전히 그 추밀원 고문관 댁에 계시는 겁니까? "네." 아, 그럼 편히 지내고 계시겠군요? "네." 혼자서 여기에 나오셨나요? 일행은 없습니까? 애인은 어디 있습니까? 그는 오늘 짬이 없었나요? 아니면 그가 오는 걸 기다리고 계십니까? 아니, 약속한 분이 안 계시다고요? 그럴 수가 없지 않습니까. 당신은 코펜하겐에서 가장 아름다운 아가씨이고, 게다가 추밀원 고문관 댁에서 일하고 있는, 아가씨들의 꽃이며 모범이고, 그처럼 품위 있게, 그처럼 아름답게 차려입을 줄 아는 아가씨인데요. 당신 손에 들려 있는 그 깨끗한 손수건, 참으로 예쁘군요. 가장 좋은 품질의 흰 모시가 아닙니까? 어떻습니까? 가장자리에 수를 놓았으니, 틀림없이 10마르크 이상 갈 것입니다. 여간한 귀부인이 아니라면, 그것을 가지고 있는 부인은 그리 흔하지 않습니다. 프랑스제 장갑, 명주 우산. 이런 아가씨에게 약혼자가 없다니, 그런 일이 있을 수 있어요? 옌스인지 하는 그 사람, 당신이 좋아하는 사람이었잖습니까? 어때요? 내가 잘 알지요? 저기 3층에 있었던 옌스. 그렇지요? 맞지요? 그런데 왜 당신은 약혼하지 않았나요? 옌스는 꽤 훌륭한 청년이었잖아요? 조건도 좋았고. 어쩌면 도매상의 주선으로 그동안에 순경이나 소방 공무원이 됐을 텐데요. 그리 안 좋은 상대는 아니었을 텐데. 그건 틀림없이 당신에게 책임이 있어요. 그다지 좋게 대하지 않았나 보군요. "아니에요, 그렇지 않아요. 옌스가 전에 한 번 어떤 아가씨와 약혼한 적이 있었는데, 그때 옌스가 그 아가씨에게 전혀 친절을 베풀지 않았다는 사실을 알게 되었어요." 아, 그랬군요. 그 옌스가 그처럼 나쁜 자식일 줄 미처 몰랐어요. 하긴 관리인들이란 믿을 만한 사람들이 못 돼요. 당신이 한 행위는 정당합니다. 당신 같은 아가씨가 닥치는 대로 아무 남자에게나 몸을 맡기신다면 정말 당치도 않은 일입니다. 틀림없이 곧 좋은 상대가 나타날 겁니다. 그건 내가 보장하겠습니다.

그런데, 율리아네 양은 잘 지내고 있습니까? 오랫동안 만나지 못했어요. 이봐요, 마리 씨, 마리 씨는 그녀의 소식을 알고 계실 텐데요. 자기가 실연해 본 적이 있으면, 다른 사람의 경우도 동정하게 되는 법이지요. 어째서 사람이 이렇게 많을까요? 여기에서는 당신과 그런 말을 할 수 없군요. 누군가 엿듣지 않을까 염려가 돼서요. 잠깐만요 마리 씨. 자, 여기가 좋군요. 이 나무 아랫길. 여기라면 나뭇가지가 엉켜 있어서 우리가 다른 사람의 눈에 띄지 않을 것입니다. 여기라면 사람의 말소리도 들리지 않습니다. 오직 음악 소리만이 조용하게 메아리치지요. 여기라면 내 비밀 이야기를 할 수 있어요. 정말 옌스가 그렇게 무뚝뚝한 사람이 아니었다면, 지금쯤 당신은 그 사람과 팔짱을 끼고 여기에 와서 저 즐거운 음악 소리에 귀 기울이고 있었을 텐데. 아니, 왜 그러시죠? 그렇게 침울해지시다니. 옌스의 일은 잊어버리세요. 나는 당신을 만나려고 여기까지 일부러 왔습니다. 당신의 얼굴을 보고 싶은 오직 한 가지 생각으로 고문관 댁을 번거롭게 여러 번 드나들었던 것입니다. 당신도 알고 있을 거예요. 내가 갔을 때 당신은 언제나 부엌 문 옆에 있곤 했습니다. 나는 당신을 내 것으로 만들겠습니다. 혼인 예고를 합시다. 내일 밤 나는 당신에게 모든 것을 설명하겠습니다. 뒤쪽 계단을 올라가면 왼쪽 문이 있는데, 그러니까 부엌문 건너편에 있는 문에서 만납시다. 그럼 안녕, 귀여운 마리 씨. 아무도 눈치채선 안 됩니다. 여기에 와서 나를 만났다고, 그리고 이런 말을 나누었다고 절대 말하지 마세요. 내가 한 얘기는 다 비밀이니까요.

정말 귀여운 아가씨다. 어떡하든 일을 벌이긴 벌여야겠다. 나는 먼저 그녀의 침실에 발을 들여놓은 다음 직접 혼인 예고문을 살뜰히 읽을 것이다. 나는 언제나 저 훌륭한 그리스의 자기만족 원리[47]를 배워 왔으니까. 그리고 무엇보다도 목사의 신세를 지지 않도록 노력해 왔다.

내 편지를 받은 코델리아를 뒤에 서서 볼 수 있다면, 얼마나 재미있을까 생각해 본다. 그렇게 하면 나는 그녀가 어느 정도 내 편지를 진정한 의미에서 삶의 본능에 충실한 것으로 생각하는지 쉽게 확인할 수 있으련만. 일반적으로 편지라는 것은 언제든지 젊은 여성에게 감명을 주는 매우 귀중한 수단이다. 글이라는 죽은 문자가 때때로 살아 있는 말보다 훨씬 커다란 영향을 끼치는 것이다.[48]

---

47) '무적'이나 '덴마크의 장래', '황금시대'라는 말은 그 무렵 그룬트비 운동의 표어로 곧잘 쓰이고 있었기 때문에 그것을 풍자해서 말하고 있는 것이다.

48) 그룬트비가 살아 있는 말의 힘, 즉 입으로 신앙 고백을 하는 전통이 가지는 힘을 역설한 것을 비판하듯이 비유하고 있는 것이다.

편지는 매우 이상한 전달 수단이다. 편지를 통하면 상황을 지배할 수 있다. 누군가가 상황 속에 같이 있는 데서 오는 압박감을 느끼지 않아도 된다. 그리고 젊은 아가씨는 오로지 자기 이상만을 안고 혼자 있는 것을 가장 좋아한다. 특히나 아가씨의 마음을 이상이 아주 강하게 움직이는 순간에는 더더욱 혼자 있고 싶어 한다. 예컨대 아가씨의 이상이 사랑하는 남자 속에 완전하게 표현되어 있다고 하더라도, 이상 속에는 현실이 가지지 못하는 어떤 위대한 것이 있다고, 아가씨들이 느끼게 되는 순간이 있는 법이다. 이 커다란 화해의 대축제[49]를 아가씨에게는 인정해 주어야 한다. 다만 아가씨가 그런 순간으로부터 피로에 지쳐 현실로 되돌아오는 것이 아니고, 강해져서 돌아올 수 있도록 그 순간을 정당하게 이용하도록 주의해서 보면 된다. 그리고 이럴 때야말로 편지가 필요하다. 편지는 이 거룩한 순간에 눈에는 보이지 않더라도 편지를 쓴 사람이 그 여자의 영혼에 참여하게 하면서, 한편으로는 그 사람이 현실 속의 인간임을 생각하게 해서 아주 자연스럽게, 그리고 쉽게 그녀를 현실로 옮겨 주기 때문이다.

나는 과연 지극한 사랑 때문에 코델리아를 질투하게 될까? 못마땅한 노릇이지만, "그렇다"고 할 수밖에 없다. 그러나 또 다른 의미에서는 "아니다"라고도 할 수 있다. 만일 내가 다른 사람과의 경쟁에서 이겼다 할지라도 그녀의 인품이 손상되어 내가 바라던 대로 되지 않았다면, 나는 그녀를 버릴 것이기 때문이다.

옛날 어느 철학자는 말했다. 자기가 체험하는 것을 남김없이 정확하게 기록해 두는 사람이 있다면, 그 사람은 자기도 모르는 사이에 철학자가 되어 있으리라고. 나는 이제까지 꽤 오랫동안 약혼한 사람들과 교제해 왔다. 그런 교제는 마땅히 어떤 열매를 맺게 마련이다. 그래서 나는 '입맞춤의 이론을 위해서—마음이 착한 모든 연인들에게 바친다'라는 제목의 책을 낼 수 있는 자료를 모아야겠다고 생각했다. 그런데 이상하게도 이런 문제를 다룬 책은 한 권도 없다. 그래

---

49) 〈레위기〉 23 : 27~28에 "일곱째 달 열흘날은 속죄일이니 너희는 성회를 열고 스스로 괴롭게 하며 여호와께 화제를 드리고 이날에는 어떤 일도 하지 말 것은 너희를 위하여 너희 하나님 여호와 앞에 속죄할 속죄일이 됨이니라"라는 기록에 나오는 '화제(火祭)'는 속죄의 제사를 암시하는 표현이다. 유대인의 중요한 제사로 그 내용은 16장에 상세히 나와 있다.

서 내가 이것을 완성한다면, 나는 여러 해를 두고 갈망해 오던 일을 해낸 것이다. 이렇게 이 방면의 문헌이 없다는 것은 철학자들이 이런 종류의 문제를 사색하지 않았기 때문일까, 아니면 이 종류의 문제에 정통하지 않았기 때문일까? 두서너 가지의 실마리라면, 나는 지금이라도 제공할 수 있다.

완전한 입맞춤에는 당사자가 아가씨와 남자여야 한다는 조건이 필요하다. 남자끼리의 입맞춤은 아무런 의미도 없다. 더욱 나쁜 점을 든다면 아무런 맛도 없다는 점이다. 다음으로 내 생각에 입맞춤은 여자가 남자에게 하는 것보다 남자가 여자에게 하는 편이 한결 그 입맞춤의 이상에 가깝다. 여러 해가 지나 남녀 관계가 냉담해져 버리면 입맞춤은 그 의의를 잃어버린다. 기혼자가 가정에서 하는 입맞춤이 바로 그런 경우인데, 부부들은 "자, 많이 드세요" 하고 냅킨 대신 입맞춤으로 서로의 입을 훔치는 것이다. 나이 차가 많은 경우의 입맞춤은 그 본래 이념 밖에 서 있다. 생각나는 것이 하나 있다. 어느 지방 학교의 최상급 학생들 사이에서 "법률 고문관과 입맞춤을 한다"는 독특한 말이 사용되고 있었는데, 이 말은 도저히 기분 좋다고 할 수 없는 관념을 담고 있었다. 여기에는 사연이 있다. 그 학교의 한 교사가 나이가 아주 많은 의붓오빠와 함께 살고 있었다. 그는 퇴직한 법률 고문관으로 벌써 노인이었지만 나이를 먹었다는 것을 구실로 삼아 주책없이 젊은 아가씨들과 함부로 입맞춤하려고 했다는 이야기다.

입맞춤은 정열의 표현이어야만 한다. 쌍둥이인 오빠와 여동생이 입맞춤을 하면, 참된 의미의 입맞춤이 아니다. 크리스마스 때 놀이로 하게 되는 입맞춤도 마찬가지이고, 자기도 모르게 당한 입맞춤도 그러하다. 입맞춤은 상징성을 띠는 행위로서, 만일 그 입맞춤으로 표현될 감정이 존재하지 않는다면, 아무런 의미도 없다. 그리고 이 감정은 특정한 사이에서만 존재할 수 있다.

입맞춤을 분류한다면 온갖 분류를 생각할 수 있다. 먼저 그 소리에 따라서 분류한다면 다음과 같다. 그러나 이 경우 유감스러운 것은 내가 관찰한 것을 나타내기에 충분한 언어가 없다는 사실이다. 세계의 모든 언어를 모아들인다 해도 내가 숙부 댁에서 본 그 다양한 입맞춤 소리를 표현하는 데 필요한 만큼의 의성어가 갖추어져 있다고는 도저히 생각할 수 없다. 어떤 때는 혀를 차는 듯 쩍쩍하는 소리, 어떤 때는 휙—하는 휘파람 소리, 어떤 때는 퍽—하는 소리, 어떤 때는 딱—하는 소리, 어떤 때는 쪽쪽거리고 빠는 소리, 어떤 때는 부풀어 오르는 듯한 소리, 어떤 때는 속이 텅 빈 듯한 힘 빠진 소리 등등.

다음으로 입맞춤의 접촉 면에서 분류할 수 있다. 서로 입술을 살짝 스치는 입맞춤, 혀가 왔다 갔다 하는 입맞춤, 달라붙어서 하는 입맞춤이 있다. 또 시간적인 면에서 보면, 짧은 입맞춤과 오랜 입맞춤 두 가지로 구분할 수 있다. 또 다른 분류 방법이 있는데, 이것이 사실 나의 뜻에 맞는 유일한 분류이다. 즉 첫 입맞춤과 다른 모든 입맞춤을 구별하는 분류다. 이 분류의 착안점은 다른 분류 방법의 그것과는 비교할 수 없다. 그것은 소리나 접촉 방식, 보통 의미에서의 시간 등과는 아무런 연관이 없다. 그래서 첫 입맞춤은 다른 모든 입맞춤과 질적으로 다르다. 여기까지 생각한 사람은 그리 많지 않다. 그런데 적어도 한 사람이라도 있어야지, 그런 생각을 하는 사람이 아주 없다면 참으로 유감이라 하지 않을 수 없다.

나의 코델리아!

좋은 답장은 달콤한 입맞춤과 같은 것이라고 솔로몬은 말했습니다. 아시다시피 나는 묻기를 좋아합니다. 그 때문에 나는 사람들의 비난을 받아 왔을 정도입니다. 그 비난은 내가 묻는 것을 사람들이 이해하지 못하는 데서 옵니다. 그것을 이해할 수 있는 사람은 당신뿐이니까요. 또 당신만이 대답할 수 있기 때문입니다. 그리고 당신만이 좋은 대답을 줄 수 있는 방법을 알고 있으니까요. 좋은 대답은 달콤한 입맞춤과 같은 것이라고 솔로몬도 말하고 있지 않습니까.

당신의 요하네스

정신적인 사랑과 육체적인 사랑에는 구별이 있다. 지금까지 나는 코델리아의 정신적인 사랑을 성숙시키는 데 한결 많은 힘을 기울여 왔다. 이제부터는 내가 육체적으로 눈앞에 있다는 것이 단순한 반주로써 기분을 조성해 내는 게 아니라, 뭔가 다른 결과를 가져와야 한다. 다시 말해 유혹하는 것이 되어야 한다. 나는 요 며칠 동안 계속해서, 《파이드로스》의 유명한 연애 대목[50]을 읽고, 준비를

---

50) 플라톤의 《파이드로스》에서 소크라테스가 연애에 대해 말하는 신화를 가리키고 있다. 《파이드로스》는 《향연》처럼 연애 자체를 주제로 한 대화편은 아니지만, 이 대목은 《파이드로스》 중에서 가장 뛰어난 부분일뿐더러 플라톤의 모든 사상을 대표하면서도 매우 웅대한 구상 밑

갖추어 왔다. 그 대목은 나라고 하는 인간의 모든 부분을 충전해 주는 굉장히 멋진 시초인 것이다. 과연 플라톤은 연애술에 정통하다.

나의 코델리아!

라틴 학자는 주의 깊은 학생을 가리켜 "그는 스승의 입술에 매달려 있다" 말합니다. 사랑에 있어, 모든 것이 상징입니다. 그 보답으로 상징이 이번에는 현실이기도 합니다. 이렇게 말하는 나야말로 부지런하고 주의 깊은 학생이 아닐까요? 그런데도 당신은 한마디도 말씀해 주시지 않는군요.

당신의 요하네스

만일 나 이외의 사람이 이런 사랑의 성장을 지도한다면, 그 사람은 아마 지나치게 현명해서 정작 자기 자신을 그렇게 끌고 가지는 못할 것이다. 만일 내가 약혼자들의 비밀에 대해 꽤나 잘 알고 있다는 사람에게 의견을 물어본다면, 아마도 그는 삶의 본능에 충실한 용감함에 격한 어조로 이렇게 대답할 것이다.

"나는 사랑의 온갖 모습에서 애인들이 자기들의 사랑에 대해 서로 이야기하는 클라드니도형[51]을 찾고 있지만, 그것이 보이지 않는단 말이야."

그럼, 나는 이렇게 대답하겠다.

"자네가 그것을 구하려고 노력해도 보이지 않는다니 정말 축하할 일이군. 그런 도형은 원래 선정성을 띠는 연애 범위 속에 있는 게 아니네. 그것이 아무리 흥미진진한 점을 포함하고 있더라도 말이야."

삶의 본능에 충실한 사랑은 지껄여 버리는 것만으로 만족하기에는 내용이 매우 충실한 것이다. 그것은 말이 없음이고 침묵이며 뚜렷한 윤곽을 가지고 있다. 그러면서도 멤논의 조각상이 들려주는 음악[52]처럼 감동을 주는 것이다.

에 사랑의 신화를 말하고 있는 것으로, 거기에 신적인 광기라고 일컬어지는 이른바 플라토닉 러브의 참모습이 선명하게 그려져 있다.

51) 수평으로 고정된 평판 위에 뿌려진 모래나 가루가 판의 진동에 따라서 진동하지 않는 부분에 모여 이루는 도형. 1787년에 독일의 물리학자 클라드니(Chladni)가 발견했다.

52) 멤논은 그리스 신화에 나오는 에티오피아 왕. 이집트의 테베에 있는 아멘호테프 3세의 거상은 멤논의 상이라고 생각되며, 이 상은 매일 아침 태양이 빛을 비출 때 어머니 에오스(새벽의 여신)와 인사를 주고받고, 이상한 악기 소리를 냈다고 전해지고 있다.

삶의 본능은 몸부림을 칠지언정 말하지 아니한다. 또는 그것이 말한다고 하더라도 그것은 수수께끼 같은 암시나 상징성을 띠는 음악에 지나지 않는다. 삶의 본능에 충실한 장면은 언제나 조소적(彫塑的)이거나 회화적(繪畵的)이거나 그 둘 가운데 어느 쪽이다. 그러나 약혼한 두 사람이 자기들의 사랑에 대해 이야기하는 것은 조소적이지도 회화적이지도 않다. 보통의 약혼자들은 하찮은 이야기로 시작해서 잡담으로 끝을 맺는 결혼 생활을 이어 나간다. 이 쓸데없는 잡담은 오비디우스가 "아내의 지참금은 불화의 근원이다" 말한 그 지참금의 시초이고, 그들의 결혼 생활도 지참금으로 이어질 것이라는 보증서이다.

만일 아무래도 이야기를 해야 할 경우에는 한쪽에서만 말하는 게 좋고, 또한 그 한쪽은 남자여야 한다. 남자는 아프로디테가 남자를 홀리는 수단으로 허리[53]에 감춰 두었던 여러 가지 힘, 즉 대화와 달콤한 속삭임, 애교 같은 것을 지니고 교묘히 파고들어야 한다.

그렇다고 삶의 본능에 충실한 사랑은 입을 다물고 있어야 한다든지, 대화가 삶의 본능에 충실한 것이라는 의미에서는 어울리지 않는다는 것은 결코 아니다. 이때는 다만, 대화 자체가 삶의 본능에 충실한 것이어야 하며, 인생의 가능성을 교환하는 듯한 생각과 연구 따위에 몰두해서는 안 된다는 말이다. 삶의 본능에 충실한 사랑에서 대화란 원래 삶의 본능에 충실한 행위로부터의 휴식, 기분 전환으로 받아들여야 하는 것이지 궁극의 것으로 받아들여서는 안 된다. 그런 대화, 그런 담소는 본질이 아주 신비하기에 나는 젊은 아가씨와의 대화에서는 결코 싫증을 내는 일이 없다. 나는 특정한 아가씨에게는 싫증을 느낄지도 모르지만, 젊은 아가씨와의 대화에서는 결코 싫증을 내는 일이 없다. 그것은 호흡에 싫증을 느끼는 것만큼이나 나에게는 있을 수 없는 일이다. 이런 대화의 본

---

53) 아프로디테의 허리띠(로마 신화에서는 베누스의 허리띠)라고 알려진 케스토스(cestos)를 말하는 것으로, 사람의 마음에 애정을 불러일으키는 여러 가지 장식이 붙어 있었다고 한다. 호메로스의 《일리아스》 14장 214~217에 다음처럼 서술되어 있다.
　　이렇게 말하니까, 아프로디테는 가슴으로부터,
　　아름답게 수놓은 가죽띠를 끌어 줬다.
　　기교를 다한 그 속에는 온갖 사랑의 매혹이 깃들어 있었다.
　　거기에는 애정도 있었고, 동경도 있었으며, 또 빈틈없는
　　지혜로운 사람의 마음도 방랑케 한다는 달콤하고 상냥한 요언도 있었다.

래 특징은 식물이 꽃을 피우는 것과 같아서, 대지에 뿌리를 박고 있으면서도 실제 대상을 가지지 않는다. 우연스러운 것이 그 운동의 법칙이다. 데이지(수많은 기쁨을 뜻한다)는 그 대화 자체의 이름이자 그것이 생산해 내는 것의 이름이기도 하다.

　나의 코델리아!
　'나의—당신의' 이 말은 하나의 괄호처럼 내 편지의 부족한 내용들을 둘러싸고 있습니다. 이 두 팔의 간격이 차츰 좁혀져 오는 것을 당신은 눈치채셨습니까? 아, 코델리아! 얼마나 멋지겠습니까! 이 괄호 안의 내용이 줄어듦에 따라 괄호가 가지는 의미는 더욱더 풍부해지는 것입니다.

당신의 요하네스

　나의 코델리아!
　포옹이란 싸움을 뜻하나요?

당신의 요하네스

　대부분 코델리아는 침묵을 지킨다. 나는 이 사실을 언제나 바람직한 일로 생각한다. 여자들은 일반적으로 계속 말을 이어 감으로써 사람을 괴롭히는 경향이 있으며, 앞서거나 뒤이어 나오면서 이야기의 경계를 지어 주는 자음처럼 남자의 경우도 그가 좀 여성스러울 때에는 이런 식의 화법을 피할 수 없다. 그러나 그녀는 신중한 여성이라 그런 식으로 다른 사람을 힘들게 하지 않는다. 하지만 때로 그녀의 입에서 나오는 짤막한 발언은 그녀가 얼마나 풍부한 사람인지를 잘 보여 준다. 그런 때 나는 그녀에게 힘을 더해 준다. 마치 위태로운 솜씨로 스케치의 선을 긋고 있는 사람 뒤에 서서 대담하고 원숙한 선을 그어 주는 사람과 같다. 그것을 보고 그녀는 스스로도 깜짝 놀라지만 어쨌든 자기의 힘이라고 생각한다. 그래서 나는 그녀 곁에서 그녀가 하는 모든 말들을 부주의해서 못 듣는 일이 없도록 주의한다. 그렇게 해서 내가 그녀에게 필요한 말을 되돌려 주면 그 말은 더욱 의미심장한 것이 된다. 그녀는 그것을 알고 있는 듯도 하고 모르는 듯도 했다.

오늘 우리는 모임에 갔다. 우리는 서로 한마디도 이야기를 주고받지 않았다. 모두들 자리에서 일어날 때쯤, 하인이 들어와 심부름꾼이 뵙기를 청한다는 말을 코델리아에게 전했다. 그 사람에게 심부름을 시킨 건 나다. 그는 한 통의 편지를 가지고 왔는데, 내가 자리에 앉아 있을 때 언급했던 편지였다. 코델리아는 나와 멀리 떨어진 곳에 앉아 있었지만, 나는 그녀가 들을 수 있도록 하면서도 이해하지 못하게끔 용의주도하게 그 말을 자리에 함께 앉아 있는 사람들과의 이야기 속에 섞어서 해두었다. 편지는 이런 상황을 계산에 넣고 썼던 것이다. 만일 내가 자리에서의 담화를 그런 방향으로 그럴듯하게 이끌어 갈 수 없었다면, 계획했던 시간에 내가 직접 심부름꾼에게 가서 그 편지를 돌려받아야 할 심각한 상황이 되었을 것이다. 그녀는 편지를 들고 방으로 되돌아왔다. 그리고 그녀는 내게 나쁜 뜻이 없는 순수한 거짓말을 할 수밖에 없었다. 이런 일은 비밀스런 이야기를 만들어 주고 또한 이런 비밀 없이는 그녀가 자신에게 주어진 길을 나아가게 할 수 없다.

나의 코델리아!
요정의 언덕에 머리를 올려놓은 자는 꿈에서 요정의 얼굴을 본다고 하는데, 당신은 그것을 믿으십니까? 난 모르겠습니다. 그렇지만 내가 당신의 가슴에 머리를 기대고 눈을 떠 쳐다보면 나에게는 천사의 얼굴이 보인다는 것은 알고 있습니다. 요정의 언덕 위에 머리를 기대고 있는 사람은 편안히 누워 있을 수가 없다고 합니다만, 당신은 그것을 믿습니까? 나는 그렇지 않습니다. 그렇지만 내 머리가 당신의 가슴에 안길 때는 무척 감동하여 잠이 내 머리 위로 내려와 주지 않는다는 것을 나는 알고 있습니다.

당신의 요하네스

주사위는 던져졌다(카이사르의 말). 바야흐로 전환이 이루어져야 한다. 나는 오늘 그녀가 있는 데로 갔지만, 내 머리는 어떤 생각에 사로잡혀서 그 일만을 생각하고 있었다. 나는 그녀를 보는 눈도, 그녀의 말을 들을 귀도 가지고 있지 못했다. 그 생각이라는 것은 흥미로웠다. 그리고 바로 그것이 그녀를 사로잡았다. 만일 그녀의 눈앞에서 냉담한 태도를 취하는 것으로 새로운 작전을 시작한다고 하면 그건 틀린 방법이다. 내가 지금 여기에서 사라지고, 그녀의 마음을 더는 붙들지 못하게 된다면, 그제야 그녀는 곧 나의 태도가 보통 때와 달랐다는 것을 알게 된다. 그녀가 혼자 남아서 내 태도의 변화를 발견한다면 그녀는 그만큼 괴로울 것이고, 그 영향은 완만하기는 하지만 더 깊이 마음속에 꽂힐 것이다. 그녀는 즉시 불만을 털어놓음으로써 기분을 전환할 수는 없으리라. 나중에 그럴 기회가 왔을 때 그녀는 이미 이것저것 생각을 많이 했기에 도저히 한꺼번에 이야기할 수는 없다. 언제나 뒤에 의혹의 응어리가 남는 것이다. 불안은 더해가고 편지는 오지 않는다. 따라서 삶의 본능에 충실한 영양분은 부족해진다. 사랑은 우스꽝스러운 짓처럼 비웃음거리가 된다. 아마도 그녀는 잠깐 동안은 참고 견딜 것이다. 그러나 오래 견디지는 못할 것이다. 그래서 그녀는 내가 그녀에게 쓴 방법과 같은 방법으로, 즉 삶의 본능에 충실한 것으로 나를 사로잡으려 할 것이다.

약혼을 파기하는 것에 관한 한 아무리 어린 아가씨라도 모두 위대한 궤변가이다.[54] 이 문제에 대해서는 학교에서 별도로 강의가 있는 것은 아니지만, 어떤 경우에 약혼이 파기돼도 좋겠느냐는 문제가 나온다고 하면, 여자들은 모두 참으로 뛰어난 답을 가지고 있다. 사실 이 문제는 마지막 학년 시험에 나와도 좋은 문제이다. 학교에서 쓰는 논문이 아주 단조로운 것임을 나는 알고 있다. 그러므로 이런 문제를 출제한다면 문제 그 자체가 영리한 소녀들의 생각을 넓게 열어 주어 온갖 견해를 펼칠 수 있게 해주리라고 나는 굳게 믿는다. 어째서 젊은 아가씨에게 그 총명함을 현란하게 발휘할 수 있는 기회를 주어서는 안 된다는 것일까? 그렇게 하면 젊은 아가씨는 자기가 약혼을 할 수 있을 정도로 성숙해 있음을 나타낼 수 있는 기회를 얻는 셈이 아닐까?

나는 일찍이 매우 흥미 있는 경우를 맞닥뜨렸던 적이 있다. 내가 기회 있을 때마다 방문하곤 하는 어떤 가정에서, 어느 날 어른들은 외출하고 젊은 두 딸이 친구들을 집에 불러 오전 다과 모임을 열고 있었다. 모두 여덟 명이었다.

아가씨는 하녀에게 외출 중이라고 말하라는 지시를 내린 모양이었다. 열여섯 살부터 스무 살 또래의 그녀들은 방문객이 있으리라곤 생각지도 못한 것 같았

---

54) 양심의 문제나 도덕의 문제를 해결하려 할 경우, 사회 관습이나 법, 또는 교회·성전의 율법 등에 따라 하려는 학문상의 태도를 취하는 사람이라는 뜻.

다. 그래도 나는 집 안으로 들어갔다. 그녀들은 잠시 깜짝 놀라 어쩔 줄 몰라 했다. 이 여덟 소녀들이 장엄한 종교회의에서 대체 무엇을 의논하고 있었는가를 신 말고는 아무도 모른다. 결혼한 부인들도 때때로 이런 모임을 가지지만, 그때 그녀들은 목회 신학을 논한다. 특히 토론의 대상이 되는 중요한 문제는 하녀를 혼자 시장에 보내는 데는 어떤 경우가 가장 좋을까, 푸줏간에서 고기를 살 때 외상으로 사는 것이 좋은가 현금으로 사는 것이 좋은가, 하녀에게 정부가 있다는 소문은 사실인가 아닌가, 그 정부가 찾아와서 제때 식사 준비하는 것을 방해하지 못하도록 막기 위해서는 어떻게 해야 하는가 등등이다.

나는 이 멋진 모임에 참석할 수 있었다. 완연한 봄이 오려면 아직은 조금 멀었지만, 태양은 찬란하게 빛나고 있었다. 그 빛줄기는 봄이 오고 있음을 알리는 전령과도 같아 보였다. 방 안은 모든 것이 겨울풍이었다. 그래서 비쳐 들어오는 햇빛 한 줄기 한 줄기가 봄이 올 것을 더욱 확실히 알려 주고 있었다. 탁자 위는 커피 향기가 그윽했다. 모여 있는 쾌활하고 건강한 젊은 아가씨들은 활짝 핀 꽃처럼 아름다웠고 떠들썩하게 웃으며 즐기고 있었다. 그녀들이 흔히 갖는 불안은 곧 가라앉아 버렸기 때문이다. 게다가 젊은 아가씨들이 특별히 신경 써야 할 것이 뭐가 있단 말인가?

그녀들은 꽤 많았다. 나는 어떤 경우에 약혼이 파기되어도 상관이 없을까라는 문제에 그녀들이 관심을 돌리게 함으로써 이야기의 방향을 바꿀 수 있었다. 내 눈은 이 아가씨들 무리 속을 이 꽃에서 저 꽃으로 날아다니며, 여기에서는 이 아름다움을 저기에서는 또 다른 아름다움을 즐겼다. 그러면서도 나의 귀는 그녀들의 음악 소리 같은 말의 연주를 하나도 빠뜨리지 않고 듣고 있었다. 그리고 한마디의 말로도 아가씨의 마음과 경험을 깊이 꿰뚫어 볼 수 있었다. 사랑의 길이란 얼마나 큰 유혹인지 모른다. 그 길을 아가씨들이 저마다 어디까지 가 있는지 알아보는 것은 또 얼마나 흥미로운 일인지! 나는 계속 분위기를 유쾌하게 만들었다. 재기 발랄함과 기지, 심미적인 객관성, 그것들이 서로 모여 그 자리의 분위기를 허물없이 만들었지만, 어떤 것도 엄격한 예의범절의 범위를 벗어나지는 않았다. 그렇게 해서 우리는 편안한 마음으로 대화를 나누는 데 흥미를 느끼며 들떠 있었다. 그러나 거기에는 단 한마디로 이 선량한 아가씨들을 당혹하게 만들 수 있는 가능성이 깃들어 있었다. 그 가능성은 내 손안에 있었다. 아가씨들은 그것을 몰랐고 예감하지도 못했다. 편한 마음으로 대화를 즐길 수 있음으로 해서 그 가능성은 순간순간 억눌렸다. 그것은 마치 셰에라자드(《아라비안나이트》에 나오는 술탄의 왕비)가 이야기를 계속함으로써 사형 선고를 미루었던 일과 같은 것이었다.

나는 어떤 때는 대화를 애수의 극한까지 이끌어 가고, 때로는 제멋대로 날뛰며 돌아가게 내버려 두었으며, 또 어떤 때는 변증법과도 같은 놀이에 끌어들였다. 어디를 찾아보아도 약혼 파기라고 하는 문제만큼 복잡한 내용을 포함하는 것은 없다. 나는 계속 새로운 주제를 내놓았다.

나는 잔인한 부모님의 강권에 못 이겨 약혼을 파기하기에 이른 아가씨 이야기를 꺼냈다. 이 불행한 갈등의 이야기를 듣고 그녀들은 눈물을 흘렸다. 나는 또 두 가지 이유로 약혼을 파기한 남자 이야기를 들려주었다. 그 두 가지 이유란, 남자에게는 아가씨의 키가 너무 크다는 것이요, 여자에게는 그가 사랑을 고백했을 때 그녀 앞에 무릎을 꿇지 않았다는 것이었다. 그런 것들은 도저히 충분한 이유로 인정할 수 없다고 내가 이의를 제기했더니, "아니 내 목적을 이루기 위해서는 그것만으로 이유가 충분합니다. 왜냐하면 거기에 대해 사리에 마땅한 대답을 할 수 있는 사람은 없기 때문입니다"라고 대답했다는 이야기도 해주었다.

나는 한결 더 곤란한 경우도 들어서 여러 사람에게 생각해 보라고 부탁했다. 어느 젊은 아가씨가 상대편과 맞지 않는다고 확신하기에 이르러 약혼을 취소한 이야기였다. 상대 남자는 자기가 그녀를 얼마나 극진히 사랑하고 있는가를 보여 줌으로써 그녀를 되돌아오게 하려고 애썼다. 그랬더니 그녀는 이렇게 말했다. 우리가 맞아서 진정한 공감대가 있었다고 한다면, 당신은 우리가 맞지 않음을 느꼈을 거예요. 반대로 우리가 서로 맞지 않았다고 한다면 당신은 우리가 맞지 않음을 또한 느꼈을 거예요. 그 귀여운 아가씨들이 이 수수께끼 같은 이야기를 이해하려고 골치를 썩이는 모습이 정말 우스웠다. 그러나 그녀들 가운데 이 이야기의 의미를 훌륭히 이해한 사람이 한두 명 있음을 나는 확실히 알았다. 생각건대 약혼을 파기하는 문제에 관한 한, 젊은 아가씨는 누구나 본디부터 타고난 궤변론자다.

나는 정말 그렇게 생각하지만, 어떤 경우 약혼을 파기해도 좋으냐의 문제는 젊은 아가씨를 상대하기보다 차라리 그 악마 같은 남자와 의논하는 편이 훨씬 편할 것이다.

오늘 나는 그녀와 함께 있었다. 온갖 생각들이 머릿속을 스쳐 지나갔다. 나는 어제 내가 그녀를 열중하게 했던 것과 같은 문제를 화제에 올려 또다시 그녀의 마음을 사로잡으려고 시도했다. "어제 말하려고 했는데 잊어버렸습니다. 헤어지고 나서야 생각이 났어요." 이 말은 바로 효과를 드러냈다. 내가 그녀 곁에 있는 동안 그녀는 내 말을 아주 즐겁게 들었다. 그러나 내가 떠나면 그녀는 자기가 속았음을, 그리고 내가 변했음을 눈치채게 된다. 이렇게 해서 나는 내 것을 취한다. 이 방법은 모든 에두른 방법이 그렇듯이 교활하긴 하지만, 효과는 크다. 내가 화제에 올리는 사항이 나를 열중시킨다는 사실을 그녀는 알기 때문에 순간적으로 그녀 자신도 흥미를 느끼고, 나는 그사이에 그녀에게서 진실로 삶의 본능에 충실한 것을 빼앗아 오는 것이다.

그들이 나를 미워하면 그들은 나를 두려워하게 될 것이다. 마치 공포와 증오만이 짝을 이루고 공포와 사랑은 서로 아무런 관계도 없어 보이지 않는가? 사랑을 더욱 흥미롭게 하는 것은 두려움이 아닌 것처럼 여겨지지 않는가? 우리가 자연을 껴안을 때 그 사랑은 어떤 사랑일까? 그 사랑 속에는 이상한 불안과 전율이 있지 않을까? 자연의 아름다운 조화는 무법칙성과 심한 혼란 속에서 이루어지고, 그 불안정으로부터 인정을 얻기 때문이다. 사랑을 흥미롭게 만드는 한, 사랑 또한 마찬가지이다. 불안이야말로 무엇보다 사람의 마음을 매혹한다. 사랑의 배후에는 깊은 불안이 넘실대는 밤이 가득 차 있다. 그리고 그 밤으로부터 사랑의 꽃이 피어난다. 이를테면 수련은 물 위에 편히 기대어 꽃을 띄우고 있지만, 떨어진다고 생각만 해도 섬뜩한 깊은 어둠 속에 그 뿌리를 뻗고 있다.

그녀가 나에게 편지를 쓸 때는 언제나 내 이름 앞에 '나의'라는 말을 붙여 부른다. 그렇지만 얼굴을 마주 대할 때는 그 말을 입 밖에 내지 않는다. 나는 이 사실을 잘 알고 있다. 용기가 없는 것이다. 오늘 나는 될수록 애교를 부리는 듯한 태도로, 또 가능한 한 삶의 본능에 충실하면서도 따뜻하게 그녀에게 '나의 요하네스'라고 불러 달라고 말했다. 그녀는 그렇게 말하려고 했다. 그러나 입보다도 빠른 그녀의 눈이, 순식간에 내게 비꼬는 시선을 보냈고, 끝내 그녀는 그 말을 하지 못했다. 나의 입술은 있는 힘을 다해 그녀에게 재촉했지만, 늘 이런 식이다.

그녀는 나의 것이다. 세상의 관습이긴 하지만, 나는 나의 이 비밀을 별들에게 말하지 않는다. 저렇게 멀리 떨어져 있는 별들이 내 말을 듣고 얼마쯤의 관심을 보여 줄 것인지 나로서는 잘 모른다. 또 나는 인간들에게도 말하지 않는다. 코델리아에게도 말하지 않는다. 나는 이 비밀을 내 가슴속에 간직하고, 나 자신에게만 속삭여서 나 자신과 비밀스러운 대화를 나눈다. 코델리아가 시도하는 저항은 그다지 크지는 않았지만, 대신 삶의 본능에 충실한 그녀의 힘은 놀랄 만했다. 이 깊은 정열에 타는 그녀의 흥미는 얼마나 위대할까! 초자연적이라 할 만하다! 뒤로 그녀는 얼마나 빨리 몸을 돌려 쫓아오는 사람의 손으로부터 능숙하게 몸을 피하는지. 무방비한 점을 발견하면 얼마나 부드럽게 숨어 들어가는지! 모든 것이 감동에 떨고 있다. 원시적인 이 힘의 소용돌이 속에 있을 때야말로 나는 나의 본령에 가까워진다. 그녀는 이 격동 속에 있으면서도 결코 볼썽사납지 않고, 리듬을 흩트리지 않으며, 요소요소에 조금도 멈춤이 없다.

그녀는 언제든지 아나디오메네(아프로디테)[55]와 같다. 오직 다른 점은 그녀가 소박하지만 우아하고, 의젓하게 마음을 가라앉혀 떠오르지 않은 채 사랑의 강한 맥박에 흔들리고 있다는(게다가 통일과 균형을 유지하면서) 것이다. 그녀는 삶의 본능에 충실한 무장을 완전히 갖추고 전투에 대비하고 있다. 그녀는 눈의 화살, 눈썹의 지휘, 이마의 비밀, 가슴의 웅변, 포옹의 위험한 유혹, 입술의 애원, 불의 미소, 온몸의 달콤한 동경을 무기로 삼아 싸우는 것이다. 그녀 속에는 그녀를 발키리[56]라고 생각하게 하는 에너지가 있다. 그러나 이 삶의 본능에 충실한 힘의 충만은 또한 그녀를 감싸고 있는 어떤 무기력함과 어우러지고 있다. 너

---

55) Anadyomene는 '바다에서 떠오르는 베누스'를 뜻하는 그리스어. 사랑과 미의 여신인 아프로디테를 말한다. 바닷물의 거품에서 생겼다는 것에서 비롯된 이름이다.

56) Valkyrie는 북유럽 신화에서 주신(主神)인 오딘을 섬기는 무장한 처녀들. 용감한 전사자의 영혼을 천계(天界)로 이끄는 역할을 한다.

무 오래도록 이 절망에 그녀를 세워 두어서는 안 된다. 다만 불안과 초조만이 그녀를 이 절정에 서 있게 하고 떨어지는 것을 막아 줄 수 있다. 그녀는 이런 감동에 비해 약혼은 너무나 부자유스럽고 거북한 것임을 곧 느끼게 될 것이다. 그래서 그녀 스스로 유혹자가 되어 내가 보편의 한계를 뛰어넘도록 나를 유혹할 것이다. 그녀는 이렇게 자신을 의식하게 되고 그것이야말로 나의 목적이다.

요즘 들어 약혼에 싫증이 났다는 뜻의 말이 그녀 입에서 흘러나오고 있다. 나는 아주 관심 있게 듣는다. 그런 말은 그녀의 마음속에 몰래 숨어 들어가 있는 내가 보낸 감시자이다. 감시자들은 그녀의 말을 통해 내게 눈짓을 보낸다.

즉 그런 말은 내가 내 계획 안에 그녀를 짜 넣은 실꾸러미의 끝자락이다.

나의 코델리아!

당신은 약혼을 후회하고 있습니다. 우리의 사랑에는 그런 외면적인 유대 따위는 필요 없습니다. 방해만 될 뿐입니다. 정말이지 나는 당신에게 감탄하고 있습니다. 우리의 외면적인 결합은 도리어 우리를 가르는 칸막이 외에는 아무것도 아닙니다. 우리 사이에는 아직 피라모스와 티스베[57]를 격리시켰던 벽이 있습니다. 또 세상 사람들이 우리 사이를 알고 있다는 게 방해하고 있습니다. 자유는 그 반대쪽에 있습니다. 남이 그 사랑을 눈치채지 못하고 있을 때야말로 사랑은 의의를 가질 수 있습니다. 사람들이 이 애인들은 서로 미워하고 있다고 생각할 때에만 사랑은 행복한 것입니다.

당신의 요하네스

곧 약혼의 인연은 끊어지고 말리라. 그녀 스스로가 이 끈을 풀어 버리고 싶어 한다. 끈을 풀어놓은 머리카락이 묶어 놓은 머리카락보다 강하게 휘날리며 얼굴에 달라붙듯이 그녀는 약혼이라는 끈을 풀어 나를 더 강렬하게 붙들어 매려는 것이다. 그런데 만일 내 쪽에서 약혼을 파기한다면, 보기에 너무도 유혹적인, 정녕 대담한 그녀 마음의 확실한 징조인 그 아슬아슬한 삶의 본능에 충

---

57) 오비디우스가 지은 《변신 이야기》에 나오는 바빌로니아 설화. 비극적 사랑의 대명사.

실한 도약을 나는 보지 못하게 된다. 이 죽음의 도약이야말로 내가 목적하는 것인데 말이다. 그뿐이랴. 약혼 파기라는 그 사건 자체 때문에 세상 사람들은 나를 처세에 문제가 있는 사람으로 생각하여 불쾌하게 받아들이게 될 것이다. 나는 형편없이 매도되고, 증오받고, 혐오받게 될 것이다. 그러나 그것은 당치도 않다. 왜냐하면 내가 약혼을 파기하면, 사람들은 많은 이익을 얻게 되기 때문이다.

세상에는 약혼은 하지 않으면서도 약혼할 단계에 이르면 그것만으로 좋게 여기고 만족해하는 귀여운 아가씨들도 얼마든지 있다. 하긴 그것만으로도 괜찮을지 모른다. 그러나 명백하게 말하면 그것만으로는 많은 손해를 입게 된다. 그 이유는 이런 식으로 자신을 밀어 후보자 명부에 올리려고 할수록 점점 더 미래에 대한 가능성이 없어져 버리기 때문이다. 그래서 그녀가 발돋움하면 할수록, 서두르면 서두를수록 가능성은 점점 줄어들게 된다. 사랑의 세계에서는 승진이나 등용에서 선임자의 특권이라는 원칙이 통용되지 않는다. 게다가 그런 귀여운 아가씨들은 유산을 그대로 지키고 사는 방식의 생활을 좋아하지 않는다. 그녀들에게는 어떤 사건 때문에 생활이 자극받는 일이 필요하다. 거기에 실연만큼 좋은 것은 없다. 게다가 그녀가 사건 전체를 대수롭지 않게 여길 수 있다면, 더욱 각별하다 할 것이다. 그렇게 되면 자기 자신을 속아 넘어간 사람들 중 하나인 듯이 생각한다. 또 이웃 사람들도 그렇게 여겨 그녀는 타락한 여성들을 수용하는 곳에 들어갈 수 없게 된다. 그 바람에 그녀는 비탄에 빠진 사람이 되어 그 옆에 방을 하나 얻어 눈물만 흘리는 것이다. 그래서 사람들은 으레 나를 미워하게 된다.

또 상대하던 남자로부터 완전히 기만당했다든지, 4분의 3만 속았다든지 하는 아가씨들의 무리도 있다. 속은 정도를 보면, 약혼반지를 받았기에 그것을 내세울 수 있다는 아가씨들을 비롯해서 춤을 추며 남몰래 손을 꼭 잡았다는 아가씨에 이르기까지 단계는 여러 가지다. 그녀들의 옛 상처는 다시 입을 벌리고 새삼스럽게 아프기 시작한다. 그래서 나는 그녀들의 증오까지 경품처럼 받게 된다. 그러나 이렇게 증오하는 이들도 나의 비참한 마음에는 다른 은밀한 연인들과 똑같다.

국토를 가지지 못한 국왕이 있다면, 매우 우스꽝스러울 것이다. 하지만 오합

지줄들이 땅 없는 왕국의 왕위를 얻으려고 왕위 계승 전쟁을 하는 데 이르러서는 우스꽝스런 정도를 넘어선다. 그런 까닭에 나는 전당포[58]처럼 여성으로부터 사랑받고 위로받게 될 것이다. 현재 약혼 중인 남자는 오직 한 여자에게만 신경을 써야 한다. 그러나 약혼을 취소하고 광범위한 가능성이 열리면 꽤 많은 여자를, 즉 아무리 많은 여자라도 신경 쓸 수 있다. 코델리아가 약혼을 취소하면, 나는 참으로 짓궂은 모든 말썽에서 벗어나 보란 듯이 아주 새로운 역할을 연출할 수 있는 유리한 처지에 놓인다. 젊은 아가씨들은 나 때문에 슬퍼하고 나를 동정하고 나를 위해 탄식해 줄 것이다. 나는 그 리듬에 자신을 맞춘다. 그렇게 하면 나는 또 횡재할 수 있다.

참 이상한 일로, 나는 요즘 이 일 때문에 몹시 괴로운데, 호라티우스가 성실하지 못한 모든 아가씨들에게 주길 바랐던 숨길 수 없는 표지,[59] 다름 아닌 검은 이가, 그것도 앞니가 나에게 생긴 것이다. 그렇더라도 어찌 이토록 미신처럼 될 수 있단 말인가! 이 검은 이가 완전히 내 마음을 뒤흔들어 놓고 만 것이다. 나는 이 이에 대한 일을 조금이라도 생각나게 하는 것은 참을 수 없다. 그것이 내가 지닌 약점이다. 그 밖의 점에서 나는 완전히 무장하고 있지만, 이 점에서만은 무장이 해제된 상태이다. 아무리 힘없는 자가 이 검은 이에 조금만 손을 댄다 해도 그는 자신이 믿을 수 없을 만큼 심한 충격을 내게 줄 수 있다. 나는 이를 희게 하고자 온갖 수단을 다 써보았다. 그러나 소용이 없었다. 나는 팔나토케의 말로 이를 대신한다.

날이 새도, 날이 저물어도 문질러 보지만,
저 검은 그림자는 지워지지 않도다.[60]

---

58) 공익전당포와 비슷한 것. 국가가 운영하는 전당포가 코펜하겐에 있었는데, 그 무렵 자선 시설로서 시민들에게 환영받았다고 한다.

59) 호라티우스 《송시(Odes)》(II. 8.)로 바리네(Barine)라고 한다(이 이름의 유래는 분명하지 않다. 바리움이라는 낱말에서 비롯되어, '도시의 아가씨'란 뜻으로 쓴 것이 아닐까 추측할 뿐이다).

60) 덴마크 작가 욀렌슐레게르의 희곡 《팔나토케》 제5막 제2장에서 팔나토케가 방패에 슨 녹을 문질러 벗기면서 하는 대사.

인생은 얼마나 터무니없는 수수께끼 속에 싸여 있는 것일까! 이런 사소한 일이 어떤 위험한 공격이나 어떤 괴로운 처지보다 더 나를 괴롭힐 수 있으니 말이다. 나는 그 이를 뽑아 달라고 할 참이지만, 뽑고 나면 내 기관, 내 목소리의 마력이 손상된다. 그래도 나는 뽑아 달라고 할 생각이며, 그다음에는 가짜 이를 해 넣을 생각이다. 가짜 이는 세상을 속이는 것이지만, 검은 이는 나 자신을 속이는 것이니 말이다.

코델리아가 약혼을 불쾌하게 여기는 것은 아주 멋진 일이다. 결혼이란 존경할 만한 제도이며 또 앞으로도 그럴 것이 틀림없다. 그러나 결혼은 나이가 들면 갖게 되는 명예를 이미 젊은 시절에도 즐길 수 있다는 점에서 따분한 데가 있다. 이와 달리 약혼은 온전히 인간의 발명이고, 그래서 매우 의의 있는 것이기도 하지만, 동시에 또 무척 우스꽝스럽기도 하다. 따라서 한편으로는 정열의 소용돌이 속에 있는 젊은 아가씨가 약혼을 무시한다 해도 그것은 매우 마땅하다. 또 한편에선 약혼의 의의를 생각하고, 마치 피가 몸 구석구석까지 돌아다니듯 자신의 마음의 에너지가 온몸에 맥박 치고 있음을 약혼으로 느낀다고 하더라도 짐짓 당연한 것이다.
중요한 점은, 그녀를 잘 이끌어서 대담한 비상을 통해 그녀가 결혼이나 현실이라는 육지를 버림으로써, 나를 잃는 것을 두려워하는 것에 어울리는 자존심을 가지고, 불안한 인간의 모습을 깨뜨리고 일상적인 인간보다 한층 더 높은 그무엇으로 나아가도록 하는 것이다. 이 점에서는 나는 아무것도 걱정할 필요가 없다. 왜냐하면 그녀의 삶의 행로는 이미 공중에 뜬 아주 경쾌한 존재가 되어 현실의 대부분을 잃고 말았기 때문이다. 그뿐만 아니라 나는 벌써 그녀의 배를 함께 타고 있고, 언제 어느 때라도 돛을 올릴 수 있으니 말이다.

여성은 나에게는 고찰할 점이 끝없이 있는 소재요, 영원히 넘치는 관찰 대상이다. 그것은 앞으로도 영원히 그럴 것이다. 여성을 연구하고자 하는 욕망을 느끼지 못하는 사람은 이 세상에서 자신이 바라는 자는 될지언정 완전한 인간은 되지 못한다. 다시 말해 그런 사람은 아름다움을 찾고자 하는 사람은 아니다. 미학이 아름다운 것에만 관계됨은 미학의 영광이며, 미학이 신성함을 지녔다는 증거이다. 미학은 본질적으로 문학과 여성만 문제 삼는다. 이 사실을 생각하면 나는 즐겁고 기쁘다. 여성의 아름다움이라는 태양은 한없이 다양한 광선을 내뻗쳐 언어의 흩어짐(《창세기》)처럼 퍼지고 여성은 저마다 그 흩어진 광선의 일부, 즉 여성 전체의 일부분을 갖고 있다. 바로 그 부분을 중심으로 여성 안에 있는 다른 모든 것이 조화를 잘 이루는 것이다.

이렇게 보면, 여성의 아름다움은 무한히 나눌 수 있다. 그러나 아름다움의 각 부분들은 조화를 흩트리지 않게 통제해야 한다. 그렇지 않으면 개개의 아름다움은 오히려 방해만 될 뿐이다. 말하자면 자연이 아가씨들을 통해 무엇인가를 의도했는데, 그 의도가 의도로 끝나고 만 것이다.

내 눈은 이 주변의 여성미가 뿌려 놓은 온갖 빛을 섭렵하느라 지루한 줄 모른다. 개개의 부분은 또 저마다의 작은 부분을 가지고 있고, 게다가 그 부분은 하나의 완성품이다. 그것은 행복하고 명랑하며 또 아름답기도 하다. 다시 말해 여성은 저마다 자신의 아름다움을 지니고 있는 것이다. 쾌활한 미소, 장난기 어린 시선, 무엇을 동경하며 찾는 듯한 눈, 늘어뜨린 머리, 자유분방한 마음, 조용한 애수, 사려 깊은 예감, 경고하는 듯한 우울, 어디에서나 구할 수 있는 향수, 신성하지 않는 감동, 손짓해 부르는 듯한 눈썹, 묻고 싶어 하는 듯한 입술, 비밀을 간직한 이마, 마음을 빼앗을 듯한 머리카락, 사람 눈을 피하는 속눈썹, 신성하다고 할 만큼의 자랑스러움, 뜬세상과 같은 수치, 천사와도 같은 순결, 남모르는 부끄러움, 경쾌한 걸음걸이, 애교 섞인 들뜸, 홀로 괴로워하는 모습, 꿈꾸는 듯한 그리움, 까닭 모를 탄식, 날씬한 몸매, 부드러운 모습, 풍만한 가슴, 내리뻗은 허리, 조그마한 다리, 귀여운 손.

여성은 저마다 남이 갖고 있지 않은 자기만의 아름다움을 가지고 있다. 나는 이 지상의 온갖 아름다움을 보고 또 보며 관찰에 관찰을 거듭한다. 그리고 내가 그것들로 말미암아 미소 짓고 탄식하며, 교태를 부리고, 놀리며, 욕구하고, 유혹하며, 웃고, 울며, 희망하고, 두려워하며, 얻고 잃을 때, 그때 나는 부채를 접는다. 흩어졌던 부분 부분이 비로소 하나의 전체로 묶이는 것이다. 그때 내 마음이 기뻐하고 내 심장이 심하게 고동치며, 정열이 불타오르는 것이다. 전 세계에 오직 한 사람 있는 그녀는 나에게만 속해야 한다. 그녀는 내 것이 되어야만 한다. 그녀를 내 옆에 둘 수만 있다면, 신이여, 천국은 당신께서 홀로 차지하고 계셔도 좋다.[61] 나는 내가 선택한 것이 무엇인지 잘 알고 있다. 그것은 아주 위대한 것이다. 그러므로 그런 식의 분배로는 천국이 손해를 본다. 만일 내가 그녀를 취한다면 도대체 천국에는 무엇이 남겠는가? 신앙심이 두터운 이슬람교도들은 그들의 낙원에서 창백하고 힘없는 그림자를 껴안고 환멸을 느끼리라. 그들은 뜨거운 심장을 찾아낼 수 없다. 심장의 모든 따스함은 그녀의 가슴속에 모여 있으니 말이다. 그들은 그녀의 창백한 입술, 충혈된 눈, 외로운 가슴, 의미 없는 악수를 발견하고 위로할 길이 없는 절망에 빠진다. 입술의 붉은빛도, 눈의 생기도, 가슴의 설렘도, 악수의 약속도, 한숨의 예감도, 입맞춤의 활약도, 접촉의 두려움도, 포옹의 정열도 그녀의 가슴속에 집중되어 있다. 그리고 그런 그녀가 지금 이 세상에서, 또 피안의 세계에서 다 함께 풍족하게 하고도 남을 그 아름다움을 오직 내게만 베풀어 준다.

나는 이렇게 생각해 왔다. 그리고 이렇게 생각할 때마다 나는 늘 뜨거워졌는데, 내가 그녀를 열심히 생각하기 때문이다. 일반적으로 열정은 좋은 징조라고 여겨져 왔지만 그렇다고 해서 내 열정적 생각에 건실하다는 훌륭한 술어를 붙일 수는 없다. 그래서 이제부터 나는 기분 전환을 위해 냉정해져서 그녀에 대해 침착하게 생각해 볼 것이다.

나는 여성을 범주라는 관점에서 생각해 보려 한다. 여성이란 어떤 범주에 넣어야 할까? 물론 다른 사람을 위한 존재[62]라는 범주 아래에서 파악해야 할 것이다. 그러나 이것은 나를 위해서 존재하는 여자는 동시에 다른 남자를 위해서도 존재한다는 뜻으로 해석해서는 안 된다. 추상적인 사고의 경우는 언제든지 그렇지만, 이 경우 또한 일일이 경험을 되돌아보아서는 안 된다. 왜냐하면 경험을 되돌아볼 때의 추상적 사고는 정말 이상하게 되기 때문이다. 경험이란 늘 참

---

61) 키르케고르는 1835년 7월에서 8월에 걸쳐 노르셸란을 여행하고, 길렐라이에에 여관을 잡고 근처를 돌아다녔는데, 7월 5일자 일기에서 "구라성을 찾아갔더니, 마침 폐허를 발굴하고 있었다" 기록하고 있다.

62) 헤겔은 《정신현상학》에서, 자기의식이 서로 대립하는 두 개의 형태로 분열하는 과정을 서술하고, 전자가 '자기를 위한 존재'(대자 존재)를 본질로 하는 데 비해 후자는 자립성이 없고 종속된 존재, 즉 '다른 사람을 위한 존재'(대타 존재)를 본질로 한다고 서술하고 있다. 이하에서 헤겔 철학의 여러 가지 술어가 비유로써 사용되지만, 물론 엄밀한 의미에서 쓰이고 있는 것은 아니다.

으로 기묘한 존재이다. 즉 언제든지 자기편인 동시에 적이기도 하다는 점에 그 본질이 있다. 어쨌든 여성은 다른 사람을 위한 존재이다.

또 다른 면에서는 경험으로써 추상적 사고가 방해받는 일이 없도록 해야 한다. 경험이 가르쳐 주는 바에 따르면, 대다수의 여성은 자신을 위한 존재도 아니요, 그렇다고 다른 사람을 위한 존재도 아니기 때문에, 진정으로 다른 사람을 위해서 존재하는 여성을 만난다는 것은 참으로 드문 일이다.

다른 사람을 위한 존재인 여성은, 일반적으로 모든 여성다운 것으로 말미암아 자연과 공통점을 지닌다. 즉 자연 전체는 단순히 다른 사람을 위해 존재하는 것이다.[63] 자연 하나하나의 특수한 부분이 다른 특수한 부분을 위해 존재하고 있는 것 같은 목적론에 근거한 뜻에서가 아니다. 자연 전체가 다른 것을 위해서, 즉 정신을 위해서 존재한다는 뜻이다. 개개의 자연도 마찬가지이다. 예컨대 식물의 생명은 참으로 천진난만하게 그가 지니고 있는 것을 열어 놓고, 다만 다른 것을 위해서만 존재하고 있다. 마찬가지로 수수께끼도, 글자도, 비밀도, 목소리도, 또 그 밖의 것도 모두 다른 것을 위해 존재하는 것이다.

신이 하와를 창조했을 때 왜 아담을 깊은 잠에 빠지게《창세기》 했느냐는 것도 같은 맥락에서 설명이 된다. 그것은 여성이 남성의 꿈이기 때문이다. 그 이야기는 또 다른 면에서 여성이 다른 사람을 위한 존재임을 말해 준다. 즉 여호와는 남자의 갈비뼈 하나를 뽑아내셨다《창세기》고 일컬어진다. 이를테면 신이 남자의 뇌수 속에서 뽑아내었다고 해도 여성은 다른 사람을 위한 존재이지만, 여자의 사명은 머릿속의 환영 같은 것이 아니고 그와는 전혀 다른 존재가 되어 있었을 것이다. 여성은 육체도 되고 피도 되었지만, 바로 그것으로 해서 여성은 본질적으로 다른 사람을 위한 존재인 자연의 범주 아래에 들어가게 되는 것이다. 그리고 사랑의 감동을 느꼈을 때 비로소 여성은 눈을 뜨는데, 그때까지의 여성은 그저 꿈이다. 그러나 이 꿈으로서의 삶의 방법에는 두 단계가 있다. 첫 번째 단계는 사랑이 여성을 꿈꾸는 것이고, 두 번째 단계는 여성이 사랑을 꿈꾸는 것이다.

여성은 순수한 처녀성으로 말미암아 다른 사람을 위한 존재로 특징지어진다.

---

63) 헤겔은 《법철학 강요》에서 "자연 사물은 자유로운 존재(대자 존재)에 이르지 않고 언제나 다른 것을 위해 존재일 뿐이다"라고 서술하고 있다.

처녀성은, 그것이 자신을 위한 존재인 한 하나의 추상적 개념에 지나지 않지만, 다른 사람을 위해서일 경우에는 자기를 나타내는 하나의 존재가 된다. 이런 면은 여성의 순진성에도 있다. 그래서 이런 상태에 있는 여성은 눈에 보이지 않는다고 할 수 있다. 잘 알려져 있듯이 헤스티아(화로의 여신)의 동상은 하나도 존재하지 않는데, 그로써 이 여신은 본래 처녀성을 가장 잘 상징하는 것이다. 즉 이런 존재 방식은 마치 여호와가 윤리적으로 질투가 많은 것처럼(《출애굽기》), 미적으로 자기 자신에게 질투를 한 나머지 어떤 상도 존재하지 않거나, 또는 존재하더라도 여호와가 그런 상이 존재하는 것을 바라지 않기 때문이다. 이것은 다른 사람을 위해 존재하는 것은 존재하지 않으면서 다른 사람을 통해서만 눈에 보이는 모순이다. 논리적으로 말하면 이 모순은 완전히 마땅한 것이고, 논리적으로 생각할 줄 아는 사람은 이 모순에 번민하지 않고 도리어 즐겁게 생각할 것이다. 그러나 반대로 비논리적으로 생각하는 사람은 다른 사람을 위한 존재는 개개의 사물에 대해 그 사물이 자신을 위해 있다고 말할 수 있는 것처럼 결국 일정한 한계가 있는 의미에서 존재하고 있다고 할 것이다.

이런 여성의 존재(실존이라고 하면 지나친 말이 된다. 왜냐하면 여성이란 자기 자신의 내부로부터 나와 있는 것은 아니기 때문이다)[64]는 사랑스럽다고 규정짓는 것이 가장 타당할 것이다. 이 사랑스럽다는 말에서 식물의 생명을 떠올리게 된다. 시인들이 즐겨 말하듯이 여성은 꽃과 같다. 그리고 여성은 정신적인 것까지도 식물 같은 상태로 순수하게 존재하는 것이다. 여성은 완전히 자연의 규정 범위안에 있고, 그래서 아름다움과 관련된 의미에서만 자유로운 존재에 지나지 않는다.

더욱 깊은 의미에서의 여성은 남성에 의해 비로소 자유로워질 수 있다. 그렇기에 남자가 구혼할 때 자유롭게 한다는 의미에서 '자유를 향해(at frie)'라고 일컫고, 그렇기에 여자는 남자가 구혼해서 자유가 되는 것이다. 남자가 정당하게 구혼할 때, 선택은 여자의 문제가 될 수 있다. 선택하는 사람은 틀림없이 여자이다.

---

64) 실존(Existents)이라는 말은 ex-sisto(밖에 선다, 밖에 나간다)라는, 어원에서 비롯된 의미를 비유하듯이 표현하고 있다. 〈창세기〉에 기록되어 있듯이, 여자는 자기 스스로 나온 것이 아니고, 남자로부터 나왔다. 즉 남자의 갈비뼈에서 만들어졌다는 것까지 포함해서 말하고 있는 모양이다.

그러나 그 선택이 오랜 시간 동안 충분히 생각한 결과라면 그런 선택은 여성답지 못한 것이다. 그것도 모자라 구혼하고 거절당하는 것은 창피한 일이다. 그것은 남자가 그럴 힘이 없는데도 다른 사람을 자유롭게 해주겠다는 식의 자부를 하고 있었던 셈이기 때문이다. 이 관계에는 심각한 모순이 숨어 있다. 다른 사람을 위해서 존재하고 있는 사람은 우월자의 모습을 갖고 있다. 그래서 남자가 구혼하고 여자가 선택한다. 선택이라는 개념의 관점에서 보면 여성은 패자가 되고, 남성은 승자가 된다. 그럼에도 승자가 패자에 굴하는 것이다. 하지만 이것은 완전히 자연스러운 점이다. 이렇게 직접적이고 명백한 사실을 무시하려 한다면 그것은 정신 빠지고 어리석으며, 삶의 본능에 충실한 감각이 없는 사람이라고 할 수밖에 없다. 다시 말해 여성은 실체이고 남성은 반성(反省)인 것이다. 여성은 느닷없이 선택하는 것이 아니고, 남자가 구혼하고서야 선택한다. 남자의 구혼은 물음이며, 여자의 선택은 물음에 대한 대답에 지나지 않는다. 어떤 의미에서 남성은 여성보다 우위에 있지만, 또 다른 의미에서는 끝없이 열등하다.

다른 사람을 위한 이런 존재야말로 순수한 처녀성이다. 만일 이런 존재가 자신을 위한 존재와 관계를 맺으려고 시도하면, 그 상대는 절대적 냉담함을 나타낸다. 그러나 이 상대의 반응은 동시에 또 여성 본래의 존재가 다른 사람을 위한 존재임을 보이는 것이다. 절대적인 헌신의 정반대는 절대적인 냉담함이며, 이것은 추상적인 개념으로 눈에 보이지 않는다. 추상적인 개념은 생명을 갖는 것이 아니기 때문에, 이 추상적 개념에 부딪히는 모든 것은 부서져 사라지게 된다. 그러므로 여자다운 것은 잔인함이란 특징을 지니게 되는데, 이 잔인함은 처녀의 수줍음을 극단적으로 풍자한 것이다. 남자는 결코 여자만큼 잔인할 수 없다. 신화나 동화, 또는 전설 등이 이를 입증한다. 자연의 근원적인 힘이 다할 줄 모르는 무자비성을 포함한다면, 처녀성이야말로 그것이다. 모든 민족의 동화 속에서 흔히 읽을 수 있듯이 구혼해 오는 남자들의 생명을 잃게 하고도 태연하게 있는 소녀를 보면 매우 섬뜩하다.

푸른 수염의 사나이는 결혼식 날 밤에 그가 사랑했던 여자들을 모두 죽이지만, 그는 여자들의 목숨을 빼앗는 것을 즐기는 게 아니고, 반대로 즐거움은 그것에 앞서 존재했었다. 그 점에 핵심이 있다. 즉 잔인함을 위한 잔인함이 아닌 것이다. 돈 후안(Don Juan)은 아가씨들을 유혹하고는 차버리지만, 그는 아가씨들을 차버리는 것을 즐긴 게 절대로 아니고, 아가씨들을 유혹하는 행위를 즐겼다. 따라서 이 경우는 결코 여성들의 추상적인 잔혹함이 아닌 것이다.

이 문제를 잘 생각해 보면 볼수록 내 행동은 나의 사전 이론과 완전히 어우러져 있음을 알게 된다. 즉 내가 실천하는 것은 늘, 여성이 본질적으로 다른 사람을 위한 존재라는 확신으로 일관되어 있다. 이 경우에 순간은 무한히 큰 의미를 가지는데, 다른 사람을 위한 존재는 언제나 순간적인 문제이기 때문이다. 그 순간이 오기까지는 긴 시간이 걸릴 수도 있고 짧은 시간으로 충분할 때도 있지만, 그 순간이 오자마자 원래 다른 사람을 위한 존재였던 것이 비교되는 존재의 형태를 취하기에 이르고, 그것으로써 다른 사람을 위한 존재는 끝나게 된다. 결혼한 남자들이, 여성은 이와는 다른 의미에서 다른 사람을 위한 존재이고, 자기들에게는 생애의 전부라고 말하는 것을 나는 잘 알고 있다. 기혼 남자들이 그렇게 말한다면 인정해 주어야 한다. 그러나 솔직히 그 말은 그들이 서로를 그렇게 생각하고 있다는 것일 뿐이다. 일반적으로 이 세상의 모든 계급에는 입에 발린 거짓말이 존재한다. 기혼 남자들의 그런 터무니없는 거짓말도 그 가운데 하나이다. 그 순간을 제대로 알아차린다는 것은 그다지 괴로운 일은 아니지만 쉬운 일도 아니다. 그리고 거기에 정통하지 않는 자는 마땅히 일생을 기혼 남자처럼 지루하게 살기 마련이다. 그러므로 그 순간이 전부이며, 그 순간의 여성이 전부인 것이다. 결과는 나로선 알 수 없다. 어린애가 생긴다는 것이 그런 결과의 하나일 것이다. 나는 이래 봬도 나 자신을, 사물을 처음부터 끝까지 일관해서 생각하는 사상가라고 당당하게 생각한다. 하지만 내가 아무리 그 문제에 미쳐 있더라도 나는 결코 그 결과를 다 알 수 있는 사람이 못 된다. 아니, 나는 그 결과를 전혀 알 수 없다. 그런 것을 알 수 있는 사람은 기혼 남자이니까.

어제 코델리아와 나는 어느 가정이 여름을 보내고 있는 별장을 방문했다. 그 집 사람들은 모두 뜰에 나와 여러 놀이를 하면서 시간을 보내고 있었다. 그 놀이에는 고리 던지기도 있었다. 코델리아와 그 놀이를 하고 있던 남자가 가버려서 내가 그 대신 코델리아의 상대가 되었다. 그 놀이의 긴장에 매혹되어 보통 때보다 더욱 매력이 더해져 얼마나 우아한 자태를 드러냈는지 모른다. 딱딱한 동작 속에 조화를 이룬 그 우아한 자태는 또 얼마나 경쾌하던지! 마치 목장에서 춤추고 있듯이 그다지 저항할 필요도 없었는데, 어찌나 힘이 들어 있었는지 모른다. 그녀의 균형 잡힌 자세가 얼마나 사람들의 눈을 황홀케 했는지 모른다. 그녀의 태도는 얼마나 열광적이었는지, 그녀의 눈초리는 얼마나 도전적이었는지 모른다. 이 놀이는 물론 나에게도 특별히 흥미로웠다. 그런데도 코델리아 자신은 그것을 느끼지 못하는 모양이었다.

나는 거기 함께 있던 사람에게 고리 던지기 놀이의 아름다운 풍습에 대해 한마디 했는데, 그 말이 벼락처럼 그녀의 마음을 흔들었다. 그 순간부터 모든 상황이 더욱 무게를 싣게 되고, 더욱 높은 에너지가 그녀를 불타오르게 했다. 나는 막대기 끝으로 고리 두 개를 받았다. 그리고 잠깐 멈추고 쉬면서 주위에 있는 사람들과 한두 마디 말을 주고받았다. 그녀는 이 휴식의 의미를 이해했다. 다시 그녀를 향해 고리를 던지자 그녀는 그 두 개의 고리를 막대기로 받았다. 그리고 나서 그녀가 우연찮게 고리 두 개를 한꺼번에 공중으로 곧장 던져 버리는 바람에 나는 그걸 붙잡을 수 없었다. 그녀는 끝을 모르는 대담한 시선으로 그 던져진 고리를 바라보고 있었다.

러시아에 종군했다가 심한 동상으로 한 다리를 절단한 프랑스 병사의 이야기가 있다. 괴로운 수술이 끝난 뒤 그는 잘린 다리의 발목을 집어 들고 공중으로 던져 올리면서 "황제(나폴레옹) 만세!"라고 외쳤다. 그런 시선으로 그녀는 더욱 아름다운 모습으로 두 개의 고리를 공중에 던지면서 "사랑이여 만세!"라고 마음속으로 외쳤으리라. 그러나 나는 그녀를 그런 기분에 젖어 있게 하거나 그 기분을 안고 혼자 있게 하는 것이 가장 좋은 방책이라고는 생각지 않았다. 그 뒤에 그녀를 찾아올 실망감을 두려워했기 때문이다. 그래서 나는 태연히 있었다. 다행스럽게도 아무것도 눈치채지 못한 주위 사람들이 그녀를 재촉해서 놀이를 계속했다. 이런 방식은 그녀의 융통성을 더욱 성숙시켜 주었다.

지금 시대에도 이런 종류의 탐구에 공감할 수 있다면 나는 다음과 같은 문제를 내걸고 싶다. 아름다움이라는 관점에서 생각할 때 젊은 아가씨와 젊은 아내, 즉 남자를 모르는 여자와 남자를 아는 여자 중 어느 쪽이 좀 더 정숙할까? 또 어느 쪽에 더 많은 자유가 있다고 보아야 할까? 그러나 이렇게 까다로운 현대에는 이런 문제에 관심을 보이는 사람이 없다. 그리스였다면 이런 탐구가 대중의 관심을 불러일으켰을 것이고, 온 나라가 시끄럽고, 특히 젊은 아가씨나 젊은 아내들은 떠들썩했을 것이다. 또 그리스에서는 두 아가씨들이 벌였던 유명한 말다툼[65]을 표면적으로 경솔하게 다루지 않고 그 말다툼에서 시작해 아주 철저하게 탐구했다. 오늘날에는 그것을 이야기한다고 하더라도 아무도 믿지 않을 것이다. 하지만 그리스 사람들은 이 말다툼이 기원이 되어 아프로디테가 특별한 이름을 갖게 되었다는 사실은 누구나 알고 있었고, 그녀를 영원하게 한 저 아프로디테 조각상을 찬탄해 마지않았다.

결혼한 여자는 그녀가 다른 사람의 관심의 대상이 되는 시기를 일생 동안 두 번 가진다. 최초의 청춘기와 그로부터 꽤 나이를 먹은 훨씬 뒤의 시기이다. 그러나 결혼한 여자가 젊은 아가씨보다 더 귀엽고 경이롭다는 생각을 갖도록 하는 순간이 있음을 부정할 수 없다. 그 순간은 공상에서 떠오르는 모습인지라 실제의 인생에서는 일어날 필요도 없을뿐더러 결코 일어나지도 않을 것이다. 내가 공상 속에서 생각하는 기혼 부인은 건강하고 원기 왕성하며 꽃이 핀 듯이 풍만하게 성숙한 상태다. 품에 어린애를 안고 있는 그녀의 온 마음과 정성은 그 어린애에게 향해 있고, 그럼으로써 그녀는 자아를 잃는다. 이 모습은 아마 인간의 삶이 보여 줄 수 있는 가장 아름다운 그림이리라. 그것은 자연 신화이기 때문에 예술적 묘사에서만 볼 수 있지 현실에서는 볼 수 없다. 이 그림의 모습에는 아이를 품에 안은 여성 말고 또 다른 인물이 있어도 안 되고, 배경이 있어도 안 된다. 그런 것들은 방해가 될 뿐이다.

이를테면 교회에 가면 어린애를 품에 안고 있는 어머니를 흔히 볼 수 있다. 그런데 아이가 시끄럽게 울어 댈 때, 그렇게 우는 모습을 보며 이 아이가 앞으로 커서 무엇이 되려고 이러나 걱정하는 부모의 모습은 제쳐 두고서라도, 그 배후

---

65) 시칠리아의 농부에게 아름다운 두 딸이 있었는데, 누구 엉덩이가 아름다우냐를 두고서 말다툼이 벌어졌다. 한 청년이 심판자로 불려 와 언니가 아름답다고 판결하고 그녀와 사랑에 빠졌다. 그러자 그 청년의 형제가 그 싸움의 과정을 듣고 동생과 사랑을 했다. 부자인 아버지는 이 형제들에게 저마다 결혼할 것을 허락했기 때문에 두 딸은 감사의 뜻에서 베누스(그리스 이름으로 아프로디테)를 위해 시라쿠사에 교당을 세워 그 상을 모셨다. 그 상은 자매가 엉덩이 덕분에 남자를 얻었다는 것을 기념하기 위해 시선이 아래를 향하고 아름다운 엉덩이를 바라보는 자세로 되어 있고, 그로부터 이 베누스상은 '베누스 칼리피게'(엉덩이가 아름다운 베누스) 또는 '아프로디테 칼리피고스'(엉덩이가 아름다운 아프로디테)라는 이름으로 알려지게 된다. 이 작품을 보러 온 관광객들이 엉덩이를 계속 만지는 바람에 까맣게 색이 바뀌고 닳게 되자 나폴리 국립 고고학 박물관 별실로 옮겨 격리시켰다고 한다.

가 이미 방해가 되어 만일 다른 모든 것들이 완전했다고 하더라도 그 아름다움의 효과는 사라지고 마는 것이다. 예를 들어 아버지의 얼굴이 보인다면 커다란 결함이다. 아버지의 모습은 신비롭고 매력적인 것을 없애 버리기 때문이다. 또 생각만 해도 무서운 일이지만 대부(代父)들의 엄숙한 무리가 보이고, 그 밖에는 아무것도 보이지 않는다. 그러나 상상 속에서 이 모습이 떠오르는 경우, 그것은 무엇보다 아름답다. 나는 무모하고 민첩하게 어떤 것을 공격할 수 있다. 하지만 만일 현실 속에서 이런 모습을 보았다면 나는 이런 모든 비난의 무기들을 모두 빼앗기게 될 것이다.

　어째서 코델리아는 내 마음을 빼앗아 버리고 마는 것일까? 게다가 시간은 당장 지나가 버린다. 나의 마음은 언제나 젊어지기를 바란다. 나에게는 벌써 멀리서 수탉 우는 소리가 들린다. 아마 그녀도 그 소리를 듣고 있으리라. 그러나 그녀는 그것을 새벽을 알리는 소리라고 생각하리라.

　어째서 젊은 여자는 이토록 아름다운 것일까? 그리고 어째서 이 아름다움은 그렇게 금방 끝나는 것일까? 이런 생각을 할 때 나는 완전히 우울해진다. 그러나 그런 일은 나와는 아무런 관계도 없는 것이 아닌가? 누리고 즐겨라. 쓸데없는 말일랑 하지 말고. 이런 생각을 골똘하게 하는 사람들은 아마 즐거움을 누리지 못할 것이다. 그렇지만 이것이 저절로 떠오르는 생각이라면 그다지 해롭지는 않다. 왜냐하면 자기 자신 때문이 아니고 다른 사람 때문에 느끼는 그런 애수는 일반적으로 남성의 아름다움을 더욱 끌어올려 주기 때문이다. 안개라는 장막처럼 남성다운 힘을 둘러싸고 그것을 희미하게 하는 애수는 삶의 본능에 충실한 남성다운 것 가운데 하나다. 여성에게 이 애수에 맞먹는 것은 일종의 우울함이다.

　여성이 완전히 헌신하는 사랑을 한다면 모든 것은 끝나게 된다. 지금도 나는 젊은 아가씨에게 접근할 땐 언제든지 어떤 불안을 느끼며 가슴이 울렁거린다. 아가씨의 본성에는 영원의 힘이 있음을 느끼기 때문이다. 유부녀에게는 나는 이런 느낌을 가져 본 적이 한 번도 없다. 그녀들은 기교를 부려서 조금의 저항을 시도해 보지만, 그런 것은 아무 효과도 내지 못한다. 그런 저항은 유부녀들이 쓰고 있는 모자가 모자를 쓰지 않은 젊은 아가씨의 머리보다 더욱 경이로움을 일으킨다고 하는 것과 같다.

그래서 아르테미스(사냥의 여신)는 언제나 내 이상이었다. 그 순수한 처녀성, 그 절대적인 냉담함은 언제나 나를 매우 열중하게 했다. 그녀는 늘 내 주의를 차지했지만 나는 그런 그녀를 의심하는 눈으로 주목해 왔다. 다시 말해 아르테미스는 그녀가 얻은 처녀성에 대해 온갖 칭찬을 받기에는 알맞지 않다고 생각한다. 그녀는 자기 인생의 경쟁력이 처녀성에 있음을 의식하고 있었다. 그렇기에 처녀성을 지킬 수 있었다. 그뿐만 아니라 내가 고전학계의 한구석에서 들은 바에 따르면, 그녀는 어머니가 겪은 무서운 출산의 진통[66]을 알고 있었다. 그것이 그녀를 위축하게 했는데, 그 점에서는 나는 아르테미스의 경우를 나쁘게 말할 수가 없다. 결국 나도 에우리피데스처럼 "한 번이라도 애를 낳아야 한다면 차라리 세 번이라도 좋으니 전쟁에 나가겠다"라고 말하고 싶다. 사실 아르테미스와 사랑을 하는 것은 나로서는 도저히 할 수 없는 일이다. 그러나 그녀와의 대화, 내가 성실한 대화라고 부르고 싶은 그 대화를 위해서라면, 나는 많은 것을 아깝게 여기지 않을 것임을 부정하지 않는다. 그녀라면 온갖 종류의 농담에 곧잘 응해 줄 것임이 틀림없기 때문이다. 내 착한 아르테미스는 명백히 어떤 종류의 지식을 가지고 있고, 그 지식 때문에 그녀는 소박한 점에서 아프로디테보다 훨씬 뒤떨어진 것이다. 나는 목욕하고 있는 아르테미스를 몰래 들여다보고 싶다고는 생각지 않는다. 그러나 나는 질문으로 그녀의 기분을 알아보고 싶다. 만일 내가 승리의 보장이 없는 밀회를 한다고 하면, 나는 준비를 갖추어 무장을 하고 연애법과 정령술을 모두 동원해 그녀와 대화를 할 것이다.

어떤 장면, 어떤 순간을 가장 매혹적인 순간으로 보아야 하는가의 문제는 때때로 내 고찰의 대상이 됐다. 물론 이 문제의 대답은 사람마다 무엇을 바라고 있는가에 달려 있다. 나는 결혼식 날, 그 가운데서도 특히 어느 한 순간이라고

---

66) 아르테미스(로마 신화에서는 디아나) 및 아폴론의 어머니 레토가 해산을 하게 되었을 때, 헤라가 질투하여 온 세계에 레토가 아이를 낳을 장소를 제공하지 못하도록 명령을 내렸다. 레토는 쉬지도 못하고 방황했는데, 델로스섬이 그녀에게 아기 낳을 장소를 마련해 주었다. 그래서 두 신을 낳았는데 헤라가 출산의 여신 에일레이티이아를 레토에게 가지 못하게 했기 때문에 진통은 아흐레 아홉 밤이나 계속되었다 한다.

생각한다. 그녀가 신부 의상을 입고 나타날 때, 그러나 그 현란한 의상도 그녀의 아름다움 앞에서는 빛을 잃고, 또 그녀의 얼굴이 창백해질 때, 피의 흐름이 멎을 때, 가슴의 고동이 가라앉을 때, 시선이 머뭇거릴 때, 다리가 떨릴 때, 처녀가 두려워할 때, 과일이 익을 때, 하늘이 그녀를 끌어올릴 때, 엄숙함이 그녀를 강하게 할 때, 맹세의 말이 그녀에게 힘을 줄 때, 기도가 그녀를 축복할 때, 미르테의 화관이 그녀의 머리를 장식할 때, 심장이 고동칠 때, 눈이 땅을 바라볼 때, 그녀가 자기 자신 안에 숨을 때, 그녀가 완전히 그의 것이 되기 위해서 이 세상의 것이 아니게 될 때, 가슴이 물결칠 때, 온몸이 탄식할 때, 소리가 안 나오게 될 때, 수수께끼가 풀리기 전에 눈물이 떨어질 때, 관솔불이 켜질 때, 사랑이 기다리고 있을 때, 이때가 바로 그 순간이다. 조금만 늦어도 지나치게 늦는 것이다. 다만 한 걸음 늦더라도 그 한 걸음이 잘못 디딘 것이 된다. 이 순간은 하찮은 아가씨도 훌륭한 사람이 되게 하고, 체를리나(모차르트의 《돈 조반니》와 같은 시골 아가씨도 훌륭한 아가씨가 되게 한다. 이 순간에는 모든 것이 집약되어야 하고 가장 많이 대립되는 것까지 하나가 되어야 한다. 무엇인가가 없어도, 특히 중요한 모순 가운데 하나라도 없으면 이 경우는 당장 매혹적인 것의 일부를 잃어버리게 된다.

널리 알려진 동판화가 있다. 거기에는 한 사람의 고해자가 그려져 있다. 그녀는 너무나 어리고, 너무나 순진하게 보여서 그녀가 과연 고해할 만한 것을 지녔을까 하는 의문이 들게 한다. 그녀는 얼굴을 가리는 망사를 조금 올리고 무엇인가를, 아마도 그녀에게 고해의 동기를 줄 것 같은 무엇을 찾기라도 하는 듯 바깥세상을 바라보고 있다. 그러나 물론 그것은 고해 신부를 배려하는 뜻에서 비롯된 몸짓으로, 의리 이상의 뜻은 없다. 이 장면은 참으로 매혹적이다. 그녀가 이 동판화의 유일한 인물이고, 이 고해 성사가 이루어지는 교회가 매우 넓어서 여러 설교자가 동시에 설교하는 모습을 상상하는 데는 아무런 방해물도 없다. 이 장면은 정말 매혹적이므로 만일 내가 그 배경으로 놓인다고 해도 이 소녀에게 이의만 없다면, 나는 무조건 좋다. 그렇지만 그런 장면은 결국 언제나 전혀 마무리되지 않은 상황에 지나지 않는다. 왜냐하면 이 소녀는 몸과 마음이 아직 어린애로만 보이고, 따라서 그 순간이 오기까지는 꽤 오랜 시간이 걸려야 하기 때문이다.

코델리아와의 교제에서 나는 언제나 나의 계약을 충실히 지켜 왔을까? 다시 말해 나는 아름다움이라는 것과 맺은 계약을 제대로 지켜 왔을까? 이렇게 말하는 까닭은, 내 감정이 언제나 내 이념에 편들고 있기 때문이다. 이 이념은 삼손(《사사기》 13 : 16)의 머리카락과 같은 비밀이다. 그러나 나는 델릴라(들릴라) 같은 여자에게도 나의 비밀을 빼앗기지 않을 것이다. 다만 아가씨를 속이기 위한 것뿐이라면, 나는 그럴 만한 끈기를 발휘하지 못할 것이다. 하지만 그 이념이 현실에서 움직이고 있다는 것, 내 행동이 몸을 바쳐 이념에 봉사하고 있다는 것이 내가 나 자신에게 엄격하도록 만들고 온갖 금지된 향락을 억제하게 만든다.

그렇다면 흥미로운 것만큼은 늘 지켜 왔을까? 그렇다. 이 비밀의 대화에서라면, 나는 기탄없이 그렇다고 말할 수 있다. 약혼 자체는, 흥미로운 것이라고 해석하는 것을 받아들이지 않기 때문에 흥미롭다. 약혼은 그 겉모습과 내적인 생명이 모순되기 때문에 흥미로운 것을 보유해 왔다. 만일 내가 그녀와 내밀히 결합되어 있었다고 한다면 그것은 다만 흥미로운 일이었을 것이다. 이와 달리 약혼을 하면 두 배로 흥미로운 것이 되고, 그래서 그녀에게도 비로소 흥미로운 일이 되는 것이다. 약혼을 깬다. 게다가 더욱 높은 영역으로 날아오르기 위해 그녀 스스로 약혼을 깬다. 그렇게 하도록 해야만 한다. 그것이야말로 가장 그녀의 마음을 사로잡는 흥미로운 형식이기 때문이다.

9월 16일

드디어 속박의 끈이 끊어졌다. 동경에 가득 차서 강하고 대담하며 신성하게 날개를 펴는 것을 이제 겨우 허락받은 새처럼 그녀는 날아가는 것이다. 날아라. 새여, 날아라! 확실히 그 의젓한 비상이 나에게서 멀어지는 것이라고 한다면, 내 마음은 한없이 깊은 상처를 받게 되리라. 피그말리온의 연인이 다시 돌로 변해 버리고 말았을 때, 그가 느낀 기분을 나도 맛보게 될 것이다. 나는 그녀를 홀가분하게 해준 셈이다. 사상처럼 가볍게. 그럼에도 지금 그녀라는 사상이 어째서 내 것이 아니어도 된단 말인가. 그렇다면 너무 가혹하다. 한순간 전까지도 그런 것은 조금도 나의 문제가 되지 않았었고 한순간 뒤에도 그럴 것이다. 그렇지만 지금, 바로 지금은 그 생각이 내게는 영원처럼 느껴진다. 그녀는 나에게서 벗어나 날아가 버리지는 않을 것이다. 그럼 날아라. 새여, 날아라. 너의 날개를 타고 자랑스럽게 날아올라라. 평화로운 천계를 통과하라. 얼마 안 가서 나도 네 곁으로 간다. 이제 곧 나는 너와 함께 깊은 고독 속에 숨으려는 것이다.

그녀의 고모는 이 소식에 적잖이 놀랐다. 그러나 고모는 아량이 넓고 생각이 깊은 분이기에 코델리아에게 무리한 강요를 하지는 않았다. 하긴 그것은 고모를 이해시켜 깊이 잠들 수 있도록 하기 위해, 또 코델리아를 조금 놀려 주기 위해 고모의 관심이 내게 향하도록 얼마쯤 손을 쓴 탓이기도 했다. 어쨌든 고모는 내게 많은 동정을 베풀어 주었다. 사실은 내가 그 어떤 동정이라도 거절할 이유를 많이 가졌다는 것을 고모는 꿈에도 모르고 있었다.

그녀는 고모에게 허락을 받고 얼마 동안 시골에서 지내게 되었다. 그녀는 어느 가정을 방문할 것이다. 그렇게 되면 그녀가 지금 당장 일어나는 우울한 감정에 젖어들 수 없게 되니 참으로 다행이다. 하지만 당분간은 계속 외부의 온갖 저항에서 비롯된 긴장 상태에 놓이게 될 것이다. 나는 편지로 그녀와 계속 연락을 주고받을 생각이다. 그렇게 하면 우리의 관계는 또다시 싹트게 마련이다. 지금이야말로 그녀는 어떻게든 강해져야 한다. 그러기 위해서는 세상의 보통 사람들과 도덕 등 아주 상식이라고 할 만한 것들을 경멸하도록 그녀의 기분을 조금 바꾸어 주는 것이 가장 좋다. 그녀가 출발할 날이 오면, 충실한 남자가 마부로서 그 모습을 나타낸다. 문을 나서면 내가 믿는 하인이 일행에 끼어든다. 그는 목적지까지 그녀를 호위하고, 그녀 곁에 머물면서 그녀의 환심을 사며, 필요할 때는 시중을 든다. 나를 제외하고는 요한이 이 역할에 안성맞춤이다. 나는 내가 할 수 있는 최선을 다해 그녀가 도착할 시골집에 모든 설비를 갖추어 놓았다. 필요한 모든 것을 준비해 두었으므로, 그녀는 풍성한 행복감 속에서 마음을 가라앉힐 수 있을 것이다.

나의 코델리아!

지금으로서는 각 가정의 화재 경보가 한꺼번에 울려 퍼져서 로마의 카피톨리노 언덕에 떠들썩했던 고함 소리 같은 혼란을 일으키기에는 이르지 않았습니다.[67] 당신은 벌써 여러 번 독창으로 외치는 소리를 참고 들어야 했던 적이 있었

---

67) 로마 거리를 포위한 갈리아인이 별빛이 비치는 밤에 카피톨리노 언덕(고대 로마의 일곱 개 언덕들 가운데 하나. 언덕 위에는 최고의 신 유피테르를 모신 신전이 있고, 로마의 정치·종교의 중심

을 것이라고 생각합니다. 사람들이 차나 커피를 마시며 모여 있는 곳을 떠올려 보십시오. 그리고 클라우디우스(독일의 서정시인)가 그린, 불멸의 의장(議長) 라르스의 좋은 짝이라 할 만한 한 부인이 사회를 보고 있는 장면을 생각해 보십시오. 그렇게 하면 당신이 무엇을 잃었는지, 어느 정도나 잃었고 또 누구와 함께 잃었는지 그 기준을 알 수 있는 경지에 이를 것입니다. 그것은 아마 선량한 사람의 평판이라고 할 수 있겠지요.

라르스 의장을 그린 유명한 동판화를 함께 싸서 보냅니다. 이 판화만 따로 살 수 없었기 때문에 나는 클라우디우스 전집을 사서, 이 판화를 뜯어내고 나머지는 버렸습니다. 그럴 수밖에 없는 것이, 지금 이 순간 당신에게 아무런 의미도 없는 선물을 해서 당신을 번거롭게 할 수는 없기 때문입니다. 이를테면 한순간이라도 당신이 기뻐할 수 있는 것을 손안에 넣기 위해 내가 어찌 모든 노력을 다하지 않을 수 있겠습니까. 지금 상황에 어울리는 것 이외의 것이 끼어든다면 내가 과연 받아들일 수 있다고 생각하십니까? 그런 명청한 행동은 교양 없고 예절을 모르는 인간들이나 하는 짓입니다. 이 인생의 좁고 괴로운 생활 속에서 얽히고설킨 인간이 하는 짓입니다. 그러나 당신은, 나의 코델리아여, 당신은 자유로운 몸이기에 그런 불필요한 것은 좋아하지 않으시겠지요.

당신의 요하네스

봄은 사랑하는 데 가장 좋은 계절이고, 늦여름은 목적을 이루는 데 가장 좋은 계절이다. 늦여름에는 한 가닥의 애수가 어린다. 이 애수는 원하는 것이 이루어졌다고 생각할 때 사람들의 마음속에 스며드는 감동과 같다.

오늘 나는 별장에 갔다. 이제 며칠이 지나면 코델리아는 이 별장을 그녀의 마음 상태와 조화를 이루는 가장 완전한 환경으로 생각하게 될 것이다. 그러나 나는 내가 이곳에서 그녀와 함께 지내면서 놀라움이나 기쁨을 줄이고자 하는

지였다)을 몰래 기습했을 때, 보초가 눈치채지 못했을 뿐만 아니라 보통 때는 아무리 작은 소리에도 눈을 뜨곤 하던 개까지 잠만 자면서 눈을 뜨지 않았는데, 타조만이 그것을 눈치채고 일제히 울기 시작하며 날개를 쳤기 때문에, 그 덕에 수비대가 눈을 떠 적을 물리쳤다는 말이 리비우스의 《로마사》 제5권 47장에 기록되어 있다. 이 약혼 파기가 코펜하겐 시민들의 떠들썩한 소문이 되는 것을 카피톨리노 언덕의 타조 울음소리에 비유해 말한 것이다.

게 아니다. 삶의 본능에 충실한 그런 부분은 단순히 그녀의 마음을 약하게 할 뿐이다. 그런데 그녀가 홀로 있게 된다면, 그녀는 이 환경 속에서 꿈결처럼 몽롱한 기분으로 지낼 수 있다. 곳곳에서 암시와 신호, 마법의 세계를 그녀는 보게 된다. 하지만 내가 옆에 있다면 그 모든 것들은 의미를 잃고 만다. 그러면 모든 것들이 우리가 함께 즐김으로써 저마다 의미를 갖던 시기가 우리에게는 이제 과거가 되고 말았음을 그녀는 잊어버리게 된다. 이곳의 환경이 마취제처럼 그녀의 마음을 취하게 해서는 안 된다. 도리어 환경은 앞으로 올 것에 비한다면 그 모든 것은 하찮은 장난에 지나지 않는 것으로 생각하도록 해야 하고, 그녀의 마음을 취한 심리 상태에서 빠져나오게 해야 한다. 나는 아직 남아 있는 며칠 동안 이 별장에 더 자주 들러 그런 기분을 유지할 계획이다.

나의 코델리아!
지금이야말로 나는 당신을 진정으로 나의 것이라고 부르겠습니다. 당신이 내 소유물이라는 점을 생각나게 하는 표적은 아무것도 없습니다. 앞으로 나는 당신을 정말로 내 사람이라고 부르겠습니다. 내가 손으로 당신을 꼭 붙잡고 당신이 포옹으로 나를 안을 때, 우리에게는 서로가 상대의 소유물이라는 것을 생각하게 하는 반지 따윈 필요 없습니다. 우리의 포옹이야말로 표적 이상의 반지가 아니겠습니까? 그리고 이 반지가 우리를 단단하게 둘러쌀수록, 우리를 더욱 가깝게 결합시키고, 자유는 점점 더 커지게 됩니다. 왜냐하면 당신의 자유는 당신이 나의 것이라는 데 있으며, 나의 자유는 내가 당신의 것이라는 데 있기 때문입니다.

당신의 요하네스

나의 코델리아!
알페이오스(강의 신)는 사냥을 하다가 물의 요정인 아레투사를 사랑하게 되었습니다. 그녀는 그의 사랑을 받아 주려고 하지 않고, 자꾸만 그로부터 멀리 달아났습니다. 그리고 드디어는 오르티기아섬에 이르러 모습을 샘으로 바꾸어 버렸습니다. 알페이오스는 너무나도 슬퍼한 나머지 펠로폰네소스반도의 엘리스 지역에서 그녀를 따라 강이 되었습니다. 그러나 그는 그녀에 대한 사랑을 잊은 것이 아니고, 바닷속에서 그녀의 샘과 하나가 되었습니다.

이처럼 변신할 수 있었던 시대는 지나가고 만 것일까요? 바꾸어 말하면, 사랑의 시대는 지나가 버리고 만 것일까요? 이 세상과는 아무런 관계도 없는 당신의 그 순수한 깊은 혼을 샘이 아닌 그 무엇에 비유할 수 있을까요? 그리고 사랑에 빠진 그 강이 바로 나라고, 내가 전에 당신에게 말하지 않았던가요? 그러니 우리가 헤어진 지금, 당신과 하나가 되기 위해 바닷속 깊이 몸을 던질 수밖에 없지 않을까요? 깊은 바닷속에서 우리는 다시 만나는 것입니다. 그곳에서만 우리는 진정으로 하나가 될 수 있을 테니까요.

당신의 요하네스

나의 코델리아!

이제 곧 당신은 나의 사람이 됩니다. 태양이 그 감시의 눈을 감을 때, 그리고 역사가 끝나고 신화가 시작될 때 나는 서둘러 망토를 입을 뿐만 아니라 당신에게로 달려가겠습니다. 그리고 당신을 찾아내기 위해서 귀를 기울이겠습니다. 당신의 발소리가 아닌 심장의 고동 소리에 귀를 기울이는 것입니다.

당신의 요하네스

요 며칠 동안 나는 그녀가 있는 데로 가고 싶으면서도 가지 못하고 있다. 어떻게 된 일인지 그녀가 자신의 장래 문제를 생각해 볼까 봐 자꾸 걱정이 된다. 이제까지 그녀는 그런 생각을 해본 적이 한 번도 없었다. 내가 그녀를 미적으로 도취시키는 방법을 충분히 알고 있었기 때문이다. 장래 문제로 쓸데없는 소리를 하는 것은 삶의 본능에 충실한 것과는 거리가 멀다. 그런 말을 하는 까닭은, 사실은 현재라는 시간을 채울 만한 그 무엇도 가지고 있지 않기 때문이다. 내가 그녀 옆에 있기만 하면 나는 조금도 두려워하지 않는다. 나는 틀림없이 그녀가 시간과 영원을 모두 잊어버리게 할 수 있다. 이렇게까지 여자의 마음과 가까운 관계를 맺을 줄 모르는 사람은 결코 여자를 꾀려고 생각해서도 안 된다. 왜냐하면 그렇게 해서는 미래에 대한 질문과 신앙에 관한 교리 문제라는 두 가지 암초를 피할 수 없기 때문이다. 그러므로 《파우스트》의 그레첸이 파우스트에게 시험하듯이 질문한 것은 마땅하다. 파우스트는 자신이 여성에게 헌신하는 기사인

체 드러내 놓고 접근했지만, 사실 그는 그런 상황에 어두운 얼뜨기였다. 그리고 그런 접근 공격에 여자들이란 언제나 완전무장을 하고 대비하고 있는 법이다.

이로써 그녀를 맞이할 준비는 모두 끝났다고 생각한다. 그녀는 감탄하는 마음으로 나에 관한 기억을 떠올릴 수 있는 여유를 가져야 할 것이다. 아니 좀 더 정확하게 말한다면 그녀는 나에 대한 기억을 찬탄할 시간도 없을 것이다. 그녀에게 무엇인가 의미를 가질 수 있는 정도의 것이라면 무엇이든 잊히면 안 된다. 한편 그녀에게는 또 나를 곧바로 생각나게 하는 것은 하나도 없을 것이다. 그럼에도 나는 눈에는 보이지 않지만 이르는 곳마다 존재한다. 그런 효과는 주로 그녀가 처음 보았을 때 어떤 인상을 받았느냐 하는 데 달려 있다.

이 점에서 내 하인은 상세하게 지시를 받고 있다. 그는 나름대로 그 점에서는 훌륭한 재주꾼이다. 그는 지시만 하면 우연인 것처럼 자연스럽게 주의하며 말을 할 줄 안다. 그는 아무것도 모르는 사람처럼 행동하는 방법을 알고 있다. 요컨대 그는 내게는 둘도 없는 안성맞춤의 사나이이다.

그 집안의 배치는 그녀가 원하는 식으로 되어 있다. 방 한가운데 앉으면, 앞의 경치를 넘어 아득히 멀리까지 바라볼 수 있다. 그 양쪽으로는 끝없는 지평선이 있어 그녀는 넓고 먼 대기의 바다 한가운데에 자기 홀로 외로이 있는 것 같다. 한쪽 창문으로 걸어가면 아득히 먼 지평선에 숲이 화관처럼 부풀어 올라 전망을 가로막고 있다. 그렇게 되어 있어야 한다.

도대체 선정성을 띠는 사랑이란 무엇을 사랑하는 것인가? 그것은 가로막고 틀어 막히게 하는 것이다. 에덴동산도 동쪽 언덕에서 둘러싸인 곳이 아니었던가?(《창세기》 2 : 8) 그러나 이곳은 무척 좁게 둘러싸여 있다. 창가로 더 다가서 보면 조용한 호수가 높은 둔덕에 둘러싸여 다소곳이 숨어 있다. 기슭에는 작은 배가 떠 있다. 넘치도록 가득 차서 마음속에서 흘러나오는 탄식이나 설렘 속에서 토해 내는 생각의 숨결처럼 작은 배는 붙들어 맨 밧줄을 끄르고, 말할 수 없이 잔잔하고 약한 바람을 따라 조용히 호수의 수면을 미끄러져 나아간다. 숲의 짙은 어둠을 꿈꾸고 있는 호수에 흔들리면서 작은 배는 이윽고 숲의 신기한 정적 속으로 사라진다.

눈을 다른 쪽으로 돌리면, 시야를 가로막는 것이라곤 하나도 없이 바다가 펼쳐지고, 그 바다를 따라 아무 곳에도 방해받지 않는 상상이 이어진다. 선정성을 띠는 사랑은 무엇을 사랑하는 것인가? 끝없는 것이다. 선정성을 띠는 사랑은 무엇을 두려워하는가? 그것은 한계다. 넓은 방의 안쪽에 조그맣고 예쁘장한 방, 말하자면 사실(私室)이 하나 있는데, 발 댁의 사실을 그대로 옮겨 놓은 것 같다. 혼동할 정도로 비슷하다. 버들가지로 엮은 양탄자가 마룻바닥에 깔려 있고 긴 의자 앞에는 작은 탁자가 있으며, 그 위에는 발 댁에 있는 것과 같은 등이 놓여 있다. 모든 것이 그 집과 꼭 같다. 다만 이 방이 조금 더 호화로울 뿐이다. 이 정도의 변화라면 아마 관계없을 것이다. 큰방에는 피아노가 놓여 있다. 아주 간소하지만, 얀센 댁에 있던 것을 생각나게 한다. 피아노 건반 뚜껑은 열려 있다. 악보대에는 짧은 스웨덴 가곡이 펼쳐진 채 놓여 있다. 현관으로 통하는 문이 살짝 열려 있다. 그녀는 방 저쪽 문에서 들어오리라. 이 모든 것을 요한에게 잘 일러 두었다. 들어오면 그녀의 눈은 옆에 달린 방과 피아노를 동시에 본다. 회상 속에서 그녀는 마음의 눈을 뜬다. 바로 그 순간에 요한이 문을 연다. 이 환상은 아주 완전하다. 그녀는 옆에 딸린 작은 방으로 들어갔다. 그녀는 만족한다고 나는 확신한다. 그녀의 시선이 탁자 위에 머물면 그 순간 요한은 그 책을 치우려는 듯이 집어 들고 자연스럽게 말을 한다. 이것은 주인님이 오늘 아침 여기서 나가실 때 잊고 가신 책입니다 하고. 그러면 그 말 때문에 그녀는 내가 이미 오늘 아침에 여기를 다녀갔음을 알고 그 책을 보고 싶어 하리라. 그 책은 아풀레이우스의 유명한 작품인 《사랑과 마음》을 독일어로 옮긴 것이다. 그것은 시집이 아니다. 또 시집이어서도 안 된다. 왜냐하면 젊은 아가씨에게 시집을 안긴다는 것은 언제나 아가씨들을 모욕하는 것이 되기 때문이다. 그런 일을 한다는 것은 지금과 같은 순간에 놓인 여자가 현실 속에 직접 숨어서, 일부러 다른 사람의 사상으로 현실 속의 시를 꺼내 주어야만 할 정도로 문학적 소질이 없다는 점을 의식하게 하는 행동이 아니겠는가? 일반인들은 그렇게 생각하지 않지만, 사실은 그렇다. 그 책은 시집이 아니니까 그녀는 읽어 보려고 한다. 그렇게 되면 목적은 이루어졌다고 해도 좋다. 그 책의 펼쳐진 곳을 그녀가 보면, 거기에서 은매화 나뭇가지를 발견할 것이다. 그리고 그 은매화 나뭇가지가 지닌 책갈피 이상의 의미를 깨닫게 될 것이다.

나의 코델리아!

왜 그러십니까? 두려우신 겁니까? 우리가 하나가 되면, 우리는 강해집니다. 세계보다 강하고 신들보다도 강합니다. 아시는 바와 같이 먼 옛날 이 지상에 한 종족이 살고 있었습니다. 물론 인간이었습니다만, 그들은 자기 자신만으로 만족할 뿐 사랑이라는 마음의 연결을 몰랐습니다. 그러나 그들은 강력했습니다. 하늘을 습격하려고 했을 만큼 강력했습니다. 그들을 두려워한 유피테르(제우스)는 하나가 둘이 되도록 그들을 나누어 놓았습니다. 즉 한 사람을 둘로 나누어 남자와 여자, 두 사람이 되게 했습니다. 그래서 일찍이 하나였던 것이 사랑으로 다시 하나가 되는 일이 때때로 일어나고, 그런 하나 됨은 유피테르보다도 강합니다. 그렇게 사랑으로 하나가 된 두 사람은 혼자였던 때만큼 강할 뿐 아니라 그보다 훨씬 더 강합니다. 사랑의 하나 됨은 더욱 높은 단계의 결합이기 때문입니다.

당신의 요하네스

9월 24일

밤은 고요하다. 시간은 12시 15분 전이다. 성문을 지키는 파수꾼이 교외를 향해 축복의 나팔을 분다. 그 소리가 블레그담이 있는 쪽에서 메아리쳐 온다. 그는 성문 안으로 들어가 다시 한번 나팔을 분다. 그 소리가 아까보다 더 먼 데서부터 메아리쳐 온다. 모든 것이 평안하게 잠들어 있다. 다만 사랑만이 깨어 있다. 자! 일어나라! 그대들의 신비한 사랑의 힘들이여. 이 가슴속에 깃들어라! 밤은 침묵하고 있다. 다만 한 마리의 새가 울음소리와 함께 날개를 치고 침묵을 깨뜨린다. 새는 이슬이 내린 들판을 나직이 떠서 성곽 밖 시내의 경사진 둑이 있는 쪽으로 날아간다. 저 새도 아마 연인을 만나러 가는 모양이다. 나는 그것을 어떤 조짐이라고 생각한다. 자연 전체가 얼마나 많은 것을 알려 주는 징조로 가득 차 있는가. 날아오르는 새, 울음소리, 둥둥 떠서 날뛰는 물고기, 멀리에서 들리는 개 짖는 소리, 아득히 울려 퍼지는 수레 소리, 멀리서 메아리쳐 오는 사람들의 발소리에, 나는 전조의 소리를 듣는 것이다. 이 밤의 한때에 내가 보고 있는 것은 유령이 아니다. 나는 일찍이 있었던 것을 보는 게 아니고, 미래에 오려고 하는 것을 보고 있다. 모든 게 상징으로 나타나고 있다. 내가 나 자신의 신화인 것이다. 그럴 수밖에 없는 것이, 내가 미래와 몰래 만나는 것을 서두르는 것 자체가 바로 신화가 아니겠는가? 내가 누구인가는 상관없다. 모든 유한한 것, 시간과 관련된 것은 잊어버리고, 다만 영원한 것만이 뒤에 남는다. 사랑의 힘이, 사랑의 동경이, 사랑의 위대한 축복이 남는다. 내 마음은 팽팽히 당긴 활줄처럼 얼마나 긴장해 있는가! 독을 발라 놓은 것은 아니지만 살을 뚫고 들어가 피와 섞일 수 있는 화살통 속의 화살처럼 나의 생각들은 얼마나 잘 준비되어 있는가! 내 마음은 든든하고 건강하고 명랑한 채 마치 신처럼 지금 얼마나 행복해하고 있는가!

자연의 혜택으로 그녀는 아름다웠다. 믿음직한 자연이여, 나는 그대에게 감사한다. 어머니처럼 그대는 그녀를 보호하고 있다. 돌봐 주어서 고마웠다. 그래서 그녀는 보호받았다. 인간들아, 나는 그대들에게도 감사한다. 그녀가 자연의 보호를 받고 있는 것은 그대들 덕분이다. 그녀의 성장은 나의 공적이었으니 곧 나는 내 노력의 대가를 받을 것이다. 벌써 바로 눈앞까지 다다른 이 순간 속에 얼마나 많은 노력들이 쌓여 있는지. 이 한순간을 놓쳐서야 되겠는가.

아직 내 마차가 보이지 않는다. 채찍 소리가 들린다. 저건 나의 마부다. 목숨을 걸고 달려라. 말과 마차가 뒤집히더라도 우리는 1초도 늦게 도착해서는 안 된다.

9월 25일

왜 이 밤은 좀 더 오래 이어질 수 없을까? 알렉트리온이 밤새 지켜 주어야 할 자신의 직분을 잊어버렸다면, 왜 태양은 그에게도 그 일을 잊도록 동정해 주지 않는 것일까? 그러나 이미 지나간 일이다. 나는 이제 다시는 그 여자를 만나고 싶지는 않다. 여자란 모든 것을 바치고 나면 약해지는 법이다. 또한 모든 것을 잃고 만다. 왜냐하면 순결은 남자에게는 곁달린 요소에 지나지 않지만, 여자에게는 여성 본질의 내용이기 때문이다. 그 본질을 잃고 난 뒤에는 모든 저항이 불가능하다. 사랑이 훌륭해 보이는 것은 저항이 있을 동안에만 해당된다. 저항이 없어져 버리면 사랑은 약해지고 습관이 되어 버린다.

나는 그녀와 나의 관계를 생각하고 싶지 않다. 그녀는 향기를 잃어버렸다. 그리고 성실하지 못한 연인으로 말미암아 슬퍼하는 여자가 헬리오트로프[68]로 변

---

68) 오비디우스의 《변신 이야기》에 따르면, 아폴론을 사랑한 물의 요정 클리티아(또는 클리티에)
가 사랑을 이루지 못하고 죽자 아폴론이 이 꽃으로 변신시켜 주었다.

신할 수 있는 시대는 지나가 버린 것이다. 나는 그녀에게 작별 인사를 하고 싶은 생각은 없다. 여자의 눈물이나 애원은 내가 가장 싫어하는 것이다. 여자의 눈물이나 애원은 모든 것을 바꿀 수는 있으나, 어떤 뜻을 지닐 수는 없기 때문이다. 나는 그녀를 사랑해 왔다. 그러나 이제부터 그녀는 나의 마음을 빼앗을 수 없다. 만일 내가 신이었다면, 나는 포세이돈이 자신의 연인인 님프를 남자로 변신시켰듯이 그녀에게도 그렇게 해주고 싶다. 그녀를 남자가 되게 해주겠다.

관계에 싫증이 난 것은 자기 쪽이라고 당당하게 주장할 만큼 자랑스러운 아가씨를 만들어 낼 수는 없을까? 이것은 정녕 알 만한 가치가 있는 일이다. 그것이 가능하다면 흥미 있는 맺음말이 될 수 있다. 그 일 자체로서도 심리학적인 흥미를 줄 수 있고, 동시에 여러 가지 삶의 본능에 충실한 것을 폭넓게 관찰할 수 있도록 만들어 줄 테니까.

키르케고르 생애 사상 저작

키르케고르 생애 사상 저작

키르케고르의 생애

실존주의 사상의 선구자 쇠렌 오뷔에 키르케고르(Søren Aabye Kierkegaard)는 1813년 5월 5일에 아버지 미카엘 페데르센 키르케고르와, 어머니 아네 쇠렌스다테르 룬 사이의 7형제 가운데 막내로 덴마크 코펜하겐의 뉴토에서 태어났다.

1813년은 덴마크가 나폴레옹과 결탁하여 영국을 상대로 희망 없는 전쟁을 6년 동안이나 치러 온 끝이라, 국가는 거의 파산에 이르러, 덴마크 역사상 가장 국가 재정이 어려운 시대가 시작되었다. 그 2년 뒤에는 400년에 걸쳐 내려오던 오랜 해협통행세가 폐지되고 무역자유화법이 승인되어, 북유럽의 다리로 불리던 옛 도시 코펜하겐에 대한 온갖 규제가 없어졌다. 그리하여 시위원회는 새롭고 넓은 지역을 갖가지 공장 및 노동자 주택을 위한 건축용지로 바꾸었다. 1815년은 그런 가운데서도 새로운 시대가 시작되었고, 산업주의에 발맞춰 구체제의 변혁이 일어난 해였다. 하지만 보수적인 전통을 면면히 지녀 왔던 구체제는 길드제도와 절대군주제로써 지탱되었던 것이 그즈음 사회 현실이었다.

키르케고르는 그의 생애를 통해 인격을 형성하는 데, 특별히 운명 같은 관계를 맺고 있는 다음 몇 사람들이 있다. 먼저 아버지를 들 수 있는데 그의 아버지와의 관계는 그를 독실한 그리스도교인이 되게 했다. 다음엔 그가 사랑한 여인 레기네인데, 그녀는 그를 시인이 되게 했다. 그리고 저작가이며 언론인인 골드슈미트는 키르케고르가 세계를 모멸하는 눈으로 보게 되는 계기를 만들어 준 사람이었다. 마지막으로 뮌스테르와 마르텐센 두 사제가 있다. 이들은 키르케고르에게는 속되고 고약한 그리스도교계를 대변하는 자들이었다.

아버지 미카엘은 10여 년 동안 외삼촌을 도와주다가 24세 때 경제적으로 독립, 금방 재산을 모아 40세 무렵엔 이미 은퇴해 여생을 금리로 유복하게 지냈다.

그런데 어머니는 키르케고르 집 하녀로 일하다가 전처가 죽자 미카엘과 결혼, 5개월 뒤에 아들을 낳았다. 도덕적으로 엄격한 미카엘은 자기의 이 잘못을 일생 동안 잊을 수 없어 괴로워했는데, 이것이 아들 쇠렌의 일생에도 큰 영향을 미쳐 키르케고르의 서글픈 운명은 이미 여기에서 싹트고 있었다.

키르케고르는 이런 아버지 밑에서 아주 슬기롭고 밝은 소년으로 자라 아버지나 누나들도 막내 쇠렌을 더욱 귀여워했다고 한다. 어느 날, "다음에 크면 무엇이 되고 싶냐?"라는 질문에 키르케고르는, '포크'가 되고 싶다고 대답했다. "왜?"라고 묻는 말에, "무엇이든지 맛있는 것을 접시로부터 찍어 올 수 있으니까"라고 대답했다. "그러나 모든 것이 너를 쫓아오면?"이라는 물음엔, "그러면 전부 다 찍겠다"라고 응수했다고 한다. 그래서 그는 '포크'라는 별명을 갖게 되었고, 아버지와 누나들도 막내 쇠렌의 이런 기지를 좋아했으며, 그를 귀여워했다고 전해진다.

그러나 집 안에는 오락 시설이 거의 없는 데다가 외출하는 일도 드물었으므로 자연히 쇠렌은 생각에 잠기는 때가 많았다. 아버지는 엄격했으나 상상력이 풍부한 사람이어서, 쇠렌이 외출하기를 청하면 선뜻 허용하는 대신 손수 아들의 손을 잡고 방 안을 거닐며 가고 싶은 곳을 묻고, 그곳에 대해 문 앞을 나서는 장면부터 상세히 이야기하기 시작한다. 바닷가로 나가고 거리를 거닌다. 아는 사람도 만나 인사를 나눈다. 이렇게 30분이나 방 안을 거닐면 마치 온종일 외출해서 돌아다닌 것처럼 지쳐 버리는 것이다. '방 안의 산책'은 쇠렌에게 상상의 기쁨을 가르쳤고, 따라서 건전한 상상력이 길러졌다.

아버지는 또 여러 가지 학문, 특히 철학에 깊은 관심을 갖고 있어 가끔 친구들을 불러 철학 문제를 논의했는데, 쇠렌에게는 그 논의를 듣는 것이 즐거움 가운데 하나였다. 이는 아주 건전한 상상력과 예리한 변증의 능력을 쇠렌이 익힐 수 있게 했으며, 이렇게 자란 두 가지 기능이 뒷날 사상 유례가 없는 시와 철학이 어우러진 아름답고 깊이 있는 많은 작품을 낳게 했다. 키르케고르의 특징을 이루는 상상력과 변증법이라는 두 가지 능력은 확실히 아버지로 말미암아 길러진 것이다. 그러나 그것은 아버지의 교육 계획 속에 포함된 것이 아니고, 다만 아들을 경건한 그리스도교인으로 엄하게 키우는 데 목적이 있었다. 이 교육에 대하여 키르케고르는 이렇게 술회한다.

"옛날에 한 사나이가 있었다. 그는 어렸을 때, 엄격한 그리스도교 교육을 받았다. 그는 보통 어린이들이 듣는 이야기, 그리스도의 어렸을 적 이야기, 천사들 이야기를 듣는 경우는 거의 없었다. 그 대신 십자가에 매달린 사람의 모습만이 그의 눈앞에 제시될 뿐이었고, 이 모습이 그가 구세주에게 갖고 있는 유일한 모습이자 인상이었다. 그는 아직 어린데도, 벌써 노인처럼 늙어 있었다. 십자가에 매달린 사람의 모습은 그 뒤 그의 생애를 통하여 그를 계속 따라다녔다. 그는 결코 젊어지지도, 그 모습으로부터 해방되지도 않았다."

키르케고르(1813~1855)
쾌락 생활 속에서 대변혁의 시기를 맞은 1835년 무렵의 키르케고르

이렇게 이미 어렸을 때, 그토록 무섭고 잔혹한 형을 받은 그리스도 수난의 화상(畵像)이 키르케고르의 마음속에 지울 수 없는 깊은 인상을 주었다. 이 인상 때문에 그는 속임수로 가득 찬 그리스도교계에 도전하고, 후년에 이르러서는 스스로 고난을 걸머졌던 것이다.

키르케고르의 어머니는 단순하고 명랑한 부인이었다. 쇠렌은 어머니로부터 쾌활한 성격을 물려받았다. 이 성격은 아버지로부터 물려받은 음울성과 서로 조화를 이루지 못한 채 그의 성격으로 자리 잡게 되었다고 한다.

키르케고르가 어렸을 때 시골에 놀러 갔다가 나무에서 떨어져 등허리를 다친 적이 있었다. 이 일은 그가 43세 때 교회 및 사회와의 격렬한 논쟁에 지친 나머지 길거리에 쓰러져 한 달 뒤 죽은 척수병의 원인이 되었다. 이처럼 소년 시절에 겪은 우연한 사고가 평생 동안 그의 건강 상태에 큰 영향을 끼쳤던 것이다.

1830년 키르케고르는 코펜하겐 대학에 입학해서, 아버지의 희망대로 신학을 배우게 되었다. 1834년부터는 세계의 문학사상 유례가 없는 귀중하고 방대한 일기를 쓰기 시작했다. 그의 독서 기록을 보자면 신학에서 문학으로, 그리고 철학으로 옮겨지는 관심의 변천이 엿보이고, 그리스도교 정교를 의심하기 시작하

▲셀란섬
수도 코펜하겐이 있
는 섬. 키르케고르
는 1835년 노르셸란
을 여행했다. 그의
실존주의 사상은 이
곳에서 잉태되었다.

◀수도 코펜하겐
셀란섬 동부에 있다.

여 그가 '정신의 불안정과 발효' 상태에 있었음을 알 수 있다. 그러나 태어날 때부터 아름다움과 관련된 소질을 다분히 지니고 있었던 그는 이때부터 신학에 관심이 사라지고 문학이나 철학에 관심을 가지게 되었다. 그 때문에 거의 날마다 거리를 헤맸고, 극장과 카페를 드나들었다. 신학 국가시험도 포기한 듯 보여 아버지를 슬프게 했다. 마침 그 무렵 불행이 잇따라 일어났다. 겨우 3년 동안에 아버지는 아내

키르케고르 동상

와 세 명의 자식을 잃었다. 게다가 쇠렌의 방탕은 더욱 생활을 힘들게 했다. 아버지는 그의 기분을 전환시켜 시험에 대비하게 하려고 아들을 노르셸란으로 여행 보냈다. 1835년 7월 끝 무렵부터 8월에 걸쳐 쇠렌은 셸란섬의 북쪽 끝인 길렐라이에를 중심으로 여행했다. 그때 그는 그의 사상에 핵심이 되는 사색에 이르러 8월 1일부로 그것을 기록했다. 오늘날의 실존주의 사상은 여기에서 탄생했다고 한다.

길렐라이에의 수기에 나오는 "나에게 진리다운 진리를 발견케 하고 내가 그것을 위해 살다 죽고 싶을 만한 이데아를 발견하는 것이 필요하다"는 말은 스물두 살 때부터 평생토록 키르케고르의 화두가 되었다. 키르케고르는 이 결의로 생길 아버지와의 의견 충돌을 각오하고 8월 중순 집으로 돌아왔다. 그러나 집에는 아버지의 우울한 모습이 있을 뿐이었다. 쇠렌은 여행에서 다진 결심을 밝힐 용기도 없었다.

1835년 가을쯤의 일이다. 젊은 키르케고르는 그 뒤의 운명을 결정지을 만한

무서운 변혁을 체험한 것이다. 키르케고르가 '대혼란'이라고 부른 구체적인 일은 아무도 모르나 그의 수기 내용으로 보아 아버지가 나중에 아내로 맞은 하녀를 결혼 전에 이미 임신시켰고, 그것도 단순한 잘못이 아닌 폭력에 의한 것이었다는 사실임을 추측할 수 있다. 이로 말미암아 아버지가 신에 대한 반항을 되풀이한 죄로 두 아내와 세 명의 자식을 잃은 것이라고 생각했다. 게다가 살아남은 네 아이 가운데 둘마저도 허약해 아버지를 앞서가고 말았다. 그 일 또한 중한 죄에 내린 벌이라고 생각했다. 아버지가 저지른 죄, 그 죄의식과 벌의 예감을 알게 되자, 그것을 또 스스로의 죄로 느끼고 죽음이 엄습해 옴을 느낀 일이 아마 '대혼란'의 체험 내용이라고 상상된다.

이렇게 죽음의 의식은 마지막까지 키르케고르의 생활을 지배하고 그의 사색에 침투해 들어왔다. 언젠가는 죽게 된다는 죽음의 가능성에 대한 의식은 인간의 유한성에 대한 의식으로 승화되어, 거기에 신과 인간의 절대적인 거리라든지, 영원과 시간의 유한한 차이라는 것으로 알려지고 있는 키르케고르 사상의 핵심이 되었다.

키르케고르는 자신을 "인간의 기억 속에 살고 있는 가장 우울한 인간이었다"라고 일컫고, 이 우울을 아버지로부터 이어받고 소년 시절부터 일생 동안 그것 때문에 괴로워했다고 이따금 말했다.

키르케고르는 대학에 입학하면서 문학이나 철학에 대한 관심이 깊어짐에 따라 점차 회의하는 경향을 띠게 되었다. 게다가 '대혼란'의 체험을 겪다 보니 길렐라이에에 머물던 중에 마음먹은 결심도 뒤흔들려 버렸다. 그리하여 생명이 있는 동안이라도 쾌락을 누리자는 절망스러운 기분에 빠져 '파멸의 길'을 밟게 되었다. 그러나 이런 방탕한 생활을 하면서도 키르케고르는 문학이나 철학 연구를 잊지 않았다.

이런 탕아 생활도 은사 포울 묄러가 부는 '각성의 나팔' 소리로 미몽에서 깰 때가 왔다. 그 경고의 말은 "너는 무서울 만큼 철저한 논객이다"인 것으로 전한다. 너는 주위 사람에게 다만 부정적인 태도라는 뜻으로서, 그것은 일반적으로 삶을 부정하고 허무한 것으로 보는 태도, 즉 '파멸의 길'을 걷는 키르케고르의 허무주의의 영향을 받은 생활 태도로 보고, 그 허무주의에서 벗어날 것을 촉구하는 말이라 할 수 있다.

뮐러는 1838년 3월 13일에 죽었지만 그의 경고는 마침내 키르케고르를 옳은 길로 되돌아서게 했다. 5월 19일 마음을 돌이켜 먹은 것으로 보이는 '말할 수 없는 기쁨'을 체험하고 드디어 탕아는 아버지와 화해하고 그리스도교로 돌아가게 된다. 그러나 화해한 지 얼마 지나지 않은 같은 해 8월 9일에는 아버지와도 영원히 헤어지게 된다. 아버지의 죽음을 애석히 여긴 그는 아버지의 죽음은 자기가 겪은 마지막 희생이라고 생각했다.

대학생 시절의 키르케고르

1837년 5월, 키르케고르는 뢰르담 집에서 열네 살의 레기네 올센을 만났다. 그녀는 그 자리에서 키르케고르의 마음을 사로잡아 버렸다. 그 사랑은 불행으로 끝날 운명을 지니고 있었지만, 키르케고르의 생애를 결정지을 만한 뜻을 지닌 사랑이었다.

1840년 7월에 시험을 마치고 키르케고르는 아버지의 고향인 세딩으로 여행을 떠났다. 일종의 성묘였다. 목적지에 가까워질 때 그는 다음과 같은 글을 썼다.

"나는 여기에 혼자 앉아서, 세딩을 보게 될 때까지의 수를 세고 있다. ……마침내, 아버지가 집안이 가난한 어린이였을 때 양치기를 하던 장소를, 아버지의 이야기를 듣고서 나의 향수를 자아내게 하던 장소를 보게 된다. 이제 내가 병들어 세딩의 묘지에 묻히게 된다면! 당치도 않은 생각이다. 아버지의 마지막 소원은 이루어졌다─그 정도로 이 세상에서의 내 사명은 끝난 것일까? 당치도 않은 이야기다. 나의 사명은 그렇게 하찮지 않다. 나는 아버지로부터 부성애가 무엇인지를 배웠다. 그리고 그것으로써 나는 신(神)의 부성애, 인생에서 유일하고 요지부동한 것, 참되고 아르키메데스다운 것을 이해했다."

키르케고르는 자기 운명을 아버지의 운명과 결부시켜 생각하고 있었다. 아버지를 추억할 수 있는 성지를 찾아가 죄의식을 새로이 했으나 동시에 애인의 일

레기네 올센

을 생각하고 약혼할 것을 다짐했다.

8월 그는 코펜하겐으로 돌아왔다. 그리고 9월에 레기네에게 구혼해 승낙을 받았다. 여기에서 역사상 유례없는 약혼 이야기가 시작되는 것이다.

"다음 날 나는 내 잘못을 알았다. 뉘우침의 기분에 빠져 있던 나, 나의 과거 경력, 우울, 그것만으로 충분했다."

3년에 걸친 사랑을 결정지은 일에 기뻐해야 할 텐데도 키르케고르는 약혼한 다음 날 약혼을 잘못이라고 후회하면서 말할 수 없는 고뇌에 빠지는 것이다.

이듬해인 1841년 8월에 그는 분명치 않은 편지와 함께 약혼반지를 되돌려 보냈다. 이렇다 할 이유나 변명도 없이 약혼을 일방적으로 파기해 버린 것이다. 사랑하기 때문에 결혼할 수 없다는 것이다. 약혼 파기 이유의 태반, 아버지의 비밀을 알고 불안에 쫓기어 '파멸의 길'을 걷다가 순결을 더럽혔던 키르케고르를 아는 이는 아마 상상할 수 있을 것이다. 그리고 그 원인으로 '대혼란'의 영향이 얼마나 크게 작용하고 있는가도 상상할 수 있을 것이다.

파혼은 했으나 키르케고르는 레기네를 여전히 사랑했다. 오히려 그는 언젠가 맺어질 날을 남몰래 기대하고 남편이 될 자격을 얻기 위해 우울의 어두운 그림자를 헤쳐 가며 신앙을 얻으려고 필사의 노력을 아끼지 않았다.

키르케고르는 어떻게 하여 그리스도교인이 되느냐 하는 문제를 위해 마지막까지 투쟁했고, 자기의 우울과 피투성이가 되도록 싸웠다. 이 싸움에 큰 동기를 준 사람이 레기네 올센이라는 한 소녀였음을 생각하면, 이 파혼 사건이 키르케고르의 생애와 사상에서 차지하는 의미가 얼마나 큰 것인가도 상상할 수 있을 것이다.

키르케고르는 사랑의 반복을 기대하고, 그 뜻을 그녀에게 전할 목적으로 《반복》이나 《두려움과 떨림》 같은 작품을 썼을 뿐 아니라 레기네가 슐레겔 부인이 된 뒤에도 남몰래 그녀의 일을 생각하며 화해를 바랐던 것이다.

그는 그의 저작 전체를 그녀에게 바쳤다. 죽을 때에는 저작을 포함한 모든 유산이 그녀에게 돌아가도록 써서 남겼다.

파혼 사건은 키르케고르에게 끝없는 고뇌와 고난의 원인이 되었다. 세상의 비난은 감수할 작정이었지만, 레기네에겐 진실된 마음을 전해야만 했다. 그 때문에 그는 자신의 연애와 약혼의 체험을 담은 작품을 계속 발표했는데, 이 체험이 내면으로 얼마나 풍족한 원천이 되었는가를 알 수 있다.

저술 활동과 그 배경

약혼반지를 돌려보낸 뒤 결정적인 파기가 될 때까지의 사이에 학위논문 〈소크라테스에 주안점을 둔 아이러니 개

의사 결정 사진 속 남녀는 많은 사람들이 해야만 하는 가장 중요한 사사로운 결정의 하나인 결혼을 하고 있다. 키르케고르는 최고의 도덕과 관련된 실재는 개인이며, 우리의 고유한 삶을 만들어 내는 선택을 통한 의사 결정이 가장 중요한 인간의 행동이라고 했다. 열네 살의 소녀 레기네를 사랑했던 키르케고르는 약혼까지 했다가 파혼하고 평생 홀로 지내며 영원한 존재로서의 그녀를 사랑했다.

념론〉에 관한 공개 토론을 마치고, 이 책을 출판했다. 그 뒤 키르케고르는 《이것이냐, 저것이냐》를 집필하기 시작해서, 이를 완성하기 위해 1841년 10월 25일 베를린으로 떠났다. 《이것이냐, 저것이냐》에서 비롯된 저작 활동은 마치 둑 터진 홍수처럼 무서운 힘으로 몇 년 동안 이어져 비할 바 없는 개성 있는 작품이 잇따라 발표되었다.

그러나 웬일인지 키르케고르는 아버지 미카엘에게 바친 《그리스도교 담론》을 빼고는 《이것이냐, 저것이냐》, 《두려움과 떨림》, 《반복》, 《철학적 단편》, 《철학

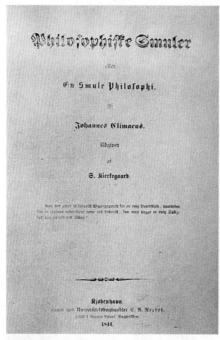

《철학적 단편》 초판본 표지

적 단편에 붙이는 비문학적 해설문》, 《불안의 개념》《인생길의 여러 단계》, 《죽음에 이르는 병》, 《그리스도교 실천》 등의 작품을 모두 만들어 낸 필명으로 발표했다.

중요한 것만 예를 들어 보면 《이것이냐, 저것이냐》는 빅토르 에레미타, 《두려움과 떨림》은 요하네스 데 실렌티오, 《반복》은 콘스탄틴 콘스탄티우스, 《철학적 단편》과 《철학적 단편에 붙이는 비문학적 해설문》은 요하네스 클리마쿠스, 《불안의 개념》은 비길리우스 하우프니엔시스, 《인생길의 여러 단계》는 제본업자 힐라리우스, 《죽음에 이르는 병》과 《그리스도교 실천》은 안티—

클리마쿠스가 지은 것으로 되어 있다. 어째서 이렇게 몇 개의 필명을 썼을까?

그리스도교계의 모든 사람들은 사실 그리스도교인도 아니면서 그렇게 생각하고 있다. 사람들을 그런 착각에서 깨어나게 하려면 높은 곳에서 고함을 쳐봐도 아무 효과가 없다. 오히려 자신도 같은 착각 속에 있으며, 저마다 그것이 얼마나 무서운 것인가를 깨닫게 하고 뉘우치게 할 수밖에 없다. 키르케고르는 이 방법을 소크라테스의 산파술에서 배워 이것을 '간접 전달'이라 부르면서, 저술 활동으로 사람들을 '진리로 끌어들이고자' 했다.

그러나 여러 필명으로 책을 내놓았다는 것은 하나의 확고하고 통일된 의지가 있기 때문에 가능한 일이며, 이 통일된 의지를 놓치지 않고 볼 수 있는 사람이라면 그 다양함 속에서 통일성을 볼 수 있을 것이다.

《이것이냐, 저것이냐》는 1843년 7월에 출판되었다. 그 속에 포함된 《유혹자의 일기》는 이 지은이를 놀라울 만큼 칭찬하고 환영받는 존재로 만들었다. 그러나 키르케고르 자신은, 그가 왼손을 내밀었는데 세상은 오른손으로 잡았다고 한

소크라테스의 죽음 소크라테스의 변증법은 순수하게 정보를 전달해 주는 방법으로 적당치 않다. 그러나 사람들이 이미 알고 있다고 생각하는 것을 다시금 문제 삼게 하는 방법으로는 매우 뛰어나다. 키르케고르는 소크라테스의 이런 방법으로 사람들을 진리로 끌어들이고자 했다.

탄해야만 했다.

이 책에서 지은이는 사람들이 맞닥뜨려야만 하는 선택 앞에 서게 한다. 그리고 독자가 옳고 그름의 결단을 내리도록 하는데, 바로 이것이 지은이의 의도이다. 요컨대 누구나 인생의 강물에 자신의 몸을 내던져 막연히 떠내려가도록 맡겨 둘 수는 없으므로 어떤 식으로든 자신의 인생을 살아갈 수 있도록 결정하게 했던 것이다. 이 책을 통해서 지은이는 두 가지 서로 다른 인생의 가능성을 독자 앞에 보여 주는데, 그는 그것들을 저마다 아름다움(감성)과 관련된 것, 윤리와 관련된 것이라고 불렀다.

결국 지은이는 인간들의 이런 양자택일에 대해서 이것도 아니고 저것도 아닌 것이라고 말한다. 인간 스스로 본질 속에 존재하는 영원한 것을 시간 세계에서 실현하기 위해서는 감성과 관련된 것으로는 충분하지 않으며, 그렇다고 또 윤리와 관련된 것으로도 충분하지 않다. 그것을 이루려면 인간이 종교 차원의 단계에 들어가야만 한다는 것이다.

이런 사상을 키르케고르는 그 뒤 몇 년 동안 잇달아 지은 저작에서 보여 주었다. 특히 《인생길의 여러 단계》(1845)에서 그것을 밝혔다. 이 책의 제목은 《이것이냐, 저것이냐》의 모티프(동기) 변화에서 나왔는데, 이것은 그의 주장을 더욱더 진일보시켜 종교 차원의 단계로까지 끌어올린 것이다. 같은 맥락으로 《철학적 단편》(1844)에서도, 어떻게 해서 영원한 것은 시간 속에, 그리고 신(神)은 역사 속에 스스로를 계시할 것인가를 중심으로 하는 그리스도교 차원의 문제를 논했다. 한편 그는 철학상의 주저서인 《철학적 단편에 붙이는 비문학적 해설문》(1846)에서 철학 체계 일반을 구축하고, 객관적 진리의 가능성을 신앙과 함께 논했다.

키르케고르는 그 밖에도 《반복》(1843), 《두려움과 떨림》(1843), 《불안의 개념》(1844), 《문학 평론》(1845), 《현대의 비판》(1846) 등을 계속 발표했다.

《반복》은 《두려움과 떨림》과 같은 시기인 1843년 10월에 발표되었다. 그러나 이 무렵 다른 저서들의 가명인 요하네스 클리마쿠스와는 다른 이름인 콘스탄티우스라는 가명을 썼으며, '실험심리학의 시도'라는 부제가 붙어 있다. 특히 이 《반복》은 1843년 2월에 출판된 그의 첫 작품 《이것이냐, 저것이냐》의 해설판이라 할 수 있다. 구체적으로 말해서 《반복》이 《이것이냐, 저것이냐》의 '이것이냐'에 해당한다면 《두려움과 떨림》은 '저것이냐'에 해당하는 부분의 해설이라고 할 수 있다.

이 작품에 등장하는 젊은이는 지은이가 자신의 비극(레기네와의 파혼)을 위탁한 인물이다. 타성에 젖기 쉽고 기계처럼 되기 쉬운 그날그날의 일상생활을 언제나 새로운 결의와 각오를 지니고 살아가는 생활 태도와 마음가짐, 이것을 키르케고르는 특히 '반복'이라고 부른다. 지은이는 반복의 개념을 인간들이 발견해야 할 새로운 것으로서 '윤리라는 관점에서 본 실존에서의 중요한 개념'으로 내세운다. 결국 반복이란 영원하고 참된 자기 회복을 뜻한다.

《두려움과 떨림》은 키르케고르의 첫 작품 《이것이냐, 저것이냐》를 출판한 지 반년 만인 1843년 10월 '변증법과도 같은 서정시, 침묵의 요하네스 지음'이라는 가명으로 발표되었다. 《반복》과 같은 시기로 이 두 작품은 내면이라는 관점에서 서로 관련성을 가지고 있다. 키르케고르는 《반복》의 욥을 통해 참된 자아 회복에 의한 반복으로써 그리스도교의 종교성을 보여 주는데, 《두려움과 떨림》은 창세기에 나오는 아브라함 이야기를 통해 종교와 관련된 실존 문제를 보여 준다.

베를린의 젠다르멘 광장 《이것이냐, 저것이냐》 제2부 원고를 키르케고르는 베를린에 머무를 때 썼다. 그의 하숙집은 이 광장 근처에 있었다.

우리는 아브라함 이야기에서 신 앞에 선 단독자를 보게 된다. 이것은 키르케고르가 말하는 신, 즉 절대자와 대비되는 아무런 조건이 붙지 않는 관계이다.

《철학적 단편》과 《불안의 개념》도 가명으로 발표한 저술이다. 키르케고르의 의견을 직접 술회하고 있기 때문에 특히 신학 연구서로 높이 평가되고 있다. 그 중에도 《철학적 단편》은 인식론에 근거한 본질을 다룬다. 지은이는 신앙이란 회개라는 단절에 의해서 낡은 삶과 분리되어, 새삼스레 인간에게 주어지는 삶이라는 것이다.

《불안의 개념》은 불안이라는 현상을 깊게 분석한 천재적인 작품이다. 원죄의 문제에서 불안이 그 전제인 동시에 결과라고 보고, 불안에서 원죄를 설명하며, 불안과 여러 형태의 치밀하고도 경탄할 만한 서술, 그리고 심층심리의 분석을 펼치고 있다. 그로써 그 내용을 간단한 설명으로 주입하려는 적극적인 저작 활동에 발을 내디뎠다.

키르케고르와 카를 마르크스

마르크스와 엥겔스는 1848년 '만국의 프롤레타리아여, 단결하라!'는 구호로 상징되는 《공산당 선언》을 발표하였으며, 키르케고르는 그보다 1년 전인 1847년 《사랑의 행위》를 발표했다.

이 두 인물은, 무척 다른 데가 있음에도 많은 점에서 서로가 서로를 떠올리게 한다. 그들은 비슷한 사회 상황 속에서 태어났으며, 또한 모두가 그 시대를 지배하는 철학이었던 헤겔주의에 저항했다—그것도 정확하게는 아주 다른 방법으로. 마르크스는 헤겔주의에 근거한 관념론을, 그의 표현에 따르면 '거꾸로 세움'으로써 그 자신과 집단을 위한 정치 강령(綱領)으로 삼았다. 키르케고르는 거기에 비하면 더욱 철저한 바가 있다. 그는 인간 존재의 다양성을 하나의 체계를 세워 써나갈 수 없다는 기본 견해에 따라서 헤겔이 주장하는 체계 전체를 공격해 나갔다. 그에게는, 사고 체계를 세울 수 있지만, 생활 체계를 세울 수 없다고 간주했다. 그래서 그 어떤 것도 키르케고르의 저작 활동을 통해서 일관되는 이 기본 시점을 흔들어 놓을 수 없었으며, 실존을 여러 측면에서 연구함으로써 현대철학에 발본(拔本)의 의의를 지니게 되었다.

미국의 역사가이며 사회학자인 드러커(Peter F. Drucker)는 키르케고르에 관한 글 가운데 19세기 사고의 특징을 다음과 같이 평하고 있다.

"통틀어 말해서 사물을 생각하는 19세기 사고방식의 핵심 고갱이를 이루고 있는 것은, 영원은 시간 속에서 이르고 또 이르게 되리라는 것과, 진리는 사회 속에서 다수로 결정된다는 것, 그리고 불변성(不變性)은 변화를 통해 얻을 수 있다는 것 따위이다. 우리가 진보 발전이라는 신조 중에서 가장 소박하고, 따라서 가장 매력 있는 것을 들면 다음과 같은 확신일 것이다. 즉 인간은 자동으로, 그리고 기계처럼, 또 시간 속에서 생활하고 있노라면, 좀 더 나아지고, 좀 더 완전에 가까워지며, 한결 밀접하게 신에게 접근할 수가 있다는 확신이다. 또 이런 신조에서 까다로운 것을 든다면, 그것은 헤겔이나 마르크스의 변증법이라 하겠다. 거기서 진리는 정(正)과 반(反)을 내포한 종합 속에서 그 자신을 전개한다. 그리고 그 종합은 다음에 오는 한결 차원이 높고 좀 더 완전에 가까운 평면에서의 변증법적 통일을 위한 정(正)이 된다. 또한 우리는 이 신조를 자연도태에 따른 정(正)이라고 표현할 수 있다. 또한 우리는 이 신조를 자연도태에 따른 진화론이라는 유사과학(類似科學)과도 같은 옷을 입은 형태로 포착할 수도 있다. 이상의 어떤 것을 가리지 않고 19세기의 신조는 모두 내용이 똑같다. 그것은 시간을 쌓아 올림으로써, 또는 시행착오법(試行錯誤法)을 쌓아 올림으로써 인간은 영원에 이를 수 있으리라는 열렬한 신앙인 것이다."

이런 시대 흐름에 처해 있던 키르케고르는 1849년의 일기에서 마르크스주의에 대해 이렇게 쓰고 있다(1953년 《일기선집》으로 발행).

"이것은 종교 개혁과는 정반대 되는 현상이 이 비극의 바탕에 가로놓여 있다는 것을 분명히 밝혀 주고 있다. 그 무렵(즉 종교 개혁 무렵)에는, 모든 것이 종교 운동처럼 보였지만 결국 사실에서는 정치 운동이라는 것이 알려졌다. 지금은 모든 것이 정치 운동처럼 보이지만, 얼마 안 가서 그것이 종교 운동이라는 것이 분명해질 것이다…… 인류는 병에 걸려 있다. 그러나 흔히 있듯이, 환자 자신이 어디가 아픈지 진단한 결과가 전혀 엉뚱한 곳을 상처 부위로 지적하듯이, 인류 전체도 그렇다. 인류는 새로운 정치가 생기면 구원받을 것이라고 생각한다. 하지만 사실 인류가 구원되기 위

헤겔(1770~1831)
키르케고르의 철학적 중심 사유는 존재하는 모든 것은 단일성과 개별성을 지닌 어떤 것이고, 따라서 일반 진술로 실재에 대한 진리를 포착할 수 없다는 것이다. 따라서 철학의 추상적인 체계는 오류라는 것이다. 키르케고르는 헤겔 철학이 뿌리부터 잘못되었다고 비판했다.

해 필요한 것은 영원이다. 이 사실에 대한 가장 강력한 증명은, 사회주의가 우리에게 '하느님은 악이다. 하느님을 제거하라. 그러면 우리는 고침을 받을 것이다'라는 무서운 탄식의 말을 한다는 사실이다. 그러나 이런 식으로 인류 자신은 자기에게 필요한 것을 선언한다. 왜냐하면 악마라고 일컬어지는 것은 언제나 진리를 '거꾸로 세운' 형태로 내포하고 있기 때문이다."

사회주의와 공산주의는 견해상으로는 신의 존재를 부정하는 이론임에도 키르케고르는 그것이 본질에서는 종교를 닮은 이념, 즉 국가를 하느님이라고 하는 이념이며, 자기야말로 구세주라고 군중에게 호소하려는 이념이라는 것을 알아차렸다. 그는 계속해서 다음과 같이 말한다.

"공산주의의 강점은 분명히 그 속에 종교를 닮은 요소, 아니 그리스도교를 닮은 요소를 가지고 있다는 사실이다. 단지 그 요소를 악마적으로 소유하고 있을

뿐이다."

따라서 닥쳐올 싸움은 서로 경쟁하는 구제종교(救濟宗敎)들 사이에 벌어지는 싸움이다.

그리고 역사가 실제로 증명한 바와 같이, 인간이 전체주의 국가의 속임수에 넘어가서 전체주의 국가가 안전을 보장하는 듯이 생각하지만, 사실은 전체주의에 의해 세속에 물든 인간, 기계나 마찬가지인 인간, 비인간화된 인간으로 타락하여 자기의 자율(自律)을 희생하게 될 것이라고, 키르케고르가 두려워한 것도 무리가 아니었다.

키르케고르는 이런 모든 것이 헤겔 철학 속에 암암리에 내포되어 있음을 알아차렸다. 그는 헤겔 철학 속에서 국가를 절대라고 하여, 구성원으로서의 국민은 그 국가의 명령에 절대 복종치 않는 한 아주 무(無)나 다름없다는 사상을 거리낌 없이 철학적으로 정당한 것으로 만들려고 한 기도(企圖)를 꿰뚫어 보았다. 그러나 키르케고르는 확실히 본능적으로 다음과 같은 사실을 인식했다. 사회만이 전부이고, 개인은 아무것도 아니라는 전제 밑에서 활동하는 사회는 언제나 개인을 파괴하고, 마지막에는 자기 자신마저도 파괴하는 사회로 타락하게 된다. 그리고 그런 일이 일어날 때에는 허무주의에 찌든 절망의 기분이 생긴다. 이 기분은 오늘날 인류의 대부분을 사로잡고 있다. 이것은 우리의 현세계를 완전히 불안정하고, 완전히 앞을 내다볼 수 없는 것으로 만드는 전후(戰後) 기분이다. 무엇이 일어날지 모른다. 왜냐하면 인류는 이제까지 겪어 온 격동 때문에 완전히 지쳐서 자기 자신을 내팽개쳤기 때문이다. 즉 사람들은 어떤 방향에서 오는 전염에도 자기 자신을 내팽개치고 있다. 그것은 좋은 전염일 수도 있고, 또 나쁜 전염일 수도 있다. 어쨌든 병에 걸린 인간은 이제 위험 상태에 처해 있다. 여기서 위기라고 하는 말은 환자가 차츰 나아서 완쾌되느냐, 또는 악화되어 죽느냐 하는 갈림길에 서 있다는 사실을 일컫는 말이다.

이처럼 시대적 자각이 투철했고, 그 자각을 바탕으로 일찍이 실존주의의 문을 연 천재가 바로 키르케고르이지만, 그의 생애에는 사건이 그렇게 많지 않았다. 그렇지만 윤리와 관련된 인격 형성에는 사건 수 따위는 물론 문제되지 않는다. 그는 그런 많지 않은 사건들로써 점차로 인격을 만들어 나갔으며, 그것들은 또한 그의 인격상 지울 수 없는 강력한 각인(刻印)을 남겨 주었다.

신 앞에서의 싸움

1848년 부활제 직전에 두 번째 마음 고침이라고도 볼 수 있는 변용을 체험하고 그 결과로 나온 것이 《죽음에 이르는 병》이다. 죽음을 앞두고 죽음을 응시하면서 아마 마지막 작품이 될지도 모른다고 생각하며 이 책은 쓰였고, 그 속편이 《그리스도교 실천》이었다.

그러나 그 일부인 《죽음에 이르는 병》이 출판되기까지 거의 반 년 동안 키르케고르는 여러모로 망설이지 않을 수 없었다.

그리스도교계에 그리스도교를 도입한다는 의도에서 쓴 이 책은 마땅히 그리스도교의 속임수를 폭로할 사명을 지고 있었으며, 국교회를 공격하는 주장으로 받아들여질 것을 각오해야 했다. 그런

마르크스(1818~1883)
헤겔 좌파에 속하는 마르크스는 철학 요소를 헤겔의 사상에서 끌어와 발전시켰다. 그러나 마르크스는 실재를 이루는 본질은 정신이 아니라 물질에 있다고 믿었다. 마르크스는 자신의 이론이 과학적이라고 생각했다. 따라서 그는 자신의 사회주의를 '과학적 사회주의'라고 불렀다.

데 그러기에는 생계 걱정이 있는 데다 목사가 될 희망을 단념해야 했고, 또 뮌스테르 주교와 레기네에 대한 고려 등 마음의 준비가 되어 있지 않았다.

국교회를 공격하는 것은 바로 뮌스테르 주교를 공격하는 것이고, 그 결과 목사가 될 마지막 소망을 잃게 되어, 먹고살 길이 끊어지는 동시에 레기네와의 관계도 완전히 끊기는 것이었다. 또 1848년 부활제 이후, 지난날 약혼했던 레기네, 지금은 슐레겔 부인이 된 그녀의 일이 떠나지 않았다.

죽은 아버지의 목사였고 키르케고르 자신도 교육을 받은 뮌스테르에 대한 존경은, 풍자 잡지인 《해적(Corsaren)》 사건 이후 결국 심한 비난의 말을 하게까지 되었음에도 뮌스테르에 대한 염려로 출판의 결심이 서지 않았다. 또 키르케고르는 슐레겔 부인이 된 레기네와의 화해를 여전히 바라고 있었다.

J.P. 뮌스테르 주교

그러나 이 망설임 속에는 그것을 넘어서는 내재된 이유가 작용하고 있었다. 완성된 책은 마치 사도의 손으로 이루어진 것처럼 훌륭했으나 자기는 사도이기는커녕 참회자에 지나지 않는다. 시를 잘 짓는 하늘이 주신 재능이 있을 뿐인 자가 사도와 같은 입으로 그리스도교계에 그리스도교를 도입하려 하고, 심판을 받아야 할 자가 그리스도교계를 심판한다는 것은 분수에 맞지 않는 일이요, 불손이요, 모독이다. 이런 내면적 갈등, 그리고 뮌스테르와 레기네에 대한 고려에서 키르케고르는 완성된 책의 출판을 단념하기에 이르렀다.

키르케고르는 직업을 구하려고 뮌스테르 주교를 찾아갔으나 면회를 거절당했다. 키르케고르는 '운명의 소치'라 생각하고 모든 일을 운명에 맡기고서 해볼 결심을 했다. 머지않아 일어날 폭풍우를 각오하고 원고의 일부를 《죽음에 이르는 병》으로 출판하기 위해 인쇄소와 계약했다.

그런데 그날 저녁, 레기네의 아버지 올센이 세상을 떠났다. 그와 동시에 화해의 기대가 키르케고르의 마음속에 불타올랐다. 인쇄소와의 계약을 무르려고 했으나 때는 이미 늦었다. 생각 끝에 '안티-클리마쿠스'라는 가명으로 1849년 7월 《죽음에 이르는 병》을 출간했다.

《죽음에 이르는 병》은 키르케고르가 그리는 그리스도교인의 이상성에서 그 자신까지 포함시켜 현실의 그리스도교계를 비판하고, 절망이라는 병의 증상이 나타내는 모든 현상을 분석하여 진단을 내리고, 치료의 길을 가르친 것이다. 절망이라는 병의 원인을 깊이 손질하여 파헤쳐 보임으로써, 이 책만큼 강하게 각성을 촉구해 마음에 호소하는 책도 드물 것이다.

오늘날의 실존주의는 이 책으로부터 가장 많은 영향을 받고 있다. 하이데거나 야스퍼스의 실존 개념은 이 책 첫머리에서 그 규정을 거의 글자 그대로 답습

하고 있으며, 사르트르나 카뮈가 말하는 '부조리한 것'에 대한 체념이나 긍정도 그들이 말한 절망의 한 형태로서 생겨난 것임을 쉽게 이해할 수 있을 것이다. '절망'이라는 말은 여기에서는 보통 용어와 달리, 인간이 신을 떠나 신을 잃어버린 상태를 뜻한다.

일반적으로 말해 그것은 인간의 자기 소외 상태를 말한다. 이 상태를 철저하게 도려내고, 그것을 현대인의 무서운 병으로 진단을 내려 각성을 촉구한 점에서 이 책이 지니는 가장 큰 현대적인 의의를 찾을 수 있다.

이듬해 1850년에 나온 속편 《그리스도교 실천》도 《죽음에 이르는 병》과 함께 키르케고르 사상의 정점을 나타내는 대표작으로 꼽히며, '그리

하이데거(1889~1976)
하이데거의 철학 중 중요한 부분에서 그가 궁극으로 도달하려는 결론은 우리의 존재 양식이 과거·현재·미래에 대응하는 3중 구조를 가지고 있다는 것이다. 따라서 최종 분석에서 존재와 시간이라는 결론을 이끌어 낸다.

스도교계 불후의 책'으로 손꼽힐 만한 것이었음에도 사람들의 관심을 거의 끌지 못했다. 오히려 뮌스테르는 드러내 놓고 기분 나빠 하며 "신성한 것을 제멋대로 모독하는 책이다" 혹평했다. 거기에는 폭풍우를 일으킬 만한 시대와 사회의 통렬한 비판이 담겨 있음에도 폭풍 전의 고요함이 있었다.

1855년 1월 뮌스테르 주교가 죽고 2월 5일 마르텐센 교수가 추도 연설에서 뮌스테르를 '진리의 증인'이라고 칭송했을 때, 시기는 마침내 닥치고 말았다. 일간지 《조국(Fædrelandet)》에서 '진리의 증인'을 둘러싸고 마르텐센의 두세 번 응수가 있은 다음, 키르케고르를 교회에서 몰아내라는 글이 도화선이 되어 싸움이 시작된 것이다.

1855년 5월 24일에는 그를 교회에서 몰아내자는 국교회에 맞선 싸움의 포문인 《순간(Øieblikket)》 제1호가 나왔다. '순간'이란 키르케고르에겐 '때가 되어' '영

H.L. **마르텐센 주교**

원과 시간'이 마주쳤을 때를 뜻하는 그리스도의 강림이었다. 그 순간에서 그리스도의 도와 함께 살며, 영원한 그리스도의 정신을 마음속에 새기고, 너무도 세속화된 그리스도교계, 특히 현재 국교회의 부패와 기만과 타락을 심판할 '때가 되었음'을 이 제목에서 알리고자 했던 것 같다. 이 싸움은 호를 거듭함에 따라 차츰 격렬해져서 그것은 키르케고르의 생명을 걸고서 하는 싸움이 되었다.

그런데 9월 24일 《순간》 제9호를 발행하고 다음 호를 준비 중이던 10월 2일, 그는 길에서 의식을 잃고 쓰러져 프레데릭스베르 병원으로 실려 갔다.

그가 병원 사람들에게 "나는 죽기 위해 이곳에 왔다"라고 말했던 것으로 볼 때 싸움이 끝난 것을 알았던 것이다.

친구 에밀 뵈센과 몇몇 가까운 이들 말고는 아무도 병상을 찾아오지 못하게 했을뿐더러 임종 때 목사에게 성찬을 받는 것도 거절한 그는, 조용히 신에게 기도할 수 있겠느냐고 묻자 다음과 같이 대답했다.

"그렇다. 먼저 죄의 용서를 빌고 싶다. 모든 것을 용서받을 수 있도록 기도드리겠다. 그리고 죽음에 임해 내가 절망에서 벗어날 수 있도록, 그리고 이것이야말로 알고 싶은 것인데, 죽음이 언제 오는가를 오기 직전에 알려 달라고 빌겠다."

1855년 11월 11일 저녁 키르케고르는 영원히 잠들었다. 그는 그에게 사명을 주신 신에게 감사를 올리며, 또 그리스도 안에서 신의 은총을 굳게 믿으며, 또 자기가 죽어도 자기의 뜻을 이어 줄 사람이 나오리라는 것을 굳게 믿으며, 마음에 평화를 간직한 채, "폭탄은 터뜨려 주위를 불태울 것이다"라는 말을 남기고 고요히 숨을 거두었다. 직접적인 원인은 그가 어렸을 때 나무에서 떨어져 얻게 된 척수병 때문이었다.

현대와 키르케고르

키르케고르는 니체와 함께 오늘날의 정신세계에 영향을 미치는 위대한 사상가의 한 사람으로 손꼽힌다. 그러나 키르케고르가 오늘날 이렇게 다시 평가를 받기까지에는 죽은 지 약 1세기에 가까운 세월을 기다려야만 했다.

교회의 심한 공격을 받으며 쇠약해진 그는 쓰러졌다. 그 뒤 키르케고르의 이름은 조국 덴마크에서도 잊혔고 다만 그 사상 일부, 즉 지식과 신앙 관계의 문제 등이 전문 철학자들 사이에서 논의되었을 뿐이다. 그렇다면 왜 키르케고르는 '부흥'이 주창될 만큼 오늘날 사람들의 관심을 파고드는 것일까?

니체(1844~1900)
독일 산문의 거장이기도 한 철학자 프리드리히 니체는 고독하고 검박하게 살면서 자신의 삶을 저술 활동에 바쳤다. 1889년에 정신병으로 고통받았고, 그래서 그의 생애 마지막 11년 동안은 아무것도 쓰지 못했다.

인간의 지성은 그 지배의 범위를 놀라울 만큼 넓혀 왔지만 우리는 자기 자신의 존재가 차츰 흐려져 감을 느낀다. 즉 인간의 자기 상실과 자기 소외인 것이다.

키르케고르는 오늘날 우리 모두가 체험하고 있는 소름 끼치는 자기 소외의 과정을 《불안의 개념》에서는 '불안'으로, 《죽음에 이르는 병》에서는 '절망'으로 깊숙이 분석했다.

동시에 불안이나 절망에서 벗어나는 길을, 즉 자기 회복의 길을 제시했다. 그 길은 신을 믿고 각자가 신앙을 지키는 것이었다. 이 길은 키르케고르에게는 아주 마땅한 것이지만, 그리스도교인이 아닌 많은 사람에게는 저항을 느끼게 할지도 모른다.

그러나 그리스도교를 사랑해도, 그것은 이미 참다운 키르케고르가 아니라는 것은 말할 나위도 없다. 더구나 그의 사상이 인간성 회복의 한 방향을 제시

프레데릭스베르 병원 1855년 10월 2일, 길거리에 쓰러진 키르케고르가 실려 가서 입원한 병원(현재는 디자인 박물관).

하고 있는 것은, 그를 그 계보의 시발점이라고 보는 실존철학 또는 실존주의 현상에 나타나 있을 것이다.

키르케고르는 풍부한 상상력과 보기 드문 변증의 재능을 자유롭게 펼쳐, 시와 같은 형식 또는 개념에 근거한 철학 형식으로 자기 체험에 입각한 인간의 갖가지 생활 방식을 분석하고 묘사했다. 이 두 가지 재능 덕분에 그의 작품은 향기 높은 예술성과 엄밀한 사상성을 두루 갖출 수 있었다.

너무나 인간다운 것과 체험에 근거한 것을 싣는 결과가 되어 일부 학자들은 주관성이 지나치다고 멀리치기도 했다. 그러나 또 그러므로 해서 키르케고르는 단순히 그리스도교계에서뿐 아니라 실존주의 창시자로서 사상의 세계에서 살아나고, 여기에 풍부한 영양을 공급해 오늘날의 정신생활에 영향을 끼쳤다고 생각할 수 있다.

키르케고르의 생애는 참다운 그리스도교인이 되려는 싸움의 역사였다. 따라서 엄밀히 말하면 그의 작품을 대할 때는, 자진해서 그리스도교인이고자 하는 사람이 배워야 할 모범으로서, 주체적인 그에 대해 배운 것을 자기 혁신의 계기로 삼는 것이 가장 바람직한 선택일 것이다.

그러나 키르케고르의 작품은 그리스도교를 믿지 않는 사람에게도 아주 흥미 있는 것이다. 그의 작품은 단순히 흥미만 환기시킬 뿐 아니라, 오늘날 피할 수 없는 대결을 우리에게 촉구하기도 한다. 그리스도교도가 아닌 사람도 마땅히 이 작품을 읽어서 그의 사상과 대결해야만 할 것이며, 그런 의미에서 이 작품은 현대와도 어울리는 고전(古典)이다.

키르케고르의 작품은 성실한 자기 고백이고, 계속되는 실존을 위한 자기 자신과의 싸움 기록이다. 따라서 그의 사상은 그 인격과의 밀접한 연관성을 염두에 두고 읽어야만 한다. 그러나 그것은 매우 어려운 일이다.

코펜하겐에 있는 **키르케고르 집안의 묘지**

왜냐하면 대표적인 주요 저작의 대부분이 저마다 다른 익명의 작품으로 되어 있어 독특한 '간접적 전달'이라는 표현 형식을 취하고 있기 때문이다. 그뿐만이 아니라 객관적으로 보이는 소론에도 개인 체험이 숨어 있고, 더구나 그 체험 중 가장 중대한 것이 완전히 수수께끼로 묻혀 있어 알기가 쉽지 않기 때문이다. 다른 철학자에게서는 볼 수 없을 정도로 많은 전기에 관한 연구가, 이 특이한 사상가를 완전하게 이해하기 위해서는 꼭 필요한 전제라고 보기 때문이다.

키르케고르의 작품은 그런 생활과 함께 이해되어야 한다. 다시 말해 표현 속에서 그 사상의 주체인 인간 키르케고르를 읽어야 한다. 관능이나 회의, 절망에 괴로워한 나머지 아름다움이라는 것과의 관련 속에서 사느냐, 신앙에 충실한 삶을 사느냐의 결단 앞에 갈피를 못 잡고 피투성이가 되어 자기 자신과 싸우고 있는 키르케고르를 알아야 하는 것이다. 그런 인간이라야 우리의 마음이 이끌려 읽게 되고, 그와 대화를 나누고 싶다고 하며 살아가는 방도를 배울 수도 있는 것이다.

키르케고르는 확실히 재능은 타고났지만 결코 성인도 아니며 군자도 아니었다. 오히려 보통 사람 이상으로 관능이나 애욕 때문에 괴로워했다. 그렇기 때문에 죄의식도 깊었고 신앙에 대한 동경도 강했다.

그를 성자로 다루고 신앙론의 모범을 그에게서 찾아내어 다만 형식적으로 서너 개의 인생 단계를 비약하듯이 통과해 최후의 그리스도교에 이르는 과정을 풀어 봤자 의미는 없다. 그의 작품은 모두 객관적이기 때문에 독자가 어떻게 읽든 상관없다. 그러나 적어도 지식만을 구하는 것이 아니라, 지은이의 참고서와 해설서를 읽는 것보다는 조금 힘들더라도, 그의 작품을 한 편 두 편 끈기 있게 깊이 읽어야 한다. 키르케고르의 작품은 하나같이 내용 해설이다. 읽고서 대강의 줄거리 전체를 이해할 수 있는 것과는 본질적으로 다르다. 따라서 뜻을 새겨 가며 꼼꼼히 읽는 것만이 그의 작품과 사상을 올바르게 익힐 수 있는 지름길이다.

연보

1813년   5월 5일, 코펜하겐에서, 자수성가로 모직상이 된 아버지 미카엘 페데르센 키르케고르와, 가정부였던 어머니 아네 쇠렌스다테르 룬 사이에서 7형제 중 막내로 태어남. 6월 3일, 헬리겐스키르켄 교회에서 세례받음.

1819년(6세)   9월 14일, 형 쇠렌 미카엘 12세로 죽음.

1821년(8세)   보르게디드스콜렌(시민 도덕 학교) 입학.

1828년(15세)   4월 20일, 프루에 교회에서 J.P. 뮌스테르 사제에 의해 견진 성사를 받음.

1830년(17세)   10월 30일, 코펜하겐 대학 입학. 11월 1일 친위대 입대, 같은 달 4일 병역 이행에 무리라고 판단해 소집 해제됨.

1833년(20세)   9월 21일, 형 닐스 안드레아스가 24세로 북미의 패터슨에서 병으로 죽음.

1834년(21세)   4월 15일, 일기를 쓰기 시작함. 7월 26일, 길렐라이에 여행을 시작, 같은 달 31일 돌아옴. 이날 어머니가 병사하여, 8월 4일 아시스텐스 묘지에 묻힘. 이해 가을 H.L. 마르텐센에게서 슐라이어마허의 교의학에 관한 개인 지도를 받음. 12월 29일 누나 페트레아 세베리네 병사함.

1835년(22세)   6월 18일, 노르셸란의 각지를 여행하고 스웨덴으로 건너감.

1836년(23세)   각 학기에 포울 마르틴 묄러의 형이상학 일반 개념에 관한 강의를 들음(이듬해까지).

1837년(24세)   5월 8~15일, 프레데릭스베르에 있는 뢰르담 집안을 방문하여 처음으로 열네 살의 레기네 올센을 만나게 됨. 모교 보르게디드스콜렌에서 이듬해까지 라틴어를 가르침.

1838년(25세)   3월 13일, 은사 포울 마르틴 묄러 죽음. 5월 19일, '말할 수 없는 기쁨' 체험. 8월 9일, 아버지 미카엘 페데르센 죽음.

1839년(26세)   2월 2일, 레기네 올센에게 결정적인 사랑 고백을 함. 12월 21일부터 1840년 7월 3일까지의 일기는 거의 공백 상태임.

1840년(27세)   6월 2일, 국가시험 수험원서를 신학부에 제출, 7월 3일 신학 국가시험을 끝냄. 같은 달 19일 셸란섬의 서쪽 해안의 카른보르에서 윌란반도의 동쪽 해안 오르프스까지 주행했고, 또 다음 달 6일에 오르프스로부터 카른보르에 도착함. 9월 8일, 레기네에게 정식으로 구혼, 10일 승낙을 받음. 11월 17일, 코펜하겐 대학의 신학부에 입학.

1841년(28세)   7월 16일, 논문 〈소크라테스에 주안점을 둔 아이러니 개념론〉을 집필하여 철학 박사학위를 받음. 8월 11일경 레기네에게 약혼반지를 돌려보냄. 9월 29일, 학위논문 공개 토론이 열림. 10월 11일, 레기네와의 관계를 최종적으로 끊음. 25일, 기선으로 베를린에 감.

1842년(29세)   3월 6일, 베를린으로부터 키르를 거쳐 코펜하겐으로 돌아옴. 4월 4일, 《유혹자의 일기》 탈고. 11월, 《이것이냐, 저것이냐》 편집자 서문 탈고.

1843년(30세)   2월 15일, 《이것이냐, 저것이냐》 제1부 및 제2부 인쇄 완료, 20일 출판. 27일 《조국》 제1162호에 A·F라는 서명으로 《이것이냐, 저것이냐의 저자는 누구냐》를 발표. 10월 16일, 《두려움과 떨림》(요하네스 데 실렌티오 저), 《반복》(콘스탄틴 콘스탄티우스 저), 《세 가지 교화적 강화》 등 세 개의 저서를 동시에 출판. 12월 6일, 《네 가지 교화적 강화》 출판.

1844년(31세)   3월 13일, 《철학적 단편》(요하네스 클리마쿠스 저, 쇠렌 키르케고르 간행) 출판. 17일, 《불안의 개념》(비길리우스 하우프니엔시스 저) 출판.

1845년(32세)   4월 29일, 《가상의 기회에서의 세 가지 강화》 출판. 30일, 《인생길의 여러 단계》(제본업자 힐라리우스 저) 출판. 5월 13일, 슈체친을 거쳐 베를린에 갔다가 24일 같은 경로를 밟아 코펜하겐으로 돌아옴.

1846년(33세) 5월 2~3일, 코펜하겐 출발, 슈체친을 거쳐 베를린에 갔다가 16일 같은 길을 통해 코펜하겐으로 돌아옴.

1847년(34세) 4월 29일, 《이것이냐, 저것이냐》의 초판이 매진되었다는 통지받음. 27일, 프루에 교회의 금요일 성찬식에서 설교. 11월 3일, 레기네 올센과 프리츠 슐레겔이 결혼.

1848년(35세) 10월 말, 《저자로서 나의 작품을 보는 관점》(죽은 뒤 형인 페테르가 1859년 간행) 탈고.

1849년(36세) 11월 19일, 레기네와 화해하기 위해 그녀에게 보내는 편지를 동봉하여 남편 슐레겔에게 편지를 씀. 21일, 뜯어 보지도 않은 '레기네에게 보낸 편지'가 동봉된 슐레겔의 호의적 답장을 받음.

1855년(42세) 1월 30일, 뮌스테르 사제 죽음. 2월 5일, 마르텐센이 뮌스테르의 추도 연설을 하며, 뮌스테르를 '사도의 날부터 계속 연결되는 성스러운 사슬의 일환' '진리의 증인'이라 칭송함. 4월 15일, 마르텐센이 셸란의 주교로 임명되어 6월 5일 취임함. 9월 3일 《순간》, 쇠렌 키르케고르 저작이 출판됨. 이날로 일기장은 끝남. 10월 2일, 길거리에서 쓰러져 프레데릭스베르 병원으로 실려 감. 14일경, 친구 에밀 뵈센이 처음으로 병문안을 했고, 그 뒤 때때로 방문함. 19일, 형 페테르가 병문안을 갔으나 만나려고 하지 않음. 11월 11일 오후 9시, 영원히 눈을 감다. 아시스텐스 묘지에 묻히다.

강성위

서울대학교 철학과를 거쳐 독일 뮌헨대학교 대학원과 마인츠대학교 대학원에서 철학을 공부하고 마인츠대학교에서 철학박사학위를 받았다. 계명대학교 교수를 거쳐 한국외국어대학교 철학과 교수 및 인문대학장을 지냈다. 1991년 서우철학상(번역부문), 1997년 국민훈장동백장을 받았다. 저서 《현대사회와 철학》《이데올로기와 새 마르크스주의》《철학이 뭐예요 : 손자와 함께하는 철학》, 옮긴책 《서양철학사》《철학소사전》, 요셉 후우비 《가톨릭사상사》, 바이세커 《자연의 역사》 등이 있다.

세계사상전집031
Søren Aabye Kierkegaard
BEGREBET ANGEST
SYGDOMMEN TIL DØDEN
FORFØRERENS DAGBOG
불안의 개념/죽음에 이르는 병/유혹자의 일기
쇠렌 오뷔에 키르케고르/강성위 옮김
동서문화사창업60주년특별출판
1판 1쇄 발행/2016. 9. 9
1판 5쇄 발행/2025. 1. 1
발행인 고윤주
발행처 동서문화사
창업 1956. 12. 12. 등록 16-3799
서울 중구 마른내로 144(쌍림동)
☎ 546-0331~2 Fax. 545-0331
www.dongsuhbook.com
＊

사업자등록번호 211-87-75330
ISBN 978-89-497-1439-4 04080
ISBN 978-89-497-1408-0 (세트)